한국사

1

총설

국사편찬위원회

집필(총설)
권혁재 김준호 노태돈 박성래 박용운 서양대 송방송 안휘준 이기동
이기문 이기백 이성규 이수건 임효재 조동걸 조동일 최몽룡 한상복

기획 · 편집
강영철　이근택　고숙화　고성훈

복간 간행 : 김 용 곤 · 장 득 진

한국사 간행취지

우리 겨레가 앞으로 어떻게 살아갈 것인가 하는 문제는 우리들은 물론 우리와 더불어 살아가는 세계인들의 관심사일 것이다. 이에 대한 해답은 과거에 어떻게 살아왔는가 하는 우리 역사에 대한 인식을 통해 찾을 수 있을 것이라고 생각된다.

본 위원회에서는 이미 1970년대에 『한국사』25권을 간행하여 해방 이후 한국사의 연구성과를 집대성함으로써 한국사에 대한 인식을 새롭게 한 바 있다. 그 이후 한국사회는 놀라운 성장과 발전을 이루었고 역사학계도 상당한 연구성과를 축적하였다. 이러한 변화에 발맞추어 한국사학계는 새로운『한국사』편찬의 필요를 느끼게 되었다.

이에 본 위원회는 일차적으로 한국사 연구지원비를 마련하여 역사학계로 하여금 1980년대 중반까지 연구성과가 미진하다고 생각되는 분야를 연구할 수 있도록 하였다. 이어서 1989년부터 1990년까지의 준비를 거쳐 1991년에는 '신편 한국사 편찬위원회'를 따로 구성하고 총 60권에 달하는 새로운『한국사』를 편찬하기로 하였다. 그리고 다음과 같은『한국사』편찬의 목표를 세웠다.

① 한국의 역사와 문화에 대한 객관적 인식의 토대를 제공할 수 있는 한국사를 편찬한다.

② 민족의 창조적 문화활동과 민족사의 내재적 발전을 드러내는 한국사를 편찬한다.

③ 최근까지의 연구성과를 체계화하고 새로운 영역을 개척함으로써 한국사 연구의 지평을 넓힌다.

④ 한국사 연구와 관련하여 고고학·인류학·사회학·경제학 등 인접학문의 연구성과를 수용하여 한국사 인식의 폭을 넓히는 데 기여한다.

새로운 『한국사』를 펴내면서 우리 모두가 바라는 바는, 민족의 통일에 대비해야 하고 급격히 변화하는 시대상황 속에서, 한국사 연구자의 깊이 있는 연구를 도와주고 독자들의 역사인식을 드높일 수 있는 길잡이 구실을 할 수 있었으면 하는 것이다.

국사편찬위원회 위원장

목　차

Ⅱ. 한민족의 기원

III. 한국사의 시대적 특성

Ⅳ. 한국문화의 특성

한국사의 전개

Ⅰ. 한국사의 전개를 보는 시각

한국사는 어떻게 전개되어 왔을까. 이에 대해서는 오래 전부터 王朝의 흥망을 기준으로 보는 견해가 행해져 왔다. 한 왕조가 망하고 다른 한 왕조가 일어나는 데에는 그럴만한 이유가 있는 것이므로, 이 같은 소위 王朝史觀은 그것대로 의미가 있는 것이다. 그러나 한편 생각하면, 왕조의 교체에도 불구하고 사회적인 동질성이 유지되는 경우도 있고, 또 같은 왕조 안에서도 사회적인 변화가 발견되는 경우도 있다. 왕조를 기준으로 역사의 전개를 이해하는 데에 만족할 수가 없는 까닭이 이러한 데에 있는 것이다.

왕조 중심의 역사관을 극복하기 위하여 제기된 새로운 방법이 한국사의 전개과정을 古代·中世·近代의 세 시기로 나누어서 이해하는 것이었다. 그런데 이 같은 예들을 살펴보면, 비록 용어는 달라졌지만 실제에 있어서는 왕조 중심의 관점과 별로 다를 바가 없는 것이다. 그래서 중세와 근대 사이에 近世라는 시대를 설정하여 高麗王朝와 구별하며 朝鮮王朝를 나타내기도 했던 것이다. 고대·중세·근대로 3구분하려면, 이에 상응하는 시대적 성격 규정이 있어야 하는데, 그러한 시도가 보이지 않는 것이다. 그래서는 위의 3구분법은 무의미한 것이라고 하겠다.

이 같은 결점을 극복한 것이 唯物史觀에 의한 한국사 전개의 이해이다. 유물사관에 의하면, 고대는 奴隷制社會이고, 중세는 封建社會이고, 근대는 資本主義社會인 것이다. 이 같이 그 시대의 사회적 성격을 뚜렷이 규정함으로써, 위의 3구분법은 학문적으로 새로운 의미를 지니게 되었다. 그리고 이 방법은 한국사의 전개를 세계사의 그것과 일치시키려는 노력이므로 해서, 한국사를 세계사에서 정당한 시민권을 차지할 수 있도록 한다는 민족적 욕구를 만족시켜준다는 의미도 지니는 것이었다. 이러한 이점에도 불구하고 이 견해는 몇 가지 결함을 지니고 있다는 사실을 간과할 수가 없다는 점도 알아야 할 것이다.

첫째로 유물사관은 위의 발전 법칙을 절대적인 것으로 믿고, 다른 어떠한 시대구분도 이를 용납하지 않는 배타적인 것이라는 점이다. 역사의 전개과정을 보는 관점은 실제로 여럿이 가능한 것이며, 결코 어느 하나에 한정되어야 할 성질의 것은 아니다. 둘째로는 한국사 전개의 실제와 어긋난다는 점이다. 노예가 생산활동의 주된 노동력이던 시대는 한국사에서는 발견되지 않으며, 그러므로 해서 유물사관의 신봉자들 중에서도 노예제사회의 존재를 부인하는 견해가 있는 것이다. 또 한국사에서는, 封建이란 용어가 아니라 실질적인 封建領主가 존재하지 않았으므로, 봉건사회의 존재도 인정할 수가 없는 것이다. 이같이 유물사관에 의한 한국사의 전개과정에 대한 이해는 실제와 어긋나는 것이었고, 따라서 그 관점을 그대로 한국사에 적용할 수가 없는 것이다. 그리고 셋째로는, 그 같은 모순을 타개하기 위한 방법으로 아시아적 특수성이란 이해 방법을 제시하고 있지만, 이것은 유물사관이 시도한 본래의 의도에 배반된다는 점이다. 즉 그렇게 함으로써 한국사는 非正常的으로 전개해 왔다는 결론을 내리게 하였고, 이것은 결국 한국사를 세계사에서 정당한 시민권을 누리게 하려던 취지에 배치될 수밖에 없도록 한 것이다.

한국사의 전개 과정은 여러 각도에서 새롭게 시도될 필요가 있다고 생각한다. 그러한 시도의 하나가 新民族主義史觀이라고 할 수가 있다. 적어도 구체적인 역사적 사실과 일치하는 한, 새로운 시도들은 그만큼 한국사의 전개를 이해하는 데 신선한 기운을 조성할 것으로 믿는다. 그런 의미에서 여기서는 한국사의 발전에 주도적으로 참여한 인간집단의 변화에 기준을 두고 그 전개과정을 허락된 범위 안에서 간단히 정리해 보려고 한다.

Ⅱ. 원시공동체의 사회

한국의 역사는 舊石器時代로부터 시작된다는 사실은 이제 상식으로 되어 있다. 물론 구석기시대에도 사람들은 일정한 사회를 이루고 살았음이 분명하지만, 그러나 현재 그 사회의 실상을 알 수 있을 만큼 고고학적인 조사·연구가 이루어져 있지가 못하다. 그러므로 여기서는 新石器時代로부터 이야기를 시작하려고 한다. 신석기시대의 사회상은 고고학적인 조사·연구와 후대의 문헌에 나타난 신화·전설·유습 등을 종합해서, 현대의 미개사회에 대한 인류학적인 연구와 비교해 보면 대체의 윤곽을 짐작할 수가 있다.

B. C. 8000년경부터 시작되는 것으로 믿어지고 있는 신석기시대의 사람들은 한 마을을 단위로 하고 살았었다. 그 마을에 사는 사람들은 같은 조상에서 핏줄기를 이어받은 血緣 중심의 사회였는데, 이를 보통 氏族이라고 불렀다. 斯盧의 六村 같은 것이 그 구체적 예가 되겠다. 이 씨족은 여러 家族으로 구성되어 있었는데, 岩寺洞을 위시한 각지에서 발견되고 있는 신석기시대 집자리를 통해서 이를 알 수가 있다. 그 집자리의 크기로 보아 당시의 가족은 성인 부부가 2~3명의 자녀를 거느리고 사는 核家族이었다고 생각된다. 이들 가족으로 구성된 마을 단위의 씨족은 하나의 공동체를 이루고서 중대한 일들을 씨족회의에서 결정하였다. 또 씨족은 자급자족하는 경제적인 독립체여서, 일정한 영역 안에서 사냥·고기잡이·농경 등의 중요한 생산활동을 행하였는데, 그것은 씨족원의 공동작업이었다. 그러므로 씨족사회에서는 그 구성원 전체가 동일하게 사회활동에 참여하고 있었던 것이다.

씨족은 기본적으로 씨족 안에서 모든 것을 해결하는 폐쇄적인 사회였다. 그러나 이웃 씨족과 교역도 하고, 또 결혼의 상대를 다른 씨족에서 구하는 族外婚을 하기도 하였다. 그런가 하면 인구의 증가로 인해서 씨족이 분열되어 나가기도 하였다. 이러한 관계로 해서 가까운 사이에 있는 씨족들이 연결해서 部族이라는 보다 큰 사회를 이루게 되었다. 6촌이 모인 斯盧는 원래 그 같은 부족이었을 것이다. 그런데 이 부족의 사회적 구성 원칙은 씨족과 마찬가지였다. 가령 부족 전체의 일을 氏族長會議에서 결정하였는데, 사로의 六村長會議 같은 것이 그것을 말해주고 있다.

Ⅲ. 귀족의 탄생과 왕권의 강화

여러 가지 불편은 있었으나 오랜 동안 조용하고 평화로운 생활을 영위하던 신석기시대의 사회는 靑銅器를 사용하기 시작하면서 급격한 변화를 겪게 되었다. 대체로 B. C. 10세기 경에 시작되었다고 추정되는 청동기시대에 특히 주목되는 것은 무기인 청동검과 청동화살촉, 권위의 상징이나 종교적 의기로 사용되었을 多鈕細文鏡·청동방울·防牌形儀器 등의 유물이다. 그리고 무덤으로 사용된 고인돌이 또한 주목된다. 이러한 유물·유적들은 이미 권력의 소유자가 탄생했음을 말하여 주는 것이다. 부족장의 후예로 생각되는 이들 권력자는 나지막한 구릉 위에 土城이나 木柵을 쌓고 살면서 스스로를 방어하고, 바깥 평야에서 농경에 종사하는 농민들을 지배해 나가게 되었다. 아직도 공동체적인 전통을 유지해 나갔을 농민은 씨족장의 후예들에 의해서 통제되었을 것으로 생각된다. 이제 일반 농민과는 다른 신분을 가진 귀족이 탄생하고, 그들을 중심으로 소박하나마 일정한 정치조직이 이루어졌다. 종래 이것을 部族國家, 혹은 邑落國家·部落國家·都市國家·小國 등으로 불러 왔으나, 여기서는 城邑國家라고 부르기로 한다. 이 성읍국가는 한국 최초의 국가형태이며, 전국에 많은 성읍국가가 존재해 있었으나, 그 중에서 가장 일찍 탄생한 것이 古朝鮮이었다.

그런데 이들 성읍국가는 군사적으로 강대한 성읍국가를 중심으로 해서 연맹체를 형성하게 되었다. 이 연맹체를 보통 部族聯盟國家라고 불러 왔으나, 여기서는 聯盟王國이라 부르고자 한다. 이 단계가 되면 고조선은 大同江 유역에서 遼河 유역에 걸치는 방대한 영토를 지배하게 되었다. 松花江 유역의 夫餘나 漢江 이남의 辰國, 혹은 三韓도 그러한 연맹왕국들이었다. 연맹왕국에서는 맹주격인 성읍국가의 지배자가 국왕으로서의 지위를 차지하였으나, 실질적인 권력은 여전히 성읍국가의 지배자들이 누리고 있는 형편이었다.

연맹왕국시대를 거쳐 고구려·백제·신라가 정립하는 삼국시대가 되면, 왕권을 중심으로 한 중앙집권적 귀족국가가 탄생하게 되었다. 이 시대에 일어난 중요한 변화는, 왕권이 강화되었다는 것이다. 국왕은 한 가문에서 세습적으로 독점하게 되었는데, 고구려의 高氏, 백제의 扶餘氏, 신라의 金氏가 그러하다. 그것도 처음에는 형제상속에 의해서 왕위가 계승되었으나, 뒤에는 부자상속의 원칙에 의해서 계승되었다. 이렇게 되면 왕권은 더욱 강화되게 되었다.

둘째로는 王京에 거주하는 중앙귀족이 탄생한 것이다. 고구려에서는 消奴部·絶奴部·順奴部·灌奴部·桂婁部의 5부가 중심적인 귀족층이었는데, 그 중에서도 왕족인 계루부 즉 高氏와 王妃族인 絶奴族 즉 椽那部 明臨氏, 그리고 전왕족인 소노부 등이 특히 유력한 귀족 가문이어서 古雛加라는 존칭을 받을 수 있는 권리가 주어졌다. 백제에서는 沙·燕·劦·解·眞·國·木·苩 등 八姓大族이 있어서 이들이 중앙귀족의 중심적 위치를 차지하고 있었다. 그런데 백제에서도 고구려와 마찬가지로, 왕족인 扶餘氏와 王妃族인 眞氏나 解氏가 上佐平 같은 수상직을 독차지하는 특권을 누리고 있었다. 신라에서는 王京人을 중심으로 짜여진 骨品制 하에서 眞骨이 정치나 군사의 요직을 독점하고 있었으며, 이들이 또 和白會議의 구성원으로서 국가의 중대사를 처리하였다. 그리고 진골의 핵심은 왕족인 金氏와 왕비족인 朴氏였다. 이같이 하여 사회를 움직여 나가는 세력은 중앙의 소수 귀족에 국한되게 되었다.

그러다가 통일신라시대가 되면, 왕권은 專制化하여 권력이 국왕 한 사람에게 집중되었다. 화백회의는 여전히 있었으나 그 존재 의의는 약화되고, 대신에 王命을 받아 행정의 실무를 담당하는 執事部가 권력의 핵심적 존재로 등장하였다. 그리고 집사부의 장관인 中侍에는 국왕의 가까운 왕족이 주로 임명되었고, 결혼도 金氏 일족 안에서 행해지는 것이 원칙이 되었다. 이제 사회를 움직여 나가는 권력은 그 범위가 최대한으로 좁아진 셈이다.

渤海에 대해서는 그 사회구성이나 정치적 운영의 실제를 알 수 있는 자료가 거의 남아 있지 않기 때문에 잘 알 수가 없다. 그러나 政令을 집행하는 政堂省이, 발해의 핵심 정치기구인 3省에서 최고의 지위를 차지하고 있는 사실에 비추어 볼 때, 대체로 신라와 마찬가지로 국왕의 專制的인 권력이 제도적으로 뒷받침되어 있지 않았나 한다.

이 같이 살펴보면, 성읍국가의 형성 이래 연맹왕국을 거쳐 삼국시대와 남북국시대로 발전하면서 국가의 규모는 점점 커져갔지만, 그 사회의 정치·경제·문화를 움직여간 주도적 세력은 오히려 반대로 좁혀져 가는 현상을 나타냈음을 알 수가 있다.

Ⅳ. 지배세력의 기반 확대

통일신라시대의 후기에 이르러서 한국사는 큰 전환기를 맞이하게 되었다. 즉 지금까지와는 반대로 지배세력의 사회적 기반이 점점 확대되어 갔던 것이다. 우선 진골 귀족들이 왕권의 전제화에 반대하여 다시 그 세력을 키워 갔다. 또 동시에 진골 다음 신분층인 六頭品 귀족들이 그들의 학문적 실력을 내세워 진골과 마찬가지로 정권에 참여하기를 요구하였다. 그런데 이보다 더 중대한 현상은, 지금까지 중앙권력의 지배하에 놓여 있던 지방의 豪族들이 대두하여 독립적인 세력을 형성한 것이다. 이들 호족은 일정한 지역의 행정권을 장악하고, 독자적인 군대를 유지하면서, 농민들로부터 조세를 거두어 들였다. 그러므로 호족들은 일정한 지역에 있어서의 정치·군사·경제의 지배권을 행사하고 있었던 것이다. 이 결과로 後三國의 분열상태가 형성되었는데, 이 후삼국은 호족들의 지지를 가장 많이 받은 고려에 의하여 통일되기에 이른 것이다.

골품제도 하에서 왕족 金氏를 핵으로 하는 진골의 지배를 받던 신라와는 달리, 고려에서는 왕족인 開京의 王氏뿐만 아니라, 忠州 劉氏·利川 徐氏를 비롯하여 安山 金氏·仁川 李氏·坡平 尹氏 등등의 많은 호족 출신 가문과, 慶州 崔氏의 신라 육두품 출신 가문 등, 많은 문벌귀족이 정권에 참여하였다. 이것은 엄청난 사회적 발전이었다. 이러한 발전은 후삼국시대의 호족 대두에서 비롯된 것인데, 단순히 혼란된 내란기 정도로 이해되어 오던 시대가 실은 한국사의 커다란 도약기였음을 말해주는 것이다.

이같이 本貫을 달리하는 많은 門閥貴族들이 고려 사회의 주도적 사회세력이 되었다. 그런데 이들 귀족은 주로 文臣 중심으로 형성된 것이었다. 형식적으로는 兩班의 한편을 구성하는 것으로 되어 있기는 하였으나, 武臣은 실질적으로는 사회적인 지배세력에서 제외되어 있었다. 여기에 불만을 품은 무신들의 반란으로 인하여 武人政權이 성립되는데, 이를 계기로 무신도 문신과 대등한 지위를 차지할 수 있게 되었다. 그러므로 무인정권의 성립은 단순한 정권의 교체이기보다도 오히려 사회적 변화였다고 할 수가 있다.

한편 지방의 鄕吏는 원래 文臣貴族과 그 혈통을 같이한 것이었으며, 또 科擧를 통하여 언제든지 중앙의 문신귀족으로 등장할 수 있는 신분층이었다. 海州 崔氏의 경우가 그 두드러진 예라고 할 수가 있다. 고려 말기에 가면서 이들은 보통 士大夫라고 불리게 되는데, 당시에는 귀족들의 農莊이 크게 발달한 상태여서, 이들이 과거에 합격하여 중앙에 관직을 얻게 되더라도, 국가로부터 경제적인 보상을 받을 수가 없게 되었다. 이들이 私田(農莊)의 개혁을 부르짖게 되는 것은 그러한 때문이었다.

이들 신흥사대부 세력의 지지 하에 조선왕조가 고려왕조의 뒤를 잇게 되었다. 사대부들이 관직을 얻으면 결국 文班이나 武班에 속하게 되는 것인데 이로 인해서 '兩班'이란 말은 문·무의 관직을 차지할 수 있는 사회적 신분층을 부르는 칭호로 사용되기에 이르렀다. 이들 양반도 혈통을 토대로 하는 신분층이였지만, 고려의 귀족보다는 사회적 기반이 더욱 확대되고, 따라서 그 수가 훨씬 많아지게 되었다. 그러다가 소위 士林이라 불리는 在野의 학자들이 중앙의 정치무대에 등장하면서 이러한 경향은 더욱 촉진되었다. 이같이 조선시대에 들어와서 관리가 될 수 있는 후보자의 수가 늘어났으므로, 그들 모두를 관리로 등용할 수가 없는 처지에 이른 것이다. 이에 그들 전체의 공동이익을 보장하기 위하여 관리 등용 시험인 과거가 중요시되게 되었다.

그러나 양반사회는 여전히 신분제를 토대로 한 귀족사회였다. 양반은 그들의 특권을 배타적으로 옹호하기 위하여 여러 가지 제도적 장치를 만들어 놓았다. 그런데 17세기경에 이르러 이 같은 장치들이 점점 무너지고, 그 밑에 있는 계층들이 크게 사회적으로 진출하게 되었다. 우선 庶孼에 대한 차별대우가 점점 희미해져서, 서얼 출신도 관리로 진출하게 되었다. 또 技術官인 中人들이 크게 사회적 진출을 하였다. 가령 譯官들은 외국의 새로운 문물에 접하여 견문을 넓힐 뿐 아니라 私貿易으로 재부를 축적하여 그들의 사회적 지위를 향상시켰다. 胥吏나 鄕吏들은 행정 능력을 통하여, 醫官·畫員 등은 높은 전문적 지식을 통하여 사회적 영향력을 확대해갔다. 한편 廣作農民과 都賈商人들도 그들의 재부를 늘리어 사회적인 지위를 향상시키었다. 이 여러 현상은 양반사회의 신분질서를 크게 흔들어 놓고, 한국 사회의 지배적인 세력의 기반을 더욱 확대시키는 결과를 가져왔다.

V. 민족 구성원 전체의 사회참여

19세기에 이르러 한국사는 또 한번의 큰 사회적 변화를 겪게 되었다. 즉 신분제도 자체가 폐지되고 민족 구성원 모두가 법적으로 자유와 평등을 누릴 수 있게 되었다. 이것은 곧 민족 구성원 모두가 한국사회의 주인공으로 활동할 수 있게 되었다는 것을 의미한다.

우선 19세기 초에 중앙의 公奴婢가 해방되었다. 공노비는 여러 가지 방도로 良人 신분을 취득하여 왔지만, 공노비로 남아 있는 경우라도 실제로는 身貢을 내지 않았으므로 사실상 양인이나 다름이 없었다. 이미 국가에서는 奴婢案을 불살라 버림으로써 중앙의 공노비가 양인의 신분을 얻게된 것이다. 이에 따라서 私奴婢도 이에 준하는 상황에 놓이게 되었다. 그러나 전반적인 신분제도의 폐지는 19세기 말의 甲午更張에서였다. 여기서 양반과 상민의 구별을 없이하여 누구든지 개인적인 능력에 따라서 관직에 등용될 수 있게 하였다. 또 公私奴婢의 법을 혁파하고 인신의 매매를 금지하게 하였다. 그리고 驛丁·廣大·白丁 등도 모두 免賤케 하였다.

이러한 개혁이 이루어진 것은 우선 농민들의 사회적 불만이 폭발한 데 그 원인이 있었다. 이러한 불만이 농민들로 하여금 전국 각지에서 산발적으로 民亂을 일으키게 하였는데, 드디어는 모든 인간의 평등을 부르짖는 東學을 중심으로 조직화되어 東學農民軍의 봉기를 가져오게 하였다. 한편 서양의 시민사상에 영향을 받은 신지식층 중심의 법치주의적 민주주의 운동이 일어났는데, 이 같은 운동은 獨立協會를 조직하기에 이르렀다. 여기에는 도시의 상공업자나 천민 신분으로부터 해방된 일반 시민들도 가담하기에 이르렀다.

이 같이 동학과 독립협회를 중심으로 하여 일반 국민은 활발한 사회활동을 전개하여, 일제의 침략과 식민지 지배에 항거하는 민족운동의 중심세력이 되었다. 이것이 한국역사상 처음 보는 대규모 민족독립운동인 三·一運動을 가능하게 한 배경이었다. 3·1운동의 결과로 조직된 臨時政府가 三權分立의 원칙에 입각한 민주주의 정부였던 것은 여기에 말미암은 것이다. 비록 민족 구성원 모두가 자유와 평등을 누릴 수 있는 상황이 준비되기는 하였으나, 그렇다고 사회적 갈등이 모두 해결된 것은 아니다. 가령 지주와 소작농 간의 대립이 있었고, 이어 자본가와 노동자 간의 갈등이 생기었다. 그렇더라도 과거와는 달리 노동자로 출발하여 재벌의 총수가 된 사람도 있으며, 또 노동자들도 그들의 사회적 발언을 활발하게 제시하고 있는 것이다.

解放된 뒤에 나라가 남북으로 갈려서 남한에는 자유민주주의 체제가 성립되고, 북한에는 사회주의 체제가 성립되었다. 그 결과로 말미암아 6·25전쟁과 같은 민족적 비극이 일어나게도 된 것이다. 그러나 자유와 평등을 추구해온 민족의 이상은 그대로 살아서 한국사가 전개되어 나아갈 방향을 제시해주고 있다. 그리고 남과 북이 모두 이 이상을 충실히 추구함으로써 민족의 통일이 평화적으로 이루어질 것이다.

Ⅵ. 새로운 시각의 효과

위에서 한국사의 전개를 크게 네 단계로 나누어 살펴보았다. 이 네 단계를 원시·고대·중세·근대로 부를 수도 있지 않을까 하는 유혹을 받는다. 그러나 이 같은 명칭은 사실 형식적인 것이어서 별로 의미가 없는 것이므로, 굳이 그러할 필요를 느끼지 않는다. 뿐만 아니라 각 시기마다 일직선적으로 역사가 발전해온 것이 아니라, 계단식으로 몇 개의 도약기를 거치며 전개되어 온 것이다. 그리고 그 각 단계마다 또 중요한 의미를 갖고 있으므로 해서 더욱 그러하다.

이 점은 어떻든, 위에서 설명한 것과 같은 한국사의 전개과정은 몇 가지 중요한 사실을 제시해주고 있다고 생각한다. 우선 유의할 점은, 이상과 같은 전개과정은 세계의 다른 여러 나라의 그것과 궤를 같이한다는 점이다. 과거에는 한국에 왕조의 교체는 있었으나 사회의 변화는 없었다던가, 혹은 혁명에 의한 사회적 정화작용이 없었다던가, 혹은 또 비정상적인 발전을 해왔다던가 하는 견해가 일반적으로 통용되어 왔다. 그러나 사회적 발전에 인간집단의 참여가 점점 확대되어 갔다는 점에서 세계사의 발전과 조금도 다름이 없다는 점을 알 수가 있게 되었다. 그 이전 시대에 인간집단의 사회참여가 점점 축소되어 갔다는 점에 있어서도 이는 마찬가지이다.

다음으로 주목되는 점은 모든 민족구성원이 한결같이 자유와 평등을 누리는 사회를 지향하며 한국사가 전개되어 왔다는 사실이다. 즉 모든 민족 구성원이 평등한 입장에서 정치적 활동의 자유, 직업 선택의 자유, 사상과 신앙의 자유, 학문의 자유, 결혼의 자유 등을 누릴 수 있는 사회를 이루도록 전개되어 왔다는 점이다. 이같이 한국민족이 추구해온 이상은 인류가 추구해온 이상과도 일치하고 있는 것이다. 이같은 점에서 한국사는 세계사에서 정당한 시민권을 누릴 자격을 갖추고 있다고 생각하는 것이다.

〈李基白〉

Ⅰ. 자연환경

1. 생태학적 특성
2. 지리학적 특성
3. 인류학적 특성

Ⅰ. 자연환경

1. 생태학적 특성

1) 한반도의 위치와 지형

(1) 위치

우리 나라는 유라시아 대륙의 동쪽 주변에 자리 잡고 있는 반도이다. 남북으로 기다란 한반도는 33°~43°N, 동서로 124°~132°E 범위에 놓여 있다. 한반도의 위치를 정확히 四極으로 나타내면 〈표 1〉과 같다. 한반도의 면적은 약 22만 ㎢이고 남한의 면적은 약 10만 ㎢이며, 그 중앙을 지나는 緯線은 38°N선이고 經線은 약 127°E선이다. 우리 나라는 위도상으로 북반구의 중위도에 자리잡고 있어서 기후가 온난하고 계절변화가 뚜렷하여 사람이 살기에 매우 좋다.

〈표 1〉 한반도의 위치를 나타내는 四極

사극	행 정 구 역	위도·경도
극동	경상북도 울릉군 독도	동경 131° 52' 42"
극서	평안북도 용천군 마안도 서단	동경 124° 11' 00"
극남	제주도 남제주군 마라도 남단	북위 33° 06' 40"
극북	함경북도 온성군 유진포 북단	북위 43° 00' 30"

자료 : 국립지리원 측지과, 한국통계연감 2000, 통계청 제47호.

(2) 지형

어느 지역의 기후와 생물분포를 이해하려면 그 地形을 알 필요가 있다. 한반도의 지형은 지질시대인 제3기 中新世(2,400만 년~500만 년 전) 이후에 단층과 요곡 운동으로 대체로 동쪽이 높고 서쪽이 낮은 이른바 傾東地形을 이루게 되었다. 따라서 한반도의 높은 산들은 대부분 동해안 쪽에 치우쳐서 등줄기를 이룬다. 이 등줄기는 동쪽으로 급경사를 이루고 서쪽으로 서서히 낮아져서 서해안에 이른다. 그들 산지 사이의 경사를 따라 하천이 서쪽과 남쪽으로 흐르고, 하천의 중·하류에는 비교적 넓은 충적평야가 펼쳐져 있다.

우리 나라의 지형은 산맥 분포에 의하여 특징지워진다. 즉 한반도의 방향과 거의 평행하게 북북서-남남동 방향으로 낭림산맥과 태백산맥이 뻗어서 등뼈라고 할 수 있는 백두대간을 형성하고, 여기에서 동북동-서남서 방향으로 강남산맥·적유령산맥·묘향산맥·언진산맥·멸악산맥·함경산맥이 뻗으며, 북북동~남남서 방향으로 마식령산맥, 광주산맥, 차령산맥, 소백산맥, 노령산맥이 뻗는다. 마천령산맥에는 백두산(2,744m)을 비롯하여 북포태산(2,289)·남포태산(2,435m)·관모봉(2,136m)·두류산(2,309m) 등 2,000m 이상의 높직한 산들이 솟아 있고 이 일대에 평균고도 1,500m 이상의 개마고원이 펼쳐진다. 태백산맥에는 금강산(1,638m)·향로봉(1,293m)·설악산(1,549m) 등의 명산이 분포한다. 태백산맥에서 갈라진 소백산맥에는 소백산(1,400m)을 비롯하여 속리산(1,057m)·민주지산(1,242m)·덕유산(1,608m)·대덕산(1,290m)·백운산(1,277m)·지리산(1,915m)·무등산(1,187m) 등 1,000m 이상의 산이 즐비하고, 멀리 바다를 건너 한라산이 우뚝 솟아 있다.

긴 하천인 압록강·대동강·한강·금강·영산강·섬진강·낙동강은 지형의 기울기에 따라 서해와 남해로 흐른다. 동해로 흐르는 긴 하천은 두만강뿐이고 나머지는 짧은 하천들이다.

우리 나라의 서해안과 남해안은 리아스식 해안으로 대단히 복잡하지만 동해안은 단순하다. 서해안은 압록강 하구에서 전라남도 해남에 이르는 구간으로 직선거리 650㎞이지만 실제 거리는 4,719㎞에 달하고, 남해안은 전라남도 해남에서 부산 송도까지의 구간으로 직선거리가 255㎞에 불과하지만 실제

〈그림 1〉 한반도의 산맥

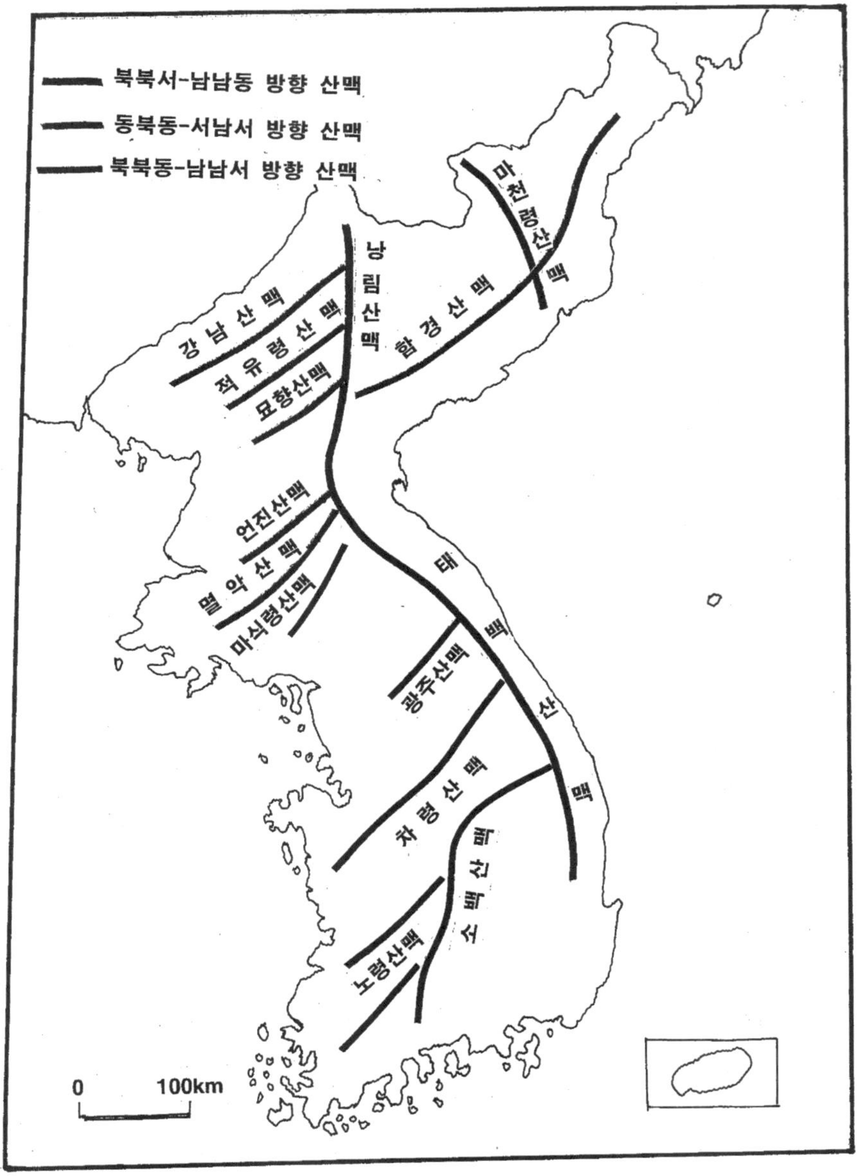
북북서-남남동 방향 산맥
동북동-서남서 방향 산맥
북북동-남남서 방향 산맥
마천령산맥
낭림산맥
함경산맥
강남산맥
적유령산맥
묘향산맥
언진산맥
멸악산맥
마식령산맥
태백산맥
광주산맥
차령산맥
소백산맥
노령산맥
0 100km

거리는 2,246㎞에 달하여 복잡함을 보이고, 동해안은 부산 송도에서 두만강 하구까지의 구간으로 직선거리 809㎞인데 실제거리는 1,727㎞이여서 단순함을 보여준다.

우리 나라의 연안에는 수많은 도서가 산재하여 모두 3,418개에 이른다. 이 중에서 약 3분의 1이 유인도이고, 나머지는 무인도이다. 제주도(1,862㎢)를 비롯하여 거제도(383.5㎢)·강화도(319.8㎢) 등의 넓은 도서는 서해안과 남해안에 있고, 울릉도(72.8㎢)만이 동해에 있다.

2) 한반도의 기후

(1) 기후 특성

한반도의 위치는 熱收支上 열이 부족한 한대지역이나 열이 남아나는 열대지역의 경계선 위에 있다. 따라서 열을 수송하기 위한 大氣活動이 활발하고, 또한 기단과 기단 사이의 경계선인 전선과 고·저기압이 자주 통과하는 지역이다.

고기압으로는 겨울철의 시베리아 고기압과 여름철의 북태평양 고기압이 있고, 이밖에 이동성 고기압이 자주 통과한다. 저기압으로는 중국 내륙이나 황해에서 발생하여 한반도를 가로질러 동해로 빠져나가는 온대성 저기압과 태평양에서 발생하여 태풍을 몰아 오는 열대성 저기압이 있다. 온대성 저기압은 일년 내내 통과하는데 특히 4월부터 7월 사이에 자주 통과하여 이때마다 날씨가 흐리며 비를 내리게 한다. 이밖에 한반도는 4계절에 걸쳐 寒暖·乾濕의 성질이 다른 기단의 영향을 받아 기후에 많은 변화가 일어난다.

기단은 넓은 지역에 걸치는 大氣候를 결정하는데 비하여 지형은 대기후에 2차적으로 영향을 미치므로 보다 작은 규모의 中氣候나 小氣候(국지기후)에 영향을 미친다. 한반도는 지구상에서 가장 넓은 유라시아 대륙의 변두리에 위치하므로 반도이지만 大洋에 면해있지 않기 때문에 기후가 해양보다 대륙의 영향을 더 받는다. 그래서 북부로 갈수록 대륙의 영향을 크게 받고 남부로 갈수록 해양의 영향을 받아 기후 차가 나타난다. 특히 연안을 흐르는 해류는 기후의 지역 차를 가져오는 원인이 되고 있다. 예를 들면, 난류인 東韓海流와 한류인 北韓海流는 동해안의 기후에 큰 영향을 끼치고 있다. 북한해류는 겨울에 발달하여 경상북도 竹邊 부근까지만 남하하므로 그 이남의 연안은 연중 난류의 영향을 받는다. 서해안에는 난류인 제주해류가 들어오기는 하지만 그 세력이 미약하고 발해 쪽에서 남하하는 冷水塊인 연안류가 서해안지역의 기후에 영향을 미친다. 겨울에 몹시 차가워진 해수는 여름이 되어 표면수가 따뜻해져도 저층수가 찬 채로 머물러 있으므로 이 냉수괴로 말미암아 서해안 북부지역에 비가 적어지고, 또한 이 냉수괴는 다도해 근처까지 내려와서 가뭄과 짙은 안개를 자주 일으킨다.

기후는 위도에 따라 열대·온대·한대로 크게 나누거나 기온과 植生을 기초로 하여 나눈다. 열대와 온대의 구분은 야자수의 自生限界인 연평균기온 20℃의 등온선으로 하고, 온대와 한대의 구분은 수목의 北限界가 되는 最暖月의 평균기온 20℃의 등온선으로 한다. 그런데 한반도의 평균기온은 8℃~14℃이고 최난월인 8월의 평균기온이 20℃~26℃이므로 온대에 속한다.

한반도의 기후는 앞에서 기술한 바와 같이, 대륙의 영향을 크게 받는 대륙성 기후이다. 대륙성기후의 특징은 여름에 몹시 덥고 겨울에 추운 데 있다. 우리 나라는 여름(8월)의 평균기온이 25℃ 내외이고 일최고기온이 30℃ 이상으로 열대 못지 않게 더운 날이 계속된다. 그리고 겨울(1월)의 평균기온은 −20℃~0℃로 한대와 같이 몹시 추운 날이 계속된다. 우리 나라의 한 지점과 다른 나라의 지점을 비교하면 여름이 덥고 겨울이 추운 것을 알 수 있다. 즉 신의주, 서울 및 부산의 8월 평균기온은 각각 23.9℃, 25.4℃ 및 25.4℃로서 차가 적을 뿐만 아니라 열대인 싱가폴의 27.5℃와 비슷한 더위이다. 그리고 북위 41°에 위치한 중강진과 같은 위도에 있는 로마의 1월 평균기온은 각각 −20.8℃와 7.0℃이다.

한반도는 계절에 따라 바람 부는 방향이 바뀌는 季節風氣候 지대이다. 우리 나라의 각 지점의 평균풍향은 11~3월 사이에 北西風이 불고, 4~9월 사이에 南風이 분다. 즉 겨울에는 대체로 북서풍이, 여름에는 남풍이 불어 계절에 따라 풍향이 달라진다. 이러한 계절풍은 아시아 대륙과 태평양 사이가 계절에 따라 반대 방향의 대기순환이 일어나기 때문에 생긴다.

한반도의 계절풍은 雨期와 乾期를 가져온다. 여름 계절풍은 북태평양 기단에서 불어오는데 이 多濕하고 안정한 대기가 장마 전선대에 유입되면 장마비가 내린다. 즉 한반도에 장마전선이 정체되었을 때 이를 향해 다습한 남서 또는 남동 계절풍이 불면 장마비가 내리게 되는 것이다. 이와 반대로 겨울의 북서 계절풍은 건조하고 차가운 시베리아 기단에서 불어온다. 이 시베리아 고기압이 강화되면 여기에서 차가운 공기가 넘쳐 나와 동아시아 일대는 북서계절풍이 불게 된다.

시베리아고기압이 형성되는 시일은 3~4일로 3寒이 되고, 그 동안에 西高東低의 기압배치가 약해지고, 이틈을 타서 揚子江 부근이나 동지나해에서 생긴 온대성 저기압이 동쪽으로 이동하므로 상대적으로 따뜻한 4溫이 된다. 이러한 3한4온의 기온변화는 겨울 동안 되풀이하여 일어난다.

(2) 기온

한반도의 연평균기온은 지형에 따라 차이가 있지만 대체로 남부가 높고 북부가 낮다. 〈그림 2〉에서 보는 바와 같이 제주도는 15℃로 가장 높고 표고 1,386m인 삼지연은 0.2℃로 가장 낮다. 포항－대구－광주를 잇는 선의 이남인 남부와 남해안은 13℃～14℃로서 제주도 다음으로 높다. 12℃의 등온선은 동해안의 속초에서 태백산지를 따라 남하하여 추풍령－전주－대전을 거쳐 태안반도 남쪽으로 빠진다. 10℃의 등온선은 동해안의 함흥－원산을 지나고 태백산맥을 돌아 대동강 하류로 연결된다. 8℃의 등온선은 동해안의 청진에서 시작하여 낭림산맥 남단부의 내륙지역에서 곡선을 이루고 개마고원의 남단을 따라 동서로 뻗는다. 등온선은 대체로 내륙의 산간지역에서 남쪽으로 깊숙히 굽음으로써 내륙이 해안지역 보다 기온이 낮음을 보여준다. 그리고 동해안이 서해안지역보다 기온이 높아서 기온의 동서 차도 나타난다.

〈그림 2〉 한반도의 연평균기온(℃)의 분포(이현영, 2000)

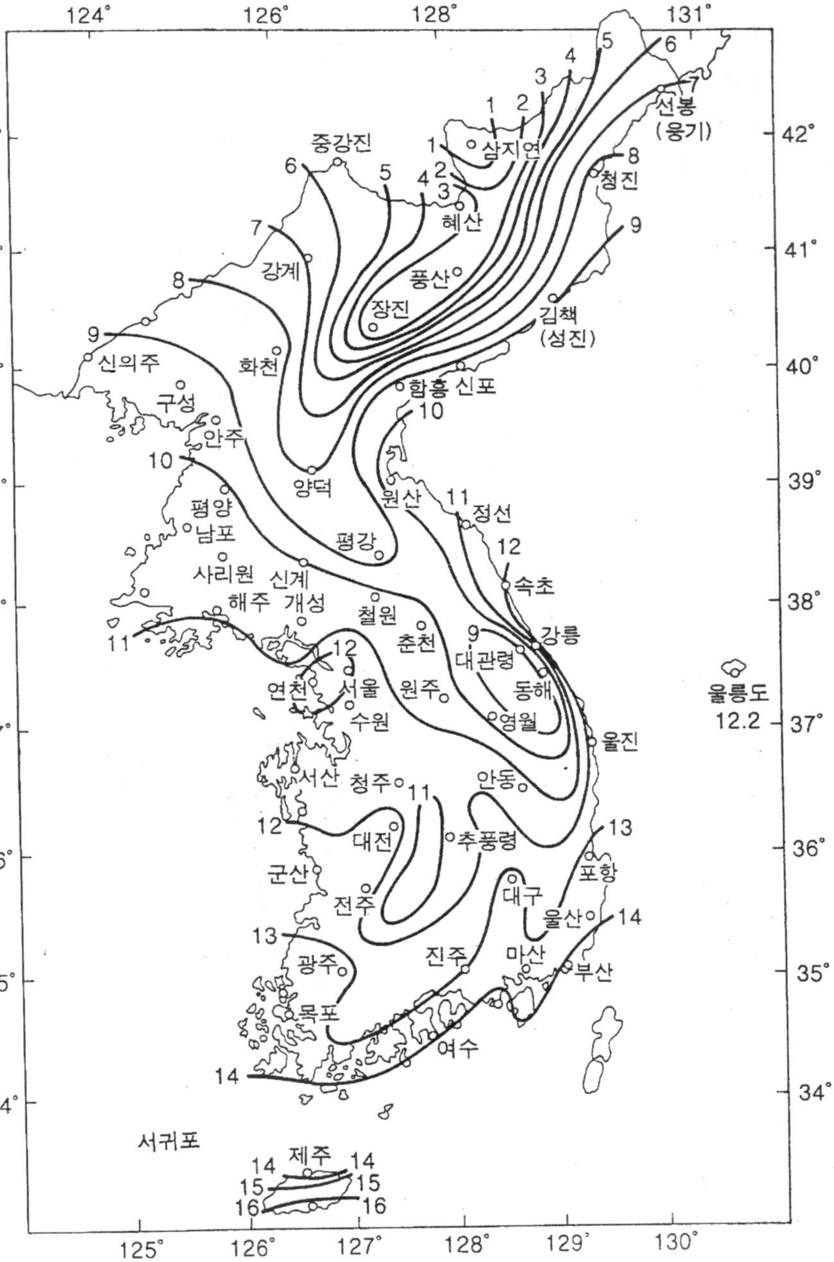

(3) 강수량

한반도는 지구상에서 강수량이 비교적 많은 습윤지역이다. 연강수량은 500~1,700㎜이고 전국토의 평균치는 1,190㎜이다. 한반도는 강수량의 계절적 편차가 매우 커서 6~9월의 여름철 강수량이 연강수량의 60% 이상이며 때로는 일강수량이 수 백 ㎜의 집중호우가 내릴 때도 있다.

〈그림 3〉 한반도의 강수량 분포(이현영, 2000)

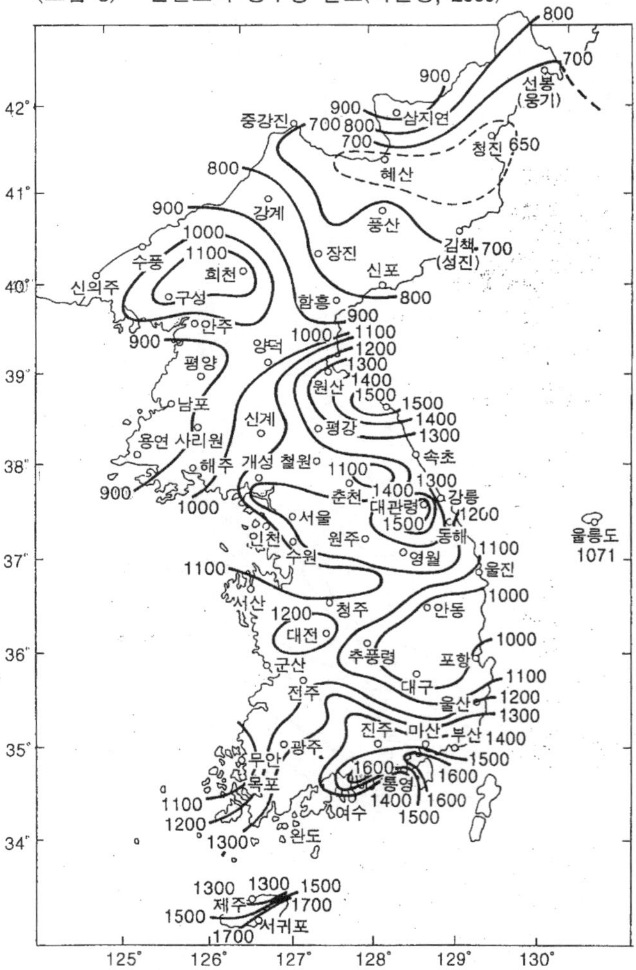

한반도는 지리적으로 남북방향으로 길게 뻗어 있고 지형이 복잡하기 때문에 〈그림 3〉에서 보는 바와 같이 연강수량의 분포는 지형에 따라 상당한 차이가 있으며, 대체로 남부로부터 북부로 갈수록 점차 적어지는 경향이 있다. 연강수량은 남해안지역이 1,500㎜ 정도로 많고 한반도 북동부 지역이 600~800㎜로 적다. 연강수량이 많은 제주도(1,600~1,700㎜)와 지리산 서남쪽의 남서해안지역(1,500~1,700㎜)은 다습한 여름 계절풍과 태풍의 영향을 받아 큰비가 자주 내린다. 울릉도는 1,200~1,400㎜로 강수량이 많은데 다른 지역에 비해 겨울의 강설량이 많은 것이 특이하다. 다음으로 연강수량이 많은 곳은 남서계절풍과 양쯔강 유역에서 동진해오는 저기압의 영향을 받는 태백산맥의 풍상측, 즉 임진강과 한강의 상류지역(1,200~1,300㎜)이다. 그리고 화북지방과 몽고에서 이동해오는 저기압이 낭림산맥을 넘을 때 지형성 강수가 내리기 때문에 청천강의 중상류지역(1,100~1,200㎜)도 비가 많은 편이다.

연강수량이 950㎜가 넘는 삼지연 부근을 제외하면 함경북도와 양강도 및 함경남도 일부를 포함한 한반도의 북동부 지역에서 연강수량이 600~800㎜로 적다. 한편 비가 적은 지역인 낙동강 상류의 안동·의성·춘양 등지에서도 연강수량이 1,000㎜에 미치지 못하여 물부족 현상을 자주 겪는다.

(4) 한반도의 기후구분

한반도의 기후구분은 여러 가지 학설이 있지만 여기에서는 李泳澤(1973)이 연구하고 학계의 검증을 거쳐 교과용으로 이용되는 것을 설명한다.[1)]

Köppen은 온대와 냉대 기후의 경계를 구분하는 기준을 最寒月의 평균기온이 −3℃의 등온선으로 긋고 있다. 그러나 이 구분은 너무 엉성하게 그어지기 때문에 몇 가지 기준을 더하여 세분한 것이 이영택의 기후구분이다. 먼저 낭림산맥과 태백산맥을 경계로 하여 동서로 나누고, 다음에 서쪽의 넓은 해안지역을 해안으로부터의 거리에 따라 西岸型과 內陸型으로 구분한다. 동쪽 해안지역은 난류와 바람의 영향으로 남북의 차가 있어 북부·중부·남부

1) 金蓮玉, 〈한국의 기후구〉(《韓國地誌》, 건설부·국립지리원, 1980), 233~238쪽.

로 구분한다. 또 북부의 고원지역은 대륙성이 강하므로 蓋馬高原型으로 하고, 이와 대조적으로 해안의 영향을 항상 받는 남해안지역은 南海岸型으로 구분한다. 〈그림 4〉는 이러한 기준으로 구분한 한반도의 기후구이다.

〈그림 4〉　한반도의 기후구

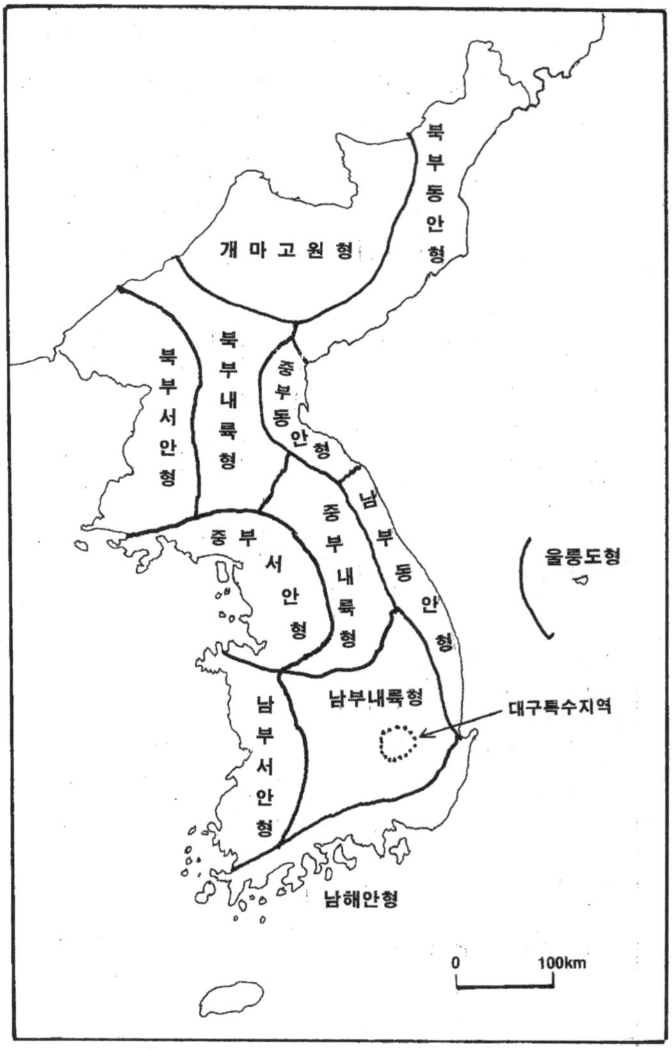

서안형을 다시 북부서안·중부서안·남부서안의 3형으로, 내륙형은 북부내륙·중부내륙·남부내륙의 3형으로, 동안형은 북부동안·중부동안·남부동안의 3형으로 나눈다. 이밖에 개마고원형과 남부해안형 및 울릉도형의 3형이 있으므로 모두 12소기후구로 나뉜다. 더욱 남부내륙형 안에 대구특수지역이 포함되므로 모두 13소기후구가 된다. 소기후구의 특징은 다음과 같다.

① 개마고원형 : 개마고원은 한반도의 지붕이라 일컫는 높은 지역이다. 대륙성 기후이며 월평균기온 0℃ 이하인 달이 5개월 이상 계속된다. 1월 평균기온 −14℃~−20℃, 7월 평균기온 20℃~24℃, 연평균기온 2℃~6℃이다. 기온의 年較差는 40℃ 이상으로 심한 대륙성기후이며, 연강수량은 600~800㎜의 소우지역이다. 이 지역에는 아한대침엽수림이 무성하다.

② 북부동안형 : 함경산맥의 남사면 지역으로 영흥 부근의 구릉을 경계로 하여 중부동안형과 구분된다. 연평균기온 6℃~8℃, 연강수량 600~700㎜의 가장 소우지역이다.

③ 북부서안형 : 낭림산맥의 서사면 중에서 북부서안에 면한 지역이며, 대체로 평야를 북에서부터 연결하는 삭주·영변·신막을 잇는 선의 내륙형과 경계하며, 남쪽은 멸악산맥을 경계로 중부지방과 경계한다. 연평균기온 9℃~11℃, 1월 평균기온 −8℃~−10℃로 같은 위도의 동해안지방보다 추운 편이다. 연강수량 1,000~1,300㎜로 3대 다우지역의 하나이다.

④ 북부내륙형 : 북부서안형의 내륙쪽이며 낭림산맥 서쪽의 높은 산지와 구릉지이다. 연평균기온 8℃~10℃, 연강수량 1,000~1,100㎜로 북부서안형보다 대륙성이다.

⑤ 중부동안형 : 금강산 이북과 영흥 구릉 이남의 영흥만 이남 지역이다. 연평균기온 8℃~10℃, 1월 평균기온 −2℃~−7℃로 같은 위도의 북부 내륙보다 따뜻하고 강수량도 많은 편이다.

⑥ 중부서안형 : 북으로 멸악산맥, 남으로 차령산맥과 경계하고, 동으로 약 500m 이하의 구릉과 경계하는 예성강·임진강·한강의 하류지역이다. 연평균기온 10℃ 내외, 1월 평균기온 −3℃ 내외, 8월 평균기온 25℃를 넘는 춥고 더운 지역이다. 연강수량 1,100~1,200㎜로 한강 하류에서는 1,300㎜를 기록하는 다우지역이다.

⑦ 중부내륙형 : 태백산맥의 서사면과 충북의 북부지역이다. 춘천·원주 등 많은 분지와 약 500m의 평탄한 산지로 되어 있어 중부서안형보다 높은 고랭지 기후이다. 연평균기온 10℃~13℃, 연강수량 1,000~1,200㎜로 많은 편이다.

⑧ 남부동안형 : 금강산 이남에서 포항에 이르는 태백산맥의 동사면이다. 동한 난류와 태백산맥을 불어 내리는 높새바람(föhn) 현상으로 겨울 기온이 서해

안 지역보다 따뜻하다. 연평균기온은 12℃~13℃, 연강수량 1,000~1,100㎜로 겨울에 눈이 많이 내린다.

⑨ 남부서안형 : 차령산맥 이남의 서해안지역으로 1월 평균기온 -3℃의 등온선이 온대와 냉대 기후를 경계하는 이남 지역이다. 동쪽의 남부내륙형과는 전주-광주를 잇는 선으로 경계한다. 연평균기온 12℃~14℃로 온화하고 연강수량 1,000~1,200m로 겨울 강수량이 비교적 많고, 겨울과 봄에 흐린 날이 많다. 연안의 도서는 기온이 낮고 비가 적으며 안개 일수가 많다.

⑩ 남부내륙형 : 소백산맥의 양 사면과 낙동강 상·중류의 넓은 내륙지역이다. 연평균기온 11℃~13℃이며 특히 여름에 30℃ 이상으로 오른다. 강수량은 소백산맥 일대에서 1,100~1,300㎜이고, 낙동강 상·중류에서 900~1,100㎜로 남한 제일의 소우지역이다. 비가 적고 기온이 높은 대구는 특수지역으로 다룬다.

⑪ 남해안형 : 남해안과 제주도가 포함된다. 1월 평균기온 0℃의 등온선으로 북한계를 이루는 지역이다. 연평균기온 13℃~14℃, 연강수량 1,300~1,500㎜로 비가 많은 지역이며 난대림의 분포지역과 일치한다.

⑫ 울릉도형 : 동해안에서 멀리 떨어진 섬으로 해양성 기후이다. 연평균기온 12℃, 연강수량 1,500㎜이다. 겨울 강수량이 연강수량의 30%로 여름 강수량보다 많고 계절풍형 강수가 많다.

3) 식 생

(1) 한반도의 자연식생과 잠재자연식생

식생(vegetation)은 어느 지역의 땅 위를 덮고 있는 식물을 통틀어서 말한다. 사람의 영향을 전혀 받지 않고 자연 그대로 유지된 식생을 自然植生 또는 原植生이라고 하는데 우리 나라의 자연식생은 사람의 간섭을 받아 대부분 훼손되었다. 역사적으로 국력이 쇠약한 시기일수록 자연식생의 훼손 정도는 극심하였다. 예를 들면 대한제국의 말기에 러시아인과 청국인들이 우리의 자연식생을 훼손시킨 증거가 있다. 그리고 일제강점 하에서도 자연식생이 남벌되었고 한국전쟁 중에도 남벌이 극심하였다. 하지만 기후 조건이 온화한 우리 나라는 한번 훼손된 식생이라도 시간이 지남에 따라 서서히 복원된다. 이렇게 변형되어 현재 남아 있는 식생을 現存植生이라고 한다. 현재 우리 주변에 흔히 보는 현존식생은 사람의 영향을 받아 대치된 代償植生이라고 말할 수 있다.

만약 인간이 식생에 전혀 간섭하지 않는다면 환경은 현존식생을 변화시키는 잠재력이 있으므로 시간이 흐름에 따라 자연식생(원식생)에 가까운 식생이 형성될 수 있다. 이렇게 하여 형성된 식생은 이론적으로 현재의 환경에 의하여 만들어진 潛在自然植生이라고 말한다. 이 잠재자연식생은 각각의 주어진 환경에 따라 각각 다른 식생으로 된다. 즉 현재의 환경은 유사 이전에 자연식생을 유지하였던 환경과 다르기 때문에 새로 생기는 잠재자연식생은 본래의 자연식생(원식생)과 똑 같지는 않을 것이다. 다음에 설명하는 삼림식생분포도는 각 지역의 기후요인과 잠재자연식생을 고려하여 작성한 것이다.

(2) 삼림식생분포

전세계의 식생분포는 전북구·신열대구·구열대구·남대구의 4區系界로 나뉘고, 한반도는 全北구계계 속의 중국－일본구계에 소속된다.[2)]

중국－일본구계는 같은 전북구계계에 속하는 유럽－시베리아구계, 서아시아－중앙아시아구계, 아프리카－인도사막구계 및 구열대구계계에 속하는 동남아시아구계, 인도구계에 싸여 있다. 중국－일본구계는 다시 한반도를 중심으로 일본과 중국·미얀마·부탄·네팔·인도 북부의 고지(히말라야 산맥)를 지나 아프가니스탄 남동부 고지·우즈베키스탄 동부로 길게 펼쳐져 있다.

중국－일본구계의 특징은 온난다습하고 여름에 비교적 더우며 겨울에 비가 적은데 있다. 여기에 분포하는 식물은 종류가 대단히 많아서 히말라야, 중국, 한국 및 일본을 포함하여 약 2만5천～3만 종으로 추정되고 있다.

이처럼 식물의 종류가 많은 이유는 ① 지질시대에 있었던 氷河期가 북미대륙이나 유럽만큼 혹독하지 않아서 氷河가 크게 발달하지 않았고, ② 제3기에 기원한 온대성 낙엽활엽수림이 잘 보존되었으며, ③ 서쪽의 히말라야 산맥을 제외하고 높은 산맥이 없었으므로 빙하기에 기후변동을 하는 동안 식물이 남북으로 자유롭게 이동하였고, ④ 빙하기가 끝난 뒤에 기후가 비교적 온난하고 강수량이 많아서 식물이 잘 발달하였기 때문이다.

---

2) Good, R. 1974. *The geography of the flowering plants.* 4th ed. p. 557, Lonman, London.

〈그림 5〉 중국－일본구계의 구분

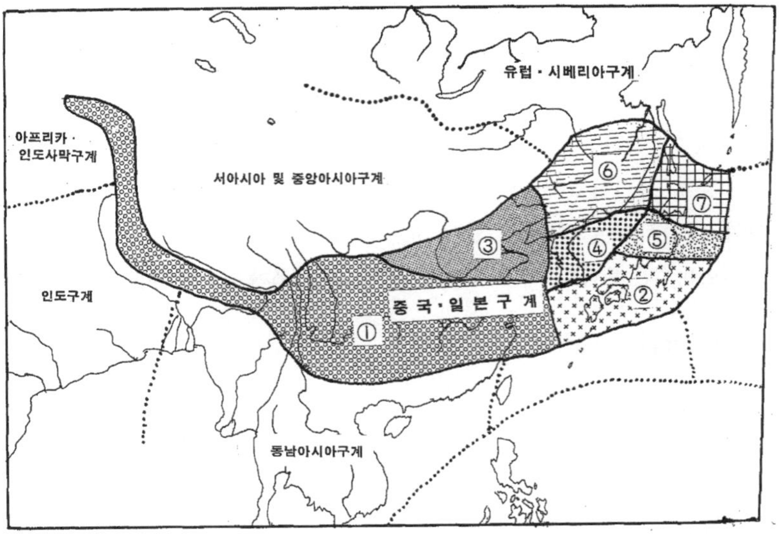

중국－일본구계는 다시 온대의 식물을 주로 하는 溫帶亞區系와 난대의 식물을 주로 하는 暖帶亞區系로 나뉜다. 주로 낙엽활엽수가 자라는 온대아구계는 남해안을 제외한 한반도·중국동북부·일본열도에 걸쳐 있는데, 이 아구계는 다시 한국구, 만주구, 중국 화북구, 중국 남서구－히말라야－우즈베키스단 동부, 일본온대구, 남사할린－북해도의 6구로 나뉜다. 상록활엽수가 주로 자라는 난대아구계는 한반도의 남해안과 일본의 남부를 포함하는 한일난대구와 중국 화중구로 나뉜다.

지질시대의 제3기가 끝날 무렵부터 지구는 몹시 추운 시대와 따뜻한 시대가 되풀이되었는데 식물은 추운 시대에 남쪽이나 저지로 밀려가고 따뜻한 시대에 북쪽이나 고산으로 이동하였다. 현재 한반도의 아고산이나 아한대에 살고 있는 식물들은 유럽－시베리아구계의 식물이 대부분이다. 그들은 중국－일본구계의 식물들에 둘러싸여서 마치 바다 가운데 섬처럼 곳곳에 격리되어 분포하고 있다. 예를 들면 설악산·지리산·한라산의 정상에서 자라는 구상나무는 추운 시대에 한반도에 널리 분포하였다가 기후가 따뜻해졌을 때 북쪽으로 후퇴하지 못하고 아고산에 남은 채 현재에 이르렀다고 해석되는 것이다.

〈그림 6〉 한반도의 삼림식생분포(任慶彬, 1968)

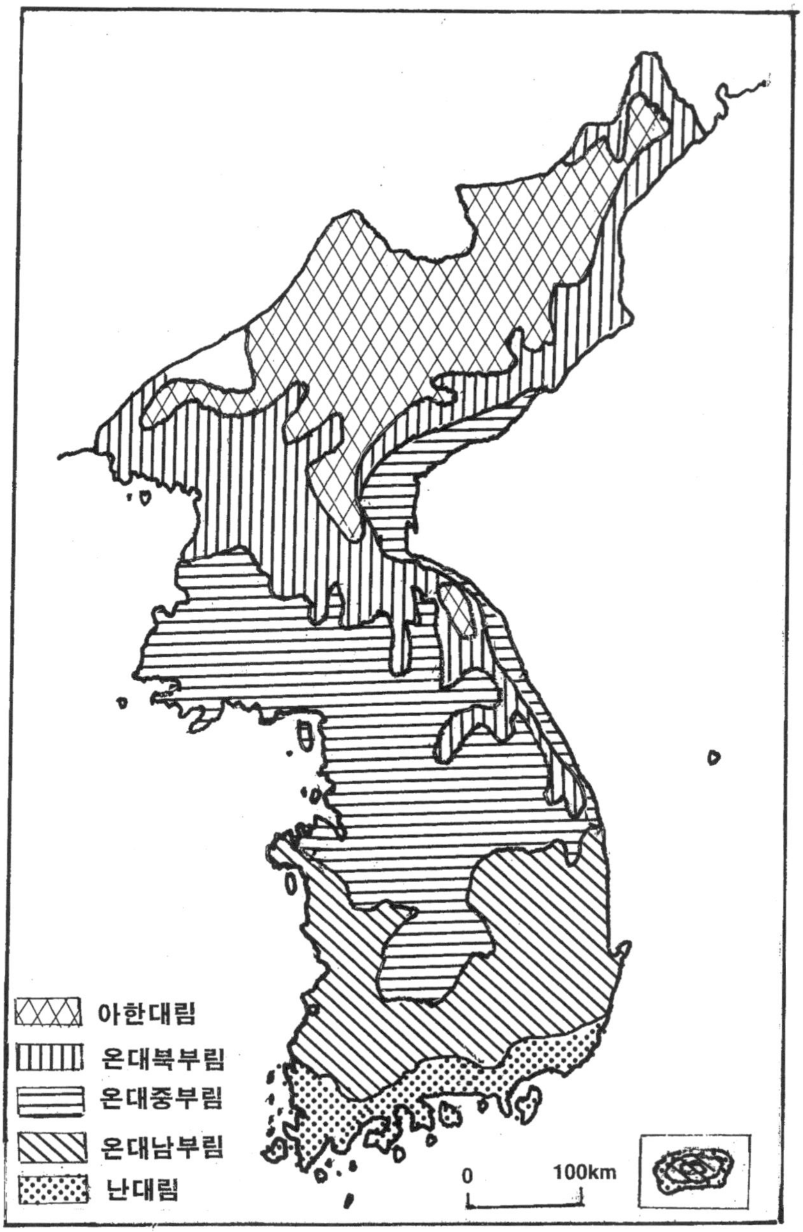

任慶彬(1968)은 한국구의 삼림식생을 〈그림 6〉에서 보는 바와 같이 더 자세한 삼림식생분포도로 나타내어 아한림대·온대북부림대·온대중부림대·온대남부림대 및 난대림의 5대림으로 구분하였다. 아한림대는 개마고원을 비롯한 함경남·북도의 내륙지역의 식생을 포함하고, 온대북부림대는 평안북도와 함경남·북도의 내륙지역의 식생을 포함하며, 온대중부림대는 황해도, 경기도, 충청남·북도의 내륙과 강원도의 동해안지역을 포함하고, 온대남부림대는 충청남도와 전라북도의 서해안과 경상남·북도의 동해안을 포함하며 난대림대는 전라남도와 경상남도의 남해안과 제주도를 비롯한 도서를 포함한다.

한반도의 아한대림대에는 추운 대륙성 기후에 견디는 가문비나무·분비나무·종비나무·잎갈나무·풍산가문비·털가문비와 같은 침엽수와 사스래나무·새양버들·자작나무·배암나무와 같은 낙엽활엽수가 흔히 자라고, 또한 설령오리나무·민좀자작나무·부전자작나무·백두산자작·덤불자작·산종덩굴·함북종덩굴·산이스라지·상실버들·불레괴불나무와 같은 한국 특산식물이 출현한다.

온대북부림대에는 만주곰솔·잣나무·전나무· 주목 등의 침엽수, 박달나무·가래나무·난티나무·수수꽃다리·몽고뽕나무·암괴불나무·매자잎버들 등의 낙엽활엽수, 지모와 같은 초본식물 그리고 댕강나무·참골담초·연밥갈매나무· 개느삼·만리화 등의 한국 특산식물이 생육한다.

온대중부림대에는 신갈나무·졸참나무·서나무·쇠물푸레·굴피나무·비목나무와 같은 낙엽활엽수가 흔하고, 털오갈피·매자나무·산팽나무·검팽나무·노랑팽나무·줄댕강나무·오동나무·개수양버들·미선나무·금강인가목·모데미풀·금강초롱꽃과 같은 한국 특산식물이 출현한다.

난대림대에는 가시나무·구실잣밤나무·녹나무·돈나무·붉가시나무·종가시나무·육박나무·후박나무 등의 상록활엽수가 흔히 자라고, 특히 제주도에는 담팔수·섬댕강나무·섬오갈피·고채목·좀갈매나무·솔비나무·제주산버들·제주진달래·둥근잎참빗살나무 등의 한국특산식물이 생육한다.

(3) 식생분포와 기후

한반도의 기후구(〈그림 4〉)와 삼림식생분포도(〈그림 6〉)를 비교하면 남해안형과 난대림대는 대체로 일치하지만 그 밖의 기후구와 식생대는 맞지 않는다. 그 원인은 기후구의 설정에 지형, 기온, 강수량, 해류, 해안으로부터의 거리 등의 여러 요소가 고려되었지만 식생분포에는 이들 요소가 모두 반영되지 않은 데 있다.

건전한 삼림이 형성되려면 강수량이 700㎜ 이상이어야 한다. 그런데 한반도는 전국토의 절반 이상이 800~1,000㎜의 강수를 가지므로 삼림을 유지하기에 물이 충분하다. 그래서 삼림분포에 강수량이 예민하게 영향을 미치지 않았던 것이다.

한편 식물들은 어느 수준 이상의 기온에서 생육할 뿐 그 수준 이하의 기온에서는 생육하지 못한다. 식물이 생육하는 최소한의 생리적 온도는 5℃로 보고 있다. 그래서 연중 월평균온도가 5℃ 이상의 달에 대하여 5℃ 이상의 온도를 모두 합한 값을 溫量指數(warmth index, WI)로 정한다(Kira, 1948). 그리고 상록활엽수림대의 북한계는 여름의 더운 기온보다 겨울의 추운 기온에 의하여 제한된다. 그래서 연중 5℃ 이하의 달에 대하여 5℃와의 차를 합산한 온도값을 寒冷指數(coldness index)로 정한다. 상록활엽수림대의 북한계는 한냉지수(CI) −10℃~−15℃의 등치선과 일치한다.

한국 지도에 온량지수(WI)가 각각 55℃, 55~85℃, 85~100℃, 〉 100℃ · 월 및 한냉지수(CI)가 〈−10의 등치선을 그려보면, WI 〈55℃ · 월은 아한대림대, WI 55~85℃ · 월은 온대북부림대, WI 85~100℃ · 월은 온대중부림대, WI〉 100℃ · 월은 온대남부림대 그리고 CI 〈−10은 난대림대와 대체로 일치한다

〈표 2〉 한반도의 온량지수(또는 한량지수), 삼림식생분포 및 기후구의 관계

온량지수 및 한냉지수	삼 림 대	수 종	기 후 구
WI 〈 55°	아한대림	아한대침엽수	개마고원기후구
WI 55~85°	온대북부림	냉온대낙엽활엽수	북부기후구
WI 85~100°	온대중부림	난온대낙엽활엽수(북)	중부기후구
WI 〉 100°	온대남부림	난온대낙엽활엽수(남)	남부기후구
CI 〈 −10	난대림	난온대상록활엽수	남해안기후구

(Yim and Kira, 1975). 이처럼 삼림식생분포는 기온을 예민하게 반영하고 있다. 〈표 2〉는 온량지수(또는 한냉지수), 삼림식생분포 및 기후구 사이에 깊은 관계가 있음을 보여준다.

4) 동 물

(1) 동물분포

동물의 분포를 이해하기 위해서는 과거 지질시대에 일어났던 환경의 변화를 알아야 한다. 앞에서 설명한 바와 같이 한반도에는 제3기 말부터 氷河期와 間氷期가 3번 되풀이됨으로써 주변 바다가 얼었다 녹았다 하면서 해수면이 200m나 오르내렸다고 한다. 〈그림 7〉에서 보는 바와 같이 빙하기에는 해수면이 낮았으므로 한반도와 일본열도 사이가 陸續되었고, 황해는 육지로 되며 한반도에서 서해와 남해로 흐르는 강들은 모두 중국의 古黃河系의 하천 및 일본의 혼슈(本州)·큐슈(九州)의 하천과 연결되었다. 그래서 육지는 육상동물의 통로가 되고 하천은 담수어류의 통로가 되었다. 한편 현재의 동해는 과거의 古아무르강으로부터 유입되는 담수호로서 두만강과 그 남쪽의 동해 연안으로 흐르는 하천들이 연결되었다. 그래서 담수어류는 고아무르강과 동해로 흐르는

〈그림 7〉 지질시대의 제3기에 흘렀던 고황허강과 고아무르강

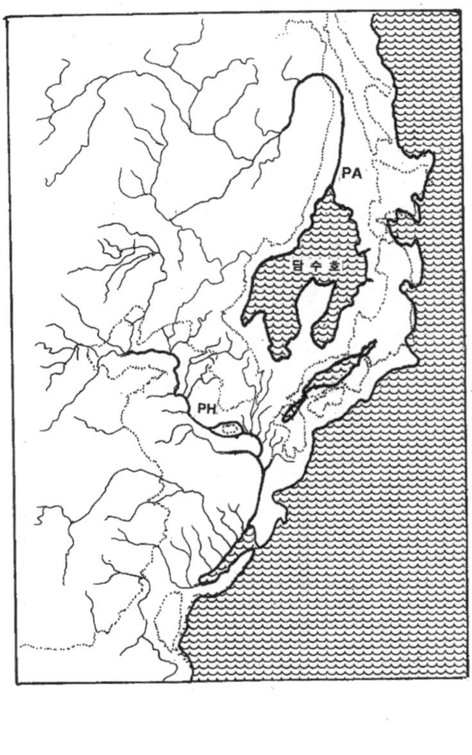

강들 사이에 서로 왕래할 수 있었다고 한다.

동물의 지리 분포 상 우리 나라의 포유동물은 舊北區 중에서 시베리아亞區와 中國亞區에 걸쳐 분포하고 있다. 〈그림 8〉에서 보는 바와 같이 시베리아아구에 속하는 지역은 개마고원을 비롯한 함경남·북도의 고지대를 포함하는 韓國東北小區(또는 한국고지소구)이고, 중국아구에 속하는 저지대는 韓國西南小區(또는 한국저지소구)이다.

한국동북소구에 서식하는 포유동물은 모두 시베리아 동부, 중국의 북만주, 러시아의 사할린·일본의 홋카이도(北海道)의 것들과 관계가 깊어서 한국서남소구의 동물과 구별된다. 한국동북소구에는 소目에 속하는 대륙멧돼지·우수

〈그림 8〉 동아시아의 동물지리분포(Mori, 1936)

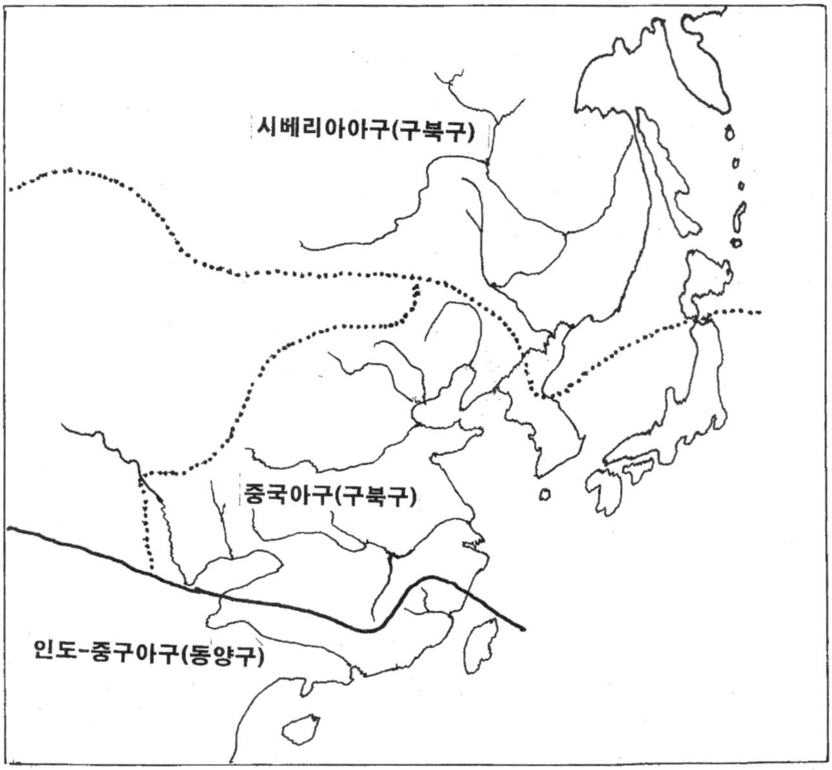

리사슴·백두산사슴, 식육목에 속하는 대륙목도리담비·검은담비(잘)·무산쇠족제비, 토끼목에 속하는 우는토끼, 식충목에 속하는 회시무르고슴도치·뒤쥐·쇠뒤쥐·만포땃쥐·우스리땃쥐·야마시나땃쥐, 박쥐목에 속하는 아무르박쥐·긴꼬리수염박쥐·북방애기박쥐·검은토끼박쥐·불박쥘박쥐·쇠뿔박쥐 등이 서식한다.

한국서남소구에 서식하는 포유동물은 모두 남방형으로서 중국의 만주 남부, 중국의 화북·중부와 일본에 서식하는 것들과 관계가 깊다. 여기에는 소목에 속하는 멧돼지·대륙사슴·노루·고라니, 식육목에 속하는 산달·노란목도리담비·너구리, 토끼목에 속하는 멧토끼, 쥐목에 속하는 날다람쥐·쇠갈밭쥐, 식충목에 속하는 고슴도치·제주땃쥐·울도땃쥐·토마스땃쥐·두더지, 박쥐목에 속하는 제주관박쥐·붉은박쥐·멧박쥐·문둥이박쥐·고바야시박쥐·긴가락박쥐 등이 서식한다.

한국동북소구에 서식하는 조류는 북방형인 북꿩·들꿩·멧닭·세가락딱다구리·백두산오색딱다구리·개미잡이가 있고, 파충류는 북살모사·까치살모사가 있으며, 양서류는 북방산개구리가 있다. 이중에서 까치살모사는 지리산·덕유산·오대산 및 설악산과 같은 고지대에서도 서식한다.

한국서남소구에 서식하는 조류에는 중국과의 공통종이 90%나 되어 중국아구의 특징을 보이는데 다만 이 소구에 서식하는 조류 중에서 울도방울새·뿔종다리·붉은배동고비·울도오색딱다구리·제주오색딱다구리·긴부리쇠딱다구리·크낙새·참수리·들꿩은 한국특산종이다. 이밖에 한국서남소구에는 파충류인 남생이·도마뱀부치·살모사와 양서류인 맹꽁이·조선산개구리·금개구리 등이 서식한다.

담수어류의 분포도 기본적으로 시베리아아구와 중국아구로 나뉘지만 민물에 갇혀서 사는 물고기인 만큼 분포의 기원과 지리적 장벽에 의하여 육상동물과 다른 분포 양상을 나타낸다.

한반도의 담수어류 분포는 〈그림 9〉에서 보는 바와 같이 낭림·태백·소백·노령산맥의 서부 분수령인 古黃河의 영향을 받았던 서부를 西韓亞지역으로, 그 남부를 南韓亞지역으로 그리고 낭림·태백산맥의 동부(강릉 남대천 이북)의 古아무르강의 영향을 받았던 지역을 東北韓亞지역으로 나눈다.

〈그림 9〉 한반도 담수어류의 분포(김익수, 1997)

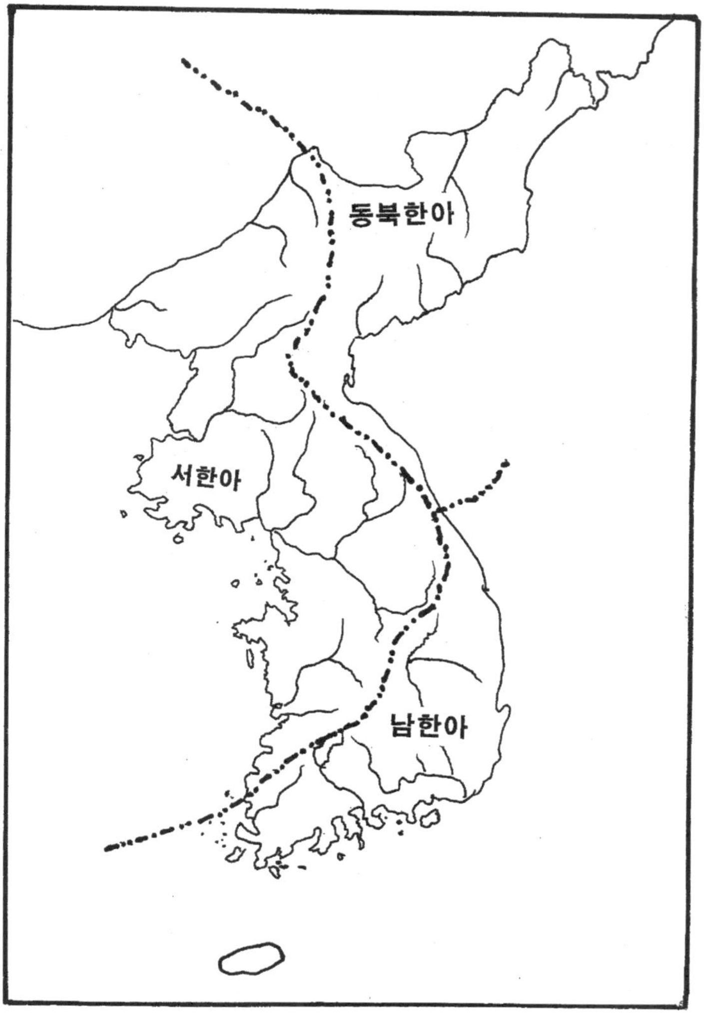

서한아지역은 압록강을 비롯하여 대동강 · 한강 · 금강 등 서해로 흐르는 수계가 포함되는데 여기에는 서호납줄갱이 · 묵납자루 · 어름치 · 감돌고기 · 가는돌고기 · 배가사리 · 꾸구리 · 돌상어 · 금강모치 · 참종개 · 부안종개 · 미호종개 · 퉁가리 등의 한국 고유어류가 서식한다. 이들 고유어류를 제외한

나머지 대부분의 종들은 중국과 남방의 어류로서 고황허에서 유래한 종들이다.

남한아지역은 태백·소백·노령산맥의 분수령에서 남해로 흐르는 영산강·섬진강·낙동강과 동해로 흐르는 삼척 오십천, 왕피천, 형산강 및 태화강의 수계가 포함되는데 여기에는 점몰개·모래주사·임실납자루·왕종개·동방종개·수수미꾸리·좀수수치·꼬치동자개와 같은 고유어종이 서식하고, 기름종개·줄종개·수수미꾸리·송사리·꺽저기는 일본의 서남부와 공통의 어종이다. 이들은 모두 고황허와 동일 수계에서 유래된 종이다.

동북한아지역은 강릉 남대천 이북의 동해로 흐르는 하천으로 고아무르강의 영향을 받았던 수계이다. 여기에 서식하는 한국 고유종은 버들가지와 강종개뿐이고, 버들개·동버들개·북방종개·청가시고기·두만가시고기는 만주북부나 시베리아와 공통으로 서식하지만 고황허의 영향을 받았던 남방계의 메기목어류는 전혀 서식하지 않는다.[3)]

5) 생태계

(1) 삼림생태계

생태계는 생물군집과 그것을 둘러싸고 있는 비생물환경 사이에 밀접한 상호관계가 일어나며 그 속에서 物質循環과 에너지 流轉이 끊임없이 일어나는 系(system)이다. 생물군집은 생산자인 녹색식물, 소비자인 동물 및 분해자인 미생물로 구성되고, 비생물환경은 무기물(이산화탄소·산소·질소 등), 유기물(단백질·지질·탄수화물) 및 물·공기·기후요인으로 구성된다.

한반도의 주요 생태계는 삼림생태계, 하천생태계 및 간석지생태계이다. 이밖에 농경생태계와 도시생태계가 있지만 이들은 순수한 자연생태계가 아니므로 여기에서는 다루지 않는다.

삼림생태계에서 생산자인 삼림의 구조는 교목층·아교목층·관목층·초본층·선태층으로 多層構造를 이루며, 이들은 공간을 효율적으로 점유하여 햇

3) 김익수, 《한국동식물도감》 제37권 동물편-담수어류-(1997, 문교부), 629쪽.

빛을 고루 받아 광합성을 함으로써 유기물질을 합성한다. 이렇게 합성된 유기물은 1차소비자인 초식동물(곤충 · 박새 · 토끼 · 다람쥐 등)에 먹히고, 1차소비자는 1차육식동물(거미 · 개구리 · 족제비 · 살쾡이 등)에게 먹히며, 1차육식동물은 2차육식동물(뱀 · 새매 · 여우 · 너구리 등)에게 잡아먹혀서 마지막에 정점 소비자(수리 · 늑대 · 호랑이)에게 잡아먹힌다. 이 과정에서 에너지가 영양단계에 따라 유전한다. 식물과 동물이 죽은 사체는 분해자인 세균 · 곰팡이 · 버섯 등에 의하여 분해되어 물질순환이 일어난다.

그런데 한반도의 삼림은 벌목되어 농경지와 주택지 · 공장부지로 바뀌어 면적이 좁아졌을 뿐만 아니라 남아있는 현존식생도 조림되어 單層構造로 바뀌었다. 그래서 소비자, 특히 정점 소비자의 서식지가 감소되어 거의 자취를 감추고 말았다. 본래 삼림생태계는 물질순환과 에너지 유전이 다른 생태계(예 : 초원생태계)에 비하여 미약한데다 설상가상으로 면적이 좁혀지고 훼손됨으로써 더욱 미약하게 되었다.

(2) 하천생태계

하천생태계에는 압록강 · 대동강 · 한강 · 금강 · 낙동강 등 긴 하천뿐만 아니라 짧은 하천들도 포함된다. 하천은 계곡의 계류, 상류, 중류, 하류 및 하구로 구분되는데, 이들은 각각 생육환경이 다르므로 서식하는 생물의 종류가 다르다. 하천생태계에서는 생산자인 식물플랑크톤이 초식동물(동물플랑크톤 · 수서곤충 · 송사리 등)에 먹히고, 초식동물이 1차육식동물(붕어 · 잉어)에 잡아먹히며, 1차육식동물이 2차육식동물(메기 · 가물치 등)에게 먹히는 食物連鎖로 이어진다. 하천의 계류나 상류는 수온이 낮아서 식물플랑크톤이 번식하지 못하므로 낙엽을 초식성 수서곤충인 날도래류가 먹고, 이것을 육식성 곤충이나 물고기가 먹는 식물연쇄도 이루어진다.

하천생태계는 현재 물이 화학적으로 오염되었을 뿐만 아니라 그릇된 하천 정비사업으로 直江化됨으로써 물이 자연스럽게 흐르는 여울과 깊게 고이는 소가 없어졌고, 洑와 댐을 쌓음으로써 물고기가 자유스럽게 이동하지 못하는 문제를 안고 있다

(3) 간석지생태계

한반도의 서해안과 남해안에는 세계에서 손꼽히는 干潟地가 펼쳐져 있다. 간석지는 하루에 두 번씩 해수면 밖으로 노출되었다가 잠긴다. 따라서 잠기는 동안은 산소가 부족한 환경(혐기성)이 되고 노출되는 동안은 온도와 염도의 변화가 크게 일어난다. 이러한 혹독한 생태계에 적응하여 생물들이 살고 있는 것이다. 간석지는 육지에서 흘러내리거나 바다에서 흘러드는 오염물질을 정화하고, 특히 황박테리아에 의한 황순환이 활발하다.

간석지생태계의 생산자는 해수 속의 식물플랑크톤과 갯벌 표면에 붙어사는 부착조류(주로 규조류)이다. 간석지에 서식하는 초식동물인 게는 간조가 되면 구멍에서 나와 갯벌 표면의 부착조류를 긁어서 걸러 먹고, 게는 1차육식동물인 육식성 조류에게 잡아먹힌다. 그리고 간석지에서는 죽은 생물체를 먹는 부식성 식물연쇄도 활발히 일어난다. 보존된 간석지생태계는 지속 가능한 생산성을 영원히 유지할 수 있다. 그러나 간석지생태계에 둑을 쌓아 干拓함으로써 면적이 점점 좁아지고 있다.

6) 생물상

(1) 식물상

한반도에서 자라는 관속식물은 솔잎난亞門의 솔잎난綱에 속하는 솔잎난目, 석송아문에 속하는 석송목·부처손목·물부추목, 속새아문의 속새강에 속하는 속새목, 양치식물아문의 고사리강에 하는 고사리삼목·고사리목, 나자식물강에 속하는 소철목·은행목·구과목, 피자식물강의 단자엽식물아강에 속하는 부들목·소생식물목·벼목·천남성목·분질배유목·백합목·생강목·난초목, 쌍자엽식물아강의 이판화군에 속하는 후추목·버드나무목·소귀나무목·가래나무목·참나무목·쐐기풀목·단향목·쥐방울덩굴목·마디풀목·중심자목·미나리아재비목·양귀비목·끈끈이귀개목·장미목·쥐손이풀목·무환자나무목·갈매나무목·아욱목·측막태좌목·선인장목·도금양목·산형화목, 합판화군에 속하는 진달래목·앵초목·감나무목·용담목·통화식물목·

질경이목 · 꼭두서니목 · 박목 · 초롱꽃목이 있다.[4)]

한반도에 생육하는 관속식물의 종류는 양치식물이 249종류, 나자식물이 64종류, 피자식물의 단자엽식물이 815종류 그리고 쌍자엽식물이 1,649종류로 모두 3,777종류가 알려져 있다(자연보호중앙협의회, 1996).

우리 나라에서 생육하는 고유식물은 미선나무屬, 개느삼속, 금강초롱꽃속, 모데미풀속, 부전바디속 및 금강인가목속이며, 특산식물은 411종류이고 이중에서 목본식물이 154종류, 초본식물이 257종류이다.[5)]

한반도에서 생육하는 선태식물은 蘚綱 · 苔綱 및 뿔이끼강으로 나뉜다. 선강에는 물이끼목 · 네삭치이끼목 · 담배대이끼목 · 솔이끼목 · 봉황이끼목 · 꼬리이끼목 · 침꼬마이끼목 · 고깔바위이끼목 · 표주박이끼목 · 참이끼목 · 선주름이끼목 · 방울이끼목 · 기름종이이끼목 · 털깃털이끼목이 속하고, 태강에는 망울이끼목 · 리본이끼목 · 우산이끼목이 속하며, 뿔이끼강에는 뿔이끼목 하나가 속한다. 선태식물 중에서 선강은 208종류, 태강은 76종류 그리고 뿔이끼강은 2종류로 모두 286종류가 생육한다.[6)]

우리 나라에 출현하는 고등균류는 점균門과 진정균문으로 나뉘는데 점균문에는 산호점균목 · 구슬점균목 · 갈적색털점균목 · 망사점균목 · 자주색솔점균목이 속하고, 진정균문의 핵균강에 맥각균목 · 콩버섯목이 속하며, 반균강에 주발버섯목 · 작은입버섯목 · 고무버섯목 · 덩이버섯목이 속하며, 동포자균강에 깜부기병균목이 속하고, 균심강에 목이목 · 고약병균목 · 흰목이목 · 붉은목이목 · 떡병균목 · 가지잘록병균목 · 민주름버섯목 · 주름버섯목이 속하며, 복균강에 알버섯목 · 어리알버섯목 · 연지버섯목 · 찻잔버섯목 · 말불버섯목 · 말뚝버섯목이 속한다. 한국산 고등균류는 모두 1,128종류에 이른다. 이중에서 맥가균, 구름버섯과 같이 약으로 쓰이는 것과 송이나 표고와 같이 식용으로 이용되는 것이 있다.[7)]

---

4) 李昌福, 《大韓植物圖鑑》(향문사, 1980), 990쪽.

5) 李昌福, 〈우리 나라 稀貴植物의 分布現況과 保存對策〉(《자연보존》 59, 1987), 15~21쪽.

6) 최두문, 《한국동식물도감》 제24권 식물편-선태류-(문교부, 1980), 790쪽.

7) 자연보호중앙협의회, 《한국생물종목록》(1996), 540쪽.

(2) 동물상

한반도에서 서식하는 포유동물은 소目·고래목·식육목·토끼목·쥐목·식충목·박쥐목으로 나뉘고, 모두 100종류가 서식한다. 이중에서 박쥐목이 26종류로 가장 많고 식육목이 24종류, 쥐목이 16종류이며 토끼목은 멧토끼와 우는토끼 2종뿐이다. 한국 특산종은 멧돼지·고라니·오소리·노란목도리담비·산달·족제비·제주족제비·여우·너구리·우는토끼·멧토끼·청서·날다람쥐·하늘다람쥐·대륙박쥐·고슴도치·뒤쥐·제주땃쥐·울도땃쥐·야마시나땃쥐·두더지·관박쥐·제주관박쥐·문둥이박쥐·고바야시박쥐·뿔박쥐이다.

한반도에서 서식하는 조류는 아비목·논병아리목·슴새목·사다새목·황새목·기러기목·매목·닭목·두루미목·도요목·비둘기목·두견이목·올빼미목·쏙독새목·칼새목·파랑새목·딱다구리목·참새목의 18목으로 나뉜다. 이 가운데서 참새목이 25과 283종류로 가장 크고 다음이 도요목으로 9과 70종류이며, 기러기목이 38종류, 매목 27종류, 칼새목 2종류, 쏙독새목이 1종류의 순이다. 한국산 조류는 모두 513종류인데 이중에서 텃새는 48종류이고 철새는 266종류이며 나머지 199종류는 迷鳥이다.[8)]

파충류는 거북목과 뱀목으로 나뉜다. 거북목에는 바다에서 사는 장수거북과 바다거북이, 민물에서 사는 남생이와 자라가 있다. 뱀목에 속하는 도마뱀류는 9종류가 서식하는데 이 중에서 장수도마뱀·장지뱀·올디장지뱀은 한국 특산종이다. 뱀목의 뱀과에는 유혈목이·대륙유혈목이·비바리뱀·구렁이·줄꼬리뱀·누룩뱀·능구렁이·실뱀·무자치의 9종류가 있고, 살모사과에는 살모사·북살모사·까치살모사·쇠살모사의 4종류가 있으며, 바다뱀과에는 바다뱀과 먹대가리바다뱀의 2종류가 있어 모두 15종류가 서식한다.

한반도의 양서류는 도롱뇽목과 개구리목으로 나뉜다. 도롱뇽목에는 도롱뇽·꼬리치레도롱뇽·네발까락도롱뇽이 속하고, 개구리목에는 무당개구리·두꺼비·물두꺼비·청개구리·맹꽁이·참개구리·금개구리·북방산개구리·산개구리·아무르산개구리·옴개구리가 속한다.

---

8) 원병오, 《한국동식물도감》 제25권 동물편－조류생태－(문교부, 1981), 1126쪽.

한반도에 서식하는 담수어류는 칠성장어목·철갑상어목·뱀장어목·청어목·잉어목·메기목·연어목·송사리목·큰가시고기목·드렁허리목·횟대목·복어목·농어목의 13목이고, 모두 155종류가 서식하고 있다. 이 가운데서 한국 고유어류는 잉어목의 각시붕어·서호납줄갱이·줄납자루·목납자루·칼납자루·임실납자루·가시납자루·어름치·중고기·참중고기·감돌고기·가는돌고기·쉬리·참몰개·몰개·긴몰개·점몰개·왜매치·모래주사·돌마자·배가사리·됭경모치·꾸구리·돌상어·희수마자·압록자가사리·버들가지·금강모치·새코미꾸리·참종개·부안종개·미호종개·왕종개·남방종개·동방종개·수수미꾸리·좀수수치의 37종류와 메기목의 꼬치동자개·미유기·퉁가리·퉁사리·자가사리의 5종류로 모두 42종류이다.[9]

〈金俊鎬〉

2. 지리학적 특성

1) 한반도의 지리적 위치

고대에는 만주의 넓은 벌판도 우리 선조들의 활동무대였지만 지금은 산이 많은 한반도와 그 주변의 섬에 국토가 한정되어 있다. 한반도는 아시아대륙의 동쪽 중심부에서 태평양 연변의 일본열도를 향해 남쪽으로 뻗어 내렸다. 우리는 백두산과 여기에서 발원하는 압록강 및 두만강을 한반도와 아시아대륙의 경계로 간주한다. 그러나 이에 대해서는 다른 의견도 있다.[1] 우리의 국토가 한반도로 정해진 것은 조선 초였다. 한반도의 모양은 대륙으로 뛰어오르려고 웅크린 호랑이에 비유된다. 영일만의 장기반도는 호랑이의 꼬리에 해

9) 김익수, 《한국동식물도감》 제37권 동물편－담수어류－(1997, 문교부), 629쪽.

1) 1933년에 우리 나라를 광범하게 답사하고 1945년에 KOREA를 펴낸 독일 지리학자 H. Lautensach는 대륙과의 지질·지형적 관계를 고려하여 한반도가 서한만과 영흥만 사이의 홀쭉한 부분부터 시작된다는 견해를 피력했다.

당하며, 1903년에 세워진 이곳의 등대는 '虎尾燈臺'라고 불린다.

우리 나라의 면적은 22.1만㎢이다. 국토가 넓지 않지만 그리 좁은 것도 아니다. 우리 나라와 면적이 비슷한 나라로는 영국 · 루마니아 · 시리아 · 우루과이 · 뉴질랜드 등이 있다. 경도와 위도의 범위는 동경 124°~132°, 북위 33°~43°이다. 섬을 제외한 반도부의 경우 남북간의 최장거리는 함북 온성에서 전남 해남까지 1,012km, 동서간의 최단거리는 서한만에서 영흥만까지 164km이다. 압록강과 두만강을 경계로 대륙과 접한 부분은 이들 하천이 구불구불 흐르기 때문에 약 1,300km에 이르는데, 거의 전부 만주와 접해 있고 러시아의 연해주와 접한 부분은 두만강 하류의 17km에 불과하다. 한반도의 동남단에서 대한해협을 건너 일본의 쓰시마섬(對馬島)까지는 약 50km, 큐슈(九州)까지는 약 200km이다. 부산의 태종대에서는 쓰시마섬이 보인다.

우리 나라는 중위도에 자리하여 기후가 대체로 온난하다. 4계절이 뚜렷한 것도 우리 나라 기후의 두드러진 특색이다. 우리 나라와 위도가 비슷한 온대지방에 속한 나라로는 일본 · 터키 · 이탈리아 · 스페인 등이 있다. 그러나 우리 나라는 이들 나라보다 여름과 겨울간의 기온차가 크며, 따라서 봄과 가을이 확연하게 구별된다. 기후의 이러한 특색은 아시아대륙과 태평양 사이에 자리한 우리 나라의 위치에 기인한다. 한민족은 계절의 변화에 대한 감각이 뛰어나고 다채로운 歲時風俗을 이어가고 있다. 계절의 변화는 우리의 생활에 활력을 불어넣어 준다.

한반도는 아시아대륙과 일본열도를 잇는 陸橋의 구실을 해왔다. 이와 같은 위치의 특수성으로 인해 한민족은 일찍부터 중국에서 각종 문물을 받아들이고 또 그것을 일본으로 전할 수 있었다. 그러나 다른 한편으로는 양쪽에서 압력과 도전을 끊임없이 받았다. 근세의 예를 들면, 19세기 말에는 일본과 러시아가 한반도를 발판으로 하여 각각 아시아대륙과 태평양으로 진출하기 위해 각축을 벌였고, 결국 일본은 우리 나라를 강점했다. 1945년의 광복 후에는 다시 외세에 의해 북위 38°선을 경계로 국토가 분단되는 비운을 맞았고, 곧 6 · 25전쟁을 치르게 되었다. 그리고 1953년의 휴전 이후에는 남한과 북한이 군사분계선을 경계로 대치하게 되었다. 공산권이 붕괴된 후에도 남한과 북한간에는 긴장이 계속되다가 21세기에 들어서야 화해의 싹이 트기 시작했다.

한민족은 역사적으로 많은 수난을 겪는 가운데서도 정체성을 확고하게 지켜 왔다. 한반도는 中原에서 멀리 떨어져 있으며 산이 많다. 한민족이 정체성을 잃지 않고 지켜올 수 있었던 까닭은 일찍이 이러한 한반도를 차지했다는 것과 무관하지 않다. 사실 한민족의 정체성과 잠재력은 한반도에서 형성되었다. 남한은 한국전쟁을 계기로 西洋文物과 본격적으로 접하게 되었지만 전쟁의 폐허 위에서도 지리적 이점을 살려서 해양으로 진출, 세계 유수의 교역대국으로 성장했다. 짧은 기간에 이룩한 이와 같은 성장은 흔히 기적이라고 일컬어진다. 지리적 위치의 의미는 고정되어 있는 것이 아니라 국력과 시대적 상황에 따라 변화한다.

2) 지 질

한반도의 지질은 화산이 많고 지진이 자주 일어나는 일본열도와 전혀 다르고, 중국과 시베리아의 그것에 가깝다. 한반도는 지표의 약 절반이 始生代와 原生代의 變成岩類로 덮여 있으며, 지반이 안정되어 있다. 지진이 가끔 발생하지만 큰 피해를 일으키지 않는다. 한반도의 지질적인 기반은 함북陸塊·평북육괴·경기육괴·소백산육괴로 이루어졌다(〈그림 1〉). 이들 육괴는 약 6억년 전부터 시작된 古生代 이후 심한 지각변동을 겪지 않고 육지로 유지되어 왔으며, 이들 육괴에는 연대가 매우 오랜 시생대와 원생대의 변성암류가 넓게 분포한다. 변성암 중에서는 연대가 27~29억 년 전인 것도 발견된다.

육괴는 일련의 堆積盆地로 분리되어 있다. 퇴적분지는 고생대 이후 지반이 침강하여 퇴적암이 쌓이고 이러한 곳이 다시 융기하여 육지가 된 부분으로서 평안분지·옥천조산대·경상분지·두만분지 등이 중요하다(〈그림 1〉). 퇴적분지에서 형성된 堆積岩은 국토의 약 20%를 덮고 있다. 경제적으로 중요한 퇴적암은 고생대 초에 海成層으로 쌓인 朝鮮累層群과 고생대 말~중생대 초에 陸成層으로 쌓인 平安累層群이다. 조선누층군은 평안남도와 황해도에 걸친 平安盆地, 강원도 남동부와 이에 인접한 충청북도 및 경상북도의 일부

〈그림 1〉 한반도의 지체구조

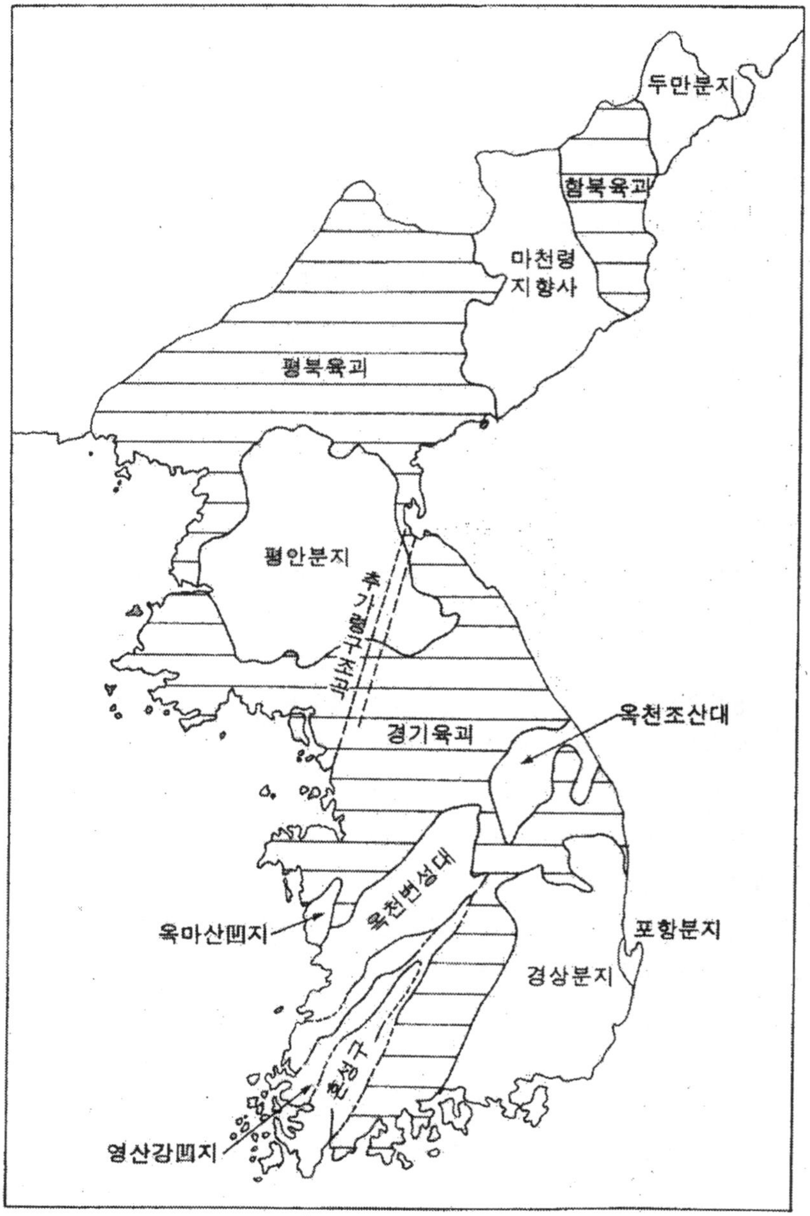

지역에 걸친 沃川造山帶에 분포하는데, 대단히 두꺼운 석회암층을 포함하고 있다. 삼척·동해·영월·단양·문경의 시멘트공업은 이 석회암층을 바탕으로 발달한 것이다. 그리고 이 석회암층에는 석회동굴이 많이 형성되어 있다. 평안누층군은 조선누층군에 인접하여 다소 좁게 분포하는데, 육성층으로 쌓여 지하자원으로 중요한 無煙炭을 부존하고 있다. 평안누층군의 분포지역은 평안남도 북부와 평양 부근, 황해도 남동부, 강원도 남동부, 충청북도 북동부, 전라남도 중부 등이다. 무연탄은 평안남도와 황해도에 많이 매장되어 있다. 1950년대부터 1980년대 말경까지 활발하게 채굴되던 삼척·영월·정선·단양·문경의 무연탄도 평안누층군의 것이다.

慶尙累層群은 2억 3천만 년 전부터 6천 3백만 년 전까지 계속된 中生代의 지층을 대표한다. 중생대 말의 백악기에 쌓인 이 지층은 경상남·북도에 집중적으로 분포하며, 이 지층이 쌓인 퇴적분지를 慶尙盆地라고 부른다. 경상

〈표 1〉 한반도의 지질계통

<table>
<tr><th colspan="2">지질시대</th><th>지질계통</th><th>지각변동, 화성활동, 기타</th></tr>
<tr><td rowspan="2">신생대</td><td>제 4 기</td><td>제4기층</td><td>화산활동(현무암)</td></tr>
<tr><td>제 3 기</td><td>제3기층</td><td>~~~불국사변동·불국사화강암~~~</td></tr>
<tr><td rowspan="3">중생대</td><td>백 악 기</td><td>경상누층군</td><td>~~~대보조산운동·대보화강암~~~</td></tr>
<tr><td>쥐 라 기</td><td>대동누층군</td><td>~~~~~~~송림변동~~~~~~~</td></tr>
<tr><td>트라이아스기</td><td rowspan="3">평안누층군</td><td></td></tr>
<tr><td rowspan="6">고생대</td><td>페 름 기</td><td></td></tr>
<tr><td>석 탄 기</td><td>~~~~~~~~~해침~~~~~~~~~</td></tr>
<tr><td>데 본 기</td><td rowspan="2">(대결층)</td><td></td></tr>
<tr><td>사일루리아기</td><td></td></tr>
<tr><td>오르도비스기</td><td rowspan="2">조선누층군</td><td>~~~~~~~~조륙운동~~~~~~~~</td></tr>
<tr><td>캄브리아기</td><td>~~~~~~~~~해침~~~~~~~~~</td></tr>
<tr><td rowspan="2">선캄브리아이언</td><td>원 생 대</td><td>연천층군
춘천층군
소백산변성암복합체</td><td rowspan="2">광역변성작용(화강편마암)</td></tr>
<tr><td>시 생 대</td><td>경기변성암복합체</td></tr>
</table>

누층군도 육성층으로 쌓였으나 이렇다 할 지하자원을 포함하고 있지 않다. 신생대 제3기층의 분포는 한정되어 있으나 함경북도 아오지 중심의 두만분지에서는 갈탄이 채굴된다.

火成岩類는 국토의 약 30%에 걸쳐 분포한다. 화강암은 가장 널리 분포하는 화성암으로 국토의 약 20%를 덮고 있다. 화강암은 균열없이 덩어리로 산출되는 데다가 석질이 단단하고 색이 밝아 건축재료로는 물론 각종 석물을 만드는 데 많이 사용되어 왔다. 우리 나라의 석탑과 석불은 거의 화강암으로 만들어졌다. 화강암은 중생대 쥐라기 말에 관입한 대보화강암과 백악기 말에 관입한 불국사화강암으로 나뉘는데, 화강암의 분포지역에는 북한산・금강산・설악산・월악산과 같이 암석경관이 수려한 石山이 형성되어 있다. 석산은 오대산이나 지리산과 같이 변성암에 형성된 土山과 대조된다. 토산에는 삼림이 우거진다. 그리고 남부지방에는 백악기 말에 분출한 火山岩이 곳곳에 분포한다. 정읍의 내장산, 고창의 선운산, 의성의 금성산 등은 화산암으로 이루어졌다.

백두산과 한라산은 신생대 제사기의 플라이스토세에 형성되었다. 플라이스토세는 빙기와 간빙기가 여러번 반복되었던 200만 년 전부터 1만 년 전까지의 지질시대이다. 백두산 주변, 강원도의 평강・철원, 황해도의 신계・곡산에서는 플라이스토세에 분출한 현무암의 용암대지를 볼 수 있다.

3) 지 형

(1) 산 지

우리 나라는 산이 많고, 산은 예로부터 신성시되어 왔다. 산의 이름 중에는 白・神・天・皇・王・龍・鳳과 같은 글자가 들어간 것이 많다. 그리고 깊은 산속에는 삼국시대 이래 많은 사찰이 들어섰다. 그래서 金剛・毘盧・般若・曺溪・普賢・兜率・芙蓉・蓮花・國師와 같은 불교 계통의 산 이름도 적지 않게 되었다. 사찰의 이름 앞에는 '오대산 월정사,' '가야산 해인사,' '지리산 실상사,' '속리산 법주사'와 같이 산 이름이 붙어 있다.

국토의 약 70%가 산지이지만 신생대에 들어와 격렬한 지각변동을 겪지 않아 높은 산은 많지 않다. 한반도와 만주를 통틀어 가장 높은 白頭(2,744m)도 해발고도가 3,000m에 미치지 못한다. 높은 산은 한반도의 지형적 골격을 이루고 있는 태백·소백·낭림·함경·마천령 등의 산맥을 따라 분포한다. 특히 함경산맥과 낭림산맥을 따라서는 해발 2,000m 이상의 봉우리들이 솟아 있으며, 이 두 산맥으로 둘러싸인 蓋馬高原은 해발고도가 1,500m 내외로 '한반도의 지붕'이라고 불리운다.

한반도는 태백산맥 및 이의 연장선상에 있는 낭림산맥과 함경산맥을 중심으로 단면이 비대칭적인 두 개의 傾動地形으로 이루어졌다. 태백산맥과 함경산맥은 동해에 다가서 있어 동해쪽에서는 높은 산맥으로 보이지만, 정상에서 반대쪽으로는 고원이나 험준한 산지가 연속적으로 펼쳐진다. 이들 경동지형은 신생대 중기 이후에 한반도가 동해쪽에 치우쳐 서서히 융기함으로써 형성되었다. 소백산맥도 지반의 융기에 의해 형성되어 줄기가 뚜렷하다.

개마고원에 광활하게, 대관령 부근의 횡계지역에 좁게 나타나는 고원지형은 高位平坦面이라고 불리운다. 이러한 지형은 한반도가 융기하기 이전에 상당히 평탄화되었음을 보여주는 것이다. 횡계지역 서쪽에서는 고위평탄면이 침식을 많이 받아 산정부에만 더러 남아 있으며, 서해안에 가까울수록 고도가 낮아진다. 광주의 南漢山城은 해발 500m 내외의 고위평탄면을 이용하여 쌓은 대표적인 산성 중의 하나이다.

우리는 태백산맥과 낭림산맥을 한반도의 등뼈에 비유하여 흔히 脊梁山脈이라고 부른다. 중·고등학교 지리교과서의 산맥지도에는 차령·광주·노령·마식령·멸악·언진 등의 산맥이 척량산맥에서 서쪽으로 마치 갈비뼈가 뻗어내린 것처럼 그려져 있다. 그러나 이들 산맥은 고위평탄면이 해체되는 과정에서 하천의 유역분지들 사이에 형성된 분수계에 불과하다. 갈비뼈 모양의 이들 산맥은 20세기 초에 일본 지질학자(小藤文次郎)에 의해 잘못 설정된 들로서 줄기 자체가 분명하지 않다.[2] 지리학과 지질학에서 일반적으로 언급하는 산맥이란 분수계가 아니라 지반운동에 의해 형성된 연속적인 산지를

2) 權赫在, 〈韓國의 山脈〉(《대한지리학회지》 36, 2000), 389~400쪽.

〈그림 2〉 한반도의 산맥과 하천

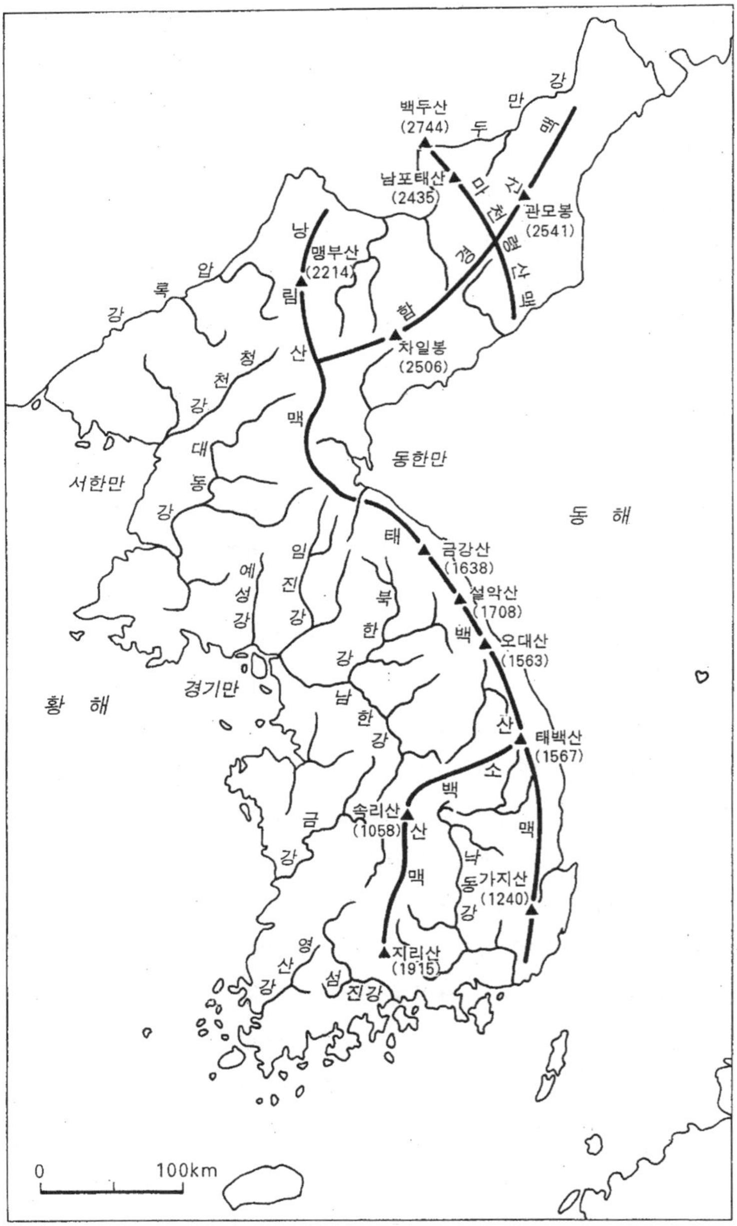

가리킨다. 조선 후기의 〈山徑表〉에 기재된 크고 작은 산줄기는 분수계를 보여주는 것인데,[3] 백두산에서 지리산에 이르는 白頭大幹은 마천령·함경·낭림·태백·소백 등의 산맥을 잇는 한편 압록강과 두만강을 비롯하여 한강·금강·낙동강 등의 유역분지를 가르고 있어 모든 산줄기 중에서 가장 길다(〈그림 2〉). 백두대간에 대한 인식은 풍수지리의 관점에서 고대에도 있었던 것 같고,[4] 오늘날에는 자연보존운동에 기여하고 있다.

한편 남한강 연변의 충주·여주·이천 등지에는 해발 100m 이하 또는 해발 50m 내외의 구릉지가 넓게 형성되어 있다. 전라북도 김제와 같은 서해안의 일부 지역에서는 구릉지의 해발고도가 25m 내외로 낮아진다. 산도 아니고 평야도 아닌 이러한 구릉지, 즉 野山은 화강암의 분포지역을 중심으로 원래 융기량이 적었던 고위평탄면의 주변부에 형성된 지형이다. 야산은 고도가 낮고 지면의 경사가 완만해도 토양이 척박해서 대부분 林野로 남아 있다가 1960년대부터 이른바 '야산개발'이 추진되면서 적극 농경지로 개간되어 왔다.[5]

식량문제의 해결이 절박했던 과거에는 산이 많고 평야가 좁아 안타까웠다. 그러나 오늘날 우리는 산이 많아 국토 전체가 공원이나 다름없다는 사실을 인식할 수 있게 되었다. 서울도 대부분의 지방도시와 같이 산으로 둘러싸였다. 都城을 쌓는 데 이용한 북악산·인왕산·남산·낙산은 內四山, 그 바깥의 북한산·관악산·용마산·덕양산은 外四山이라고 불리웠다. 이중에서 북한산은 국립공원으로 지정되었다. 우리 나라는 산이 많은 만큼 강도 많다. 우리는 예로부터 우리 나라가 錦繡江山임을 내세워 왔다. 그러나 산은 골프장을 만들고 토석을 파내며 도로를 내는 등 각종 개발로 망가지고 있고, 하천은 모래·자갈의 채굴과 댐·하구둑의 건설로 원래의 모습을 많이 잃어버렸을 뿐만 아니라 수질오염이 심해서 물고기가 위협을 받는 상황까지 벌어지게 되었다.

---

3) 楊普景, 〈조선시대의 자연인식체계〉(《한국사시민강좌》 14, 一潮閣, 1994), 70~97쪽.
4) 權赫在, 《韓國地理(地方編)》(法文社, 1995), 339쪽.
5) 權赫在, 〈驪州地方의 地形과 土地利用〉(《교육논총》 28, 고려대, 1998), 83~105쪽.

(2) 하천과 평야

가. 하 천

압록강·두만강·한강·낙동강·대동강·금강은 길이가 400km를 넘는 우리 나라의 6대 하천이다. 두만강을 제외한 이들 하천은 서해와 남해로 흘러든다. 하천은 크기와 중요성에 따라 중앙정부(건설교통부)에서 관할하는 국가하천, 도에서 관할하는 지방1급하천, 시·군에서 관할하는 지방2급하천 등으로 편제되어 있다. 과거의 準用河川은 지방2급하천으로 그 뜻은 河川法의 적용을 받는 하천이라는 것이었다. 하천은 오늘날 수자원으로서 매우 중요한데, 우리 나라의 하천은 유량의 변동이 심하다. 여름에 집중호우가 많이 내릴 때는 큰 홍수가 일어나는 반면에, 장마가 시작되기 전에는 유량이 극도로 줄어들어 농업용수의 확보가 어려워지기도 한다. 유량의 변동이 심한 까닭은 강수가 여름에 집중되는 데다가 세계의 큰 하천들과는 달리 유역면적이 좁기 때문이다. 1970년대 이후 대규모의 다목적댐이 곳곳에 건설되어 하천의 流況이 다소 개선되었다. 뿐만 아니라 낙동강·금강·영산강에 하구둑이 건설되고, 안성천·삽교천·동진강·만경강 등에도 防潮堤와 制水門이 설치되어 수자원의 이용률이 높아졌다.

서해와 남해로 유입하는 하천들은 潮汐의 영향을 받는다. 하구둑이 건설되기 전에 낙동강은 삼랑진까지, 금강은 부여까지 강물이 밀물에 밀려 역류했다. 한강에서는 김포수중보가 건설된 후에도 난지도까지 강물이 역류하는데, 그 이전에는 마포 상류의 서빙고까지 조석의 영향이 미쳤다. 마포는 한강의 큰 河港이었다. 하천 하류의 感潮區間에서는 밀물과 썰물에 맞추어 어선과 그 밖의 선박들이 오르내렸다.

육상교통이 발달하지 않았던 과거에 큰 강은 內陸水路로 매우 중요했다. 한강은 서울, 대동강은 평양, 금강은 부여와 공주의 젖줄이었다. 강의 중상류에서는 주로 여름철의 증수기에 배가 다녔는데, 배가 올라갈 수 있었던 소강종점이 한강은 영월, 낙동강은 안동, 금강은 부강, 섬진강은 구례, 대동강은 덕천, 압록강은 혜산이었다. 강은 상류지역의 산에서 베어낸 나무를 뗏목으로 엮어 실어내는 데도 이용되었다. 한편 강은 나룻배를 타야 건널 수 있었기 때문에 육상교통에는 큰 장애물이었고, 주요 나루터에는 渡津聚落이 발달되어 있었다. 오늘날 서울에서는 나룻배 대신 20여 개의 다리가 한강의 북쪽과 남쪽 지역을 이어주고 있다.

나. 평 야

김해·나주·김제·만경·논산·예당·평택·김포·평양·재령·안주·박천·용천 등의 넓은 평야는 서해나 남해로 유입하는 큰 하천을 끼고 그 하류에 발달되어 있다. 이들 평야에서 중요한 부분은 주민들이 '들'이라고 부르는 지형, 즉 하천의 토사가 쌓여 이루어졌고 거의 논으로만 이용되는 沖積地 또는 氾濫原이다. 평야의 충적지는 모두 구릉지나 산지로 둘러싸였다. 구릉지도 고도가 낮고 지면의 경사가 완만하면 평야의 일부로 볼 수 있다. 그러나 그러한 지형은 기반암의 풍화토로 덮여 있고, 논·밭·과수원·목장·임야 등 토지이용이 다양하여 논만 분포하는 충적지, 즉 들과는 경관이 사뭇 다르다. 구릉지의 논은 대개 '고래실'에 계단식으로 조성되어 있다.

하천 하류의 충적지는 약 4,000년 전에 後氷期의 해면이 현재의 높이로 상승함에 따라 最後氷期의 침식곡에 하천의 토사가 쌓임으로써 형성된 지형이다. 이러한 충적지는 현재의 해면을 기준으로 형성되어 해발고도가 10m 내외로 아주 낮은 것이 특색이다. 동진강 하류의 김제평야나 만경강 하류의 만경평야와 같이 바다에 면한 평야는 일제강점기 이후 갯벌의 간척에 의해 넓혀져 왔다. 방조제가 바다쪽 경계를 이루고 있는 이러한 평야는 해발고도가 5m 내외에 불과하다.

20세기 초까지도 벼농사에 비교적 적합했던 곳은 작은 하천의 연변이나 구릉지의 고래실이었다. 오늘날 곡창으로 중요한 여러 평야는 수해와 가뭄이 극심하여 생산성이 아주 낮았다. 평야의 개발은 일제의 産米增殖計劃(1920~1933)과 더불어 본격적으로 시작되었다. 일제는 이때 수많은 水利組合을 설립하는 동시에 대규모의 저수지를 곳곳에 축조했다. 주변에 저수지를 축조할 만한 골짜기가 없는 평야에서는 강물을 퍼올리는 揚水場을 설치하여 저수지를 대신하도록 했다. 홍수방지를 위한 근대적 제방의 축조를 주요 내용으로 하는 河川改修事業도 이때 병행되었다. 군산·김제·보성 등지에서는 대규모의 간척사업이 또한 추진되었다. 일제강점기의 수리조합 중에서 평남·연백·동진·전북과 같이 몽리면적이 2만 정보를 넘거나 이에 가까울 정도로 넓은 것들은 생산성이 아주 낮았던 주요 평야의 충적지를 대상으로 설립된 수리조합이었다.

평야의 개발은 1970년대 이후 大單位 農業開發計劃에 의해 또 한차례 대대적으로 추진되어 왔다. 영산강하구둑·아산방조제·삽교방조제·대호방조제 등은 간척사업이 병행되기도 했으나 농업용수의 확보를 위해 건설한 수리시설이다. 오늘날 하천 하류의 넓은 평야는 가뭄을 거의 겪지 않게 되었다. 그러나 집중호우로 인한 수해에는 속수무책이다. 수해를 막기 위해서는 침수된 논의 빗물을 짧은 시간 안에 퍼내야 하는데, 넓은 평야에 그러한 용량의 배수시설을 설치한다는 것은 사실상 불가능하다.

(3) 해안과 해양

가. 해 안

해안선이 길고 동해와 서해의 海況이 크게 달라서 우리 나라에는 각종 해안지형이 다채롭게 발달되어 있다. 해안지형 중에서 가장 보편적인 것은 砂濱이다. 파랑이 모래를 해안으로 밀어올려 쌓아 형성한 지형인 사빈은 오늘날 해수욕장으로 널리 이용된다. 강원도의 영동지방에는 해수욕장이 특히 많다. 동해안의 해수욕장은 대부분 모래가 풍부하다. 태백산맥에서 흘러내리는 하천들이 홍수시에 다량의 토사를 바다로 유출하기 때문이다. 동해안은 하천이 모래를 풍부하게 공급하는 데다가 해안선이 비교적 단조롭고 파랑의 작용이 활발해서 사빈이 발달하기에 알맞다.

서해안은 해안선이 매우 복잡하고 파랑의 작용이 동해안처럼 활발하지 않지만 해수욕장으로 이용되는 사빈이 적지 않다. 서해안의 해수욕장은 泰安海岸國立公園에 속한 태안반도와 안면도에 많다. 태안반도와 안면도는 바다로 돌출하여 먼 바다에서 밀려오는 큰 파랑을 직접 받아들인다. 해수욕장에서는 모래가 중요한 자원이다. 그러나 서해안의 사빈은 모래의 공급이 부족하여 침식을 받아 후퇴하고 있으며, 대부분의 해수욕장에서는 시멘트구조물로 된 防護壁(sea wall)을 설치하여 사빈의 침식을 막고 있다. 서해안의 사빈들은 대개 구릉으로 둘러싸인 작은 灣入에 초승달 모양으로 발달되어 있고, 사빈의 모래는 주로 연안의 침식물질로 이루어졌다. 밀물 때 물에 잠기고 썰물 때 물 위로 드러나는 구간, 즉 潮間帶가 넓게 나타나는 것도 두드러진 특색이다. 남해안은 섬이 많아 외해의 큰 파랑이 육지부의 해안까지 밀려오는 곳이 흔치 않다. 큰 해수욕장을 볼 수 있는 곳은 경상남도의 남해도와 같은 섬이다.

사빈의 뒤에는 海岸砂丘가 발달한다. 사빈에서 바람에 불려온 모래로 이루어진 지형인 해안사구는 소나무나 砂草로 덮여 있다. 관동팔경에 속한 평해의 月松亭이 해안사구의 소나무숲에 세워져 있다. 겨울철에 강력한 북서계절풍을 정면으로 받아들이는 태안반도와 안면도에는 사빈에 비해 대단히 크고 넓은 해안사구가 곳곳에 발달되어 있다. 그러나 규사와 골재의 채굴로 해안사구가 극심하게 파괴되어 왔다. 해안사구는 사빈과 함께 보존해야 할 지형인데도 거의 전부 태안해안국립공원에 포함되어 있지 않다. 황해도 장연군의 夢金浦는 해안사구로 일찍부터 널리 알려진 곳이다.

서해안은 조차가 매우 크고, 갯벌(간석지)의 발달이 세계적이다. 한강·금강·임진강·예성강·대동강 등이 유출하는 토사 중에서 뻘과 같은 미립퇴적물은 潮流에 실려 멀리까지 운반되면서 수면이 잔잔한 해안에 쌓여 갯벌을 형성한다. 갯벌은 퇴적물이 쌓임에 따라 위로 성장하는 동시에 바다쪽으로 확장된다. 그리고 大潮時에만 바닷물에 잠길 정도로 지면이 높아지면 '나문재'와 같은 염생식물이 정착하여 鹽生濕地가 된다. 염생습지는 예로부터 흙으로 방조제를 쌓고 조금씩 간척하여 논으로 이용해 왔다. 서해안과 남해안에는 염생습지가 광범하게 발달되어 있었다. 그러나 일제강점기에 간척사업이 곳곳에서 대대적으로 추진되어 넓은 염생습지는 모두 없어졌다. 그리고 1980년대 이후에는 천수만·시화지구·영암만·새만금에서 보는 바와 같이 세계에서 유례를 찾아볼 수 없을 만큼 간척사업이 초대형화하여 어민들의 생활터전을 빼앗는 상황까지 벌어지게 되었고, 1990년대 후반에 이르러서는 정부의 주도로 진행되는 이와 같은 간척사업들이 사회적으로 큰 저항에 부딪치게 되었다. 농업용수의 확보가 어려운 곳에서는 간석지가 염전으로 개발·이용되어 왔다. 국가의 주요 산업이었던 천일제염업은 1990년대에 들어서 국내의 소금시장이 개방됨에 따라 쇠퇴하고 대부분의 염전은 폐기되거나 대하양식장으로 이용되고 있다.

우리 나라의 해안에는 이밖에 해안단구·해식애·해식동·석호 등 각종 해안지형이 절경을 이루며 산재한다. 鄭敾(謙齋)의 〈叢石亭〉에 묘사된 강원도 통천의 거대한 기둥바위들은 제4기 플라이스토세에 분출한 현무암의 柱狀節理를 따라 형성된 것이다. 사빈과 해안사구의 뒤에 나타나는 강릉의 鏡浦나 고성의 三日浦와 같은 석호도 일찍부터 절경으로 높게 평가되었다. 潟湖는 강원도와 함경남도의 해안에 많다.

나. 해 양

東海는 여러 면에서 西海나 南海와 상당히 다르다. 동해는 일본열도와 사할린섬으로 둘러싸인 바다로서 대륙붕이 좁고 평균수심이 약 1,700m에 이르며, 태평양으로부터 거의 격리되어 있어 조차가 아주 작게 나타난다. 반면에 서해와 남해는 태평양 연변의 바다로서 전체가 대륙붕으로 이루어졌다. 평균수심이 서해는 50m 미만이고 남해도 약 100m에 불과하다. 서해의 국제적인 명칭은 黃海(Yellow Sea)이고, 남해는 東中國海(East China Sea)의 연장선상에 있다. 서해는 最後氷期에 전체가 육지였으며, 제주도는 이때 한반도와 이어져 있었다. 최후빙기에는 해면이 지금보다 100m 이상 낮았고, 이처럼 낮아졌던 해면이 대략 현재의 높이로 상승한 것은 약 4,000년 전의 일이었다.

한반도의 沿海는 과거에 각종 수산자원이 풍부했고, 교통이 불편한 가운데서도 새우젓·조개젓·건멸치·건명태·자반고등어 등의 전통적 수산가공품은 전국에 널리 유통되었다. 오늘날에는 어업의 기술이 발달하고 남획이 극심해서 육지에서 가까운 연해의 어장이 황폐화되고 있다. 그러나 오늘날의 수산업에서는 近海가 중요하며, 이를 포함한 우리 나라 주변의 바다는 지금도 수산자원이 풍부하다.

동해에서는 한류인 북한해류와 난류인 동한해류가 교류한다. 따라서 명태와 같은 한류성 어족과 오징어·꽁치·멸치·고등어와 같은 난류성 어족이 회유하여 해에 따라 풍흉이 심할지라도 큰 어장이 형성된다. 남해는 쿠로오해류(黑潮)의 영향으로 겨울에도 수온이 높게 유지되며, 멸치·정어리·갈치 · 고등어 · 전갱이 · 돔 · 가자미 · 붕장어 등 어종이 풍부하고, 어로활동이 연중 계속된다. 남해는 더구나 1960년대부터 김 · 미역 · 굴의 양식이 활기를 띠기 시작했고, 1990년대에 접어들면서부터는 국민소득의 증대로 활어의 수요가 늘어나 각종 어류의 가두리양식이 호황을 누리게 되었다. 어류의 가두리양식은 섬이 많고 수면이 잔잔하기 때문에 가능한 것인데, 최근에는 여름철에 발생하는 赤潮로 시달린다.

서해는 우리 나라와 중국에서 큰 하천들이 유입하여 영양염류가 풍부하다. 서해의 대표적인 어종은 산란을 위해 회유해 오던 참조기였다. 참조기는 남획으로 귀해져서 값비싼 물고기가 되었고, 오늘날 서해에서는 뱅어 · 갈치 · 꽃게 · 젓새우 등이 주로 잡힌다. 서해안의 어민들에게는 갯벌도 중요한 어장이다. 갯벌에서는 바지락 · 굴 · 동죽과 같은 조개류가 생산된다. 그러나 1980년대 이후 대대적인 간척사업으로 많은 갯벌이 사라졌다. 조차가 큰 서해안에서는 조류의 흐름이 빠르고 물고기의 활동이 왕성한 大潮時에 어로활동이 활발하게 펼쳐진다. 그리고 어선들은 하루에 두 번씩 반복되는 밀물에 맞추어 새벽에 포구나 어항에서 바다로 나갔다가 오후에 돌아올 때가 많다. 바다로 나가지 않은 어선은 포구의 갯벌에 얹혀 있는 것을 흔히 볼 수 있다.

서해안의 조차는 세계적이다. 인천에서는 大潮差가 8.1m에 이른다. 물이 들어오고 나가는 정도는 어로활동과 밀접한 관계가 있어서 어민들은 이를 음력날짜에 맞추어 정확하게 예측해 왔다. 어민들은 물이 가장 많이 들어오고 가장 많이 나가는 보름과 그믐 무렵의 조석, 즉 大潮를 '사리', 물이 가장 적게 들어오고 가장 적게 나가는 그 사이의 조석, 즉 小潮를 '조금'이라고 부른다. 사리이건 조금이건 조차는 일년을 통해 계속 변동하는데, 여름에는 증가하고 겨울에는 감소한다. 사리 중에서 물이 가장 많이 들어오는 음력 7월 15일경의 사리를 '백중사리'라고 한다. 백중사리 때는 바닷물이 어항의 가로와 가옥으로 흘러넘치기도 하고, 흙으로 낮게 쌓은 방조제를 휩쓸면서 논으로 밀어닥치기도 한다. 백중사리와 태풍이 겹칠 때는 바닷물이 특히 많이 들어와 그 피해가 극심해진다.

밀물과 썰물 때 흐르는 조류는 좁은 海峽에서 빨라진다. 조선시대에 稅穀을 운반하던 漕運船들은 이러한 곳에서 빈번하게 조난을 당했다. 임진왜란 때 이순신이 왜적을 크게 무찌른 해남과 진도 사이의 울돌목[鳴梁海峽]에서는 사리 때의 유속이 최고 13노트에 이른다. 강화도와 김포 사이의 좁은 수로인 鹽河도 조류가 대단히 빠르게 흐르는 것으로 유명하다. 염하는 서해에서 서울로 올라올 때 거쳐야 하는 수로였기 때문에 그 연변의 곳곳에는 墩臺가 설치되었다. 강화도의 주요 관광지인 초지진·덕진진·광성보는 병인양요·신미양요·운양호사건 때 격전을 치른 돈대들이다. 초지진에는 격전의 흔적이 생생하게 남아 있다.

4) 기 후

우리 나라의 기후는 겨울이 춥고 여름이 더운 대륙성기후로 요약된다. 기후는 강력한 정체성고기압에 의해 형성되는 氣團의 영향을 크게 받는다. 우리 나라의 기후에 큰 영향을 미치는 기단으로는 한랭건조한 시베리아기단, 고온다습한 북태평양기단, 냉량다습한 오호츠크해기단 등이 있다. 겨울의 혹한은 시베리아기단, 여름의 무더위는 북태평양기단이 우리 나라로 세력을 뻗칠 때 나타난다. 오호츠크해기단은 늦봄에서 초여름에 걸쳐 수온이 낮은 오호츠크해에서 형성되는 기단으로 이것이 우리 나라로 세력을 뻗칠 때는 전국의 날씨가 일시적으로 서늘해지는 동시에 대기가 맑아진다.

한반도는 범지구적인 熱收支의 측면에서 보면 열부족의 한대지방과 열과잉의 열대지방 사이에 자리한다. 따라서 전선을 동반한 온대성저기압이 자주 통과한다. 그리고 한여름과 초가을에 걸친 기간에는 열대성저기압인 태풍이 가끔 내습한다.

한편 우리 나라는 偏西風帶에 자리한다. 이로 인해 온대성저기압과 이동성고기압이 서쪽에서 동쪽으로 이동하며, 날씨의 변화도 대개 서쪽에서 일어나기 시작하여 동쪽으로 옮아간다. 그리고 중국에서 각종 먼지가 날려와서 정도의 차이가 있을 뿐 거의 언제나 전국의 대기가 투명하지 않다. 특히 봄철의 대기는 상당히 혼탁한데, 중국과 몽골에서 짙은 황사가 날려올 때는 視程이 극도로 나빠진다. 다만 초여름에 오호츠크해고기압이 강력하게 발달하여 북동풍이 불어오거나 그밖의 원인으로 중국으로부터의 기류가 차단되면 일시적으로 서울을 포함한 전국의 대기가 아주 맑아진다. 이러한 때에는 서울에서도 사방의 먼 산조차 매우 뚜렷하게 보여 텔레비전의 뉴스에서 보도된다.

(1) 기 온

우리 나라는 3면이 바다로 둘러싸여 있는 데도 기온의 연교차가 매우 크게 나타난다. 겨울에 지구상에서 가장 강력하게 발달하는 시베리아고기압(시베리아기단)으로부터 한파가 주기적으로 내습할 때는 기온이 급격히 떨어지며, 여름에 아열대고기압으로서 위세를 떨치는 북태평양고기압(북태평양기단)이 확장되어 올 때는 무더위가 지루하게 계속된다. 전통가옥의 온돌과 마루는 겨울의 추위와 여름의 더위를 이겨내는 데 알맞은 시설이다.

〈그림 3〉 겨울과 여름 기온의 분포

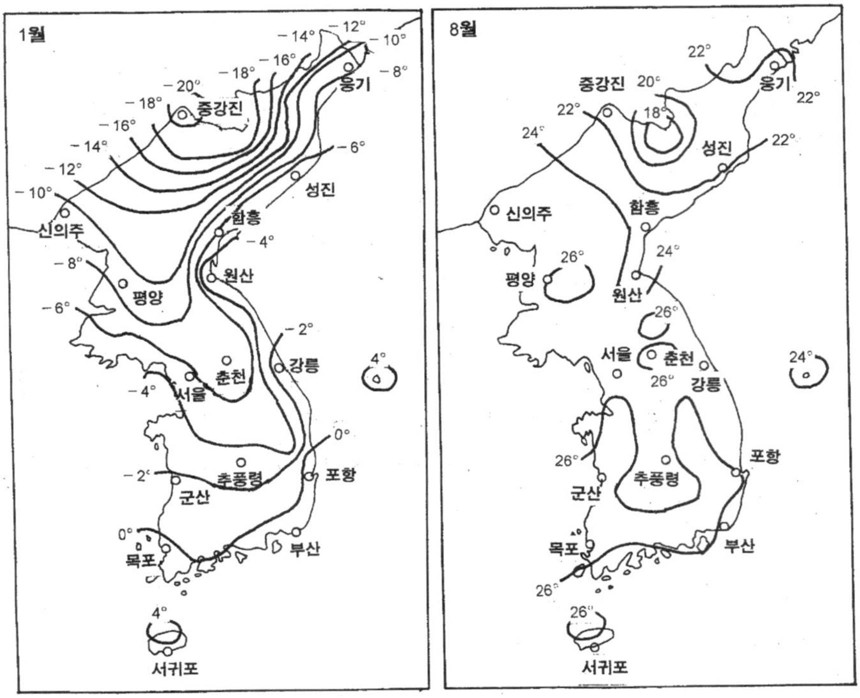

한편 한반도는 남북방향으로 길게 뻗어 있어서 남북간의 기온차가 적지 않다. 연평균기온의 분포를 보면, 제주도와 남해안이 14°~15℃로 가장 높고, 개마고원의 삼수·갑산·풍산이 2°~3℃로 가장 낮다. 남북간의 기온차는 겨울에 크게 벌어진다. 최한월인 1월의 평균기온이 남해안과 제주도는 영상권에 머무르는 반면에, 남부내륙지방과 중부지방은 5°~-1℃이고, 개마고원의 삼수와 갑산은 -18℃로 아주 낮다. 일최저기온 0℃ 이하의 기간은 개마고원이 140일 이상이고, 중강진이 184일로 6개월에 이르는 반면에, 남해안이 대략 60일 이하이고, 제주도는 20일 내외에 불과하다. 겨울 기온은 농업에 미치는 영향이 크다. 제주도의 감귤농사는 겨울 기온이 높아서 가능한 것이다. 그리고 남해안지방에서는 배추와 파가 밭에서 월동하며, 마늘은 겨울에도 밭에서 자란다. 1960년대까지 남부지방의 논에서 널리 행하여지던 보리의 그루갈이도 겨울 기온이 높기 때문에 가능한 것이었다. 남해안에는 상록활엽수의 暖帶林도 분포한다.

여름 기온은 전국적으로 높으며, 남북간의 차이가 약 8℃로 좁혀진다. 본격적인 더위는 7월에 시작하여 8월까지 계속된다. 대륙성기후에서는 대개 7월이 최난월이지만 우리 나라에서는 북부지방의 일부를 제외하고 장마가 끝난 후인 8월이 최난월이다. 그러나 어디에서나 7월과 8월의 기온차는 1℃ 정도에 불과하다. 장마가 끝나고 고온다습한 북태평양기단이 한반도를 덮어오면 한여름의 불볕더위가 계속된다. 8월의 평균기온은 신의주와 함흥을 잇는 선 이남의 전역이 24°~26℃이고, 개마고원의 삼수·갑산·풍산·무산이 18°~20℃이다. 이러한 기온은 해발고도가 낮은 곳에 자리한 도시에서 관측된 값에 근거한 것이고, 산지의 기온은 이보다 훨씬 낮다. 동해안의 강릉은 8월 기온이 24.6℃이지만 인접한 대관령은 19.2℃이다. 대관령측후소는 해발 842m에 설치되어 있다. 해발 500m 이상의 산간지방에서는 오늘날 고랭지채소가 널리 재배된다.

7월이나 8월의 평균기온과는 달리 여름의 더위를 좌우하는 일최고기온 30℃ 이상의 고온일, 즉 熱帶日의 출현일수는 지역적인 차이가 크다. 열대일수는· 대구·대전·전주·광주와 같은 남부내륙지방이 40일 이상이며, 우리 나라에서 가장 더운 곳으로 알려진 대구는 50일을 넘는다. 그리고 그것은 남부내륙지방에서 남쪽과 북쪽으로 갈수록 줄어들어 남해안지방이 20일 내외, 중부지방이 30일 내외, 개마고원이 10일 이하이고, 웅기·청진·성진과 같은 동해안의 북부지방은 5일 정도에 불과하다. 여름의 높은 기온은 벼농사에 이로우나 열대일이 계속될 때는 냉방시설의 가동으로 전력 사용량이 절정에 이른다.

(2) 강 수

우리 나라의 연강수량은 500~1,600mm로 남쪽에서 북쪽으로 감에 따라 줄어든다. 반도부에서 강수량이 가장 많은 지역은 남해안으로 최고 1,600mm 이상이고, 가장 적은 지역은 개마고원 북동부로 500~600mm이다. 강수량의 분포는 지형과의 관계가 밀접하여 지역적인 차이가 크다. 강수량 역시 해발고도가 낮은 곳에 자리한 도시에서 관측된 값에 근거한 것으로 높은 산지는 이보다 훨씬 많다.

강수는 여름에 집중된다. 강수가 여름에 집중되면 식물의 생장과 농업에 유리하다. 우기는 6~9월이며, 이때의 강수량이 연강수량의 60% 이상을 차지한다. 그 중에서도 장마철인 7월의 강수량은 연강수량의 약 30%에 이른다. 장마철에는 집중호우가 자주 내리며, 연강수량은 장마와 태풍이 가져다주는 비에 의해 좌우된다.

장마는 북태평양고기압의 확장과 더불어 발달하는 장마전선이 한반도로 상륙할 때 시작되며, 이것이 늦게 상륙하거나 빨리 북상·소멸하면 전국적으로 가뭄이 기승을 부리게 된다. 장마전선은 남해안지방에 6월 하순에 걸치기 시작하여 7월 중순에는 중부지방에 도달하고 7월 하순에는 압록강까지 올라간다. 태풍은 장마전선이 북상한 후인 8월을 중심으로 7~9월에 내습한다. 강력한 태풍은 남해안지방에 2년에 1회, 중부지방에 4년에 1회 꼴로 내습한다. 태풍은 풍수해를 일으키는 자연재해로만 인식되어 왔다. 그러나 오늘날에는 저수지나 댐의 물을 가득 채워주거나 오염이 심한 하천의 물을 갈아주기도 한다.

〈그림 4〉 연강수량의 분포

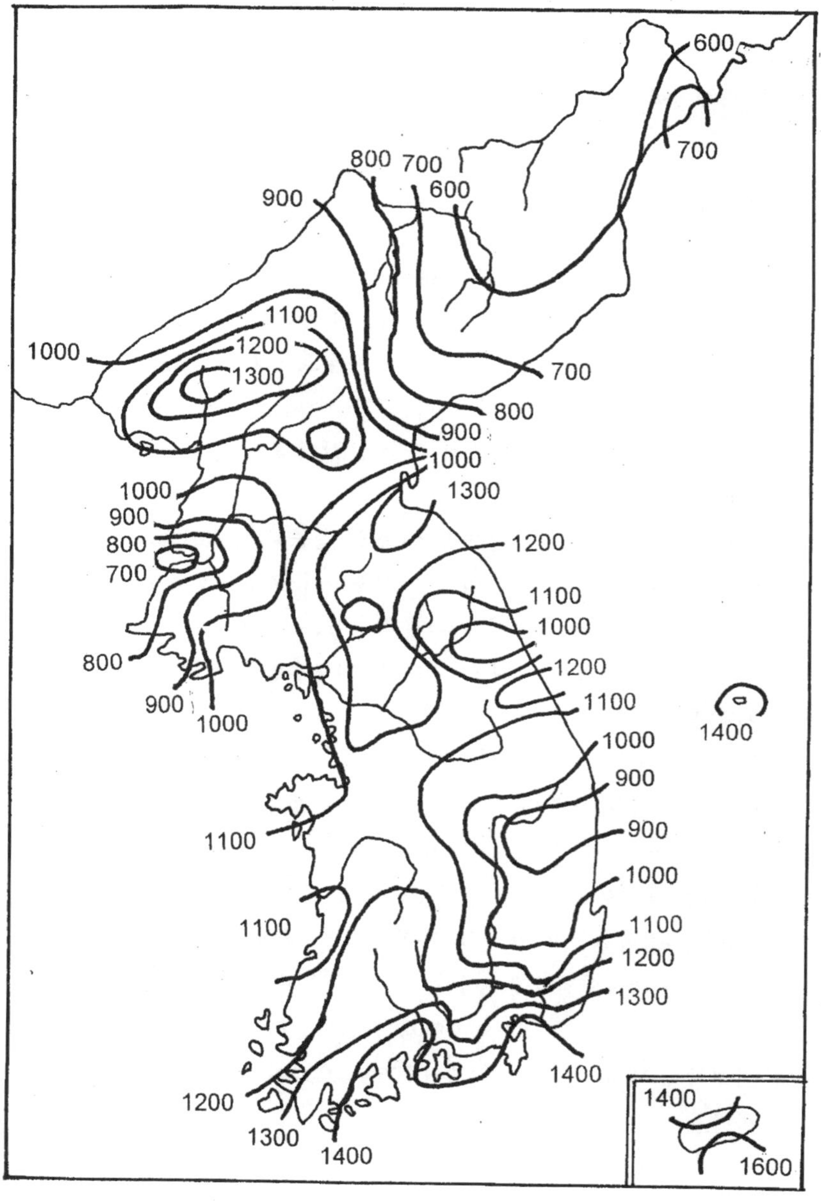
600
700
800
700
600
900
1100
1000
1200
1300
700
800
900
1000
1000
1300
900
800
700
1200
1100
1000
1200
800
1100
900
1000
1000
1400
900
1100
900
1000
1100
1100
1200
1300
1400
1200
1300
1400
1400
1600

시베리아고기압이 맹위를 떨치는 겨울은 봄·가을과 함께 건조한 계절로서 12~2월의 강수량은 연강수량의 10% 이하이다. 시베리아기단은 한랭건조하다. 그러나 북서계절풍이 서해를 지나면서 습기를 많이 흡수한 다음 불어오면, 지역에 따라서는 지형성강수의 형식으로 눈이 많이 내리게 된다. 서해안 가까이에 높은 산지가 솟아 있는 전라남·북도의 전주·정읍·고창·영광 일대에서는 북서풍이 몰아오는 폭설로 교통이 두절될 때가 있다. 폭설 중에서는 2월에 내리는 영동지방의 것이 유명하다. 영동지방의 폭설은 시베리아고기압에서 떨어져나온 이동성고기압이 한반도 북쪽을 통과할 때 동해쪽에서 불어오는 북동풍이 몰아온다.

봄과 가을의 강수량은 겨울보다 다소 많다. 봄과 가을에는 전선을 동반한 온대성저기압이나 기압골이 통과할 때 비가 내린다. 봄의 가뭄은 파종과 모내기에 지장을 주고 산불의 원인이 되기도 하지만 가을에는 비가 오지 않아야 농작물의 결실과 추수에 좋다.

우리 나라는 습윤지역에 속하는 데도 해에 따라 강수량의 변동이 심하다. 강수량이 적었던 해와 많았던 해는 지역에 따라 다르지만 최소강수량과 최대강수량의 비율이 대개 1 : 3을 넘는다. 연평균 강수량이 1,370mm인 서울의 경우 1949년에는 633mm, 1940년에는 2,135mm가 내려 그 차가 1,500mm에 이르렀다. 연평균 강수량에 대한 연강수량의 변동률은 전국적으로 22~25%에 이른다. 예외적으로 강수량이 많은 해에는 水害, 적은 해에는 가뭄을 심하게 겪는다. 가뭄은 지역적으로 광범하게 발생하기 때문에 주로 하천 연변에 국한되는 수해보다 그 피해가 훨씬 크다. 삼국시대 이래 자주 반복되었던 기근의 원인도 대부분 가뭄이었다.[6] 가뭄이 심할 때는 오늘날 대규모의 저수지도 바닥을 드러내며, 일부 대도시에서는 제한급수에 들어간다. 서양보다 약 200년 앞서 세종 23년(1441)에 측우기를 제작하고 곧 서울과 지방에서 우량을 관측하기 시작한 것도 가뭄에 대비하기 위한 자료를 얻기 위해서였다. 조선시대에도 저수지·보 등의 수리시설이 있었다. 그러나 의림지·공검지·눌제와 같이 이름이 알려진 수리시설도 규모가 작아서 가뭄이 심할 때

6) 김연옥, 《한국의 기후와 문화》(이화여대, 1985), 156~161쪽.

는 벼농사에 별다른 도움을 주지 못했다. 당시에는 대부분의 논이 天水畓이었다.

(3) 계 절

계절은 일년을 통해 태양의 고도가 계속 변화함에 따라 생긴다. 태음력을 사용하면 계절이 매년 같은 날짜에 돌아오지 않기 때문에 우리 나라에서는 중국에서와 같이 태양고도에 맞추어 일년을 15일 간격으로 24등분한 절기를 만들어 태음력과 함께 사용해 왔다. 節氣는 오늘날에도 농촌에서 계절의 변화를 확인하는 데 널리 쓰인다. 절기는 태양이 춘분점에 왔을 때를 春分, 춘분점에서 15° 이동했을 때를 淸明, 다시 15° 이동했을 때를 穀雨라고 하는 등 각각 시작하는 날에 이름을 붙여 나타낸다. 그리고 동지와 춘분의 중간을 立春, 춘분과 하지의 중간을 立夏, 하지와 추분의 중간을 立秋, 추분과 동지의 중간을 立冬이라 하여 4계절의 시초로 삼는다. 그러나 이러한 절기는 지역적인 상황에 대한 고려 없이 태양고도에만 기준을 둔 것이어서 기후학적으로는 큰 의미가 없다.

한반도는 남북방향으로 길게 뻗어 있어서 남북간의 계절에 상당한 차이가 있다. 기온·일사량·강수량·바람과 같은 기후요소의 변동에 바탕을 두고 自然季節을 지역별로 설정하려는 시도가 있었으나 식물과 동물의 활동을 관찰하여 남북간의 계절차를 가늠할 수도 있다. 진달래와 개나리는 봄에 꽃이 가장 일찍 피는 식물에 속한다. 진달래의 개화일은 울산이 3월 20일경으로 반도부에서 가장 이르고, 이때 남동해안의 부산과 통영에서는 개나리가 핀다. 남서해안의 목포에서는 북서계절풍의 영향으로 진달래와 개나리의 개화일이 3월 25일경으로 약간 늦어진다. 진달래와 개나리의 개화일은 북쪽으로 갈수록 늦어져 서울은 4월 5일경, 청진과 중강진은 4월 25일경이다.

매미의 울음소리는 한여름이 왔음을 알린다. 매미의 첫 울음소리를 듣는 날은 제주도에서는 6월 말경, 호남지방과 영남지방에서는 대체로 7월 상순이다. 신의주와 웅기지방에서는 8월 상순에 매미가 울기 시작한다. 가을이 무르익고 겨울이 다가오고 있음을 알리는 산지의 단풍은 북쪽에서 시작하여 남쪽으로, 높은 곳에서 시작하여 낮은 곳으로 내려온다. 관광객이 모여드는 단풍의 절정기는 설악산이 10월 중순, 내장산과 지리산이 10월 말 내지 11월 초이다. 단풍이 물드는 시기도 진달래의 개화일이나 매미의 첫 울음소리를 듣는 날과 같이 남북간에 약 1개월의 차이가 있는 것으로 짐작된다. 앞에서와 같은 내용을 통해 북쪽은 남쪽보다 겨울이 약 2개월, 남쪽은 북쪽보다 여름이 약 2개월 더 길다는 것을 알 수 있다.

5) 요약 및 소결

한반도는 압록강과 두만강을 경계로 아시아대륙과 접해 있으며, 일본열도와 아시아대륙 사이에서 육교의 구실을 해왔다. 이러한 위치의 특수성으로 인해 한민족은 양쪽에서 압력과 도전을 끊임없이 받았다. 그러나 벌판이 넓은 만주와는 달리 산이 많은 한반도를 차지하여 정체성을 지켜올 수 있었다.

한반도의 지질적인 기반은 시생대와 원생대에 속한 변성암의 여러 육괴로 이루어졌고, 화강암이 널리 분포한다. 화강암은 고대부터 각종 석물을 만드는 데 널리 사용되어 왔다. 남한과 북한을 통틀어 비교적 풍부하게 매장된 지하자원으로는 무연탄과 석회석이 중요하다. 이밖에 철 · 중석 · 흑연 · 금 · 아연 · 마그네사이트 등 많은 종류의 광물이 산출되나 풍부하게 매장된 것은 드물다. 그래서 우리 나라는 한때 '광물의 표본실'이라고 불렸다. 남한은 특히 지하자원이 부족하다. 한국전쟁 후 연료자원으로 크게 부각되었던 무연탄도 지금은 채산성의 악화로 거의 채굴하지 않게 되었다.

우리 나라는 산이 많다. '금수강산'에 걸맞게 산이 많은 만큼 하천 또한 많다. 과거에 내륙수로로 이용되던 하천은 오늘날 수자원으로서 매우 중요해졌다. 그러나 산은 각종 개발로 파헤쳐지고 있고, 하천은 각종 오염물질로 수질이 아주 나빠졌다. 하천 하류의 비옥한 충적평야는 모두 해발고도가 10m 내외에 불과하며, 20세기 초까지도 수해와 가뭄이 극심해서 농토로서의 구실을 제대로 하지 못했다. 이들 평야가 근대적인 수리시설을 갖추기 시작한 것은 일제강점기부터였다.

우리 나라에는 각종 해안지형이 다채롭게 발달되어 있다. 해안선이 단조롭고 파랑의 작용이 활발한 동해안은 사빈, 해안선이 복잡하고 조차가 큰 서해안은 갯벌의 발달이 두드러진다. 사빈은 관광자원으로 중요하고, 갯벌은 어민들에게 삶의 터전이다. 갯벌을 대상으로 한 간척사업은 일제강점기에 평야의 개발과 더불어 대규모로 추진되기 시작했고, 1980년대부터는 세계에서 유례를 찾아볼 수 없을 정도로 초대형화하여 사회적인 저항에 직면하게 되었다.

우리 나라의 연해는 수산자원의 보고였다. 어업의 기술이 발달하고 남획이 극심해서 연해의 어장이 황폐화되고 있으나 근해를 포함한 우리 나라 주변의 바다는 지금도 수산자원이 풍부하다. 섬이 많아 수면이 잔잔한 남해에서는 김·미역·굴 등의 양식이 성하고, 근래에는 어류의 가두리양식이 호황을 누리고 있다.

우리 나라 기후의 특색은 대륙성기후에 4계절이 뚜렷하게 나타나는 것으로 요약될 수 있다. 중위도의 다른 나라들보다 4계절이 뚜렷하게 나타나는 까닭은 여름이 열대지방처럼 덥고 겨울이 한대지방처럼 추워서 봄과 가을이 확연하게 구별되기 때문이다. 이와 같은 계절은 우리의 생활에 리듬과 활력을 불어넣어 준다. 기온과 함께 강수량은 남쪽에서 북쪽으로 감에 따라 줄어든다.

우리 나라는 세계적으로 습윤지역에 속하지만 해에 따라 강수량의 변동이 심해서 수해와 가뭄을 자주 겪는다. 가뭄은 넓은 지역에 걸쳐 발생하기 때문에 그 피해가 수해보다 심각하다. 조선시대에도 저수지나 보와 같은 수리시설이 많았으나 가뭄을 극복하기에는 모두 규모가 작았다. 수리시설이 크게 확충된 오늘날 하천 하류의 평야지대에서는 가뭄보다 수해가 위협적이다.

〈權赫在〉

3. 인류학적 특성

자연환경은 인류생활에 중대한 영향을 미친다. 반면에 인류는 자연환경을 이용하고 거기에 적응하면서 사회를 이루고 문화를 창조한다. 이런 점에서 자연환경과 인류생활은 서로 밀접한 관계를 맺고 있다. 한반도의 육지, 해양, 기후, 식생 등을 포함한 우리 나라의 자연환경은 한국인, 한국사회, 한국문화와 불가분의 관계를 가지고 있다.[1] 실제로 한반도의 지정학적 위치와 자연환경은 선사시대부터 현재에 이르기까지 한민족의 역사에 중요한 요인으로 작용하였다. 한반도는 유라시아(Eurasia) 대륙 동쪽에 위치하고 있기 때문에 한민족은 일찍부터 러시아·중국·일본 등의 이웃 나라들과 다양한 국제관계를 유지해 왔다. 육지의 지형은 대체로 노년기에 속하여 식생이 풍부하고 토지를 개척하는 데에 유리하였다. 지질은 대부분 아주 오래 된 화성암이기 때문에 지하자원을 얻는 데에 적합하였다. 해안선이 복잡하고 난류와 한류가 交流하여 여러 가지 어패류와 해조류가 서식하기 때문에 한민족의 생활에 필요한 해양 수산자원을 제공하였다. 온대 계절풍지대에 속한 한반도의 기후는 사계절의 구별이 뚜렷하고 여름의 高溫多雨로 농사짓기에 알맞아 한민족은 일찍부터 농업을 발전시켰다.

1) 한국인의 계통과 신체적 형질

인간의 신체적 특질인 체격, 피부색, 머리통의 모양, 머리카락의 모양과 색깔, 코의 모양과 크기, 눈꺼풀 등은 여러 개의 대립형질을 가진 유전자들이 모여서 그 특징을 나타낸 것이다. 이러한 신체적 형질은 유전적 요인에 의해서 결정되고 변화할 뿐만 아니라, 자연환경 및 사회·문화적 다양성과 변화에 적응하는 환경의 요인에 의해서도 결정되고 변화한다.[2]

신체적 형질의 특징으로 볼 때 한국인은 인종분류학상 몽골인종(Mongoloid)에 속한다. 한국인은 피부 색깔뿐만 아니라 곧은 머리카락과 짧은 얼굴에 광대뼈가 나오고 눈꺼풀이 겹쳐져 있으며 둔부에 몽골반점이 있는 등 몽골인종의 공통된 신체적 형질을 대부분 가지고 있다. 몽골인종은 그들의 집단이동과 지역분포에 따라 서로 다른 자연환경에 적응하는 과정에서 그들의 신체적 형질과 생활양식에 차이가 생겨 고시베리아족(Palaeo-Siberians)과 신시

1) 최홍준, 《자연환경과 인류생활》(장왕사, 1952), 139~142쪽.
2) 박선주, 《체질인류학》(민음사, 1994), 77~79쪽.

베리아족(Neo-Siberians)으로 구분된다. 그 중에서 한국인은 신시베리아족에 속하며 제4빙하기의 후기구석기시대까지 시베리아의 예니세이(Yenisei)강 유역과 알타이(Altai)산 기슭에 살고 있었다. 그 후에 기온이 상승하여 빙하가 녹으면서 후기구석기시대 및 신석기시대 때 시베리아로부터 남쪽으로 이동했다. 그들은 중국 동북부인 만주 서남부의 랴오닝(遼寧) 지방을 거쳐 한반도 남부까지 이동하여 한민족이라는 하나의 단일 민족을 형성하였다.

이와 같은 한민족의 형성 및 이동 과정에서 발전된 문화는 지금까지 남아 있어 후기구석기시대, 신석기시대, 청동기시대, 철기시대의 유물과 유적으로 발견되고 있다. 역사상 고대의 중국 문헌에 나타나는 肅愼, 朝鮮, 韓, 濊, 貊, 東夷 등의 여러 민족들은 그 전부 또는 일부가 우리 민족을 가리키는 말이다. 특히 랴오닝 지방의 한민족은 북부의 초원 지대에서 목축을 하는 한편, 남부의 평야 지대에서 농경을 주로 하면서 농경·목축 문화를 발전시켰고, 한반도 남부까지 내려온 한민족은 자연환경의 조건에 따라 목축을 버리고 농경에만 집중하면서 독특한 청동기문화를 발전시켰다.

오늘의 중국 랴오닝 지방과 한반도에서 농경과 청동기문화를 발전시킨 한민족이 하나의 단일 민족으로서 부족연맹체의 족장사회를 통합하여 고대국가를 성립시킨 것이 바로 古朝鮮이다. 그 이후 국가가 나누어져서 몇 개의 새로운 독립국가로 분열되었다가 다시 통합되는 역사적 과정은 매우 복잡했지만 민족은 하나의 단일 민족으로서 한민족의 명맥을 이어오고 있다.[3)]

체질인류학자들이 한국인 성인들을 실증적으로 계측하여 분류한 자료에 따라 한국인의 신체적 형질을 살펴보면 다음과 같다.[4)]

한국인의 피부 색깔은 담황색이며, 평균 신장은 남자가 167.7(±5.0)cm이고 여자가 155.5(±5.3)cm로서 中身型(mesosome)에 속한다. 체형은 남녀 모두 하체에 비하여 상체가 긴 上體指數 54.7로서 長上體型(macrocormic)의 특징을 나타낸다. 骨格指數는 82.7로서 골격이 비교적 짧은 短骨格型(brachyskeletal)에 속한다, 한국인은 또 어깨폭이 넓은 廣肩型(broadshouldered), 팔이 짧은 短

3) 한상복, 〈대한민국 : 민족 · 언어 · 종교〉(《브리태니커 세계 대백과사전》 4, 한국 브리태니커 회사, 1995), 542~545쪽.

4) 羅世振 · 張信堯, 《韓國人의 體質》(中央日報社, 1981) 참조.

上肢型(short armed), 다리가 비교적 짧은 短下肢型(short legged)의 체형을 가지고 있다. 頭蓋容積은 평균 1,475cc로 비교적 큰 大頭型(aristocephalic)이다. 머리통의 길이(頭長)와 폭(頭幅)의 계측치에 의해서 산출된 머리통지수(頭指數)는 短頭型(brachycephalic)으로 몽골인과 비슷하지만, 중국인이나 일본인의 中頭型과는 구별된다. 얼굴의 길이(顔長)와 폭(顔幅)의 계측치에 의해서 산출된 얼굴지수(顔指數)는 廣顔型(euryprosopic)으로 몽골인과 비슷하고 중국인의 狹顔型과는 구별된다. 코의 높이(鼻高)와 폭(鼻幅)의 계측치로 산출된 코지수(鼻指數)는 中鼻型(mesorrhine)에 속하여 몽골인이나 일본인과는 비슷하지만 중국인의 狹鼻型과는 구별된다. 머리카락은 곧고 검은 색이며, 눈의 색깔은 흑갈색이다. 눈꺼풀이 겹쳐진 몽골눈과 둔부의 몽골반점도 한국인 신체 형질의 특징이라고 말할 수 있다.

이상과 같은 한국인 신체 형질의 특징들은 겉으로 나타난 생물학적 표현형(phenotype)의 평균치로 나타낸 것이다. 그러나 이러한 신체 형질의 특징들은 고정불변의 것이 아니고 환경적 요인과 문화적 요인에 따라 차이가 있을 수 있고 또 변화할 수도 있다. 실제로 한국인 신체 형질의 특징과 환경과의 관계를 밝히기 위하여 1970년대에 농촌과 도시의 남녀 성인, 청소년, 어린이들에 대한 인체측정학적 조사를 통해서 도시화와 발육 및 체질적 특징과의 관계를 밝힌 연구 결과가 있다.[5] 이 연구는 한국의 농촌과 도시에서 한국인의 발육과 체질적 특징이 어떻게 다르고 그 차이의 원인이 무엇인가를 밝힐 수 있도록 환경의 요인들을 고찰의 범위 속에 포함시켰다. 연구의 자료는 임상학적으로 정상적인 한국인 4,012명의 형태학적 특징, 특히 이체 계측을 통한 계측치를 주로 이용하였다. 예컨대 신장 계측자료의 분석 결과에 따르면 남자의 경우 도시의 어린이가 같은 또래의 농촌 어린이보다 키가 평균 4㎝가량 더 큰 것으로 나타났다. 이러한 도시와 농촌 사람들간의 발육 및 신체적 특징의 차이는 도시에서만 나타나는 환경의 요인들이 발육과 신체적 특징에 영향을 주었기 때문인 것으로 판단되었다. 특히 개선된 영양과 보건, 의료, 위생 등이 환경의 요인으로 제시되었다. 같은 도시 안에서도 인구학적

---

5) 權彛九, 〈都市化와 發育 및 體質的 특징〉(韓相福 편, 《한국인과 한국문화 : 인류학적 접근》, 심설당, 1982), 10~24쪽.

요인과 사회・문화적 요인이 다름에 따라 학교 아동들의 신체적 성장과 발육에 차이가 나타난다는 연구 결과도 있다.[6] 본인의 출생 서열과 부모의 교육수준 및 가족의 사회경제적 조건들은 학교 아동들의 신장과 체중, 체량 등과 상관관계가 있다는 것이다.

한국 고등학생(15~17세)의 신체 발육 상태가 지난 30년 동안 꾸준하게 향상되어 왔다는 보고도 있다.[7] 교육인적자원부가 매년 실시하고 있는 학생 체격검사 결과 2000년도 고등학교 남학생의 평균 신장은 171.90㎝(여자는 160.06㎝)로 10년 전인 1990년에 비해 3.29㎝(여 1.95㎝) 커졌고, 20년 전인 1980년에 비해서 6.7㎝(여 3.6㎝) 커졌으며, 30년 전인 1970년에 비해서는 8.4㎝(여 5.0㎝) 커졌다. 몸무게, 가슴둘레, 앉은키 등의 신체 발육도 크게 향상되었다. 그 원인은 국민경제 수준의 향상으로 식생활, 보건, 위생 등의 국민복지 여건이 꾸준히 개선되어 청소년의 체격이 전반적으로 향상된 것으로 보인다.

2) 자연환경과 지역성

한반도 전체의 자연환경을 이루는 육지・해양・기후・식생 등의 특성은 한반도 내부에 행정구역을 비롯한 정치・경제・사회・문화 등 여러 차원에서 지역을 구분하여 각 지역의 특성을 갖도록 하였다. 육지의 산맥과 하천 및 해양의 바다와 섬을 연결하는 교통의 편리함과 불편함 등이 지역구분의 기준이 된 경우가 많다.[8] 예를 들면 우리 나라의 최상급 지방행정구역인 道의 명칭을 처음 사용했던 고려 초기의 10개 도 중에서 嶺南道(현 경상북도 일부)・山南道(현 경상남도 일부)는 재나 산을, 江南道(현 전라북도)・河南道(현 충

---

6) Sunyoung Pak, *A Longitudinal Study of Growth, Maturation, and Functional Performance among School Children in Seoul, Korea.* Unpublished Doctoral Dissertation, State University of New York at Buffalo, 1995, pp. 85~89.

7) 문화관광부, 《2001년도 청소년 백서》(문화관광부, 2001), 제3부 제1장 제1절, 〈청소년의 체격〉 참조.

8) 朝倉敏夫, 〈韓國社會の地域性〉(杉山晃一・櫻井哲男 編, 《韓國社會の文化人類學》, 東京 : 弘文堂, 1990), 2~22쪽.

청남도)·浿西道(현 평안남북도)는 강이나 하천을, 海陽道(현 전라남도)는 바다를 경계로 하여 구획된 행정구역의 명칭이다. 이처럼 산맥이나 水界 또는 바다와 섬은 도뿐만 아니라 시·군·읍·면·동·리의 행정구역 명칭에도 흔히 적용되었다. 그밖에도 자연환경이 그 지역에 사는 주민들의 인성에 영향을 미치는 중요한 요인이라고 생각하여 우리 나라 전국 8도의 도민 기질을 다음과 같이 나타내기도 하였다.[9] 함경도민은 泥田鬪狗, 평안도민은 猛虎出林, 황해도민은 石田耕牛, 강원도민은 巖下古佛, 경기도민은 鏡中美人, 충청도민은 淸風明月, 경상도민은 泰山喬岳, 전라도민은 細柳春風에 비유하여 도민의 인성을 상징적으로 나타냈다.

행정구역을 떠나서 한반도를 몇 개의 지역으로 구분하는 데에도 재·산맥·호수 등의 지형지세가 경계의 기준이 되었다. 원산에서 인천에 이르는 추가령지구대를 경계로 하여 북쪽을 北鮮이라 하고 남쪽을 南鮮이라고 구분하는 것이라든지, 한반도의 북쪽에서 남쪽으로 뻗어 내려온 낭림산맥과 태백산맥을 경계로 하여 서쪽을 表朝鮮이라 하고 동쪽을 裏朝鮮이라고 구분한 것은 그런 예이다.[10] 낭림산맥을 경계로 동북부의 함경도 지역을 關北지방, 서북부의 평안도 지역을 關西지방, 태백산맥을 둘러싼 강원도 지역을 關東지방으로 구분하기도 한다. 관동지방인 강원도를 다시 태백산맥의 분수령을 경계로 동쪽을 嶺東지방, 서쪽을 嶺西지방, 그리고 새재[鳥嶺]의 남쪽 경상북도 지역을 嶺南지방으로 구분하기도 한다. 또 한반도의 서쪽 중앙부를 차지하고 있는 경기도·황해도의 남부·충청남도의 북부를 포함한 지역을 畿湖지방, 충청남북도 지역을 湖西지방, 전라남북도 지역을 湖南지방으로 구분하기도 한다.

이러한 지역구분은 우리 나라 말의 方言圈과도 거의 일치한다. 한국어의 방언구획을 관북(동북·함경도)·관서(서북·평안도)·중부(경기도·충청도·황해도·강원도)·호남(서남·전라도)·영남(동남·경상도)·탐라(제주도)의 6개 방언권으로 나누고 있기 때문이다.[11] 이들 지역방언은 험준한 산맥이나 큰 강,

---

9) 《開闢》(開闢社), 1925년 7월호 참조.

10) 崔南善, 《朝鮮常識問答》(東明社, 1946), 18쪽.

11) 박병채, 〈한국의 언어와 문자〉(《한국 민속의 세계》 1, 고려대학교 민족문화연

넓은 삼림, 늪지대, 바다 등의 지리적 장애로 각 지역간에 내왕이 불편할 때 가장 많이 생긴다. 이렇게 나누어진 큰 지역방언은 다시 작은 지역방언으로 갈라지기도 한다. 가령 중부방언권에 속하는 강원도방언권은 다시 태백산맥의 분수령을 경계로 영동방언권과 영서방언권으로 갈라지고, 영동방언권은 또 북부 영동방언권, 남부 영동방언권, 강릉방언권, 삼척방언권으로 나누어지기고 한다. 뿐만 아니라 해양생태계와 육지생태계에 따른 주민들의 생업이 다름에 따라서 강원도 동해안의 농촌과 어촌 사이에 방언의 차이가 뚜렷하게 나타나기도 한다.[12)]

지형·지질·기후·식생 등의 자연환경과 관련된 농업의 특성에 따라 민속문화에 차이가 생기고, 그러한 차이들이 서로 다른 문화권을 형성한다는 가설도 있다.[13)] 이 가설은 우선 잡곡을 주로 재배하는 산간의 밭농사지역과 논벼를 주로 재배하는 평야의 논농사지역, 그리고 이 두 가지 특성을 모두 가지고 있는 논밭복합농사지역으로 구분한다. 이들 3개 지역에서 관행되는 세시풍속·의식주생활·민간신앙·민속예능·발굴문화재 등의 문화요소들을 분류해 보면, 밭농사지역의 端午圈, 논농사지역의 秋夕圈, 논밭복합농사지역의 추석·단오복합권이라는 농경세시의례의 문화권이 설정된다는 것이다. 지리적으로는 소백산맥과 남한강 유역을 따라 동쪽에서 서쪽으로 연결되는 경계선을 축으로 하여 북부가 단오권이고, 남서부가 추석권이며, 동남부가 추석·단오복합권을 형성한다는 것이다.

농민의 육지생태계와 어민의 해양생태계가 다름에 따라 농민과 어민의 자원 소유형태와 이용방법, 자본의 투자방식, 생산양식, 분배와 교환체계, 주거형태, 협동관행, 사회구조 등의 면에서 큰 차이가 나타난다. 산촌 주민과 落島 주민의 생태적 특성이 다르고, 도시인들 중에서도 사회계층에 의한 주거지역이 다름에 따라 생태적 특성에 뚜렷한 차이가 나타난다.

구원, 2001), 220~224쪽.

12) 李翊燮,《嶺東 嶺西의 言語分化 : 江原道의 言語地理學》(서울大學校 出版部, 1981), 71~79·126~133쪽.

13) 金宅圭,《韓國農耕歲時의 硏究 : 農耕儀禮의 文化人類學的 考察》(嶺南大學校 出版部, 1985), 449~457쪽.

3) 농민의 육지생태계와 어민의 해양생태계 특성

신석기시대에 야생식물을 재배하고 야생동물을 길들여서 농경과 목축을 시작한 이후 최근까지 우리 나라는 전통적으로 농업을 생업의 기반으로 하였다. 다른 한편, 바다·하천·호수에서 어류·패류·藻類 등 수산 동식물을 포획하고 채취하는 어로활동도 농업이 발생하기 이전의 선사시대부터 오늘에 이르기까지 또 하나의 중요한 생계방식이었다.

인간은 모두 그들의 생존에 필요한 먹이와 생활물자를 다른 동물과 식물에 의존하고 있다. 이런 점에서 인간은 항상 다른 동물이나 식물과 공생관계 또는 기생관계에 있다고 말할 수 있다. 인간의 경제활동과 사회활동도 역시 이런 관계로 인식할 수 있다. 농업의 육지생태계와 어민의 해양생태계를 비교해볼 때, 농민은 다른 동식물과 상호 의존적 공생관계에 있는데 반해서, 어민은 다른 동식물에 일방적으로 의존하는 기생관계에 있다.[14] 농민은 토지를 기본재산으로 하고 거기서 작물이나 가축을 가꾸고 길러서 씨를 남기고 먹는다. 즉 농민은 토지에 씨를 뿌리고 가축의 새끼를 내어 그것들이 성장한 뒤에 먹이와 생활물자를 그 동식물에 의존하는 동시에, 그 동식물의 종자보존과 개량 및 농약과 예방주사 등의 활동을 통해 동식물을 보호하고 번식시킨다. 이런 점에서 농민과 다른 동식물의 관계는 공생적이다. 그러나 어민은 양식의 예외가 있기는 하지만 대부분의 어류와 패류 및 해조류를 기르거나 씨를 받지 않고 야생하는 자연의 동식물을 일방적으로 착취한다. 즉 어민은 수산 동식물에 의존하지만, 수산 동식물은 그들의 생존을 어민에 의존하지 않는다. 이런 점에서 어민의 수산 동식물에 대한 관계는 기생적이다.

한국에서 농민의 토지이용은 영토의 한정과 사적인 토지소유권으로 제한을 받는다. 그러나 어민의 바다는 토지에 비해서 상대적으로 무한한 개척의 여지를 가지고 있다. 물 속의 바위나 흙 속에 서식하는 해조류나 조개류 같은 고정성 수산자원은 사유가 가능하지만, 어류와 같은 이동성 수산자원은

14) 韓相福, 〈農村과 漁村의 生態的 比較〉(《韓國文化人類學》 8, 한국문화인류학회, 1977), 11~16쪽.

공유로 되어 있다. 따라서 농민이 동식물 자원을 집약적으로 이용하는 데에는 토지가 가장 중요하기 때문에, 그들은 제1차로 자본을 토지에 투자하고 나서 그 다음에 농기구·관개·비료·농약·종자개량 기타 생산성을 높이기 위한 자본재에 투자한다. 그러나 어민이 바다·하천·호수 등 공동의 광대한 어장에서 수산 동식물 자원을 집약적으로 이용하는 데에 유일한 제약은 어로의 장비와 기술 및 지식이기 때문에, 그들은 제1차로 자본을 어로의 장비와 기술에 투자한다. 미개하고 단순한 어로의 장비와 기술로서는 어로활동이 潮流와 바람 등의 자연환경과 인간의 육체적 노동과 감각기관에 의존할 수밖에 없지만, 동력선·나일론 어망·어군탐지기 등 고도의 어로장비와 기술을 갖추면 어군의 위치를 확인하고 포획하는 데에 매우 유리하다. 어로의 장비와 기술이 발달하면 자본의 투자 규모가 커지고, 그에 따라 어로조직이 복잡해지며 어획물의 분배체계도 더욱 복잡해지는 것이 어업의 특성이다.

농민의 자산인 토지는 영구적이며 자연의 재해에 대하여 비교적 안전하지만, 어민의 가장 중요한 재산인 어로장비는 항상 관리 수선되어야 하고 손실의 위험을 지니고 있으며 특히 돌풍과 풍랑으로 인한 난파의 위험을 안고 있다. 농업에서는 작물이나 가축의 성장에 투입한 자본과 노동의 결과로서 수확이 비교적 확실하고 예측이 가능하며 안정적이다. 그러나 어업에서는 농업에서만큼 어획에 확실성이 없고 예측이 가능한 것도 아니며 불안정하다. 즉 어획량은 해마다 다르고, 계절에 따라 다르며, 매일의 어획량조차 예측할 수 없을 뿐만 아니라, 심지어는 두 어선이 함께 출어하여 비슷한 어로장비와 기술을 가지고 조업을 할 경우에도 요행에 따라 어획량이 서로 다를 수가 있다. 그러므로 어업에서는 농업에서보다 기업가와 혁신가의 역할이 훨씬 더 크게 작용한다.

경작·제초·수확 등의 농업노동에는 전가족 남녀노소가 모두 참여할 수 있어서 연령과 성별 분업이 확연하게 구분되지 않으며, 고용노동의 경우에도 비교적 작은 땅에서 노동이 행하여지기 때문에 고용주의 영농과 노동통제하에서 감독이 쉽게 이루어진다. 그러나 어촌에서는 남성은 바다에서 고기잡이를 하고 여성은 해조류나 패류의 채취 및 육지의 농사를 주로 하기 때문에 성별 분업이 뚜렷하게 구분되고, 어업노동 자체도 가족원이 아닌 선원들이 집단을 이루고 공동작업을 해야하기 때문에 선원들의 지위와 역할이 각자에게 따로따로 정해져 있다. 그러므로 어업에서는 농업에 비하여 상황판단과 결정이 매우 중요하고 게임이론을 적용할 수 있는 여지가 많다.

어업경영에서는 광대한 어장과 예측할 수 없는 어류의 습성, 기후, 바다의 조건 등 자연환경 때문에 경영의 통제가 어렵고 자본주가 어로작업을 감독하기도 힘들다. 따라서 선원이 아닌 자본주·선주·망주 등은 그들의 자본과 선원들의 노동에 불평등한 어획량 분배체계를 적용하여 자기들의 투자에 대한 위험부담을 상쇄한다. 예컨대 한국의 서해 소흑산 可居島 멸치어장의 경우 선원 23명이 조업을 해서 어획물을 분배할 때, 거의 60% 가량은 선원이 아닌 선주와 망주 등 자본주에게 돌아가고 나머지 40%를 선원들에게 분배하는데, 선원들 중에서도 선장과 기관장 등의 몫을 제외하면 일반 선원들에게는 1인당 총어획량의 1.25%밖에 돌아가지 않는다.[15]

농민은 어민에 비해 그들의 생산이 상대적으로 자급자족적이다. 전통적으로 한국의 농민은 경제적으로 농업 이외의 다른 생업에 대한 선택의 여지가 없었기 때문에 토지에만 묶여 있었다. 농업 자체도 가족노동에 의하여 경영되는 영세한 규모인데다가 농업기술이 단순하기 때문에 생산력이 낮아서 자급자족의 범위를 넘지 못하였다. 잉여생산이 극히 낮은 상태에서 시장경제에 대한 의존도가 매우 낮았다. 그러나 어민은 자급의 목적보다 식량과 다른 일상의 생활필수품을 구하기 위해서 그들이 생산한 수산물을 다른 사람들에게 공급하고 판매한다. 그러므로 경제적 거래의 면에서 어민은 농민에 비하여 다른 경제부문의 사람들과 거래하는 빈도와 양이 훨씬 많다. 여기에서 우리나라의 전통적인 波市와 客主 제도의 생성과정을 찾아볼 수 있다.

한국 서해의 조기 파시는 특히 유명한데, 음력 1월부터 6월까지의 성어기에는 한 어장에 수백 척의 어선들과 전국 각지의 魚商들이 모여들어 선원과 어상, 그리고 그들을 상대로 하는 음식업과 접객업 등의 상행위가 일시적으로 번창하여 파시를 형성한다. 육지의 시장은 일정한 장소에서 정해진 날짜

15) Sang-Bok Han, *Korean Fishermen : Ecological Adaptation in Three Communities, Seoul* : Seoul National University Press, 1977, pp. 43~45.

에 형성되는 정기시장의 특성을 가지고 있지만, 바다 위의 파시는 성어기의 계절에 따라 이동하는 특성을 가지고 있다. 이른바 서해의 3대 파시는 남쪽으로부터 시작해서 음력 1~2월의 흑산도 파시, 3~4월의 위도 파시, 5~6월의 연평도 파시를 가리킨다. 어물객주는 바다와 육지가 만나는 항구의 상인으로서 어민들의 수산물을 위탁받아 팔고 어민들에게 어업전도금을 빌려주거나 생활필수품을 외상으로 팔고 도서지방의 어민들이 육지의 항구에 나오면 숙식도 제공한다. 그들은 어민의 수산물을 싸게 사고 자기네 상품을 비싸게 팔아 이중의 이득을 본다. 따라서 어민들은 자기네 생산품을 싸게 팔고 어로장비와 생활필수품을 비싸게 사들임으로써 이중의 손실을 본다.

한국의 농촌은 전통적으로 경작지와 채마전 및 마당의 필요에 따라 주거의 분산이 불가피하며, 산간 촌락의 화전마을은 더욱 더 그런 현상이 뚜렷하다. 그러나 어촌에서는 해안과 선착장의 접근 및 공동어로작업의 필요성, 입지조건, 기타의 생태적 조건들 때문에 도시를 방불할 정도로 주거형태가 밀집하는 경향이 있다.

노동과 협동의 관행에 있어서도 농촌에서는 품앗이와 같은 1 대 1의 교환노동 및 두레와 같은 공동노동의 협동이 지배적이다. 그러나 어촌에서는 협동에 의한 공동어로작업은 해도 품앗이와 같은 교환노동은 하지 않는다. 그 대신 공동어로작업에 의한 어획물의 몫을 나누는 분배체계가 매우 발달하였다. 앞에서 본 서해 소흑산 가거도 멸치어장의 어획량 분배체계는 농촌에서 찾아볼 수 없는 특이한 형태이다. 농촌에서는 가족의 일손이 많으면 최대한 동원할 수 있는 노동력의 잠재적인 수요가 있어 대가족이 생존할 수 있으나, 어촌에서는 건장한 남성만이 바다에서 공동으로 어로작업을 하기 때문에 핵가족의 형태가 지배적이다. 더구나 해조류의 채취권을 가구 단위로 부여하는 소흑산 가거도와 같은 낙도에서는 장남부터 차례로 자식들이 혼인과 동시에 분가하고 막내아들이 노부모를 부양하면서 말자상속을 한다. 通婚圈도 농촌에서는 확대·분산되는 경향이 있으나 어촌에서는 폐쇄적인 경향이 있어 村內婚 또는 島內婚이 빈번하다.

4) 산촌과 낙도 주민의 생태적 특성

산촌과 낙도는 일반적으로 지리적 고립성의 면에서 비슷하지만, 지형·지세와 자원의 이용 면에서 주민들의 생태적 적응양상과 생업 및 생활양식은 큰 대조를 이루고 있다.

(1) 산촌 주민의 생태적 특성

산촌이 형성되고 발전해 온 역사적 배경은 무엇보다 산촌 주민의 경지개척과정, 특히 火田의 역사에서 쉽게 이해될 수 있다. 우리 나라 화전의 기원은 고고학적으로 뚜렷하게 밝혀지지 않았지만, 문헌에 나타난 기록만으로도 고대까지 거슬러 올라갈 수 있다. 《삼국사기》에 기록된 바에 따르면 신라 진흥왕의 창녕정계비에 '白田'이라는 두 글자가 기록되어 있는데 그것이 바로 화전을 뜻하는 것이 아닌가 생각된다. 고려시대에는 토지의 등급을 상·중·하의 세 가지로 나누어 상등급은 '不易之地'라 하여 항상 계속적으로 경작하는 토지였고, 중등급은 '一易之地'라 하여 1년 동안 경작한 뒤에 다음 1년을 휴경하는 격년제의 경지였으며, 하등급은 '再易之地'라 하여 3년마다 1년씩 경작하는 토지였다. 그 중에서 일역지지와 재역지지는 오늘의 화전에 해당되는 것으로 보인다. 조선 말기의 《증보문헌비고》에도 전국의 경작면적을 기록할 때 수전·旱田·화전을 구분한 것으로 보아 화전경작은 고대로부터 최근까지 꾸준히 계속되어 온 것 같다.[16]

한반도의 지세로 볼 때 화전경작이 집중적으로 이루어졌던 지역은 크게 셋으로 나눌 수 있다. 첫째는 함경도의 낭림산맥 및 그 서쪽 사면과 개마고원을 중심으로 한 한국의 가장 높은 고산지대이고, 둘째는 평안도 묘향산맥과 언진산맥 사이의 산악지대이며, 셋째는 강원도의 태백산맥 일대이다. 화전의 개간과정을 살펴보면 우선 화전의 소재로 볼 때 산허리에 산재하는 화전의 경사도는 보통 22도에서 28도 가량이며, 아주 경사가 심할 경우에는 60

16) 小田內通敏, 《朝鮮部落調査報告 第一冊 : 火田民・來住支那人》(東京 : 朝鮮總督府, 1924), 2~4쪽.

도 내지 70도에 이르는 곳도 있다. 화전 1필지의 면적은 매우 넓어서 보통 2단보에서 5단보에 이르며 일반 농경지의 밭에 비하면 그 규모가 상당히 크다. 일단 화전에 적합한 위치를 선정한 다음에는 먼저 나무를 벌채하는데 너무 굵은 나무들은 벌목하기가 힘들기 때문에 그대로 두거나 껍질만 벗겨서 고사목이 되게 하여 불을 지른다. 흔히 가을부터 겨울철에 걸쳐 벌채와 운반을 하고 초봄의 해빙과 더불어 불을 지른다. 불이 다른 임야로 번지지 않게 하기 위해 바람이 없거나 적은 날을 택하여 짧게는 반나절, 길게는 2~3일간 걸려서 불태우고 진화한다. 타다가 남은 끄트러기는 경작에 편리하도록 몇 군데에 모아둔다.

경작은 불을 지른 다음 비가 한번 내린 뒤에 행한다. 그 이유는 재가 땅속에 스며들어야 하기 때문이다. 처음으로 행하는 최초 1년간의 화전을 부데기라 하고, 4~5년간 계속하는 것을 화전이라 하며, 보통의 화전보다 경사가 급한 화전을 산전이라고 한다. 화전의 경작방식은 평지의 전답 경작방식과는 매우 다르다. 경사가 완만하여 땅을 갈기가 쉬운 곳에서는 기운이 센 소 두 필로 쟁기질을 하는 쌍겨리질을 하지만, 경사가 급하거나 나무 끄트러기 또는 암석의 노출이 많은 곳에서는 쟁기질이 곤란하므로 따비로 땅을 판다. 파종은 해빙된 뒤에 될 수 있는 한 빨리 하는 것이 좋으나, 일단 해빙이 되더라도 다시 추위가 몰아닥치는 경우가 많기 때문에 적기를 결정하기가 매우 어렵다. 뿐만 아니라 화전의 파종은 그 위치에 따라서 다르다. 즉, 서향이나 북향의 日照가 좋지 않은 곳에서는 해빙이 늦기 때문에 파종도 보통의 화전보다 10일 내지 20일 가량 늦어진다.

화전 농작물은 파종의 시기별로 볼 때 가장 빠른 것이 조·감자·옥수수이며, 그 다음에 파종하는 것은 콩·팥·녹두 등이고, 가장 늦게 파종하는 것이 메밀이다. 토양별로는 화전 개간 초기의 비옥한 땅에 알맞은 작물이 감자이고, 그 뒤의 보통 토양에 알맞은 작물이 조 따위이며, 나중의 척박한 땅에도 잘 적응하는 작물은 메밀과 귀리 등이다. 그리고 지력의 소모를 완화하기 위해서 콩·팥 등의 콩과작물을 재배하기도 한다. 화전경작의 특징은 작물의 간작 또는 혼작에서 볼 수 있다. 원래 간작이나 혼작은 파종이나 수확에 노력이 많이 소요되는 것이지만, 노력도 부족하고 조방적 농업을 하는 화전민들이 간작이나 혼작을 하는 까닭은 산악지대의 기온이 낮고 일조시간이 불충분하여 작물의 생육과 성장이 좋지 못한 자연환경 때문이다. 파종에서 수확까지 제초나 시비 등 일체의 손질을 하지 않는 것도 화전경작의 중요한 특징이라고 하겠다. 작물의 수확은 모두 서리가 내리기 이전에 이루어져야 하기 때문에 노동력이 집중적으로 소요된다.

화전의 땅값은 경작 연수에 따라 다르고, 경사도와 토질에 따라서도 각기 다르다. 그리고 같은 조건에서도 사유림의 화전은 국유림의 화전 경작권 임대료보다 훨씬 비싸고, 3차년도의 화전은 2차년도의 것보다 반액으로 떨어지며, 4차년도 이후의 화전은 거의 값이 나가지 않기 때문에 그대로 내버려두기도 한다. 화전의 경작 연한은 보통 4~5년이고 휴경 연한은 짧으면 5년, 길면 10년이 걸린다. 화전민들은 대개 처음엔 국유림이나 사유림에 몰래 침입하여 나무를 베고 불을 지른 다음, 일시적인 간이주택을 짓고 화전을 경작한다. 그러다가 지력이 고갈되어 토양이 함유한 자연적 비료가 모두 없어지면, 가족과 함께 화전의 개간이 가능한 새로운 토지를 구하여 이동한다. 과거에 경작했던 화전의 휴경 기간이 충분히 지나 지력이 회복되면, 다시 그곳에 불을 질러 화전을 일구고 경작한다. 이처럼 화전의 경작과 휴경을 엇바꿔서 행하거나 작물을 돌려가며 경작하는 방식을 輪作이라고 한다.

이와 같은 화전민의 遊農 특질은 자연이 부여한 토지의 능률을 혹사한다. 또 화전민들은 자연조건에만 의존하여 의·식·주를 비롯한 대부분의 생활물자를 획득하고자 한다.[17] 예를 들면 강원도 태백산맥의 한 산간촌락인 화전민 마을 평창군 도암면 봉산리에서는 의복의 재료를 야생 동식물에서 얻는다. 겨울철의 사냥에서 잡은 멧돼지의 가죽으로 웃옷을 만들고, 칡이나 피나무껍질로 메투리와 주루막을 만든다. 골짜기에 흐르는 물은 그대로 식수나 세탁 용수로 이용되고, 고비·고사리·누르대·취·곤두래·따주기·청옥·멍이·곰취·병풍·잔대·도라지·더덕·두릅·표고·느타리 등의 산채와 버섯류는 일상의 부식으로 이용될 뿐만 아니라 춘궁기와 흉년으로 기근이 심할 때에는 救荒 주식으로도 이용된다. 통나무 너와집은 화전민의 대표적인

17) 韓相福, 〈韓國 山村住民의 衣食住〉(《社會學報》 7, 서울大學校 文理科大學 社會學科, 1964), 17~36쪽.

가옥인데 그 재료는 모두 인근의 산에서 채취한 목재들이다. 석유등이나 촛불 또는 전기 대신에 관솔불로 조명을 하고 난방의 효과도 낼 수 있도록 벽에 구멍을 뚫어 만든 고콜은 산촌의 민가에서만 볼 수 있는 가옥 구조이다.

이상과 같이 화전민들은 그들에게 주어진 자연환경에 적응하면서 새로운 화전이나 지력이 회복된 과거의 화전 휴경지를 찾아 끊임없이 이동하다가, 마침내는 일정한 토지에 정착하여 2~3대를 지내는 동안 작기는 하지만 화전촌락을 형성하기도 한다. 화전농업을 최근까지 실행하였던 화전민의 촌락은 우리 나라의 가장 특이한 산촌이다.[18] 특히 외부 사회와의 접촉이 비교적 드물어 고립된 산촌에서는 과거에 화전민들이 산간의 자연환경에 적응하면서 살아온 전통적인 삶의 모습을 찾아보기가 쉽다.

(2) 낙도 주민의 생태적 특성

한반도 삼면의 바다에 산재한 3,305개의 섬들은 크기와 위치에 따라 두 종류로 나누어 볼 수 있다. 하나는 육지로부터 비교적 가까운 거리에 있는 규모가 큰 섬들이고, 또 다른 하나는 육지로부터 상대적으로 멀리 떨어져 있는 작은 규모의 낙도들이다. 특히 낙도는 육지의 오지인 산촌과 다른 특이한 생태적 특성을 가지고 있다.[19] 그러한 예를 우리 나라 영토의 최남단에 위치한 소규모의 고립된 낙도인 馬羅島의 사례를 통하여 살펴보기로 하자.[20]

마라도는 해저에서 용암이 분출하여 해수면 위에 솟아올라 굳어지면서 형성되었기 때문에 섬 전체가 현무암의 거대한 덩어리로 이루어졌다. 원래 이 섬은 숲이 있는 무인도였으나 1883년에 제주도의 영세농어민 4~5가구가 제주목사의 개간허가를 얻어 벌목한 다음 화전을 일군 뒤로는 숲이 없는 섬이 되어버렸다. 그래서 최근까지 마라도의 주민들은 쇠똥이나 말똥을 땔감으로 이용하였다. 그리고 섬 전체가 화산암으로 이루어졌기 때문에 빗물을 오래 저장하지 못하므로 저수지나 하천이 없고 식수와 농업용수가 절대적으로 부족하

18) 韓相福, 〈韓國 山間村落의 硏究 : 江原道 太白山脈中의 二個 山村에 관한 構造的 分析〉(《社會學論叢》 1, 社會學硏究會, 1964), 133~169쪽 참조.
19) 韓相福·全京秀, 《韓國의 落島民俗誌》(집문당, 1992), 3쪽.
20) 李起旭, 〈島嶼文化의 生態學的 硏究 : 濟州道 隣近 K島를 중심으로〉(《人類學論集》 7, 서울大學校 人類學硏究會, 1984), 1~56쪽.

다. 주민들은 지붕의 추녀에 물받이 시설을 하고, 물줄을 연결시켜 마당 한 구석에 설치한 물탱크에 빗물을 받아 저장해두고 식수와 일상용수로 이용한다.

섬 주변의 해역은 많은 암초를 포함하여 현무암석이 뒤덮여 있어서 미역·김·톳·청각·우뭇가사리 등의 해조류나 전복·소라·홍합·대합 등의 패류와 성게·해삼 등의 극피동물 및 각종 어류들의 최적 서식지가 되고 있다. 그러나 해안선이 대부분 단애를 이루고 곳곳에 해식동굴이 산재하여 선착장을 시설할만한 적지가 없어 간이선착장을 설치했을 뿐이다. 외부와의 교통편은 제주도의 모슬포에서 가파도를 거쳐 마라도까지 1주일에 세 번 왕복하는 소형 정기여객선 뿐이다. 그런데 바람이 많기로 이름난 제주도 중에서도 바람이 가장 많고 돌풍이 심하며 파도가 거친데다가 안개가 빈번히 끼는 곳이 바로 마라도이기 때문에 소형 여객선의 교통편조차도 번번이 두절되기가 일쑤다.

주민들이 이용할 수 있는 자연자원은 토지자원과 수산자원이다. 토지자원은 10만 평 가량의 땅이 전부이다. 개간으로 숲이 없어진 뒤로 처음 수년 동안은 토양이 비옥하여 대부분의 토지에서 농경이 가능했으나, 해가 거듭됨에 따라 풍우의 침식으로 표토의 층이 얇아지고 토양이 척박해져서 현재는 섬 남단의 일부 지역에서만 농경이 가능하게 되었다. 개간 초기에는 보리·조·콩·피·메밀 등 밭작물의 경작이 가능했으나, 요즘에는 대부분의 농토가 초지로 변형되었고, 그나마 조금 남아있는 농경지에서도 유채와 고구마를 겨우 재배하고 있을 뿐이다. 공동목장의 초지에서는 5월부터 10월까지 소를 방목하고, 11월부터 4월까지의 겨울 동안에는 각 농가의 외양간에서 건초를 먹여 사육한다. 건초 사료는 각 집에서 개별적으로 관리하는 초지에서 베어 저장한 것이다. 각 집의 초지 관리는 과거에 그들의 경작지였던 곳에 한정되고 있다. 땔감으로는 들판에 널려있는 쇠똥을 이용하고 있다. 쇠똥을 모으는 일은 주로 아이들이 하고, 그것을 반죽하여 손바닥 크기의 얇은 연료판으로 만들어 바위에 널고 말리는 일은 부녀자들이 한다.

토지자원이 부족하여 농경만으로는 주민들의 식량을 조달할 수 없기 때문에, 주민들이 가장 많이 이용하는 자원이 바로 해저에 서식하는 동식물군을 포함한 수산자원이다. 특히 섬 주변의 수심 20m에 이르는 수역은 주민들의 공동어장으로서 다른 지역 사람들의 이용이 금지되어 있다. 제1종 공동어장에서 해조류・패류・연체동물들을 채취하는 작업은 여성들의 일이다. 해녀들의 작업장은 이 공동어장에 한정되어 있다. 그 까닭은 마라도가 심해에 위치하고 있어서 공동어장을 벗어나면 수심이 깊어 해녀들의 잠수가 불가능하기 때문이다. 이 섬의 개척 초기에는 물에 들어가지 않고도 갯가에서 손으로 채취할 수 있을 정도로 패류나 해조류가 풍성하였다고 한다. 그러나 인구가 늘고 농사가 점차로 불가능해짐에 따라 주민들이 모두 수산물 채취업에 집중하면서부터 수산자원이 희소해지기 시작하였다. 갯가에서 잡히던 소라나 전복 등이 물 속 깊은 곳에 들어가야 잡히게 되었고, 그에 따라 여러 가지 장비가 필요하게 되었다. 물안경・빗창・호미・태왁・망사리・소살 등의 채취도구는 해녀들의 잠수작업에 필수적인 것들이다.

전복・소라・성게・해삼・문어・청각・우뭇가사리・톳・미역・김 등을 채취하는 제1종 공동어장에서는 섬 전체의 해녀들이 공평하게 자원을 이용해야 한다는 엄격한 규칙에 따라, 채취작업을 할 때는 모든 해녀들이 모여서 함께 물에 들어간다. 그러나 이것은 협동을 위해서가 아니다. 해녀의 채취작업은 근본적으로 협동을 바탕으로 이루어지는 것이 아니라 치열한 경쟁의 개별 노동에 근거하고 있는 작업이다. 해녀들의 연령은 10대부터 70대에 이르기까지 다양하다. 해녀들의 채취량도 각자의 잠수능력에 따라 다양하다. 잠수능력을 평가해서 열길 물 속을 잠수할 수 있는 해녀를 상군, 여덟길까지 잠수하는 해녀를 중군, 그 밖의 해녀를 하군으로 구분한다.

남녀가 공동으로 참여하여 수산물을 채취하는 작업은 미역과 톳을 채취하는 시기에 이루어진다. 미역과 톳의 채취에 대하여는 해녀회의 공동체 내규로 금채와 허채의 기간을 정하고 있다. 허채기간 외에는 채취가 불가능하다. 금채기간의 설정은 가장 성숙한 시기에만 해초를 채취하도록 규정한 것이다. 누군가가 이 규칙을 어겼을 때는 채취도구와 채취물 일체를 압수하고 해녀회에 소정의 벌금을 내도록 한다.

미역의 금채기간은 11월부터 다음해 3월까지이고 허채기간은 4월 한달이다. 허채기간에 각자가 채취한 미역은 모두 자기의 것이 되기 때문에, 그 시기에는 전가족이 동원되어 경쟁적으로 총력을 다하여 일한다. 채취작업은 해녀가 잠수하여 물 속의 바위에 자란 미역을 호미로 베어내면, 남자들이 물

위에 뜬 미역을 뭍으로 옮기는 것이다. 나이가 많아 잠수가 불가능한 노인 해녀들을 위해서는 '할망바당'이라는 갯가의 얕은 바다에 특정 구역을 지정하여 일반 해녀들의 채취를 못하게 하고 할머니들만 채취하도록 하는 관행이 있다.

톳은 1970년대부터 일본으로 대량 수출됨에 따라 과거에 비하여 가격이 훨씬 비싸지고 귀중한 해초로 인식이 바뀌었다. 톳의 채취에도 금채기간이 정해져 있고 허채기간은 마라도의 서바다에서 1월 한달과 동바다에서 3월 한달씩 연중 두 차례에 걸쳐 있는데, 미역과는 달리 톳의 채취는 섬 주민들의 공동작업으로 이루어진다. 톳을 채취할 때는 마라도에 거주하는 남녀노소뿐만 아니라 외지에 나가있던 식구들까지도 돌아와서 함께 참여한다. 그 까닭은 톳의 수입금이 채취작업에 참여한 사람의 수에 따라 균등하게 분배되기 때문이다.

잠수 채취작업이 여성들만의 일이라면, 어선을 이용한 어로작업은 남성들만의 일이라고 하겠다. 마라도에는 포구 시설이 없고 풍랑이 심하면 배를 뭍으로 끌어올려야 하기 때문에, 소형 어선을 이용할 수밖에 없다. 각 어선에는 선주 1인과 선원 2인이 함께 타고 각자가 따로따로 자기의 낚시와 그물을 가지고 고기를 잡는다. 배를 함께 탄 사람들을 뱃동서라고 하는데, 그들은 각자의 그물과 주낙을 치고 걷어올리는 작업을 서로 도우며 협력한다. 물때에 맞추어 그물을 치는 시간이 다르지만 대체로 저녁나절에 쳐둔 그물과 주낙을 다음날 새벽녘에 거두어 밤사이에 잡힌 고기를 꺼낸 다음, 다시 각자의 원하는 장소에 그물과 주낙을 쳐두었다가 저녁나절에 걷어올린다.

자망과 연승에 의한 어로작업은 마라도 주변 해안에 한정되어 있으므로 어획량이 매우 적다. 여기서 잡히는 어종은 방어·구리찌·옥돔·혹돔·가오리 등이 주종을 이루고 있다. 뱃동서들은 각자 따로 고기를 잡지만, 남의 배를 탄 어부는 선주에게 배삯으로 어획량의 10%를 낸다. 때로는 예기치 않은 큰 어획량을 올릴 수도 있지만, 대부분의 경우 어획량은 가정에서 찬거리를 마련하는 정도에 지나지 않는다.

이처럼 남성의 어로작업이 활발하지 못하기 때문에 대부분의 마라도 주민들은 그들의 생계를 여성의 잠수 채취업에 의존한다. 여성이 생계의 대부분을 담당하는 사실상의 가장 역할을 수행하고 있는 반면에, 남성은 가내소비의 영세한 어로활동과 대부분의 가사를 담당하고 있다. 이런 점에서 마라도의 자연환경에 적응하는 주민들의 생존전략과 생태적·사회경제적 특성은 여성 중심의 채취경제라고 말할 수 있다.

5) 도시인의 주거지역과 생태적 특성

도시인의 생활은 농어촌이나 산촌·낙도 주민들에 비하여 자연환경의 영향을 상대적으로 덜 받는다. 도시 사람들은 빈번한 주거의 이동과 2차적 접촉이 많기 때문에 지역공동체의식이 약하고 이웃생활에 무관심한 경향이 많다. 소도시보다는 대도시의 경우, 그리고 안정된 도시보다는 급격하게 변화하는 도시의 경우에 그런 경향이 더욱 뚜렷하게 나타난다. 그러면 도시인의 생태적 특성이 그들의 주거지역에 따라 어떻게 다르게 나타나는가를 1970년대의 서울시 중류계층의 안정된 서민 주거지역과 상류계층의 고급주택·아파트 주거지역 및 하류계층의 빈민 주거지역별로 살펴보기로 하자.[21]

(1) 중간층의 서민 주거지역

해방 전부터 서울에 살아온 사람들이 비교적 많이 몰려있는 안정된 서민 주거지역에서는 대부분의 주민들이 보수적인 환경에 적응해오면서 오랫동안 이웃과 친밀한 관계를 맺고있는 것 같다. 서정주의 시 구절에도 萬里洞에 피어나는 아지랑이는 만리동에 사는 이의 사랑의 모습, 孔德洞에 피어나는 아지랑이는 공덕동에 사는 이의 사랑의 모습을 나타내준다고 하였듯이, 오래된 서민 주거지역에서는 그 나름대로의 공동체의식과 정다운 인간미를 풍겨주고 있다. 주거지역내의 서비스 시설에 있어서도 잡화상·세탁소·양장점·음식점·술집 기타 여러 가지 상점들이 길가에 늘어서 있고, 두부장수가 매일 아침저녁으로 지나가며, 떡이나 과실을 이고 다니며 파는 아주머니들이 집집마다 들린다. 골목에서는 아이들이 숨바꼭질을 하거나 구슬치기를 하며, 어

---

21) 韓相福, 〈都市生活〉(이해영·권태환 편, 《한국사회 : 인구와 발전》 제3권 : 지역사회구조와 가치, 서울대학교 인구및발전문제연구소, 1978), 683~725쪽.

린아이들은 동전 하나 손에 쥐고 구멍가게에 가서 사탕과 과자를 사먹는다. 그 아이들이 서로 누구네 집 아이라는 것을 알며 어른들도 단골 상점을 정해놓고 외상거래를 하는 것이 예사다. 그래서 이웃 사이에 더욱 친밀한 관계가 유지된다.

서울시 중간계층의 2개 주거지역(하나의 아파트주거지역과 또 하나의 일반주거지역)을 조사 분석한 연구보고서[22]에 따르면, 조사 대상 주부들의 96% 가량이 그들의 이웃과 친밀한 관계를 유지하고 있었다고 한다. 물론 이렇게 서로 알고 지내는 친분관계란 애매한 표현이지만, 더 구체적으로 떡이나 별식을 이웃과 나누어 먹는 경우도 꽤 많다는 것이다. 이웃과 음식을 나누어 먹은 경험이 전혀 없다고 대답한 주부들은 응답자 중에서 7% 미만이었고, 30%는 보통 3~4집의 이웃과 음식을 나누어 먹었으며, 33%는 5집 이상의 가까운 이웃과 별식을 나누어 먹었다고 대답하였다.

이웃간에 돈을 꾸고 꾸어주는 것도 친밀한 관계를 나타내는 지표가 될 것이다. 같은 조사결과에 따르면 응답자중에 60% 가량이 이웃과 서로 돈을 꾸고 꾸어주는 관계를 유지했다고 한다. 그리고 이웃에 더 오래 산 사람일수록 서로간의 왕래가 더 잦으며, 이웃간에 서로 돕는 경우가 더 많았다. 예컨대 응답자의 51%가 김장을 담글 때 이웃끼리 서로 도와주고, 22%는 집이 비었을 때 지켜주며, 8%가 이웃 어린애를 돌보아주고, 22%는 혼상사에 도우며, 16%는 이웃 중에서 누가 아플 때 도움을 준다고 대답하였다.

특히 70년대에 매월 열렸던 반상회를 통하여 이웃 부녀자들이 더욱 친밀한 관계를 맺게 된 것 같다. 반상회에는 남자보다 여자들이 더 많이 모이며, 그 모임에서 행정지시가 전달되고 지역사회의 여러 가지 시설과 공동사업들이 논의됨으로써 이웃간의 칠밀한 관계가 더욱 공고해졌다고 한다.

(2) 상층의 고급주택·아파트 주거지역

호화롭고 널따란 고급주택이 들어선 상류층의 주거지역에서는 집집마다 대문에 '개조심' 또는 '猛犬注意'라는 팻말을 붙여놓고 있다. 높다란 담 위에

22) 李效再·金周淑,《都市 家族問題 및 地域的 協同에 관한 硏究》(梨花女子大學校 女性資源開發硏究所, 硏究叢書 第3號, 1972).

는 삐죽삐죽한 사금파리나 쇠꼬챙이를 박아놓음으로써 보통 사람은 아예 접근조차 할 수 없도록 차단한다. 그래서 아래윗집이 3~4년을 이웃하여 살아도 피차간에 인사도 없고 냉랭하게 지내기가 일쑤다. 이런 지역에서는 어느 집에나 그 어려웠던 시절에도 자가용 자동차가 있어서 시장도 멀리서 보기 때문에, 구질구질한 구멍가게나 잡화상, 두부장수 그 밖의 서민 주거지역에서 볼 수 있는 편의시설이 전혀 없는 것이 특징이다. 어른들만 이웃과 단절된 것이 아니라 아이들까지도 골목에 나와서 이웃 친구들과 함께 뛰노는 일이 거의 없다. 서로 얼굴을 마주치는 경우조차도 드물다. 집집마다 가정부가 있으니 김장을 담글 때 이웃의 도움이 필요 없고, 집을 비울 염려가 없으며, 어린애를 보아달라고 부탁할 일도 없다. 별식이라고 이웃간에 나누어 먹지도 않는다. 아무튼 상층의 고급주택 주거지역은 생활의 모든 면에서 하나하나가 중간층의 서민 주거지역이나 하층의 빈민 주거지역과 뚜렷한 대조를 이루고 있다.

그러나 1970년대에 들어서면서부터 주거형태의 면에서 상층 사람들의 계층적 상징은 호화맨션 대형아파트라는 또 하나의 새로운 주거형태로 나타나기 시작하였다. 특히 한강변의 고층맨션 아파트지대는 특이한 생태적 조건을 가지고, 이웃과 단절된 상태에서 고립주의와 상업주의 냄새를 가장 짙게 풍기고 있다. 성냥갑처럼 벽으로 칸막이된 집집은 한 건물 속에 함께 살면서도 서로 모르고 지내며, 온갖 일용잡화도 전화로 배달시키고 들어앉아 살기 때문에 더욱 폐쇄적이다. 이러한 상층 아파트 주거지역의 생태를 특징적인 것만 몇 가지 살펴보면 다음과 같다.

아파트 주거지역의 가장 두드러진 특징은 빈번한 주거지의 이동이라고 말할 수 있다. 어떤 아파트 실태조사 결과에 따르면, 주민들의 54% 가량이 2~3년 안에 이사할 계획을 가지고 있으며, 이사할 계획을 가지고 있는 주민들 중에서 또 54% 가량이 다시 아파트로 이사하겠다고 응답했다는 것이다.[23] 이처럼 아파트 생활자들은 한곳에 오래 살지 않는 것이 특징이다. 한강변의 어느 아파트지역을 묘사한 김용운의 현장소설《외인들》에서 이삿짐

23) 金麟, 〈아파트의 實態와 아파트住民의 意識 및 行態에 관한 硏究〉(《都市問題》 12-2, 1977), 41~74쪽.

센터 운전기사의 말을 빌리면 12층 높이의 고층아파트 단지에서 "육천 세대에 가까운 이곳 주민들은 한 달이면 삼백여 세대, 하루 평균 열 집이 이사가고 이사를 오죠. 하기에 이곳 복덕방들은 늘 바쁘고, 우리네처럼 복덕방을 끼고있는 이삿짐센터 역시 그런 셈이죠. 그간 숫하게 이삿짐들을 날랐습죠. 그러다 보니 무슨 아파트 몇 동이라면 아 거기! 어느 새 이쪽 됐습죠, 네"[24]라고 아파트 주민들의 이동 상황을 설명한다.

한편 수많은 복덕방들은 아파트 값과 집세를 올리고 조작함으로써 영업경기를 조성하며 기생한다. 아파트 집세만 보더라도 집주인의 입장에서는 전세나 사글세를 한푼이라도 더 받고자 한다. 이런 심리를 잘 알고 있는 사람이 바로 부동산소개업자들이다. 어느 아파트 몇 동 몇 호는 전세, 몇 호는 사글세라는 사실을 훤히 꿰뚫고 있다가 그 계약기간이 임박할 때쯤 해서 집주인을 부추긴다. 먼젓번보다 집세 얼마를 더 받아줄 테니 그 계약서는 우리 복덕방에서 쓰라고. 그러면 집주인은 집세를 더 받으니 좋고, 복덕방은 양쪽에서 구전을 받아 수입을 올려 좋다. 거대한 아파트단지 안에 널려 있는 수많은 복덕방들은 다 이런 식으로 먹고산다. 물론 몇몇 이름 있는 복덕방들은 이런 야비한 짓은 애써 피한다. 굵직굵직한 계약만 취급해서 오붓하게 수입을 올리지만, 대부분의 잔챙이 복덕방들은 이 짓 않고는 도저히 사무실을 꾸려갈 수가 없고 보니 때에 따라선 자기네끼리 서로 아귀다툼질이다. 뿐만 아니라 복덕방의 농간에 일반 시민들의 과열된 투기심까지 겹쳐 1970년대 후반부터는 걷잡을 수 없는 부동산투기의 붐까지 일으켰던 사실을 우리는 너무나 잘 알고 있다. 입주보다도 전매를 목적으로 아파트를 사고 파는 이상경기 때문에 오히려 실수요자들이 골탕을 먹는 실정이었다.

그러면 실제로 고급 아파트단지에 살고 있는 중상층 주민들의 생활은 어떠한가. 아파트생활은 돈과 전화만 가지고 있으면 모든 것이 척척 해결된다는 것이 세간의 평이다. 전화만 걸면 상가에서 일용 잡화는 물론 담배·쌀·음식까지 모두가 재빠르게 배달되곤 한다. 그래서 어떤 사람이 상점의 배달소년에게 주문하면 무엇이든 언제든지 배달해주느냐고 물었더니, 과자 한 봉

---

24) 金龍雲, 〈外人들〉(《小說文藝》 2, 1978), 169쪽.

지라도 주문만 하면 끽소리 않고 십리도 뛰어가는 판이라고 대답한다. 아파트단지에서는 그래야 장사를 해먹고 산다고 한다. 심지어는 김치를 주문받아 담가주는 직업인도 있어서 어느 아파트 몇 동 몇 호인데 배추김치 몇 포기, 무김치 몇 단, 동치미 몇 사발이라는 식으로 주문만 하면 그대로 김치를 담가다가 베란다나 현관 앞까지 배달해 준다고 한다. 결국 이런 아파트생활에서는 모든 개인이 원자화되고 고립되어 있어서 이웃과는 전혀 접촉이 없는 것이 특징이다.

(3) 하층의 빈민 주거지역

도시 영세민의 주거지역은 구릉지대를 비롯하여 하천·철로변·평지에 이르기까지 도처에 산재해 있다. 특히 구릉지대는 빈곤의 등고선을 그리며 뻗어나가는데, 극빈자와 최근에 농어촌에서 맨주먹으로 이사온 사람들일수록 정상부를 점거한다. 이곳에서 아래를 내려다보면 도시 전체가 한눈에 전개되어 즐비한 고층건물과 차량행렬로 붐비는 거리가 마치 별세계의 낙원처럼 보여서 아래위가 엄청난 대조를 이루고 있다. 서울의 빈민 주거지역 생태를 어느 외국인 인류학자의 현지조사 관찰보고에 따라 살펴보기로 하자.[25]

도심지에서 멀리 떨어진 변두리의 구릉지대는 대개 새로 온 이농민들이 쇄도하는 빈민 주거지역이다. 처음에는 언덕의 비교적 아래 부분이나 중턱에 자리를 잡지만, 서울시에서 입주금이 싼 영세민 아파트를 짓기 위하여 그들의 판잣집을 철거해버리면 그들은 다시 맨 꼭대기로 올라가지 않을 수 없다. 그러다가 도시재개발지역 정리로 꼭대기에서 또 쫓겨나면, 다시 더 멀리 떨어진 외곽지대의 산언덕에 새로운 판자촌을 형성한다.

이런 지역에 사는 주민들은 대부분 날품팔이·지게꾼·공장 노동자·미장이 등의 하급 노동자들이다. 남자들은 그러한 일로 하루하루 일하다가 일이 없으면 이웃 사람들과 이야기를 하면서 하루의 대부분을 보내거나, 기울어진 벽을 떠받치고 비가 새는 천정을 고치는 데 꽤 많은 시간을 보낸다. 이곳 저곳의 골목에서는 아낙네들이 둘러앉아 노닥거리기도 하고 때로는 한데에서

25) 브란트, V., 〈서울의 貧民街와 離農民〉(《韓國의 傳統과 變遷》, 高麗大學校 亞細亞問題硏究所, 1973), 141~158쪽.

가릴 곳은 가리면서도 태연자약하게 목욕을 하기도 한다. 판자촌 마을은 흔히 축제의 분위기를 자아내기도 한다. 많은 사람들이 비공식적인 집단을 형성하다보니, 생기 있는 대화가 나오게 마련이기 때문이다. 서로 다른 배경을 가지고 전국 각지에서 몰려든 사람들이 한군데 모여 살기 때문에 이곳저곳의 사투리가 뒤섞여 있다. 도시에서 살아온 기간이 서로 다르고 도시생활에 대한 적응단계가 각기 다른 사람들이 이웃하여 살고있기 때문에 의견이 서로 엇갈리는 경우도 많다. 그러다가 긴장과 불만이 이따금 요란한 논쟁으로 번져서 이웃끼리 싸우는 일도 있고, 싸워서 말을 안하고 지내는 집들도 있다. 그런가 하면 어떤 집은 이웃의 한두집 하고만 특별히 친하게 지내는 사이라, 별식을 장만하면 서로 나누어 먹고, 집을 비우고 나갈 때 집을 지켜달라고 부탁한다. 한마디로 이런 곳에서는 주민들의 생활이 농촌의 이웃관계를 반영하는 것 같다.

그러나 빈민 주거지역이 모두 다 획일적인 것은 아니다. 어떤 곳은 판잣집들이 너무나 밀집해있기 때문에 사람들이 밖에 나와 모일 장소라고는 아예 없는 지역도 있다. 그리고 하천과 철로변 그 밖의 평지에 있는 빈민 주거지역들은 전형적인 도시의 고립과 익명과 불안정성을 나타내는 전혀 다른 주거형태를 이루고 있다. 그런 곳에 사는 대부분의 주민들은 이웃에 친구나 아는 사람들이 거의 없다. 지저분한 셋방을 몇 주일 또는 몇 달 동안만 쓰고 살다가 나가곤 한다. 그러므로 이웃 간에 규제력이 작용할 수 없고 이기적이며 도발적이고 방종한 태도와 행위의 발산이 심하다. 그러나 이러한 지역에서도 일단 주민들 전체에 불리한 상황이 발생할 때에는 연대의식 또는 일체감이 매우 강하게 나타나서 조직적인 형태는 아니더라도 무질서한 폭동으로 전개될 가능성을 항상 지니고 있다. 그러한 예로서 가장 대표적인 것은 1970년의 무허가 판자촌 철거민들의 대이동에 따른 廣州團地(오늘의 성남시)의 폭동사건을 들 수 있다.

〈韓相福〉

Ⅱ. 한민족의 기원

1. 고고학적으로 본 문화계통
2. 민족학적으로 본 문화계통
3. 문헌에 보이는 한민족문화의 원류

Ⅱ. 한민족의 기원

1. 고고학적으로 본 문화계통
–문화계통의 다원론적 입장–

1) 연구방법론 선행조건

고고학상으로 본 한국 문화계통은 매우 복잡하고 파악하기 힘들다. 그것은 한반도의 지정학적인 여건과도 관계가 있다. 이의 해결을 위해서는 고고학 조사가 많이 행해져 유물을 통한 비교 해석이 이루어져야 한다. 그러나 현재의 실정은 그렇지 못하다. 그나마 과거에 비해 발굴된 학술적인 가치가 있는 유물의 증가가 꾸준히 이루어지고 있어 고무적이다. 한국 문화계통의 연구에는 몇 가지 연구 방법론적인 선행조건이 있어야 한다. 그래야만 지금까지 알려진 영세한 자료 위에서의 가설을 세우기가 가능해 질 것이다.

① 한국의 문화계통의 연구는 단선적·단원적(unilinear)이기보다는 복합적·多元的(multilinear)이어야 한다.
② 서구식(유럽식) 고고학의 기준을 따라 기술과 경제행위로 구분한 편년안인 구석기, 신석기, 청동기와 철기시대는 각 시대별로 또 그에 속하는 각기 세분된 시기에 따라 문화적 계통도 달라지고, 여러 갈래가 될 수 있다.
③ 고고학의 기본적인 단위(units)인 components(the manifestation of a given archaeological "focus" at a specific site)와 phase(문화의 期)를 중심으로 하는 通時(tradition)와 空時(horizon)적 개념을 통한 시간과 공간의 결합모델을 생각하여[1] 연구가 진행되어야 한다. 이것은 artefacts(유물 : 개인+속성)–

---

1) Gordon R. Willey and Philip Philips, 1975, *Method and Theory in American Archaeology*(7th Impression)(Chicago & London ; The Univ. of Chicago Press, 1975), p. 41.
崔夢龍, 《고고학에의 접근》(신서원, 1990), 71쪽.

subassmeblages(아유물복합체 : 집단+유물)－assemblages(유물복합체 : 공동체+아유물복합체)－archaeological cultures(고고학 문화 : 사회+유물복합체)의 순으로 형성되는 고고학 문화단계의 설정[2]과도 같은 맥락에서 이루어진다. phase나 고고학적 문화를 바탕으로 horizon(a primarily spatial continuity represented by cultural traits and assemblages)과 tradition(a primarily temporal continuity represented by persistent configurations in single technologies or other systems of related forms)[3]의 공간적 문화권이나 지역적 편년의 설정이 이루어 질 수 있을 것이다. 여기에 시간과 공간이 합쳐지면(spatial－temporal integration) 구라파의 구석기, 신석기, 청동기와 철기시대에 해당하는 북·중·남미의 Lithic(석기), Archaic(고기), Formative(형성기), Classic(고전기), Postclassic(후기 고전기)과 같은 cultural stages(시대, 문화단계)와 같은 개념이 만들어지게 된다.

④ 세계고고학 연구이론과 방법 중 진화론 다음에 오는 문화의 전파론(diffusionism)도 중요하지만 최근의 경향은 문화의 자생론(indigenous origin theory)도 항상 연구의 대상이 되어야 한다.

⑤ 그리고 문화중심지(core)와 변방(marginal)의 구분과 아울러 중심지에서 시간적으로 멀리 떨어진 시기적으로 늦은(belated) 점도 항상 고려해 두어야 할 점이다.

이러한 몇 가지의 생각 위에서 한국의 문화계통을 구석기시대부터 철기시대 전기(기원전 300~기원전 1년)와 한국 고대국가의 형성(위만조선 : 기원전 194~기원전 108년)에 이르기까지 소략하나마 나열해 보고자 한다.

2) 편 년

앞으로 21세기를 맞아 한국 선사시대에 있어 설정될 시기구분은 다음과 같이 되겠다.[4]

---

2) James Deetz, *Invitation to Archaeology*(New York : The Natural History Press, 1967), pp. 106~107.

3) 위의 책(주 1) 33·37쪽.

4) 최몽룡, 〈21세의 한국고고학〉(《한국사론》 30, 국사편찬위원회, 2000).
———, 〈21세기 한국고고학의 새로운 조류와 전망〉(한국상고사학회 27회 학술발표회 기조강연, 2002. 4. 26).

구석기시대(구석기시대를 전기·중기·후기로 나누나 북한과 남한의 학자들간에 전기 구석기시대의 상한에 대하여는 이견이 많다. 전기 구석기시대에 속하는 유적들은 평양 상원 검은모루봉, 경기도 연천 전곡리와 충북 단양 금굴 등이며 그 상한은 약 70~20만 년 전으로 진폭이 크다.[5])
신석기시대(기원전 8000~10000년~기원전 2000~1500년)
청동기시대(기원전 1500년~기원전 300년 : 남한도 북한과 같이 상한이 기원전 1500년으로 올라감)
철기시대 전기(기원전 300년~기원전 1년) : 종래의 초기 철기시대
철기시대 후기(서기 1년~서기 300년) : 삼국시대전기(종래의 원삼국시대/삼한시대)

이와 같은 고고학 편년은 앞으로 통일에 대비해 북한학자들의 연구 업적을 참조해 수정을 할 필요가 있다.

3) 문화계통

(1) 구석기시대

종전까지 남한의 구석기시대의 상한은 충북 단양 도담리 금굴유적으로 현재 적어도 70만 년 전부터 시작되는 것으로 보고 있다. 그리고 평양 상원군 흑우리 검은모루 동굴의 경우 100만 년으로 거슬러 올라간다.[6] 이들 유적들은 구석기시대 중 전기에 속하는 것으로 되었지만 일반적으로 학계에서 인정받을 수 있는 정확한 유물조합상과 연대를 보여주지 못하고 있다. 그리고 이러한 연대를 입증할 만한 지질학과 고생물학적 증거도 뚜렷이 제시하지 못하고 있는 실정이다. 또한 이들 유적 출토 동물 화석군과 석기를 포함하는 유물들을 한반도 이외의 지역, 다시 말해 중국이나 시베리아 지역과의 비교는 이루어지지 않고 있다. 따라서 우리 민족의 기원이나 문화의 시작이 정확

---

5) 배기동, 〈구석기시대〉(《한국사》 2, 국사편찬위원회, 1997), 31쪽.

6) 검은모루동굴 유적은 100만 년 전 이전으로 보고 있다(사회과학원 력사연구소·고고학연구소, 《조선전사》 1. 원시편(평양, 1991), 24쪽). 그러나 이들 유적들에 대한 견해는 박영철, 〈한국의 구석기문화〉(《한국고고학보》 28, 1992), 33~36·63~66쪽 참조.

히 어디에서부터 出自했는지에 대해 모르고 있는 실정이다.

그러나 그 다음 단계인 20만 년 전 전후가 되면 우리 민족과 문화의 기원에 대한 약간의 실마리가 풀리고 있다. 경기도 연천군 전곡리에서 나오는 우리의 역석기 문화 전통을 예니세이강 상류의 카멘니로그와 라즈로그 Ⅱ(이 유적은 민델~리스 간빙기층으로 20~40만 년 전까지 거슬러 올라갈 수 있다) 유적, 몽고령의 고르노 알타이지역 사간 아부이 동굴, 내몽고자치구 大窯읍 투얼산 사도구 유적, 요녕성 榮口 金牛山 유적과 비교해 볼 수도 있을 것이다. 그렇다면 이제까지 구석기시대 우리가 알지 못했던 시베리아의 예니세이강 상류 –몽고(알타이)–내몽고–요녕(만주)–연천 전곡리로 이어지는 문화 루트도 현재 새로운 가설로도 이야기할 수 있겠다.

후기 구석기시대가 되면 전국 곳곳에 유적이 분포한다. 이는 한반도 전역에 사람이 살고 있었다는 이야기가 된다. 이제까지 구석기시대의 유적과 유물이 전혀 보고된 바 없는 인천광역시에서도 구석기시대의 유물이 보고되고 있다. 강화도 내가면 오상리 소재 지석묘(인천광역시 기념물 제16호) 옆에서 석영제 팔매돌(bola)이,[7] 인천시 연수구 선학동 문학산 청동기시대 溝狀遺構 옆에서 석영제 망치돌과 兩刃石器(chopping tool),[8] 그리고 화성군 서신면 장외리와 향남면 동오리에서 석영제 다면석기와 찍개[9]가 나와 적어도 경기도 전역에 구석기시대 유물이 나올 가능성이 높아졌다. 이는 당시 급격한 인구의 증가나 생활적소(niche·適所)에 따른 빈번한 이동을 들 수 있는데 이 점은 앞으로 전문학자들의 연구가 필요한 사항이다. 그러나 현재로서는 우리 문화 계통의 자생성이 적어도 후기 구석기시대부터 있어온 것으로 짐작된다.

최근 전라북도 용담댐 내 진안 진그늘은 전라북도 금강 상류에서 최초로 발굴된 2만 년 전후의 후기 구석기시대 대규모 살림터 유적으로 특히 슴베

7) 선문대학교 역사학과 발굴조사단, 〈강화 내가면 오상리 고인돌무덤 발굴조사 현장 설명회자료〉(2000년 5월 20일), 5쪽.

8) 인하대학교 박물관, 〈인천 문학경기장내 청동기유적 발굴조사 현장설명회 자료〉(2000년 7월 4일), 사진 11에는 석영제 망치돌이, 그리고 현장 전시품 중에 석영제 양인석기가 보이고 있다.

9) 경기도박물관, 《도서해안지역 종합학술조사 I –화성군해안지역–》(1999), 63·193쪽.

찌르개(stemmed biface points)가 많이 발견되고 있다.[10] 이 유물은 금강의 중·하류 쪽의 대전 용호동, 공주 석장리, 남한강변의 단양 수양개,[11] 섬진강 유역의 순천 월평리, 낙동강 유역의 밀양 고례리 등 거의 남한 전 지역에서 발견되는데 일본에서는 北海道 白湧-胎部臺 등지[12]에서 발견 보고사례가 많아 우리 구석기시대와의 편년관계 설정을 기다리고 있는 형편이다. 일본의 구석기시대는 先土器시대로 불리우며 ① 거친석기 단계(Crude Lithic Specimens), ② 양끝과 옆면을 떼어내 격지를 만드는 단계(End and Side Blow Flake Technique), ③ 밀개, 잎형찌르개, 새기개, 칼 등이 포함되는 세형돌날 단계(Microblade), ④ 세형돌날, 양면가공 찌르게, 세석기, 세형몸돌, 새기개와 토기 등이 포함되는 단계(Pottery, Microblades)로 나누어지는데, 이들 슴베찌르개는 네 번째의 단계로 시기상 기원전 13000~9000년 경에 해당한다. 우리의 것도 이곳 일본 선토기문화의 단계와 편년에 맞추어 정확한 문화내용과 시기가 파악되어야 한다.[13]

다음의 중석기시대는 구석기시대에서 신석기시대로 넘어오는 과도기 시대(transitional period)로 이 시기는 기원전 8300년경 빙하의 후퇴로 나타나는 새로운 환경에도 여전히 구석기시대의 수렵과 채집의 생활을 영위하고 도구로서 세석기가 많이 나타나며, 신석기시대의 농경과 사육의 점진적인 보급으로 끝난다. 지속되는 기간은 각 지방마다 달라 빙하기와 별 관련이 없던 근동지방의 경우 갱신세(홍적세)가 끝나자마자 농경이 시작되었으며 영국의 경우 기원전 3000년경까지도 전환이 이루어지지 않았다. 우리 나라에서는 유럽

10) 조선대학교 박물관, 《진안 진그늘 구석기시대 유적》(용담댐 수몰지구 문화유적 발굴조사 현장 설명회 자료, 2000년 10월 28일).

11) Lee, Yong-jo, Woo, Jong-yoon & Kong, Su-jin, "New Result from Tanged Tool of the Suyanggae Site in Korea"(*International Scientific Conference : Paleogeography of the Stone Age*. Krasnoyarsk, Russia, 2000. 7. pp. 25~31).

12) C. Melvin Aikens & Takayasu Higuchi, 《*Prehistory of Japan*》(Academy Press, 1982), pp. 78~85. 그러나 최근 후지무라신이치(藤村新一)의 北海島의 總進不動坂(소도후도자카)을 포함한 60~70만 년 전까지 올라간다는 전기와 중기구석기시대유적의 조작에 따라 전기와 중기구석기시대인 거친석기 관계는 일본구석기시대의 상한이 35000년이라는 1983년의 원점으로 돌아가게 되었다.

13) 최몽룡, 《흙과 인류》(주류성, 2000), 174쪽.

의 편년체계를 받아들여 중석기시대의 존재의 가능성을 이야기하게 되었으며[14] 통영 상노대도, 공주 석장리, 거창 임불리, 홍천 하화계리 등의 유적이 증가함에 따라 고등학교 국사교과서에서도 주로 그 존재 가능성을 언급하게 되었다.[15] 북한에서도 종래 후기 구석기시대의 늦은 시기로 보던 평양시 승호구역 만달리와 웅기 부포리 유적도 중석기시대에 포함할 수 있게 되었다. 그러나 유럽의 중석기시대의 개념이 동북아시아 전역에서 보편적인 것으로 수용될 수 있는지에 대하여는 회의적인 견해도 있다. 하나의 시대로 보기보다는 구석기시대에서 신석기시대로 넘어가는 과도기적인 것으로 보는 견해도 있다. 그 이유는 전형적인 유럽식 석기 문화가 나타나지 않으며 극동지역에서 가장 연대가 올라가는 하바로프스크시 근처 아무르강 유역의 오시포프카 문화의 토기와 비교될 수 있는 토기가 제주도 한경면 고산리에서 나오고 있는 점도 들 수 있다. 오시포프카 문화의 대표적인 유적은 아무르강 사카치알리안(시카치알리안이란 명칭도 맞으나 현재 사카치알리안으로 통일하기로 하였음) 근처에 있으며, 이들은 갱신세 최말기에 속한다는 점도 들 수 있다. 여기에 비해 근동지방의 경우 토기의 출현은 간즈다레 유적이 처음으로 그 연대도 기원전 7000년경에 해당한다.[16] 만약에 극동지방에서 가장 연대가 올라가는 오시포프카 문화의 설정을 보류한다 해도 지금부터 7~8000년 전 극동지역 신석기~청동기시대를 아우르는 오누키 시즈오(大貫靜夫)의 平底의 深鉢形土器를 煮沸具로 갖고 竪穴住居에 살던 독자적인 고고학 문화인 '極東平底土器'[17] 문화권이나 그에 해당하는 문화 설정도 가능한 시점에 이르고 있다.

(2) 신석기시대

우리는 지금까지 한국 신석기시대의 상한은 강원도 양양군 손양면 오산리

14) 金元龍, 《韓國考古學槪說》(일지사, 1986 3판), 20~21쪽.

15) 최몽룡, 〈선사문화의 전개〉(《고등학교 국사》 상, 교육부, 2002), 23쪽.
———, 〈한국문화사개관〉(《한국의 문화유산》, 한국문화재보호재단, 1997), 25~26쪽.

16) 촬스 레드만지음 · 최몽룡 옮김, 《문명의 발생》(민음사, 1995), 284쪽.

17) 大貫靜夫, 〈豆滿江流域お中心とする日本海沿岸の極東平底土器〉(《先史考古學論集》 2, 1992), 42~78쪽.
《東北アジアの考古學》(同成社, 1998), 38쪽.

유적(사적 394호)의 기원전 6000년경으로 잡아왔다. 그러나 이 유적이 그 근처 潟湖 형성 후에 만들어질 가능성이 있는 점과 발굴 층위자체의 문제점 등으로 보아 우리 나라 신석기시대 최초의 유적이 되기에는 회의가 많다. 강원도에서만 오산리와 연대가 비슷하거나 올라가는 유적이 1998년 12월~1999년 3월 문화재연구소에서 발굴한 강원도 고성군 문암리에서 발굴되었다. 이곳에서는 오산리식의 특징적인 압날문 토기와 문암리에서 출토된 독특한 문양구성의 덧무늬(융기문) 토기의 출토와 아울러 오산리보다 연대가 올라가는 집자리의 추가(A지구 최하층)발굴이 있어 주목된다.[18] 그러나 제주도 한경면 고산리 유적의 발굴 결과로 이 유적이 현재까지 우리 나라의 최고의 유적(10500 B.P.)으로 인정되고 있다. 아직 정식 학술조사보고서가 나오지 않았지만 가설로서 이 유적은 세 시기로 나누어 볼 수 있겠다. 즉 ① 세석기와 석핵이 나오는 후기 구석기시대, ② 융기문 토기와 무경석촉이 나오는 신석기 I 기와 ③ 유경석촉이 나오는 신석기 II 기이다.[19] 그러나 이 층이 셋으로 세분하기에는 너무나 얇아 나오는 유물의 형식학적 분류만이 가능하다. 만약에 층의 구분이 안되더라도 ①과 ②의 세석기와 융기문 토기의 결합만 보더라도 이 유적의 상한은 아무르강 중부 평원 북부의 범위에 있는 11000~12000 B.P.(기원전 10000년 전후)의 오시포프카 문화에 속하는 가샤 유적이나 바이칼호 근처의 우스트 카랭카(기원전 7000년경), 일본 長崎縣 北松浦郡 吉井町 福井동굴(12700, 10750 B.P.), 佐世保市 泉福寺동굴이나 愛媛縣 上浮穴郡 美川村 上黑岩(12165, 10125 B.P.) 岩陰 유적과의 관련성도 충분히 있다.[20]

---

18) 문화재연구소, 〈'98~'99 고성 문암리 신석기유적발굴조사 성과발표 : 문화관광 보도자료〉. 춘천시 교동 한림대학교 구내 동굴유적(金元龍, 〈春川 校洞 穴居遺蹟과 遺物〉, 《역사학보》 20, 1963)에서 발견된 토기도 오산리와 문암리와 마찬가지로 신석기시대 전기에 속할 가능성이 있으나 토기가 적고 정제된 점, 그리고 대형의 마제석부가 공반된 점은 좀더 고려해 보아야 될 점이다.

19) 최몽룡 · 김선우, 《한국 지석묘연구 이론과 방법》(주류성, 2000), 141쪽.

20) 최몽룡, 《한국문화의 원류를 찾아서》(학연, 1993), 130쪽. 이들 환태평양문화와 유사한 문화를 일본의 大貫靜夫는 한국의 원시무문(민무늬)토기 다음 단계의 것으로 생각되는 평저의 토기를 '極東平底土器로 총칭하며 深鉢形土器를 가지고 竪穴住居에서 사는 독자적인 고고학 문화'로 그 연대도 지금으로부터 7~8000년 전경으로 보고 있다(《東北アジアの考古學》(同成祉, 1998), 38쪽 ; 〈豆滿江流域お中心とする日本海沿岸の極東平底土器〉(《先史考古學論集》 2, 1992,

러시아 극동지구 아무르강 하류에 암각화로 유명한 사카치알리안 마을 주변에 집중되어 있는 가샤 유적이 있으며 이들은 오시포프카 문화에 속한다. 발굴자인 비탈리메드베데프(Vitaly Yergorovich Medvedev)에 의하면 이 유적들은 1975년 이후 1990년까지 8차의 조사가 실시되었으며 롬(loam)층 바로 위가 중석기층이고 중석기층 바로 위의 신석기시대 주거지 바닥면하 점토층에서 세석기와 함께 10편의 토기편이 출토되었다고 한다. 토기는 화씨 350도 정도(우리의 무문토기의 경우 573도 전후에서 구워짐)에서 구워진 것으로 그 층에서 얻은 목탄의 방사성 탄소 연대는 12960±120 B.P.이다. 그리고 오시포프카문화에 속하는 유적은 현재까지 5개소로 사카치알리안의 유적 3개소와 우수리 강 하류의 베누코보, 오시노바야 레치카의 두 군데이다. 오시포프카문화에 유사한 유적도 두 군데나 되는데, 하나는 가샤지구 근처고 다른 하나는 南쟈바이칼의 세렝가강 근처이다. 모두 토기가 나오고 있으며 그 연대도 전자는 12000~10500년 사이이고 후자는 11500+-100 B.P.이다. 그래서 지금부터 11000~12000년 전에 최고의 토기가 발견되고 있는 지역은 아무르 강 유역이다. 更新世 말 맘모스나 주변의 대형 동물이 사라져 없어짐에 따라 대신 연어과에 속하는 어류로서 식료를 대신하고 수혈움집에서 정착 생활의 병행과 함께 이의 저장을 위해 토기가 발생하고 있다는 것이다.[21] 따라서 토기는 중석기시대 새로운 환경의 변화와 생계 전략의 하나로 만들어진 것으로 보고 있다.

또 다른 중요한 유적으로 아무르강 하류의 수추섬을 들 수 있다. 1930년대에 유적의 존재가 알려진 후, 알렉세이 오클라드니코프 및 비탈리 메드베

47쪽). 그리고 이에 관한 전반적인 학술 토론회가 1993년 日本考古學會심포지움으로 열렸다(小野昭・鈴木俊成 編, 《環日本海地域の土器出現期の樣相》, 雄山閣, 1994 및 최몽룡, 《도시・문명・국가》, 서울대출판부, 1997, 242쪽).

21) V. E. Medvedev, 〈がしゃ遺跡とロシアのアザア地區東部における土器出現のついて〉(《環日本海地域の土器出現期의の樣相》 小野昭・鈴木俊成編, 雄山閣, 1994), 9~20쪽.

국립문화재연구소・러시아과학원 시베리아분소 고고학민족학연구소, 《러시아 아무르강하류 수추섬 신석기시대 주거유적발굴조사보고서》(제1차 한・러공동발굴 조사보고서, 2000) 및 국사교과서 고등학교(교육부 2002), 19쪽.

최몽룡・이헌종・강인욱, 《시베리아의 선사고고학》(주류성, 2002년 말 출간예정).

데프에 의해 10여 차례 발굴되었다. 이 섬에서는 기본적으로 최근(2002년 8월)에 새로이 확인된 기원전 6~8000년에 속하는 마린스카야문화에 이어 기원전 4~2000년 초엽의 말르이쉐보 문화와 보즈네세보 문화에 속하는 집자리와 유물들이 발견되었는데 토기는 평저의 심발형이 주류를 이룬다. 그리고 토기의 문양은 압인문·융기문이 주로 시문된다. 수추섬의 신석기문화는 특히 한국의 함경북도 웅기 굴포리 서포항 2·3기 층과 같은 시기이며, 기형 및 문양에서 유사성이 엿보인다.

그러나 최근 오누키 시즈오는 東三洞이나 西浦項 최하층, 그리고 연해주 최고의 토기로 여겨지는 고르바드카 3 상층, 이리스타야 I, 치모훼프카 I, 우스치노프카 III과 아무르강의 사카치알리안 오시포프카문화에 속하는 가샤 유적에서 보이는 原始無文土器(大貫의 無文土器, 오끄라드니꼬프의 平滑土器)의 존재에 대해 회의를 느끼며 앞으로의 자료의 증가를 기다려야 한다고 언급하고 있다. 그는 신석기와 청동기시대 또는 유문토기와 무문토기의 구분 대신 한반도 동북부의 西浦項 1~3층, 羅津, 農圃, 중국 동북부의 新開流와 鶯歌嶺 하층, 연해주 남부의 자이사노프카 I, 테체에 하층과 오레니 I, 아무르강 하류의 가샤, 마르시에보, 콘돈과 보즈네세노프카, 그리고 아무르 강 중류의 그라마투하, 노보페트로프카와 오시노보에 湖 유적 등의 極東지역을 묶어 '極東平底土器'란 용어를 새로이 만들어내고 새로운 극동지역의 문화권을 설정하고 있다[22].

최근 강원도 영동지방을 중심으로 '中東部先史文化圈'이란 용어가 새로이 만들어지고 있다.[23] 이는 양양군 현남면 地境里 빗살문 토기 집자리 7호(기원전 3355년 : I)와 6호(기원전 3035년 : II), 양양군 손양면 가평리(4570±60. 기원전 3000년경), 고성군 죽왕면 文岩里 등지의 새로운 발굴 조사가 이루어짐에 따라 강원도 신석기시대 전기(오산리, 춘천 교동, 문암리), 중기(지경리 I, II)와 후기(춘성군 內坪 : 기원전 980년 이전)로 지역 편년 설정을 하고 전기의 경

22) 大貫靜夫, 〈豆滿江流域お中心とする日本海沿岸の極東平底土器〉(《先史考古學論集》 2, 1992), 47~78쪽.

23) 백홍기, 〈강원고고학의 회고와 전망-그 전개과정을 중심으로-〉(《강원학의 현재와 미래》, 강원개발원, 2000년 7월 7일), 48쪽.

우 함북 선봉군 굴포리와 무산 범의구석(호곡)을 중심으로 하는 동북지방, 중기의 경우 황해도 봉산군 지탑리와 평남 온천군 궁산리 유적으로부터 영향을 밝혀내고 있다. 문화의 전파는 시기와 지역에 따라 다르다는 것이 뚜렷이 나타나고 있다. 그만큼 생각보다 복잡한 양상을 보이고 있다.

구라파에는 LBK(Linear Band Keramik) 문화가 있다. 다뉴브Ⅰ 문화(DanubianⅠ Culture)라고 불리는 이 문화는 유럽 중앙과 동부에서 기원전 5000년대부터 쉽게 경작할 수 있는 황토 지대에 화전민식농경(slash and burn agricultural cultivation)을 행하였고 또 서쪽으로 전파해 나갔는데, 이 문화와 공반된 토기의 문양이 우리의 빗살문(櫛文/櫛目文)토기와 유사하여 '線土器文化(Linear Pottery culture)라 한다.[24] 이것의 獨譯이 Kammkeramik(comb pottery)로 번역하면 즐문(즐목문)토기로 우리말로는 빗살문토기이다. 일찍부터 이 문양의 토기들은 우리 나라 신석기시대 빗살문토기의 기원과 관련지어 주목을 받아왔다. 해방 전 후지타 료사쿠(藤田亮策)는 아마도 이 LBK의 토기들을 우리 나라의 신석기시대 토기들의 조형으로 생각하고 이들이 스칸디나비아를 포함하는 북유럽으로부터 시베리아를 거쳐 북위 55도의 환북극 지대를 따라 한반도에 들어왔다고 주장하였다.[25] 이같은 견해는 金元龍에 이어져 "북유럽의 토기는 핀란드·스웨덴·북독일·서북 러시아의 카렐리아 지방에서 흑해 북안의 오카, 볼가강 상류지방에 걸쳐 유행한 뾰족밑 또는 둥근밑의 半卵形 토기이다. 표면은 빗같은 多齒具의 빗살 끝으로 누른 점렬(密集斜短線列)과 뼈송곳의 끝을 가로 잘라 버린 것 같은 것으로 찌른 둥글고 깊은 점(pit)列을 서로 교체해 가며 …이를 영어로는 Comb-pit ware라고 부르며… 북부 시베리아의 환북극권 신석기 문화의 대표적 유물로 되어 있다."[26] 이러한 견해는 후일 시베리아 흑룡강 상류 쉴카강 북안의 석회굴에서 나온 빗살문토기(흑룡 강 상류의 수렵·어로인으로 기원전 2000~1000년경 거주)를 우리의 빗살문토기가 바이칼지구를 포함하는 범시베리아 신석기 문화에 포함시키게 된다.[27]

24) Barry Cunliffe, *Prehistory of Europe*(Oxford Univ. Press, 1994), p. 155.
25) 藤田亮策, 《朝鮮考古學硏究》(高桐書院, 1948), 162쪽.
26) 金元龍, 《韓國考古學概說》(일지사, 1986), 37~38쪽.
27) 金元龍, 〈시베리아 쉴카洞窟의 新石器文化〉(惠庵 柳洪烈博士 華甲紀念論總, 1971), 499~513쪽.

그리고 한강 유역의 첨저 토기와 함경도의 평저 토기도 원래는 한 뿌리로 알타이 지역을 포함하는 바이칼호 주변이 그 기원지가 될 가능성이 많다는 수정된 견해도 제기되고 있다.[28] 그러나 이는 11000~12000년 전 극동지방 최초의 토기가 나오는 오프카 문화의 대표적인 가샤 유적을 발굴한 비탈리 메드베데프나 '極東平底土器論'을 주창한 오누키 시즈오의 새로운 견해가 나옴으로써 한국 신석기 문화의 기원과 연대, 각 토기의 형식에 따른 새로운 문화전파 문제가 수정되지 않으면 안 되게 되었다.

또 중국의 요녕지방의 신석기시대를 보면 요서지방의 查海 興隆窪 文化(기원전 5000년), 紅山 文化(기원전 3500년)와 小河沿 文化(기원전 3000년 이후), 요중지방의 新樂 文化(기원전 4500년), 扁保 文化(기원전 3000년), 요동지방의 小珠山과 後窪 文化(기원전 4000~2500년) 등 기원전 4000년~기원전 3000년경의 우리의 빗살무늬(櫛目文) 토기와 관계되는 주요 유적들이 발굴되고 그 편년 또한 잘 정리되고 있다. 그 중 신락 유적에서 나타나는 토기 표면의 연속호선문(之자문), 金州市 城內 제2유치원 근처의 빗살무늬 토기편, 그리고 河北省 武安 磁山(기원전 5300년)과 遷西 西寨 등지의 빗살무늬 토기들은 우리의 빗살무늬 토기 문화 형성에 많은 영향을 주었을 것이다.[29]

농경의 기원문제 역시 또 다른 한국문화의 계통과 관련된 문제점이다. 벼농사의 경우 중국 호남성 풍현 팽두산의 기원전 7000년경의 벼(물벼)와 절강성 하모도촌의(기원전 5000~4600·5008년) 인디카와 야생종의 중간형의 벼를 비롯하여 극동아시아에 있어서 벼의 기원이 중국이라고 인정할 정도의 많은 자료가 나오고 있다.[30] 우리 나라의 경우 신석기시대 최말기에 속하는 경기도 우도, 김포 가현리와 일산을 비롯하여 평남시 남경 호남리(기원전 999·1027년), 여주 흔암리(기원전 1260~670년)와 전남 무안 가흥리(기원전 1050년)에서 청동기시대의 유적에서 보고되고 있다.[31] 최근 충북 淸原郡 小魯里의 볍씨가 13010/17310년 전의 후기 구석기시대까지 올라간다는 조사보고도 나와

28) 한영희, 〈유물로 본 Altai와 한반도〉(《알타이문명전》, 국립박물관, 1995), 186~189쪽.
29) 최몽룡, 앞의 책(1993), 72쪽.
30) 최몽룡, 〈쌀이야기〉(《도시·문명·국가》, 1997, 서울대출판부), 270~277쪽.
31) 최몽룡, 위의 책, 275쪽.

있지만,32) 청동기시대 상한을 현재 기원전 1500년경으로 간주할 때 현재 벼가 인구증가와 더불어 단위 소출량을 증대시키는 관개농업으로 재배되는 것은 청동기시대로 여겨진다. 울산 무거동과 야음동, 부여 구룡면 구봉리(기원전 1450년), 논산 마전리(기원전 475년)와 이들보다 시기가 떨어지는 마한의 서기 2세기경의 천안 장산리 유적들이 이를 입증한다.33) 최근 전북 진안 용담댐 내 망덕과 갈두(갈머리) 신석기 중~말기유적에서 여러 점의 석제 보습(石犁)이 출토되었는데,34) 이는 해안가의 어패류에 의존해 살아가던 패총형성의 신석기시대의 전형적인 유적과 달리 내륙지방에서 농경을 기반으로 하여 살아가던 신석기시대 토착 농경사회의 또 다른 모습의 환경적응 결과를 보여준다. 이와 같이 농경의 경우 살아가는 환경에 대한 적응, 곡물의 분석과 더불어 생활방식의 형태와 이웃문화로부터 영향과 현 민속자료의 비교에 이르기까지 다양한 연구가 필요하다.35)

(3) 청동기시대

신석기시대에 이어 한반도에서는 기원전 10세기경 그리고 만주에서는 이보다 앞선 기원전 15세기경부터 청동기가 시작되었다. 그러나 남한에서 최근의 발굴 조사에 의하면 청동기시대의 시작이 북한과 같이 10~15세기로 오를 가능성이 한층 높아졌다.36) 공열 토기와 각형 토기가 나오는 강원도 춘천

---

32) H. S. Suh, J. H. CHO, Y. J. Lee & M. H. Heu, "RAPD Variation of the Carbonized Rice aged 13,010 & 17,310"(4th international Genetics Symposium(Manila, Philippines : 2000. 10. 22~27), pp.2~15.
충북대학교박물관·한국토지공사, 《청원 소로리 구석기시대유적》(2000).

33) 최근 충남대 박물관에서 발굴한 천안 長山里 유적의 경우 관개농업을 실시한 흔적이 뚜렷하며(충남대 박물관, 《천안 장산리 유적》 2000년 10월 5일 현장설명회 발표요지), 이와 관련된 저수지로서 제천 의림지와 김제 벽골제(서기 330년)를 들 수 있다. 그리고 구봉리의 경우 충남대 백제문화재연구소의 발굴로 2001년 6월 1일 현장설명회 발표요지를 참조할 것.

34) 전북대학교 박물관·호남문화재연구원, 《용담댐 수몰지구내 문화유적 4차 발굴조사 및 지석묘 이전복원 지도위원회 자료》(2000. 10. 28), 14쪽.

35) 국립중앙박물관, 《쌀-도작문화 3000년-》(2000). 쌀은 아니더라도 주거지 근처의 터밭에서 화전민식농경(slash & burn agricultural cultivation)에 의한 잡곡류의 생산은 평안남도 온천군 궁산리와 황해도 봉산군 지탑리에서 이미 이루어진 것으로 추정된다.

시 서면 신매리 주거지 17호 유적(1996년 한림대 발굴, 서울대 'AMS(질량분석이온빔가속기)' 연대측정결과 3200±50 B.P. 기원전 1510년, 문화재연구소 방사성탄소연대 측정결과는 2840±50 B.P. 기원전 1120~840년이라는 연대가 나옴),[37] 경기도 평택 지제동(기원전 830년, 기원전 789년),[38] 청주 용암동(한국문화재보호재단 1999년 12월 : 기원전 1119년), 경주시 내남면 월산리(1999년 6월 : 기원전 970~540년, 기원전 1530~1070년 사이의 두개의 측청연대가 나왔으나 공반유물로 보아 기원전 8~10세기에 속할 가능성이 높다. 실제 중간연대도 기원전 809년과 기원전 1328년이 나왔다), 충주 동량면 조동리(1호 집자리 2700±165B.P., 1호집자리 불땐 자리 2995±135B.P. 기원전 10세기경),[39] 대구시 수성구 상동 우방 아파트(구 정화여중고), 여천 화장동 고인돌(기원전 825, 795, 685년), 대전 대덕구 비래동 고인돌(기원전 1005년)과 속초시 조양동 유적(1992년 7월 : 사적 376호)들이 기원전 7~10세기경으로, 그리고 강릉시 교동의 집자리 경우 신석기시대에서 청동기시대로 넘어오는 과도기적인 것으로 방사성 탄소측정 연대도 기원전 1130~840년 사이에 해당한다. 여기에서는 구연부에 短斜線文과 口脣刻目文이 장식된 孔列二重口緣土器가 주류를 이루고 있어 서북계의 角形土器와 동북계의 공열토기가 복합된 양상을 보여준다. 이는 하바로프스크 고고학박물관에서 볼 수 있다. 시피얀꼽스키나 리도브카와 같은 연해주지방의 청동기시대에 기원한다고 하겠다. 이의 우리 나라의 최초 예로 이제까지 기원전 7세기 전후의 유적으로 여겨져 왔던 경기도 여주군 점동면 흔암리 유적[40]을 들었으나 이곳 강릉 교동 유적이 앞설 가능성이 높아졌다. 서북계와 동북계의 양계의 문화가 복합된 최초의 지역이 남한강 유역이라기보다는 태백산맥의 동안인 강릉일

---

36) 최몽룡, 〈청동기시대 개요〉(《한국사》 3, 국사편찬위원회, 1997), 5쪽.
　　――――, 〈21세의 한국고고학〉(《한국사론》 30, 국사편찬위원회, 2000).
　　――――, 〈21세기 한국고고학의 새로운 조류와 전망〉(한국상고사학회 제27회 학술발표회 기조강연, 2002. 4. 26).

37) 춘천시 서면 신매리 지표조사에서 단사선문이 있는 이중구연의 토기편이 발견되었다(최몽룡 외, 《북한강유역의 선사문화》, 서울대 박물관, 1998, 36쪽).

38) 최정필・하문식・황보경, 《평택 지제동 유적》(세종대학교 박물관・한국도로공사, 2000), 422~423쪽.

39) 충북대학교 박물관, 《박물관안내》(2000), 14쪽.

40) 崔夢龍, 〈欣岩里先史聚落址の特性〉(《韓國考古學報》 20, 1987), 11쪽.

가능성은 앞으로 문화 계통의 연구에 있어 많은 시사점을 제공해 준다. 또 속초시 조양동에서 나온 扇形銅斧는 북한에서 평안북도 의주군 미송리, 황해북도 신계군 정봉리와 봉산군 송산리, 함경남도 북청군 토성리 등지에서 출토된 예가 보고되어 있지만[41] 남한에서는 유일한 것이다.

청동기시대의 시작은 기원전 15세기까지 올라갈 가능성이 커졌으나(현재 학계는 우리 나라 남한의 청동기시대 전기는 기원전 15~10세기로 올리고 있음), 토기의 시작에서 보면 청동기의 수용은 그 연대를 약간 늦게 본다. 이는 청동기시대의 단사선문이 있는 이중구연토기의 단계 다음 각형토기와 공열토기가 사용된 이후에야 청동기가 북으로부터 받아들여졌다고 보는 견해 때문이다. 속초 조양동의 경우 바로 위쪽의 함경남도의 동북지방에서 왔을 가능성이 많다.

우리 나라의 거석 문화는 지석묘(고인돌)와 입석(선돌)의 두 가지로 대표된다. 그러나 기원전 4500년 전후 세계에서 제일 빠른 거석 문화의 발생지로 여겨지는 구라파에서는 지석묘(dolmen), 입석(menhir), 스톤써클(stone circle : 영국의 Stonehenge가 대표), 스톤 어라인먼트(Stone alignment : 불란서 까르냑이 대표)와 연도(널길)있는 석실분(passage grave), 연도(널길)없는 석실분(gallery grave)의 여섯 가지 형태가 나타난다.[42] 이중 거친 할석으로 만들어지고 죽은 사람을 위한 무덤의 기능을 가진 지석묘[43]는 우리 나라에서만 약 29,000기가 발견되고 있다.[44] 중국의 요녕성[45]과 절강성[46]의 것들을 합하면 더욱 더 많아질 것이다. 남한의 고인돌은 北方式, 南方式과 蓋石式의 셋으로 구분하고 발달 순서도 북방식-남방식-개석식으로 생각되고 있다. 그러나 북한의 지석묘는 침촌리와 오덕리의 두 형식으로 대별되는데, 그 발달 순서도 변

41) 조선민주주의인민공화국, 《조선유적유물도감》(1989).

42) Glyn Daniel, 《*The Megalith Builders of Western Europe*》(Penguin Books 1962), pp. 11~28.

43) Roger Joussaume, 《*Dolmens for the Dead-Megalithic Building through the World-*》(B. T. Batsford Ltd London, 1985), p.13.

44) 崔夢龍·金仙宇, 앞의 책(2000), 2쪽.

45) 河文植, 《古朝鮮 地域의 고인돌 硏究》(백산자료원, 1999).

46) 李榮文, 〈中國 浙江省地域의 地石墓〉(《文化史學》 11·12·13집, 1999), 1003~1044쪽.

형의 침촌리식(황해도 황주 침촌리)에서 전형적인 오덕리(황해도 연탄 오덕리)식으로 보고 있다. 우리 나라의 지석묘 사회는 일반적으로 전문직의 발생, 재분배 경제, 조상 숭배와 혈연을 기반으로 하는 계급 사회로 인식되고 있다. 그러나 지석묘의 기원과 전파에 대하여는 연대와 형식의 문제점 때문에 현재로서는 구라파 쪽에서 전파된 것으로 보기보다는 '韓半島自生說'[47]쪽으로 기울어지고 있는 실정이다.

여기에 비해 한 장씩의 판석으로 짜 상자모양으로 만든 石棺墓 또는 돌널무덤(石箱墳)의 형식이 있다. 金元龍은 "이러한 석상분은 시베리아 청동기시대 안드로노보기에서부터 나타나 다음의 카라숙-타가르기에 성행하며 頭廣足狹의 형식과 屈葬法을 가지며 우리 나라에 전파되어 청동기시대 지석묘에 선행하는 형식이다. 그리고 이 분묘는 확장되어 북방식 지석묘로 그리고 지하에 들어가 남방식 지석묘로 발전해 나가는 한편 영남지방에서는 石槨墓로 발전해 삼국시대의 기본 분묘형식으로 굳히게 된다"고 보고 있다. 즉 그는 석관묘(석상분)-지석묘(북방식/남방식)-석곽묘로 발전한다고 생각하며, 대표적인 석관묘의 유적으로 銅泡와 검은 긴 목항아리가 나온 江界市 豊龍里, 鳳山郡 德岩里, 丹陽 安東里를 들고 있다.[48] 석관묘(석상분)와 지석묘의 기원과 전파에 대하여는 선후 문제, 문화 계통 등에 대해 아직 연구의 여지가 많다.[49]

러시아에서도 암각화의 연대에 대하여 이론이 많지만 대개 청동기시대의 대표적인 암각화 유적은 예니세이강의 상류인 손두기와 고르노알타이 우코크의 베르텍과 아무르강의 사카치알리안(또는 시카치 알리안) 등을 들 수 있다. 이에 상응하는 우리 나라의 대표적인 암각화는 울주군 두동면 천전리 암

---

47) 최몽룡, 〈한국 지석묘의 기원과 전파〉(최몽룡 · 김선우, 앞의 책, 2000), 9~17쪽.

48) 金元龍, 《韓國考古學概說》(일지사, 1986), 96~97쪽.

49) 최근 남쪽의 지석묘관계 유적의 절대연대로 전남 여천군 화장동이 기원전 825 · 795 · 685년, 대전 대덕구 비례동이 기원전 1005년, 그리고 화순 춘양면 대신리가 기원전 555년의 연대가 나와 파주 옥석리의 기원전 640년과 황석리의 기원전 410년이 나온 1960년대의 지석묘 연대보다 훨씬 올라가는 것으로 되어 있어 지석묘의 상한연대가 비파형동검과 더불어 기원전 10세기 이전을 올라갈 가능성이 많아졌다. 그러나 여천 화장동에서 출토한 비파형동검은 재가공(재사용)의 흔적이 있어 연대를 산출하는 데 주의를 요한다.

각화(국보 147호), 울주 언양면 대곡리 반구대(국보 285호), 고령 양전동(보물 605호) 등을 들 수 있으며, 그 외에도 함안 도항리, 영일 인비동, 칠포리, 남해 양하리, 상주리, 벽연리 영주 가흥리, 여수 오림동과 남원 대곡리를 들 수 있다. 울주 천전리의 경우 人頭(무당의 얼굴)를 비롯해 동심원문·뇌문·능형문(그물문)과 쪼아파기로 된 사슴을 비롯한 여러 동물들이 보인다. 이들은 앞서 언급한 러시아의 손두기, 베르텍과 사카치알리안의 암각화에서도 보인다. 이의 의미는 선사시대의 일반적인 사냥에 대한 염원, 어로, 풍요와 多産에 관계가 있을 것이다. 특히 반구대의 고래암각화는 미국 북서부 워싱턴주 오젯타의 마카부락민들처럼 고래를 잡아 생계를 유지하던 당시의 풍부한 고래잡이의 염원에 대한 표시일 것이다. 또 그들 신화의 반영도 된다. 사카치알리안 암각화의 동심원은 '아무르의 나선문(Amur spiral)으로 태양과 위대한 뱀 무두르(mudur)의 숭배와 관련이 있으며 뱀의 숭배 또한 지그재그(之자문)문으로 반영된다. 하늘의 뱀과 그의 자손들이 지상에 내려올 때 수직상의 지그재그(이때는 번개를 상징)로 표현된다. 이 두 가지 문양은 선의 이념(idea of good)과 행복의 꿈(dream of happiness)을 구현하는 동시에, 선사인들의 염원을 반영한다. 그리고 그물문(Amur net pattern)은 곰이 살해되기 전 儀式 과정 중에 묶인 끈이나 사슬을 묘사하며 이것은 최근의 아무르의 예술에도 사용되고 있다.[50] 현재 이곳에 살고 있는 나나이(Nanai)족의 조상이 만든 것으로 여겨지며 그 연대는 기원전 4~3000년경(이 연대는 그보다 후의 청동기시대로 여겨짐)으로 추론된다고 한다. 이들은 肅愼－挹婁－勿吉－靺鞨－女眞－滿洲－淸으로 이어지는 역사상에 나타나는 種族名의 한 갈래로 현재 말갈이나 여진과 가까운 것으로 여겨지고 있다. 이들은 청동기시대에서 철기시대 전기에 속하는 것으로 볼 수 있다. 그리고 영일만(포항)에서부터 시작하여 남원에 이르는 내륙으로 전파되었음을 본다. 아마도 이들은 아무르강의 암각화 문화가 海路로 동해안을 거쳐 배로 영일만 근처로 들어온 모양이며 이것이 내륙으로 전파되어 남원에까지 이른 모양이다. 청동기시대의 석관묘, 지석묘와 비파형동검의 전파와는 다른 루트를 가지고 있으며, 문화계통도 달랐던 것으로

50) Alexei Okladnikov, *Art of Amur*(New York : Harry N. Abrams, INC., Pb. 1981), p. 92.

짐작이 된다. 그러나 포항 인비동과 여수 오림동에서 보는 바와 같이 우리 나라에 들어온 기존의 청동기(비파형 또는 세형동검)과 마제석검을 사용하던 청동기~철기시대 전기 사회에 쉽게 융화되었던 모양이다.[51] 우리의 암각화에서 보여주는 사회의 상징과 표현된 신화의 해독이 아무르강의 사카치알리안의 암각화와 기타 지역의 암각화와의 비교연구 그리고 이의 결과에 따른 문화계통의 확인이 현재 한국 문화의 기원을 연구하는 데 필수적이다.

(4) 철기시대

철기시대 전기(기원전 300~기원전 1년)는 위만조선(기원전 194~108)의 국가형성과 낙랑군의 설치(기원전 108~서기 313년)가 중복되어 있어 한국에 있어 사실상 역사 고고학의 시작 단계이다.[52] 이 시기에는 토광묘, 한자와 철기문화가 들어오며 후일 철기시대 후기(서기 1~300년)에 속하는 서기 372년(고구려 소수림왕 2년) 불교의 유입과 함께 한국의 문화는 조선시대 한일합방(1910년)때까지 거의 전역이 중국권으로 접어들게 된다.[53] 낙랑군의 설치와 이에 따른 중국 漢 문화의 확산은 경북 포항시 북구 신광면 마북리에서 출토되었다고 전해지는 晋代의 湖巖美術館 소장 晋率善穢伯長印과 함께 주로 철기시대 전기의 유적인 강릉시 병산동과 동해시 송정동의 凸자형 주거지에서 나오는 낙랑계통의 토기들은 東濊시대의 존재 가능성을 한층 높여준다.[54]

金元龍은 현 英國 大英博物館 소장의 '鳥形柄頭 細形銅劍'이 우리 나라에서 철기시대 전기의 대표적인 유물인 세형동검의 자루 끝에 '鳥形 안테나'가 장식된 안테나식 검(Antennenschwert, Antennae sword)으로 보고, 그것이 오스트리아 잘쯔캄머구트 유적에서 시작하여 구라파의 철기시대의 대명사로 된 할슈탓트(Hallstatt : A-기원전 12~11세기, B-기원전 10~8세기, C-기원전 7세기

51) 최몽룡, 《도시·문명·국가》(서울대 출판부, 1977), 213~217·245쪽.
52) 崔夢龍, 〈歷史考古學硏究의 方向〉(《한국상고사》, 한국상고사학회, 민음사, 1989), 97~102쪽.
53) 金元龍, 〈한국문화의 기원〉(《文理大敎養講座》, 서울대학교 문리과대학, 1972), 1~24쪽.
54) 강릉대학교 박물관, 〈동해시 송정동 중심도로 건설지역 문화유적 긴급발굴조사지도위원회 자료〉(1999년 11월 7일), 25호 출토지 토기.

D－기원전 6세기) 문화에서 나타나는 소위 '날개달린 물미'(winged chape)에 스키타이식 동물문양이 가미되어 나타난 것으로 보았다.[55] 이는 현재로서는 '臆測的 小見'에 불과하나 스키타이식 銅鍑과 청동제 馬形帶鉤가 金海 大成洞과[56] 永川 漁隱洞에서,[57] 동복과 鐵鍑이 金海 良洞里[58]에서 나타나는 점을 보아 앞으로 우리 문화의 전파와 수용 방면이 의외로 다양할 것이라는 생각이 충분히 가능성이 있을 것으로 보여진다. 특히 동복의 경우 러시아 시베리아의 우코크에서 발견된 스키타이 고분,[59] 드네프로페트로프스크주 오르쥬노키제시 톨스타야 모길라 쿠르간 봉토분(1971년 모죠레브스키 발굴)[60]과 로스토프지역 노보체르카스크 소코로프스키 계곡 5형제 3호분(1970년 라에프 발굴),[61] 카스피해 북안의 사브라마트, 세미레치에, 투바의 우육과 미누신스크 분지의 카카르 문화 등[62]과 중국 遼寧省 北票市 章吉 菅子鄉 西沟村(喇嘛洞) 古墓 (1973년 발굴, 鮮卑문화)과 吉林省 楡樹 老河深[63] 등지에서 볼 수 있는 북방계 유물인 것이다. 우리 문화에서 나타나는 북방계 요소는 철기시대 전기(기원전 300～기원전 1년) 이후 동물형 문양의 대구나 동복의 예에서와 같이

---

55) 金元龍, 〈鳥形안테나식細形銅劍의 문제〉(《백산학보》 8호, 1970), 3쪽. 평양, 대구 飛山洞·池山洞의 3점이 이와 유사한 형태의 안테나(觸角)식 동검과 雙鳥形劍把頭飾으로 보고되고 있다(金元龍의 《韓國考古學槪說》, 일지사, 1986, 105쪽 ; 국립중앙박물관, 《韓國의 青銅器文化》, 범우사, 1992, 71쪽).

56) 경성대학교 박물관, 《金海大成洞古墳群 I》(2000), 61쪽.
경성대학교 박물관, 《金海龜旨路古墳群》(2000), 189쪽.

57) 梅原末治·藤田亮策 편저, 《조선고문화종감》 제1권(養德社, 1947), 도판 제26(其4).

58) 동의대학교 박물관, 〈金海良洞里 第162호 土壙木槨墓 發掘調査槪要－현장설명자료〉(1991. 11).
林孝澤·郭東哲, 《金海良洞里 古墳文化》(東義大博物館, 2000), 54·77쪽.

59) 최몽룡, 〈시베리아 고고학의 최근성과〉(《알타이문명전》, 국립중앙박물관, 1995), 12쪽.

60) 日本放送協會, 《Scythian Gold－Museum of Historic Tresures of Ukraine－》(1992), 61쪽.

61) 국립중앙박물관, 《스키타이황금－소련 국립 에르미타쥬 박물관소장－》(1991), 274쪽.

62) 정석배, 〈선흉노－스키타이 세계 소고－〉(《한국상고사학보》 32집, 2000), 63～74쪽 도면 참조.

63) 吉林省文物考古研究所編, 《楡樹老河深》(1987), 49쪽.

뚜렷해진다.

2000년 6월 20~22일 영남대학교 박물관에 의해 발굴된 울릉군 북면 현포 1리의 제단은 적석으로 만들어진 직사각형의 기단 위에 3열 15개의 입석으로 이루어져 있다. 입석의 높이는 1.5~2m이며 이중 두 개는 이곳에서 빼내어져 이웃 현포 초등학교 건물입구의 계단 양측에 세워져 있다. 이런 류의 제단은 한국 최초의 발견이다. 그러나 이와 유사한 제단은 몽고지방 청동기시대 중 카라숙 문화에서 이미 발견되고 있다. 이들은 사슴돌, 제단, 케렉수르로 불리며 울릉도의 것과 비슷한 예로는 우쉬키인-우베르 제단 등을 들 수 있다.[64] 울릉도에서는 현포 1리, 서면 남서리와 울릉읍 저동리에서 새로이 발견된 고인돌들, 그리고 현포 1리에서 발견된 무문토기, 紅陶片, 갈돌판과 갈돌[65]들을 볼 때 입석이 서 있는 제단 유적은 이들과 같은 시기에 이용된, 적어도 철기시대 전기(기원전 300년~기원전 1년)에 속할 수 있다고 추정된다.

그러나 주의해야 될 점도 있다. 우리의 청동기시대와 철기시대 전기의 문화 계통을 논할 때 빠질 수 없는 것이 미누신스크 청동기 문화 중 안드로노보(기원전 1700~1200년), 카라숙(기원전 1200~700년)과 타가르(기원전 700~200년) 문화기이다. 그중 카라숙 문화에서 돌널무덤(석상분, 석관묘, cist)이 받아들여진 것으로 생각된다. 그리고 그 다음의 타가르 문화는 전기의 청동기시대(기원전 7~5세기)와 후기의 철기시대(기원전 4~3세기)가 되는데,[66] 그곳 철기시대에도 우리의 철기시대 전기와 마찬가지로 청동거울을 쓰고 있다. 그런데 청동거울의 배면에 있는 꼭지가 우리 것은 둘인 多鈕細文鏡(잔무늬거울)으로 불리고 있는데 반해 타가르의 것은 하나인 單鈕鏡인 것이며, 또 칼도 곡검(琵琶形)이 아닌 날이 가운데가 휜, 彎入된 것이다. 타가르 문화의 청동검과 거울은 실제 만주와 한반도에서 보이는 고조선(요녕식, 비파형) 동검이나 거친 무늬와 잔무늬 거울과는 다르다. 이는 우리가 종래 생각해오던 청동기와 철기시대의 기원과 직접 관련지어 생각할 때 고려의 여지를 두어야 할 것이다.[67]

---

64) 노브고라도바(정석배 역), 《蒙古의 先史時代》(학연, 1995), 299~300쪽.
65) 崔夢龍 외, 《鬱陵島》(서울대 박물관, 1998).
66) 金元龍, 《韓國考古學槪說》 제3판(一志社, 1986), 63~64쪽.

4) 한국문화의 다원론

한국의 문화는 시기와 지역에 따라 미세하나마 독자적인 편년 설정이 이루어져야 하며 최근 이의 성과는 강원도지역의 '中東部先史文化圈'으로 나타나고 있다. 또 강원도의 선사시대에서 역사시대로 넘어오는 과도기 시대인 原史時代는 東濊로 대표되는데, 이 시기는 아직 국가 단계 이전의 족장사회로 철기시대 전기(기원전 300~기원전 1년)에 속한다. 한국의 고고학은 종래의 단선적인 편년관에서 벗어나 강원도의 경우처럼 새로운 지역적 편년의 수립이 이루어져야 한다.[68]

문화의 기원에 관한 한 지역과 시기에 따라 단일·단선적인 것이 아니라 다원·복합적인 것이다. 그만큼 한국 문화의 기원에 관해서는 아직까지 초보단계에 불과하지만 이제까지의 고고학적 증거를 보면 생각보다 여러 계통의 문화가 시기적으로, 또 지역적으로 달리 유입되는 현상을 볼 수 있다. 이는 한국 신석기시대의 기원이 제주도 한경면 고산리 유적의 경우에서와 같이 아무르강의 오시포프카 문화와 연결될 가능성이 한층 높아졌으며, 그 연대도 종래 생각했던 기원전 6000년이 아니라 기원전 8000년을 올라갈 수 있게 되었다. 그리고 또 아무르강 하류의 수추섬에서 보는 바와 같이 한국의 웅기 굴포리 서포항 2~3기의 신석기 문화와 같은 유물이 출토되는 점은 아무르강의 수추섬－연해주의 보이즈만－함경북도 서포항·羅津 등을 연결할 수 있는 공동의 문화권 설정도 가능하다. 이는 이미 오누키 시즈오의 '極東平底土器' 문화권과도 맥을 같이 한다. 또 서해안 지구의 전형적인 빗살무늬 토기는 핀란드－아무르강의 쉴카－바이칼호－한반도로 이어지는 문화계통보다 요녕성의 新樂과 小珠山 지구의 신석기 문화와의 관련성도 생각해야 한다. 따라서 종래 한국 신석기시대의 문화의 기원만을 국한해 이야기 할 때에도 단순히 북방계통만으로 언급할 것이 아니라 신석기 자체 편년에 따른 다각도의 문화 기원설이 제기되어야 하는 것이다. 여기에 한국문화계통의 다원론이 언급될 때가 된 것이다. 즉 종전의 빗살문 토기의 단선적인 시베리아 기

67) 최몽룡, 앞의 책(1993), 117쪽.

68) 여기에 대하여는 《강원도의 고고학》(주류성, 2004년 예정)이란 책을 준비중이다.

원설은 여러 가지 문화계통의 하나, 즉 다원론적 입장에서 수정·보완할 때가 온 것이다.

그리고 이와 아울러 우리의 고고학 편년 중 일제시대의 식민지 사관의 영향하에 만들어진 금석병용기(aneolithic, chalcolithic age)시대가 북한학자들의 노력으로 폐기되어 청동기시대로 대체된 지 오래고 그 연대의 상한도 기원전 15세기경을 오르게 되었다.[69] 이것은 남쪽의 청동기시대 상한에도 적용될 수 있을 것이다. 최근 강릉시 교동의 유적을 비롯한 여러 유적의 연대 상한이 점차 증명해주고 있다. 그리고 최근 서울 송파구 풍납동 토성(사적 11호)의 발굴로 인해 종래 식민지 사관의 일환으로 만들어진 원삼국시대란 용어가 점차 설득력을 잃고[70] 대신 '철기시대 후기' 또는 '삼국시대 전기'(서기 1년~서기 300년)란 용어가 힘을 얻고 있다. 이는《三國史記》의 삼국시대 개시기에 대한 연대의 인정에서 비롯된다. 아직도 많은 사람들이《삼국사기》초기 기록의 取信에 대해 회의적이지만 고고학자료는《삼국사기》초기 기록의 신빙성을 점차 입증해 주고 있다. 이들은 통해 우리의 긍정적인 역사관이 수립될 수 있을 것이다.[71]

또 마지막으로 언급되어야 할 점은 우리의 고고학에 있어서 문화계통의 다원론을 입증하기 위해서는 자연과학적인 연구 방법이 적극적으로 응용되어야 한다는 것이다. 여기에는 방사성탄소연대와 같은 절대 연대를 비롯하여, 토기의 바탕흙(태토)의 성분 분석을 하여 산지의 추정을 거쳐 무역의 존재까지 입증해 주는 주사전자 현미경 분석과 X-선 회절분석 등이 포함된다.[72] 그리고 최근 무덤 속의 인골들의 인척 관계와 殉葬 문제까지를 밝혀주는 DNA 분석도 가능하다. 그리고 토양쐐기(soil wedge) 또는 언땅트기(ice

69) 최몽룡 외,《한국사》3(국사편찬위원회, 1997), 5쪽.
70) 金貞培,《韓國古代史와 考古學》(신서원, 2000), 243~254쪽.
71) 최몽룡,《흙과 인류》(주류성, 2000), 277~284쪽.
72) 최몽룡 외,《고고학과 자연과학》(서울대 출판부, 1996), 36쪽. 최근(2002년 8월 21일 현장설명회) 경기도 남양주시 호평(南楊州好坪) camp site in situ인 후기구석기시대(16,500~33,000B.P.) 유적에서 다양한 흑요석제 석기와 함께 外來의 것으로 추정되는 chalcedony(옥수 : 玉髓)로 만들어진 석기도 두 점 출토되었다. 앞으로 이들의 원산지 파악이 후기구석기시대의 문화계통을 연구하는데 절대적이다.

wedge) 현상의 확인에 의해 구석기시대의 층위를 확인해 주는 연구까지 심화되고 있다.[73] 이와 같이 자연과학의 연구방법론을 한국고고학 연구에 응용하면 우리가 현재 직면하고 있는 지역 편년 문제를 포함하는 한국고고학의 객관적인 편년 문제, 문화의 다원론적인 기원과 다양한 문화권의 설정에 대해 지금보다는 좀더 학문적으로 심화된 연구를 수행할 수 있을 것이다.

〈崔夢龍〉

2. 민족학적으로 본 문화계통

한국사의 주인공인 한민족이 과연 어떤 기원을 갖고 있으며, 나아가 어떤 과정을 거쳐서 형성되었는가 하는 민족 계통론에 대해서는 종래 역사학을 비롯하여 고고학, 민속학, 형질인류학, 국어학 등 인접 학문분야에서 적지 않은 관심을 기울여 왔다. 그럼에도 불구하고 아직껏 만족할 만한 이해에 도달하지는 못한 듯한 느낌이 든다. 주지하듯이 민족이란 역사공동체의 구성원이라는 깊은 자각에 의해서 뭉쳐진 하나의 문화적 개념인데, 이 같은 민족의식은 대개 근대사회의 성립과 더불어 형성된 것으로 이해되고 있다. 그리하여 민족이 형성되기 이전 시기에는 흔히 인종 혹은 종족과 같은 개념을 쓰고 있는데, 이는 신체의 유전적 특성에 기초한 다분히 생물학적 개념이라고 할 수가 있다.

민족학은 현실적으로 존재하는 세계의 여러 종족, 민족(ethnos)을 비교 연구함으로써 인류의 생존양식을 이해하는 학문이다. 이와 동시에 생존양식의 법칙성 내지 규칙성을 발견한다거나 혹은 그 생활 양식들의 역사적·계보적 관계를 추구함을 목적으로 한다. 한편 민속학은 기록되지 않은 근대 이전 전통사회의 의식주를 비롯한 사회구조, 신앙과 의례, 각종 기술 등 생활문화를 연구하는 학문이다. 그런데 우리 나라의 경우 민속학 발달의 역사에서 볼 수 있듯이 민족학과 민속학 양자의 관계가 매우 밀접하여 그 차이를 거의 구별

73) 최몽룡외, 《고고학연구 방법론》(서울대출판부, 1998), 275쪽.

하기 어려울 정도이다.

민족학에서는 전통적인 생활양식을 문화라고 하고, 문화를 공유하면서 '우리' 의식으로 뭉쳐 있는 인간집단을 민족이라고 부른다. 현재 한국인은 한민족과 同義語로 사용될 만큼 세계적으로 보기 드문 단일민족이다. 한국사에서 한국문화 내지 한민족의 출발점을 어느 때로부터 볼 것인가 하는 문제는 논쟁의 여지가 없지 않겠으나, 일단 신석기시대를 한국문화의 원점, 청동기시대를 한민족 및 한국문화의 진정한 출발점으로 볼 수 있다고 생각된다. 그리고 민족의식은 대체로 삼국시대부터 생성되기 시작했다고 보여지며, 신라에 의한 삼국통일에 따라 국토가 한반도로 고정된 뒤로부터 사회의 급속한 동질화 현상이 진행되어 단일 민족의식이 대두할 수 있는 기반이 마련되었다고 보여진다. 그 뒤 고려 초에 歸附해 온 발해 유민을 흡수 통합하고 아울러 같은 시기에 정력적으로 추진된 북방 개척에 따라 고려에 편입된 국경지대의 女眞人도 적지 않았던 것으로 짐작된다. 이로써 한민족 형성의 최종적 단계에 도달했다고 보는 것이 학계의 일반적인 견해이다.

민족의 기원 내지 계통을 연구함에 있어서 가장 효과적이고도 확실한 방법은 形質인류학적 방법에 의한 것이라고 할 수가 있다. 이 경우 선사시대 및 역사시대 초기의 人骨자료를 갖고 비교 검토하는 것이 바람직하다. 다만 한국의 토양은 산성을 띠고 있는 지역이 많은 까닭으로 해서 그 遺存 상황이 매우 不良하여 한국인의 형질을 계기적으로 파악하는 것이 거의 불가능한 실정이다. 그리하여 현재 한국인의 신체적 특징을 여로 모로 計測한 수치를 주로 이용하고 있으나, 역시 유효한 것은 혈액형 유전자에 의한 비교 검토라고 할 수 있다. 지난날에는 A·B·O式 혈액형 분류에 따른 수치를 갖고 한민족의 유전형질상의 특징을 다른 민족의 그것과 대비하여 상호간의 친연관계를 확인하는 데 그쳤으나, 최근에는 생명과학의 눈부신 발달로 말미암아 가령 혈청 속의 抗體분자인 免疫 글로불린-감마(Gm)에 관한 유전 표지의 유전자 빈도라든지 '사람 백혈구 抗原(HLA)'에 관한 유전자 빈도, 혹은 미토콘드리아 DNA(mt DNA) 단편의 자료 분석에 의한 비교 검토 등 집단유전학 부문의 연구에서 주목할 만한 성과를 거두고 있다. 그렇지만 이 같은 연구는 아직 시작단계에 불과하며, 한국인이 일본인과 더불어 북방계 몽골인종집단으로 분류되지만 한편 남태평양 집단의 유전자도 일부 이어받았다는 점을 보여주는 이외에 한민족의 형성과정을 역사적으로 추구하는 데 직접 기여하지 못하고 있는 실정이다.

형질인류학의 방법을 제외한다면 현재 한민족의 계통문제는 다음과 같은 세 개의 학문분야에서 다루어지고 있다. 첫째는 언어에 의한 연구이다. 이는 언어의 구분은 대체로 민족의 구별과 일치한다는 命題에서 출발하여 한국어의 특징을 주변 여러 민족의 언어와 비교한다. 실제로 오늘날 집단유전학자들도 언어와 유전자 사이에는 의미있는 유사점들이 많이 보인다고 주장하고 있다. 둘째는 중국의 고대 문헌에 보이는 山東방면, 만주(중국 동북지방이라고 해야 옳을 것이지만, 편의상 만주라는 호칭을 사용함) 그리고 한반도에 거주한 여러 종족의 이동 내지 이합집산을 시간적, 공간적으로 추적하는 방법이다. 셋째는 한국의 선사시대 및 고대의 문화적인 특징을 고고학과 민족학적 입장에서 동북아시아 혹은 동남아시아·남태평양 각지의 그것과 비교 검토하여 그 공통점과 차이점을 명확히 하는 것이다.

본서에는 중국문헌과 고고학적 자료에 입각하여 한민족의 계통을 다룬 글이 실릴 예정이다. 또한 한국어의 특징과 그 계통에 대한 專論이 역시 수록될 예정이다. 그러므로 여기에서는 민족학분야에 국한하여 그간 역사학계와 민속학계에 축적되어 온 한민족·한국문화의 기원과 계통에 관련되는 여러 연구성과를 정리해 보기로 한다. 즉 종래의 연구사를 개관한 다음 특히《三國志》魏書 東夷傳의 민속 관련 기사들을 주로 문화계통의 측면에서 검토해 보기로 하였다.

1) 한민족·한국문화 기원론의 흐름

(1) 한민족 형성과정에 대한 세 개의 입장 —혼혈론·주민 교체설·단혈성론—

주지하듯이 孫晉泰는 해방공간에서 신민족주의 역사관을 제창한 지도적인 역사학자였다. 한편 그는 오늘날 역사민속학 혹은 민족문화학의 선구자로도 간주되고 있다. 그가 1930년대 한국민속학의 정립기에 가장 중추적인 역할을 담당했다는 데는 이의가 없는 듯하다. 그는 본격적인 현지조사를 통해 온돌·민가·혼인습속·놀이·고인돌(돌멘) 등 다양한 민속과 口碑 전승을 수집, 비교 검토했을 뿐 아니라 문헌 분석을 통해 蘇塗 등 고대 민속의례의 역사적 연구에 착수했다. 이처럼 그는 민중의 생활문화사를 재구성한다는 19세기 이래의 민속학의 과제에 충실하게 대처했다.

한국문화의 기초 구성을 밝혀보려는 손진태의 민속 및 구비전승에 대한 연구는 해방 직후 《朝鮮民族說話의 硏究》(1947)와 《朝鮮民族文化의 硏究》(1948)로 정리되었다. 그는 그 과정에서 특히 소도와 온돌, 고인돌을 다룬 기왕의 논문에 다소간의 수정을 가하지 않으면 안되었다. 그것은 그가 1930년대 이들 민속을 한반도 북부와 남부로 대별하여 지역적 유형에 따라 파악한다거나 나아가 이를 소위 북방계 혹은 남방계 종족의 차이에 말미암은 것으로 결부시켜 해석한 일본인 연구자들의 영향을 가능한 한 청산, 불식하려 한 때문이었다. 그렇지만 그는 민속과 구비전승의 연구에서 외래문화와의 접촉을 중시한 이른바 전파론의 영향에서 벗어날 수 없었다. 다만 그는 외래문화를 수용하면서도 이를 한국의 것으로 만든 기반이 다름 아닌 문화전통이었음을 강조했는데, 이는 특별히 주목되는 점이다. 어쨌든 시대적 제약 속에서도 역사과학으로서의 민속학을 확립하려 한 그의 학문적 업적에 대해서는 높이 평가해야만 할 것으로 생각된다. 실로 이 같은 의미에서의 그의 선구자적 면모는 매우 확연하다.[1)]

그런데, 손진태가 최초 관심을 기울인 부문은 민속이 아니라 한민족의 형성과정에 대한 것이었다. 그는 대학을 졸업하던 해인 1927년에 〈조선 민족의 구성과 그 문화〉를 발표했는데, 여기서 그는 한반도 각지에는 다양한 종족이 살고 있었으며 장기간의 혼혈과정을 거친 끝에 한민족이 형성되었다고 주장했다. 즉 경상도에는 新시베리아족, 충청·전라도에는 舊시베리아족이 대부

1) 현재 손진태의 업적에 대한 평가를 둘러싸고 민속학계 내부에서 약간의 논란이 있는 듯하다. 하지만 민속학을 역사과학으로 규정, 기능주의적 입장에서의 여러 연구성과를 역사학적 시각에서 재평가하면서 새롭게 의미를 부여하고 특히 비교방법에 의해 민족학적 역사재구성의 방향을 제시한 그의 업적은 1930년대 당시로서는 획기적인 것이라고 평가받아 마땅하다고 생각된다.

분이었으며, 함경·평안·황해도에는 퉁구스족이 대거 주거했고, 남해안에는 소수의 인도차이나족과 倭族이 섞여 있었다고 한다. 뒤에 衛滿이 평양으로 이주하고 다시 그의 후손이 漢武帝에 의해 정복되면서 漢人들이 많이 평안도·황해도지방으로 이주한 결과 원주민인 퉁구스족과 漢族 사이에 혼혈이 성행했다고 한다.[2] 그리고 그 뒤 역사적 변천을 겪은 결과 비록 지역에 따라 우수 종족의 혈액상의 차이는 있었을지라도 전민족의 피는 완전히 한국적인 피로 화했으며, 삼국시대에는 이미 고구려·백제·신라가 각기 독자적인 민족의식을 갖고 투쟁하다가 신라가 삼국을 통일하고 고려가 다시 한반도를 통일하면서 민족의식이 형성되기 시작했다고 논했다.[3]

이 같은 그의 견해는 그로부터 20여 년 뒤에 나온 한국사 개설서인《朝鮮民族史概論(상권)》(1948)에 거의 그대로 견지되어 있다. 그는 한민족이 몽골인종 중에서도 만주·시베리아종족과 가장 가까운 관계에 있었으며, 특히 퉁구스족과 '가까운' 관계라고 했다.[4] 그는 '부족국가' 시대에 한민족의 영역 내에 대체로 山川을 경계로 하여 부여족·예맥족·숙신(읍루)족·조선족·옥저족·예족·삼한족·고구려족 등 9개의 족속이 있었는데,[5] 이 때를 민족 형성의 '시초기'로 규정할 수 있으며, 삼국시대를 민족통일 추진기, 삼국통일에 따라 한민족이 일단 결정된 것으로 보았다.[6] 다만 그는 통일기 신라인의 민족의식은 주로 귀족층·지식층·도시 시민층 사이에서만 성장한 것으로 보았다.[7] 또한 그는 한민족의 완성은 현재의 국경이 확정된 조선왕조 世宗代 특히 1434년으로 볼 수 있다고 했으며,[8] 현재의 한국인은 엄격한 의미에서의 단일 血族이 아니라 4, 5종족의 혼혈로 된 복합민족이라는 견해를 제시했다.[9]

---

2) 孫晉泰,《韓國民俗·文化散考》(《孫晉泰全集》 제6권, 太學社, 1981), 36~38쪽.
3) 孫晉泰, 위의 책, 44~45쪽.
4) 孫晉泰,《朝鮮民族史概論(상권)》(乙酉文化社, 1948), 17쪽. 그는 같은 책(18쪽 및 36~37쪽)에서 한민족이 퉁구스족에 '속하는 자'라고도 표현한 바 있다.
5) 孫晉泰, 위의 책, 46쪽.
6) 孫晉泰, 위의 책, 39~40·176·180쪽.
7) 孫晉泰, 위의 책, 213쪽.
8) 孫晉泰, 위의 책, 40·180쪽.
9) 孫晉泰, 위의 책, 18쪽.

한민족의 기원 내지 형성과정에 대한 논의는 그 뒤 1960년대에 들어와 본격화되기 시작했다. 그 先鞭을 잡은 金廷鶴은 1964년에 발표된 장편논문에서 언어·체질·신화·민속·원시문화 등 여러 가지 요소를 다각도로 광범위하게 고찰하면서 한민족의 계통을 논했다. 그가 이와 동시에 한국과 인접한 여러 민족과의 관계에 대해서도 주의를 기울였음은 물론이다. 그 결과 그는 고대 한국문화에는 북방적인 요소가 압도적이며, 한민족은 종래 일본인 연구자들이나 손진태가 주장해 온 퉁구스족과 가장 밀접한 관계에 있었던 것은 사실이나, 양 민족은 오랫동안 독립된 생활을 하여 왔으므로 알타이족 내에서 퉁구스족 등과 병행하여 하나의 민족단위를 형성한 것으로 볼 수 있다는 견해를 제시했다. 한편 그는 한민족의 구성에는 알타이족이 남쪽 또는 북쪽으로 이동 확산하기 전에 북방 아시아에 先住하고 있던 고아시아족(palaeo-Asiatics) 또는 고시베리아족(palaeo-Siberians)이나 이른바 남방민족의 요소도 섞여 있을 개연성이 크다고 시사했다.[10] 주지하듯이 1920, 1930년대에 만주족과 퉁구스족의 사회조직에 대한 연구서를 발표한 시로꼬고로프(S. M. Shirokogoroff)는 한 민족이 고아시아족에 속한다는 견해를 제시한 바 있다.

이 같은 김정학의 견해에 주로 고고학적 자료를 토대로 하여 논의를 크게 확대시킨 것은 金貞培였다고 할 수가 있다. 그에 의하면 한국 신석기문화의 주류를 이루는 有文토기(빗살무늬토기)는 시베리아와 연결되는 바, 이를 담당한 주인공은 고아시아족이며, 단군신화는 바로 곰을 숭배한 고아시아족의 일파가 남긴 이야기라고 한다. 그런데, 신석기시대의 종말기에 고아시아족은 알타이어를 사용하던 알타이 諸語 계통의 족속에게 흡수 정복되었는데, 이들이 바로 청동기시대를 대표하는 無文토기를 만들어 쓴 주인공이며 역사서에 보이는 濊貊族으로, 이들의 출현에 의해서 비로소 한민족 형성의 기틀이 잡혔다고 한다. 한편 한국의 청동기문화는 출토 유물이나 유적으로 볼 때 중국의 문화와는 별개의 소산으로 오히려 그 기본성격에 있어서 시베리아 청동기문화와 관련을 갖는 그 자체로 독자적인 것으로 생각된다고 한다. 나아가 그는 한국의 청동기뿐 아니라 철기의 경우에도 중국으로부터 유입된 것으로

---

10) 金廷鶴, 〈韓國民族形成史〉(고려대학교 민족문화연구소, 《韓國文化史大系》 제1권, '民族·國家史' 고려대학교 민족문화연구소 출판부, 1964), 315~452쪽.

단정하기는 어렵고 역시 시베리아 연해주 방면의 철기와 연결될 수 있는 개연성이 크다고 한다.11)

그 뒤 金元龍은 고고학의 입장에서 한민족의 기원문제와 관련하여 독자적인 견해를 제시한 바 있다. 즉 그는 한국 구석기시대의 종말기로부터 신석기시대가 개막될 때까지 적어도 2000~3000년간의 단절현상이 보여 연속적 파악이 불가능한 점, 또한 신석기시대의 주민은 김정배의 견해처럼 고아시아족의 일부가 남하한 것으로 보는 쪽이 합리적이지만, 다만 이들을 동북 시베리아 방면으로 밀어내면서 청동기시대의 주인공이 된 무문토기인은 다름 아닌 퉁구스족이라고 한다. 그에 의하면 고아시아족과 퉁구스족 사이에는 종족상 큰 차이가 없으며, 퉁구스족 자체가 고아시아족의 지역화된 한 地域種에 불과하다고 한다. 그는 이들 두 민족의 기원을 찾아 형질·언어·문화상의 사소한 차이점을 거론하는 것은 공연히 문제를 복잡하게 만들어 전반적인 양상을 흐리게 할 뿐이라고 주장하고 있다.12) 사실 그는 일찍부터 무문토기인을 넓은 의미에서의 퉁구스족으로 보았다. 그런데 그는 이들이 바로 예맥족이며, 그들이 남한지역에서 남쪽으로부터의 영향 아래 남방적 요소를 가미하면서 약간 지방화한 것이 역사서에 보이는 韓族으로 보았다. 그러니까 예맥과 한은 같은 종족으로, 다만 지역차가 생긴 데 불과하다는 것이다.13) 그것은 어쨌든 김원룡·김정배 양씨의 경우 신석기시대로부터 청동기시대로의 변화에 주민 교체를 설정하고 있는 것이 하나의 특징이라고 할 수가 있다. 손진태의 견해를 혼혈론이라고 한다면, 이들의 견해는 편의상 주민 교체설이라고 부를 수 있을 것이다.

한국학계의 한민족 형성과정론의 흐름은 대체로 이상과 같이 정리할 수 있다. 그런데 북한학계의 공식견해는 우리와는 자못 달라 민족 單血性論이라

11) 金貞培, 《韓國民族文化의 起源》(고려대학교출판부, 1973), 참조.
12) 金元龍, 《韓國考古學概說》(제3판, 一志社, 1986), 22·24~25쪽 및 58쪽. 다만 김원룡은 같은 책에서 "고아시아족이 퉁구스족에 의해 동북시베리아로 밀려나게 되었다"(24쪽)고 기술하는가 하면 "두 민족의 혼합, 동화는 가까운 지역의 평화적 공존에서 雜居, 그리고 잡거에서 혼혈이라는 과정을 밟아 대체로 무난하게 이루어졌을 것"(59쪽)이라고 서로 모순되는 듯한 기술을 하고 있다.
13) 金元龍의 대담 발언(千寬宇 편, 《韓國上古史의 爭點》, 一潮閣, 1975, 108~109·171쪽).

부를 수 있는 성질의 것이다. 이는 북한에서 민족에 대한 개념의 변천에 대응하면서 1980년대에 들어와 정립되었다. 주지하듯이 북한에서는 1960년대까지만 해도 스탈린의 민족에 대한 정의를 교조적으로 추종했다. 스탈린이 1950년 6~7월에 《프라우다》지상에 발표한 〈언어학의 약간의 문제에 대하여〉라는 논문에 의하면 '나찌야(*natsia*, 민족)'란 언어, 영토, 경제생활, 심리적 상태의 공통성에 기초하여 오랜 역사를 거쳐서 형성된 사람들의 공고한 집단으로, 이는 근대 자본주의사회의 성립을 매개로 하여 형성되었다고 한다. 그는 나찌야가 성립되기 직전의 단계를 '나로드노스찌(*narodnosti*, 민족체)'라고 命名했는데, 북한에서는 이를 '準민족'으로 번역하여 한국사에 적용했다. 그리하여 1956년에 간행된 《조선통사》에서는 고대 삼국이 각기 '준민족'을 형성했으며, 신라의 삼국통일로 말미암아 '조선 준민족'이 되었다고 기술한 바 있다.

그러나 김일성의 이른바 주체사상이 체계화되는 1970년대에 들어오면서 스탈린의 민족에 대한 정의도 차츰 변질을 강요당하게 되고 끝내 폐기처분되기에 이른다. 즉 민족의 자주성이 강조되는 가운데 민족 구성요소로서 새로이 혈통이 추가되고 머지 않아 경제생활의 공통성이라는 개념은 삭제되고 만다. 그리하여 1977년에 간행된 《조선통사》에서 민족 개념의 기준 지표로 '핏줄'과 언어를 강조하고, 이에 따라 민족형성의 시기를 삼국 이전으로 올려잡은 것은 그간의 변화를 반영한 것이었다.

그런데 북한당국이 새삼스레 '핏줄'을 들고 나오게 된 것은 1970년대 초부터 평양 일대의 동굴유적에서 구석기시대의 일련의 화석 인골자료를 확보한데 연유한다. 즉 그들은 평남 덕천군 승리산에서 구석기시대 말기(약 1~2만년 전의 것으로 추정됨)의 인골을, 또한 평양시 승호구역 만달리에서 역시 같은 시기의 인골을 발견, 이를 각기 승리산인, 만달인이라 命名했다. 나아가 그들은 이 승리산인과 만달인이야말로 '조선 옛 類型사람'의 선조이며, 한편 현대의 한국인은 '조선 옛 유형사람'을 직접적 조상으로 하기 때문에 결국 승리산인·만달인은 한국인의 始原이 된다는 것이다. 다시 말하면, 그들은 한민족의 시원이 외지에서 이동해 온 족속이 아니라 어디까지나 '조국 강토'에서 독자적으로 형성된 '조선 옛 유형사람'들의 핏줄을 고스란히 이어 받은

單血性 주민집단이라고 강조하고 있다.

이처럼 한민족이 외부세계로부터 하등 수혈을 받지 않은 채 연면히 이어져 왔다는 단혈성론은 집단유전학의 상식으로 볼 때 그 이론적 기본 가정부터가 잘못된 것이고 더욱이 그들이 기본자료로 이용한 인골 화석문제에 있어서도 초보적인 자료 처리에 허점을 보이고 있어 거의 믿기 어렵다는 평가가 유력한 실정이다. 바꿔 말하면 이 이론은 인간의 등장과 진화에 대한 주체사상적 해석을 그대로 반영하고 있어 북한에서의 학문적 탐구가 주체사상의 통치이념에 종속되어 있음을 보여주는 것일 뿐 결코 학문적 토론의 대상이 될 수 없는 주장이라고 한다.[14] 그런 만큼 이 이론에 대해서는 재론할 필요성을 느끼지 않는다.

(2) 퉁구스족과 예·맥·한족의 관계

최근 한국과 일본 양국의 인류유전학자들이 공통적으로 지적하는 것은 한민족과 일본민족이 북방 몽골 계통에 속하며, 그 기원은 어쩌면 시베리아의 바이칼호 부근이 아닐까 하는 점이다. 고고학 및 민족학 연구자들은 이를 다음과 같이 부연 설명하고 있다. 즉 제4기 洪積世(일명 更新世)의 빙하기에 아시아대륙에 출현한 古몽골인종은 이리저리 대륙을 떠돌다가 바이칼호 근처에 갇혀있던 중 그 일부가 약 2만년 전 제4 빙하기의 혹한 때 한랭한 기후에 적응하면서 新몽골인종이 되었으며, 이들은 약 1만년 전 홍적세가 끝나고 沖積世(일명 完新世)의 초기인 後氷期가 시작되면서 기후가 따뜻해지자 남쪽으로 이동을 개시하여 만주와 한반도 전역에 정착한 것으로 추측하고 있다. 이들이 바로 한민족의 직계조상으로 간주되는 신석기시대 주민인 셈이다. 다만 앞에서 보았듯이 김원룡은 한반도에 살던 구석기인들이 후빙기의 도래와 함께 원주지를 떠나 북쪽의 한랭한 지역으로 이동해 간 것으로 추정했다. 그러나 이 같은 견해나 혹은 반대로 한민족이 구석기시대 말에 바이칼호에서 이동해 왔다는 주장에 대해서는 그 타당성을 의심하는 반론도 만만찮은 실정이다.[15]

---

14) 李鮮馥, 〈民族 單血性起源論의 檢討〉(歷史學會 편, 《北韓의 古代史硏究》, 一潮閣, 1991), 1~24쪽 특히 12~24쪽.

앞에서 보았듯이 김정배는 한국 신석기문화를 담당한 주인공을 고아시아족이라고 주장했고, 김원룡은 이에 동의를 표한 바 있다. 그런데 이 종족은 일찍이 시베리아로 진출한 古백색인종과 황색인종과의 혼혈에 의해서 형성되었다고 하며, 현재 동부 시베리아 북쪽 끝으로부터 남쪽으로 사할린에 이르는 넓은 지역에 거주하고 있는 축치·캄차달(현재의 호칭은 이테르만)·코리야크·유카기르·길리야크(현재의 호칭은 니브흐)의 제족과 예니세이강 중상류에 사는 케트족이 이에 속한다.[16] 이들 중 유카기르족은 현재는 인구수나 주거지가 급속히 축소된 채 잔존하고 있는 실정이지만, 그 언어 분포로 미루어 볼 때 시베리아의 광범한 지역을 점유했던 가장 오랜 원주민이었음을 짐작할 수 있다고 한다.[17]

한편 언어학자들은 고아시아족 계통의 언어가 알타이 諸語와 전혀 친근관계를 보여주지 않는다고 지적한다. 한국어가 퉁구스 제어와 매우 밀접한 관계에 있을 개연성이 가장 높다고 보는 어떤 언어학자는 한국어에 어떤 基層언어가 있었을 것으로 상정하고 이를 이른바 '原始한반도어'로 명명, 어쩌면 이것은 길리야크어와 밀접한 관계가 있는 고아시아어일 가능성이 높다는 견해를 제시하고 있다. 이 논자는 《三國志》 魏書 東夷傳에 보이는 읍루(挹婁)족이 그 위치로 미루어 길리야크족(아무르강 하구와 사할린 일부 지역에 거주)의 선조가 아닐까 추정하고 있다.[18] 이 같은 想定의 배경에는 신석기시대 한반도의 주인공이 고아시아족에 속한다는 일부 고고학 연구자의 견해가 큰 작용을 한 것으로 보인다.

지난날 일본인 학자들이나 손진태는 한민족을 흔히 퉁구스족에 '속한다'거나 혹은 그와 '가까운' 족속이라고 정의했으나 김정학이 이를 따르는 대신 알타이족(알타이어족의 의미)의 한 독립된 민족단위(ethnic unit)로 설정할 것을

15) 李鮮馥, 위의 글, 18~19쪽. 이선복은 이 같은 견해를 '한반도 주민 代替說'이라고 命名하고 있다.

16) M. G. Levin, *Ethnic Origins of the peoples of Northeastern Asia*(University of Toronto press, 1963), p. 27. 金元龍의 앞의 책(24쪽)에서 재인용.

17) 三上次男·神田信夫 공편, 《東北アジアの民族と歷史》('民族の世界史' 제3권, 山川出版社, 1989) 제1부 제2장, 〈民族と文化の系譜〉(荻原眞子 집필, 71쪽) 및 제2부 제3장 〈ロシア人の進出とシベリア原住民〉(加藤九祚 집필, 452쪽).

18) 金芳漢, 《韓國語의 系統》(民音社, 1983), 제3장.

제안한 이래 김정배가 이를 취한 바 있다. 실은 인류학자 중에서도 퉁구스족설에 대해서는 거부반응이 없지 않은 듯하다. 요컨대 퉁구스족이 동북아시아의 대표적인 족속이고 한민족이 마치 그 別種인 것처럼 논하는 것은 퉁구스족이 수행한 역사상의 활동이라든지 혹은 현재의 인구수에 비추어 볼 때 그 자체로 잘못된 것이라고 한다.[19] 하지만 김원룡을 비롯하여 국외의 대다수 연구자들은 변함없이 퉁구스족 개념의 유효성을 인정하고 있다. 가령 만주족의 예를 들어보면 현재 그들은 중국 전체를 통틀어 약 430만 명(1982년)에 지나지 않으나, 그들의 역사적 활동을 결코 낮게 평가할 수 없을 것이다. 실은 만주족 자체가 남방 퉁구스 諸語를 사용하는 종족들을 근간으로 하여 형성된 하나의 특유한 민족적 복합으로 간주되고 있다.[20]

현재 퉁구스·만주어 계통의 언어를 사용하고 있는 민족(이른바 퉁구스족)은 동시베리아의 아무르강(黑龍江)을 경계로 그 북쪽에 에벤키족이 예니세이강과 오호츠크海 사이에, 그밖에 동부시베리아의 넓은 지역에 거주하고 있다. 그리고 아무르강 남쪽의 연해주 일대에는 나나이족(지난날의 호칭은 골디족)·오로치족·우리치족·우데헤족·네기달족·오록코족(현재의 호칭은 월타족) 등이 살고 있다. 현재 야쿠트 자치공화국을 구성하고 있는 야쿠트족은 바이칼호 연안지방에서 북쪽의 레나강 중류지역으로 이주했는데, 그 원주민의 언어는 퉁구스 계통의 그것이다. 이처럼 퉁구스족은 고아시아족과 마찬가지로 지금은 동시베리아 일대에서 거주지역이 크게 축소된 채 소수의 인구밖에는 남아 있지 않으나, 고대에는 만주지방을 대표하는 족속이었다고 할 수 있다. 이 퉁구스족의 발상지에 대해서는 만주설·알타이 남부설·華中說 등이 있고 또한 시베리아 동부지역으로 이동해 간 시기에 대해서도 B. C.

---

19) 李光奎의 대담 발언(千寬宇 편, 《韓國上古史의 爭點》, 一潮閣, 1975, 129쪽).

20) 金元龍은 "이 무렵(청동기시대)의 요령 지방 주민은 만주족이 주간이 되고 거기에 몽고족, 漢族의 피가 섞인 퉁구스족이었다. 문헌에 나타나는 고구려족의 前身으로서의 예맥족은 이 요령 지방의 특히 요동 以東 지역의 主人이었으며…"(《韓國考古學概說》 제3판, 一志社, 1986, 70쪽)라고 했으나, 당시는 '만주족'이란 개념이 생기기 훨씬 이전이었다. 주지하듯이 '만주'라는 명칭 자체가 만주족 최초의 지배자인 누루하치시대(16세기 말~17세기 초)에 형성되기 시작했고, 만주족 그 자체는 퉁구스족, 고아시아족, 漢族 등이 복합되어 하나의 새로운 민족(*ethnos*)으로 형성된 매우 드문 事例에 속한다.

2000년대로부터 A. D. 10세기경까지로 보는 등 여러 가지로 엇갈린 설이 있다.[21] 현재로서는 바이칼호 부근에서 발생했다는 러시아 학자들의 견해가 가장 유력한 실정이다. 즉 아끌라드니꼬프(A. P. Okladnikov)는 바이칼호 서쪽설을, 레빈(M. G. Levin)은 그 동쪽이라고 주장한다.

그런데 주의를 요하는 것은 퉁구스족 화중 기원설이 일찍이 중국학자들에 의해서 다분히 정치적인 목적을 띠고 주장된 학설이라는 점이다. 즉 1931년 9월 일본 군부에 의해서 이른바 만주사변이 돌발하고, 그 이듬해 괴뢰국가 '만주국'이 성립되는 등 바야흐로 일본의 만주침략이 고조되었을 때 중국의 역사학자, 고고학자들은 만주지방이 역사의 여명기로부터 영토상 중국의 완전한 일부라는 취지에서 많은 논문과 저서를 발표, 만주를 중국으로부터 분리시키려고 획책하는 일본의 만주침략을 역사적, 이론적 측면에서 비판했다. 傅斯年은 중국 고전에 나타나는 東夷族이 산동반도와 그 남쪽의 淮水유역에 분포된 것으로 보던 종전의 견해를 만주로까지 확대 해석한 《東北史綱》(제1권 '古代之東北')을 발표했으며(1932), 고고학자 李濟는 대략 같은 주장을 피력한 《역사상의 만주》(*Manchuria in History*, 1932)를 준비하여 만주사변의 발발 현장에 출장 나온 국제연맹 조사단에 제출한 바 있다. 그밖에 역사학자 馮家昇은 1935~1936년 역사잡지 《禹貢》에 원시시대로부터 周·秦시대에 걸친 기간의 만주의 사정, 중국의 만주 '경영'에 대한 일련의 논문을 발표했다. 그들이 동이족을 퉁구스족, 중국 고전에 보이는 예맥족과 같은 의미로 사용했음은 물론이다. 동이족 곧 예맥족이 산동·요동·한반도에 걸쳐 분포했다는 이 같은 견해는 그로부터 훨씬 뒤까지 芮逸夫·文崇一 등 중국(대만) 민족학자들에 의해서 변함없이 계승되고 있을 뿐 아니라 동이족의 이동설 내지 이른바 '동이문화권'을 신봉하는 한국인 연구자들 가운데서도 이 설을 따르고 있는 경우를 볼 수가 있다.[22]

---

21) M. G. Levin, ibid., pp. 162~164. 金元龍의 앞의 책(24쪽)에서 재인용.

22) 金哲埈은 金庠基의 동이족 이동설을 긍정하여 "동이의 先住地가 산동반도지역이나 淮河유역인 중국 동해안 일대이었음이 확실한 것으로 보아, 殷이 망할 때에 그 인근 동이지역에 殷人의 大移住가 있었을 것"(〈三國時代의 禮俗과 儒敎思想〉, 《大東文化硏究》 6·7 합집, 1971 : 《韓國古代社會硏究》, 지식산업사, 1975, 184쪽)이며, "동이족 문화권에 있어서는 신석기시대 말기에는 肅愼

앞에서 보았듯이 신석기문화로부터 청동기문화로의 轉化를 갖고 그 문화 담당자가 바뀐 것으로 생각하는 연구자들이 있다. 즉 김원룡은 이를 고아시아족으로부터 퉁구스족으로, 김정배는 고아시아족으로부터 알타이족으로 문화의 담당 종족이 교체한 것으로 보았다. 사실 인류학자 크뢰버(Alfred L. Kroeber)의 고전적 견해처럼 문화변동의 요인으로는 발명·전파·移住 등을 생각할 수 있다. 그러나 이 같은 견해에도 의문이 없는 것은 아니다. 왜냐하면 어떤 시대의 문화를 올바르게 포착하기 위해서는 그 문화의 구성요소를, ① 그 이전 시대로부터의 전통적 요소, ② 새로이 전래한 외래적 요소, ③ 새로이 육성된 그 문화 특유의 고유한 요소로 구분해 보는 것이 방법상 옳다고 생각되기 때문이다.[23] 주민교체설은 청동기문화의 여러 양상을 오로지 새로이 전래한 외래적 요소만에 의한 것으로 간주한 위에 더욱이 이를 주민 교체에 따른 현상으로 파악한 것이지만, 현재로서는 그렇게 단정할 만한 근거가 매우 박약한 실정이다.[24] 요컨대 신석기시대의 유문토기로부터

族이 領導權을 쥐었다고 추측되며 그 뒤 예맥족이 영도권을 쥐었을 때에는 그 산하에 韓族이나 기타 북방으로부터 이동해 온 제부족들이 있었을 것"(같은 책, 189쪽)이라고도 언급한 바 있다. 한편 그는 같은 시기인 1971년 월간잡지 《新東亞》의 '討論·韓國史의 爭點'에서 箕子설화에 대해 언급하는 가운데, "고구려인은 貊인데, 맥은 처음부터 압록강 근처에 있었던 것이 아니라 산동반도 일대에 살고 있었습니다. 그러다가 殷이 망했을 때 은의 遺民이 맥에 포함되었을 수 있어요"(千寬宇 편, 《韓國上古史의 爭點》, 一潮閣, 1975, 72쪽)라든가, "저의 견해를 말씀드리자면 肅愼族, 이것도 처음에는 華北지역에 있었던 것 같습니다만, 아무튼 이것이 만주·한반도 지역에서 가장 優勢했던 시기가 있었던 것 같고, 그 뒤에 청동기문화를 가진 동이족이 화북지방으로부터 遼寧지방을 거쳐 大同江유역까지 진출한 것이 속칭 箕子조선이고 … (中略) 기자조선에 대해서는, 기자나 그 후손이 우선 山東방면의 동이에게로 망명해 왔고, 그 뒤에 동이 특히 예맥의 이동에 따라 箕子神에 대한 신앙이 한반도에까지 들어온 것으로 봅니다"(앞의 책, 193쪽)라는 견해를 피력한 바 있다.

23) 佐原 眞, 《日本人の誕生》('大系·日本の歴史' 제1권, 小學館 Library版, 1992), 407~410·426~429쪽.

24) 하긴 앞에서 보았듯이 金元龍은 빗살무늬토기와 민패토기(無文토기)의 문화상 교체에 대해 그 문화 담당자가 고아시아족으로부터 퉁구스족으로 바뀌었다고는 해도 퉁구스족 그 자체가 신석기시대를 통해 고아시아족의 일부가 地域化된 민족일 것으로 추정했으므로, 주민 교체의 실제적인 의미를 크게 부여하지는 않은 듯하다. 그런 까닭으로 그는 두 민족의 對面을 "문화적, 인종적 공통分母에서 비교적 능률적, 평화적인 것이었다고 생각된다"고 했다. 나아가 그

청동기시대의 무문토기에로의 변화는 이를 담당한 종족의 교체에 의한 결과라기보다는 장기간에 걸쳐 계속되어 온 유문토기문화 자체의 발전의 성과가 외부로부터 큰 영향을 받아 새로이 生成된 때문인 것으로 생각해 볼 수가 있다.[25)]

그것은 어쨌든 현재 다수의 연구자들이 청동기시대 遼河 동쪽, 松花江 이남의 남만주 일대로부터 한반도 중부 이북지역에 걸쳐 거주했던 한국사의 주인공을 중국의 역사서에 보이는 예맥족으로 간주하고 또한 남한 지역의 韓族 역시 다만 지역차를 인정할 수 있을 정도의 예맥과 같은 계통의 종족으로 보고 있는 점은 주목되는 사실이다. 이 예맥족과 한족이 고조선을 비롯하여 부여, 辰國 등 많은 국가를 건설하고 뒤에 삼국의 건국세력으로 자연스레 연결되면서 한민족 형성의 직접적 계기가 마련된 것은 다시 말할 나위도 없다. 다만 차이가 있다면 이 예맥·한족에 알타이족과 퉁구스족 가운데 과연 어떤 종족명을 부여할 것인가 하는 점인데, 이는 현재 어떤 단안을 내리기가 매우 어려운 문제이다. 이를테면 한민족의 기원문제에 큰 암시를 줄 수 있는 한국어의 계통론만해도 어떤 연구자는 한국어가 알타이 제어와 친족관계에 있을 개연성이 크며 그 중 특히 퉁구스어와 가까운 면이 있는가 하면

근거로 "그것은 빗살무늬토기와 민패토기가 서로 별개의 토기양식이면서 완전 격리가 아니라 빗살무늬토기의 민패토기式 胎土 채택, 팽이토기(서북한의 민패토기)의 아가리에 빗살무늬式 斜線무늬의 施文 등, 또 楊州郡의 水石里 집자리 유적에서의 빗살무늬문화 전통의 냇돌을 이용한 석기들의 존재 등 서로 문화요소의 교류가 있는 점으로 충분히 추측되는 것이다"(《韓國考古學概說》 제3판, 一志社, 1986, 58~59쪽)라고 하여 청동기문화에 전통적 요소, 外來的 요소, 고유의 요소가 混在해 있음을 지적한 바 있다.

25) 田村晃一, 〈朝鮮半島とその歷史的展開 1. 先史時代と古朝鮮〉(三上次男·神田信夫 공편, 《東北アジアの民族と歷史》, 山川出版社, 1989), 303쪽. 그는 한국의 전형적인 빗살무늬토기가 시베리아 토기와 직접적인 관련이 없다고 보고 있다(같은 책, 302쪽). 사실 러시아의 고고학자들도 양자의 관계에 대해서는 회의적이다. 국립중앙박물관 유적을 둘러 본 메드베제프(German Medbedeb)는 "한반도 출토 초기 신석기시대 토기들은 시베리아 토기들과 별로 공통점이 없어 보인다"고 했고(《東亞日報》, 1991년 3월 20일字), 한편 바이칼지방의 각종 유적을 답사한 李鮮馥도 "바이칼호 연안의 신석기시대와 청동기시대 각종 유물과 유구는 우리 나라 선사시대 것들과 큰 차이가 있다"고 지적한 바 있다(《東亞日報》, 1990년 8월 24일).

몽골어와도 가까운 면이 있다고 보는가 하면, 다른 연구자는 퉁구스 제어와 매우 밀접한 관계에 있을 수 있는 개연성이 가장 높다고 보는 등 미묘한 입장의 차이를 보이고 있는 실정이다. 이처럼 한민족의 계통 문제는 앞으로 더욱 精緻한 연구가 요망되는 과제라고 할 수가 있다.

2) 고대 한민족의 문화적 여러 양상과 그 계통

(1) 민족지로서의《삼국지》위서 동이전과 문화권의 문제

주지하듯이 陳壽의《三國志》魏書 동이전은 244~245년 위나라 군대가 고구려를 침략, 수도 환도성을 함락한 뒤 東川王을 추격하여 동해안의 沃沮 땅에 이르러 현지의 長老들로부터 청문한 지식과 또한 그간 辰王을 통해서 입수한 三韓사회에 대한 지식을 토대로 하여 편찬된 것이다. 이 동이전에서 주목되는 것은 한민족 여러 국가의 중국과의 교섭 관련 기사보다는 오히려 이들 사회의 풍속 습관에 대한 民族誌的 기록이라 할 수 있다. 하긴 이들 기사는 俎豆의 사용 여부나 혹은 跪拜의 예절 유무를 갖고 법속에 綱紀가 있다느니 없다느니 하는 등 孔子 이래의 東夷觀에 입각해 있고, 더욱이 당시 중국인의 눈으로 볼 때 인상에 남는 기이한 것을 주로 기술하는 등 결코 본격적인 민족지라고 하기에는 부족한 점이 없지도 않다. 그럼에도 불구하고 동이전은 대동강유역에 樂浪郡이 설치된 이래 대체로 서력 기원 전후한 시기로부터 3세기 중엽에 걸치는 시기의 한민족의 습속에 대한 지식을 일괄하여 수록한 귀중한 기록임에는 틀림없다고 생각된다. 부여로부터 시작하여 고구려, 동옥저, 읍루, 동예, 삼한을 거쳐 倭人에 대한 기술로 끝나는 동이전에는 조금씩 양상을 달리하는 예·맥·한족 계통 군소 국가의 모습이 뒤섞여 있다. 우리들은 이 기사를 통해서 한민족의 종족적 계통이나 그 지역적 차이 내지 특징을 어느 정도 파악할 수 있다.

당시 요동지방으로부터 한반도 남부에 이르는 비교적 넓은 지역에 분포 거주하고 있던 한민족 계통의 여러 국가사회는 중국으로부터 정치적·문화적 영향을 받고 있었다. 부여가 시종일관 중국과 우호 친선관계를 유지한 반면 고구려는 중국에 대해 매우 적대적이어서 양국 간에는 전쟁이 끊이지 않았다. 한편 동예는 때때로 중국 군현세력에 협조적이었고, 삼한 역시 246년 군현 당국을 상대로 한 전쟁을 일으키기 이전까지는 辰王을 통해서 그들과 비교적 긴밀한 교섭을 유지해 왔다. 이처럼 한민족의 정치사회가 서기 1~3세기경 중국과 끊임없이 접촉하는 가운데 중국의 물질 및 정신문화가 소리 없이 침투해 들어 온 것은 부인할 수 없는 사실이다.

그런데 한민족의 문화적 계통문제와 관련하여 생각할 때 지나칠 수 없는 것이 남쪽 해양을 통한 문화의 유입이라고 할 수 있다. 아주 이른 시기부터 한반도는 남동풍이라는 계절풍과 필리핀 북부에서 출발하여 동아시아의 모든 바다를 안고 도는 쿠로시오(黑潮) 해류의 영향을 받고 있었다. 인도의 벵골만에서 인도차이나반도 연안을 따라서 올라오는 동남아시아문화와 인도네시아로 올라오는 멜라네시아·미크로네시아 등지의 남태평양문화가 남중국해의 북쪽에서 쿠로시오로 갈아타고 북상, 濟州해협을 통과한 다음 한반도의 남해안을 거쳐 동해로 빠져나가면서 그 흔적을 남긴 것이다. 종래 민족학계에서 이른바 남방문화라는 다소간 모호한 명칭으로 불러 온 이 문화의 유제는 뒤에서 보듯이 동이전 가운데 특히 韓傳에 일부 散見되고 있다.

지난날 일본인 학자들은 한국 고대문화에 대한 연구에서 대개 한강유역을 경계로 하여 남북한이 일정한 차이를 보이고 있는 현상을 흔히 문화계통의 차이에서 찾으려는 경향이 강했고, 나아가 이를 민족적 소속의 차이에 연유하는 것으로 해석하는 논자들이 적지 않았다. 여기에는 제2차 세계대전 이전에 민족학계에서 오스트리아 빈(Wien) 학파를 중심으로 하여 유행한 文化圈(kulturkreis) 이론의 영향이 적지 않게 작용했었다고 생각된다. 이 같은 견해에 따르면 북한지역은 북방계인 예맥족의 문화권, 남한지역은 남방계인 한족의 문화권으로 크게 구별된다. 그러나 해방 후 눈부신 발전을 거둔 한국고고학의 연구성과는 이 같은 견해에 의문을 제기하고 있다. 이를테면 외형상 크게 대립하고 있는 듯이 보이는 남북한 두 지역의 고인돌을 결코 문화발전의 단계적 차이나 혹은 종족의 차이로 말미암아 나타난 것이 아니라 다만 지역적인 특성을 보여주는 데 불과한 것임이 입증된 것이다. 종래 남북한의 문화계통 내지 종족 二元論의 중요한 지표로 간주되어 온 고인돌의 경우를 통해서 알 수 있듯이 남북한 간의 지역적 차이는 어디까지나 부차적인 것이고, 본디 같은 계통의 것이라고 보는 인식이 기본적이라고 할 수가 있다. 이러한 기본 인식에 입각하여 주로《삼국지》동이전에 보이는 예맥·한족의 풍속 관련 자료를 갖고 주변 제민족의 그것과 비교 검토함으로써 한민족의 문화계통을 분명히 밝혀 보고자 한다.

(2) 생업기반과 사회조직

동이전에 보이는 예맥족과 한족의 생업은 그 지역적 특징에 따라 실로 다양한 형태를 띠고 있다. 松花江유역의 큰 평원을 무대로 한 부여나 동해안에 면한 비옥한 토지를 갖고 있던 동옥저는 기장·피·보리·콩·삼[麻] 등 크게 보아 잡곡류인 五穀을 재배했고, 동옥저 남쪽의 해안 및 내륙 산간지대에 점점이 분포해 있던 동예는 오곡 중에서 삼배[麻布] 재배와 누에치기에 능했다고 한다. 한편 부여는 곡물 재배 이외에도 돼지를 비롯한 목축이 매우 성했고, 동옥저는 魚鹽과 海中식물로도 유명했다. 하지만 압록강 이북의 산악지대를 무대로 하여 일찍부터 戰士국가로 성장해 온 고구려는 좋은 농토가 없어 농업생산력이 빈약했다. 고구려는 이를 수렵과 인접 사회 특히 동옥저로부터 공납을 받아 보충했다. 이 같은 예맥족 계통의 나라들에 비해 한족 계통인 삼한은 水稻 경작사회로 착실하게 발전하고 있었다. 마한에 5월의 豫祝祭와 10월의 수확제가 있었다거나 변진한이 오곡 외에 벼를 잘 재배했다는 것은 이러한 사실을 잘 보여준다. 그러니까 크게 보아 만주로부터 한반도 중부 이북지역에는 북방 계통의 목축민문화·잡곡재배민문화·수렵민문화·漁撈민문화가 혼재해 있었고, 한반도 남부지역은 압도적으로 수도 경작에 의존하는 사회가 성립되어 있었다. 남한지역이 수도 경작 중심의 사회로 발전하게 된 것은 벼가 본디 동남아시아에서 기원한 작물이고 또한 중국 江南지방(長江 이남)을 거쳐 한반도 중부 이남의 서해안지방으로 전파해 온 경로로 미루어 볼 때 자연스런 것이라고 할 수가 있다. 이는 물론 종족이나 문화계통의 차원에서 논의할 대상은 아니다.

당시 한민족은 오늘날의 자연취락에 상당하는 '邑落'을 단위로 한 공동체 생활을 하고 있었으나, 그 구체적인 실태는 잘 알 수가 없다. 다만 동예의 독특한 영역의식은 종족의 계통문제와 관련하여 비교해 볼 수 있는 실마리를 제공한다. 즉 동이전에 의하면 동예의 풍속은 山川을 중시했는데, 거기에는 각기 '부분'이 있어 다른 지역 사람들이 함부로 출입하지 못하도록 되어 있었고, 만약 이를 어길 경우에는 生口나 소·말로써 배상케 하는 責禍라는 제도가 있었다고 한다. 이 동예의 습속은 沙流 아이누족의 그것을 연상시킨다. 이 족속 역시 하천유역을 中核으로 하는 영역의식이 있어 하천의 양쪽을 구획하는 산의 가장자리가 바로 영역과 생활의 場인 *iwor*의 경계가 되어 있으며, 이처럼 같은 유역의 거주민이 강한 同類의식으로 결합하여 하천의 이름을 갖고 자기의 호칭으로 삼고 있는 경우가 주변에 거주하는 퉁구스족에게서도 발견된다고 한다.[26]

동이전에는 거주하는 가옥에 대한 기술을 거의 찾아 볼 수 없다. 겨우 마한사람들이 草屋土室에 거주하고 있다는 정도의 기술이 보일 뿐이다. 그런데 고구려의 경우 큰 창고는 없으나 집집마다 桴京이라는 이름의 조그만 창고를 갖고 있다는 기사가 주목된다. 이 부경으로 짐작되는 것이 고구려의 고분벽화에 보이고 있으며, 신라와 가야의 토제품에서도 역시 볼 수가 있다. 이것은 평면 방형의 高床式 창고에 해당되는데, 현재 학계에서는 그 유래를 둘러싸고 북방설과 남방설이 대립되어 있다. 일찍이 1930년대에 이나바(稻葉岩吉)는 북방설을 주장했지만, 그 뒤 김원룡은 이를 남방식으로 보았다.[27] 본디 고상식 창고는 벼농사(稻作)와 관련된 곡물창고로서 중국에서는 신석기시대 이래 덥고 습기가 많은 화남·長江유역에서 출현하여 각지로 전파되었다.

---

26) 泉 靖一, 〈沙流アイヌの地緣集團における IWOR〉(《民族學硏究》 16권 3·4호, 1952), 29~45쪽. 蒲生正男·大林太良·村武精一 공편, 《文化人類學》(角川書店, 1967, 368~394쪽) 所收.

27) 金元龍, 〈新羅家形土器考－古代 韓國에 있어서의 南方的 要素－〉(《金載元博士華甲紀念論叢》, 乙酉文化社, 1969 : 《韓國美術史硏究》, 一志社, 1987) 참조. 한편 民族誌 자료에 의거하여 중국 남방 및 中原系의 高床式창고가 稻作과 관련된 곡물창고인 데 비해 북방계는 근본적으로 도작과는 관련이 없는 창고로, 동북아시아·북아메리카의 수렵·채집민족으로부터 스위스·스웨덴 등 유럽 산간부까지 광범한 분포를 보인다는 점에 유의하여 고상식창고를 漢文化가 침투하기 이전부터 존재한 북방 土着의 문화요소로 보는 견해도 있다. 이에 대해서는 淺川滋男, 〈高倉の民族考古學〉(直木孝次郞·小笠原好彦 공편, 《クラと古代王權》, ミネルヴァ書房, 1991) 참조.

이에 비해 춥고 건조한 화북지방에서는 穴倉(일명 저장혈)을 사용했는데, 청동기시대에 속하는 충남 부여군 초촌면 松菊里의 집자리유적에서 그 실례가 발견된 바 있다. 이 점을 근거로 하여 한국에 水田 도작이 전래되면서 화북계통의 저장법이 전해졌을 것으로 보는 견해도 있다.[28]

그런데 住居와 관련하여 동이전의 동옥저 조에는 다음과 같은 기사가 보인다. 즉 함흥평야를 중심으로 한 남옥저로부터 800여 리 북쪽에 위치한 북옥저(일명 置溝婁)의 사람들은 바로 인접한 읍루 사람들이 여름이면 배를 타고 쳐들어와서 노략질을 하므로 이를 두려워하여 매양 여름철이면 山巖의 깊은 굴 속에서 지내면서 수비태세를 취하다가 겨울에 얼음이 얼어 뱃길이 막히게 되면 산을 내려와 본래의 촌락에 거주한다는 것이다. 이처럼 동이전에는 북옥저 사람들의 여름철 산속 동굴 주거를 읍루족의 위협에 대처하기 위한 것으로 되어 있으나, 실상 읍루족의 후예가 아닐까라고 짐작되는 길리야크족 자체가 여름 주거와 겨울 주거를 달리했다는 민족학적인 조사 보고가 있다.

즉 길리야크족은 여름과 겨울의 생활조건을 모두 만족시킬 수 있는 장소가 있으면 그곳에 定住的인 집락을 만들어 살지만, 그렇지 못할 경우에는 여름철 주거와 겨울철 주거가 별도의 장소에 마련된다고 한다. 이처럼 여름과 겨울에 따라 주거지를 달리하는 생활은 길리야크족 이외에도 우리치족·네기달족·오로치족·나나이족·사할린의 아이누 등 퉁구스계통의 족속들이나 일부 고아시아족에게도 공통적으로 보이는 현상이다.[29]

종래 민족학계에서는 남방계 제민족이 雙系的 내지 모계적 문화를 특징으로 하는 데 비해서 북방계 제민족은 현저히 부계적 혈연집단의 성격을 띠고 있고, 또한 동남아시아지역의 주민들이 보편적으로 씨족 外婚制를 결여하고 있는 데 반해서 북방계 제민족은 길리야크족을 제외한 일부 고아시아족을 논외로 한다면 대체로 씨족 외혼제를 갖고 있는 것으로 보았다. 사실 퉁구스

---

28) 佐原 眞,《日本人の誕生》('大系・日本の歷史' 제1권, 小學館 Library版, 1992), 288·313쪽.

29) 荻原眞子,〈民族と文化の系譜〉(三上次男・神田信夫 공편,《東北アジアの民族と歷史》, 山川出版社, 1989), 93~96쪽.

諸語 중 특히 몽골어에 부계 친족집단을 나타내는 '할라(hala, 哈拉)'가 사회의 족적 구성의 기본이 되어 있고, 씨족 외혼제는 퉁구스 제족에 있어서 가장 오랜 제도의 하나이다. 동이전에는 동예사회가 '동성불혼'이라고 했는데, 이는 바로 외혼제를 가리키는 것으로 생각된다. 또한 부여사회는 '兄死妻嫂' 하여 흉노와 습속이 같다고 했는데, 사실 이 레비레이트(levirate)혼이야말로 북방계의 여러 민족 사이에 널리 행해진 습속이었다. 한편 고구려 조에는 壻屋制度가 지술되어 있는데, 이 같은 혼인습속은 이른바 '일시적 妻訪婚(temporay matrilocal marriage)'의 일종으로 볼 수 있으며, 반드시 모계제를 의미하는 것이 아님은 물론이다. 이러한 혼인관습은 중국 남부의 '不落夫家婚'이라 불리는 것과 매우 비슷하여 남방적 문화에 유래하는 것으로 생각되기도 한다.[30] 하지만 중국 正史 열전에는 烏桓·鮮卑·鐵勒 등 몽골종족 가운데 튀르크계로 분류되는 유목민사회에도 이 같은 혼인관습이 보이고 있어 주목된다. 아울러 서옥 자체는 고아시아족에 속하는 동부 시베리아의 유카기르족에서도 찾아 볼 수 있고 또한 北海島 아이누족의 오래된 서사시를 보면 이 같은 습속이 있었던 것으로 짐작되어 고구려의 혼인습속이 동북아시아적인 것임을 알 수 있다.[31]

동이전 마한 조에는 成年式에 따르는 일종의 시련 행사로 생각되는 기사가 보인다. 즉 나라에 어떤 행사가 있거나 관청에서 성곽을 축조할 때 용감하고 건강한 젊은이들이 모두 등가죽을 뚫어 큰 노끈으로 꿰맨 다음 한 발쯤 되는 나무를 꼽고 온종일 홍얼거리며 힘을 쓰는데도 고통으로 여기지 않는데, 사람들은 이 작업을 권하고 있으며 또한 이렇게 함으로써 健兒로 인정받는다고 한다. 하긴 이 기사는 손진태·이병도 등의 견해처럼 지게를 지고 노동하는 모습을 중국인 견문자가 오해한 데서 생긴 것으로 볼 수도 있다.[32]

30) 江守五夫, 〈日本の家族慣習の一源流としての中國北方民族文化〉(江守五夫·大林太良 등 공편, 《日本の家族と北方文化》, 第一書房, 1993), 25쪽.
31) 大林太良, 《邪馬臺國－入墨とポンチヨと卑彌呼－》(中公新書, 1977), 133~134쪽.
32) 孫晉泰, 《韓國民俗·文化散考》(《孫晉泰先生全集》 제6권, 太學社, 1981), 335~336쪽.
李丙燾, 《韓國史·古代篇》(乙酉文化社, 1959), 311쪽.
林建相, 《조선의 부곡제에 관한 연구》(평양 과학원출판사, 1963), 106쪽.

다만 《후한서》 동이전 韓 조에는 이 같은 노동 기사 앞에 소년이 '築室'을 갖고 있다고 했으며, 이로 미루어 볼 때 남자집회소 내지 청소년집회소의 존재는 충분히 상정할 수가 있다. 민족학자들은 未開社會 정치조직의 기구로 혈연관계와 지연관계 외에 협동체관계를 중시하고 있는데, 이 협동체는 대개 性과 연령에 기초한 연령단체인 경우가 많다. 일찍이 미시나(三品彰英)는 《삼국지》와 《후한서》의 이 기사를 갖고 신라 화랑집단의 원류로 포착한 바 있다. 나아가 그는 이 같은 한족의 남자집회조직은 문화 요소로 볼 때 만주와는 전혀 관계가 없고 오히려 남방 해양의 여러 민족과 결부시킬 수 있으며, 그러한 의미에서 한족이 '남방문화권'에 속하는 것이 명료하다고 못박았다.[33] 그러나 조금 후대에 속하는 《구당서》 및 《신당서》 동이전 高麗(고구려를 가리킴) 조에는 결혼하지 않은 민간의 자제들이 모여서 주야로 독서와 誦經, 활쏘기를 했다는 큰 집 扃堂의 존재에 대한 기술이 보이고 있어 주목된다. 李基白의 견해처럼 이 경당은 화랑도와 마찬가지로 원시 미성년집회에 그 기원이 있었다고 보아도 좋을 것으로 생각된다. 요컨대 고구려에도 남자집회가 있었음이 거의 분명하다면 미성년집회소를 기준으로 하여 고대 한국의 문화권을 남북으로 양분하는 견해는 옳지 않다고 할 수 있다.[34]

(3) 농경의례와 사회습속

수도경작을 기반으로 한 우리 나라 남부의 문화 複合이 동남아시아의 그것과 매우 비슷한 양상을 보이고 있다는 것은 많은 연구자들이 공통적으로 지적하는 사항이다. 이는 수도 농경문화의 전래에 수반하여 중국 강남지방에서 수도작 농경문화와 관련이 깊은 신앙이나 풍속 습관이 전해진 데 연유하는 것으로 볼 수 있다. 이를테면 벼의 기원 내지 전승에 새가 볍씨를 사람들에게 전해준다는 모티브도 그 중의 하나일 것이다. 하긴 '舊三國史'에 의거한 李奎報의 〈東明王篇〉에는 망명길에 오른 주몽에게 神母가 비둘기를 시켜서

---

33) 三品彰英, 《新羅花郎の硏究》('朝鮮古代硏究' 제1부, 三省堂, 1943), 제1장 제2절 참조.

34) 李基白, 〈高句麗의 扃堂－韓國 古代國家에 있어서의 未成年集會의 一遺制－〉(《歷史學報》 35·36 합집, 1967 : 《韓國古代政治社會史硏究》, 一潮閣, 1996), 91~102쪽.

보리종자(麥子)를 전해 주었다는 이야기가 실려 있는데, 이 신모는 농업신인 여신으로 생각되며 오리엔트 전지역에서는 비둘기가 신모의 신성한 새로 등장한다고 한다.[35] 그러므로 곡물의 전승에 새를 등장시키는 것이 비단 동남아시아지역 주민만의 고유한 발상은 아닌 것으로 짐작된다.

동이전 마한 조에는 매년 5월 씨를 뿌린 다음 귀신을 제사하는 歌舞 축제를 열고 10월 추수한 뒤 역시 이를 반복한다고 기술되어 있다. 오늘날까지 남한지역에 남아 있는 벼농사와 관련된 마을 축제로 대표적인 것이 줄다리기라고 할 수 있다. 그 중 특히 호남지역에서 행해지는 이른바 '전라형'줄다리기에서는 시합이 끝나면 사용했던 줄을 가져다가 堂山木에 감는 '당산 입히기'라는 절차가 있는데, 마을 사람들은 이를 祭典의 가장 중요한 행사로 여긴다. 이 같은 행사가 끝나면 마을 사람 모두가 모여서 농악대의 음악에 맞추어 춤을 추고 노는 것으로 밤을 지샌다고 한다.[36] 사실 이러한 행사는 중국이나 동남아시아, 오세아니아지방에도 분포되어 있으며, 그 특징도 서로 공통하고 있다.

《禮記》 王制篇에서는 동이족의 대표적인 습속을 被髮과 文身이라고 기술한 바 있다. 실제로 이 같은 습속은 중국 강남지방의 옛 吳越 계통의 주민 사이에서 현저한데, 《史記》 朝鮮傳에는 燕에서 활동하던 衛滿이 고조선으로 망명해 올 때 '魋結(상투를 튼 두발)'하고 '蠻夷服'을 입고 있었다고 했다. 동이전 마한 조에도 '魁頭露紒'라 하여 역시 상투머리를 하고 있었음을 알 수 있다. 왜인 조에도 남자는 모두 '露紒'하고 아울러 黥面 문신하며 부인들은 '被髮屈紒'한다고 특별히 기술되어 있다. 한편 마한 조에는 남자들이 때때로 문신하는 경우가 있다고 했으며, 변진한 조에도 倭와 가까운 까닭에 역시 문신한다고 기술되어 있다. 그런데 1948년 서부 시베리아 즉 러시아(카자흐스탄)·몽골·중국의 세 나라 국경지대인 우코크 고원의 파지리크 2호 무덤에서 온몸에 문신을 새겨 놓은 미이라가 발견되어 주목을 끈 바 있다. 그렇지

35) 金哲埈, 〈東明王篇에 보이는 神母의 性格〉(《柳洪烈博士華甲記念論叢》 : 《韓國古代社會研究》, 지식산업사, 1975), 35~43쪽.

36) Christian Deschamps, 〈韓國의 줄다리기〉(《在歐 한국학회 제6차 학술회의 발표논문집》, 1982, 329~335쪽; 徐大錫, 《한국신화의 연구》, 集文堂, 2001, 527~528쪽에서 재인용).

만 남한지역의 문신은 시베리아보다는 역시 동남아시아, 남중국, 일본 등지와 한층 강한 밀접도를 느끼게 하는 것이 사실이다.[37]

한편 변진 조에는 아이가 태어나면 곧바로 돌로 머리를 눌러서 납작하게 변형시키는 습속이 있으므로 진한 사람들이 모두 編頭라고 기술되어 있다. 일찍이 이 같은 頭蓋 가공의 습속이 옛 인도에서 행해진 것으로 본 논자도 있었으나, 실은 북 코카사스인의 무덤이나 훈족과 튀르크족 그리고 후기 선사시대의 멕시코유적에서도 이러한 현상이 보여 세계적으로 널리 행해졌음을 알 수 있다. 그런 만큼 삼한 사람들의 편두 습속의 원류를 판단하기가 어려운 것도 사실이다.[38] 다만 민족학자 오오바야시(大林太良)는 편두의 문화적 계통을 어쩌면 유라시아 초원지대에서 구할 수 있지 않을까 하는 견해를 제시하고 있다. 즉 이미 기원 전 5세기 경에 두개 가공이 행해지고 있던 것은 그리스의 의학자 히포크라테스가 보고한 바 있다고 하며, 7세기 전반 玄奘의 《大唐西域記》에도 屈支法沙에 이 같은 습속이 있는 것으로 보고했다고 한다. 그리고 고고학적 자료로 볼 때 청동기시대의 Don-Man-yeh 문화 이래 사르마트나 훈족의 무덤에서 이것이 인정되며 아이누족이나 골디족(나나이족)에게서도 그것이 엿보인다고 한다.[39]

동이전 왜인 조에는 어떤 일을 하려고 할 때는 동물의 뼈를 지져 吉凶을 점치는 骨卜의 습속이 있다고 기재되어 있다. 그런데 부여 조에는 군사적 행동을 취할 때는 하늘에 제사하는데, 이때 소를 죽여 굽을 보아 길흉을 점쳤다고 한다. 즉 굽이 벌어지면 흉조로 여겼고 합쳐지면 길조로 여겼다는 것이다. 부여의 그것은 골복과는 차이가 있으나, 일찍이 경남 창원 熊川의 조개무덤에서 사슴의 복골이 발견된 이래 김해 府院洞 주거유적에서 역시 출토된 바 있고 최근에는 경북 경산시 林堂洞 저습지의 한 유적에서 중국 화폐인 五銖錢과 함께 발견된다거나 경남 사천 勒島유적에서는 다량으로 발견되는 등 변·진한사회에서도 이 같은 습속이 널리 행해졌음이 입증된 바 있다.

---

37) 金貞培, 〈韓國에 있어서의 南方文化論〉(《在歐 한국학회 제6차 학술회의 白山學報》 9, 1970 : 《韓國民族文化의 起源》, 고려대학교출판부, 1973), 90쪽.
38) 金貞培, 위의 글, 90~91쪽.
39) 大林太良씨의 敎示에 의함.

이 골복은 동유럽에서 중앙아시아·북부아시아에 걸쳐 널리 행해진 습속이었으므로 일반적으로 북방계의 문화요소로 보아도 좋을 것이다. 다만 중국에서는 이미 龍山문화 단계에서 그것이 행해졌고 특히 殷(商) 왕조에서는 龜卜·골복으로 祖靈의 神意를 점치는 습속이 크게 유행했으므로, 이 중국 기원의 습속이 전해졌을 가능성도 무시할 수 없는 실정이다.[40]

옹관과 관련이 있는 것으로 짐작되는 洗骨葬은 複葬 혹은 二重葬(Secondary burial)이라고도 불리고 있는데, 이 풍속은 동옥저 조에 구체적인 기사가 보인다. 이에 의하면 사람이 죽으면 가매장했다가 뒤에 뼈만을 추려서 가족 공동의 木槨에 다시 안치했다고 한다. 1983년 경북 울진군 후포면 후포리의 한 신석기시대 유적에서 발견된 집단묘지는 세골장법에 의해 약 40여 명을 한 구덩이 안에 매장한 것으로 판명되어 학계의 주목을 끈 바 있다. 현재 세골장의 풍속은 전라도 해안 및 서해안 섬지방에 이른바 草墳 혹은 風葬으로 남아 있다. 이 세골장과 관련하여 대만의 민족학자 凌純聲은 중국 長江 중류의 洞庭湖 지구에서 기원한 것으로 보고 있으나, 역시 동남아시아 일대로 보는 설이 유력하다. 즉 세골장은 해류를 따라 남중국 혹은 류큐(琉球), 아마미(奄美) 군도를 거쳐 한반도 해안지대에까지 퍼진 것으로 짐작된다.[41] 다만 1930년 시베리아 연해주에서 민속조사에 종사한 바 있는 능순성이 지적하듯 고아시아족에 속하는 유카기르족이나 길리야크족이 근대에도 옹관을 사용했고, 松花江 하류의 赫哲族(퉁구스 계통의 나나이족)의 세골장이 동옥저의 그것과 똑같은 점에 주목한다면 한국 고대의 세골장을 남쪽 혹은 북쪽의 어느 한쪽으로부터의 영향이라고 단정하기가 어려운 것도 사실이다.[42]

이상으로 한민족의 문화계통을 주로 《삼국지》 동이전의 민속 관련 기사를 중심으로 검토해 보았다. 그 결과 한국 농경문화의 기층에는 이른바 남방계

---

40) 大林太良, 《邪馬臺國》(中公新書, 1977), 52~57쪽.

41) 프랑스 뒤르켕학파의 종교사회학자인 에르츠는 인도네시아지방에서 널리 행해지고 있는 二次葬의 의미를, 즉 死者의 뼈를 모아 가족 納骨所에 넣어두기까지의 屍身 처리과정을 死者의 영혼이 거쳐가야 할 現世에서 저승에 이르는 旅路를 물질적인 상징으로 나타낸 것으로 보았다. Robert Hertz, *Death and the Right Hand*(Routledge & Kegan Paul, 1960), pp. 81ff.

42) 金貞培, 〈韓國의 甕棺 解釋에 對한 一小考〉(《古文化》 5·6 합집, 1969 : 《韓國民族文化의 起源》, 고려대학교출판부, 1973), 234~235쪽.

통의 요소가 적지 않게 발견되고 있으나, 전반적으로 보면 역시 북방계통의 문화요소가 압도적인 것을 확인할 수 있었다. 이제 끝으로 한민족의 계통 문제를 추구함에 있어서 가장 긴요한 과제라고 할 신앙과 종교면을 검토해 보기로 한다.

(4) 샤머니즘의 세계관

주지하듯이 샤머니즘은 만주·몽골·시베리아에 널리 퍼져 있는 퉁구스족 및 고아시아족의 특유한 세계관을 반영한다. 퉁구스족은 만주족 형성의 주요 요소 가운데 하나인데, 시로꼬고로프는 만주족의 사회구성에 대한 연구의 결론부에서 샤머니즘이야말로 만주족 사회조직의 基底를 형성하고 있는 여러 요소 중의 하나로 샤머니즘을 떠나서는 만주족의 씨족조직은 존재할 수 없다고까지 강조한 바 있다.[43] 하긴 샤머니즘은 전세계에 걸쳐 각양각색의 유형을 띠고 분포되어 있다. 그렇지만 동북아시아대륙이 그 대표적인 지역이라는 데는 이론의 여지가 없다. 그리고 한반도의 고대문화가 동북아시아대륙 샤머니즘적 문화의 亞種이 아니라 하나의 지역적 전형으로 독자적인 위치를 차지하고 있는 것도 엄연한 사실이다. 이것은 신화와 巫俗의 비교 검토를 통해서 충분히 입증할 수 있다고 생각된다.

《삼국지》 동이전 변진 조에는 사람이 죽으면 큰 새의 날개를 부장하는데, 그 뜻은 죽은 이로 하여금 하늘로 날게 하도록 함에 있다고 했다. 이는 사람의 生靈이나 샤먼(무당)의 수호 神靈이 각종의 새 모양을 하고 나른다는 북시베리아에 널리 퍼져 있는 샤머니즘적 신앙과 서로 공통되는 점이다. 한편 마한 조에는 天君과 蘇塗에 관한 잘 알려진 기사가 실려 있어 연구자들의 주목을 받아 왔다. 즉 마한사람들은 귀신을 믿어 國邑마다 각기 한 사람을 정해 천신에 대한 제사를 주관하게 하는데, 이를 천군이라 불렀다는 것이다. 또한 나라에는 각기 別邑이 있어 소도라고 하는데, 이곳에는 큰 나무를 세워 방울과 북을 매달고 귀신을 섬겼으며 도망자들이 그 속에 들어가면 밖으로

43) S. M. Shirokogoroff, *Social Organization of the Manchus : A Study of the Manchu Clan Organization*(Shanghai, 1924).
大間知篤三·戶田茂喜 공역, 《滿洲族の社會組織》(刀江書院, 1967), 228쪽.

돌려보낼 수 없었다고 한다. 이와 관련하여 주목되는 것은 고구려 조에 10월에 행하는 國中大會 때 나라 동쪽의 큰 굴속에 있는 隧神을 맞아다가 나라 동쪽 위에서 제사지낼 때 神坐에 나무로 만든 수신을 놓아둔다고 한 점이다.

이 천군이나 소도 혹은 나무로 만든 수신은 바로 동북아시아대륙 샤머니즘에 입각한 종교문화의 한 전형을 보여주고 있다. 19세기 중엽 李圭景은 민속으로 전해지고 있던 城隍(서낭)신앙의 연원을 삼한시대의 소도신앙에서 찾았거니와(《五洲衍文長箋散稿》'華東淫祀辨證說'), 1930년대 초에 손진태는 소도를 민속으로 남아 있는 '솟대'의 원류로 보았고, 나아가 돌을 쌓아 놓은 제단 모양의 仙王(서낭)堂이 만주·몽골의 오보(obu, 沃博·鄂博)와 형태 및 기능이 비슷한 점에 주목한 바 있다. 이 오보는 자연석을 円錐모양으로 쌓아 올린 다음 그 중앙에 神杆을 세우고 柳條를 꼽아 놓은 모습을 하고 있다. 사실 돌무더기에 나무를 세워 꼽는 습속은 퉁구스족 사이에서는 일반적이다. 골디족(나나이족)은 신간과 남녀의 木偶神, 나무에 새긴 鳥杆을 한 곳에 모아 두고 있으며, 그와 인접한 오로치족은 상단부에 사람 얼굴을 조각한 나무 기둥 세 개와 나무에 새긴 오리 네 마리를 신간의 横木에 고정시켜 세워 두고 있다. 이와 매우 비슷한 것은 大興安嶺 동남부에 살고 있는 오로촌족이나, 오비강과 예니세이강 방면에 거주하는 핀(Finn)족 계통의 오스치야크족에게서도 보인다.44)

신화만큼 고대인의 사회적 생활여건과 의식세계를 잘 반영하고 있는 것은 달리 없다고 생각된다. 한국의 신화는 문헌기록으로 전해지는 건국신화와 무속 제전에서 口碑로 계승되는 무속신화로 크게 구별되는데, 여기서는 고조선의 檀君神話를 비롯한 고구려의 朱蒙신화 그밖에 신라·가야의 건국신화에 국한하여 신화의 구성 요소와 그 문화적 계통을 살펴보기로 한다.

단군신화가 곰을 숭배하고 있던 어떤 족단의 샤머니즘을 토대로 하여 만들어진 건국신화라는 데는 거의 모든 연구자들이 동의하고 있다. 지상에 내려온 桓雄이 천상의 세계를 주관하는 天帝 곧 태양신의 아들로 되어 있는 것이라든지 천상계와 지상계를 잇는 매개체가 산꼭대기의 樹木으로 설정되

44) 秋葉 隆, 〈朝鮮の民俗に就いて－特に滿蒙民族との比較－〉(京城帝大文學部 편, 《朝鮮文化の研究》, 朝鮮公民敎育會, 1937), 33~56쪽 특히 46~51쪽.

어 있는 것은 모두 동북아시아대륙의 전형적인 샤머니즘적 세계관을 충실히 반영하고 있다. 더욱이 동굴 속에 살면서 사람이 되고자 했던 곰이 환웅과 결합하여 단군을 낳았다는 신화의 내용은 일반적인 곰 숭배 차원을 넘어서 일종의 獸祖 모티브까지 상정하지 않을 수 없게 한다.[45]

그런데 동시베리아에 거주하는 대부분의 종족은 곰에게는 특별한 정령이 들어있다고 믿어 이를 숭배한다. 그들 중에는 절대로 곰을 먹지 않는 족속이 있는가 하면 길리야크족처럼 곰 축제를 거행하는 경우도 있다.[46] 일찍이 오까강 계곡에 있는 브랏쓰끄 근처에서는 돌에 곰의 頭像을 새겨 넣은 예술품이 발견된 일이 있는데,[47] 2000년 아무르강 하류 하바롭스크州 울치區에 있는 수추섬의 신석기시대 주거유적에 대한 한국과 러시아 양국 공동 발굴조사에서도 곰 모양을 한 매우 세련된 동물상이 출토된 바 있다.[48] 이 아무르강 유역은 특히 곰 숭배로 유명한 곳이다. 이곳에서 특별히 畏敬의 대상이 되는 것은 곰 이외에도 범과 물범(虓)이 있으나, 삼림의 주인, 짐승의 주인으로 간주되는 것은 역시 곰이다. 또한 동물과 인간과의 혼인이 씨족 혹은 민족의 기원과 결부되어 있는 전승이 현저한 지역도 바로 이곳이다. 아무르강의 몇몇 지류와 우스리강 유역으로부터 시호타·아린산맥에 걸쳐 거주하는 퉁구스족 계통의 우데헤족(《高麗史》에는 '兀狄哈'으로 표기됨)의 기원 전승에는 곰과 범이 등장하고 있어 환웅과 熊女와의 결혼 모티브와 매우 깊은 친연관계를 보여준다.[49]

신화 연구의 중요한 과제는 신성관념을 파악하는 것이다. 이 같은 의미에

---

45) 金烈圭, 《韓國의 神話》(一潮閣, 1976), 21~27·48~58쪽.

46) Georg Nioradze, *Der Shamanismus bei den Siberischen Voelkern*(Strecker und Schroeder in Stuttgard, 1925).
李弘稙 역, 《西伯利亞諸民族의 原始宗敎》(서울신문사 출판부, 149), 76~78쪽.

47) A. P. Okladnikov, 〈신석기시대 동시베리아 種族의 곰 숭배사상〉(《소련고고학지》 14권, 1950).
金貞培, 《韓國民族文化의 起源》(고려대학교 출판부, 1973)에 國譯 收錄(같은 책, 236~237쪽).

48) 국립문화재연구소, 《러시아 아무르강 하류 수추섬 신석기시대 주거유적 발굴조사보고서－제1차 한국·러시아 공동발굴조사보고서－》(문화재청, 2000) 참조.

49) 大林太良, 〈朝鮮の檀君神話とツングースの熊祖神話〉(東京大學 《教養學科紀要》 7, 1975), 71~87쪽.

서 주몽신화의 주인공이 햇빛에 감응하여 알의 형태로 태어났다는 것은 주목해야 할 점이다. 이에 대한 미시나(三品彰英)의 견해를 보면 다음과 같다. 즉 주몽이 햇빛에 감응하여 탄생하게 되었다는 것은 몽골·만주에 널리 퍼져 있는 이른바 '感精型' 요소로 분류되며, 한편 알의 형태로 출생한 것은 '卵生型' 요소로, 이는 文化境域(Culture-area)으로 볼 때 인도네시아·인도차이나·대만·중국 연안일대의 남방 해양 계통의 문화요소에 해당한다고 한다. 그러니까 주몽신화는 그 자체로 북방적 요소와 남방적 요소의 복합형이라는 것이다. 한편 그는 예맥족인 고구려가 난생신화와 접하게 된 역사적 계기로서 漢族이 아직 황하·장강(揚子江) 하류유역을 점령하기 이전에 이 지방을 점거하고 있던 동이족과 '百越'로 통칭되던 인도차이나 제족과의 접촉 교섭을 상정하고, 어쩌면 徐夷의 옛 땅인 徐州가 남북을 연결하는 링크(link)적 존재가 아니었을까하고 추측한 바 있다.[50]

신라의 赫居世신화나 脫解신화, 금관가야의 首露신화도 유형상으로 보면 난생형에 속한다. 다만 탈해신화에는 남방 해양 계통의 요소가 짙어 주목된다. 즉 주인공의 어머니가 바다 용왕 계통으로 되어 있다든지 알의 형태로 태어나자마자 궤짝에 담겨져서 바다 위에 버려져 표류한 끝에 신라의 동쪽 해안에 이르렀다는 것이 그러하다. 이 같은 신화의 줄거리는 버마(현 미얀마)의 파라운 설화와 여러 가지 면에서 비슷한 바 있어 일찍이 태평양 주변에 전파된 공통문화의 잔존으로 해석하려는 논자도 있다.[51] 그렇지만 신생아의 遺棄 모티브는 汎세계적으로 분포가 클 뿐만 아니라 현재 한국의 민간신앙에도 유기 장소가 해변 이외에 산꼭대기, 숲 속 등으로 달라지면서 그대로 남아 있다는 의미에서 탈해신화를 굳이 남방 해양 계통과 결부시킬 수 없다는 반론도 만만찮은 실정이다.[52]

---

50) 三品彰英, 《神話と文化境域》(1948 : 《神話と文化史》 '三品彰英論文集' 제3권, 平凡社, 1971), 378~381·498~499쪽 및 530~531쪽.

51) 松本信廣, 〈古代傳承に表われた車と船-徐偃傳說と造父說話との對比-〉(《日本民俗學》 1권 4호, 1954 : 《東亞民族文化論攷》, 誠文堂新光社, 1968), 247~265쪽. 西歐학자들은 이같은 설화를 'coffre flottant'型으로 命名하고 있다고 한다. 한편 씨 역시 卵生型에 속하는 徐偃王 전설을 남방의 해양 계통 전설의 범주에 포함시키고 있다.

52) 金烈圭, 《韓國의 神話》(一潮閣, 1976), 188~189쪽.

앞에서 곰을 조상으로 여기는 단군신화의 모티브가 곰에 대한 지극한 숭배에서 우러나온 것으로 추정한 바 있다. 그런데 곰 숭배로 유명한 아무르강 유역일대가 동북아시아대륙에서는 몽골과 더불어 손꼽히는 岩刻畵의 분포지대인 점을 지나칠 수 없다고 생각된다. 실제로 한국신화의 기층에는 어로 및 수렵문화를 배경으로 한 동굴문화를 빼고 생각할 수 없을 정도라고 한다.[53] 지금까지 국내에서는 암각화가 20여 곳 이상에서 확인되었는데, 새김 대상에 따라 크게 동물상과 器物 도형상, 생활상으로 분류된다. 그 중 경남 울주군(현 울산광역시) 언양읍 대곡리 盤龜臺의 암각화에는 사슴·고래·범·멧돼지 등 동물 모양이 193점이나 되며 그밖에 인물상이 14점, 어로 및 수렵 도구상이 11점이 된다. 반구대 인물의 모습을 통해서 애니미즘과 샤머니즘의 흔적을 엿볼 수 있다. 한편 기물도형상 암각화 중에서 劍鋒무늬계는 사후세계의 안녕을 비는 청동기시대 인간들의 來世觀을, 幾何무늬계에서는 농경사회의 풍요를 비는 신앙을 각각 엿볼 수 있다.[54] 이 같은 한국의 암각화는 그 주제로 볼 때 동시베리아·몽골지방의 그것과 밀접히 관련되는 것으로 여겨진다.

3) 맺는말

종래 한국사학계에서 민족의 계통문제가 크게 부각되지 않은 것은 오랜 세월 單一 민족국가를 영위해 온 데 말미암은 때문이었다고 생각된다. 실제로 韓國史를 통해서 보면 소수민족집단과의 공존이라는 미묘한 정치적·사회적 문제와 씨름해 본 적이 없다. 그리하여 외교관 출신의 어떤 미국인 저술가는 한국이 소수 민족을 거느려 본 역사적 경험이 全無했던 까닭으로 해서 결국 정치적 문제 해결의 역량을 키울 수 있는 좋은 기회를 놓쳐버렸다고까지 지적한 바 있다(Gregory Henderson, *Korea : The Politics of the Vortex*, Harvard University Press, 1968). 이 같은 관점에서의 논의가 과연 옳은 것인지

53) 金烈圭, 위의 책, 125쪽.
54) 張明洙,《韓國岩刻畵의 文化相에 대한 硏究－신앙의 전개양상을 중심으로－》(仁荷大學校 박사학위논문, 2001) 참조.

어떤지는 잘 알 수가 없다. 다만 단일민족국가라는 일종의 자부심이 역사 연구자들로 하여금 한민족의 형성과정 내지 계통에 대해 거의 무관심에 가까울 만큼 방치해 온 요인이 된 것만은 사실이 아닐까 하고 생각된다.

지난날 한민족 형성과정에 대한 논의에서는 남북한 사이에 큰 차이를 보였다. 즉 한국학계에서는 혼혈론 이외에도 주민교체설이 유력하게 대두한 반면, 이 문제에 대해 매우 적극적인 관심을 보여 온 북한학계는 한민족 單血性論을 제기하여 이미 공식견해로 정착된 바 있다. 하지만 한민족이 선사시대 이래 외부세계로부터 전혀 수혈을 받지 않은 채 현재까지 連綿히 이어져 왔다는 이 단혈성론은 집단유전학의 상식으로 비춰볼 때 납득이 되지 않는 명백히 잘못된 견해이다. 한편 구석기시대로부터 신석기시대로 다시 청동기시대로 轉化할 때마다 한국사의 주인공이 바뀐 것으로 생각하는 주민교체설에도 약점이 없는 것이 아니다. 이는 문화양상의 변화를 갖고 곧바로 종족의 교체에 의한 것인 양 보는 데서 나온 것이지만, 그러나 새로운 문화란 대개 장기간에 걸쳐 발전해 온 사회 내부의 자체 문화가 외부세계로부터 충격 내지 영향을 받아 발생하는 것이다. 다만 전면적인 주민 교체는 인정할 수 없다고 하더라도 매 역사적 전환기에 새로운 주민의 流入이 있었을 개연성은 매우 크다. 결국 한민족 형성과정을 파악함에 있어서는 비록 소박한 관점이기는 하지만 혼혈론 쪽이 옳다고 생각된다.

한민족 형성의 진정한 출발점은 국가 성립기인 청동기시대로 볼 수 있다. 중국의 역사서에 보이는 濊貊族과 韓族이 바로 이 시대의 주인공이다. 이들 종족은 고조선을 비롯하여 부여·진국 등 국가를 건설했으며 뒤에 삼국의 건국세력으로 거의 고스란히 연결되었다. 삼국 항쟁기에 고구려·백제·신라가 각기 독자적인 민족의식을 갖고 투쟁했다는 손진태의 주장은 음미해 볼 가치가 있다. 이윽고 신라에 의해 삼국이 통합됨으로써 한민족 형성의 결정적 계기가 마련되었다고 보는 것이 우리 학계의 지배적인 통설이다. 이 예맥족과 한족은 민족학계에서 말하는 퉁구스족과 매우 밀접한 관계에 있었던 것으로 짐작된다. 하긴 퉁구스족 대신에 알타이족을 거론하는 연구자도 있으나, 세계학계의 일반적인 관행으로는 '퉁구스'가 종족명으로 보다 널리 사용되고 있는 실정이다.

이 예맥족과 한족의 문화계통을 파악하는 것은 바로 한민족의 계통을 이해할 수 있는 하나의 유력한 기준이 된다. 이 같은 목적에서 대체로 서기 1~3세기 경 예맥족과 한족의 민족지로서의 가치가 높은《三國志》魏書 東夷傳의 민속 관련 기사를 검토해 보았다. 즉 이를 생업기반과 사회조직, 농경의례와 일반적인 사회습속 그리고 신앙과 종교의 몇 가지 측면에서 그 특징을 摘出해 본 결과 압도적으로 동북아시아대륙의 북방계통 문화와 연결되고 있음을 확인할 수 있었다. 하긴 일찍부터 水稻作 농경문화가 정착한 남한지역에 있어서는 동남아시아 혹은 남태평양지역의 이른바 남방계통의 문화요소가 일부 나타나기도 한다. 그렇지만 이는 결코 문화발전의 단계적 차이나 혹은 종족의 차이에 기인하는 것으로는 볼 수 없고 어디까지나 지역적인 차이에 지나지 않는 것으로 생각된다.

〈李基東〉

3. 문헌에 보이는 한민족문화의 원류

우리 민족은 한글을 제정하기 이전 중국의 한자를 빌어 문자생활을 하기 시작하였으며, 그 시기는 고조선 시대까지도 소급될 것이다. 그러나 현재 삼국시대까지 소급되는 문자 자료는 약간의 금석문과 목간자료 뿐이며, 우리 문화와 역사를 체계적으로 전하는 문헌도 고려시대에 편찬된《三國史記》와《三國遺事》가 가장 시대가 올라가고 그 이전에 편찬되었던 문헌들은 모두 전하지 않는다. 그러므로 이 두 史書에 보이지 않는 上古의 사실을 전한다는 일부의 秘記들은 실제 僞書에 불과하다는 것이 학계의 일반적인 정설이다. 이에 비해 중국의 문헌들은 일찍부터 우리 민족을 비롯한 주변 민족들에 관한 기록을 남기기 시작하였다. 특히《史記》朝鮮列傳을 비롯한 역대 中國 正史 東夷傳이 우리의 문화와 역사를 연구하는데 불가결한 자료라는 것은 새삼 지적할 필요도 없을 것이다. 그러나 중국 先秦 문헌도 대부분 그 성립연대에 대한 논란이 분분할 뿐 아니라 거기에 언급된 우리에 관한 내용도 극히 단편적인 자료에 불과하다. 정사 동이전의 내용도 대부분 중국과 관련된 것이거나 주로 중국측의 관심대상을 중국측 입장에서 기술한 것이었다. 때문에 중국 자료의 이용은 신중도 요하지만 그 활용도 일정한 한계를 벗어나기 어려운데, 특히 신석기시대와 문명초기까지 소급될 수밖에 없는 본고의 주제를 이러한 문헌들로 탐구하는 것은 더욱 어려운 것 같다.

한 민족과 그 문화는 고립적으로 형성 발전하는 것은 아니다. 그러므로 그 문화의 원류는 그 민족과 활동 공간을 공유하거나 또는 인접하여 생활한 여러 집단의 문화에 대한 이해를 통하여 해명될 수 있다. 그러나 이것을 위해서는 먼저 그 민족의 형성에 참여한 제 집단, 종족 또는 민족이 어느 시대에 어디서 활동하였는가를 확인하지 않을 수 없다면, 본고도 먼저 '韓民族'을 구성한 제 집단에 대한 범위를 설정한 연후에 그들의 자취를 문헌에서 확인해야 할 것이다. 물론 '한민족'을 실제 구성한 제 집단을 완벽하게 확인하는 것은 불가능하다. 그러나 《삼국사기》와 《삼국유사》가 高麗의 祖先으로 인식한 범위, 그리고 중국 문헌이 이 집단 또는 여기에 속하는 것으로 기술한 제 집단을 일단 '韓民族' 형성집단의 범위로 간주하는 것도 하나의 방법이 될 수 있는데, 단군조선·기자조선·韓·부여·고구려·백제·신라 발해·濊·貊(貉) 등이 바로 이 범위에 속한다. 그러므로 본고는 한국과 중국의 초기 문헌에 언급된 이들의 문화적 성격과 활동 범위를 고찰하고자 하는데, 시조 또는 건국 신화는 그 집단의 귀속 문화권을 반영한 것이므로 먼저 이 문제를 검토해 보자.

1) 곰과 호랑이 토테미즘

《삼국유사》에 전하는 단군의 건국 신화는 불교와 도교적인 요소도 첨가되었지만 동북아시아에서 유행한 샤머니즘적인 색채가 강하게 반영되어 있는데, 이 신화의 핵심은 곰에서 化身한 여인 熊女와 天帝의 아들 桓雄의 神婚, 이들 사이에 태어난 단군의 건국이다. 이것이 동북아시아에 광범위하게 유행한 곰 토테미즘을 반영한 것이었다는 것은 이미 주지의 사실이다. 그러나 곰과 함께 인간이 되려고 하였으나 금기를 지키지 못하여 인간이 되지 못한 호랑이와 인간이 된 곰이 본래 한 굴에서 생활하였다는 대목을 주목하면 이 신화는 곰 토템과 호랑이 토템 집단의 밀접한 교섭을 반영한 것으로 해석된다.

최근까지도 호랑이를 산신으로 崇敬하는 '虎文化'가 한국사회에 광범위하게 잔존하고 있지만, 魏書 夷傳도 濊人들이 호랑이를 산신으로 제사하는 전통을 명시하고 있다. 현재 운남성에 거주하는 彝族들은 지금도 호랑이를 조선으로 신앙하는 각종 제의를 유지하고 있는데, 이족은 고대 중국 서북지역에서 활동하던 羌·氐族의 후예라고 한다. 또 춘추시대 楚의 귀족 班氏의 조선 鬪穀於兎가 들에 버려져 호랑이의 젖을 먹고 자랐다는 고사도(《左傳》 宣公 4년) 반씨의 토템이 호랑이였음을 시사한다. 《後漢書》 南蠻西南夷傳에 의하면 巴郡 南蠻의 조선은 4개의 穴에서 나왔다고 하는데(제주도 三聖穴 신화와 비슷), 그 군장 廩君이 죽은 후 혼백은 白虎가 되었으며, 巴人들은 호랑이가 인간의 피를 먹는 것으로 생각하여 인간을 호랑이에게 바치는 제사를 지냈다고 한다. 이러한 예들은 호랑이를 토템으로 하는 집단이 적어도 춘추시대 이전부터 중국 서북부와 양자강 중류 지역에서도 활동하였음을 말해 준다. 江西省 新干 商代墓에서 대량 출토된 청동기들도 호랑이의 모티프가 강하게

〈그림 1〉

〈그림 2〉

표출된 것이 특징인데, 입을 크게 벌린 두 마리의 호랑이를 좌우에 수직으로 배치하고 그 두 입 중앙에 人面을 넣은 商代의 石彫와(〈그림 1〉) 쪼그리고 앉은 호랑이가 크게 벌린 입 아래 아이를 품고 있는 형상의 西周 초기 청동기 '虎食人卣'는(〈그림 2〉) 殷·周時代 호랑이 토테미즘을 단적으로 입증해 주는 것 같다. 이 석조와 '호식인유'도 종래에는 호랑이가 사람을 잡아먹는 장면으로 이해되었지만, 근래에는 호랑이를 통한 인간탄생의 신화를 형상화한 것으로 해석되기 때문이다.

한편 곰 토테미즘 역시 동북아 지역에서 오랜 전통을 갖고 있었다. 현재에도 중국 동북지방에 거주하는 滿洲族·鄂倫春族·赫哲族 간에는 시조와 母熊이 결혼하였다거나 곰이 인간으로 또는 인간이 곰으로 화신하였다는 신화와 전설이 전하고 있다. 종래 이 문제와 관련 동한말 건립된 山東省 嘉祥縣 武氏祠堂의 화상석이(後室第三石, 屋頂前坡東段石, 〈그림 3〉) 단군신화의 내용을 전한 것으로 지적되었는데, 특히 제 3층 右端 각종 병기를 머리(弓)와 손발에 든 곰과 입 앞에 작은 사람의 형상이 묘사된 동물이(호랑이?) 단군신화의 핵심부분을 묘사하였다는 것이다. 이러한 주장은 단군신화가 고려말에 창작된 것이 아니었다는 논거로 왕왕 원용되었기도 하였다. 그러나 이 장면은 黃帝와 蚩尤의 전쟁신화를 묘사하였다는 해석도 있고, 특히 곰 옆의 장면은 한발을 퇴치하는 신화와 관련된 '虎吃女魃圖'에 비정하는 견해도 있지만, 이 장면은 황제와 치우의 전쟁은 물론 호랑이가 한발의 疫鬼를 잡아 먹는 장면을 묘사한 다른 화상석과도 너무나 차이가 난다. 그러므로 필자는 무씨사당 후실 제3석 제3층은 대체로 연말 臘日의 전날 밤에 거행되는 疫儀式 大儺祭를 묘사한 것으로 해석하는데, 병기를 휘두르는 곰은 熊皮를 뒤집어

〈그림 3〉

〈그림 4〉

〈그림 5〉

쓰고 병기를 휘두르며 역귀를 쫓는 눈이 네 개인 方相氏, 그 밖의 12개의 인물과 동물상은 역귀를 잡아 먹는 12神, 작은 사람의 형상이 이 의식에서 잡아 먹히는 악귀에 각각 비정될 수 있기 때문이다. 물론 대나제의 주역 방상씨가 곰가죽을 뒤집어 썼다는 것도 상당한 곰신앙을 반영한 것이며, 이것은 중국인의 시조로 추숭되는 黃帝가 有熊氏였다는 전승을 상기하면 별로 이상한 일도 아니다.

이에 비해 산동성 臨沂縣 普村 출토 墓門石柱의 조각(〈그림 4〉), 즉 앉아 있는 곰의 하반신이 인간의 아기를 안고 있는 형체의 어깨 윗 부분을 이루는 형상은 熊母를 통하여 탄생하는 인간의 모습을 그대로 묘사한 것이 분명하다. 한편 최근 중국 고고학은 은주시대 곰을 소재로 한 소형 조각과 문양을 다수 보고하고 있지만, 특히 기원전 3000년경 遼河 유역 내몽고와 요서를 중심으로 번영하였던 紅山文化에 속하는 소형 玉製 人熊像도 다수 확인되었다(〈그림 5〉). 이 형상은 대체로 머리는 곰, 몸은 임산부의 모습을 띠고 있어 인간을 출산하려는 熊母의 모습이 약여하다. 이 때문에 중국의 학자는 이 부류의 옥기를 곰 토테미즘의 산물로 이해하면서 이 옥기들에 '玉熊母神'이란 명칭을 부여하기도 하였다. 이 주장을 반대할 별다른 이유가 없다면, 홍산문화의 분포 지역 즉 내몽고 동부, 대릉하 유역, 遼西 지역의 곰 토테미즘이 기원전 3000년경 이상 소급될 수 있다는 주장도 굳이 부인할 이유는 없는 것 같다.

그렇다면 韓民族 문화의 원류는 우선 각각 곰과 호랑이를 토템으로 한 집단중 상호 밀접한 교섭관계에 있었던 집단과 그 문화에서 찾는 것이 순서일 것이다. 濊가 호랑이를 신으로 제사한 것은 확실하다. 그러나 현재 앞에서 언급한 한민족 형성의 범위 집단과 곰 신앙 또는 곰 토템의 관계를 직접 언급한 자료는 확인되지 않으며, 周初 東北夷의 특산물 조공을 기록하였다는 《逸周書》 王會解는 不屠何가 靑熊을 東胡가 黃熊을 각각 조공한 것으로 전한다. 그러나 濊와 흔히 병칭되는 貊은 바로 이 문제에 중요한 단서를 제공하는 것 같다. 貊은 흔히 貉(맥)으로도 표기되는데, 貉(각)은 털은 棕灰色에 산고양이나 여우와 비슷한 짐승이라고 한다. 따라서 貊과 貉을 동일한 것으로 간주하면 貊과 곰의 관계는 논할 수 없다. 그러나 이 貊이 獸名으로 사용될 경우 貘(맥)과 통용되는데, 《爾雅》는 貘을 '白豹'로 주해하였으나 《說文解字》는 "곰과 비슷하며 황흑색"으로 설명하였는데, 《이아》 郭璞注에 의하면 이것은 "곰과 비슷하며 작은 머리, 쏙 들어간 다리에 흑백이 섞인 색으로 銅·鐵 및 竹骨을 먹을 수 있다"고 한다. 《일주서》 왕회해는 푸른 곰과 누런 곰을 각각 조공하는 불도하와 동호에 앞서 玄貘을 不令支의(漢代의 令支현은 현 요녕성 遷安 부근) 조공품으로 전하고 있다. 따라서 貊은 곰은 아니나 곰처럼 보이는 동물로 보인 것은 확실한데, 《일본서기》가 貊에 속하는 고구려를 狛으로 표기하고 '고마'로(곰) 훈독한 것을(권 19, 欽明天皇 6년) 상기하면 貊은 사실상 곰을 표기한 것으로 보아도 대과는 없는 것 같다. 이것을 熊 대신 貊으로 표기한 것은 고구려의 大山 蓋馬, 鉅燕 남 倭의 북에 있다는 蓋國(《산해경》 海內北經) 등을 고려할 때 貊의 발음이 맥족의 자칭어에 근접하기 때문으로 추정된다.

天帝의 아들 해모수가 고구려의 시조 주몽의 어머니 河伯의 딸 柳花를 熊神山 아래 압록강변의 室에서(熊穴을 상징) 사통하였다는 설화(《삼국유사》 고구려), 檀君이 西河 하백의 딸과 사통하여 夫婁를 낳았다는 설화(《삼국유사》 고구려 註記), 주몽이 단군의 아들이었다는 일설(《삼국유사》 王曆篇 東明王)은 곰을 매개로 단군과 주몽이 결합된 사정을 시사하는데, 고구려의 10월 제천의식 東盟에서 東郊에 있는 大穴 즉 隧穴에서 모셔와 제사한 隧神도 동굴에 거처하던 熊母神으로 보아도 대과는 없는 것 같다. 이때 神坐에 木隧를 설치한 것으로 보아 隧神 역시 木像으로 추측되는데, 《北史》 고구려전은 夫餘神과 그 아들의 神廟를 소개하면서 木刻婦人像의 부여신(일명 高登神)을 하백의 딸로 그 아들을 주몽으로 명기하고 있기 때문이다. 이것은 결국 고구려 역시 곰 토템의 전통을 계승한 증거인데, 貊이 실제 곰을 지칭한 것이었다면 이 역시 지극히 당연한 일이라 하겠다.

그렇다면 단군신화의 곰과 호랑이의 등장은 濊와 貊族의 긴밀한 교섭 관계를 반영한 것으로 추정되는데, 고구려의 일명이 貊이었고(《後漢書》 동이전), 小水貊은 고구려의 별종, 고구려는 부여의 별종으로 言語諸事가 부여와 동일하였으며, 부여는 본래 예맥의 땅으로서 그 國城의 명칭은 濊城이고 그 왕이 중국에서 '濊王之印'을 받았으며, 沃沮 역시 고구려와 언어가 大同하고 음식·거처·의복·예절도 고구려와 비슷하였으며, 예 역시 고구려와 同種으로 言語法俗이 대체로 고구려와 같았던 사실(이상 《三國志》 魏書 東夷傳) 등을 아울러 고려할 때 《삼국지》 魏書 동이전에 수록된 민족과 국가중 부여·고구려·소수맥·옥저·예를 단군 신화가 형성된 배경 집단으로 일단 인정해도 대과는 없는 것 같다.

2) 태양신앙·새 토템과 난생설화

고구려의 시조 朱蒙의 설화는 《삼국사기》·《삼국유사》·광개토왕릉비·《魏書》 고구려전에 전하는데, 《삼국유사》와 《삼국사기》에 전하는 주몽설화는 앞에서 지적한 바와 같은 곰 토템의 흔적이 남아 있다. 그러나 이 설화의 핵심은 주몽의 어머니 하백의 딸이 천제의 자 해모수와 사통하였으나 그 결과 주몽이 출생한 것이 아니라 ① 햇빛을 쪼인 결과 임신한 후 ② 알을 낳았으며, ③ 거리와 임야에 버려졌으나 禽獸의 보호로 무사하였고, 결국 다시 가져오니 그 알에서 주몽이 나왔는데, ④ 그는 특히 활을 잘 쏘았다는 부분이다. 주몽은 곧 '善射'를 의미한다고 한다. 《삼국지》 위서 동이전 夫餘條 末尾에 裴松之注가 인용한 《魏略》의 槀離國王 侍婢에 의한 부여왕 東明의 출산 설화, 後漢 王充의 《論衡》 吉驗篇에 소개된 槖離國王 侍婢에 의한 부여왕 동명의 출산 설화도 기본적으로 이 요소를 구비하고 있어 이 난생설화는 본래 부여의 시조 설화였을 가능성이 농후하다. 주몽설화가 굳이 첫머리에 부여왕 金蛙의 설화를(부여왕 해부루가 鯤淵의 大石 아래에서 발견한 금색 蛙形의 아이)[1] 명기한 것은 부여의 시조설화를 고구려 시조설화로 가져왔기 때문인 것 같다. 고구려가 부여의 별종이었다면 이 차용은 오히려 당연한 권리였겠지만, 고구려 남자를 수탉으로 불렀다던가 고구려인이 冠飾으로 두 개의 鳥羽를 꽂았다는 것은(《舊唐書》 고구려전) 고구려인에게 새토템은 단순한 허구가 아니었음을 잘 말해 준다. 《魏略》과 《論衡》이 東明의 어머니를 槀離國王의(《論衡》의 '橐離', 《後漢書》 夫餘傳의 '索離'는 모두 '槀離'의 오기일 것이다. 槀離는 곧 고구려일 것) 侍婢라고 한 것은 이 설화가 고구려의 시조설화가 된 이후의 혼동으로 해석된다. 어쨌든 주몽설화는 곰 토템이 후면으로 물러나면서 태양신앙이 강조된 것이다. 주몽을 동명으로 표기한 것도 이미 이 점을 강조한 것이지만, 5세기 전반으로 추정되는 牟頭婁墓誌가 주몽을 '河伯之孫 日月之子'라 하고, 7세기 초에 편찬된 《隋書》 고구려전이 주몽을 "河伯之外孫 日之子"로 표현한 것은 바로 이 변화를 정확히 반영한 것이었다.[2] 그렇다면 태양의 아들이 왜 卵生하였는가. 난생은 곧 새 토테미즘을 의미하지 않는가. 또 그가 善射하였다는 것은 무슨 의미가 있는가. 단순히 영웅적 군왕의 자질에 걸맞는 무예로서 강조되었던 것인가.

주몽의 난생설화, 그 어머니가 玄鳥의 알을 삼키고 契을 낳았다는 殷의 시조 설화(《사기》 殷本紀), 역시 길쌈을 하다 떨어진 현조의 알을 삼키고 大業을 낳았다는 秦의 시조 설화(《사기》 秦本紀), 춘추시대 淮水·泗水 유역에서 큰 세력을 떨쳤다는 群舒의 君王 徐偃王도 한 여인이 난 알에서 깨어났다는 난생설화는(《博物志》 異聞) 모두 동북아시아 새 토템의 산물로 이해되어 왔으며,[3] 중국의 동북에서 동남 해안에 걸쳐 분포하였다는 鳥夷가 바로 이 새

---

1) 이것은 일종의 水中 탄생 설화인데, 수중에서 낳았다는 淵蓋蘇文의 泉氏(淵氏) 설화와 함께 고구려와 부여에 수중 탄생 시조설화를 가진 부족의 존재를 시사한다.

2) 주몽이 '日月之子'란 주장은 결국 하백의 딸이 月神이었다는 것인데, 水神과 月神은 흔히 호환되기 때문에 이 전환은 별 문제가 없었을 것이다. 이 전환으로써 주몽이 완전한 天帝의 아들이란 주장의(광개토왕릉비) 근거가 확보되었지만, 한편 하백의 딸과 熊女의 연결이 단절됨으로써 곰 토템의 전통은 사실상 포기된 셈이다.

토템 집단의 실체라는 주장도 유행한다. 일부 학자들은 이 집단 전체의 문화적 또는 민족적 동일성 내지는 친연성을 강조하고 있는데, 특히 주몽설화와 서언왕설화의 근사성을 근거로 회수 유역의 서융과 예맥이 같은 뿌리였다는 주장도 제기되었다.

최근 고고학의 성과는 신석기시대 이래 중국 동북에서 동남 연안에 광범위하게 존재한 새 토테미즘을 추측할 수 있는 자료를 다수 제공하고 있다. 특히 홍산문화에서는 鳥形 옥기가 다수 발견되었을 뿐 아니라 그 陶器紋의 가장 커다란 특징인 M字紋 또는 '之'字紋은 바로 막 알에서 깨어난 玄鳥의 모습을 연상케 한다. 이 때문에 殷文化와 홍산문화의 연속성을 강조하거나, 나아가 은문화의 북방(요하유역) 기원설을 다시 제기하는 사람도 적지 않다.

〈그림 6〉

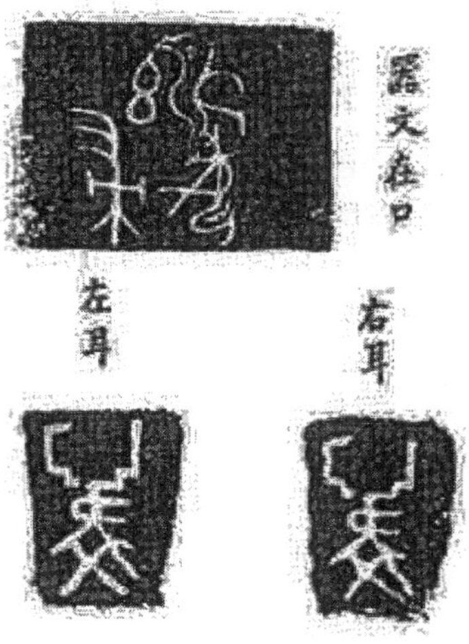

이 견해를 따른다면 주몽의 난생설화는 鳥夷 문화 특히 은문화와도 결코 무관하지 않겠지만, 적어도 燕과 玄鳥의 관계를 부정하는 사람은 없는 것 같다. 전국시대 청동기 명문에서도 燕은 '匽'으로 표기되지만, 은주 청동기 명문중 제비의 모습이 약여한 圖像符號는(〈그림 6〉) 흔히 '燕'자의 초형으로 석독되고 있다. 그러나 殷과 秦의 시조설화는 현조의 알을 삼키고 그대로 인간을 낳았다는 점에서 알을 낳는 난생설화와는 유형이 다르며, 햇빛과 弓·善射의 요소도 보이지 않는다[4]. 이에 비해 徐偃

3) 徐偃王의 경우 새의 역할이 직접 언급되지 않았으며, 버려진 알을 獨孤母에게 물어다 준 개도 실제 黃龍이었다는 것이다. 이와 같은 개의 역할은 茂陵蠻의 시조 神犬 槃瓠를 상기시키는데, 槃瓠는 瓠에서 나왔다고 한다. 따라서 이 설화는 瓠生說話와 卵生說話가 결합하면서 瓠는 卵에게, 새는 개에게 각각 양보하였지만, 다시 개 이름을 鵠蒼으로 하여 알과 새의 관계를 유지함으로써 난생설화의 구색을 맞춘 것으로 해석된다. 아울러 鵠이 과녁의 의미도 있다는 것을 상기하면, 弓射 역시 이 설화의 일부였음을 암시하는 것 같다.

4) 仲春之月 玄鳥가 도래한 날 거행하는 祈子儀式 高禖는 殷의 玄鳥說話를 儀禮

王의 설화는 여인이 알을 낳은 유형이며, 周의 시조 后稷 설화와 관련된 것으로 보이는 '버려졌다 회수되는' 과정도 있지만[5] 역시 햇빛의 요소는 없으며 瓠生說話의 흔적도 남아있다. 또 버려진 알을 물어온 개의 이름 鵠蒼이 弓射를 암시하기도 하고(주 3 참조) 徐偃王이 朱弓矢를 얻은 후 이름을 弓으로 고치고 서언왕을 자칭하였다는 대목은 있지만, 여기서 弓矢의 의미는 天瑞로 강조되었을 뿐 서언왕의 善射를 직접 시사하는 구절은 없다.

한편《說文解字》는 '夷'를 "東方之人也 仆大仆弓"으로 註解한 것은 물론 望文生意에 불과하다. 그러나 선사로 유명한 東夷 有窮의 后(君王) 羿의 경우, 예는 弓箭, 窮은 弓을 각각 의미한다면, 許愼의 해설도 전혀 근거가 없는 것은 아닌 것 같으며, 여기서 羿가 서언왕과 같은 偃姓, 偃은 鷗 즉 燕, 燕은 곧 玄鳥라는 사실을 상기하면 서언왕 설화의 弓矢는 선사의 상징으로 삽입되었을 가능성도 농후하다. 어쨌든 예에 관한 많은 고사와 신화가 전하지만, 그가 선사 능력을 유감없이 발휘한 것은 10개의 태양이 일시에 출현하여 만물이 타들어가는 재난이 발생하자 9개의 태양을 활로 쏘아 떨어트려 자연의 정상을 회복시켰다는 신화일 것이다(《淮南子》本經訓). 한대 화상석에는 이 신화를 한 남자가 나무에 앉아 있는 새들을 활로 쏘아 떨어트리는 장면으로 형상화한 예가 적지 않다(〈그림 7〉). 이것은 湯谷의 扶桑木에 머무는 10개의

化한 것이 분명한데, 여기서 천자가 최근 관계한 후궁에게 弓韣을 차게 하고 弓矢를 수여하는 의식이 있는 것으로 보아 현조 설화에도 궁시의 요소가 있었던 것으로 추정되지만, 이것은 '善射'의 의미보다는 성행위의 상징으로 해석된다.

5) 주몽과 서언왕이 알로 태어났을 때, 버려지고 회수되는 과정은 姜原이 들에서 거인의 발자국을 밟고 임신하여 周의 시조 后稷을 낳은 후, 후직이 버려지고 다시 회수되는 과정과 거의 동일하다. 물론 아직까지 후직을 卵生으로 보는 사람은 없으며, 《史記》周本紀는 그가 버려진 이유를 단지 상서롭지 못하다고 여겼기 때문으로 전한다. 그러나 후직의 탄생 전후를 노래한 《詩經》大雅 生民篇의 그가 낳았을 때의 모습을 "不坼不副(터지지도 않고 쪼개지도 않았다)"로 표현하였고, 그가 첫 울음소리를 내기 직전의 사정을 "차가운 어름덩이 위에 놓으니 새들이 날개를 덮어주었다. 새들이 떠나니 후직이 비로소 울음소리를 내었다(誕置之寒氷 鳥覆翼之 鳥乃去矣 后稷呱矣)"고 노래하였다. 이것을 난생설화로 보지 않는 것이 오히려 이상한 것 같다. 그러므로 필자는 후직 역시 난생설화의 주인공이며, 서언왕과 주몽이 각각 알로 태어나 버려졌다 회수되는 과정은 바로 후직 난생 설화와 관련된 것으로 주장한다.

〈그림 7〉

태양중 9개는 휴식하고 매일 1개의 태양만 교대로 새에 실려 운행한다는 신화에(《산해경》 海外東經, 大荒東經) 근거한 작품들이다. 郭璞注에 의하면 태양을 실어 나르는 새는 태양안에 흔히 그려지는 三足烏라고 하는데, 한대 화상석중에도 가슴에 태양을 안고 나는 새의 모습들이(〈그림 8〉) 확인된다. 이것은 결국 새가 태양의 화신이란 관념을 단적으로 시사하는 것이며, 여기서 우리는 난생설화가 태양숭배와 결합된 이유를 확연히 이해할 수 있는 것이다. 또 羿의 善射에 의한 9개 태양의 소멸이란 신화는 결국 궁술이 태양의 정상적인 운행을 보장할 수 있는 주술적 기술이었음을 의미한다면,[6] 태양숭배와 선사의 결합 또한 자연스러운 일이었을 것이다.[7] 흔히 穀神으로서의 주몽의 성격을 반영한 것으로 지

〈그림 8〉

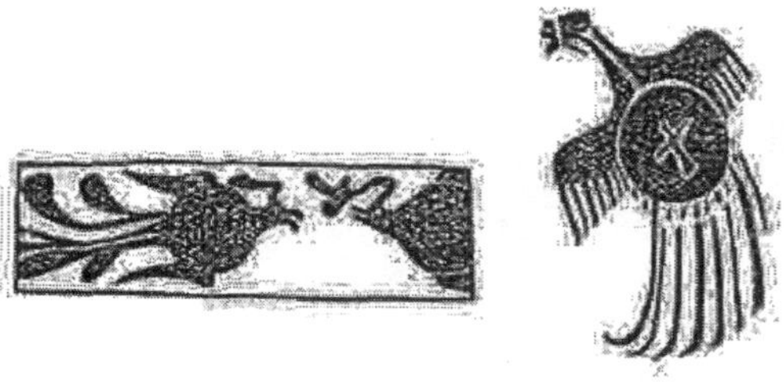

6) J. Frazer의 *Golden Bough*에도 일식을 막기 위하여 화살에 불을 부쳐 하늘로 쏘는 주술의식이 전한다.

7) 단군신화중 太白山·朝鮮·阿斯達은 일반적으로 태양숭배를 반영한 것으로 해석되고 있고, 檀君도 샤만을 의미하는 '당글' 또는 '하늘'을 의미하는 몽고어 '탱그리'와 관련하여 '天君'으로 해석되고 있다. 그러나 '당글' 또는 '탱그리'를 굳이 '檀君'으로 音寫한 것은 혹 魏志 동이전 濊에 보이는 '樂浪檀弓'을 의식한 것일 수도 있다면, 다시 말해 檀君과 弓射의 관계를 암시한 것으로 해석될 수 있다면, 단군신화의 태양숭배도 이미 弓射와 결합되었을 가능성도 배제하기 어렵다. 그렇다면 아사달의 일명 弓忽山도 이런 각도에서 다시 음미할 필요도 있는 것이 아닐까. 즉 전자는 태양, 후자는 弓射를 각각 부각시켜, 양자가 함께 태양신앙과 궁사의 결합을 표현한 것은 아니었을까.

〈그림 9〉

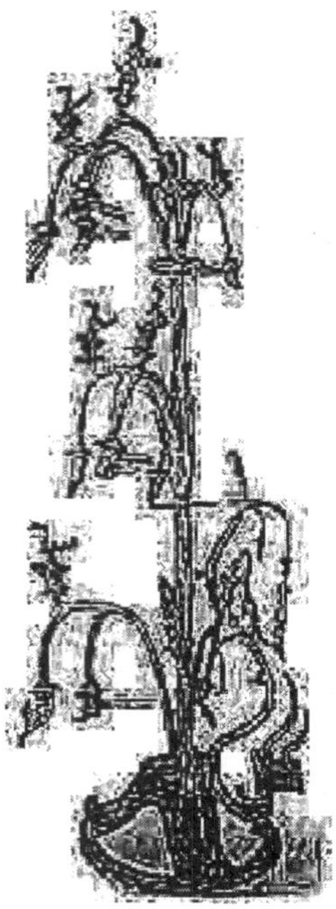

적되는 李奎報 〈東明王篇〉의 다음과 같은 설화는 앞에서 언급한 주몽신화에 직접 언급되지 않은 射日神話의 흔적을 전하고 있다. 즉 帶素 일행에 쫓기던 주몽이 大樹 아래에서 쉬고 있을 때 비둘기 한쌍이 날아 오자 神母(어머니, 柳花)가 두고 온 곡식 종자를 보낸 것으로 판단하고 두 마리 비둘기를 한 개의 화살로 쏘아 떨어트려(善射) 그 입을 벌려 보리 종자를 얻은 후 물을 뿜으니 비둘기가 다시 소생하여 날아 갔다는 것이다.[8] 이것은 고구려의 보리 농사의 시작과 관련된 설화이지만, 비둘기를 쏘아 죽였다 살린 것은 모든 태양이 사라진 후 다시 하나의 태양만 불러오는 招日儀式을 상징하는 것이[9] 분명하고, 실제 일본의 신년 농경의례에 射日儀式이 포함된 예도 확인되기 때문이다.

기원전 1000년 이상으로 소급되는 사천성 三星堆 유지 祭祀坑에서 발견된 가지 끝에 각각 새가 앉아 있는(본래 10마리로 추정) 거대한(높이 약 4m) 青銅神樹는(〈그림 9〉) 扶桑신화가 商代까지도 소급될 수 있는 가능성을 높혀 주었지만, 기원전 5천년까지 소급되는 절강성 餘姚縣 河姆渡 신석기 유지에서 발견된 雙鳳朝陽象牙彫刻과(가운데의 태양에서 좌우 양쪽으로 뻗어 나온 두 마리 새의 머리가 서로 마주 보는) 세 개의 다리에 머리가 둘인(좌우 반대로 향한) 수탉 모습의 새 가슴 부분에 태양이 조각된 상아(〈그림 10〉), 그리고 陝西·감숙·하남성 일대 앙소문화 유지에서 광범위하게 발견된 '태양안의 三足烏' 도안(〈그림 11〉) 등은 모두 태양과 새의 호환성 관념이 신석기시대 초기까지 소급될 수 있는 가능성을 뒷받침한다.

---

8) 〈그림 6〉 상단의 새가 곡물을 물고 있는 것을 주목해 보라.

9) 射日神話 중 하나만 남은 태양도 숨어 버려 그것을 다시 불러오는 과정이 포함된 유형을 참고하라.

〈그림 11〉

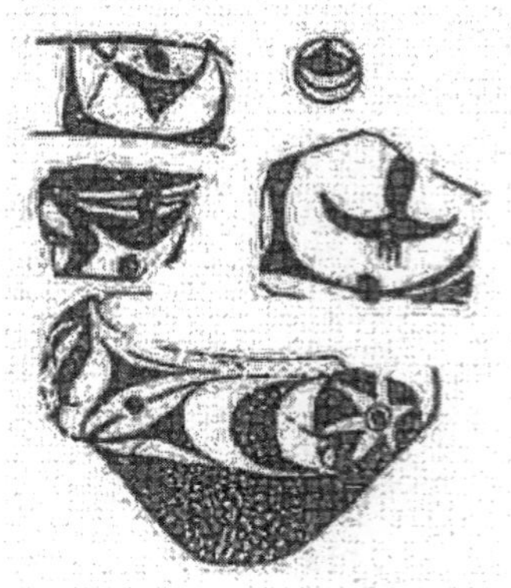

〈그림 10〉

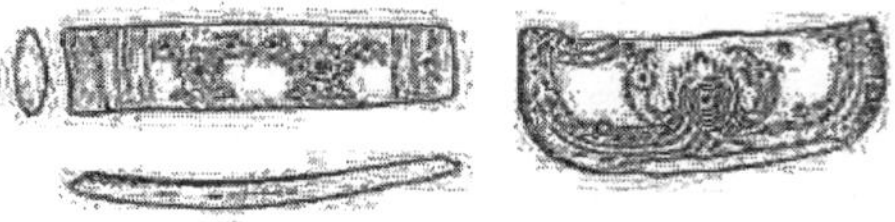

이와 같이 주몽설화는 곰 토테미즘이 배면으로 후퇴되고 태양숭배, 射日신화, 卵生, 새 토템의 복합이 전면으로 나온 것인데, 이와 관련 강소성 徐州市 銅山縣 苗山 漢墓의 화상석은(〈그림 12〉) 주목할 만하다. 이것은 상단 왼쪽에는 새가 들어 있는 태양, 오른 쪽에는 熊首人身에 날개같은 깃털이 달린 神人, 그 아래에는 하늘로 솟으려는 듯한 천마, 다시 그 아래에는 貫珠를 등에 진 코끼리가 刻畫되어 있다. 여기서 일단 코끼리를 제외한 부분을 우선 주목해 보면, 扶桑 옆에 매어 있는 말도 한대 화상석에 빈번히 나타나는 주제인데, 이 말은 태양의 운행과 밀접한 관계가 있다. 따라서 말·새·태양과 곰을 결합시킨 이 화상석의 주제는 주몽설화의 기본 모티브와 일치한다고 해도 과언이 아닌 것 같다. 더욱이 코끼리가 남방 聖獸임을 고려하면, 코끼리와 그 윗 부분은 각각 남·북방의 성수들을 묘사한 것으로 이해할 수 있는데, 여기서 필자는《산해경》海內經의 다음과 같은 구절을 상기하지 않을 수 없다. 즉 "東海之內 北海

〈그림 12〉

之隅 有國名曰 朝鮮 天毒". 천독은 인도이다. 따라서 이 기사를 동북의 국을 소개한 것이 아니라 양국을 각각 동북과 서남부를 대표하는 나라로 이해하지 않으면, 조선과 천독이 병거된 이유를 설명할 수 없다. 이 기사를 앞에서 소개한 화상석의 구도와 결합하면, 코끼리는 인도, 그 上部는 조선의 신화를 각각 묘사하였다는 결론도 전혀 엉뚱한 것만은 아닐지도 모른다. 물론 필자도 이것을 그대로 주몽설화에 천마신앙이 가미된 동북 예맥 신화의 형성화라고 주장할 생각은 없다. 그러나 이 화상석은 태양숭배·새토템이 곰토템과 병존할 수 있는 가능성을 다시 한번 확인시켜 주는 것은 분명하다. 주몽설화가 참고할 수 있는 신화와 설화를 작위적으로 복합하여 창작된 것이 아니었다면, 부여와 고구려의 문화적 원류도 이들 요소들이 개별적으로, 또는 복합적으로 형성된 문화권과 무관할 수 없을 것이다.

이에 비해 신라 박혁거세의 난생신화는 태양(電光같은 異氣, 알을 가져온 것으로 보이는 백마(천마), 天降, 몸의 광채, 光明理世), 난생, 새(鷄龍)의 요소만 확인되며, 遺棄된 후 회수된 과정과 善射의 요소도 없으며, 여인에 의한 産卵 과정도 없다. 그러나 대신 이 설화에는 주몽설화에는 보이지 않는 요소가 등장한다. 우선 천마를 통한 알의 하강도 기마문화와의 관련을 강하게 시사한 점에서 주목되지만, 알이 발견된 장소가 우물이며(蘿井, 그 부인 閼英은 閼英井) 알에서 나온 아이를 샘이나 川에서 목욕시켰다는 것도(東泉, 閼英은 月城北川) 이 설화가 주몽설화는 다른 문화적 배경을 말해 주는 것 같다. 이것은 鯤淵의 대석 아래서 발견된 金蛙, 그 조선이 水中에서 나왔다는 고구려 淵氏 , 용왕 아들 용성국왕의(용성국은 왜의 동북 천여 리에 있었다고 한다) 아들로 태어났지만 알 상태로 태어나 궤[櫝] 속에 넣어 바다에 띄워진 후 신라에 도착하였다는 석탈해 설화[10] 등과 같이 水 또는 海를 거치는 난생설화의 유형으로 생각할 수도 있다. 그러나 박혁거세가 나온 알이 "瓠[박]와 같았다(如瓠)"는 점을 주목하면 문제는 더욱 복잡하다. 이 역시 광명을 의미하는 당시 신라 말의 발음이 현재 '밝다'와 비슷하였고, 瓠를 신라에서 '박'으로 불렀기 때

10) 석탈해가 실린 궤가 떠내려 올 때, 한 마리의 鵲이 울며 따라왔기 때문에 '鵲'에서 '鳥'를 빼고 '昔'을 씨로 하였다는 것은 그의 난생과 鵲의 관계를 암시한다.

문에 거꾸로 '밝음'을 '박'으로 표시하기 위하여 그 알을 '如瓠'로 부회한 것으로 이해하면 그만일지도 모른다. 그러나 이 설명이 너무 어색한 것도 문제이지만, 박혁거세 시대부터 박·석·김씨 사이에서 중요한 역할을 하는 瓠公을 주목하면 문제는 달라지는 것 같다. 그는 박혁거세를 위하여 馬韓과 교섭하기도 하였고, 계림에서 김알지를 발견하기도 한 인물인데, 석탈해는 속임수로 그의 택지를 빼앗으나 왕이 된 후 그를 大輔로 삼았고, 석탈해가 왜의 동북에서 왔고 호공도 본래 倭人으로 허리에 瓠를 달고 (헤엄쳐) 바다를 건너왔다는 것을 보면 호공과 탈해는 모두 瓠 또는 櫝에 실려 해류를 따라 왜 또는 그 방향에서 신라로 건너온 집단으로 추정된다.

중국 서남부 소수민족에 광범위하게 유행하는 홍수신화, 즉 홍수로 인류가 전멸하였으나 瓠 속으로 피신한 남매가 인류의 시조가 되었다는 신화(伏羲·女媧), 漢代 茂陵蠻의 시조였다는 神犬 槃瓠도 본래 호에서 나온 벌레였다는 신화(《後漢書》 南蠻傳, 《搜神記》 권 14), 지금도 중국 서남부 彝族들은 호를 祖靈으로 받들고 있으며,[11] 《禮記》 婚儀篇에 전하는 부부합체의식의 하나가 2

11) 앞에서 이들이 토템이 虎라는 것을 지적하였지만, 이들은 虎와 瓠의 토템을 결합하여 瓠에 虎를 그려 祖靈으로 받든다(〈그림 13〉).

〈그림 13〉

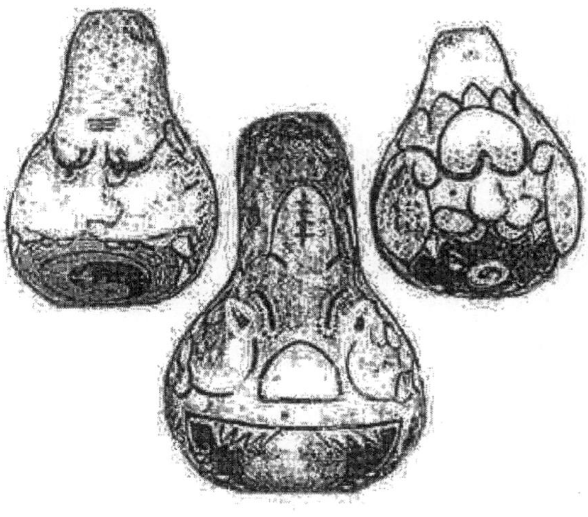

개의 바가지(瓢)로 쪼갠 호를 다시 하나로 합쳐 술을 마시는 것이었다는 것은 모두 '호에서 탄생한 인류'란 관념을 시사하는 것이다. 그렇다면 瓠公이 허리에 瓠를 달고 바다를 건너왔다는 것도 실제 해류를 타고 흘러온 호에서 출생한 것으로 추정해도 대과는 없다면, 호공은 당시 신라의 호생설화를 담지한 집단의 대표로 이해할 수 있는 것 같다. 최근 일부 일본학자들은 기원전 300년경부터 시작한 일본의 농경문화 야요이 문화의 원류를 중국 고대 강남문화에서 찾으려고 하는 한편 倭人 역시 이 지역에서 농경(稻作과 양잠) 및 금속 문화와 함께 이동한 집단이었을 가능성을 열심히 탐색하고 있다. 이 연구들을 참고하면 호공이 왔다는 倭도 일본열도가 아닌 중국의 연해안 지역일 가능성도 배제할 수 없는데, 어쨌든 호에서 탄생한 시조, 즉 瓠生說話와 중국 남부지역의 관련성은 부정하기 어려운 것 같다. 호생설화가 '해류를 타고 흘러온' 요소가 결합된 것은 이 집단이 실제 해상으로 이동한 때문이기도 하지만 홍수신화에도 인류의 시조가 나온 호는 大水를 떠 다녔다는 것을 상기하면 '물위로 떠 다니는 것'은 본래 호생설화의 중요한 모티브였을 가능성도 농후하다. 그렇다면 석탈해설화는 호생설화를 중심으로 난생설화와 결합하는 과정에서 해류를 타고 온 瓠가 櫝으로 바뀌었고,[12] 박혁거세의 설화는 騎馬文化와 결합한 난생설화를 중심으로 호생설화가 결합되면서 "그 알이 호와 같았다"는 것이 삽입되는 한편 알의 발견을 우물가로, 태어난 아기의 목욕장소를 샘 또는 川으로 추가하고, 성도 朴 즉 瓠로 칭한 것으로 추정할 수 있는 것 같다.[13]

한편 호공이 마한에 가서 알영과 박혁거세를 국가를 흥기시킨 '二聖'으로

---

12) 《삼국사기》는 석탈해의 출자국을 왜의 동북 1천 리에 있는 多波那國으로, 그 어머니를 여인국의 왕녀로 전하는데, 이 여인국은 《위지》 동이전에 언급된 옥저의 동해에 있는 섬일 것이다. 따라서 《삼국사기》도 탈해가 일본 열도의 동북에 위치한 것으로 인식한 것이 확실하다. 그러나 탈해가 冶匠이었던 점(脫解란 말 자체가 철을 의미), 일본 열도의 철기기술도 대체로 한반도를 거쳐 전해진 것을 감안하면, 일본 열도 동북 천리 밖에서 鐵冶匠이 신라에 왔다는 것은 너무나 어색하다. 그러므로 필자는 탈해설화는 중국 남부의 호생설화와 철기기술이 직접 또는 한반도를 거쳐 전래된 것을 반영한 것으로 추정한다.

13) 중국에서 박성은 槃瓠蠻(武陵蠻)과 동일한 종족인 板盾蠻의 대성으로 확인되는데, 朴胡란 이름의 巴夷王도 있었다고 한다. 박혁거세와 중국 남부 문화의 관계를 고려할 때 이 역시 우연만은 아닐지 모른다.

주장하였고, 실제 알영과 박혁거세가 함께 순행하며 농상을 장려하였다는 것, 그 아들 남해왕의 妃 雲梯夫人도 영일현 雲梯山聖母로 신앙되어 한발을 구제하는 신의 역할을 하였다는 것은 모두 모계가 중시되는 중국 남부 문화를 상기시킨다. 이 점은 바다를 통하여 도착한 首露王과[14] 허황후의 설화도 마찬가지인 것 같다[15]. 신라 왕권이 박·석·김씨에 의해서 교대로 계승되고 3명의 여왕도 추대된 것 역시 모계의 중시와 관련된 것이라면, 초기 신라와 중국 남부문화의 관계는 의외로 긴밀하였던 것 같다.

이에 비해 金閼智설화도 白鷄가 핵심적인 요소인 만큼 일단 난생설화에 속한다. 그러나 황금궤 안의 내용물은 男兒이므로 이미 卵의 요소는 표면에서 후퇴함으로써 난생의 성격이 크게 약화된 것을 의미한다. 그러나 그 대신 이 설화에는 새로운 요소가 등장한다. 즉 금궤와 그것이 발견된 곳 숲 속의 나무가지가 바로 그것이다. 석탈해가 실려온 것도 궤[櫝]이므로 궤 자체는 새로운 것이 아니다. 그러나 이것은 木櫝이 아닌 金櫝이다. 이것은 신라의 화려하고 정치한 황금 수공예를 상기시키는데, 그 원류가 북방 스키타이문화와 무관하지 않다면, 이 설화는 황금을 즐겨 사용하는 북방 유목문화를 강하게 반영한 것으로 이해되는데, 閼智 역시 흉노 單于의 부인 閼氏를 연상시킨다[16]. 한편 숲과 나무는 동아시아에 광범위하게 유행한 神樹신앙을 시사하는데, 이 점은 다음 장에서 논하겠다.

14) 首露가 깨어난 황금알도 하늘에서 내려왔다는 점에서 수로 설화도 일단 태양숭배, 난생, 황금문화의 복합으로 이해되지만, 거북이를 매개로 알이 내려 왔다는 점에서는 거북신앙 내지는 바다를 통하여 이동해 온 집단과의 관계를 인정하지 않을 수 없는 것 같다.

15) 皇后로 표기한 것도 首露王妃의 許氏의 특별한 지위를 시사하지만, 자손을 金과 許 양성으로 나누었다는 것은 강한 모계를 웅변하는데, 이 점은 일본 고대 국가의 호적에서도 확인된다.

16) 閼智를 《삼국사기》는 "총명하고 지략이 많다"는 의미로, 《삼국유사》는 '小兒'의 의미로 각각 전하고 있지만, 脫解의 語義를 "解韞櫝而出(궤를 싼 것을 풀고 나왔다)"로 해석한 것처럼 이 역시 望文生意에 불과한 것 같다.

3) 산악신앙과 신수신앙

단군신화의 또 다른 핵심은 천제의 아들 환웅이 徒 3천을 거느리고 태백산의 정상 신단수 아래로 내려와 인간세상을 다스리기 시작하였다는 부분이다. 이것은 山嶽信仰과 神樹信仰을 반영한 것이었다는 것은 새삼 지적할 필요도 없으며, 이 역시 동아시아는 물론 세계 도처에서 확인되는 원시 신앙이다. 고대인에게 산은 각종 精靈과 諸神이 거주 또는 출입하는 非 인간의 세계로 인식되었고, 특히 그 정상은 천계로 곧 바로 연결되는 신성한 장소였다. 천제의 아들이 하강한 장소가 태양숭배의 상징인 태백산의 정상이었다는 것은 극히 당연하였다. 수목, 특히 거대한 수목도 정령과 신이 깃든 것으로 경배되었지만, 생명의 영생과 자손의 번식을 보증하는 존재로도 인식되었기 때문에 上古 중국에서는 풍요와 다산을 기원하는 聖所인 社에 수목을 심거나 巨樹 또는 叢林을 社로 이용하기도 하였다. 우리 나라 성황당 주변에 작은 숲 또는 몇 그루의 나무가 있는 것도 바로 이 수목신앙을 반영한 것이다. 또 고대 중국에는 세계의 중심에 위치하여 천지간을 왕래할 수 있는 사다리로 이용되는 天梯神樹 또는 宇宙軸樹의 관념도 보이는데, 《산해경》 海內南經과 《淮南子》 墬形訓에 소개된 建木이 바로 그것이다.

환웅이 태백산 정상 神壇樹 아래 하강한 것은 바로 산악신앙과 신수신앙이 결합된 관념을 반영한 것이 분명하며, '신단수'란 표현이 정확하다면 수목 주변에 神壇을 쌓았거나 신단을 쌓은 후 수목을 심은 것으로 추정되어 단순한 신성한 숲에 대한 신앙과는 차이가 있는 것 같다.[17] 어쨌든 《삼국유사》는 이 부분을 "降於太白山頂神壇樹下 謂之神市"로 기술하고 있는데, 이것을 환웅이 신단수 아래 '神市'를 열었다고 해석한 후 '神市'를 '신시'로 읽고 '신의 도시(city)'로 이해하는 것이 종래의 정설이다. 그러나 우선 문맥상 '神市'는 神壇樹를 가르키는 것도 분명하며, 여기에 '연다(開)'는 의미가 개입될 여지도 없다. 더욱이 한자의 '市'가 도시를 의미한 것은 근대 행정제도가 도입

---

17) 그러나 《삼국유사》가 단군도 '壇君'으로 표기한 것을 보면, 본래는 '神檀樹'일 가능성도 높다.

된 이후이며, 본래는 사람이 모여 물건을 사고 파는 교역의 장소를 의미하였다. 唐代까지도 市는 성내의 일정한 구역에(문을 통하여 출입하는) 한정되었기 때문에 그 이전의 '城市'(《後漢書》 方術傳 廖扶傳) 또는 '市邑'은(《潛夫論》 浮侈篇) 각각 '성안의 시장' 또는 '시장이 있는 읍' 정도의 의미에 불과하였으며, '市' 한 자로 성읍을 표현한 예도 없다. 다만 宋代 이후 성외 교통의 요지에 교역이 발달하면서 취거가 형성된 곳에 鎭이 설치된 이후 이것을 '市鎭' 또는 '市'로 칭하기 시작한 것은 사실이나, 이 역시 도시 보다는 시장의 의미가 강조된 개념이다.

그렇다면 '신시'가 '신의 도시'일 가능성은 거의 없다고 해도 과언이 아닌데, 그렇다면 '신시'는 '신의 시장'을 의미하는 것일까. 그러나 산 정상의 시장을 열었다는 것은 너무 어색하다. 물론 시장의 원초적인 형태가 본래 祭儀가 거행되는 기간 교역이 이루어지는 聖所였던 것은 사실이며, 이 점은 최근 중국고대사 연구에서도 확인되었다. 그러나 관견에 한한 문헌상 '시(市)'에서 제의 또는 특수한 종교적 주술적 의식이 거행되는 것은 확인되지만, 성소 자체를 '市'로 표현한 것은 확인되지 않는다. 즉 문헌상 성소 자체를 '시'로 표현한 예가 없다는 것이다. 결국 설혹 신단수 또는 그 부근이 성소였다는 것을 인정하고 '시'의 원초적 성격을 기억하여 '신시'로 표기하려고 해도 이미 '시'에는 그런 의미를 전달할 含意가 없었고, 따라서 '신시'는 '신의 성소'라는 의미로 전달될 수 없었던 것이다.

이 문제는 '神市'의 '市'를 '시(巾部 2획)'로 읽는 한 해결되지 않는다. 그래서 필자는 이것이 '市(불)'(巾部 1획)일 가능성을 타진해 보았는데, 역시 '市(불)'에는 '초목이 무성한 모습'이란 의미가 있었고 《說文解字》도 '불'을 "草木市市然"으로 해석한 것을 확인할 수 있었다. 그렇다면 '불'은 叢木 또는 叢林이며, 따라서 '신불'은 수목 신앙과 관련하여 흔히 지적되는 神叢과 동일하다는 결론이 자연스럽게 도출되며, 이 해석만이 단군신화에 포함된 수목신앙을 정확하게 이해할 수 있을 뿐 아니라 문맥상의 어색함도 사라진다.

한편 신라 6촌의 촌장들이 모두 山頂으로 하강하였고, 南解王의 비가 운제산성모로 신앙되었다는 것은 모두 산악신앙을 반영한 것이며, 수로왕이 깨어난 황금알이 담긴 붉은 보에 싸인 金盒이 하늘에서 龜旨峰으로 내려 왔다는 수로왕 설화도 황금문화, 난생, 태양, 거북(또는 해상 이동) 신앙과 함께 결합된 산악신앙의 존재를 시사한다. 이에 비해 김알지설화에 보이는 수목신앙은 산악신앙과는 별로 관계가 없는 것 같은데, 이 점은 위지 동이전 馬韓傳에 전하는 蘇塗에 반영된 수목신앙도 마찬가지이다. 소도는 國의 別邑에 세운 '大木'이기 때문이다. 이 별읍을 소도라고 한 것은 이 대목이 곧 소도였기 때문인 것 같다. 신주 역시 신수신앙에서 유래된 것이지만, 소도에 북과 방울을 걸어 놓고 귀신에 제사를 지냈다는 것으로 보아 이것이 수목신앙에 속하는 것은 분명하다. 북과 방울이 신을 부르는 神器였다면, 소도는 천신과 인간을 연결하는 天梯였던 것이다. 그러나 이것은 이미 樹가 아닌 木柱였다는 것은 수목신앙의 원형을 많이 상실하여 김알지 설화의 수목신앙보다 시기적으로 늦은 것으로 보이는데(이 大木은 정기적으로 산에서 벌목해 왔을 것이다), 이 소도를 세우는 의미를 불교와 비슷하나 선악의 기준이 다르다고 한 것은 단순한 샤머니즘적 단계를 넘어서 사회 규범을 통제하는 기능을 발휘하는 제의로 발전하였던 것 같다. 이 성소를 제사한 것으로 보이는 天君도 國邑의 군장이 아니었다는 것은 이 소도신앙이 君長權과 분리된 후기 단계를 시사하지만, 天君이 별읍의 長이었다면, 그리고 죄인도 그곳으로 피신하면 안전하였다는 것은 祭政이 분리되면서 제사가 俗權에 완전 종속되기 이전의 과도 단계를 말해 주는 것 같다.

〈그림 14〉

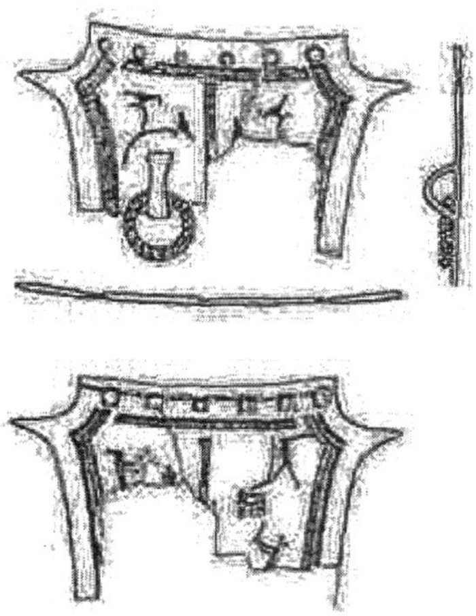

소도는 지금도 남아 있는 솟대나 장승의 원류였다는 것이 정설인데, 솟대 위에는 새 모양이 앉아 있는 경우가 많다. 물론 소도와 새의 관계를 직접 언급한 자료는 없다. 그러나 대전 부근에서 발견한 청동기에는 앞면에는 약간 휘어진 Y자의 양 가지에 각각 새가 앉아 있는 모습과 뒷면에는 농경의례로 추정되는 각화는 소도 의식을 묘사한 것으로 보인다(〈그림 14〉).

또《삼국지》위서 동이전 倭傳의 對蘇國은 현재 일본의 鳥棲에 해당하는데, 이 지역에서 역시 신을 부르는 神器의 일종인 銅鐸도 출토되었다면, 蘇塗와 그 발음의 도치인 對蘇도 '새가 깃든' 또는 '새가 깃든 장대' 정도의 의미일 가능성이 농후하다. 실제 새가 앉아 있는 神竿은 동남아시아에서 중국 동남 연안에 이르는 지역은 물론 내륙 운남성과 일본에서도 낯설지 않는 풍경이다. 소도로 변형된 수목신앙은 종래 주로 북방문화의 계통으로 이해해 왔지만, 역시 중국 남부 문화권과 관련된 것이었을 가능성도 높다.

4) '기자조선'과 은주문명

韓民族 문화의 원류를 논하면서 동아시아에서 가장 선진한 중국 문명의 요소를 논하지 않는다면 상식적이 아닐 것이다. 漢 4郡의 설치에 의한 본격적인 중국 문명의 보급은 일단 차치하더라도 辰韓의 주민이 秦末의 전란을 피하여 온 중국의 유민이었다던가 衛滿이 燕의 유민집단을 이끌로 조선으로 들어왔다는 것도 중국 문화가 韓民族 문화를 형성한 중요한 일부였음을 말해 준다. 그러나 箕子朝鮮의 실재 여부와 그 범위에 관한 논쟁은 다음과 같은 중요한 두 가지 문제와 직결된다. 즉 ① 중국 殷·周文明이 얼마나 조직적으로 한민족 형성 집단에 파급되었고 ② 과연 은말 주초에 이미 조선이 한민족 형성의 핵심 집단으로 존재하였느냐는 것이 그것이다.《삼국유사》에 의하면 기자가 조선에 봉해지자 단군은 藏唐京으로 이동한 후 아사달에 숨어 山神이 되었다고 하는데, 한초 伏生의《尙書大傳》이 기자의 조선 被封을 언급한 이래[18]《사기》를 비롯한 역대 사서와 문헌들은 모두 이것을 史實로 믿어 의심치 않았다. 특히《한서》지리지는 현토·낙랑군을 조선·예맥·고구려의 지역으로 설명하면서 朝鮮으로 간 箕子에 의한 禮義와 농경·蠶桑·방직의 보급을 예찬하고 있으며, 위지 동이전 夫餘 條가 殷曆 정월의 祭天을 전한 것도 기자를 통한 은 문화의 전래를 의식한 것인지도 모른다. 한대의 鮮虞氏는 기자의 후예를 자칭하였다(鮮于璜碑文). 이에 비해 衛滿 이전의 조

18)《周易》明夷 六五爻辭 "箕子之明夷"의 '明夷'를 '朝鮮'으로 해석할 수 있다면, 적어도 기자가 조선으로 간 전승은 춘추시대 이전까지 소급될 수 있을 것이다.

선왕들이 스스로 기자의 후예를 자칭한 직접적인 증거는 없으며, 宋微子世家에서는 기자의 조선 봉건을 대서특필한《사기》도 막상 조선열전에서는 이 문제를 전혀 언급하지 않았다. 그러나 한대의 학자들이 기자의 조선 봉건을 그토록 확신한 것은 무언가 선진 문헌에 근거하였거나 조선의 자칭을 傳聞하였기 때문이었을 것이다.[19]

箕子는 은왕의 친척 또는 서자로 전해졌지만 箕族 출신은 분명하다. 은대의 갑골문이나 은대 기족 청동기의 출토 상황을 보면 은대 기족은 주로 산동성 서부에서 활동한 것으로 추정되는데, 1976년 발굴된 은왕 武丁의 妃 婦好의 묘에서 출토된 기족 청동기 21건은 은대의 기족이 산동의 유력한 씨족으로서 왕실과 관계도 밀접하였으며 은대 청동기 문화의 중심에 참여한 것이 분명하다. 실제 기후 청동기에는 '曩' 또는 '其' 字와 함께 상왕조의 畿內 제후를 표시하는 '亞' 字가 함께 표기된 것도 그 일족의 정치적 지위를 잘 말해 준다. 기자가 실제 조선에 봉건되었다면 이와 같은 기족이 보유한 은대 최고의 청동기 문화가 조선에 이식되었을 것이며, 周初 齊·魯·燕 등의 봉건 사례로 보아 기자 일족 뿐 아니라 봉건시 사여된 상당 규모의 예속 씨족 집단도 함께 이주하였을 것이다. 그러나《左傳》에 보이는 현 산서성 蒲縣 동북 부근의 箕, 晉의 귀족 箕氏의 활약은 은대 기족의 일부가 晉侯에 복속되어 산서로 천사된 사실을 입증해 준다. 한편 70년대 遼寧省 喀左 北洞에서 발견된 曩侯 청동기도 이 지역까지 기족의 일부가 이동한 사실을 밝혀주었는데, 이 기후는 은말·주초 대릉하 유역까지 진출한 殷系 세력의 일부로 보인다. 특히 이 청동기는 孤竹國의 청동기와 함께 출토되었는데, 그 銘文에 의하면 기후와 고죽은 모두 燕侯에 복속된 소 집단에 불과한 것 같다. 더욱이 산동의 紀(曩)국도 姜姓이었다면, 이것은 은대 기족의 근거지에 강성을 봉건한 것이 분명하다. 이것은 周初의 기족은 유력한 봉건 제후에 각각 분산

19)《尚書大傳》도 기존의 문헌 또는 口傳에 의거한 것으로 추측되지만,《사기》도 단순히《상서대전》을 근거로 宋微子世家의 箕子 기사를 창작한 것은 아닐 것이다. 또《한서》지리지의 낙랑·현토의 풍속기사는 현지 郡縣의 보고에 의거한 성격이 강한데, 함께 언급된 箕子의 敎化도 그 보고 또는 傳聞의 일부일 가능성이 농후하다.《魏略》이 전하는 朝鮮 기사도 찬자의 창작은 아니라면, 적어도 위만 이전 朝鮮의 고사전승이 별도로 존재하였을 가능성이 높다.

신속되었을 뿐 기족 주체의 대규모의 봉건은 없었던 사실을 말해 준다. 기자의 조선봉건을 전한 기사들도 대체로 그 봉건이 주 왕실의 계획된 정식 봉건이 아니라 기자가 조선으로 망명한 이후에 朝鮮侯로 추인한 것으로 전하는 것도 바로 이 때문인 것 같다. 사실 주대 봉건 제후국중 複字名의 예가 확인되지 않는 것을 고려하면 조선후란 칭호 자체도 대단히 의심스럽지만, 기자가 다시 周에 입조하였을 때 殷墟를 지나며 망국의 비애를 담은 麥莠之詩를 읊었다는 것도 허구에 불과한 것 같다. 서주의 王都 成周는 낙양이었고 鎬京은 섬서성 서안 이서에 있었기 때문에 그가 하남성 安陽의 殷墟를 지날 이유가 없었을 것이다.

따라서 설사 기자 또는 그 일족이 조선지역으로 간 것은 사실이었을지라도, 그 이동 집단의 규모도 작았고 그 일족이 보유한 전 역량을 대동하지도 못하였을 것이다. 아직까지 요서 일대에는 전형적인 은문화나 조기 주문화가 발견되지 않고 있으며, 서주 이후 이 일대에서 발전한 夏家店上層 문화에서도 중원 청동 禮器 문화의 영향이 뚜렷하지만 주의 대규모 봉건 식민과 은주 문화의 대대적인 이식을 추측할 수 있는 수준은 아닌 것 같다. 요동지역의 상황은 더욱 말할 필요도 없을 것이다. 이와 같은 상황은 마치 "고구려의 땅은 본래 고죽국의 (땅)이었는데, 주대에 그곳에 기자를 봉하였다"는 《隋書》 裴矩傳의 주장을 입증하는 것 같다. 고죽은 현재 하북성 灤縣 부근으로 추정된다. 그렇다면 과연 기자가 실제 고죽 또는 그 일대에 봉건된 것이었는가. 아니면 燕侯에 臣屬된 기후의 일시적인 이 지역 진출이 기자의 조선 봉건으로 부회되었는가. 아니면 기자 또는 그 일족이 이 일대에 기후로 봉건되었으나 그후 이 지역을 차지한 조선이 기자의 후예를 자처한 것인가. 이 문제는 결국 적어도 은말·주초에 조선이 이미 존재하였느냐는(그 위치는 일단 차치하더라도) 문제와 직결된다.

기자의 봉건 또는 기자의 조선행을 전하는 자료들은 모두 당시 조선의 존재를 전제로 기술한 것 같다. 그러나 선진 문헌 중 조선을 직접 언급한 것은 《山海經》(海內北經, 海內經)·《管子》(輕重甲)·《戰國策》(燕 1)에 불과한데, 이들의 성립 연대는(특히 조선이 언급된 편장)은 전국시대 이상 소급되지 않으며,[20] 전국시대 魏 襄王의 무덤에서 출토되었다는 《逸周書》 王會解는 여러 동북아를 열거하면서도 조선은 언급하지 않았다. 물론 많은 학자들은 중국의 동북에서 확인되는 집단 중 '조선'의 의미(밝음, 광명) 또는 현재 한국어의 '밝다'라는 음에 근사한 집단, 즉 發·不·符婁·白民(이상 《일주서》)·貊·亳·北(이상 《시경》)·番 등이 바로 조선에 해당한다고 주장한다. 그러나 發과 조선이, 예맥과 조선이, 진번과 조선이 각각 병칭된 것을 보면, 설혹 이들이 모두 동일한 계통에 속하였을지라도 조선도 이들중 하나에 불과하였을 것이다. 또 發과 貊이 은말·주초에 이미 존재하였다고 조선 역시 동시기에 존재하였다는 보장도 없으며, 조선이 '발' 등의 의미를 한자로 표기한 것인지도 분명치 않다. 조선이 순록을 의미하는 현지어의 音寫였고, 따라서 肅愼(息愼·稷愼)도 조선과 동일하다는 주장도 있고, 한편 朝와 鮮을 구분하여 鮮은 魚에서 유래하였다는 주장도 있기 때문이다.

전국시대 조선이 燕의 동 또는 동북에 존재한 것은 의문의 여지가 없으며, 《史記》의 기술로 보아 위만의 국호가 조선이었고 그 이전 朝鮮과 眞番이 그 부근에 있었던 것도 분명하다. 《위략》의 기사를 신뢰한다면 전국시대의 조선은 燕과 대결할 정도로 강성한 나라로 보인다. 그러나 《위략》에 소개된 그 국가의 명호가 실제 조선이었는지는 분명치 않다. 그 君王이 연의 稱王 이후에 비로소 칭왕하였고 그 이전에는 侯를 칭하였다는 것도 납득하기 어렵지만, 準王의 국호가 조선이었다면 그가 위만에 쫓겨 달아나서 한왕을 칭하였다는 것도 납득할 수 없기 때문이다. 그가 조선의 왕이었다면 남부로 달아나서도 조선왕을 칭하였을 것이 아닌가. 그러므로 《위략》의 朝鮮王 또는 朝鮮侯는 ① 조선이 동북지역의 통합세력이었고 ② 기자의 조선봉건을 전제한 허구에 불과하거나 중국인들이 일방적으로 이민족을 外臣 제후로 편입하는 관념의 소산으로 보인다. 은말 주초에 조선이 없었다면, '朝鮮侯 箕子'도 존재할 수 없었겠지만, 주초 燕侯의 통제하에 대릉하 유역에 진출한 기후가 설혹 '조선'의 일부를 복속하여 조선후를 자칭하였을지라도 그 '조선'은 전국시대의 조선과는 전혀 차원이 다른 소국이었을 것이다. 물론 이 소국도 문명

20) 《관자》의 '發 朝鮮'이 管仲과 齊 桓公의 대화에 나온 것을 근거로 '조선'의 명호가 적어도 제환공의 시대인 기원전 7세기까지 소급되는 것으로 주장하는 것은 《관자》, 특히 그 輕重篇의 성립 연대를 전혀 고려하지 않은 소치일 뿐이다.

의 중심과 계속 긴밀한 관계를 유지하면서 발전하였다면, 그리고 그 일대의 문화가 현격히 낮았다면, 이 소국은 문명의 거점으로서 주변의 문명화에 크게 기여하였을지도 모른다. 그러나 연도 서주와의 관계를 긴밀하게 유지하지 못하였을 뿐 아니라 춘추시대 연도 융적의 핍박을 계속 받은 상황에서 기후국도 문명의 중심과 긴밀한 관계를 유지할 수 없었을 것이다. 더욱이 이 지역은 이미 夏家店 하층문화 이래 독자적인 청동기 문화가 발전하고 있었고, 그것을 계승한 하가점 상층문화에서 은주 문명의 요소는 별로 강하지 않다. 그렇다면 箕侯國이 설혹 상당 기간 존속하였을지라도 요동은 물론 요서에서도 문명의 전초 기지 역할을 크게 할 수는 없었을 것이다. 고구려의 箕子神 제사도 단순한 '기자조선'의 계승을 자임하기 위한 것이 아니라 혹 고구려의 모체와 기후국의 역사와 긴밀하게 관련된 것이었을지라도, '기자조선'이 예맥세계에 은주 문명을 이식한 공헌을 적극적으로 평가할 이유는 없는 것 같다.

5) 조선·한·예·맥의 공간

《삼국지》 위서 동이전에 수록된 부여·고구려·小水貊·沃沮·濊·三韓의 위치는 상호간의 경계나 그 정확한 위치에 대한 이견도 적지 않다. 그러나 이들이 대체로 한반도와 그 북부, 요동반도의 이동에 분포한 것은 이론의 여지가 없으며, 위만과 그가 쫓아낸 準王의 도성 왕검성도 현 대동강 유역의 평양 부근이 거의 확실한 것 같다. 따라서 전국시대(기원전 3세기 초) 조선이 燕에 의해 2천 리 밖으로 밀려났다는 것이 어느 정도 사실이라면, 당시 조선의 서쪽 세력 범위는 대체로 대릉하 유역까지 미쳤고, 그 도성 역시 대동강 유역이 아니라 요동 부근에 있었을 가능성도 인정된다. 그러나 중국에서 왕검성에 이르기까지 건너는 遼水·滿番汗·浿水·列水 등의 위치를 재 비정하여 심지어 요수도 현재의 灤河로 보는 한편 왕검성과 동일한 의미로 추정되는 險瀆이 한대 요동군의 險瀆縣 및 하북성 난하 하류의 昌黎에서도 확인된다는 것을 이유로 단군 또는 기자조선의 중심부를 난하 유역으로 설정하는 주장은 찬성하기 어렵다. 시대에 따른 지명과 水名의 이동을 고려하는 것도 상식이며, 險瀆이(임금의 터?) 王都 또는 군장의 읍을 왕검성으로 명명하는 집단이 남긴 지명이었을 가능성도 농후하다. 그러나 조선과 동일한 계통에 속하는 집단이 전국시대 이전 이미 하나의 왕권에 통합되었다는 증거도 없지만, 조선의 왕도명이 왕검이었다는 것과 '임금의 터'가 모두 조선의 왕도였다는 것과는 별개의 문제이기 때문이다.

그러나 《좌전》 중 춘추시대의 주왕이 주왕조의 '北土' 즉 북계를 "肅愼 燕亳"으로 표현한 것은 (昭公 9년) 적어도 주초의 貊은 연산산맥 부근에서도 활동한 인상을 준다. 이것은 燕과 亳이 連接한 인상을 주는데, 당시 연의 국도는 북경 남쪽 琉璃河에 있었고 '박'은 貊으로 보는 것이 자연스럽기 때문이다. 이 문제와 관련 흔히 거론되는 것은 周 宣王에 의한 韓侯의 재책명을 묘사한 《시경》 韓奕篇의 다음과 같은 구절이다. 즉 "薄彼韓城 燕師所完 因先祖受命 因時百蠻 王錫韓侯 其追其貊 奄受北國 因以其伯(저 웅대한 한성, 燕師가 완성해 주었네, 네 선조가 명을 받아 百蠻을 관리하였도다. 왕이 한후에게 (다시 명을) 내리니 追와 貊을 (복속하여) 북국을 (어루만지는 명을) 받아 그 伯이 되어라)". 여기서 '追'가 '濊'라면 이 구절은 ① 당시 예맥이 한성 부근에 존재하였고, ② 한이 이처럼 예맥과 밀접한 관계가 있었다면 위지 동이전에 보이는 한반도 남부의 韓도 西周의 韓城 부근에서 활동한 시기가 있었을 가능성을 제기한다.

그렇다면 이 한성은 어디에 있었는가. 종래 이 문제는 섬서 韓城縣과 하북 方城縣說이 대립되어 왔다. 후자는 특히 韓과 燕의 근접성을 고려한 것으로 추측되는데, 이 때문에 전자를 지지하는 사람들은 '燕'을 '安'(평안한 시기)으로 해석함으로써 한과 연의 관계를 부정하기도 한다. 그러나 주초 燕 昭公은 陝 이동의 군사를 총괄하였고, 周王이 被封 제후의 도성과 궁을 건설해 주는 예도 확인되는 만큼 섬서성의 한성 축조에 燕의 인력이 동원되었다고 해도 부자연스러운 일은 아니라면, 섬서 한성설도 부정할 이유가 없지만, 韓城이 韓의 이동과 함께 섬서 북부에서 하북 북부로 이동한 것으로 이해하면 양설이 모두 성립할 수도 있다. 실제 하북성 文安·大城·任丘 일대에도 濊水·濊口·濊邑(한대에 章武縣으로 개명)·貊邑(진한대에 莫縣을 개명) 등의 고지명이 전한다고 한다. 漢初 기병을 보내 漢을 도운 北貉과 北人도(《漢書》 高祖本紀 4년 8월) 華北에서 그리 멀리 떨어진 집단은 아니었던 것 같다. 이것은 결국 주대의 예·맥·한이 모두 주로 狄의 무대로 알려진 중국 북방과 하북의 북부에서도 활동한 것을 인정하는 것이다[21]. 그렇다면 貊과 동방 夷와 연칭된 예가 없는 반면 왕왕 貊과 狄이 연칭된 것도 결코 우연이 아닌 것 같으며, 역대 주석가들이 대부분 貊을 東夷가 아닌 北狄으로 분류한 것도 이 때문일 것이다.《삼국사기》고구려 본기에 보이는 梁貊은 太子河의 古名 梁水에서 유래된 것으로 알려지고 있다. 그러나 韓奕篇이 韓城의 소재를 梁山으로 명기한 것을 상기하면, 양맥은 韓侯에 예속되었던 貊이었을 가능성이 높고,《尙書》周官 孔氏傳의 "海東諸夷 句麗 扶餘 馯貌"의 '馯貌'도 '韓貊'의 異寫라면, 이 역시 韓과 貊의 관계를 다시 한번 입증해 준다. 조선이 韓姓을 칭하였다는 것(《潛夫論》志氏姓, 여기서 조선은 '韓西'로 표기, 西는 '鮮'과 통한다), 위만에 내쫓긴 準王이 海中으로 피신하여 韓王을 칭하였고[22](그 이전에도 한왕을 칭하였을 것), 韓人들이《魏略》이 찬술된 시기에도 그를 계속 제사하였다는 것은(《위략》) 모두 섬서성 韓侯에 복속되었던 예맥의 東遷을 상정하지 않으면 이해하기 어려운 문제일 것이다.

이에 비해 주초 魯侯의 淮夷·徐戎 정복을 찬양한《시경》魯頌 閟宮의 다음과 같은 싯귀는 貊의 일부가 회수 유역에서도 활동하였음을 입증해 주는 것 같다. 즉 "遂荒徐宅 至于海邦 淮夷蠻貊 及彼南夷 莫不率從(마침내 徐의 영토를 차지하고 해변의 나라에 이르니 회이와 蠻貊, 저 南夷들도 복종하지 않은 자가 없었다)". 선진 문헌에 보이는 동이 제 집단이《삼국지》위서 동이전에 보이는 동이와는 그 문화계통이 전혀 다르다. 그러나 상고 동남의 부족이 서북으로, 서북의 부족이 동남으로, 또는 산동반도의 집단이 요동반도의 남단으로 각각 이동하는 예도 적지 않으며, 이에 따라 각 지역의 문화의 상호 영향이 확인되기도 한다. 특히 서주초 서북의 周族과(魯를 비롯한 姬姓 제국) 羌族이(齊를 비롯한 姜姓 제국) 대거 산동에 봉건되었고, 회이와 남이에 대한 정벌전

---

21) 이것을 근거로 춘추시대 晉의 북방에서 활동한 驪戎도 고구려 貊의 一支로 주장하는 견해도 있다. 그렇다면 이 여융은 山西의 箕와 교섭하였을 것이며, 훗날 고구려가 箕子神을 모신 것도 바로 이 교섭과 전혀 무관한 것으로 배제할 필요도 없는 것 같다.

22) 위만 조선에 남아 있던 준왕의 일족도 準王이 韓王을 칭하자 韓姓을 칭하였다고 하나, 이것은 오히려 준왕이 그 이전에도 한왕을 칭한 증거일 것이다.

쟁도 장기간 계속되었다. 따라서 동남의 淮夷와 南夷 지역에 서북 또는 북방의 戎과 貊이 부분적으로 잡거하게 되고, 예맥계의 지명도 남았을 것이다[23]. 김상기 박사가 주장한 바와 같이 徐戎은 예맥과 동계일 가능성도 있으며, 주몽설화와 서언왕의 설화가 비슷한 것도 이 때문인지도 모른다. 그러나 예맥의 일부가 동남으로 이동하여 일시 세력을 떨쳤다는 것과 이 지역의 문화가 동북 예맥에 영향을 미친 것과는 전혀 별개의 문제일 것이다.

6) 맺음말

한민족 형성 집단의 시조신화에는 곰과 호랑이의 토테미즘, 새 토테미즘과 난생신화, 태양신앙, 瓠生神話, 射日神話, 천손강림, 산악과 수목신앙, 천마와 거북신앙 등 다양한 요소가 반영되었으며, 각 집단에 따라 이 요소들의 복합도 상이하였다. 이러한 신앙은 모두 동아시아에 광범위하게 유행하였던 것이며, 따라서 이러한 신앙을 담지한 집단과 한민족 형성 집단들이 일정한 교섭을 가졌을 가능성도 어느 정도 인정되며, 한민족 문화의 원류를 이 집단의 문화와 관련하여 탐색하는 것도 필요할 것이다. 그러나 동일한 신화적 발상을 가진 집단이 반드시 상호의 밀접한 교섭을 의미하는 것도 아니며, 동일한 계통의 신화를 공유한 집단이 반드시 동일한 문화권에 속하는 것도 아니다. 또 동일한 문화권에 속한 것이 인정된다 하더라도, 그 문화가 곧 동일한 것은 아니다. 문화에는 시간과 층차, 그리고 중심부와 주변부의 층차가 있기 때문이다. 예컨대 殷과 예맥이 난생설화를 담지하였을지라도 난생신화의 유형과 변종도 다양할 뿐 아니라, 설혹 기본적으로 동일한 유형의 신화를 공유하였을지라도 그 공유가 신석기시대에 이루어졌던 것이라면, 또는 은대에 공유된 것이라도 은의 고도한 청동기 문화의 상층구조와 무관한 주변적 차원에서 이루진 것이라면, 굳이 예맥의 문화적 원류를 은 문화에서 찾을 이유도

23) 예컨대 《좌전》에 보이는 牟婁(산동 諸縣 동북)·根牟(산동 沂水縣 남)·介(산동 高密縣 서) 등은 예맥계의 지명일 가능성도 있지만, 이 지역의 '동이'를 모두 예맥계로 보는 것은 금물이다. 또 산동에서 齊와 경쟁한 萊도 《逸周書》의 良夷와 동일한 것으로 보고 예맥계로 주장하는 견해도 있으나 별 근거가 있는 것은 아니다.

없으며 더 더욱 은 문화를 예맥의 문화로 주장할 수는 없는 것이다. 문화와 민족도 역사적으로 형성 발전하는 것이기 때문이다. 이 글이 한민족과 관련된 신화와 토템신앙의 다양성을 비교 분석한 것은 바로 이 점을 강조하고 싶었기 때문이다.

따라서 문화의 원류를 탐색하는 작업에는 그 집단이 거주, 활동한 구체적인 공간과 그 시기를 확인하는 것이 필수적인데, 여기서 가장 큰 위험은 비슷한 발음이나 의미의 문자를 모두 동일한 집단으로 간주하여, 그 범위를 무한히 확대시키는 것이다. 특히 漢字는 假借와 同音異寫도 많고 외국의 고유명사를 의역하여 표기하는 경우도 많기 때문에, 상상을 절제하지 않으면 어떤 동일한 내용으로 간주할 수 있다는 문자가 너무나 확대되어, 오히려 불신을 자초하는 경우도 많다. 그러나 문헌을 보수적으로 이해해도 은주시대 예맥족이 중국의 섬서·산서·하북의 북방은 물론 회수 유역에서 활동한 것은 사실이다. 그러나 중국 북방에서 활동한 제 집단은 한민족 문화의 형성에 지대한 영향을 주었겠지만, 회수 유역에서 활동한 맥족을 통하여 회수 유역의 문화가 한민족 문화에 영향을 준 것은 거의 없었을 것이다. 또 주초 하북의 예맥 존재가 곧 그 부근이 고조선의 영역이란 의미도 아니며, 전국시대 '朝鮮의 像'을 은주시대까지 소급하는 것도 금물이다.

한민족의 문명적 발전에 가장 영향을 준 것은 역시 중국 문명일 것이다. 기자조선은 바로 그 초기 중국 문명의 수용 내지 이식을 강조하기 위하여 주장된 것이었다. 그러나 은말 주초 조선이란 국호 또는 지명이 존재하였는지도 의문이지만, 주초 대릉하 유역에 나타난 箕族의 一支도 은주 문명을 체계적으로 대거 이식하는 역할은 하지 못하였고, 이것은 역시 漢 4郡의 설치 이후에 속하는 것 같다. 그 결과 예맥족은 중국문명의 외각에서 또 다른 문명권에 참여하면서 발전하였다. 이것이 바로 홍산문화에서 하가점 상층문화에 이르는 요하 문화권이며, 이 중 특히 비파형동검, 미송리형 토기, 적석총은 예맥 문화라고 한다. 그러나 전한말 편찬된 揚雄의 《方言》은 각지의 방언을 보고하면서 "朝鮮洌水之間"의 언어를 소개함으로써 조선을 중국 방언권으로 인식하였을 뿐 아니라, "燕代朝鮮洌水之間", "燕之北鄙朝鮮洌水之間", "燕之北郊朝鮮洌水之間", "燕之外鄙朝鮮洌水之間", "燕朝鮮洌水之間", "北燕朝鮮

之間", "燕之東北朝鮮冽水之間", "北燕朝鮮冽水之間"에 동일하게 사용되는 방언을 다수 소개하였다. 물론 이것은 연 또는 그 동북 외곽에서 청천강에 이르는 지역이 모두 동일한 언어권에 속하는 것을 의미하는 것은 아니다. 그러나 이것은 적어도 연 문화가 이 지역에 상당히 확산되었거나 예맥족과 연의 밀접한 교섭을 반영한 것은 분명하며, 따라서 연을 통한 중원문화와 그 주변문화의 보급도 과소평가해서는 안될 것이다.

문헌을 통한 역사연구의 한계는 자명하다. 그것은 기록된 것만을 대상으로 하는데, 기록의 불충분, 누락, 망실은 차치하더라도 때로는 의도적으로 왜곡되고 심지어는 창조되기도 하기 때문이다. 문헌상으로 한민족 문화의 북방 계통을 추정하는 것은 어느 정도 가능한 것 같으며, 남방 계통도 그 편린은 남아 있는 것 같다. 그러나 문헌만으로 그 시간과 공간을 구체적으로 추정하는 것도 사실상 불가능한 일이라고 해도 과언은 아니라면, 고고학에 기초하지 않은 신화와 전승의 분석은 시간과 공간의 학문인 역사의 범위를 크게 벗어난 것이다. 더욱이 한민족 문화의 원류를 논함에 있어서 빼놓을 수 없는 문제, 예컨대《삼국지》위서 동이전 이전의 동아시아의 종족과 문화의 분포, 특히 삼한 이전 한반도 남부의 문화, 稻作을 시작 또는 전래한 집단과 고인돌 문화의 주인공, 등등의 문제는 고고학과 형질인류학의 도움을 받지 않으면 그 존재조차 의식하지 못할지도 모른다. 약간의 유물을 참고하였지만 기획자의 주문대로 주로 문헌의 검토에 始終할 수밖에 없었던 본고는 고고학 및 형질인류학에서 이 문제에 접근한 글들과 함께 읽지 않으면 너무나 공소한 느낌을 줄 것이다. 마지막 부언하고 싶은 것은 한민족의 원류를 탐색하는 것은 특정 범위내에서 그 고유한 것을 확인하는 것이 아니라 한민족의 문화를 계속 풍부하게 만드는데 직접 간접적으로 기여한 여러 집단의 문화를 확인하는 것이 되어야 한다는 것이다. 본고는 한민족의 형성과 그 문화의 발전에 참여한 그 집단의 범위를 漢族을 비롯한 중국 내륙의 소수민족, 匈奴를 비롯한 북방의 여러 유목민족, 烏桓, 鮮卑, 肅愼, 挹婁, 靺鞨, 倭 정도로 일단 좁힘으로써, 그 구체적인 내용을 추적하는 과제의 기초를 정립한 것에 불과하다.

〈李成珪〉

Ⅲ. 한국사의 시대적 특성

1. 선　사
2. 고　대
3. 고　려
4. 조　선
5. 근현대

Ⅲ. 한국사의 시대적 특성

1. 선　사

한반도에서 사람이 살기 시작한 것은 지금으로부터 50~60만년 전의 유적이 발견되어 유물이 출토되는 것으로 보아 매우 오래 전부터임을 알 수 있다. 이 때는 지질학적으로 제4기 홍적세로 기후와 지형의 변화가 심하였다. 지금으로부터 1만년 전 무렵까지 계속된 이 홍적세의 기나긴 기간 중에 주로 타제석기를 사용하면서 수렵·채집경제를 기반으로 전개된 문화가 구석기문화이다.

그 후 지금으로부터 1만년 전부터 지구상에는 기온의 상승과 함께 동식물상의 변화가 일어나서 지금과 비슷한 자연환경을 맞이하게 되었다. 이러한 새로운 환경에 적응하면서 새로운 문화가 싹트게 되었다.

신석기시대 문화라고 하면 이와 같이 홍적세 이후 새로운 환경에 적응하면서 농경과 목축을 배경으로 전개된 문화라 할 수 있다. 그러나 지역에 따라서는 농경의 실시 이전에 토기가 먼저 제작되고 간석기를 사용한 곳도 있다. 이것은 지질학적으로 충적세에 속하고, 토기와 간석기들은 신석기적 문화 요소이기 때문에 이를 근거로 하여 신석기문화라고 부르는 지역도 있다. 후자에 속하는 곳이 가까운 시베리아, 일본, 한국이다. 한국의 신석기시대는 기존에는 대략 기원전 6000년경부터 시작된 것으로 파악되어 왔으나, 새로운 자료의 증가를 통해 현재는 기원전 10000년경까지 소급해보기도 한다. 이후 한국의 신석기시대는 지방적 특색을 지니면서 발전하였고, 농경의 시작은 기원전 2000년경의 신석기시대 말기에 시작되었던 것으로 보인다.

기원전 10세기에 이르면 쌀을 중심으로 하는 원시농업경제를 배경으로 청동기시대가 시작되며, 이전 시대와 비교하여 문화에 전반적인 큰 변화가 일어난다. 일반적으로 청동기시대의 특징이라고 하면 지배계층의 확립, 문자의 발명, 도시의 발생, 교역과 분업, 청동기의 출현 등의 요소를 들 수 있다. 한반도의 경우에는 반드시 그와 같은 여러 조건을 전제로 하여 청동기시대로 시대구분되지는 않는다. 청동기시대의 규정 요소로 가장 중요한 것은 청동기의 사용이라 할 수 있다. 한반도에서 청동기가 출현하는 시기는 기원전 10세기경이나, 鑄銅이 본격적으로 시작된 증거는 그보다 약간 더 늦은 시기부터 나타난다.

청동기의 생산이 본격화되면서 그 형태와 기능이 점차 세련되고 다양해지는 과정을 겪게 되고 기원전 3세기경에는 새로이 철기의 도입이 이루어진다. 철기의 출현시기는 대체로 청동기의 극성기와 일치하기 때문에 청동기시대와 철기시대의 분기점을 설정하는 데에는 여러 문제가 있지만, 그 시기는 어디까지나 청동기시대의 문화전통이 지속되던 것으로 보아야하므로 본격적으로 철기가 보급되는 서력 기원 전후를 분기로 하여 그 이전은 청동기시대, 이후는 원삼국시대로 구분하기도 한다.

철기의 보급과 농업 생산을 기반으로 하여 비약적인 발전을 이룩하게 되는 원삼국문화는 4세기를 전후하여 왕권의 성립과 함께 거대한 무덤을 축조하는 삼국시대로 접어든다.

한국의 선사문화는 이상과 같이 전기구석기시대부터 본격적인 삼국시대 개시 이전까지 한반도 선주민이 남긴 일체의 문화라 할 수 있다.

1) 역사의 서장－구석기문화

한반도에서 구석기문화가 논의되고, 발굴 조사가 행하여진 것은 최근 40년 이내의 일이다. 해방 전인 1935년 함경북도 두만강 부근 동관진에서 고생물학자 모리 타메조(森爲三)·도쿠나가 시게야스(德永重康)에 의해 채집된 赤鹿(Cervus)·巨鹿(Megaceros)의 뿔 또는 뼈로 만든 약간의 찌르개가 채집되었고, 흑요석으로 만들어진 예리한 날의 석기도 몇 점 발견되었다. 이를 근거로 나오라(直良信夫)는 1940년에 이것을 구석기시대 유물이라고 주장한 바 있었다. 그러나 이 유적 근처에는 신석기유적들이 있고, 이러한 유적에서도 흑요석으로 만든 뗀석기들이 출토되고 있기 때문에, 동관진에서 채집된 홍적세 화석동물 뼈 조각과 이들 석기와의 공존관계 여부가 의문시되었다. 이러한 연유로 구석기시대의 존재가 부정적으로 취급되어 왔다. 이러한 상황이 계속되던 중 구석기시대의 유적과 유물이 새로이 발견되고 본격적인 발굴 조사가 이루어진 것은 1960년대 초이다. 이렇듯 구석기 연구 역사는 매우 짧은 편이지만 그간 한반도에서 발견된 구석기 유적 수는 약 30여 개 소에 달하며, 그 중 전기구석기에서 후기구석기에 속하는 유적이 모두 발견되어 구석기시대의 흐름을 파악할 수 있게 되었다. 이들 중 그 유적의 성격이 파악되어진 대표적인 전기구석기유적으로는 평양 상원 검은모루유적, 경기도 연천군 전곡리, 충남 공주군 석장리, 충북 제천군 점말동굴 등이 있다.

먼저 1966년 발굴 조사된 평양 상원 검은모루유적은 그 연대가 40~60만 년 전으로 발표됨에 따라 우리 나라 역사의 상한선이 종래 생각했던 것보다 수십 만년 상회한다는 의미에서 중요성을 갖는다. 이것은 동서의 길이 약 30m, 최대 폭 2.5m 정도의 석회암 동굴 유적으로 시멘트 재료를 구하기 위한 석회암 채취 과정에서 알려진 곳이나, 여러 종류의 뗀석기와 함께 수많은 동물화석이 발견되어 전기구석기 연구에 중요한 자료가 되었다. 뗀석기로는 석회암류나 석영맥암으로 만든 주먹도끼·찌르개·외날긁개 등이 있는데, 이들은 돌로 된 모루 위에 원석을 던져 그 파편으로서 석기를 제작하는 모루떼기(Anvil Hurling Technique) 또는 직접떼기기술로 제작되었다. 이들 석기와 함께 출토된 다량의 홍적세 동물화석은 몇 개의 생태적 집단으로 구분되는데 삼림성 포유류가 절반 이상이고 그 다음으로 초원성 또는 삼림 초원성이 많으며, 강이나 늪 가까이 사는 동물은 두세 종에 불과하다. 특히 상원큰사슴·상원갈발쥐·상원말 등 고생물 중에서 처음 발견된 종류도 포함되어 있어 주목된다. 또한 물소·원숭이·큰쌍코뿔소·코끼리 등은 아열대 및 열대에 사는 동물로서 당시의 기후가 현재보다 더웠고 습윤하였다는 것을 암시하고 있다. 이들은 홍적세중기 초인 약 50~60만 년 전으로 추정된다.

충남 공주군 석장리 유적은 남한에서 발견된 최초의 구석기유적으로 학계는 물론 일반 국민의 많은 관심을 끌었던 곳이다. 미국 위스콘신대학교의 모아(A. Mohr)씨와 샘플(L. Sample) 여사의 지표조사에서 약간의 뗀석기편이 수습되었다.

1964년부터 1971년까지 연세대학교 박물관조사단이 연차적인 발굴에 착수하여 전기·중기·후기의 구석기문화층이 확인되었다. 이 중 전기에 속하는 하위층에서는 찍개문화전통(Chopper, Chopping Tool)의 석영재 석기가 출토되었다. 중기구석기시대에 속하는 것으로는 석장리 중위층이 대표적인데, 여기서는 긁개·조각기 등 박편석기 계통의 석영제·반암제 석기가 주체를 점하고 있다. 한편 평양 상원 검은모루 부근의 용곡동 동굴유적에서는 김일성 종합대학 고고학조사단에 의해 40~50만 년 전의 화석인골 10인분과 다수의 뗀석기들이 출토되어 체질인류학적 측면에서의 전기구석기인의 연구가 가능하게 되었다. 후기구석기시대에 속하는 것으로는 석장리 상위층, 웅기 굴포리가 있다. 석장리에서는 전기와 중기에 많던 찍개가 수적으로 감소하고 박편석기가 현저히 증가되며, 유럽의 후기구석기문화인 오리나시안(Aurignacian) 기법이 나타나며, 북중국과 시베리아의 구석기들과도 관련성을 보인다. 굴포리에서는 긁개와 조각기 등의 석영제, 각혈암제 박편석기가 출토되었다.

이상과 같이 한반도에서는 구석기시대 전기에서부터 후기에 이르는 여러 유적과 화석 인골이 확인되었다.

2) 정착생활의 신석기문화

이제까지 한반도에서 발견된 신석기시대 유적의 수는 약 150개소에 이른다. 이들은 한반도 전역에 균등하게 분포되어 있지는 않고, 주로 대동강·한강 유역 및 그 인접도서를 포함한 서해안지역, 두만강유역을 포함한 동북해안지역, 낙동강유역을 포함한 남해안지역 등 세 개 지역에 밀집 분포되어 있다. 이들 각 지역군 사이에는 문화 양상의 차이 또한 적지 않다.

서해안지역에서는 토기의 기형이 곧은 아가리와 뾰족 바닥으로 이어지는 포탄 모양의 뾰족밑 토기가 주류를 이룬다. 이들 토기의 바탕흙에는 운모가 혼입된 것이 많고, 수적으로는 적지만 석면과 활석이 혼입된 것도 있다. 무늬는 그릇 표면의 전면 혹은 일부에 장식되어 있으며, 이들 무늬는 바탕흙이 마르기 전에 이빨이 하나인 단치구 또는 여러 개 달린 다치구의 무늬새기개로 긋거나 눌러서 새긴 것이다. 아가리부분의 주된 무늬로는 평행밀집단사선문, 점열문, 사격자문 등이 있고, 몸체 부분에는 어골문 또는 그의 변형이 대부분이고, 바닥은 몸체와 다른 무늬로 장식하였다. 이런 특성을 갖는 토기를 총괄하여 서한첨저유형토기라고 부르기도 한다. 이 서한토기는 표면의 장식무늬가 아가리부분, 몸체부분, 그리고 바닥 가까운 부분 등 각각의 몸체 부위에 따른 장식 무늬의 유무와 조합 관계에 따라 3기로 나뉘어진다. 제1기는 기원전 5000~3500년, 2기는 기원전 3500~2000년, 3기는 기원전 2000~1000년까지이다.

동북해안지역의 토기는 그릇 형태에 있어 예외 없이 납작바닥인 점이 특징이다. 바탕흙에는 굵은 모래가 섞여 있으며, 수적으로는 많지 않지만 조개가루를 혼입한 것도 있다. 무늬는 토기 표면 전체에 걸쳐 그린 것이 아니라, 그릇 표면의 아가리부분 또는 아가리부분과 몸체부분에 국한되어 있다. 무늬를 그린 수법은 매우 다양한데, 바탕흙을 빚고 그것이 마르기 전에 눌러찍기 또는 그어서 무늬를 새긴 것이 아니라 뾰족한 무늬새기개로 찔러서 점 같은 것을 새긴 것이다. 그러나 무늬가 없는 토기도 반출되고 있다. 이들 토기를 일괄하여 동한평저유형토기라고 부르기도 한다. 이 동한토기는 함북 웅기군 서포항유적 발굴 조사에서 층서적 상하관계가 잘 나타나 있으므로 그에 따라 1기에서 5기로 세분되며 1기는 기원전 5000년경에서부터 시작되어 기원전 1000년까지 계속되었다.

남해안지역에서는 부산 영도섬에 있는 동삼동유적이 중요하다. 동삼동유적에서 나타난 층서 관계를 기준으로 볼 때 토기군 상호간의 특성을 달리하는 여러 종류가 5기로 세분되는 각 분기의 주체를 이루고 있다. 이들 토기를 일괄하여 남한유형토기라고 부르기도 하는데, 이 토기는 기원전 5500년에서 기원전 1000년까지 지속되었다.

신석기시대 초기부터 여러 종류의 석기들이 출토되었다. 이 중에는 화살촉·창·도끼·조합식 낚시바늘 등이 있다. 화살촉의 등장에는 중요한 의미가 내포되어 있는데, 종래에 창처럼 근접해서 수렵을 하는 단계에서, 먼 거리까지 날아가는 활의 사용으로 기술의 발전과 함께 식량 확보의 증대를 가져온 것이다. 또한 어구류가 다수를 점하고 있어 어로에 커다란 비중을 두었음을 알 수 있다. 암사동유적을 위시한 서해안지역의 유적에서는 돌로 된 그물추가 다수 발견되어 주로 그물에 의해 고기를 잡았음을 시사해준다. 이와 같이 그물에 의한 어로 방식은 강원도 오산리나 부산 동삼동유적처럼 신석기전기의 낚시바늘이 개별적 작업인데 반하여 다량의 어획량을 보장하는 집단적 활동을 의미하는 것이다. 이외에도 전기부터는 냇돌에서 떼어낸 타원형 격지를 안팎으로 떼어낸 돌도끼가 출현하여 후기에까지 그 전통이 지속된다. 후기에 들어서면 이와 같은 냇돌 석기 전통이 지속되지만, 간석기의 양이 증가하면서 농경과 관련된 석기류가 출토된다.

집자리는 대부분 땅을 파고 들어간 움집이다. 초기에 속하는 집터로는 서포항의 경우 평면이 타원형 움집이나, 오산리에서는 발굴된 14기가 모두 평면형태가 원형 또는 타원형인 지상 집자리이다. 이는 유적이 가는 모래로 이루어진 모래 언덕이기 때문에 움집터 대신 점토를 다져서 지상가옥을 만든 것이다. 이들은 대체로 강가나 해안가에 자리잡고 있으며, 평면형태가 방형 또는 원형을 이룬다. 이 중 대표적인 것으로는 암사동 취락지를 들 수 있는데, 대부분 장축이 5m, 깊이가 1m 내외인 방형 또는 원형의 움집들이다. 중기의 집자리는 서포항유적에서 확인되었는데, 전기와 뚜렷한 차이는 보이지 않는다. 후기의 집자리는 이전에 비해 규모가 커져 서포항에서 확인된 당시의 집자리 중에는 장축이 7m가 넘는 장방형 집자리도 있다.

무덤으로는 춘천 교동유적과 시도유적이 있는데, 교동유적은 동굴에 시신과 부장품을 안치한 것이고, 시도유적은 장축 1.65m의 타원형 돌무지무덤이다.

신석기시대의 생활경제는 대부분의 유적이 강가나 해안가에 위치하고, 석기의 주종이 어구류라는 점에서 어로에 의존하였음을 알 수 있다. 후기에 들어서면서 농경이 시작되었지만 그 이전은 채집경제라 할 수 있으므로 필요한 탄수화물의 공급원으로는 도토리가 큰 역할을 하였을 것으로 생각되고, 실제로 도토리가 확인된 신석기시대 유적으로 암사동·미사리·오산리 등이 있다.

이상과 같이 신석기문화는 주변 지역과의 긴밀한 교류관계를 보이고 있다. 이 중에서 서한첨저유형토기의 경우 범시베리아적인 공통 요소를 보이며, 한반도에서 번영하였던 이 토기문화는 일본 규슈(九州)의 소바다식토기의 성립에 커다란 영향을 미쳤다. 동한평저유형토기는 연해주의 토기와 관련성을 보이고 있다. 오산리하층의 토기는 중국 동북지역과의 관련성이 시사되며, 동삼동패총에서 출토된 덧무늬토기는 일본과의 관계 규명에 중요한 자료로서 주목된다. 동삼동에서는 소량이기는 하지만 일본의 죠몽토기 각종이 발견되어 일찍부터 양 지역 사이에 빈번한 교류가 있었음을 알 수 있다.

3) 청동기문화

일제시대에는 김해패총유적에서 청동기와 함께 철기, 석기가 출토되었기 때문에 이를 근거로 한국에는 청동기시대가 존재하지 않았다고 하였다. 즉 전국시대 말기에 중국으로부터의 이민들에 의해 청동과 철이 동시에 한국으로 유입된 것으로 보았던 것이고, 일본학자들은 이 시기를 청동기시대 대신에 금석병용기시대라고 설정하였다. 이런 용어는 해방 이후 얼마간 계속 사용되었다. 그러나 '금석병용기'는 신석기시대로부터 청동기시대로 넘어가는 과도기를 지칭하는 용어로서 아직 청동합금기술이 개발되지 못한 단계이기 때문에 자연동을 두드려 도구를 제작하던 순동시대를 의미한다. 따라서 순동제품이 출토되지 않는 한국에서 금석병용기란 용어를 사용한다는 것 자체에도 모순이 있었다. 그러나 해방 이후 강계 공귀리, 의주 미송리유적을 비롯한 많은 유적이 발굴 조사됨에 따라 청동기시대의 문화 양상에 대한 연구가 활발히 진행되었다.

청동기시대의 상한연대의 설정은 그리 용이하지 않은데, 한반도에서의 고고학적 자료의 성격 규명만이 아니라, 그것이 주변 지역의 청동기문화와 긴밀하게 연결되어 있기 때문이다. 한국의 청동기문화는 중국의 수원-요령지방, 나아가서는 시베리아 지역의 미누신스크 청동기문화와 깊은 관련을 맺고 있다. 안드로노보, 카라스크, 타가르기로 이어지는 미누신스크 청동기문화 중 기원전 1200~700년의 카라스크문화는 몽골계의 농경문화로 청동단검·청동단추 등의 청동기가 대표적이며, 무덤으로는 돌널무덤을 사용하였다. 기원전 700~200년의 타가르문화는 돌로 덮은 나무곽을 무덤으로 이용하였고, 기원전 4세기경에 철기를 사용하기 시작하였다. 이들 청동문화는 기원전 7세기경에 이르러 수원 청동문화에 강력한 영향을 미치고, 周를 동천시키기까지 하면서 만주와 몽골 일대에 타가르－스키타이－오르도스계통의 북방 청동문화를 퍼뜨렸다.

요령지방에는 일찍이 카라스크문화의 영향을 받아 비파형의 독특한 청동단검을 특징으로 하는 문화가 번성하였다. 이 중 대표적 유적인 남산근유적에서 西周 말, 春秋 초의 청동기가 출토됨으로써 그 연대가 기원전 9~8세기에 해당한다는 것이 밝혀졌다. 한반도 내에서 이러한 비파형의 요령식동검이 발견됨으로써 이 지역과 한반도와의 관련성뿐만 아니라 청동기시대의 상한 설정에 중요한 영향을 미치게 되었다.

위와 같이 한반도와 두 지역과의 관계를 고려해 볼 때 현재까지의 자료로는 한국의 청동기시대는 대체로 기원전 10세기경부터 시작되었다고 볼 수 있다. 기원전 10세기경부터 청동기의 유입과 생산이 본격화되면서 기원전 3세기에 접어들어 한국식동검이라 할 수 있는 세형동검이 완전한 형태를 갖추게 되었고 철기가 청동기를 대체해가기 시작하였다. 따라서 이를 기점으로 하여 기원전 10세기부터 4세기까지를 청동기시대, 기원전 3세기부터 원삼국시대가 시작되는 서력기원 전후까지를 초기 철기시대로 구분한다.

청동기로는 비파형단검·부채형도끼·날개촉·손칼·거친무늬거울·장신구 등이 있다. 이 중에서 비파형단검은 기원전 9~8세기까지 올라가는 것으로 시간의 흐름에 따라 검 하반부의 곡선이 점차 완만해지는데, 한반도 내에서 출토된 비파형단검은 약간 늦은 시기에 속한다. 부채도끼는 자루를 끼울 수 있는 자루투겁부가 있고 날 부분이 부채꼴처럼 넓어져 있으며, 단추의 경우 카라스크문화의 특징적인 청동기의 한 종류를 띠며 장신구로 사용되었던 것으로 추정된다.

토기는 크게 한반도 서북지방에서 성행하였던 팽이형토기, 동북지방의 구멍무늬토기, 남한의 무문토기로 대별된다. 팽이형토기는 角形土器라고도 불리는데 바닥의 지름이 3~4cm밖에 되지 않는 좁은 납작바닥이고, 아가리 부분은 밖으로 말린 이중이며, 동체부는 아가리 부분보다 부풀어 팽이의 형태를 하고 있다. 이중으로 말린 아가리 부분에는 짧은 빗금이 새겨져 있고, 바탕흙에는 점토에 모래, 활석, 석면 등을 섞었다. 이상과 같은 특징으로 인하여 일반 무문토기와 쉽게 구별이 되는 팽이형토기는 분포지역도 청천강 이남, 한강 이북으로 국한되어 있다.

구멍무늬토기는 한반도 동북지방의 특징적인 토기이면서 남한지역에까지 영향을 미치는 토기로서 약간 외반된 아가리 부분에 구멍이 돌려져 있고, 입술 부분의 윗단에는 새김무늬로 장식되어 있다. 이 외에도 동북지방에는 그릇의 두께가 얇고 그릇 표면을 간 다음 붉은 칠을 하거나 덧띠무늬와 음각무늬를 장식한 붉은 간토기가 출토된다.

남한지역의 무문토기는 납작한 바닥의 화분형태를 기본으로 하고, 동북지방의 영향으로 아가리 부분에 구멍무늬로 장식된 것도 포함된다. 서북지방 팽이형토기의 변형으로서 형태는 화분형이면서 아가리부분이 이중이고 짧은 빗금이 장식된 것이 있으며, 붉은 칠을 하고 표면을 간 둥근 바닥의 긴 단지(紅陶)가 고인돌 등에서 집중 출토된다.

석기는 신석기시대 이래로 계속 사용되던 갈판을 비롯하여 돌칼·화살촉·반달형 돌칼·돌도끼 등 다양한 종류의 간석기류가 있다. 간돌칼은 청동기시대에 들어서서 처음으로 나타난 것으로 그 기원에 관해서는 많은 논란이 있으며 형태는 대체로 손잡이가 부착되어 있는 단검으로 자루 중간에 홈 장식이 만들어지기도 한다. 이 돌칼은 종래에는 주로 고인돌에서 출토되었기 때문에 의기로 생각되어 왔지만 집자리에서 출토된 예도 많아져 실용기로서의 기능도 충분히 담당하였을 것으로 생각된다. 화살촉은 신석기시대에 이미 출현하였다. 그러나 신석기시대의 화살촉은 자루가 달리지 않은 것과 뗀화살촉이 주류를 이루었으나, 청동기시대가 되면 그 형태가 다양해지고 제작도 세련되어진다. 화살촉의 형태는 자루가 달린 것과 달리지 않은 것, 버들잎형으로 구분되는데, 대부분의 것은 실용성을 지니고 있지만 일부 무덤에서 출토된 것은 형태와 크기로 보아 부장용으로 제작된 것도 있다. 반달돌칼은 중국 신석기시대의 앙소·용산문화에서 유래된 것으로 주로 이삭을 따는데 사용하는 수확용구이다. 반달돌칼은 장방형·빗·배·삼각형 등으로 그 형태가 다양하면서, 각기 지역적 분포를 보인다. 돌도끼 역시 그 형태와 기능이 매우 다양하다. 일반적인 원통형의 조개날도끼 외에도 목공구 또는 농경구로 생각되는 턱자귀나 홈자귀, 곤봉두인 바퀴날도끼·톱니날도끼 등이 있다.

무덤으로는 돌널무덤과 고인돌이 있다. 돌널무덤은 지하에 판석이나 할석으로 매장부를 만들고 지상에는 봉토나 상석과 같은 뚜렷한 무덤 표식 시설이 없는 무덤이다. 청동기시대를 대표한다고 할 수 있는 고인돌은 그 분포지역이 유럽, 근동지방, 인도, 동남아시아, 한국 등으로 인접한 중국이나 시베리아에서는 발견되지 않기 때문에 남방으로부터 전해진 것이라는 견해도 있지만, 아직 논란의 여지가 많은 상태이다. 극동지방의 경우 한국이 분포권의 중심이 되는 이 고인돌은 탁자식·기반식·개석식 등으로 구분된다. 탁자식은 매장부가 지상에 놓여 석실의 벽이 고임돌의 역할까지 하는 것으로 주로 북한지역에 분포하고 있으므로 북방식으로도 불리고 있다. 기반식은 지상에 고임돌의 역할을 하는 괴석이 따로 설치되고 분포지역도 경상도와 전라도 지역에 국한되어 있으므로 남방식이라고도 불린다. 개석식은 변형 고인돌이라고도 불리는데, 고임돌이 따로 없이 지상의 대형돌이 매장부의 뚜껑 역할까지 하고 있으며, 남한지역에 집중되어 있으면서도 북한에도 다수 분포되어 있다.

기원전 3세기경에 들어서면 새로이 철기가 보급되면서 실용화되고 청동기는 의기화되는 초기철기시대가 시작된다. 초기철기시대의 청동기로는 세형동검·잔무늬거울, 다양한 형태의 차마구류·공구류·무기류가 있다. 이 중에서 세형동검은 비파형단검이 한국화된 것으로 중간의 돌기부가 더 아래 쪽으로 내려오고 검 하반부의 폭이 좁아져 가늘고 긴 형태를 띠고 있다. 잔무늬거울은 전기의 거친무늬거울이 발전된 것으로 동심원문, 사선으로 채워진 삼각문 등 정교한 문양이 새겨져 있다. 토기는 청동기시대에 뚜렷하던 지역적 특성들이 점차 약해지면서 새로이 검은 간토기와 함께 덧띠토기가 출현한다. 이 중에서 후자는 원통형에 가까운 몸체의 아가리부분에 점토를 말아 붙인 것으로 후기의 특징적인 토기이다. 석기는 간돌칼·반달돌칼·유구석부 등이 계속 사용되기는 하지만 전기의 다양한 석기들은 점차 퇴화하거나 소멸해가면서 철기가 이를 대체한다.

무덤은 고인돌이 점차 소멸되면서 새로운 지배계층의 무덤으로 널무덤이 출현한다. 초기철기시대의 다양한 수레부속구는 대체로 이들 널무덤에서 출토된다.

청동기시대의 주거 양식은 움집으로서 대체로 강을 바라보는 얕은 구릉지대에 분포되어 있고, 집자리의 면적도 다소 확대되는 현상을 보이는데, 이와 함께 반달돌칼·괭이·홈자귀 등의 출토유물을 통해 당시의 경제력이 강화되는 것을 알 수 있다. 실제로 경기도 흔암리에서는 쌀·보리·조·수수가, 충남 송국리에서는 쌀이, 신석기 후기에서 청동기시대에 걸친 유적인 평양 남경유적에서는 쌀·조·콩·기장·수수 등이 탄화된 상태로 출토되었고, 볍씨 자국이 찍힌 토기가 경남 대평리, 전북 소산리, 경남 강루리 등에서 출토되었다. 청동기에는 따비로 밭을 갈고 괭이로 땅을 파는 그림이 새겨져 있다. 이러한 양상 등을 통해 볼 때 청동기시대의 경제적 측면은 농경과 깊은 관련을 맺고 있음을 알 수 있다. 경남 울주 반구대의 암각화는 당시 예술활동의 한 측면을 보여주는데, 수렵과 어로의 생활 모습을 생생히 묘사하고 있다.

4) 원삼국문화

서력기원 전후에 이르면 의기화된 청동기는 소멸하고, 일반적인 생활용구로서의 기능은 철기가 완전히 대체하게 된다. 이전에는 이 시기를 단순히 도구의 재질에 초점을 두어 철기시대라 불렀으나 현재는 사회정치적 개념을 고려하여 다음에 올 삼국시대의 기반이 형성되는 시기라는 점에서 원삼국시대라 부르고 있다. 역사적으로 이 시기는 대동강유역에 漢의 낙랑군이 설치되고 남한지역에는 경기도·충청도·전라도지역에 마한, 낙동강 이동의 경상도지역에 진한, 김해를 비롯한 낙동강유역에 변한 등 삼한이 성립되어 있었다. 따라서 원삼국시대의 상한은 대체로 낙랑군의 직접적인 영향이 나타나기 시작한 서력기원 전후가 되며 하한은 고구려·백제·신라의 삼국이 실질적으로 고대국가를 형성하게 되는 기원 후 3세기가 된다.

원삼국시대의 문화상은 철기의 본격적인 생산과 보급, 경질무문토기의 확산, 고인돌의 소멸 및 돌덧널무덤의 성행, 벼농사를 비롯한 농경의 발전 등으로 요약된다. 철의 생산은 낙동강 하류 지역에서 크게 발달하여 《삼국지》 위서 동이전 韓條에는 이 지역의 철기 생산의 번창함을 묘사하면서 낙랑과 일본에까지 철을 수출하였다고 기록하고 있다. 경남 창원 성산 패총과 경주 황성동에서는 당시의 야철지가 발굴되었고, 경기도 가평 마장리에서는 冶爐送風用鼓風管 등이 발견되었으며, 함경도지역의 영흥 용강리, 회령 오동 등에서도 증거가 확인되었다. 이들 철기류 중에는 금속학적으로 백련강에 속하는 것도 있어 당시 고도의 철기제조기술이 사용되었음을 알 수 있다.

경질무문토기는 이 시기의 표식적인 유물로 청동기시대의 무문토기에 새로이 중국식 회도 기술이 도입되어 나타나게 된 토기이다. 토기의 태토는 매우 정선되었고 종래의 노천요 대신 등요에서 제작되었으며 토기의 성형에도 회전판이나 물레가 사용되었다. 토기의 표면에는 토기가 완전히 굳기 전에 두드려 생기는 살무늬나 문살무늬가 장식되어 있다. 형태상으로도 상당히 다양해져서 일반적인 항아리나 대접 이외에도 굽다리접시, 단지, 쇠뿔잡이토기, 시루 등이 출현한다.

집자리로는 김해 부원동에서 원형·방형·초석이 있는 세 종류의 움집이 조사되었고, 춘천 중도에서는 방형 또는 말각방형의 움집터 등이 조사되었으며, 수원 서둔동에서는 아궁이 시설이 있는 움집터가 확인되었다.

무덤은 이전의 돌널무덤·고인돌 등이 점차 소멸하면서 널무덤·덧널무덤·돌덧널무덤 등이 성행하였다. 이들은 대부분 소형으로 김해 예안리, 울산 삼광리 등의 유적이 대표적이다.

이상과 같이 원삼국문화는 농경의 확산과 철기의 발달 등 발전된 경제력을 기반으로 인구가 증가하고, 그에 따라 정치구조가 점차 확립되게 된다. 그 결과 각 지역에 산재되어 있던 족장사회들이 하나의 중심 세력에 의해 통합되는 과정을 겪게 되어 고구려·신라·백제 등 삼국이 완전한 왕권을 갖추고 고대 국가로서의 면모를 확립하게 됨으로써 3세기 전후에 이르러 본격적인 역사시대로 넘어가게 된다.

5) 한국 농경문화의 기원 – 쌀문화의 원류를 찾아서

한민족은 오랜 세월 동안 농경문화를 유지해왔다. 애초에 우리 선조들이 무엇을 먹고 살았는가, 먹을 것으로서 맨 처음 무엇을 심기 시작했는가 라는 것은 흥미로운 문제이다. 현재까지 약 300여 종의 작물을 심고 가꾸어 왔지만 그 가운데 기본이 되는 것은 역시 쌀이라고 할 수 있다. 여기에서는 한반도에서 벼농사가 성행하고 발달한 원인과 자연 조건이 벼농사에 알맞았는가의 여부, 어떤 경로를 통해 볍씨가 들어왔는가 등 볍씨 전래 문제에 대해서도 살펴보고자 한다.

구석기시대에는 사냥, 고기잡이, 조개줍기, 초목의 채취 등으로 식량을 얻었다. 구석기시대인들은 식량을 얻는데 항상 불안정한 상태에 있었고, 인구가 증가함에 따라 식량의 부족이란 어려움에 처하게 되자 그 해결책으로 농경을 개발하게 된 것이다. 일반적으로 신석기시대하면 농경을 제외하고서는 이야기가 되지 않는 것이 보통이다. 그런데 지역에 따라서는 환경 조건이 맞지 않아서 농경 생활은 하지 않았으나 간석기나 토기와 같은 신석기시대의 문화요소가 나타나고 정착생활을 한 지역이 있다. 이와 같이 농경은 행하지 않았으나 정착 생활을 하고 간석기를 만들어 쓴 분명한 신석기적인 요소를 보이는 곳이 한국을 포함한 일본, 시베리아지역이다. 이러한 극동아시아의 신석기시대는 농경을 전제로 하지 않더라도 나름대로의 신석기문화에 속한다고 볼 수 있다.

한국의 신석기시대는 수렵과 채집, 어로를 중심으로 한 수렵채집경제를 그대로 이어왔으며, 중요한 식물자료로서는 도토리가 주로 발견되고 있다. 그러나 신석기시대 전반에 걸쳐 농경이 행해진 것은 아니며, 신석기시대 후기에 와서 그 흔적이 나타난다. 그 예로 황해도 지탑리유적에서는 유일하게 재배곡물이라고 생각되는 식물이 나왔는데, 벼는 아니고 조나 피로 보인다. 평남 궁산리유적에서는 곡물 자체는 나오지 않았지만 돌괭이와 수확도구로 쓰였던 농경구가 쏟아져 나왔다. 이를 보면 궁산리유적과 지탑리유적을 잇는 한반도 서북부 서해안지역에서는 신석기시대 말기인 기원전 2000년경부터 원시 농경이 시작됐다고 볼 수 있다. 한편 한반도의 신석기시대도 그 초기부터 농경을 배경으로 전개되었다는 주장을 한 사람도 없지 않다. 그러한 주장은 출토 유물 중에 원시 맷돌과 돌도끼가 나온 것을 근거로, 그것들이 농경에 사용되었을 것으로 추정한 것이다. 원시 맷돌은 말안장 모양의 갈판과 갈돌이 한 조를 이룬 것으로 이런 형태의 유물은 이란과 이라크 등 서남아시아의 신석기유적에서도 출토되는데, 보리나 밀의 껍질을 까는데 사용된 것으로 보인다. 한반도에서도 그 용도가 같은 것으로 추정되며, 이것을 농경의 방증 자료로 보고, 커다란 돌도끼 또한 농경에 사용된 하나의 도구로 보아 신석기시대 전기부터 농경이 시작되었다고 주장하는 학자도 일부 있다. 이러한 주장은 아예 가능성이 없는 것은 아니지만, 많은 신석기시대의 유물 중에서 앞서 말한 두 종류의 석기만을 예로 농경의 존재를 주장하는 데에는 문제가 없지 않은데, 신석기시대의 수많은 도구 중에서 단지 두 종류만 뽑아서 다양한 석기의 용도 중 농경에 사용되었을 가능성만 강조한 것에 불과하다. 이는 소극적인 자료에 의한 미약한 주장이라 할 수 있다. 결론적으로 신석기시대는 수렵・채집・어로생활에 기반을 두었지만 말기에 가서 농경을 했을 것으로 생각된다. 그러나 본격적인 농경으로의 전환은 무문토기 사용 단계인 청동기시대이며 이 때의 농경은 벼농사에 보리・조・수수 등이 병행되었을 것이다.

위에서 보았듯이 한민족이 처음 식량으로 삼은 곡류는 쌀이 아니라 조・피・기장 등의 잡곡이다. 그 후 쌀이 선택되어 수도작이 시작되고 이것이 한반도 전역에 보급되어 벼농사가 이루어진 것이다. 주지하는 바와 같이 수도작은 비가 많이 오는 지역에서 이루어진다. 세계의 농경지 분포를 보면 250mm 이하 되는 지대는 거의 없고, 500~1000mm 정도의 지대이면 밀과 보리가 80% 이상 재배되며, 1000~1200mm의 비가 내리는 지대가 벼의 재배에 알맞다. 따라서 벼농사의 발상지로 생각되는 곳도 강우량이 많은 곳으로 보고 있으며 하천을 끼고 있어서 비교적 물이 풍부한 지역에서 시작된 것으로 보고 있다.

벼농사의 기원과 발생지에 대해서는 의견이 분분하고 고고학자와 농학자가 보는 견해가 조금씩 다르다. 고고학자가 보는 입장은 杭州 근처의 河姆渡 유적을 발견했더니 중국에서 가장 오래된 볍씨가 발견되었는데 그 연대가 기원전 4955±15년이므로 기원전 5000년, 지금으로부터 7000년 전으로 올라간다.

양자강하류 즉 하모도유적이 있는 太湖지구 주변에서는 야생종이 많이 발견되었기 때문에 이 지역을 벼농사 중심지의 하나로 보는 견해가 강하게 대두된다. 이제까지 중국의 볍씨가 발견된 50개의 유적의 절대연대를 보면, 양자강하류에서 북으로 올라갈수록 후대의 것이 많다. 그 대부분이 지금으로부터 약 4000~5000년 전의 것이 많고 벼가 풍성하게 재배되었던 것으로 보인다. 이를 통해 볼 때 벼농사가 남쪽에서 발생했으며 발상지의 한 곳이 태호지구라고 추정할 수 있다.

하모도지역에서는 기원전 5000년의 문화로부터 시작하여 기원전 5000~4000년 사이의 양자문화 등이 계속되어 지금으로부터 7000년 전부터 4000년 전까지 영속적인 문화를 배경으로 한 문화가 이어져 내려왔다. 이런 의미에서 고고학자들은 태호지구를 벼농사의 기원지 중 하나로 중요시하고 있다. 반면 농학자들은 야생종을 총망라하고 있고 기후 조건이 알맞은 인도의 아삼 벵골만 벨트지역을 기원지로 보는 견해가 강하게 대두되고 있다. 이렇게 볼 때 벼는 이 화남지역으로부터 파급된 것이 한반도로 들어왔을 것인데, 그 전파 경로는 크게 세 가지 루트가 상정된다. 첫째는 북로(북방)설인데 인도의 아삼과 운남성 일대에서 북상하여 하모도가 있는 양자강 하류 지역에서 다시 북상하여 산동반도와 요동반도를 통하여 육로를 통해 한반도에 들어왔다고 하는 견해이다. 둘째는 황해를 곧바로 건너 들어왔다는 황해횡단설이다. 중국의 양자강 하류에서 쌀과 수확 도구인 배 모양의 반달칼이 나왔다. 그것들은 한반도 서해안에서 나온 유물들과 아주 흡사해서 황해횡단설을 강하게 뒷받침한다. 중국의 사회과학원 안지민은 기원전 10세기경에 한국과 일본으로 동시에 벼농사가 전래됐다고 주장하는데 불행하게도 그렇게 오래된 시기의 유적이 일본에서는 발견되지 않고 있기 때문에 가설 자체에 머문 채 학자들의 공감과 지지를 얻지 못하고 있다. 셋째는 남방설이다. 인도의 아삼과 중국의 운남성 지역에서 타이를 거쳐서 오키나와를 지나 쿠로시오 해류를 타고 한국에 들어왔다는 것이다. 그러나 방증 자료가 없기 때문에 이 설의 성립을 뒷받침해주지 못하고 있다. 이렇게 볼 때 한국의 벼 전래는 북로설이 가장 유력하지만 황해횡단설도 유력한 가설로 남아 있다. 우리 학계는 이런 문제를 해결하기 위한 적극적인 연구가 미약한 편이다.

1936년까지만 해도 김해패총에서 나온 탄화미가 1세기경의 것으로 가장 오래된 것이었다. 그러나 일본에서 기원전 3세기의 쌀이 여러 곳에서 나오고 있기 때문에 한반도의 쌀은 일본에서 유입됐다는 설마저 대두되고 있었다. 당시까지 한국에서는 많은 유적을 발굴하고도 농경에 관련된 자료들이 나오지 않아 자료의 빈곤은 북로설을 주장한 학자들을 수세에 몰리게끔 한 것이었다. 지난 1972년부터 경기도 여주군 점동면 흔암리 야산에 있는 청동기시대유적을 연차적으로 발굴조사하여 온 필자는 1975년과 1976년에 흔암리유적발굴에서 미세자료를 찾아내는 방법을 응용했다. 채집한 흙을 가는 눈금이 있는 그물에 거르는 방법인 부유법으로 많은 곡물 자료를 얻었다. 흔암리의 시료를 연대측정한 결과 기원전 13세기, 10세기경, 7세기경 등으로 측정되었고, 이에 따르면 한반도의 벼농사는 기원전 10세기경에 시작되었다고 할 수 있는 것이다. 흔암리의 발굴 결과로 인해 수세에 몰렸던 북로설의 입장이 많은 지지를 얻게 되었다.

흔암리유적 발굴 5년 뒤에 평양에서 남경유적이 발굴조사되어 농경관계에 중요 자료들이 제시되었다. 36호 주거지에서는 탄화미 250여 개와 보리·조·수수·기장 등이 출토되었으며, 그 내용이나 연대는 흔암리와 비슷하다. 충남 부여군 조천면 송국리유적에서는 잡곡류는 나오지 않았으나 탄화미가 300g 정도 나왔는데 기원전 6~5세기경으로 밝혀졌다. 일본학자들은 이 같은 결과를 보고 흔암리유적과 남경유적에서는 논농사가 아니고, 송국리유적에서부터 논농사가 시작되었다고 결론을 내리기도 했다.

청동기시대는 신석기시대 채집경제에서 식량생산 경제로의 급격한 전환이 일어난 시대였다. 이때부터 안정된 생활, 정착 생활을 할 수 있게 된 큰 혁명이었다. 농사를 짓기 위해 지도력이 필요했고 관개사업도 벌여야했기 때문에 자연히 정치적인 힘도 생겨났다.

이상에서 한민족의 역사와 문화로서 벼농사와 관련한 농경의 제반문제에 대해 살펴보았다. 그러나 아직은 농경의 기원에 대한 확고한 설명을 하기에는 자료가 불충분하므로 보다 과학적이고 체계적인 자료의 축적과 함께 주변 국가와의 연계 연구가 절실히 요구된다.

〈任孝宰〉

2. 고 대

1) 국가의 성립과 발전

(1) 고조선의 형성

고대의 개시를 알리는 가장 보편적인 징표를 찾는다면 그것은 국가의 성립이라고 할 수 있다. 국가는 원시사회에서 진행된 일련의 변화 발전의 總和로 등장하였으며, 국가의 성립은 전시기와는 질적으로 다른 새로운 사회가 출현했음을 의미한다. 한국고대사의 특징적인 일면도 국가의 형성과 발전의 과정을 통해 구체화되어졌다.

한반도와 남만주 지역에서 처음으로 등장하였던 국가로는 일단 먼저 고조선이 상정되어진다. 전근대 시기 한국사의 서술은 고조선을 기원으로 하는 일원적인 역사체계에 입각한 것이었다. 그러나 고려 후기 이래로 칠백여 년간 유지되어왔던 이 역사체계는 근대에 들어서면서 크게 흔들리게 되었다. 한편에선 고조선의 실재 자체를 부정하였고, 다른 한편에선 거대한 제국으로서의 고조선상을 부각시키고자 하였다. 그런 가운데서 일제시기 고조선사 연구는 식민주의사학과 민족주의사학이 맞부딪치는, 이어 마르크시즘사학도 이에 가세한 첨예한 이념적 대결의 장이 되었다.

해방 후 남북한 사학계 모두에서 합리적인 고조선사의 정립은 시급한 과제로 부각되었다. 일제하에서 파행적으로 전개되었던 혼란스런 역사 이해를 정리하고 한국사의 여명기의 역사상을 밝혀 민족의 정체성 확립을 도모한다는 측면에서, 고조선사 연구에 큰 의미가 부여되었던 바이다. 나아가 이는 전통사서에 개진된 상고사 체계를 개항 이후 수용한 근대적 학문 방법론을 구사해 새로운 형태로 재정립하고자 하는 시도이기도 하다.

그런데 해방 이후 제기되었던 고조선사에 대한 각양의 논의를 보면, 여전히 상이한 역사인식이 교차하는 면을 나타내었고, 고조선이 언제 어느 지역에서 처음 등장하였으며 그 정치체로서의 성격이 어떠한가를 둘러싸고 큰 견해의 차이가 있었다. 그런 가운데서도 고조선사의 면모가 조금씩 밝혀지고 있고, 연구자들 간의 견해의 차이가 좁혀지는 부분도 늘어가고 있다.

먼저 고조선이란 실체가 언제 역사상에 등장하였던가에 대해선 이른바 '단군릉'으로 상징되어지는 5천년전 설이 일각에서 주장되고 있지만, 빨라도 기원전 10세기 전후 무렵을 넘을 수 없다는 것이 보다 합리적인 설로 받아들여지고 있다. 이는 한반도와 남만주 지역에서 청동기 문화, 보다 직접적으로는 비파형동검문화의 성립 시기가 기원전 10세기 전후 무렵이라는데 근거를 두고 있다. 일반적으로 볼 때, 국가의 성립은 청동기문화와 농업경제가 어느 정도 성숙해진 단계에 들어서야 비로소 가능하였다. 이런 면은 한국사의 경우에도 예외일 수는 없다. 구체적으로 '조선'이란 실체가 문헌상에서 확인되어지는 시기는 기원전 4세기이다. 《史記》와 《戰國策》에서 언급한 조선에 관한 기록이 그것이다.[1] 물론 이는 고조선의 실체가 북중국 사람들에게 알려진 시기가 늦어도 그러하다는 것일 뿐이다. 실제 고조선이 등장한 것은 그보다 이른 시기일 수 있다. 《管子》 輕重甲篇의 기사는 그럴 수 있는 가능성을 전하고 있다. 그런데 《관자》에서 언급한 齊와 조선과의 교역에 관한 기록은, 이 책 자체가 중국의 전국시대(B.C. 403~B.C. 221) 사람들이 자신들의 생각을 기원전 7세기 사람 管仲에 가탁하여 기술한 것이므로,[2] 어느 때의 상황을 기술한 것인지를 단정키 어렵다. 하지만 《관자》가 비록 후대에 기술되었지만 그에서 사용된 자료는 그 전부터 내려오던 것일 수도 있다는 가능성은 배제키 어렵다. 하지만 그것은 어디까지나 가능성일 뿐이다. 따라서 더 이상의 기록이 전해지지 않는 상황에서 그 가능성에 대한 검토는 고조선 지역의 유적 유물에 관한 고찰을 통해서 접근해볼 수밖에 없고, 그것은 곧 고조선 중심지 위치에 관한 논쟁과 직결되는 것이기도 하다.

고조선의 중심지에 대한 여러 설들 중, 시종 고조선의 중심지가 요령성 지

1) 《戰國策》 권 29, 燕策 1.
《史記》 蘇秦傳.

2) 《管子》 경중갑편의 저술시기에 관한 諸論議는 金谷 治, 〈管子 輕重甲篇の 成立〉(《東洋史硏究》 43-1, 1984) 참조.

역에 있었다는 설은 부정되어진다. 적어도 기원전 3세기 초 북중국의 연나라가 동으로 침공해와 청천강을 경계로 삼은 이후에는 고조선의 중심지가 평양 지역이었으며, 위만조선의 왕험성을 공략하고 설치한 낙랑군 조선현은 지금의 평양인 것은 분명한 사실이기 때문이다. 그러면 그 이전은 어떠하였던가가 문제가 된다. 이에 대해선 초기에는 중심지가 요하유역이었다가 기원전 3세기 초 이후 그 중심지를 평양지역으로 옮기게 되었다는 이동설과, 평양지역이 시종 중심지였다는 재평양설이 각각 견지되고 있다.

한편 비파형동검문화 분포지와 고조선과의 관계에 대해, 전자를 모두 고조선의 세력권으로 보는 견해가 일찍이 제기된 바 있다. 하지만 비파형동검문화 분포지 내의 각 지역별 특성에 대한 연구가 진전됨에 따라 그러한 시각은 부정되어졌다. 가령 비파형동검문화 분포지 내에서 내몽고 영성현 등 努魯兒虎산맥 이북지역에선 남산근 유적이나 소흑석구 유적에서 보듯 비파형동검문화 외에도 오르도스식 청동검이 많이 출토되고 또 한면으로는 북중국 방면의 商·周 청동기 문화의 영향도 강하게 보인다. 여러 갈래의 청동기문화가 착종하는 면모를 나타내며, 생활상에서도 농업과 함께 목축의 비중이 상당하였던 것 같다. 그에 비해 동으로 요하 하류지역으로 올수록 그런 면이 약해진다. 특히 요하를 경계로 그 동·서 지역간의 문화적 차이가 주목되어 왔다. 요하 이동지역은 비파형 동검의 여러 양식 중 短莖式 동검만 출토되어지고 요서지역과 내몽고 동부지역에서 많이 출토되는 罩柄式이나 匕首式은 출토되지 않는다.[3] 토기 양식에서도 미송리형 토기는 요하 이동지역에서만 출토되고 반면에 요서 지역에서 널리 출토되는 삼족기는 요동지역에선 별로 출토되지 않으며,[4] 지석묘도 요하 선을 경계로 그 이동 지역에서만 확인되는 등 차이가 있음이 확인되어졌다. 특히 요동반도의 해성·개주 등지의 대형 탁자식 지석묘는 대동강 유역의 그것과 흡사한 모습을 지녔다. 그리고 서북한 지역의 지석묘에선 팽이형토기가 출토되는데, 요동의 지석묘가 있는 곳

3) 靳楓毅, 〈論於中國東北地區含曲刃青銅短劍的文化遺存〉(《考古學報》 1982年 4期, 1983年 1期).

4) 김용간·황기덕, 〈기원전 천년기 전반기의 고조선 문화〉(《력사과학》 67-2). 〈고조선 문화의 특성과 그 발전〉(《고조선문제 연구론문집》, 최택선·이난우 편집, 1976).

에서도 팽이형 토기와 유사한 계통의 그릇이 보인다. 일부 지석묘에서 아가리를 이중으로 겹싸 넘긴 甕이나 罐이 세트로 나오고 있으며 신금현의 당산 肇工街나 쌍타자 유적에서 나온 토기의 겹아가리에선 대동강 유역 팽이형토기의 구연부 수법과 매우 유사한 '彡' 모양의 빗금 문양이 보이고 있고,[5] 변형 팽이형토기인 겹아가리 긴 목 항아리도 평안북도 용천 신암리 유적 등지에서 미송리형토기와 함께 출토되어져,[6] 美松里型土器 문화와 청천강 이남 지역 팽이형토기 문화간의 친연성이 보인다.

한편 요동지역의 비파형동검문화에 대해 이를 고조선의 문화로 여기거나,[7] 이를 고조선 문화로는 여기지 않고 맥[8] 또는 예맥의 문화로 간주하는 견해가 견지되고 있다.[9] 고조선의 등장 시기나 그 초기 중심지 논의와 직결된 이 문제는 앞으로 요령성 지역과 서북한 지역의 청동기문화에 대한 보다 구체적인 연구를 기다리고 있다.

고조선의 정치체로서의 성격은 그나마 약간의 기록이 남겨져 전하는 위만조선의 경우를 먼저 살핀 후 거슬러 추정해보자. 위만조선의 정치체제에서 주목되는 면은 왕 아래에 복수의 相들이 존재한다는 점이다. 이들 상은 단순한 왕의 관료가 아니라, 휘하에 자신의 집단을 거느리고 있던 자들이다. 이들 집단은 왕권에 의해 일정한 통제를 받지만, 그 내부의 일에 대해선 상당한 자치력을 지니고 있었다. 위만조선을 이끌어 나간 중심세력은 왕에 직속된 집단과 그리고 상으로 대표되는 자치 집단들로 구성되었고, 그 외곽에 진번·임둔 등의 피복속 집단들이 예속되어 있다. 중앙에 공납을 바치는 이들 피복속 읍락들도 그 내부의 일에 관해서 자치를 영위하였다. 위만조선의 국가구조는 이런 각급 자치체들을 연합한 형태를 지녔다. 자연 그 국가운영도

---

5) 송호정, 〈고조선 중심지 및 사회 성격의 연구의 쟁점과 과제〉(《韓國古代史論叢》 10, 2000).

6) 尹武炳, 〈無文土器 型式分類 試攷〉(《震檀學報》 39, 1975).

7) 황기덕, 〈비파형단검문화의 미송리유형〉(《력사과학》 89-3, 1989).
———, 〈고조선국가의 기원〉(《고고민속론문집》 12, 1990).
노태돈, 〈고조선 중심지의 변천에 관한 연구〉(《한국사론》 23, 1990 : 《단군과 고조선사》, 2000).

8) 鄭漢德, 〈美松里型土器の形成〉(《東北アジアの考古學(天池)》, 1990), 87~138쪽.

9) 宋鎬晸, 《古朝鮮 國家形成過程 硏究》(서울대 박사학위논문, 1999).

왕과 상들이 참여하는 회의체가 주요한 역할을 하였다. 이는 삼국 초기의 부체제와 유사함을 보여, 그 조기 형태로 상정되어지는 바이다.[10] 삼국 초기의 부체제는 이후 삼국시대가 진전되면서 점차 중앙집권적인 영역국가체제로 발전해 나갔다. 이러한 국가체제의 진전 과정을 역으로 추론해보면, 거슬러 시대를 올라갈수록 그 정치체제는 중앙집권력과 왕권이 미약한 그러한 형태였을 것임을 능히 상정할 수 있게 한다, 즉 위만의 정변이 있기 이전의 후기 고조선은 위만조선의 그것에 비해 집권력이 상대적으로 약한 형태의 유사한 정치체제가 상정되어진다. 일단 후기 고조선까지는 초기 고대국가의 범주로 설정할 수 있겠으나, 기원전 3세기 초 이전의 전기 고조선의 정치체로서의 성격은 추정키 어렵다. 이는 무엇보다 그 중심 지역이 확실한 유적 유물을 통해 확인되지 않기 때문이다.

현재까지의 논의를 통해 고조선의 실재는, 그 처음 등장 시기나 정치체로서의 성격 규정 문제는 계속 논란의 대상으로 남아있지만, 확인되어졌다. 나아가 고조선이 비파형동검문화－세형동검문화로 이어지는 문화에 바탕을 두었으며, 곰 숭배 제의와 같은 동북아 지역의 문화전통이 그 건국신화에 반영되어 있음이 논해졌다.[11] 다시 말하자면 중국세가 본격적으로 동진하여 오기 전에 고조선이 존재하였고, 그 청동기문화가 북중국의 商·周계통의 그것과는 기본적으로 다른 성격을 지닌 것이었음을 말한다. 이 면은 한국어의 특성과 함께, 한반도와 중남부 만주 지역의 주민이 중국 문물의 압도적인 영향이 미쳐온 뒤에도 그 개성적인 성격을 유지하며 이은 시기의 역사를 영위해나

---

10) 노태돈, 〈위만조선의 정치구조－관명 분석을 중심으로－〉(《汕耘史學》 8, 1998 : 《단군과 고조선사》, 2000).

11) 곰을 조상신으로 여기는 토템신앙은 수렵문화와 깊은 연관이 있는 문화요소로서 시베리아에 거주하던 소박한 사회 단계의 족속인 퉁크스족이나 고아시아족 사이에 널리 보이며, 특히 흑룡강 유역에 살던 퉁구스족의 그것과 단군신화는 유사한 면을 지녔다(大林太郎, 〈朝鮮の檀君神話とツグス族の熊祖神話〉, 《東アジアの王權神話》, 1984, 374~375쪽). 단군신화에는 환웅 등의 천신이 거주하는 神界와 곰이나 호랑이로 대표되는 자연계 및 인간계가 서로 교류하여 이상적인 조화의 세계를 추구하며, 여러 세계와의 교류에 산(태백산)과 宇宙木인 신단수 같은 매개체가 등장하는 등 샤머니즘 문화의 세계관을 보여준다. 이러 점들은 단군신화에 시베리아나 북동부 만주 지역과 연결되는 계통의 문화요소가 반영되어 있음을 짐작할 수 있다.

갈 수 있게 한 주요한 토대의 하나가 되었다.

그런데 이 시기 한반도와 남만주의 청동기 문화를 독자적 성격의 것이라고 또는 북방계라고 일반화할 수 있을 까에 대해 의문이 제기되기도 하였다. 즉 이른 시기부터 요서지역과 북중국 방면으로부터의 영향이 컸었다는 지적이 그것이다.[12] 그리고 고고학적 발굴이 진전되면서 요령성 지역 청동기문화가 다원적인 성격을 지닌 면이 들어 나고 있어, 이에 대한 폭넓은 이해가 필요한 바이다. 아울러 한국문화의 기원에 북중국 방면의 문화가 끼친 영향의 상징으로 언급되었던 이른바 '기자조선' 문제도 다시 한번 논의되어야 할 과제로 부각되고 있다.

한편 북중국 방면으로부터의 문화적 영향은 기원전 3세기 초 연의 군사적 공격으로 남만주 지역과 청천강 이북 지역이 그 영토가 되면서 본격화되었다. 나아가 기원전 2세기 초 북중국 방면으로부터 흘러온 유이민 위만이 고조선 왕위를 차지하였다. 유이민과 토착민의 연합정권적인 성격을 지닌 위만조선은 중국의 철기문화를 수용하여, 급속한 팽창을 해나갔다. 그러나 얼마 있지 않아 동진하는 한제국의 세력과 충돌하게 되었다. 위만조선과 흉노의 연결을 차단하고 동북아시아 방면을 제패하기 위한 한제국의 침공은 기원전 108년 왕험성의 함락과 낙랑군 등의 설치로 종결되었다. 이에 동북아 지역에서 가장 일찍 국가를 형성하였던 고조선은 멸망하고, 평양 일대에 설치된 중국 군현은 그 뒤 400여 년 지속하였다. 이에 동북아 지역에서 가장 선진적이었던 고조선사회는 더 이상 동심원적인 확대발전이 저지되었다. 이은 시기에 예・맥・한족 사회에서 대두한 국가들은 고조선 사회의 바깥에서 등장하였으니, 삼국이 그들이다.

(2) 삼국의 성립과 발전

한 군현은 설치된 뒤 얼마 안 있어 변화가 일어나게 되었다. 기원전 75년 맥족의 저항으로 현토군이 퇴축되었고, 소노집단을 중심으로 한 고구려 연맹체가 태동하였다. 그런데 기원전 75년 이후에도 한제국은 일단 직접 지배 방

12) 李亨求, 〈靑銅器문화의 비교(중국과의 비교)〉(《韓國史論》 13, 국사편찬위원회, 1983).

책은 포기하였으나, 간접통제정책을 구사해 여전히 강한 영향력을 고구려사회에 미쳤다. 한편으로는 고구려의 여러 지역집단(那)과 각각으로 외교 무역관계를 맺어 이들을 회유하고 분열시켰으며, 때로는 무력 간섭을 감행하여, 고구려 사회 내부에서 강력한 단일 통합세력이 형성되는 것을 저지하고자 하였다. 이처럼 당시 중국 군현 세력은 고구려의 정치적 성장을 억제하는 작용을 하였다. 그런데 또 한 면에선 한 군현과의 교역과 교류를 통해 한의 철기문화가 수용되어졌다. 집안 등지에서 출토된 漢式 철제 농기구와 오수전과 같은 한의 화폐 등은[13] 그런 일면을 전해준다. 새롭게 수용한 선진 철기문화는 고구려사회의 성장을 촉진하였다. 그런 가운데서 당시 태동하던 고구려 연맹체는 한편으로는 한의 분열 기미정책에 저항하고 다른 일면으로는 한의 선진 문물을 수용하여 국가의 형성을 지향하였다. 기원 전후 무렵 소로집단을 대신해 주몽이 이끄는 계루집단이 연맹체를 주도하는 고구려가 성립하였다. 이어 1세기 중반 이후 장기간의 내분을 거쳐 1세기 말 태조왕 때 강한 통합력을 갖춘 국가가 확립되었고, 대외적인 팽창이 본격화되었다.

한편 백제의 경우, 문헌에서 전하는 바처럼 부여-고구려계 유이민 집단에 의해 건국되었다. 그러나 그 구체적인 성립 시기에 관한 《삼국사기》 백제본기 초기 기사는 《삼국지》 위서 동이전에서 전하는 상황과 상치되는 면을 보여, 역사적 사실로 그대로 인정키는 어렵다. 근래 한성시기 백제의 도읍지로 확실시되는 서울의 풍납동 토성이 언제 축조된 것인지가 주목되고 있다. 이 성은 둘레가 3.5㎞이고 높이가 약 8m에 달하는 대형 토성이다. 토성과 성 내의 여러 곳에서 출토된 목재와 목탄 자료를 이용한 몇 차례의 탄소연대측정 결과, 그 연대가 이른 경우는 기원전 1세기로 산출되기도 하였다. 만약 그것을 따른다면 백제의 건국은 《삼국사기》의 기사를 그대로 신뢰하여도 무방한 것이 된다. 그러나 몇 차례 행한 탄소연대측정의 수치들이 2백년 이상의 큰 폭의 차이를 내면서 각각 다르게 나와서, 그것을 통해 토성 축조의 연대를 추정키는 어려운 형편이다. 그런데 성안에서 삼중 環濠가 둘러친 취락이 발굴되었는데, 이 환호가 폐기되고 토성이 축조되었다고 보아야 할 것이다.

---

13) 古兵, 〈吉林省集安歷年出土的錢幣〉(《考古》, 1962年 2期).

이 환호 내부에서 타날문토기·심발형토기·긴 달걀모양토기 등이 발견되었다. 이를 볼 때 토성의 축조 시기의 상한은 3세기 중반을 넘지 못하는 것으로 여겨진다. 특히 풍납토성지에서 서진의 전문토기가 대량 출토되었다는 것은 이 곳에 근거지를 두고 서진과의 교섭을 주도하던 정치체의 존재를 말해준다.[14]

이러한 고고학적 자료와, 3세기 중엽 마한 臣智[15]와 대방군 간의 그리고 백제와 낙랑군 간의[16] 무력 충돌을 전하는 등의 문헌 기록을 고려할 때 3세기 후반에 백제가 국가로 성립하였음을 추정해볼 수 있겠다. 이후 4세기 대에 북으로는 황해도 지역으로, 남으로는 반도의 서남부 지역으로 그 세력을 확대하면서 성장해나갔다. 단 3세기 중반 이전 시기의 상황에 대한 구체적인 파악은 여전히 문제로 남아있다.

신라의 경우, 《삼국사기》에선 기원전 1세기 중엽에 국가로 성립하였다고 하였다. 그러나 이의 사실성에 대해선 논란이 이어져왔다. 《삼국지》 위서 동이전에 따르면 2세기 후반 3세기 초까지도 사로국은 진한의 한 소국이었을 뿐이며 그 존재가 특기되지 않았다. 기원 전후 무렵 경주 일원에 토광목관묘가 조영되었다. 이들 토광목관묘와 그 출토 유물의 양식은 서북한 지역 고조선의 그것에서 유래하는 것이었다. 그런 면에서 조선 유민이 내려와 신라를 건국하였다는 《삼국사기》의 기록은 적어도 그 문화계통 면에선 일정한 객관성을 지녔다고 할 수 있다. 그런데 이들 토광목관묘가 국가 성립 단계의 상황을 반영하느냐는 의문이다. 1세기 후반에서 2세기 초로 그 연대가 추정되는 토광목관묘인 경주 사라리 130호 경우 우수한 유물을 부장하였으나, 같은 무덤떼 내의 다른 무덤에 비해 무덤 입지상의 구분이 없으며, 같은 무덤떼 내에서 동질의 우수한 부장품을 담은 1급 무덤이 더 이상 확인되지 않고 있다. 이런 면은 이 무덤떼를 남긴 집단의 사회와 문화가 계속 확대 재생산을 해나가, 대내적으로 안정성을 지닌 지배계급의 성장이 이루어지고, 대외적으로는 이 곳이 연속성을 지닌 지역 세력의 중심지로 발전해나가는 그런 형태

14) 朴淳發, 《漢城百濟의 誕生》(2001), 179~183쪽.
15) 《三國志》 東夷傳 韓條.
16) 《三國史記》 권 24, 백제본기 2, 고이왕 12년조.

의 진전을 이룩하지는 못하였음을 말해준다. 무덤떼 내에서 대형 무덤과 소형 무덤 간에 무덤의 입지에서 차이를 나타내게 된 것은 2세기 후반 이후 조양동 3호분과 같은 유의 목곽묘가 축조되는 단계에 들어선 뒤였다.[17] 이들 목곽묘에는 더 이상 청동기는 보이지 않고 철기 유물만 부장되었다, 3세기 말 4세기 초의 구정동 고분의 경우, 다량의 쇠창과 단갑을 부장하였다. 성장해가던 이사금시기의 사로국의 면모를 엿볼 수 있다.

그런데 경주지역의 고분이 여타 영남 지역의 고분과 현격한 차이를 들어내며 우월한 모습을 들어낸 것은 4세기 후반 적석목곽분이 출현한 이후부터이다. 적석목곽분이 조영되던 중심 연대는 마립간시기로서 이 시기에 신라는 영남지역의 여타 세력들을 정치 군사적으로 압도하며 급속한 성장을 해나갔다.

한편 신라의 등장과 발전 과정을 《삼국사기》 신라본기와 《삼국유사》에 기술된 그 수장의 칭호의 변화를 통해 살펴보면, 그것은 거서간－차차웅－이사금－마립간－왕으로 이어지는 것이었다. 이 중 그 어원이 불분명한 거서간은 차차웅과 같은 단계로 보아도 좋을 것이다.[18] 이런 임금 칭호의 변화는 토광목관묘－토광목곽묘－적석목곽묘－석실봉토분으로 이어지는 경주 평야의 무덤양식의 변화와 상관관계를 설정해볼 수 있는 면이 있다.[19] 물론 문헌기록의 기년과 무덤 편년 사이에선 괴리가 있지만, 양자가 대체적인 사로국의 성장 단계를 반영하고 있다는 측면에선 부합한다고 여겨진다. 하지만 구체적인 신라국의 성립 시기에 대해선 백제의 경우와 마찬가지로 《삼국사기》의 기사를 그대로 인정할 수 없다는 점에선 동일하다. 앞으로 고고학적 발굴의 진전과 그리고 국가형성과정에 대한 이론적 검토를 통해 계속 논의되어야 할 사항이다.

이렇듯 삼국은 고조선사회의 바깥에서 각각 상당한 시차를 두고 등장하였고, 발흥 지역이 상호 떨어져 있었으며, 성립기의 주변 상황도 서로 다른 면을 지녔다. 삼국이 국경을 접하면서 실제적인 상호 접촉을 하게 된 것은 4세

17) 崔秉鉉, 〈新羅의 成長과 新羅 古墳文化의 展開〉(《韓國古代史硏究》 4, 1991).
18) 남해거서간을 남해차차웅이라고도 하였다(《三國遺事》 권 1, 南解王條).
19) 崔秉鉉, 앞의 글.

기 후반 이후부터였다. 이런 요인들로 인해 삼국은 그 초기의 문화에선 상호 공통성에 못지 않게 각각의 개성적인 성격을 짙게 지녔다. 가령 묘제의 경우를 보면, 고구려는 압록강 중류 지역의 전통적인 적석총 양식을 5세기 초까지 계속 사용하였다. 경주 지역의 경우, 앞서 언급하였듯이 토광목관묘－토광목곽묘에 이어, 4세기 후반 이후 적석목곽묘를 사용하여 소백산맥 이남의 여타 지역의 그것과도 다른 독특한 면모를 나타내었다. 백제의 경우는 서울 지역에서 여러 양식의 묘제가 사용되어 보다 복잡한 양상을 보였다. 그 뒤 5, 6세기가 지나면서 삼국 모두에서 그 지배층의 묘제는 돌방흙무덤으로 단일화되어 갔다. 대가야와 영산강 유역의 묘제도 그렇게 되어 갔다.

그런데 이처럼 삼국은 그 성립시기와 발전 과정에서 상호간에 상당한 차이가 있었지만, 정치체제에선 일정한 공분모를 지녔다. 구체적으로 먼저 고구려의 경우를 보면, 대체로 3세기대까지는 5부가 중심이 된 정치체제였다. 고구려 초기의 5부는 4세기 이후 시기의 그것과 같은 수도의 행정구역 단위는 아니었다. 5부의 전신은 那였다. 나는 川과 같은 말로서, 압록강 중류 지역 일대에 있는 여러 작은 하천변에 생성된 지역집단으로서 부족이나 시원적인 소국이었다. 이들 다수의 '나'들이 상호 통합과정을 거쳐 다섯이 되었고, 그 중 가장 유력한 계루집단에 의해 여타 집단의 자치력의 일부가 통제되어져 部가 되었던 것이다. 5부는 계루부 왕권에 의해 대외교섭권 등을 박탈당하였지만, 부의 내부 사항에 대해선 상당한 자치력을 지닌 단위정치체였다. 각 '부'의 大加들은 왕족 대가들과 함께 회의체를 구성하여 이를 통해 국정의 운영에 참가하였다. 왕은 초월적인 권력자라기 보다 이들 대가들의 대표와 같은 성격을 지녔다. 한편 고구려 국가구조에서 보면 5부는 지배족단의 위치에 있었다. 당시 고구려국에는 5부 외에 피복속 종족들이 귀속되어 있었다. 이들 피복속 집단은 5부와는 차별되었다. 《삼국지》 위서 동이전에서 보듯이, 고구려라고 하였을 때는 5부만을 뜻하고, 피복속 집단은 동예·옥저 등 각각의 종족 명으로 지칭되었다. 그런데 옥저·동예 등의 피복속 종족들은 읍락 별로 고구려에 예속되어 공납을 바쳤고, 읍락 내부의 일은 자치에 맡겨져 그 수장을 통해 간접 지배되었다. 3세기 무렵까지의 고구려국은 각종 자치체들을 그 정치적 위상에 따라 누층적으로 편제한 자치체의 연합체와 같은 성격을 지녔다, 이와 같은 정치체제를 나타내게 된 근본적인 동인은 당시까지도 작용하고 있던 읍락의 공동체적인 성격에 있었다.[20]

이와 같은 초기고대국가의 정치체제는 3세기 말 4세기 초 이후 점차 해체되어졌다. 왕권과 중앙집권력이 강화됨에 따라, 각급 자치체들은 해체되어지고 왕을 정점으로 하는 중앙집권체제가 구축되어 나갔다. 그런 면을 상징적으로 보여주는 것이, 고구려의 경우, 초기의 고유한 명칭을 가진 5부의 소멸과 方位名 5부의 등장이다. 각급 자치체들이 해체됨에 따라 기존의 加들은 중앙귀족으로 전신하여 수도에 집중해서 거주케 되었는데, 방위명 5부는 수도를 구획하여 만든 행정구역단위이며, 귀족의 原籍과 같은 성격의 것이었다. 고구려 초기에 보였던 5부가 중심이 된 국가구조와 정치운영체체를 部體制로 명명해 볼 수 있다.[21]

한편 고구려의 부체제와 비슷한 양태를 6세기 초 이전의 신라에서도 찾아볼 수 있다. 양자의 성격이 반드시 꼭 일치한다고는 할 수 없을지라도 유사한 면모는 확인할 수 있다. 냉수비와 봉평비를 통해서 볼 때, 部名을 冠稱하였던 왕은 아직 초월적인 권력자라기보다 6부 귀족의 대표와 같은 성격을 지녔고, 왕을 위시한 여러 干들이 모여 주요 문제를 논의하였던 회의체가 국정 운영에 주요 기능을 하였다. 간들 중 으뜸가는 간이라는 뜻인 마립간이라는 임금 칭호는 이 시기 신라국의 정치체제와 왕의 성격을 상징적으로 말해준다[22]. 또 '신라'라는 말이 6부만을 가리키는 의미로 쓰여지기도 하였다. 피복속 지방 촌락은 기존의 수장인 干을 통해 간접 지배를 받았다. 이러한 부체제는 마립간 시기를 거치면서 점차 변화되어 나가, 임금을 왕이라 칭하게 된 6세기 초 이후에는 해체되고, 영역국가의 중앙집권체제가 성립되어 갔다.

---

20) 노태돈, 《고구려사연구》(2000), 135～149쪽.

21) 노태돈, 〈초기 고대국가의 국가국조와 정치운영－부체제론을 중심으로－〉(《한국고대사연구》 17, 2000).
　———, 〈삼국시대의 部와 부체제－부체제론 비판에 대한 재검토－〉(《한국고대사논총》 10, 2000).

22) 朱甫敦, 〈6세기 초 新羅王權의 位相과 官等制의 成立〉(《歷史敎育論集》 13·14, 1990).

백제의 경우, 그 초기의 정치체제는 당시 사실을 구체적으로 전하는 금석문이나 중국측 사서와 같은 당대의 기록이 없어 추정키 어렵다. 그러나 늦어도 6세기 대에는 중앙집권체제를 구축해 나가, 고구려나 신라의 그것과 비슷한 면을 나타내었다.

삼국이 중앙집권적인 영역국가체제를 구축해나감에 따라 일원적인 관등체계가 확립되고 중앙 관서가 증치되는 등 관료조직과 율령이 정비되어 갔고, 지방에 대해서도 종래와는 달리 피복속 지역을 간접 통치하던 데서 벗어나 지방관을 파견하고 군대를 주둔시켜 민과 땅을 중앙정부가 직접 장악하는 체제를 지향하였다. 5세기에 세워진 중원고구려비에서 보듯 '國土'라는 개념도 이때 등장하여 영역국가의 면모를 나타내었다. 그리고 단양 적성신라비에서 '佃舍法'과 '小女' 등의 표현이 보인다. '소녀'는 연령 등급제에 따른 편제를 나타내며, 전사법은 그 전후 구절이 떨어져 나가 구체적인 내용은 분명치 않지만 토지제도와 연관된 법령으로 여겨진다. 이는 곧 6세기 중반 신라의 국가권력이 지방의 토지와 민에 대한 지배력을 구사하고 이를 율령으로 규정하였던 면을 전해준다. 그리고 울진 봉평신라비에 奴人法이 언급되었다. 이 역시 전후 부분의 글자가 모호하여 자세한 내용은 분명치 않으나, 노인은 피정복되어 신라에 흡수된 변경지대의 주민들로서, 아마도 집단예민의 처지에 있었던 이들로 여겨진다. 이들을 신라 조정에서 일반 민으로 그 처지를 개선시키는 어떤 조처를 취하였는데, 이들이 모종의 소요를 일으킴에 그에 대한 응징으로 기존의 노인법에 따라 집단적인 처벌을 한 내용을 비문에 담고 있다. 이는 신라 영내에 있던 각종의 주민집단을 고대국가의 일반 민으로 편제하여 지방제도와 율령을 통해 일원적으로 지배해나가는 과정에서 발생한 사건으로 볼 수 있다. 진흥왕 북한산비에서 새로이 편입한 지역의 주민을 포함한 신라 영역의 모든 민을 '新舊黎庶'라 표현한 것도 그런 일면을 반영한 것이다. 백제에서도 중앙 관서인 '點口部'가 있었다.[23] 구체적으로 부여 宮南池 출토 목간의 하나에 '歸人中口四 小口二 邁羅城法理源 水田五形'이라 기록되어있는데,[24] '中口'나 '小口'는 주민을 중앙정부가 연령 등급별로 편제

23) 《周書》 百濟傳.

24) 小口는 下口로 판독하기도 하는데, 연령구분과 관련된 丁이나 中에 대응하는

하여 파악하였음을 말해준다.

민과 함께 중앙정부는 주요한 지배기반인 물적 자원에 대해서도 체계적인 장악을 도모하였다. 진흥왕 창녕비에 '土地彊域山林''大等與軍主幢主道使與外村主審照''海州白田畓''△鹽河川' 등의 구절이 보인다. 마멸이 심하여 전후 문맥을 알 수는 없으나, 전답 등의 토지와 하천, 鹽, 산림 등에 대해 '審照' 즉 조사하여 파악할 것을 언급한 것으로 여겨진다.[25] 물적 자원 중 핵심은 토지일 것인데, 적성비에서 보이는 '전사법'의 존재는 토지에 대한 어떤 제도적 조처가 취해졌음을 전한다.

토지를 어떤 형태이든 간에 조세 부과 대상에 포함시키기 위해선 토지에 대한 측량 사업을 요한다. 삼국시대의 양전에 대한 구체적인 실태를 파악키는 어려우나, 고구려의 경우 고구려척에 의한 절대 면적 기준의 段步制가 행해졌다는 설은[26] 유의되는 바이다. 신라의 경우, 늦어도 문무왕 3년(663)에는 結負法이 행해졌던 것이 확인되어진다.[27] 그런 만큼 그 이전 시기에 토지에 대한 측량과 양전을 하였을 가능성이 크다.

한편 삼국의 중앙집권체제가 진전되어 나감에 따라, 삼국간에선 영역국가의 지배 기반인 민과 땅을 보다 많이 획득하기 위한 갈등이 첨예화되었고, 빈번한 전쟁이 해를 이어 벌어졌다. 특히 고대의 귀족은 기본적으로 무사였다. 전쟁은 이들에게 부와 권력과 명성을 획득할 수 있는 기회이기도 하였다. 십대 후반의 어린 화랑이었던 斯多含이 대가야 공략전에서 공을 세워 높은 명성을 얻고 300명의 포로와 토지를 사여받았던 예는[28] 그런 일면을 말해준다. 이들 귀족이 전쟁 수행의 중심적 역할을 하였다.

이렇게 삼국이 중앙집권적인 영역국가로 발전해나가게 된 동인으로는 4~5세기를 지나면서 야철 기술의 발달과 한반도 전역에 걸친 철제 농기구

小로 보는 것이 타당한 듯하다(李鎔賢, 〈扶餘 宮南池 出土木簡의 年代와 性格〉, 《宮南池》, 국립부여문화재연구소, 1999).

25) 노용필, 《眞興王代 國家發展의 經濟的 基盤》(1996), 74~82쪽.

26) 朴贊興, 〈고구려의 段步制〉(《韓國史學報》 12, 2002).

27) 문무왕 3년(663) 김유신에게 田 500結을 하사하였다(《三國史記》 권 42, 金庾信傳).

28) 《三國史記》 권 43, 斯多含傳.

의 광범위한 보급이 거론되었다. 개간용구, 起耕具, 수획구 등의 철제농기구는 생산성을 향상시켰으며, 특히 철제 보습의 사용은 우경과 심경을 가능케 하였다.[29] 그리고 '살포'와 같은 논농사에 필요한 농구도 사용되었다.[30] 자연 이러한 철제 농기구의 보급과 개선에 따른 농업생산력의 증대는 영농단위의 축소를 가능케 하였고, 가족 내지 家의 사회적 역할을 증대시켰으며, 그간 민의 생활과 재생산의 기반이었던 읍락공동체의 기능 축소와 해체를 가져왔다.[31] 그와 함께 민호의 분화 또한 진전되었다. 이는 국가 권력이 읍락 내에까지 침투하여, 호 단위로 민을 파악하여 수취하는 제도의 시행을 가능케 하였다. 고구려의 3등호제는[32] 그런 면을 말해준다.

이런 면과 함께 간과할 수 없는 요인은 전쟁이다. 4세기대 동아시아 국제정국의 격동으로 빈번한 전란이 일어났고, 전쟁은 중장기병이 동원되는 등 대규모화하였고 그 파괴력도 훨씬 커졌다. 이런 정세에 대응하며 생존키 위해서는 각국은 필요한 인력과 물자를 확보해야 하는데, 이를 위해 생산력 자체의 증대를 꾀하여야 하였을 뿐 아니라 보다 조직화된 동원력의 확충을 도모하였다. 특히 생산력 증대에 한계가 있는 상황에서, 통제와 조직 강화를 통한 동원과 수탈이 중요한 의미를 지녔다. 조직과 동원력은 때로는 수리시설의 축조 사업에 구사되어졌고, 그것은 농업생산력의 증대에 기여하였다. 곧 이 시기 삼국이 중앙집권적 영역국가로 발전해나간 데는 빈번한 전쟁에 따른 이런 면이 깊이 작용하였다고 보아진다.

장기간 지속되던 삼국간의 전쟁은 7세기 중반 이후 급격한 물살을 타고 진전되었다. 그간 따로따로 전개되었던 고구려와 수·당제국 간의 전쟁과 한반도에서 진행되었던 삼국간의 전쟁이 648년 당의 수도에서 있었던 김춘추와 이세민의 회담 이후 한데 어우러져 새로운 양상으로 전개되었다. 그것은

29) 전덕재, 〈4~6세기 농업생산력 발달과 사회변동〉(《역사와 현실》 4, 1990).
李賢惠, 〈三國時代의 農業技術과 社會發展〉(《韓國上古史學報》 8, 1991)
———, 〈한국 고대의 犁耕에 대하여〉(《국사관논총》 37, 1992 : 《韓國 古代의 생산과 교역》, 1998).

30) 金在弘, 〈살포와 鐵鋤를 통하여 본 4~6세기 농업기술의 변화〉(《科技考古研究》 2, 아주대박물관, 1997).

31) 안병우, 〈신라 통일기의 경제제도〉(《역사와 현실》 14, 1994).

32) 《隋書》 高麗傳.

신·당 연합군에 의한 660년 사비성의 함락과 668년 평양성의 함락으로 귀결되었다.

당은 평양성에다 안동도호부를 설치하였다. 평양에 중국 왕조의 통치기관이 설치된 것은 기원전 108년 왕험성의 함락과 함께 설치된 낙랑군에 이어 두번째였다. 그러나 양자간에는 현격한 차이가 있었다. 기원전 108년 한 제국은 1년여의 공방전 끝에 왕험성을 공략하였고, 그 땅에 설치된 낙랑군은 그 뒤 400여 년 유지되었다. 그러나 668년 평양성을 함락시키는 데에는 수·당 두 왕조에 걸쳐 70년의 세월이 소요되었고 그나마 신라의 도움을 받아 가능하였다. 그런데 안동도호부는 불과 8년만에 신라에 의해 쫓겨나게 되었다. 양자간의 이런 차이는 곧 삼국시대를 거치면서 한국고대사회가 이룩한 역사적 성취의 결과를 상징적으로 나타낸 것이라고 할 수 있다. 다시 말하자면 왕험성 함락 당시 한과 고조선간에는 여러 면에서 큰 발전의 낙차가 있었는데, 삼국시대를 거치면서 한국고대사회가 성장하여 이를 극복해나갔음을 말해준다.

한반도를 통일한 신라 조정은 전국을 9주 5소경으로 편제하였고, 그 아래 설치된 모든 군현에 지방관이 파견되었다. 나아가 外司正을 주와 군에 파견하여 지방관과 행정을 감찰하게 하였고, 지방 유력자를 상경케 하는 상수리제도를 시행하였다. 한편 결부제에 입각한 양전 사업이 전국에 걸쳐 행해졌고, 민은 9등호제로 편제되었다.

이렇듯 통일기 신라는 전국에 걸친 고도의 중앙집권체제를 구축하였으며, 한편으로 국학을 설치하였고 8세기 후반에는 국학의 학생을 대상으로 한 독서삼품과를 운영하여 인재 양성과 등용 방법을 개선하기도 했다.[33] 그러나 끝내 보편적인 성격의 인재 등용제도는 마련되지 못하였고, 정치와 관료제의 운영은 여전히 골품제에 의해 규제되었으며, 세습 신분인 진골이 권력을 독점하였다. 민에 부과하였던 조세 또한 여전히 인두세적인 성격이 강하였다. 그 면은 수취제도를 통해 확인할 수 있다.

33) 고경석, 〈신라 관인 선발제도의 변화〉(《역사와 현실》 23, 1997).

2) 통일 신라의 수취제도

(1) 계연과 9등호제

신라 통일기 때의 수취제도의 실상에 대한 이해는 남겨진 자료에 따라 두 측면에서 시도해 볼 수 있다. 하나는 민이 부담하였던 조세의 내용에 대한 검토이고, 다른 하나는 관리에 대한 보수 지급 방법을 통해 살펴보는 것이다. 전자의 경우, 서원경 인근 지역의 4개 촌락에 관한 문서를 통해 검토되어왔다.

신라 촌락문서에는 각 촌의 호구와 전답, 소와 말, 뽕나무와 잣나무, 추자나무에 관해 기록하였고, 조사된 뒤의 변동사항을 추기하였다. 이 문서에서 우선 주목되는 것이 計烟과 孔烟이다. 공연의 성격에 대해선 자연호설과 편호설이 그간 제기되어 왔다. 촌락문서에서 몇 사람이 다른 지역으로 이주함에 따라 공연 하나가 소멸된 사례로 전하고 있어, 공연은 일반적으로 편호로 여겨지고 있다. 이들 공연이 모두 다 인위적으로 몇 개의 자연호를 합쳐 편성한 것은 아니다. 공연에는 유력한 자연호 하나로 구성된 것, 자연호와 그에 예속된 개별 인들로 구성된 것, 자연호 몇 개를 합쳐 이루어진 것 등이 상정되어지는데, 일단 공연 자체의 성격은 수세를 위해 설정된 것이라는 점에서 행정호라고 할 수 있다. 한편 이에 대해 자연호설에선, 여러 명이 다른 곳으로 옮겨갔는데도 공연의 수의 감소로 기록되지 않는 경우도 보이므로 공연을 편호로 보기 어렵다는 반론이 제기된 바 있다.[34] 이 점에 대해 편호설에선, 당시 당이나 일본의 예로 보아 정식 허가를 받지 않고 도망해간 경우에는 공연의 감소로 인정치 않고 3년 동안 계연을 계산할 때 그대로 포함시켰기 때문에 추기에 포함되지 않았다고 주장하였다.[35]

---

34) 이희관, 〈통일신라시대의 공연의 구조에 대한 새로운 이해〉(《한국사연구》 89, 1995).

35) 李泰鎭, 〈新羅 村落文書의 牛馬〉(《民族史의 展開와 그 文化－碧史李佑成先生定年退職紀念論叢(상)－》, 1990).
全德在, 〈統一新羅期의 戶等制의 性格과 機能에 관한 硏究〉(《震檀學報》 84, 1997).

공연은 9등호로 편제되었고, 이에 의거하여 仲上烟을 1로 하고 하하연을 1/6로 계산하여 각 촌의 계연이 산출되었다. 이 계연에 의거하여 각 촌의 조세나 역역이 부과되었던 것으로 파악되어진다. 계연의 합계를 통해 전국의 조세나 역역의 총액이 산정되어질 수 있으니, 이에 근거하여 재정운영이 이루어졌을 것이다. 이와 비슷한 형식의 문서양식은 西魏의 計帳에서 찾아볼 수 있어, 중국에서 비롯한 계장 양식의 영향을 받아 이를 신라의 실정에 맞게 만든 것으로 여겨진다.[36]

촌락문서에서 수취액을 직접적으로 표기한 것으로는 계연 이외의 것은 보이지 않으므로, 계연의 성격 파악이 당시 조세부과의 주된 기준에 대한 이해의 요체가 된다. 이는 곧 공연의 9등호가 무엇을 기준으로 설정되었는가와 계연 수가 적용되는 세목의 범위를 규명하는 것이 된다. 이에 대해선 人丁기준설, 토지기준설, 資産기준설 등이 제기되어 왔다.

이 중 먼저 제기되었던 설이 인정기준설이다. 즉 각 호의 인정의 다과에 따라 9등호로 나누었으며, 9등호에 의거한 계연은 역역 징발의 기준이 되었고, 전조와 공물은 전답과 뽕나무·잣나무·추자나무 등에 기초하여 징수되었다는 견해이다.[37]

이에 대해 자산기준설로서, 호등은 助·丁의 수를 일차적 기준으로 하고 다른 경제적 조건 등이 참작된, 각 호의 자산에 의하여 결정되었고, 계연 수는 촌에 부과되는 모든 부담의 이행 기준이 되었으며, 그것은 다시 각 호등에 따라 각 공연간에 분배되었다고 보는 주장이 제기되었다.[38]

한편 토지 기준설에선 각 호가 소유한 토지의 면적을 기준으로 호등이 정해졌고, 계연 수는 토지에 기초하여 산출되었으며, 조·용·조 전반이 이에 의거하여 수취되었다고 보는 견해가 제기되었다.[39] 또한 토지를 기준으로 한

윤선태, 《신라통일기 왕실의 촌락지배》(서울대 박사학위논문, 2000), 149~160쪽.

36) 윤선태, 〈신라 촌락문서의 計烟과 孔烟－中國·日本의 戶等制, 年齡等級制와의 비교검토를 중심으로－〉(《韓國古代史硏究》 21, 2001).

37) 旗田 巍, 〈新羅の村落－正倉院にある村落文書の硏究〉(《歷史學硏究》 226·227, 1958·1959 : 《朝鮮中世史の 硏究》, 1972).

38) 李泰鎭, 〈新羅 統一期의 村落支配와 孔烟〉(《韓國史硏究》 25, 1979).

39) 李仁哲, 〈新羅 統一期의 村落支配와 計烟〉(《韓國史硏究》 54, 1986).

9등호제는 인정하지만, 계연 수에는 면조지인 촌주위답이 포함되어 있으므로 이를 통해 田租의 수취는 불가능하며, 계연 수는 단지 戶調의 수취에만 관련되고, 전조는 촌락문서에 기록된 田結 수에 의거하여 1/10의 租가 부과되었다고 이해하는 설이 있다[40].

한편 근래에는 인정을 중심으로 한 자산이 기준이 되었다는 설이 제기되었다. 즉 당시 당과 일본의 사례로 보아, 각 호가 보유한 전답의 면적 자체는 호등의 설정에 직접적인 영향을 끼치지 않았으며, 각 호의 가용 노동력을 비롯하여 생산곡물의 양, 가축, 가옥 등을 포괄하는 '총체적 자산'에 의해 공연의 호등이 산정되었다는 설이 그것이다.[41] 그리고 전조는 결부수에 의거하여 수취되지 않았으며, 호등제를 통해 租·調를 수취하였을 것이라고 보았다.[42] 나아가 연령등급제의 의미와 동 시기 당과 일본의 사례 및 고려 때의 변화된 측면 등을 고려하여, 신라의 9등호제는 인정을 기준으로 한 것이다는 견해가 제기되었다.[43]

이렇듯 호등의 설정 기준과 계연이 포괄하는 세목의 범위 등에 대해 서로 다른 다양한 설들에서 제기되었다. 각 설을 다시 검토해보면, 먼저 토지가 기준이 되었다고 볼 경우, 이는 삼국시대의 조세 부과 양상과는 질적인 차이를 나타내는 것이 된다. 삼국의 조세제도에 관한 기록으로선 고구려의 경우가 전해지고 있다. 《隋書》 고려전에 "人稅는 포 5필 곡 5석이고 遊人은 3년에 한 번 10인이 細布 1필을 낸다. 租는 家戶 당 1석, 다음은 7斗, 다음은 5斗를 낸다"라 하였다. 이에서 人이란 가호의 호주를 뜻한다고 보아지므로, 곡 5석과 포 5필은 일종의 戶調로 여겨지며, 정남을 중심으로 한 가호 단위로 부과된 것으로 볼 수 있고, 가호마다 균일하게 부과된 것이니 인두세적인 성격을 지닌 것이라 하겠다.[44] 이 외에 租는 3등으로 나누어 차등으로 부과

40) 김기흥, 《삼국 및 통일신라 세제의 연구－사회변동과 관련하여－》(역사비평사, 1991), 158~186쪽.

41) 윤선태, 〈新羅村落文書의 作成年代와 記載樣式－중국·일본의 적장문서와의 비교검토를 중심으로－〉(332회 역사학회 월례발표회 발표문, 1996).
전덕재, 〈통일신라기 호등 산정 기준〉(《역사와 현실》 23, 1997).

42) 全德在, 앞의 글(1977).

43) 윤선태, 앞의 글(2001).

44) 곡 5석과 포 5필은 가호에 부과하는 것으로는 지나치게 많은 양이어서, 이를

되었는데, 이는 가호의 빈부에 따라 부과된 것이라고 보아진다.[45] 戶租는 그 세액에서 보듯 조세의 주된 부분은 아니고, 부가세적인 것으로 보아진다.[46] 그렇다면 당시 고구려의 경우, 조세 부과의 주된 기준은 人丁이었음을 말해 준다. 그런데 만약 통일 신라에서 토지가 기준이 되어 9등호가 설정되었다면, 이는 삼국시기와는 크게 다르고 토지가 조세 부과의 기초가 되었다는 측면에선 고려시대의 그것과 동질적인 면을 보이는 것이 된다. 그러나 반드시 그렇게 단정하기에는 문제가 없지 않다.

촌락문서에는 토지가 결·부·속 단위로 자세히 파악되어 있다. 국가에 의한 양전은 곧 토지에 대한 조세부과를 전제로 한 것이라고 볼 때, 결부법에 의한 토지의 파악은 토지가 주요 세원이 되었음을 뜻한다고 상정해볼 수도 있겠다. 그러나 토지는 노동력과 결합되어 어느 정도 예측 가능한 안정적 생산을 낼 때, 수취의 주된 대상이 될 수 있다. 당시 토지에 비해 인구가 적고, 호구의 이동이 잦으며, 토지 생산성이 낮고 농법이 휴한법 단계에 있었던 상황을 고려할 때, 결부법에 의한 토지 면적 표시가 곧 결부 단위로 전조가 수취되었다는 것을 의미하지는 않는다. 이 시기 당에서도 頃·畝 단위로 토지를 파악하였지만 조세는 호등에 의해 부과되었고, 그 호등은 소유한 토지 면적에 의해 산정되지 않았다. 구체적으로 신라 통일기 때 토지가 조세 부과의 기준이 되었다면, 고려 시대의 田券에서 보이듯 陳田 여부에 관한 언급이[47] 따라야 하는데 그렇지 못하다. 당시는 아직 토지의 연작상경이 일반화되지 못한 단계였던 상황을 고려한다면, 이는 간과할 수 없는 요소이다. 그리고 이 시기 사용된 결부법은 수확량 기준이 아니고 절대면적 기준이었던 만

'곡 5석이나, 포 5포필'로 해석하는 것이 타당할 것 같다.
김기흥, 앞의 책(1991), 53~54쪽.

45) 《周書》 고려전에서, '賦稅는 소유한 바에 따라 빈부를 헤아려 차등으로 징수하였다'고 하였다.

46) 당시 隋에서 開皇 16년 司倉을 설치하면서, 부가세로 3등의 戶等에 의거하여, 上戶1石, 中戶7斗, 下戶4斗를 부과한 예는 참조가 된다(《隋書》 권 24, 食貨志). 고구려의 3등호제에 의거한 租를 義倉租나 北齊의 義租와 비슷한 성격의 것으로 이해한 견해가 있다(안병우, 앞의 글, 1994).

47) 旗田 巍, 〈新羅·高麗の田券〉(《史學雜誌》 79-3, 1970 : 《朝鮮中世社會史の硏究》, 1972).

큼[48] 토지의 비척도에 대한 고려는 안정적 조세 수취를 위한 필요한 요소이다. 그런데 그에 대한 언급이 촌락문서에는 보이지 않는다. 한편 고려시대에 접어들어 호적과 양안이 분리되었고,[49] 연령등급제가 폐지되었으며, 절대면적단위인 결부법으로 표시된 토지에 대한 조세부과를 좀더 합리적으로 하기 위해 田品이 설정되었던 점 등이 유의된다. 특히 신라 말에 세워진 개선사 석등기에서 소유주의 畓의 소재처를 구체적으로 나타내는 사방의 지점을 기술하고, 奥畓과 渚畓으로 답의 종류를 구분하여 기술하여, 촌락문서와는 다른 기재 방식이 사용되었다.[50] 이는 위에서 지적한 요소와 연관해 볼 때 새로운 변화로서 주목되어진다.

한편 인정기준설의 문제점도 지적되었다. 즉 만약 인정이 기준이었다면 왜 이들 촌에는 등급이 높은 호는 없고 仲下烟이 최고의 등급호가 되었으며, 4개의 촌락의 등급호의 분포 비율이 각 촌락의 호당 인구수나 丁의 수와 비례하지 않은가 하는 점 등이 그것이다.[51]

이런 점들을 고려할 때, 당시 조세 부과의 주된 지표인 계연을 산출하는 근거인 호등을 설정하는 기준은 인정을 중심으로 한 총체적인 자산이었다고 보는 설이 보다 설득력을 지닌다. 촌락문서는 수취를 위해 작성한 행정문서이다. 국가는 조세를 안정적으로 징수키 위해 세원에 대한 자세한 파악을 하려 했을 것이고, 그런 면을 행정문서에 반영하였을 것이다. 촌락문서에서 인정에 대한 기술이 자세하고 양적으로도 가장 많은 부분을 차지한다는 것은 적어도 인정이 조세 수취에 중심이 됨을 뜻한다고 보아도 무리는 없을 것이다. 반면 토지에 대한 기술에선 陳田 여부와 전답의 종류나 등급에 대한 기술이 전혀 없다는 점은[52] 적어도 토지가 주된 조세부과의 항목이 아니었다

---

48) 李宇泰, 〈新羅時代의 結負制〉(《泰東古典硏究》 5, 1989).

49) 盧明鎬, 〈高麗時代 戶籍 記載樣式의 성립과 그 사회적 의미〉(《震檀學報》 79, 1997).

50) 윤선태, 앞의 글(2001).

51) 허종호, 《조선토지제도발달사(1)》(1991), 209쪽.
이인철, 〈新羅村帳籍에 대한 몇 가지 論議〉(《韓國古代史硏究》 21, 2001).

52) 《三國遺事》 駕洛國記에 首露王廟의 位田으로 '上上田 30頃'을 언급하였다. 이에 따르면 문무왕대에 토지의 9등급 田品制가 시행되었다는 것이 된다. 그러나 이 기사는 사료 비판이 요구되는 것으로서, 그대로 인정키는 어렵다(전덕

는 사실을 말해주는 것이라고 여겨진다. 물론 당시 토지가 전혀 조세의 대상에서 배제되었다는 것은 아니다. 촌락문서에 烟受有畓에 속하는 촌주위답이 있다. 이는 촌주의 직무 수행에 대한 보수로 지정된 것으로서, 아마도 촌주 소유지를 位畓으로 설정하여 면세를 해준 것으로 여겨진다. 이는 곧 토지에 어떤 형태의, 아마도 부가세적인 성격의, 조세가 부과되었음을 말해준다고 보아야 할 것이다.[53]

이렇게 볼 때, 통일신라의 수취제도가 삼국 시기의 그것과 현격하게 질적으로 다른 것이었다고 보기는 어렵다. 통일기 신라 때 조세 부과의 주된 기준이 토지에 있지는 않았다는 점은 이 시기 관리에 대한 보수 지급방법체계에 대한 이해에도 적용되어진다.

(2) 녹읍제의 성격

통일 신라기 때 관리에 대한 보수 지급 제도로 기록에 전하는 것은 祿邑과 관료전이다. 이 중 중심을 이루는 것은 녹읍이었다. 녹읍은 관리에게 일정한 지역에서 부세를 수취할 수 있는 권리를 급여 대신 지급한 것이다. 녹읍은 신문왕 9년(689) 폐지되고, 대신 매년 租가 지급되었다가(歲租), 얼마 후 매월 지급되었다(月俸). 당시 관리에게 녹봉을 지급한 구체적인 사례는 佐波理加盤附屬文書에서 확인된다.[54] 폐지된 녹읍은 경덕왕 16년(757) 다시 부활되어 신라 말까지 지속되었다.

녹읍이 폐지된 것은 신라 통일기 초로서, 강대해진 왕권에 의해 녹읍을 지급받는 주된 대상이었던 진골 귀족세력을 억제하려는 정치적 의도가 개재되었던 것으로 여겨지며, 아울러 옛 백제 영역과 고구려 영역의 일부를 통합함에 따라 세원이 크게 늘어나 세조를 지급할 수 있게끔 국가 재정이 확충되었기에 가능하였다. 한편 녹읍의 부활 원인에 대해선 직접적인 사료는 보이지 않으나, 신라 중대를 거치면서 각종의 재정 지출이 크게 증대되었고 성덕왕과 경덕왕 대에 자주 보이는 자연재해 등으로 농민의 유망이 늘어남에 따

재, 〈統一新羅期 戶等制의 性格과 機能에 대한 硏究〉, 《震檀學報》 84, 1997).

53) 전덕재, 위의 글.

54) 尹善泰, 〈正倉院 所藏 '佐波理加盤附屬文書'의 新考察〉(《國史館論叢》 74, 1997).

른 재정궁핍과 진골 귀족의 이해가 어우러진 데서 찾기도 한다.

그러면 구체적으로 녹읍주에게 주어진 것이 무엇인가. 이에 대해서 수조권설, 조·용·조 징수권설, 調와 역역 징발권설, 등 그간 다양한 견해들이 개진되었다.

먼저 수조권설을 보면, 통일기 신라의 녹읍은 녹읍주에게 녹읍 내의 전답의 소유주로부터 전조를 징수할 수 있는 권리를 부여한 것으로서, 중세 전기의 특징적인 토지제도인 田主佃客制의 유형이었다고 보았다.[55] 한편 이에 대해 만약 녹읍주에게 수조권이 지급되었다면 녹읍은 전결 수로 분급되어야 하는데, 학생 녹읍의 예에서 보듯 지역 단위로 지급되었다는 점이 지적되었다. 이 면에 대해 수조권설에선 당시 녹읍은 고을 단위로 그 수조권이 분급되었기 때문이라고 하였다.[56]

만약 녹읍주에게 수조권이 분급되었다면, 녹읍의 농민들에 대해 전조가 수취되었고 전조가 농민의 부세 부담의 주요 부분이 되었다는 것을 의미한다. 녹읍의 농민에 대한 수취는 일반 촌락의 농민에 대한 그것과 일단 제도상으로는 차이가 없었다고 보아야 할 것이다. 그런데 앞서 촌락문서에 관한 논의에서 보았듯이, 계연 산출의 근거인 9등호는 토지 소유 정도에 의거하여 산정된 것이 아니었으며, 토지가 주된 세 부과의 대상은 되지 못하였고, 전조가 수취되었다고 단정하기도 어렵다.

그 다음 녹읍주에게 분급된 것은 전조를 제외한 공부와 역역 징발권 및 소와 말에 대한 지배권이었다고 본 설은[57] 고대 일본의 경우를 염두에 둔 것이다. 즉 율령체제 하에서 관리에게 준 일본의 職分田을 신라의 관료전과,

55) 金容燮, 〈前近代의 土地制度〉(《韓國學入門》, 學術院, 1983).
이경식, 〈고대 중세의 녹읍제의 구조와 전개〉(《손보기박사정년기념한국사학논총》, 1988).

56) 李景植, 〈新羅時期 祿邑制의 施行과 그 推移〉(《歷史硏究》 72, 1999).

57) 吉田 孝, 〈公地公民制について〉(《坂本太郎古稀記念 續日本古代史論集》 中卷, 1972).
木村 誠, 〈新羅祿邑制と村落構造〉(《歷史學硏究》 428 別冊(世界史の新局面と歷史像の再構成), 1976).
武田幸男, 〈新羅の村落支配－正倉院所藏文書の追記をめぐって－〉(《朝鮮學報》 81, 1977).

그리고 封戶를 녹읍과 유사한 성격의 것으로 보았던 것이다. 이 설은 촌락문서의 작성 연대를 헌덕왕 7년(815)으로, 그리고 촌락문서를 녹읍지배를 위한 기초문서로 간주함을 전제로 하고 있다, 그런데 촌락문서의 작성연대에 대해선 최근 695년설이[58] 제기되는 등 논난이 분분하며, 촌락문서에 등장하는 촌락의 성격에 대해서도 논의가 일정치 않다. 그런만큼 좀더 고찰이 필요한 바이다.

한편 녹읍주에게 주어진 것이 곡물 수취권이었다고 보는 설도[59] 있으며, 조용조 모두를 수취하였다는 설은 일찍부터 제기되어온 바이다.[60] 그리고 전기 녹읍과 경덕왕 16년(757) 부활한 후기 녹읍간에는 수취 내용이 달랐다는 설도 제기되었다.[61]

이렇듯 당시 녹읍에 대한 수취 양태가 어떠하였던가는 그간 연구가 크게 진전되었으나 아직 논란이 분분하여 분명치 않은 점이 많은 형편이다. 앞으로 삼국시대와 통일기 신라 그리고 고려 전기로 이어지는 시기의 사회적 변화와 농업의 진전양상에 대한 총체적인 이해의 확충이 요구되어지는 바이다. 아울러 삼분법 또는 오분법적인 시대구분론에 지나치게 얽매이는 데서 벗어나 이 문제를 접근할 필요가 있다.

3) 발해인과 발해국

8~9세기 한국고대사에서 주요한 쟁점의 하나는 발해사에 대한 이해이다. 발해사의 성격과 그 귀속을 둘러싸고 그간 국내외 학계에서 다양한 견해가

---

58) 尹善泰, 〈村落文書의 作成年代 - 일본의 '華嚴經論'流通過程을 중심으로 -〉(《震檀學報》 80, 1995).

59) 全德在, 〈新羅時代 祿邑의 性格〉(《韓國古代史論叢》 10, 2000).

60) 金哲埈, 〈新羅 貴族勢力의 基盤〉(《人文科學》 7, 1962 : 《韓國古代社會硏究》, 1975).

姜晉哲, 〈新羅의 祿邑에 대하여〉(《李弘稙博士回甲紀念韓國史論叢》, 1969 : 《韓國中世土地所有硏究》, 1989).

———, 〈新羅의 祿邑에 대한 若干의 問題點〉(《佛敎와 諸科學》, 1987 : 앞의 책, 1989).

朴贊興, 〈신라 녹읍의 수취에 대하여〉(《韓國史學報》 6, 1999).

61) 김기홍, 앞의 책(1991), 142~147쪽.

제기되어 왔는데, 이는 발해가 고구려 유민이 중심이 된 고구려 계승국적인 성격을 지녔다고 보는 견해와 말갈족이 중심이 된 국가로 여기는 견해로 대별된다. 전자는 남북한 학계에서 제기되어 왔다. 후자에선 발해를 중국의 중세 지방봉건정권이라고 규정하고 당 왕조와의 연관성을 강조하는 중국학계의 주장과 말갈족 역사로서의 독자성을 강조하는 러시아 학계의 설이 차이를 보이고 있다. 이렇듯 발해사의 이해를 둘러싸고 각국 학계의 견해는 뚜렷한 차이를 보이는데, 이에는 정치적 입장과 이념이 강하게 작용하고 있음을 부정키 어렵다.

발해국은 다종족 국가였는데, 그 중 두 계통의 주민이 대종을 이루었다. 발해국의 주민은 발해 멸망 직후부터 요나라에 의해 '발해인'과 '여진인'으로 구분되어져 각각 다른 형태로 지배를 받았다. 즉 전자는 주현의 민으로 편제되어 요의 지방관에 의해 漢法 즉 漢人에게 적용하는 법으로 통치되었다. 그와는 달리 후자는 부족 단위로 편제되어 자치를 영위케 하고 간접 지배를 하였다. 이는 양자의 사회의 성격이 달랐던 데서 비롯한 것이다. 전자의 사회는 이미 공동체적인 관계가 해체되고 사회분화가 깊이 진전되었는데 비해, 후자는 그렇지 않았다. 고려에서도 귀부해 온 옛 발해국의 주민을 발해인과 여진인으로 구분하였다. 여진인의 경우, 집단적으로 안착시켜 그 내부의 일은 자치에 맡겼다.

이렇게 발해국의 주민이 두 부류로 나뉘어지는 것은 발해국 존립 당시에도 그러하였다. 발해 초기에 발해를 방문하였던 일본인의 견문기에서 그 주민이 '土人'과 말갈로 구분되었고 도독, 자사 등은 '토인'이 되었다고 기술하였다. 주민구성의 이중성은 발해 말기에도 확인되어진다.

발해의 묘제에서도 그런 면을 찾아볼 수 있다. 발해 초기의 무덤 양식을 보면 석실봉토분과 토광묘로 대별된다. 전자는 수도와 주요 지방 중심지에 축조되었고, 후자는 주로 변방 지역에 집중되어 있다. 발해 초기, 수도의 주민들의 묘지였던 돈화현 육정산의 무덤떼를 보면 고구려 문화적인 요소와 말갈 문화적인 요소가 함께 보인다. 구체적으로 육정산 고분 분포지 내에서 대형 석실분이 자리잡은 구역에선 고구려적 요소가 두드러지며, 작은 무덤이 밀집한 구역에선 말갈 요소가 현저하게 보인다. 이는 곧 발해 건국의 주도세

력이 고구려계의 주민이었음을 말해주는 바이다.[62]

그리고 발해인들의 의식에서 고구려 계승의식은 찾아볼 수 있으나 말갈 계승의식은 확인키 어렵다. 792년 당에 발해사절로 파견되었던 양길복이 띤 관명이 '押靺鞨使'였다.[63] 즉 '말갈을 관할하는 관리'라는 뜻의 관직명이다. 만약 발해 조정이 말갈족 출신이고 말갈족에 소속의식이 있었다면, 존재키 어려운 관직명이라고 하지 않을 수 없다. 아울러 발해국의 성격에 대한 인접국인들의 인식 또한 이를 고구려 계승국으로 보는 것이 절대 다수였다. 즉 보장왕의 손자인 高震의 묘지명에서 고진의 출자를 발해인으로 기술하였고, 발해를 멸망시킨 후 그 땅에 거란이 설립한 동단국의 *左次*相이었던 거란인 야율우지가 요동지역을 발해인의 고향이라고 하였으며, 일본인들이 발해사절을 고려사라 하였다.[64] 그리고 8세기 후반 9세기 초에 티베트어로 기술된 돈황문서 P.1283에 의하면 당시 내륙아시아 터키계 유목민들이 발해를 'Muglig'라고 불렀다 하는데, 이 말은 고구려 존립 당시 고구려를 돌궐에서 Mökli 또는 Moukri라 하였던 데서 비롯한 것이다. 같은 문서에서 당나라 사람들이 이 Muglig를 'Keuli' 즉 고려라 하였다고 전한다. 발해와 고구려를 계승관계에 있는 실체로 이해하였음을 말해준다.[65]

이런 면으로 볼 때, 발해국을 이끌었던 주된 족속인 '토인'-'발해인'은 고구려계가 중심이었다고 보아야겠다. 그리고 그간 가장 논란의 대상이었던 대조영의 출자는 변경의 고구려인[66]또는 말갈계 고구려인[67]으로 보는 것이 옳다고 여겨진다.

그런데 발해인의 족속계통을 파악하는 것이 발해사의 특성을 이해하는데

---

62) 宋基豪, 〈六頂山 古墳群의 성격과 발해 건국집단〉(《汕耘史學》 8, 1998).
———, 〈事實과 前提-발해 고분의 경우-〉(《韓國文化》 25, 서울대 한국문화연구소, 2000).

63) 《唐會要》 권 96, 渤海.

64) 이에 대한 구체적인 전거는 盧泰敦, 〈渤海國의 住民構成과 渤海人의 族源〉(《韓國古代의 國家와 社會》, 一潮閣, 1985) 참조.

65) 盧泰敦, 〈高句麗 渤海人과 內陸아시아 住民과의 交涉에 관한 一考察〉(《大東文化硏究》 23, 1989 : 《고구려사 연구》, 1999).

66) 盧泰敦, 앞의 글(1989).

67) 宋基豪, 《渤海政治史硏究》(一潮閣, 1995), 41쪽.

주요한 부분이지만, 그 점에 대한 지나친 강조는 발해사를 고구려사의 연장으로만 이해케 하는 오류를 낳게 한다. 발해는 200여 년 존속하는 동안 그 시기의 내외의 객관적 여건에, 특히 고구려유민들이 목단강 유역 등 동부 만주 신개척지에서 다수의 말갈족과 함께 생활하여야 하는 새로운 환경에 적응하면서 그 나름의 개성적인 면모를 형성하였음은 당연한 것이다. 그런 면에 대한 천착이 진전되어야 발해사의 특성이 보다 부각될 수 있겠다.

한편 발해와 신라의 관계에 대한 이해에서, 양국이 시종 적대적 관계를 지속하였고 당이 그것을 조장하였다는 설이 제기된 바 있다.[68] 즉 강대한 외세의 조종에 휘말려 양국은 서로 동족의 나라임을 자각치 못한 채 당 중심의 국제질서에 안주하여 분열과 대립을 지속하였다는 것이다. 그런데 발해와 신라는 시종 적대적 관계에 있었던 것은 아니고 상호 교류도 하였다.[69] 발해에서 신라로 가는 '신라도'라는 이름의 교통로가 존재하였다는 사실은[70] 그런 면을 말해준다. 하지만 전체적으로 볼 때, 양국간의 관계는 우호적인 것은 아니었고, 교류 또한 활발했다고 여겨지지 않는다. 실제 양국은 733년 한 차례의 전쟁을 치른 바 있다. 이 해의 전쟁에서 그러하였듯이, 발해의 성장에 위협을 느낀 신라는 당에 밀착하여 이에 대응하려 하였다. 발해는 일본과 관계를 맺어 신라를 견제하려 하였다. 이런 경향은 장기간 지속되었다. 그 결과 동북아의 국제정세는 세력균형을 이루어 안정을 유지하였으나, 신라와 발해간의 관계는 적대적이지는 않았을지라도 특기할만한 관계 개선 없이 병존 상태를 지속하였다. 삼국 통일 전쟁 후 신라 조정은 삼한일통의식을 전면에 내세워 적극적으로 백제와 고구려 유민을 동족으로 포괄했지만, 뒤 이어 등장한 발해에 대해선 능동적으로 동족의식을 표방하지 않았다. 이는 당시 신라 조정이 삼한일통을 자신의 위업이요 정통성의 주요 기저로 내세웠는데, 고구려 영역의 대부분을 차지한 발해를 고구려계승국으로 인정한다는 것은 스스로의 논리와 상충되는 일이었기 때문이라는

68) 李佑成, 〈南北國時代와 崔致遠〉(《창작과 비평》 10-4, 1975).

69) 宋基豪, 〈발해에 대한 신라의 양면적 인식과 그 배경〉(《韓國史論》 19, 서울대, 1988).

70) 《新唐書》 渤海傳.

풀이는 의미가 있다.[71]

그러면 양국이 존재하던 8세기에서 10세기초에 이르는 기간의 시기 명칭을 정한다면 어떻게 하여야 할까. 그간 '통일 신라와 발해', '남북국시대', '발해와 후기 신라' 등이 제기되어 왔다. 이 면에 대해선 그 시기의 역사적 실상과 함께, 발해인과 발해국에서 이룩한 역사적 성취가 어느 정도 고려사회에 이어졌는가에 의해 가름지워져야 할 것이다. 고려사회의 주된 부분이 그 영역과 함께 통일기 신라의 그것을 이었음은 객관적인 사실이다.

〈盧泰敦〉

3. 고 려

고려의 太祖 王建은 泰封國의 弓裔를 축출하고 새로이 나라를 개창한 데(918) 이어서 신라를 평화리에 합병하고(태조 18년, 935), 이듬해에는 후백제의 항복을 받아냄으로써 마침내 후삼국을 통일하는 데 성공하였다. 이를 전후하여 그는 지방세력인 호족들을 회유, 규합하는 데 많은 힘을 쏟았거니와, 뒤를 이은 역대 왕들도 그를 위해 노력을 기울인 결과 成宗朝(982~997)에 이르러서는 국가의 기반이 잡히고 지배체제도 정비될 수 있었다. 이처럼 성종조에 와서 국가의 체제가 일단락될 수 있었던 것은 신라의 6두품 출신인 崔承老의 보필이 컸지마는, 그와 관련지어 생각해 볼 때 국왕에게 올린 바 "유교정치이념에 입각한 중앙집권적 귀족정치"로 요약되는[1] 그의 시무 28조는 지니는 의미가 매우 크다.

이후 발전을 거듭한 고려의 門閥貴族社會는 11대 국왕인 文宗朝(1047~1083)에 접어들어 전성기를 이루게 된다. 하지만 睿宗(1106~1122)・仁宗(1123~1146) 때에는 벌써 사회가 동요를 면치 못하더니 毅宗 24년(1170)에는 귀족사

71) 李康來, 〈三國史記의 靺鞨 인식〉(《白山學報》 52, 1999).

1) 李基白, 〈新羅統一期 및 高麗初期의 儒敎的 政治理念〉(《大東文化硏究》 6・7 합집, 1969・1970 : 《新羅時代의 國家佛敎와 儒敎》, 韓國硏究院, 1978).

회 내부의 모순과 文·武臣 간의 대립으로 촉발된 武臣亂으로 인하여 문신 중심의 귀족정권은 무너지고 말았다. 이로써 우리들이 흔히 고려 전기로 분류하는 시기가 끝나게 되는 것이다.

무신란이 성공을 거두면서 이제부터는 무신들이 정치권력을 장악하는 武臣政權時代가 되었다. 이후 그것은 꼭 100년간(明宗 원년, 1171~元宗 11년, 1270) 지속되거니와, 이 시기에는 정치뿐 아니라 경제·사회·사상 등 각 방면에 일대 변혁이 초래되었다. 그러한 가운데에서 高宗 18년(1231)에는 몽고족의 침입이 시작되며, 이에 고려 조정은 수도를 개경에서 강화도로 옮기고 30년 가까운 기간 동안 저들과 전쟁을 치르는 시련을 겪기도 하였다.

그런 끝에 몽고와 강화가 성립되어 고려조정은 1271년에 개경으로 환도하지만, 이때부터는 저들의 내정간섭을 받아 나라의 자주성이 위축됨을 면치 못하였다. 그 같은 상황하에서 정치질서는 더욱 문란해지고, 사회경제적 모순은 한층 심화되어 갔다. 이런 난국을 타개하고자 恭愍王(1352~1374)은 反元改革政治를 단행하였다. 그러나 그의 개혁운동은 원(몽고)의 내정간섭에서 벗어나는 데 상당한 성과를 거두었음에도 불구하고 사회경제문제를 비롯한 제 모순을 근본적으로 타파하는 데는 실패하였다. 그리하여 결국 신흥 무장과 손을 잡은 新進士類勢力에 의하여 고려는 34왕 475년만에 종언을 고하고 마는 것이다(1392년).

封建制度와 農奴制 생산양식, 기독교 문화 등을 특성으로 하는 서양의 '中世社會'와 내용을 좀 달리하는 것이긴 하지만 고려도 많은 사람들이 '중세사회'라 일컫고 있다. 아마 단순한 시간의 원근이나 신라사회와의 차별성 또는 田主-佃戶制와 地代의 수취 등에 무게를 둔 이해가 아닌가 싶다. 어떻든 이처럼 흔히들 중세사회로 분류하는 고려는 이상에서 설명한 바와 같은 변천과정을 밟았지마는, 생각해 보면 그것 자체가 시대가 지니는 한 특성이 아닐까 한다. 하지만 이 자리에서는 그 속에 드러나고 있는 정치·경제·사회·사상상의 특징적인 면들을 좀더 구체적으로 살펴 고려사회의 역사적 위치를 이해하는데 한 걸음 더 가까이 접근하여 보고자 한다.

1) 정치적 특성

(1) 중앙의 정치체제와 그 성격

고려는 더 말할 필요도 없이 전근대 왕조국가의 하나였던만큼 국왕권이 절대적이었다고 할 수 있을 것이다. 그러나 실제로 국가를 경영하여 감에 있어서 국왕은 신료들과 정치권력을 공유할 수밖에 없었고, 여기에서 정치체제가 중요한 문제의 하나로 대두하게 된다. 그것의 여하에 따라 국왕과 신료 양자간에 지니는 정치권력의 대소, 강약이 영향을 받았겠기 때문이다.

이런 점에서 먼저 중앙의 정치기구들에 대해 살펴보면, 그 가장 핵심적인 기구는 泰封 이래의 廣評省·內奉省 등을 이으면서도 한편으로는 唐의 제도에서 모범을 구한 3省(中書門下省·尙書省)과 6部(吏部·兵部·戶部·禮部·刑部·工部)였다. 그 아래에 다시 諸寺·監과 諸署·局 등이 있었지마는, 또 宋制와 계통이 가까운 中樞院(樞密院)과 三司, 그리고 고려 자체의 필요성에서 생긴 都兵馬使·式目都監 등도 중요한 위치를 차지하고 있는 기구들이었다. 고려 때의 중요 정치기구는 크게 말해서 이처럼 세 계통으로 구성되었다고 할 수 있으며, 이들이 서로 조화를 이루며 운용되어 갔다는 데서 우선 한 특성을 엿볼 수 있다.[2)]

그런데 이들 기구는 조직상으로 2품과 3품을 경계로 하여 상·하 이중으로 편제되었다는 점에 또 다른 특징이 있었다. 예컨대 중서문하성의 경우 2품관 이상으로서, 宰臣·宰相·省宰 등으로 불리며 議政機能을 담당했던 宰府와, 3품관 이하로 諫官·省郞 등으로 불리며 諫諍·封駁·署經 등을 담당했던 郎舍로 편성되었던 것이다. 中樞院과 尙書省도 마찬가지여서 전자의 경우 역시 2품관-후대에는 3품관 포함-으로 樞密·宰相 등으로 불리며 의정기능-후대에는 軍政 포함-을 담당했던 樞府와, 3품관으로 承宣이라 불리며 왕명의 출납을 맡았던 承宣房, 그리고 후자는 주로 문서 수발과 국가적 행사를 주관하던 2품 이상 관원의 조직인 尙書都省과 국정을 분담하여 집행하던

---

2) 邊太燮, 〈高麗의 政治體制와 權力構造〉(《韓國學報》 4, 1976).

3품 이하 관원의 조직인 尙書6部(6部)로 나뉘어져 있었다. 고려에서 이같이 기능을 달리하는 두 조직을 한 기구 내에 설치한 것은 제도의 未分化性이라는 측면에서 볼 수도 있겠으나 일면 고려 나름으로 정국 운영의 묘를 염두에 둔 조처라는 파악도 있어[3] 주목할 필요가 있는 양상의 하나이다.

한데 이들 상·하 조직을 다시 정치권력면에서 보면 한층 비중이 큰 것은 상층조직이었다. 그 가운데에서 특히 재부와 추부는 兩府로서 정치의 중심에 위치하였는데, 이곳의 구성원인 宰臣과 樞密은 앞서 언급했듯이 宰相으로서 국왕과 중요 국정을 논의하는 의정 기능과 함께 그의 집행을 직접 관장하기도 했다는 데서 그 같은 주장이 나오고 있는 것이다. 이런 측면을 보여주는 하나의 제도적 조처가 6部判事制였다. 判尙書吏部事(判吏部事)·判尙書兵部事(判兵部事) 등이 그런 직위들인데, 고려에서는 6부의 장관인 尙書(정3품) 위에 判事를 더 두고 재부의 재신들로 하여금 겸직하게 하는 제도를 채택하고 있었다. 그리하여 判吏部事를 겸직하는 宰臣이 首相이 되고, 判兵部事를 겸직하는 재신이 亞相, 判戶部事 겸직자가 3宰, 이하 차례로 내려가 判工部事가 6宰가 되었던 것이다. 그런데 이들 宰臣判事의 6부에 대한 권한은 매우 강력하면서도 직접적이었던 것으로 알려져 있다.[4] 재신들에 의해 6부가 통할되는 면이 많았음을 알 수 있다.

그런가 하면 6部尙書도 宰樞가 중복직으로 지니는 경우가 허다하였다. 즉, 吏部尙書·兵部尙書 등의 각 尙書職을 재신의 경우 주로 參知政事·政堂文學·知門下省事가 일부를 帶有하였으며,[5] 또 中樞院使(樞密院使)·知中樞院事·同知中樞院事 등 樞密들 역시 재신들보다 훨씬 많은 수의 상서를 중복직으로 지니고 있는 것이다.[6] 물론 상서들이 독립직·단독직으로 존재하는

---

3) 邊太燮, 위의 글.
朴龍雲, 〈高麗時代의 臺諫과 宰樞文武兩班〉(《誠信女大論文集》 12, 1979 : 《高麗時代 臺諫制度 硏究》, 一志社, 1980).

4) 邊太燮, 〈高麗時代 中央政治機構의 行政體系－尙書省 機構를 중심으로－〉(《歷史學報》 47, 1970 : 《高麗政治制度史硏究》, 一潮閣, 1971).
朴龍雲, 〈高麗時代의 6部判事制에 대한 考察〉(《고려시대연구》 Ⅱ, 2000 : 《高麗時代 尙書省 硏究》, 景仁文化社, 2000).

5) 朴龍雲, 〈고려시대의 參知政事〉·〈고려시대의 政堂文學〉·〈고려시대의 知門下省事〉(《고려시대 中書門下省宰臣 연구》, 一志社, 2000).

사례도 보인다. 하지만 이들보다도 宰臣判事와 재추 상서들은 그와 비교가 되지 않을 정도로 많이 찾아지는 것이다. 이 같은 제도의 운용으로 국무의 집행기관인 尙書6部가 재추의 통할하에 있었다는 게 필자의 일관된 생각이다.[7] 《高麗史》 권 76, 百官志 모두의 서문에 "宰相이 6부를 統轄하였다"고 서술해 놓고 있는 것도 이런 점을 염두에 둔 설명이라고 짐작된다.

종래 이러한 사실을 감안하면서도 국무를 6부가 직접 국왕에게 아뢰고 처리하였다는 '6部直奏制'說이 제기되었다. 그러므로 고려에서는 6부 중심의 행정체계가 이루어지고 있었다는 것이다.[8] 이 같은 주장은 업무의 처리 과정상으로 볼 때 수긍이 가지만 권력구조면에서는 좀 달리 이해해야 할 것이라 판단된다.

아울러 근자에 국왕권을 강조하는 입장에서 비슷한 견해가 제시되었다.[9] 고려도 왕조국가의 하나였으므로 왕권이 결코 홀시되거나 낮게 평가될 수 없다는 것은 첫머리에서 지적했듯이 자명하다. 그러나 다만 국정의 운영 과정에 재추의 영향력이 개입될 여지가 많은 제도의 채택으로 상대적인 의미에서 왕권이 좀 미약했다는 정도의 이해인 것이다.

고려의 정치체제가 이 같은 특성을 지니게 된 것은 그가 귀족사회였다는 사실과 불가분의 관계에 있다. 사회 자체의 성격이 그러하였던 만큼 자연히 정치체제에도 귀족적 요소가 많이 가미되게 마련이었던 것이다.

그 하나로 우선 정치의 근간이 된 內史門下省(中書門下省)의 설치가 귀족정치를 지향하는 유신세력이 그 중심기구로 내놓았다는 사실을 지적할 수 있

6) 朴龍雲, 〈高麗時代의 尙書6部에 대한 檢討〉(《高麗時代 尙書省 硏究》, 景仁文化社, 2000).
———, 〈고려시대 樞密에 대한 검토〉(《高麗時代 中樞院 硏究》, 高麗大 民族文化硏究院, 2001).
7) 朴龍雲, 〈고려시대 중앙 정치체제의 권력구조와 그 성격〉(《한국사》 13, 국사편찬위원회, 1993).
———, 〈高麗時代의 宰臣과 樞密과 6部尙書의 관계를 통해 본 權力構造〉(《震檀學報》 91, 2001 : 《高麗時代 中樞院 硏究》, 高麗大 民族文化硏究院, 2001).
8) 邊太燮, 앞의 글(1970).
9) 朴宰佑, 〈高麗前期의 國政運營體系와 宰樞〉(《歷史學報》 154, 1997).
———, 〈고려전기 政策提案의 주체와 提案過程〉(《震檀學報》 88, 1999).

다.[10] 그러므로 그것은 행정기관이 아니라 議政機關이었던 것이다. 아울러 그 의정 과정도 내사문하성의 재신간에서뿐 아니라 중추원 추밀들과 광범위하게 이루어졌으며, 의안의 결정은 議合이라 하여 재추 전원의 만장일치제를 채택하고 있기도 하였다.

臺諫制度도 유사한 맥락에서 파악할 수 있다. 대간은 諫諍이나 時政의 득실을 논하는 기능 등을 통해 감히 왕권을 제약하고 국가의 중대사에 깊이 관여하는 귀족세력의 대표적 존재였기 때문이다.[11] 이것 역시 귀족적 성격을 강하게 풍기는 제도의 하나였다.

다음 관직상으로는 淸要職이나 檢校職과 같은 勳職제도에서 귀족적 요소를 발견할 수 있다.[12] 고려시대 중앙의 정치체제에서는 이처럼 여기저기서 귀족적 성격을 찾아볼 수 있으며, 이것이 곧 그의 가장 커다란 특질이었다고 할 것이다.

(2) 지방의 통치조직과 그 성격

고려의 건국(918년)을 전후한 때로부터 얼마 동안은 중앙과 함께 지방도 통치조직이 정비되지 못하여 중앙의 행정력이 거의 미치지 못하였다. 이 시기에는 호족이라 일컬어지는 재지세력이 번성하여 지방은 이들의 지배에 맡겨져 있다시피 하였던 것이다. 그러한 가운데 태조 23년(940)에는 州·府·郡·縣의 명칭을 개정하는 조처가 취해졌다. 그리고 租賦의 징수·보관과 관계되는 今有·租藏과 그의 운송과 관계있는 것으로 생각되는 轉運使가 파견되기도 하고, 또 光宗 즉위년(949)에 州縣의 歲貢額을 정하고 있는 데서 지방에 대한 통제의 일면을 엿볼 수는 있으나 이들이 아직 그렇게 큰 의미를 가지는 것은 못 되었던 것이다.

그러다가 고려의 조정이 지방에 본격적으로 통제를 가하기 시작하는 것은 성종 2년(983)에 들어와 12주에 목을 설치하면서부터였다. 이는 그 전 해에

---

10) 李泰鎭, 〈高麗 宰府의 成立－그 制度史的 考察－〉(《歷史學報》 56, 1972).
11) 朴龍雲, 《高麗時代 臺諫制度 硏究》(一志社, 1980).
12) 李基白, 〈貴族的 政治機構의 成立〉(《한국사》 5, 국사편찬위원회, 1975 : 《高麗貴族社會의 形成》, 一潮閣, 1990).

있었던 崔承老의 건의에 따른 것이었거니와, 집권화 정책을 수행하면서 우선 중요지역인 楊洲·廣州·忠州 등 12주에 목을 설치하고 상주하는 外官(地方官)인 牧使를 파견함으로써 중앙의 통제력이 비로소 지방에 본격적으로 침투되기 시작한 것이다. 같은 해에 戶長·副戶長 등의 鄕吏職制가 마련되는 것도 이와 관계가 깊지마는, 뒤이어 몇 가지 조처가 잇따랐다. 이제 그런 과정을 거쳐 성종 14년에 당시의 실정을 반영하여 수도인 開州가 開城府로 개정되고, 10道가 신설되며, 또 종래의 12州 牧使制도 12軍 節度使制로 개편되는 한편으로 7都團練使·11團練使·15刺史·5都護府使·21防禦使 등의 편제도 마련된다. 그후 이는 다시 穆宗 8년(1005)과 顯宗 3년(1012)의 개정을 거쳐 마침내 동왕 9년(1018)에 이르러 4都護·8牧·56知州郡事·28鎭將·20縣令으로 마무리 지어진다. 물론 이 조직도 그후 여러 차례 바뀌며, 또 상급기구인 5道按察使制가 윤곽을 드러내는 것은 훨씬 뒤인 睿宗朝(1106~1122)경이지만, 보통 郡縣制로 불리는 고려조 지방통치조직의 골격은 이로써 일단 완성되었다고 할 수 있는 것이다.

이들 지방의 통치조직을 구역별로 보면 南道 지역과 兩界 지역 및 경기 지역으로 다원화되어 있었다. 그리고 단위별로는 道·界와 京·都護府·牧 등의 界首官, 그 아래 주·부·군·현·진 등의 다층적 구조를 이루고 있었는데, 이들이 군현제 지역이다. 그러나 거기에는 이들과 구별되는 鄕·部曲·所·莊·處 등의 특수행정조직이 따로이 광범하게 존재하였다. 이른바 部曲制 지역인 것이다.

종래에는 이렇게 군현제 지역과 구별되는 부곡 등의 특성을 신분적인 면에서 파악하여 천민집단으로 보려는 경향이 많았다.[13] 그러나 근자에는 부곡 등에 비록 그 같은 천민적 존재가 더러 있기는 했을지라도 대체적으로 부곡민 역시 良人이었다고 이해하고들 있다. 그리하여 이들을 주로 수취관계와 관련하여서거나[14] 越境地와 같은 지리적 조건과 연관지어[15] 해석하고도 있

13) 旗田巍, 〈高麗時代の賤民制度「部曲」について〉(《和田還曆紀念 東洋史論叢》, 1951 : 《朝鮮中世社會史の硏究》, 法政大學出版局, 1972).

14) 朴宗基, 〈高麗 部曲制의 構造와 性格－收取體系의 運營을 中心으로－〉(《韓國史論》 10, 1984 : 《高麗時代 部曲制硏究》, 서울大出版部, 1990).

15) 李佑成, 〈李朝時代 密陽古買部曲에 대하여－部曲制의 發生 形成에 관한 一推

는 것이다. 하지만 부곡제 지역 사람들이 일반 군현민에 비하여 사회적으로 여러 면에서 차별대우를 받은 것은 확실하다. 따라서 고려시대에는 이처럼 일반 군현과는 구별되는 특수행정조직인 부곡 등이 광범하게 존재하였다는 사실을 우선 하나의 특징으로 꼽아도 좋은 것이다. 혹자는 부곡제 지역의 광범함에 유의하여 고려의 지방행정조직을 이것과 군현제 지역으로 대별하여 파악하기도 한다.[16] 그러나 이 같은 이해는 통치구조면에서 볼 때 얼마간의 여운이 남는다.

다음 행정체계상의 큰 특징은 중앙과 외관이 파견된 主郡(領郡)·主縣(領縣)과 直牒關係에 있었다는 점일 것 같다. 이어서 설명하듯이 고려에서는 전체 군현에 외관(지방관)을 파견한 것이 아니라 중요한 지역에 한정시켰는데, 중앙의 官司는 일반 행정 사항에 대한 公貼을 중간기구를 거치지 않고 직접 이들에게 발송하였고, 지방의 수령들 역시 해당 중앙관서에 직접 보고하는 체계로 되어 있었던 것이다.

그러므로 국초부터 상급 기구의 위치에 있던 경·도호부·목 등의 계수관들이 담당한 역할도 몇몇 가지 사항에 한정되어 있었다.[17] 그것들은 구체적으로 上表하여 陳賀하는 일과 鄕貢을 選上하는 일 및 外獄囚 推檢 등이었다는 연구가 있거니와,[18] 중간기구로서의 그들 기능이 상당히 제한되어 있었음을 알 수 있다.

이 점에 있어서는 뒤에 성립되는 5道按察使制의 경우도 유사하였다. 안찰사도 전임의 외직이 아닌 使命官으로서 도내의 州縣을 巡按하면서 ① 수령의 賢否를 살펴 黜陟하는 일을 위시하여, ② 민생의 疾苦를 묻는 일, ③ 刑獄의 審治, ④ 租賦의 수납, ⑤ 군사적 기능 등을 담당하는 데[19] 그쳤기 때문이다. 그러므로 이들은 사무기구를 갖고 있지 않았으며 임기는 6개월에 불과하였

論〉(《震檀學報》 56, 1983 : 《韓國中世社會硏究》, 一潮閣, 1991).

16) 朴宗基, 《高麗時代 部曲制硏究》(서울大出版部, 1990).

17) 尹武炳, 〈高麗時代 州府郡縣의 領屬關係와 界首官〉(《歷史學報》 17·18 합집, 1962).

18) 邊太燮, 〈高麗前期의 外官制－地方機構의 行政體系－〉(《韓國史硏究》 2, 1968 : 《高麗政治制度史硏究》, 一潮閣, 1971).

19) 邊太燮, 〈高麗按察使考〉(《歷史學報》 40, 1968 : 《高麗政治制度史硏究》, 一潮閣, 1971).

다. 거기에다가 안찰사에 임명되는 사람이 대부분 5~6품의 微官이었고, 또 5도의 명칭과 그 소관 구역이 시기에 따라 변동되고도 있다. 이런 연유 때문에 안찰사를 도의 장관으로 보지 않으려는 견해까지 있는 것이다.[20] 여기서도 중간기구로서의 道制가 지니는 한계성을 엿볼 수 있다고 하겠다.

계수관이나 안찰사제가 지니는 이 같은 제약성과도 관련하여 중앙과 지방 사이의 행정체계가 위에서 지적했듯이 직첩관계에 있었다고 하였거니와, 그러나 그것도 외관이 파견된 주군현에 한정될 수밖에 없었다. 그런데 고려 때는 이러한 주군현보다도 특히 남방 5도를 중심으로 외관이 없는 속군·속현의 숫자가 훨씬 많았다. 그리하여 이들은 주군현을 통한 간접지배를 하였던 것이다. 고려에서는 이처럼 일부 지역에만 外官을 파견하고 그들을 중심으로 행정을 펴 나갔으므로 邑格보다는 외관의 설치 여부가 한층 중요하였다. 광범한 속군·속현의 존재와 더불어 이 같은 외관 중심의 행정체계가 고려 군현제의 또 다른 특질의 하나였던 것이다.[21]

그러면 고려의 군현조직에 있어 이러한 主屬關係가 생겨나게 된 연유는 무엇일까. 그것은 아마 羅末麗初에 호족들이 지배하던 세력권과 관련이 깊은 듯 하다. 고려는 건국의 초기에 각 곳의 유력한 在地勢力들에게 土姓을 分定하여 준다던가[22] 공신책정이나 官階를 수여하여[23] 그들의 우월한 지위를 인정하여 주었다. 이들은 그것을 바탕으로 세력권을 형성하여 그 안에 들어온 주변세력과 주속관계를 맺었던 것 같으며, 이런 관계가 곧 군현 상호간의 주속관계로 전환되지 않았나 짐작되는 것이다. 고려는 건국 초기뿐 아니라 그 후 줄곧 시혜나 징벌의 의미에서 邑號를 승강시키고 있어서[24] 이와 좀 다른 차원에서 운용하고 있지만 주속관계의 시원은 대체적으로 그와 같이 파악되

---

20) 河炫綱, 〈後期道制에의 轉成過程〉(《高麗地方制度의 硏究》, 韓國硏究院, 1977 : 《韓國中世史硏究》, 一潮閣, 1988).

21) 邊太燮, 앞의 글(1968).

22) 李樹健, 〈「土姓」 硏究(其一)〉(《東洋文化》 16, 1975
——, 〈土姓의 形成過程과 內部構造〉(《韓國中世社會史硏究》, 一潮閣, 1984).

23) 金日宇, 〈高麗 太祖代 地方支配集團 편제의 제도적 장치〉(《濟州島史硏究》 6, 1997 : 《고려초기 국가의 地方支配體系 연구》, 一志社, 1998).

24) 金甲童, 〈'高麗初'의 州에 대한 考察〉(《高麗史의 諸問題》, 三英社, 1986).
朴恩卿, 〈高麗時代의 邑號陞降〉(《高麗時代 鄕村社會硏究》, 一潮閣, 1996).

고 있는 듯 생각된다.

많은 속군현의 존재는 중앙의 행정력에 일정한 제약적 요소로 작용하였다. 예종조로부터 심해지는 백성들의 流移 현상이 그 점을 보여주는 한 좋은 사례였다. 고려조는 국초부터 이 부분에 유의하여 本貫制 등을 시행하였지마는,[25] 이제는 속군현에 최하급의 외관이긴 하나마 監務를 설치하기 시작하였다. 그로써 백성들의 유이 현상을 막고 변화하는 향촌질서에도 대처하려 하였던 것이다.[26] 그러나 주요 지역을 중심으로 외관을 배치하는 고려의 지방통제 시책은 麗末에 이르기까지 완전히 시정되지 못하였다.

지방행정의 말단을 맡아 실무를 본 것은 보통 長吏 또는 外吏로 불린 鄕吏層이었다. 이들은 군현제 지역이나 부곡제 지역을 막론하고 모든 행정구획에 설치된 邑司에 근무하면서[27] 백성들과 직접 접촉하는 위치에 있었기 때문에 역할이 매우 컸다. 더구나 이들은 신분적으로 국초의 호족과 연결되어 있었고 과거 등을 통해 중앙의 관원으로 진출할 수 있는 등 권한과 지위가 상당히 크고 높았던 것이다.[28] 고려시대의 향리들은 조선의 그들과 상당히 다른 존재였음을 알 수 있다. 그렇기 때문에 고려의 중앙정부가 其人制度나 事審官制度를 마련해 이들에 대한 통제책을 삼았다 함은 잘 알려져 있는 바와 같다.

행정조직의 하부 단위로 백성들이 생활하는 곳은 촌락이었다. 고려 때의 촌은 대체적으로 신라 장적문서에 보이는 沙害漸村 등과 유사한 자연촌락으

---

25) 蔡雄錫, 〈高麗前期 社會構造와 本貫制〉(《高麗史의 諸問題》, 三英社, 1986 : 《高麗時代의 國家와 地方社會-'本貫制'의 施行과 地方支配秩序》, 서울대출판부, 2000).

26) 元昌愛, 〈高麗 中·後期 監務增置와 地方制度의 變遷〉(《淸溪史學》 1, 1984).
金東洙, 〈고려중·후기의 監務 파견〉(《全南史學》 3, 1989).
이인재, 〈고려 중후기 지방제 개혁과 감무〉(《外大史學》 3, 1990).

27) 李樹健, 〈高麗時代「邑司」硏究〉(《國史館論叢》 3, 1989).
尹京鎭, 〈高麗時期의 地方文書行政體系〉(《韓國古代中世古文書硏究(下)》, 서울대출판부, 2000).

28) 朴敬子, 〈高麗 鄕吏制度의 成立〉(《歷史學報》 63, 1974).
趙榮濟, 〈高麗初期 鄕吏職의 由來에 대한 小考〉(《釜大史學》 4, 1980).
李純根, 〈高麗初 鄕吏制의 成立과 實施〉(《金哲埈華甲紀念 史學論叢》, 1983).
尹京鎭, 〈高麗前期 鄕吏制의 구조와 戶長의 직제〉(《韓國文化》 20, 1997).

로 이해하여 왔는데, 시기와 지역에 따라서는 그 몇 개씩이 합쳐진 '地域村'을 이루기도 했다 한다.[29] 한데 근자에는 여기에서 한 걸음 더 전진된 '行政村'說도 나오고 있거니와,[30] 고려 때 지방의 촌락이 수도인 개경의 坊·里制와 유사하게 행정적으로 편제되어 있었는 지의 여부는 지금의 시점에서 단정하여 말하기가 좀 어렵지 않나 싶다.

매우 소략하게 살피는데 그치긴 했지만 고려시대의 지방통치조직과 구조 및 그 성격은 이처럼 여러 모로 특성이 드러나는 것이었다.

(3) 대외적 시련과 극복

고려의 역사 전개과정에서는 주변의 여러 나라와 빈번하게 항쟁과 교섭을 벌여 왔다는 성격도 나타나고 있다. 원래 한반도의 역사는 중국대륙의 정치 형세와 밀접히 관련되어 있었다. 중국의 역사는 남방의 농경민족인 漢族과 북방 유목민족과의 끊임없는 투쟁사라고 할 수 있거니와, 이러한 중국의 남북간 대립이 한국의 역사에 커다란 영향을 미쳤기 때문이다. 이것은 東亞 국제정세의 삼각관계에 기인하는 결과로서, 중국 남북민족간의 대립에 있어 한국민족이 차지하는 위치는 매우 중요했던 만큼 북방민족들은—때로는 漢族도 그러했지만—한국이 他方의 與國이 되는 것을 방지하기 위해 우리 나라를 침략하곤 했던 것이다. 물론 여기에서 한국이 어떠한 외교정책을 추구하느냐가 더욱 중요한 요소로 작용하였지만, 어떻든 이러한 몇 가지 이유로 인하여 우리의 대외교섭사는 복잡성을 띠지 않을 수 없었다. 거기에다가 日本列島의 세력이 밀려와 그 복잡성을 더해가는 일이 있었거니와, 고려조에서는 그와 같은 대립·충돌이 유난히도 심하여 대외적인 성격이 강한 역사가 되었던 것이다.

10세기 초엽 고려의 건국이 있은 지 얼마 후 중국대륙에서는 5대 10국의 혼란을 수습하고 宋이 일어났다(960년). 여기에서 고려가 수립한 대외정책은 北進·親宋政策이었다.[31] 그런데 당시에는 마침 송의 북방에서 契丹·女眞·

29) 李佑成, 〈麗代 百姓考—高麗時代 村落構造의 一斷面—〉(《歷史學報》 14, 1961).
30) 朴宗基, 〈高麗時代 村落의 機能과 構造〉(《震檀學報》 64, 1987).
31) 全海宗, 〈高麗와 宋과의 관계〉(《東洋學》 7, 1977).

蒙古 등 유목민족이 차례로 발흥하여 송과 대치하게 되었다. 이와 같은 관계는 고려의 북진·친송정책과 대립되게 마련이었다.

그리하여 고려는 먼저 거란족의 遼와 3차례 이상이나 전쟁을 치르지 않으면 안되었다. 요나라의 聖宗은 압록강 하류의 여진을 치고 이어서 중류 지역에 발해의 유민이 세운 定安國을 공격하여 멸망시킨 뒤 송마저 패퇴시켜 거리낄 것이 없게 되자 고려에 제1차의 침공을 개시하였다(고려 성종 12년, 993). 그러나 이번에는 국제정세를 잘 살핀 徐熙가 적장과 담판하여 저들이 원하는 송과의 단교를 조건으로 물러나게 하고 오히려 江東6州를 확보하는 성과를 거두었다. 하지만 고려는 그 뒤에도 송과 비공식적인 교류를 계속한 데다가 강동6주의 탈환도 노려 요의 성종이 康兆의 정변을 구실 삼아 현종 원년(1010)에 직접 步騎 40만을 이끌고 제2차의 침입을 감행하였다. 그리하여 이번에는 수도인 개경이 함락당하고 국왕은 나주로 피신하는 시련을 겪었으나 상하가 단결하여 무사히 난국을 수습하였다. 이후에도 몇 차례 더 소규모의 파상적인 공격을 하던 요는 마침내 1018년에 10만 군을 보내 다시 대공세를 폈으나 姜邯贊 등이 지휘한 고려군의 반격을 받아 참패하고 물러갔다. 이 같은 오랜 전란으로 지친 두 나라는 곧 화약을 맺거니와, 고려는 끈질긴 항쟁으로 대륙 북방의 강자인 요의 침략을 극복할 수 있었던 것이다.[32]

여진족의 金과 충돌하는 것은 그 부족의 하나인 完顔部가 세력을 키워 우리 지역으로까지 뻗어오면서였다. 즉 우리를 부모의 나라로까지 여겨오던 저들은[33] 烏雅束 때에 이르러 더욱 세력이 커지자 군대를 파견하여 이미 고려에 복속하고 있던 曷懶甸 일대의 여진부락을 경략하고, 계속하여 고려에 依附코자 來投해오는 여진인을 쫓아 定州의 千里長城 부근에까지 이르렀다. 때가 바로 肅宗 9년(1104)으로 고려로서는 도저히 이를 좌시할 수가 없었다. 그리하여 양국간에 무력충돌이 일어나는데, 고려는 번번이 패배하였다. 적은 기병인데 비해 아군은 주로 보병인 데다가 그 조직마저 약화되어 있었기 때

羅鍾宇, 〈高麗時代의 對宋關係〉(《圓光史學》 3, 1984).
朴龍雲, 〈高麗·宋 交聘의 목적과 使節에 대한 考察(上·下)〉(《韓國學報》 81·82, 1995·1996).

32) 李龍範, 〈高麗와 契丹과의 關係〉(《東洋學》 7, 1977).

33) 金庠基, 〈금(金)의 시조(始祖)에 대하여〉(《국사상의 제문제》 5, 1959).

문이다. 이에 尹瓘은 왕에게 아뢴 후 別武班이라는 새로운 군대를 편성하고, 睿宗 2년(1107)에는 마침내 저들을 내쫓고[34] 지금의 함경도와 두만강 일대에 걸쳐 9城을 축조하는 것이다.[35] 이로써 우리 나라의 영토가 크게 확장되는데, 그러나 근거지를 잃은 여진족이 반격하는 한편으로 還附를 애걸하여 와서 얼마 뒤에 이 지역을 되돌려주고 말았다. 이후 더욱 세력이 강해진 금은 고려에 君臣關係를 강요하여 왔고, 이를 용인함으로써(仁宗 4년, 1126) 두 나라 사이에 더 이상의 무력충돌은 발생하지 아니하였다.

그러나 고려는 武臣執權期인 高宗 18년(1231)부터 몽고족의 침략을 받아 한층 커다란 시련을 겪지 않을 수 없었다. 이 전쟁은 30년 가까운 기간 동안 지속되었는데, 고려 조정은 강화도로 천도하여 그 나름으로 항쟁을 이어 갔지마는, 특히 육지에 남은 일반 백성들은 전쟁이 터질 때마다 수많은 어려움을 당하면서도 山城과 海島로 入保하여 줄기차게 저항을 하였다.[36] 이 같은 항쟁에 유례없는 세계 대제국을 건설한 몽고도 어찌할 수가 없었지만, 그러나 전쟁이 장기화하면서 고려의 상하가 겪는 고초는 이루 다 말할 수 없었고, 국토도 황폐해질대로 황폐해져 갔다. 이에 고려 조정은 화의를 맺고 개경으로 환도하거니와, 이때부터는 저들의 내정간섭을 받아 시련은 계속되었다. 몽고의 일본 원정에 동원된 것이나, 雙城摠管府의 설치 등으로 인한 영토의 할양, 立省策動 등이 그 대표적인 예들인데,[37] 하지만 이러한 국가의

34) 김상기, 〈여진관계의 시말과 윤관(尹瓘)의 북정〉(《국사상의 제문제》 4, 1959 : 《東方史論叢》, 서울大 出版部, 1974).

35) 金九鎭, 〈公嶮鎭과 先春嶺碑〉(《白山學報》 21, 1976).
方東仁, 〈尹瓘九城再考〉(《白山學報》 21, 1976 : 《韓國의 國境劃定硏究》, 一潮閣, 1997).

36) 姜晋哲, 〈蒙古의 侵入에 대한 抗爭〉(《한국사》 7, 국사편찬위원회, 1973 : 《韓國社會의 歷史像》, 一志社, 1992).
金潤坤, 〈抗蒙戰에 叅與한 草賊에 對하여〉(《東洋文化》 19, 1979).
尹龍爀, 〈고려의 海島入保策과 몽고의 戰略變化〉(《歷史敎育》 32, 1982).
———, 《高麗對蒙抗爭史硏究》(一志社, 1991).

37) 方東仁, 〈雙城摠管府考〉(《關東史學》 1, 1982 : 《韓國의 國境劃定硏究》, 一潮閣, 1997).
金惠苑, 〈忠烈王 入元行績의 性格〉(《高麗史의 諸問題》, 三英社, 1986).
張東翼, 〈元의 政治的 干涉과 高麗政府의 對應〉(《歷史敎育論集》 17, 1992 : 《高麗後期外交史硏究》, 一潮閣, 1994).

위기에 처하여서는 역시 고려의 상하가 단결하여 역경을 헤쳐나갔다.

여말인 恭愍王 때에 고려는 元末의 혼란을 틈타 일어난 漢族의 流賊인 紅巾賊의 침입을 받는 시련을 겪었다. 그리고 이를 전후하여서는 일본의 구도 집단인 왜구의 창궐로 인해서도 많은 고통을 당하였다.[38] 고려는 이때에도 무력을 동원하여 저들을 진압하고 있거니와, 이와 같이 고려의 역사는 주변의 여러 나라와 빈번하게 외교교섭을 벌이고, 또 자주 전쟁을 치르면서 발전하여 간 그런 특성을 지닌 것이었다.

2) 경제적 특성

(1) 민전과 공전·사전

고려시대에 있어서 주업은 농업이었다. 농경이 당시의 기본적인 생산형태였던 것이다. 따라서 그 기반이 되는 토지문제는 사회질서와도 관련하여 가장 주목받는 과제가 된다고 할 수 있다.

그런 취지에서 먼저 토지지배관계에 대해서부터 살펴보면 가장 일반적이면서도 커다란 의미를 지닌 것은 民田이었다. 이 민전은 백성들이 조상대대로 전래하여 오는, 명칭 그대로 人'民'의 '田'으로서 그들의 사유지를 말하는데, 대부분은 白丁으로 알려진 농민들이 소유주이었으나 양반과 서리·향리는 말할 것 없고 노비층까지도 거기에 포함되었다. 그리하여 이들은 여기에서 얻어지는 수확물의 일부를 국가에 租稅로 납부하고 나머지를 수입으로 삼았던 것이다. 따라서 그것은 民産의 근본이 되는 토지였을 뿐더러 국가 재정의 측면에서도 매우 중요한 위치에 있었다. 國用과 祿俸의 재원도 거기에서 마련되었기 때문이다.

민전의 경영은 대체적으로 영세 농민에 의한 自家經營의 형태를 취했던

---

38) 李鉉淙, 〈倭寇와 倭寇政策〉(《朝鮮前期 對日交涉史硏究》, 韓國硏究院, 1964).
孫弘烈, 〈高麗末期의 倭寇〉(《史學志》 9, 1975).
羅鍾宇, 〈高麗 末期의 麗·日關係－倭寇를 中心으로－〉(《全北史學》 4, 1980 : 《韓國中世對日交涉史硏究》, 圓光大出版局, 1996).
金琪燮, 〈14세기 倭寇의 동향과 고려의 대응〉(《韓國民族文化》 9, 1997).

것 같다. 대부분의 농민들은 家族勞動力에 의지하여 자기의 소규모 토지를 경작해 생활을 꾸려갔다고 생각되는 것이다. 그러나 양반과 토호들처럼 많은 민전을 소유하고 있던 사람들의 경우는 그 경영 형태가 이와 좀 달랐으리라 예상된다. 이들의 토지는 노비노동에 의한 경작이나 傭作 등도 의당 있었을 것이다. 아울러 소작을 주어 경작시키는 경우도 있었을 것인데,[39] 이럴 때는 규정대로 수확의 50%를 소작료로 받았다고 생각된다.

민전은 사적 소유권이 보장되어 있는 토지였다. 이 점은 물론 수취와 관련이 깊은 것이었겠지마는 民田主가 그 토지의 주인으로서 토지대장인 量案에 명시되고, 그리하여 각자의 소유권이 국가에 의해 보호를 받았던 것이다. 민전은 이와 같이 사적소유지였으므로 그에 대한 매매나 증여·상속 등 관리처분권도 소유주의 자유 의사에 맡겨져 있었다.[40]

지금 민전은 각 개인의 소유지라고 하였다. 따라서 그것은 私田의 범주에 속하는 토지였다고 할 수 있다. 그러나 한편으로 이에 대칭되는 국유지나 관유지도 있었다. 그런 토지들로는 公廨田·屯田·學田·籍田 등을 들 수 있는데, 이것들은 공전이었다. 이처럼 토지의 공·사전은 소유권에 의하여 구분되는 측면이 있었다.

그런가 하면 토지는 收租權의 귀속에 의해서도 공·사전으로 구분되었다. 위에서 民田租는 국고에 수납되어 국용이나 녹봉에 충당되었다고 하였는데, 그런 측면에서 보면 민전은 公田이었다. 이에 비해 개인에게 수조되는 兩班田 등은 사전이었다. 이것을 다시 내용별로 정리하면 국유지와 국고수조지는 공전인데 대해 사유지와 사인수조지는 사전이었다는 이야기가 되겠다.[41] 그

---

39) 姜晋哲, 〈高麗時代의 農業經營形態－田柴科體制下의 公田의 경우－〉(《韓國史研究》 12, 1976 : 《高麗土地制度史研究》, 高麗大出版部, 1980).
安秉佑, 〈高麗時期 民田의 經營〉(《韓國 古代·中世의 支配體制와 農民》, 지식산업사, 1997).

40) 有井智德, 〈高麗朝における民田の所有關係について〉(《朝鮮史研究會論文集》 8, 1971 : 《高麗李朝史の研究》, 國書刊行會, 1985).

41) 李成茂, 〈公田·私田·民田의 概念－高麗·朝鮮初期를 中心으로－〉(《朝鮮初期兩班研究》, 一潮閣, 1980 : 《韓沽劤停年紀念 史學論叢》, 知識産業社, 1991).
姜晋哲, 〈私田支配의 諸類型〉(《高麗土地制度史研究》, 高麗大出版部, 1980).

런데 민전은 그 기준을 어디에 두느냐에 따라 공전도 되고, 사전도 될 수 있는 그런 성격의 토지였던 것이다.[42]

종래 이들 공전·사전의 구분과 관련하여 논의가 되었던 또 하나는 差率收租의 문제였다. 널리 알려진대로 고려 때의 토지에 대한 收取率로는 1/10조와 1/4조, 그리고 1/2조의 3종류가 기록에 보이고 있다. 처음의 연구자들은 이들 가운데에서 1/10조는 태조 당시의 실정을 도외시한 신빙성이 적은 사료라 하여 버리고 대략 공전에서는 1/4조, 그리고 사전에서는 1/2조를 수취하는 제도였다고 설명하였다. 아울러 이때의 1/4(25%) 공전조는 地稅의 개념에 해당하는 것인데 반해 1/2(50%) 사전조는 地代의 개념에 해당하는 것이라 하여 공전과 사전 사이에 倍額이나 되는 차율수조가 생겨나게 된 배후를 합리적으로 이해하려는 노력도 있었다.[43]

한데 그 뒤에 1/10조는 고려 때 실제로 민전에 적용되던 수취율이라는 새로운 견해가 제시되었다. 그리고 이런 입장을 취한 논자들은 성종 11년에 정해진 1/4공전조도 국유지를 소작주었을 경우의 지대로 파악하고 있다.[44] 이어서 1/4공전조가 적용되던 토지는 국·공유지 가운데 일부에 한정되었다는 의견[45] 등도 나와 있지마는, 현재는 이들 새로운 견해에 많이 기울고 있는 것 같다. 그렇지만 사유지(사전)를 타인에게 대여하여 소작관계가 발생하였을 때 그 지대로 二分取一하였다는 점에 있어서는 종래의 주장과 다른

---

42) 李成茂, 위의 글.
尹漢宅, 〈私田과 田丁〉(《高麗前期 私田 硏究》, 高麗大 民族文化硏究院, 1995).

43) 姜晋哲, 〈高麗前期의 公田·私田과 그의 差率收租에 대하여－高麗 稅役制度의 一側面－〉(《歷史學報》 29, 1965).
旗田 巍, 〈高麗の公田〉(《史學雜誌》 77－4, 1968 : 《朝鮮中世社會史の硏究》, 法政大學出版局, 1972).

44) 李成茂, 앞의 글.
金容燮, 〈高麗前期의 田品制〉(《韓沽劤停年紀念 史學論叢》, 知識産業社, 1981).
金泰永, 〈科田法上의 踏驗損實과 收租〉(《經濟史學》 5, 1981 : 《朝鮮前期 土地制度史硏究》, 知識産業社, 1983).

45) 安秉佑, 〈高麗의 屯田에 관한 一考察〉(《韓國史論》 10, 1984).
───, 〈高麗前期 地方官衙의 設置와 運營〉(《李載龔還曆紀念 韓國史學論叢》, 한울, 1990).
박종진, 〈조세제도의 구조〉(《고려시기 재정운영과 조세제도》, 서울대출판부, 2000).

것이 없다.

다음으로 이 자리에서 하나 더 살펴보아야 할 문제는 토지국유의 원칙에 관한 것이다. 종래 우리 나라의 토지제도에 대해서는 동양의 여러 나라가 대개 그러했던 것처럼 전국의 토지가 '公田制' 위에 성립되어 모든 토지는 국가의 公有에 귀속하였다고 주장하는 견해가 오랜동안 유력시되어 왔었다. 이것은 "넓은 하늘 아래에 王土 아닌 것이 없다"(《詩經》, 小雅 北山)는 전통적인 王土思想의 관념에서 영향받은 바도 없지 않았으나, 보다 직접적인 요인으로 작용한 것은 한국의 토지제도에 관해 처음으로 체계적인 저술을 낸 和田一郞의 公田制=土地國有制 이론과 唯物史觀이 말하는 '아시아 국가에 있어서의 私的 土地所有의 결여'라는 命題였는데,[46] 그러나 지금은 대체적으로 잘못된 이해였다고 보고들 있다.

원래부터가 그들 주장에는 불순한 동기가 내재되어 있기도 하고, 또 역사적 사실에 기초한 것도 아니었다. 그리하여 여러 방면에서 비판이 가해져 왔었지만, 특히 1960년대 후반부터 사전은 田租의 귀속문제와 함께 토지 그 자체가 사유지적 성격이 농후하다는 의미도 지닌다는 견해가 제시되었고,[47] 자손에게 상속이 허용된 兩班永業田으로서의 功蔭田柴와 직역의 세습을 통해 이루어지는 향리·군인의 영업전과 같은 사유지적 성격의 토지가 존재하였다는 실증과[48] 더불어 공전 또한 국가의 직영지뿐 아니라 단순한 국고수조지도 포함하는 등 다양한 내용을 가지고 있었다는 사실이 밝혀짐으로써[49] 종래의 이해방식은 수정을 면치 못하게 되었던 것이다.

그러나 토지국유제론에 대한 비판은 무엇보다도 민전의 실체가 드러남에 따라 더욱 본격화하게 되었다. 그것은 앞서 설명한 바와 같이 백성들의 사적 소유지로서 매매 처분과 증여·상속이 자유로운 토지였던 것이다.

이에 즈음하여 왕토사상에 대해서도 새로운 이해가 있게 되었다. 사유지의 경우 비록 왕토로 인식되고 있음에도 불구하고 국가가 자유로이 처분할 수

46) 姜晋哲, 〈「土地國有制說」의 問題〉(《高麗土地制度史硏究》, 高麗大出版部, 1980).
47) 姜晋哲, 앞의 글(1965).
48) 李佑成, 〈高麗의 永業田〉(《歷史學報》 28, 1965 : 《韓國中世社會硏究》, 一潮閣, 1991).
49) 旗田巍, 앞의 글(1951).

없었던 기록 등으로 미루어 동양의 전통적인 왕토사상은 관념적인 산물이었을 뿐 현실적인 토지소유관계를 말한 것은 아니라는 견해가[50] 설득력을 얻고 있는 것이다.

요컨대 고려 때의 각종 토지는 소유권이나 수조권의 귀속에 따라 공전과 사전으로 분류되었으며, 그것에 의해 수조율에도 차등을 두는 제도였다. 한데 그들 토지 가운데에서 압도적 비중을 차지하여 가장 커다란 의미를 지닌 것은 백성들의 사유지로서 1/10조의 수취율을 적용받았다고 생각되는 민전이었다. 이것은 민산의 근본이 되었을 뿐 아니라 국가의 재정을 지탱해주는 토지이기도 했던 것이다. 이 같은 기반 위의 토지지배관계를 한때는 토지국유제로 파악하려는 논의도 있었으나 그것은 옳지 못한 이해였다.

(2) 전시과제도와 농장

고려시대의 관리들은 국가에 복무하는 대가로 토지와 현물을 이중으로 받았다. 그 전자의 제도가 田柴科였으며, 후자가 祿俸이었다.

이 가운데에서 전시과는 국가의 관직에 복무하는 문무양반이나 직역을 부담하는 서리·군인 등에게 그들의 지위에 따라 응분의 田地와 柴地를 나누어준 제도를 말하는데, 景宗 원년(976)에 처음 제정된 이래[始定田柴科] 큰 것만 하여도 穆宗 원년(998)의 개정을 거쳐[改定田柴科] 문종 30년(1076)에 다시 고쳐지는[更定田柴科] 등 몇 차례의 변천이 있었다. 그 마지막의 제도를 볼 것 같으면 전체 대상자를 18科等으로 분류하고, 최고의 과등인 제1과는 전지 100결과 시지 50결을 지급하는데, 그 해당자는 中書令·尙書令·門下侍中이었으며, 이하 차례로 내려가 군인·서리 등은 제15과 이하에 소속하였고, 전지 17결만을 받는 최하의 제18과에는 閑人·雜類가 배치되었다. 우리들이 일반적으로 전시과라고 부르는 것은 바로 이 제도를 의미했지마는, 그러나 이것 이외에도 무산계 소지자에게 지급하는 武散階田柴科와 관아의 경비를 조달하기 위한 규정인 公廨田柴科 등 別定의 몇몇 종류가 더 있었다.

50) 李佑成, 〈新羅時代의 王土思想과 公田－大崇福寺碑 및 鳳巖寺 智證碑의 一考－〉(《趙明基華甲紀念 佛敎史學論叢》, 中央圖書出版社, 1965 : 《韓國中世社會硏究》, 一潮閣, 1991).

이들 전시과에서 분급한 토지에는 방금 설명했듯이 전지와 함께 시지도 포함되어 있었다. 이것은 전지만 지급한 조선의 科田法과 차이가 나는 점이라 할 수 있다. 아울러 과전법에서 지급한 토지는 畿內에 한정되었던 데 비해 전시과의 그것은《高麗圖經》에 명시되어 있듯이 外州, 즉 지방에 산재해 있어서 역시 차이를 보이고 있다.

그런가 하면 전시과의 핵심이라 할 수 있는 兩班科田 등이 어떤 성격의 토지로 지급되었으며, 또 그 지급의 내용이 어떠한 것이었느냐에 대해서도 의견이 엇갈려 있다. 이 문제에 있어 대략 이른 시기의 연구자들은 羅末麗初에 각 지방의 호족들이 지배하던 토지를 중앙집권체제가 강화되면서 회수하였다가 전시과가 창설될 때에 그것을 새로이 분급해준 것이라 이해하였다. 그리고 그 지급도 토지 자체가 아니라 收租權을 준 것이며, 그리하여 당해 양반과전의 경작·생산을 감독하고 租를 수취하여 서울로 수송하는 일 등이 지방행정관인 수령에 맡겨져 있었다고 설명하였다.[51]

그러나 이 의견에 반대하는 연구자들은 전시과의 과전도 조선에서처럼 민전 위에 설정되었다고 주장한다. 이때 그 토지는 수급자 자신이 마련해야 했으며, 그리하여 지급의 내용도 대체적으로는 당해 토지에 대한 免租權을 주는 것이었다고 본다. 따라서 이들 토지는 자연이 자가경영의 형식을 취하게 마련이었다는 것이다.[52] 이 문제는 고려사회의 역사적 위치를 가늠해 볼 수 있는 중요한 사안의 하나인데, 앞으로 좀더 많이 검토해야 할 과제라는 말로 마무리지어 둔다.

다음 녹봉은 대우 내지는 보수로 현물인 미곡 등을 급여하는 것이라 하거니와, 문종 30년(1076)에 정비된 내용을 볼 것 같으면 ① 妃主祿 ② 宗室祿 ③ 文武班祿 ④ 權務官祿 ⑤ 東宮官祿 ⑥ 西京官祿 ⑦ 外官祿 ⑧ 雜別賜 ⑨ 諸衙

---

51) 姜晋哲, 〈私田支配의 諸類型－兩班田〉(《高麗土地制度史硏究》, 高麗大出版部, 1980). 다만 이 논의에서도 군인전은 그들의 토지, 즉 민전 위에 설정되었다고 보고 있다.

52) 浜中昇, 〈高麗田柴科の一考察〉(《東洋學報》 63－1·2, 1981 : 《朝鮮古代の經濟と社會》, 法政大學出版局, 1986).
金琪燮, 〈高麗前期 農民의 土地所有와 田柴科의 性格〉(《韓國史論》 17, 1987).
朴國相, 〈高麗時代의 土地分給과 田品〉(《韓國史論》 18, 1988).

門工匠別賜의 9개 항목으로 되어 있다. 문무백관을 비롯한 后妃·宗室과 胥吏·工匠 등 제계층에 녹봉이 지급된 사실을 알 수 있다.

이중 祿制의 중심을 이루었던 文武班祿을 보면 제1과 400石을 받는 중서령·상서영·문하시중으로부터 第47과 7석을 받는 國學學正·國學學錄·都染丞 등에 이르기까지 47과등으로 나누어져 있다. 이와 같은 복잡한 과등은 仁宗(1122~1146) 때의 更定時에 28과등으로 조정이 되지만 전시과의 18과등과 비교할 때 여전히 세분된 것이다. 그것은 아마 품계상의 차등뿐 아니라 동일 품계의 관직 사이에도 중요도에 차이가 있었던 데서 말미암은 결과가 아닌가 짐작된다.[53]

이 같은 체제는 상당한 기간 동안 비교적 잘 유지되었으나 12세기 초엽에 이르러 동요의 양상을 보이더니 무신정권이 들어서면서(1170년)부터는 아예 파탄의 길을 걷게 되었다. 그간에 야기된 정치적 혼란과 더불어 전시과체제의 모순이 표면화된 데다가 사회생산력의 발전으로 인해 종래의 질서는 변화가 불가피하게 되었기 때문이다.

그 결과 형성된 사적인 대토지지배의 특수한 형태를 우리들은 農莊(農場·農庄)이라 부르고 있다. 당시의 권세가들과 심지어는 사원까지도 개간이나 買得·賜牌 등의 합법적 방법뿐 아니라 奪占·高利貸·寄進·投托 등 불법적인 방법까지 동원해 민전을 비롯한 각종 토지를 겸병하여 갔으며, 이렇게 하여 집적된 대규모의 땅을 농장으로 경영하였던 것이다. 이들 농장은 소유권에 입각한 것과 수조권에 의거한 것 등 두 종류가 있었는데, 현재 소유지형 농장이 일반적이었다는 주장과[54] 그 보다는 수조지 집적형 농장이 우세했다는 견해로[55] 나뉘어 있다. 그러나 어떻든 그들 농장은 다 같이 노비를 사역

---

53) 崔貞煥, 〈高麗 祿俸制의 運營實態와 그 性格〉(《慶北史學》 2, 1980 : 《高麗·朝鮮時代 祿俸制硏究》, 慶北大出版部, 1991).
李鎭漢, 〈高麗時代 叅上·叅外職과 祿俸〉(《韓國史硏究》 99·100, 1997 : 《고려전기 官職과 祿俸의 관계 연구》, 一志社, 1999).

54) 姜晋哲, 〈高麗의 農莊에 대한 一硏究-民田의 奪占에 의하여 형성된 權力型農莊의 實體追求-〉(《史叢》 24, 1980 : 《韓國中世土地所有硏究》, 一潮閣, 1989).

55) 李景植, 〈高麗末期의 私田問題〉(《東方學志》 40, 1983 : 《朝鮮前期土地制度硏究》, 一潮閣, 1986).
위은숙, 〈사적 대토지소유와 경영형태〉(《高麗後期 農業經濟硏究》, 혜안,

시켜 경작하는 直營制經營과 處干으로 불리는 佃戶에게 경작케 하는 佃戶制經營을 취했다는 공통점을 지니고 있었으며, 또 농장주는 그들대로 국가에 조세를 납부치 않았고 거기에 招集된 전호들 역시 공민으로서의 부담을 지지 않고 있었다는 점도 같았다.

이에 나라의 재정은 파탄에 직면할 수밖에 없었다. 그리하여 국가는 관리들에게 토지를 분급하지 못하였을 뿐더러 녹봉도 제대로 지급하지 못하였다. 조선시대의 在地地主들과는 달리 주로 開京에 거주하는 不在地主로서 권세가이기도 했던 농장주들은 그에 크게 구애될 바가 없었으나 특히 신진의 관리들에게 있어 이것은 매우 심각한 문제였다. 이에 대한 해결 방안의 하나로 元宗 12년(1271)에 부족한 녹봉을 보충하여 준다는 명목하에 祿科田이라 하여 경기 일원의 墾地를 나누어주지만,[56] 이 제도조차 어지러워졌을 뿐더러 또 그것이 국가 재정문제의 근본적인 대책도 되지 못하였다. 그리하여 제기된 바 고려 말기 가장 큰 쟁점의 하나였던 '私田'革罷 문제는 바로 이 농장의 문제이기도 했던 것이다. 그러나 고려왕조로서는 끝내 이 과제를 스스로 해결하지 못하였다.

전시과제도와 녹봉은 고려 나름의 실정이 반영된 보수체계였다. 이 체제가 무너지면서 국가와 백성들에게 많은 폐단을 끼친 농장이 성립하였고, 그에 따라 야기되는 여러 문제를 스스로 해결하지 못한 고려왕조는 그와 운명을 같이하였다.

(3) 상공업의 실태

고려 때의 주된 산업은 농업이었으므로 상공업은 그렇게 발달하지 못한 편이었다. 아직 고려는 자연경제의 범주에서 많이 벗어나 있지 못했다고 알려져 있는 것이다.

하지만 그런 가운데서도 수도인 개경을 중심으로 교역이 비교적 활발하게 이루어지고 있었다. 상업은 크게 국내상업과 대외무역으로 나뉘며, 국내상업

1998).

56) 深谷敏鐵, 〈高麗祿科田考〉(《朝鮮學報》 48, 1968).
閔賢九, 〈高麗의 祿科田〉(《歷史學報》 53・54, 1972).

은 다시 도시상업과 지방상업으로 나뉘어지는데, 그 가운데에서 도시상업은 역시 개경의 市廛이 큰 축이 되고 있었던 것이다. 《高麗史》에 의하면 이 개경의 시전은 이미 태조 2년(919)에 설치되었다고 전하거니와, 그 뒤 12세기 초엽에는 그들의 北廊 건물 65간이 불탔다는 기록이 보이며, 또 《高麗圖經》에도 시전들이 廣化門 거리에 長廊을 이루고 있었다는 기사가 눈에 띈다. 이와 같이 개경의 시전들은 중요 거리에 장랑을 이루고 있으면서 언제나 교역을 하던 상설점포였다. 그리하여 여기서는 도시인들의 생활품을 판매하기도 했지만 주로 관수품을 조달하고 국고의 잉여품을 처분하는 어용상점의 기능을 했다고 짐작된다.57) 개경의 이 같은 상황에 비해 고려의 제2 도시였던 西京만 하여도 상업이 그다지 활발하지 못했던 것 같다.

지방상업은 비상설적인 場市가 중심이었다. 즉 교통의 요지에 장시가 서서 주변의 1일 왕복거리에 있는 농민들이 모여 米·布로써 화폐를 삼아 물물을 교환하는 형태의 상업이 행하여졌던 것이다. 하지만 이러한 장시가 며칠에 한 번씩 열렸으며 또 전국적으로 그 수가 얼마나 되었는지 등에 대해서는 잘 알 수가 없다. 지방에는 이밖에 육로를 따라 장사하는 陸商과, 강이나 바다를 따라 배를 이용하여 장사하는 船商 등58) 行商들도 있었다.

고려 때의 상업상 하나 더 특기할 사항은 사원이 이 방면에 적지 않은 비중을 차지하고 있었다는 사실이다. 사원은 물론 종교의 道場이었지만, 여기서는 미곡 등 많은 농산물이 생산되고 우수한 수공업품도 제조되어 매매가 이루어졌던 것이다. 이와 같은 사원의 상행위는 寺院經濟에 큰 보탬이 되기는 했으나 반면에 많은 폐단을 낳기도 하였다.59)

대외무역은 宋을 비롯하여 遼·金·日本 등 주변 각국들과의 사이에서 행하여졌다. 그 가운데서도 가장 활발하게 교역을 한 나라는 송이었거니와, 공

---

57) 姜萬吉, 〈商業과 對外貿易〉(《한국사》 5, 국사편찬위원회, 1975).
金東哲, 〈고려말의 流通構造와 상인〉(《釜大史學》 9, 1985).
朴平植, 〈高麗時期의 開京市廛〉(《韓國史의 構造와 展開》, 혜안, 2000).

58) 홍희유, 《조선상업사－고대 중세－》(과학백과사전종합출판사, 1989).

59) 李載昌, 《高麗寺院經濟의 硏究》(亞細亞文化社, 1976).
李相瑄, 〈高麗寺院經濟에 대한 考察〉(《崇實史學》 1, 1983 : 《高麗時代 寺院의 社會經濟硏究》, 誠信女大出版部, 1998).

식적인 조공무역 이외에 사무역도 번성하였다.[60] 그러나 요·금의 경우 使行貿易이 행해지고 互市場인 榷場이 설치되기도 했지만 양국과는 전쟁 등의 긴장관계가 오래 지속되었으므로 교역도 그만큼 한계성을 지니게 마련이었으며,[61] 일본과도 정식적인 국교가 없었으므로 주로 민간상인들이 내항하여 방물을 바치고 하사품을 받아 가는 정도였다.[62] 그런 일면에 大食國, 즉 아라비아 상인들이 송나라의 고려 무역에 힘입어 진출하여 온 것은 한 특이한 현상이었다.

이 상업과 뗄 수 없는 관련을 가지는 것으로 화폐 문제가 있다. 고려 때 사용된 화폐로는 물품화폐와 금속화폐가 있었는데, 그 중 전자로 이용된 것은 布와 米였다. 하지만 이 가운데에서 보다 널리 사용된 것은 布貨였거니와, 그것으로 기능한 포는 주로 질이 나쁜 마포인 麤布였다가 뒤에는 5綜布(5升布)로 바뀌었다.

금속화폐로는 성종 15년에 주조하여 쓰도록 한 鐵錢이 처음이었다. 그러나 이것은 널리 유통되지 못하고, 얼마 뒤에는 숙종이 海東通寶 등을 주조하여 사용을 적극 권장하였으며,[63] 또 銀 1근으로 우리 나라의 지형을 본 딴 銀瓶 등도 만들어 통용토록 하였다.[64] 그러나 실물경제에 치중되어 있던 고려에서 비록 도시의 경우 어느 정도 활발하게 금속화폐가 유통되었다고 하지만 전반적으로는 그렇지가 못한 편이었다.

다음은 수공업에 대해서인데, 비교적 규모가 크고 중요한 위치에 있었던 것은 관청수공업이었다. 그러한 관부로는 繕工寺(將作監)·軍器寺(軍器監)·掌服署(尙衣局) 등이 있었거니와, 여기에는 해당 기술자인 工匠들이 전속되어

---

60) 金庠基, 〈麗宋貿易小考〉(《震檀學報》 7, 1937 : 《東方文化交流史論攷》, 乙酉文化社, 1948).
羅鍾宇, 〈高麗時代의 對宋關係〉(《圓光史學》 3, 1984).

61) 李龍範, 〈麗丹貿易考〉(《東國史學》 3, 1955).

62) 羅鍾宇, 〈高麗前期의 麗·日貿易〉(《圓光史學》 1, 1981).

63) 金柄夏, 〈高麗朝의 金屬貨幣 流通과 그 視角〉(《東洋學》 5, 1975).
金光植, 〈高麗 肅宗代의 王權과 寺院勢力－鑄錢政策의 背景을 중심으로－〉(《白山學報》 36, 1989).

64) 이경록, 〈高麗前期 銀幣制度의 成立과 그 性格〉(《韓國史의 構造와 展開》, 혜안, 2000).
김도연, 〈高麗時代 銀貨유통에 관한 一硏究〉(《韓國史學報》 10, 2001).

정부와 왕실에서 필요로 하는 물품을 생산해 조달하였다. 그리고 지방의 관청수공업으로는 각 도에서 운영하던 금기방·잡직방·갑방 등이 있었지마는, 그 수나 규모는 중앙에 비해 매우 미미한 편이었다.65)

所는 金所·銀所·銅所·鐵所·紙所·瓦所·炭所·瓷器所·魚梁所 등의 예에서 보듯이 특정의 물품을 만드는 특수행정집단이었다. 그러므로 所手工業의 생산활동은 역시 전업적이었는데, 그들 물품은 주로 공납품으로 충당되었다.66)

국가에 전속되지 않은 工匠들도 그들에 대한 일종의 호적이라 볼 수 있는 工匠案에 의하여 파악되고 있었으며, 그리하여 국가가 정한 일정한 기간 동안 공사에 징발되었다. 하지만 그러한 役만 부담하고 나면 자유로이 급료를 받고 다른 사람을 위해 일을 하여 주거나 물품을 생산 판매하여 생계를 꾸려간 것으로 생각된다.67) 이러한 민간수공업 가운데에서 많은 비중을 차지한 것은 농민들의 가내수공업이었는데, 그러나 이들에 의한 생산은 자가수요를 위한 衣料나 관부에 납부하기 위한 布物類가 주류를 이루고 있었다.

고려 때의 상업과 수공업은 대략 이상과 같은 수준에 머물고 있었다는 게 일반적인 견해인 것이다.

3) 사회적 특성

(1) 신분구조와 그 성격

전근대 국가가 대개 그러하였듯이 고려도 신분제 사회였다. 신분이란 잘 알려져 있듯이 사회구성원을 집단으로 구분하는 단위의 하나로, 그 지위는

---

65) 姜萬吉, 〈手工業〉(《한국사》 5, 국사편찬위원회, 1975).
홍희유, 〈10~14세기(고려시기)의 수공업〉(《조선 중세 수공업사 연구》, 과학백과사전출판부, 1978 : 지양사, 1989).

66) 徐明禧, 〈高麗時代 '鐵所'에 대한 연구〉(《韓國史硏究》 69, 1990).
田炳武, 〈高麗時代 銀流通과 銀所〉(《韓國史硏究》 78, 1992).
李貞信, 〈高麗時代의 漁業 實態와 魚梁所〉(《韓國史學報》 3·4, 1998).

67) 洪承基, 〈高麗時代의 工匠〉(《震檀學報》 40, 1975 : 《高麗社會史硏究》, 一潮閣, 2001).
徐聖鎬, 〈高麗前期 지배체제와 工匠〉(《韓國史論》 27, 1992).

혈통에 따라서 세습되는 사회적 권리·특권과 의무·제약에 의하여 규정되었다. 그리하여 어떤 신분층은 보다 많은 권리와 특권을 누렸던 반면에 어떤 신분층은 보다 많은 의무를 지고 제약을 받도록 되어 있었거니와, 그것은 곧 각 신분계층이 가지는 사회적 기능과 연결되게 마련이었고, 고려에서는 그것이 役으로 표현되었다.68)

종래 이 같은 정연한 설명이 있었던 것은 아니지만 대략 유사한 기준에 의하여 신분계층을 크게 지배신분층과 피지배신분층으로 나누고, 거기에 다시 각각 2개씩의 신분층이 있어, 전자에는 양반·귀족과 중류층이, 그리고 후자에 양민과 천민이 소속했던 것으로 이해하려는 경향이 많았다. 이를 보기 쉽게 정리하면 다음과 같다.

<table>
<tr><td rowspan="2">지배신분층</td><td>① 양반과 귀족 … 文·武의 品官과 귀족</td><td rowspan="3">良身分層</td></tr>
<tr><td>② 중류층 … 서리·향리·남반·하급장교</td></tr>
<tr><td rowspan="2">피지배신분층</td><td>③ 일반 양민 … 白丁農民·수공업자·상인
하층 양민 … 鄕·所·部曲·莊·處民</td></tr>
<tr><td>④ 천민 … 공노비·사노비</td><td>賤身分層</td></tr>
</table>

그러나 근자에 고려의 신분구조를 이와는 좀 달리 법제상 良身分과 賤身分의 두 계층으로만 나뉘어져 있었다고 보려는 양천제 이론이 제기되었다.69) 그에 따른 신분층의 분류는 위의 도표에 곁들인 바와 같은데, 보다시피 여기에서 종래의 이해와 가장 차이가 나는 것은 양반·귀족과 양민을 동일한 양신분층으로 파악하고 있다는 점이다. 하지만 이에 대해서는 반대 의견도 있다. 즉, 이 같은 입장에서는 우선 사회의 모든 구성원을 良·賤 곧 賤人과

68) 洪承基, 〈(고려의)신분제도〉(《한국사》 15, 국사편찬위원회, 1995 : 《高麗社會史研究》, 一潮閣, 2001).

69) 許興植, 〈高麗時代의 身分構造〉(《高麗社會史硏究》, 亞細亞文化社, 1981).
洪承基, 〈高麗時代의 良人 : 士庶制·良賤制의 시행과 관련하여〉(《學術硏究論文集》, 養英會, 1994 : 《高麗社會史硏究》, 一潮閣, 2001).
金蘭玉, 〈高麗時代 良人·賤人의 용례와 良賤制〉(《韓國史學報》 제2호, 1997 : 《高麗時代 賤事·賤役良人 硏究》, 신서원, 2000).

非賤人(良民)으로 나누는 것은 전근대사회에서는 어느 시기, 어느 나라에나 적용될 수 있는 구분법이기 때문에 사회계층론으로서는 별로 의미가 없는 것이라 비판하고, 또 양반·귀족과 양민은 士·庶로도 표현되듯이 상호 대칭되는 신분층으로 이들간의 상하·귀천의 질서는 양천의 그것에 못지 않게 중요하였다는 점 등을 지적하고 있다.70)

이 부분을 役體制와 관련하여 생각해 볼 때 양반·귀족에게 주어진 특권이기도 했던 仕宦權의 여부가 한 지표가 될 수 있으며, 이에 따라 그 가장 보편적인 방도의 하나였던 赴擧權이 양민에게도 주어졌는가가 논의의 대상이 되기도 하였다. 이 점에 대해서는 현재 이견이 없지 않으나 과거에서 가장 중시됐던 製述科에 양민은 응시자격이 없었다는 견해가 유력하다.71) 그렇다고 한다면 양반·귀족과 양민을 동일한 범주의 신분층으로 파악하는 것은 옳지 않을 것 같다. 하지만 양민들도 明經科나 雜科에의 응시는 가능하였고, 또 군인직 등을 통해서도 자신의 신분적 제약에서 벗어날 수 있었다.72) 그런가 하면 胥吏나 鄕吏 등에게는 과거의 문이 활짝 열려 있기도 했으므로 이 문제 역시 그리 단순하지만은 않다.

양반과 귀족도 이와 좀 차원이 다른 것이긴 하지만 많이 논의되어 온 문제 가운데 하나이다. 여기에서 논의의 초점이 된 것은 귀족의 범위에 관해서였는데, 종래 그들은 문·무양반, 곧 品官 전체를 의미하는 것으로 이해하기도 하였고,73) 근자에는 거기에다 南班을 포함시키는 견해까지 제시되었다.74)

70) 宋俊浩, 〈朝鮮兩班考－朝鮮朝社會의 階級構造에 관한 한 試論－〉(《韓國史學》 4, 1983).
金蘭玉, 〈高麗時代 士庶의 用例와 신분적 의미〉(《史叢》 46, 1997 : 《高麗時代 賤事·賤役良人 硏究》, 신서원, 2000).

71) 許興植, 〈高麗科擧制度의 檢討〉(《韓國史硏究》 10, 1974 : 《高麗科擧制度史硏究》, 一潮閣, 1981).
李基白, 〈科擧制와 支配勢力〉(《한국사》 4, 국사편찬위원회, 1974 : 《高麗貴族社會의 形成》, 一潮閣, 1990).
朴龍雲, 〈高麗時代의 科擧－製述科의 應試資格〉(《高麗時代 蔭敍制와 科擧制 硏究》, 一志社, 1990).

72) 李基白, 〈高麗社會에서의 身分의 世襲과 變動〉(《韓國의 傳統과 變遷》, 高麗大亞細亞問題硏究所, 1973 : 《高麗貴族社會의 形成》, 一潮閣, 1990).

73) 白南雲, 〈貴族群〉(《朝鮮封建社會經濟史》 上, 改造社, 1937).

아울러 蔭敍와 같은 귀족적 특권을 누릴 수 있는 부류였는가의 여부에 기준을 두어 귀족을 관품 5품 이상관에 한정시키자는 주장이 나왔고,[75] 이에 대해 귀족신분을 다루면서 官品에서 기준을 구하는 것은 옳지 않다는 비판과 함께, 설령 관품에 두더라도 "5품이라는 기준선은 귀족의 평가기준으로는 너무 낮다"는 의견[76] 역시 제시되고 있다. 그런가 하면 한편으로 귀족적 존재는 인정되나 고려를 귀족사회로 보기는 어렵다는 의견이 개진되었고,[77] 그리하여 귀족사회라기보다는 차라리 양반사회로 규정하는 게 더 좋겠다는 주장마저도 제기되어 있는 것이다.[78]

다음 양민에 있어서는 향·소·부곡민이 커다란 관심의 대상이 되었다. 처음에 이들은 집단천민으로 파악하였었는데, 점차 그렇지 않다는 사실이 밝혀지기 시작하면서부터였다. 그리하여 지금은 부곡민 등이 일반 군현민에 비해 사회적으로 차별대우를 받는 존재였으나 신분만은 양민이었다는 쪽으로 대략 의견을 모으고 있는 것이다. 그러나 이 부분에 대해서는 앞서 지방의 통치조직을 살필 때 간략하게나마 언급한 바 있으므로 이 자리에서는 재론치 않도록 하겠다.

공·사노비 등 천민에 대해서도 그들의 성격과 사회경제적 지위·역할 등에 걸쳐 커다란 연구의 진척이 있었다.[79] 고려 때의 노비는 '一賤則賤'의 원칙에 따라 良賤交婚의 경우라 하더라도 그 소생은 모두 천인이 되었고, '賤者隨母法'에 의거하여 어머니 쪽 소유주에 귀속하였는데, 이들은 다른 왕조

---

74) 洪承基, 앞의 글(1995).

75) 朴龍雲, 〈高麗 家産官僚制說과 貴族制說에 대한 檢討〉(《史叢》 21·22 합집, 1977 : 《高麗時代 臺諫制度 硏究》, 一志社, 1981).
———, 〈高麗는 貴族社會임을 다시 논함〉(上)·(下)(《韓國學報》 93·94, 1998·1999).

76) 金龍善, 〈高麗 貴族社會 成立論〉(《韓國社會發展史論》, 一潮閣, 1992).
———, 〈高麗門閥의 構成要件과 家系〉(《韓國史硏究》 93, 1996).

77) 劉承源, 〈고려를 귀족사회로 보아야 할 것인가〉(《역사비평》 36, 1997).

78) 金塘澤, 〈高麗 兩班社會와 한국사의 時代區分〉(《歷史學報》 166, 2000).

79) 洪承基, 〈高麗時代 私奴婢의 法制上 地位〉(《韓國學報》 12, 1978 : 《高麗貴族社會와 奴婢》, 一潮閣, 1983).
———, 〈高麗時代 公奴婢의 性格〉(《歷史學報》 80, 1978 : 위의 책).
———, 〈高麗時代 奴婢와 土地耕作〉(《韓國學報》 14, 1979 : 위의 책).

에서와 마찬가지로 국가나 개인에게 얽매어 지내면서 재물의 취급을 받는 부자유민이었다.

고려사회에서 새로이 양반층이 형성되고 향리·서리 등 중류층의 사회적 지위가 비교적 높았으며, 일반 군현민에 비해 차별대우를 받는 향·소·부곡민 등 하층 양민의 광범한 존재 등이 신분구조상의 한 특징이었다. 그런 가운데에 우리들이 보통 고려를 귀족사회라고 하는 데서 드러나듯이 귀족층이 정치적·사회적으로 중요한 위치를 차지했다는 게 또 다른 특징을 이루고 있었다. 그리하여 이들 각 신분층, 특히 노비층은 자기가 속한 신분을 원칙적으로 세습하게 되어 있었지마는, 그 다른 한편으로 일반 양민에게는 중류층 혹은 그 이상으로, 다시 중류층에게는 양반·귀족으로 신분 이동을 할 수 있는 길을 열어놓고 있었다. 고려에서는 이 중 신분의 이동과 상승의 억제·방지에 중점을 두면서도 상반되는 두 원칙이 균형과 조화를 잡아가는 바탕위에서 신분제를 운영하였던 것이다.[80]

(2) 가족·친족과 여성

고려 때의 가족제도를 살펴감에 있어서는《고려사》등에 전해지는 단편적인 자료들에 의해서 물론 도움을 받을 수 있다. 하지만 그 구체적인 모습을 보여주는 몇몇 호적이나 호구단자·准戶口 등은 주로 후·말기의 것들이다.[81] 그러므로 고려 전기의 상황을 설명하면서 이들 자료를 이용하는 데는 조심스런 면이 없지 않다고 하겠는데, 그러나 가족제도의 경우 두 시기 사이에 그렇게 큰 변화가 있었던 것 같지는 않다. 이러한 판단에 따라 지금의 연구자들도 호구자료들을 많이 활용하고 있지마는, 거기에 의하면 우선 가족의 유형으로는 소가족도 있고 대가족 내지 중가족도 있다. 그렇기 때문에 연구자들 사이에서도 혹자는 고려 때 가족의 기본형태가 소가족이었다고 보기도 하고,[82] 혹자는 대가족 내지 중가족 형태가 많았다고 보고도 있

80) 洪承基, 앞의 글(1995).

81) 許興植,《高麗社會史硏究》(亞細亞文化社, 1981).
吳英善,〈高麗末 朝鮮初 戶口資料의 形式 分類〉(《韓國古代中世古文書硏究(下)》, 서울대출판부, 2000).

82) 李佑成,〈高麗時代의 家族－친족집단·사회편제 문제와의 관련에서－〉(《東洋

는[83] 것이다.

그런데 이 같은 견해차는 자료의 해석과도 관계가 있다. 소가족의 형태를 취하고 있는 가족에 이미 혼인했음직한 구성원이 포함되어 있는가 하면, 대가족의 형태를 취하고 있는 자료 역시 소가족들을 하나의 戶로 기록했을 가능성이 없지 않기 때문이다. 이는 아마 사회 전반의 문제와 관련시켜 천착함으로써 해답의 실마리를 찾을 수 있지 않을까 싶다.

한데 우리들은 이들 가족 구성에서 특히 조선시대와 견주었을 때 매우 다른 점을 발견할 수 있다. 그 하나는 여성이 호주가 되고 있다는 사실이다. 그리고 자녀가 여럿인 경우 딸이 아들보다 나이가 위면 딸부터 기록하고 있다. 아울러 혼인한 딸이 친정 부모와 한 가족을 구성하는, 바꾸어 말하면 사위가 장인·장모와 가족을 구성하여 모시는 率婿家族이 흔히 보인다는 것 역시 커다란 차이점이다. 이 후자는 "男歸女家"·"婿留婦家" 등으로 표현된 혼인의 습속과 밀접한 관련이 있었지마는, 어떻든 고려 때는 가족 가운데에서 여자의 지위와 역할이 상당히 높았던 것이다.[84]

가족의 형성은 더 말할 필요도 없이 혼인이 한 중요 계기가 되거니와, 고려시대의 그 연령은 개인에 따라 차별이 컸지만 대체적으로 여자는 16~18세 전후, 남자는 20세 전후였던 듯하다.[85] 그리하여 이들은 대개 一夫一妻制에 입각한 가정생활을 영위했던 것 같다. 기사 가운데는 多妻의 습속이 있었

學》 5, 1975 : 《韓國의 歷史像》, 創作과 批評社, 1982).
崔弘基, 〈高麗時代의 戶籍制〉(《韓國 戶籍制度史 硏究》, 서울대출판부, 1975).
盧明鎬, 〈가족제도〉(《한국사》 15, 국사편찬위원회, 1995).

83) 許興植, 〈國寶戶籍으로 본 高麗末의 社會構造〉(《韓國史硏究》 16, 1977 : 《高麗社會史硏究》, 亞細亞文化社, 1981).

84) 崔在錫, 〈高麗後期 家族의 類型과 構成-國寶 131號 高麗後期 戶籍文書 分析에 의한 接近-〉(《韓國學報》 3, 1976 : 《韓國家族制度史硏究》, 一志社, 1983).
金銀坡, 〈高麗時代 法制上 및 社會通念上에서의 女子의 地位〉(《全北史學》 3, 1979).

85) 崔淑卿, 〈高麗時代의 女性〉(《韓國女性史》 1, 梨大出版部, 1972).
許興植, 〈高麗時代의 家族構造〉(《高麗社會史硏究》, 亞細亞文化社, 1981).
崔在錫, 〈高麗時代의 婚姻制度〉(《人文論集》 27, 고려대학교, 1982 : 《韓國家族制度史硏究》, 一志社, 1983).
金龍善, 〈고려 귀족의 결혼·출산과 수명〉(《韓國史硏究》 103, 1998).

던 듯한 서술도 보여 이를 긍정한 논자도 있으나[86] 그것은 예외적인 사례라고 해도 좋을 정도로서 원칙적으로는 일부일처제였음이 재확인되고 있다.[87] 이와 같은 제도 아래에서 고려시대의 여성들은 남편과 사별하였을 경우 再嫁도 자유로웠다.

近親婚 내지 同姓婚이 널리 행해지고 있었다는 사실도 후대와는 다른 고려 때 혼인 풍습의 하나였다. 왕실에서 극도의 근친혼을[88] 했다 함은 잘 알려져 있는 바와 같거니와, 양반·귀족층에서도 이와 유사한 혼인이 성행했던 것이다. 內外 4촌간이나 6촌간에 혼인을 하지 말라는 禁令이 자주 내려지는 것으로 미루어 그런 사실을 짐작할 수 있다. 더구나 이들 금지 조항은 주로 양반층을 대상으로 한 것에 불과하고 일반 백성들은 혼인에 있어 보다 자유로운 입장에 있었던 것 같다. 당시의 혼인이 이와 같았으므로 동성혼에 대해서는 더 말할 나위가 없었을 것이다. 동성동본혼의 사례가 찾아지는 것도 같은 방향에서 이해할 수 있다고 생각된다.[89] 고려 때의 婚俗은 여러 모로 특징적인 면이 많았다고 하겠거니와, 여성이라 하여 불합리한 억압을 받는 일도 없었음을 알 수 있다.

여성의 지위가 이처럼 상대적으로 높았다는 사실은 재산의 상속에도 드러나 있다. 고려 때의 가장 중요한 재산의 하나인 노비는 자녀에게 균분상속하도록 되어 있었으며,[90] 민전과 같은 개인 소유지의 상속형태도 마찬가지였던 것이다.[91] 부모의 의지가 적힌 文契가 있거나 "田丁 連立"이 되던 군인전 등

86) 金斗憲, 〈婚姻〉(《韓國家族制度硏究》, 서울대출판부, 1969).
87) 張炳仁, 〈高麗時代 婚姻制에 대한 재검토〉(《韓國史硏究》 71, 1990).
88) 尹庚子, 〈高麗王室의 婚姻形態〉(《淑大史論》 3, 1968).
河炫綱, 〈高麗前期의 王室婚姻에 對하여〉(《梨大史苑》 7, 1968).
鄭容淑, 〈高麗初期 婚姻政策의 推移와 王室族內婚의 成立〉(《韓國學報》 37, 1984 : 《高麗時代의 后妃》, 民音社, 1992).
89) 許興植, 〈高麗時代의 親族構造〉(《高麗社會史硏究》, 亞細亞文化社, 1981).
盧明鎬, 〈高麗의 五服親과 親族關係 法制〉(《韓國史硏究》 33, 1981).
崔在錫, 앞의 글(1982).
90) 旗田巍, 〈高麗時代における土地の嫡長子相續と奴婢の子女均分相續〉(《東洋文化》 22, 1957 : 《朝鮮中世社會史の硏究》, 法政大學出版局, 1972).
91) 崔在錫, 〈高麗朝에 있어서의 土地의 子女均分相續〉(《韓國史硏究》 35, 1981 ; 《韓國家族制度史硏究》, 一志社, 1983).

은 이와 상속의 형태가 좀 달랐지만 원칙적으로 모든 財産·家業은 子女에게 균분상속되었던 것이다.

고려는 이상에서 언급한 바와 같은 사회였으므로 그것이 친족조직에도 그대로 반영되어 있었다. 친족조직은 相避制나 5服制度 및 호적에 있어서의 世系推尋 범위 등을 통해 살필 수 있는데, 그 하나로 일정한 친족관계에 있음으로 해서 관직 취임 등에서 서로 피해야 하는 범위를 규정한 상피제는[92] 本族뿐 아니라 外族·妻族도 상당한 범위에 걸쳐 포함시켜 놓고 있다. 아울러 주로 4祖戶口式과 8조호구식을 채택하고 있던 세계추심과[93] 喪服을 입는 기간의 장단에 따라 친족관계의 親疎를 5등급으로 나누어 나타내던 5복친제에서도[94] 母側과 妻側의 비중이 상당히 높았던 것이다. 그러므로 어느 연구자는 고려의 친족조직을 '兩側的 親屬'의 구조로 파악하고 있거니와[95] 그에 따른 기능도 후대의 사회에서와는 여러모로 달랐음을 지적하고 있다.[96] 고려의 가족제도 역시 남다른 특성을 지닌 것이었다.

4) 사상적 특성

(1) 불교와 유교

고려 때는 불교가 국교적 위치를 차지하고 있는 가운데에 또 유교가 정치이념으로 기능하였고, 도교와 풍수지리·도참사상 등도 유행하였다. 고려시대의 사상계는 이처럼 복합적 성격을 지니고 있다는 점이 가장 큰 특징이었다. 그리하여 각 사상 사이에서, 혹은 하나의 사상 내에서도 종파간에 대립

李羲權, 〈高麗의 財産相續形態에 관한 一考察〉(《韓國史硏究》 41, 1983).

92) 許興植, 앞의 글(1981).
金東洙, 〈高麗時代의 相避制〉(《歷史學報》 102, 1984).

93) 白承鍾, 〈高麗 後期의 '八祖戶口'〉(《韓國學報》 34, 1984).
權斗奎, 〈高麗時代 限品制와 世系 推尋範圍〉(《한국중세사연구》 창간호, 1994).

94) 盧明鎬, 앞의 글(1981).

95) 盧明鎬, 위의 글.

96) 盧明鎬, 〈高麗時代의 親族組織〉(《國史館論叢》 3, 1989).
——, 앞의 글(1995).

과 융합, 또는 영향을 미치고 받으면서 공존하였던 것이다.

이들 중에서 사회에 끼친 영향이 한층 큰 것은 불교였으며 다음이 유교였다. 그 가운데 불교는 國初에 所依經典을 주로 하는 교종이 여전히 교세를 이어가는 한편으로 개인주의적인 坐禪을 표방하고 나선 선종이 호족과 연결을 가지면서 번성하여 양립하는 형세를 이루었다.[97] 그러던 것이 광종조에 오면 왕권의 상대적인 안정과 더불어 교종이 선종보다 우위를 차지하게 되는데, 그 중심이 된 종파는 華嚴宗이었으며 이를 지도한 승려는 均如였다.[98] 이에 대하여 선종은 중국에서 새로이 도입된 法眼宗을 중심으로 정리가 되거니와,[99] 僧科가 설치되는 것도 바로 이때였다.[100]

그 뒤 문벌귀족사회가 형성되면서는 교종인 法相宗과 화엄종이 불교계의 주류를 이루었다. 이 가운데 법상종은 국왕인 현종의 지원을 받은 위에 고려 최대의 문벌외척세력인 慶源李氏와 깊은 관련을 맺으면서 번성하였고,[101] 화엄종은 왕자 출신인 義天이 나오면서 절정을 맞게 되었던 것이다. 그런데 의천은 여기에 그치지 않고 새로이 天台宗을 開立하였다. 天台學은 이미 고려 초기부터 상당한 수준에 이르러 있었지마는,[102] 의천의 노력에 의해 이제는 一宗으로 개립을 보게 되었던 것이다. 教觀並修를 표방하고 새로운 불교혁신운동을 펴면서 개창된 이 천태종은 이후 많은 승려들의 호응을 얻어 번창하게 되는데,[103] 그러나 그것은 어디까지나 교의 입장에서 선을 흡수하는 입장

---

97) 崔柄憲, 〈羅末麗初 禪宗의 社會的 性格〉(《史學研究》 25, 1975).

98) 金杜珍, 〈均如의 生涯와 著述〉(《歷史學報》 75·76 합집, 1977 : 《均如華嚴思想研究》, 韓國研究院, 1981).
——, 〈均如의 "性相融會" 思想〉(《歷史學報》 90, 1981 : 위의 책).
崔柄憲, 〈高麗時代 華嚴宗의 變遷-均如派와 義天派의 對立을 중심으로-〉(《韓國史研究》 30, 1980).

99) 金杜珍, 〈高麗 光宗代 法眼宗의 登場과 그 性格〉(《韓國史學》 4, 1983).

100) 許興植, 〈高麗時代의 僧科制度와 그 機能〉(《歷史教育》 19, 1976 : 《高麗科擧制度史研究》, 一潮閣, 1981).

101) 崔柄憲, 〈高麗中期 玄化寺의 創建과 法相宗의 隆盛〉(《韓祐劤停年紀念 史學論叢》, 知識産業社, 1981).

102) 金哲埈, 〈高麗初의 天台學 研究-諦觀과 義通-〉(《東西文化》 2, 1968 : 《韓國古代社會研究》, 知識産業社, 1975).

103) 崔柄憲, 〈天台宗의 成立〉(《한국사》 6, 국사편찬위원회, 1975).
——, 앞의 글(1980).

에 서 있었기 때문에 선종은 한층 더 위축을 면치 못하였다.

한편 유교 쪽으로 눈을 돌려보면 이 역시 고려조로 접어들어 통일신라 때와는 크게 달라진 사회체제와 분위기 속에서 새 전기를 맞았다. 그리하여 벌써 태조 주변에서 여러 유학자들이 활동을 하며, 광종조의 과거제 실시는 발전의 한 큰 계기가 되었다. 이런 과정을 거쳐 성종조(982~997)에 이르러서는 여러 가지 유교의례가 마련되고[104] 天人合一思想이 제자리를 잡는[105] 등 유교는 고려의 정치이념으로서 확고한 위치에 서게 되는 것이다.

이후 유학은 崔冲의 활동과 더불어 한 차원 높은 단계로 발전한다. 그는 致仕 후 文憲公徒라고 불린 私學을 연 것으로 유명하거니와, 이 九齋學堂에 붙인 樂聖·大中 등의 명칭이나 六經·三史를 중심으로 하는 敎科目으로 미루어 볼 때 그의 유학 수준은 이미 漢唐의 訓詁學에서 탈피하여 철학적 내용이 상당히 가미된 宋代 유학에 접근하여 있었다는 평가가[106] 나와 있는 것이다. 이렇게 발전을 거듭하던 유학은 예종·인종대에 이르러 국학의 정비와 경학에 대한 강론회의 개최,[107] 유학관계 서적의 편찬 등이 활발해지면서 한층 성황을 이루었다. 하지만 그로부터 얼마 오래지 않아 武臣亂이 폭발하여(1170) 무신정권이 들어서면서 유학은 크게 위축되고 말았다.

무신집권기에는 이처럼 유학이 위축을 면치 못하는 가운데에 불교계의 교종도 탄압을 받은 반면 선종은 무인을 비롯한 상하의 호응을 얻어 커다란

洪庭植, 〈高麗天台宗 開立과 義天〉(《韓國佛敎思想史》, 圓光大出版局, 1975).
許興植, 〈高麗前期 佛敎界와 天台宗의 形成過程〉(《韓國學報》 11, 1978 : 《高麗佛敎史硏究》, 一潮閣, 1986).

104) 李範稷, 〈《高麗史》 禮志의 分析〉(《韓沽劤停年紀念 史學論叢》, 知識産業社, 1981 : 《韓國中世禮思想硏究》, 一潮閣, 1991).
朴贊洙, 〈文廟享祀制의 成立과 變遷〉(《鄭在覺古稀記念 東洋學論叢》, 고려원, 1984).

105) 李熙德, 〈高麗時代의 天文觀과 儒敎主義的 政治理念〉(《韓國史硏究》 17, 1977 : 《高麗儒敎政治思想의 硏究》, 一潮閣, 1984).
———, 〈高麗時代 五行說에 대한 硏究-《高麗史》 五行志를 中心으로-〉(《歷史學報》 79, 1978 : 《高麗時代의 天文思想과 五行說 硏究》, 一潮閣, 2000).

106) 尹絲淳, 〈朱子學以前의 性理學導入問題-崔冲의 9齋와도 관련하여-〉(《崔冲硏究論叢》, 慶熙大 傳統文化硏究所, 1984).

107) 權延雄, 〈高麗時代의 經筵〉(《慶北史學》 6, 1983).

발전의 전기를 마련하였다. 曹溪宗의 중흥이 바로 그것으로서, 거기에는 闍崛山門 출신의 선승인 普照國師 知訥(1158~1211)의 활동에 힘입은 바가 많았다. 그는 定慧雙修와 頓悟漸修를 宗旨로 삼고[108] 修禪社를 중심으로 하는 信仰結社運動을 전개하여[109] 조계종을 부동의 위치에 올려놓는 것이다. 이어서 제2세 社主인 慧諶 때에 이르러서는 崔瑀政權과 직접적인 관계를 가지면서 더욱 번창하였다.[110]

한데 결사운동은 天台宗에서도 전개하여 커다란 영향을 미쳤다. 圓妙國師 了世(1163~1245)가 중심이 된 白蓮社結社가 그것인데, 天台止觀과 法華三昧懺·淨土往生을 표방한 그의 신앙운동은 특히 기층사회의 백성들에게서 많은 호응을 얻었다.[111]

신앙결사로 나타난 이 같은 불교계의 혁신운동은, 그러나 元의 간섭기에 들어서면서부터 그 걸음을 멈추게 되었다. 수선사의 경우 가지산문 출신의 一然(1206~1289)이 나와 한동안 曹溪禪宗을 주도하였고,[112] 공민왕 때에는 太古和尙 普愚(1301~1382)와 懶翁和尙 慧勤(1320~1376) 등이 배출되어 많은 활동을 폈으나[113] 순수한 신앙결사운동 때와는 달리 보수적 성격을 띠고 있어

---

108) 張元吉, 〈曹溪宗의 成立과 發展에 대한 考察〉(《佛敎學報》 1, 1963).
李鍾益, 〈普照國師의 禪敎觀〉(《佛敎學報》 9, 1972).
宋天恩, 〈知訥의 禪思想〉(《韓國佛敎思想史》, 圓光大出版局, 1975).
吉熙星, 〈知訥 禪 사상의 구조〉(《知訥의 사상과 그 현대적 의미》, 한국정신문화연구원, 1996).

109) 李智冠, 〈知訥의 定慧結社와 그 繼承〉(《韓國禪思想硏究》, 東國大出版部, 1984).
秦星圭, 〈高麗後期 修禪社의 結社運動〉(《韓國學報》 36, 1984).
崔柄憲, 〈修禪結社의 思想史的 意義〉(《普照思想》 1, 1987).
蔡尙植, 〈고려후기 修禪結社 성립의 사회적 기반〉(《高麗後期佛敎史硏究》, 一潮閣, 1991).

110) 金塘澤, 〈高麗 崔氏武人政權과 修禪社〉(《歷史學硏究》 10, 1981 : 《高麗武人政權硏究》, 새문社, 1987).
秦星圭, 〈眞覺國師 慧諶의 修禪社 活動〉(《中央史論》 5, 1987).

111) 高翊晉, 〈圓妙了世의 白蓮結社와 그 思想的 動機〉(《佛敎學報》 15, 1978).
蔡尙植, 〈高麗後期 天台宗의 白蓮結社〉(《韓國史論》 5, 1979).

112) 蔡尙植, 〈普覺國尊 一然에 대한 硏究-迦智山門의 登場과 관련하여-〉(《韓國史硏究》 26, 1979).
———, 〈高麗後期 佛敎史의 전개양상과 그 경향〉(《歷史敎育》 35, 1984).

113) 金映遂, 〈曹溪禪宗에 대하여-五敎兩宗의 一派, 朝鮮佛敎의 根源-〉(《震檀學

사회 전반적인 추세에 휩싸여 타락상을 드러내고 있던 당시 불교계의 모순을 극복하는 데까지 이르지는 못하였다. 그런가 하면 백련사계가 안고 있는 문제는 한층 심하여 附元勢力化하는 성향마저 보이면서 많은 폐단을 노정하고 있었던 것이다.114) 이에 따라 불교가 지니는 사회적 기능은 자연이 축소되게 마련이었고 마침내는 그의 존립조차 위협을 받게 되었다.115)

당시의 이 같은 불교에 대하여 도전한 세력은 性理學이었다. 朱子性理學은 南宋의 朱熹가 체계화하여 집대성한 신유학으로, 理·氣를 바탕으로 한 우주론·인성론을 주로 하는 사상체계였는데, 이것이 원을 통해 安珦·白頤正 등에 의하여 忠烈~忠肅王代에 고려에도 전래, 수용되었다.116) 한데 원의 성리학은 주자학 본래의 성격인 형이상학적·사변적 경향과는 좀 달리 실천윤리를 강조하는 학풍이 주류를 이루고 있었거니와, 따라서 고려에 들어온 성리학 역시 의리론·명분론이 그 중심이 되고 있었다. 그리하여 이를 받아들인 사대부들은 불교 및 그와 연결되어 있던 권문·세족들을 배척하면서 儒佛交替를 이루어가게 되는 것이다.117) 이 성리학이 그 본래의 성격으로 되돌아가는 것은 조선에서의 일이다.

報》 9, 1938).

韓基斗, 〈高麗後期의 禪思想〉(《韓國佛敎思想史》, 圓光大出版局, 1975).

許興植, 〈中世 曹溪宗의 起源과 法統〉(《韓國中世佛敎史硏究》, 一潮閣, 1994).

114) 蔡尙植, 앞의 글(1979a).

秦星圭, 〈高麗後期의 願刹에 대하여〉(《歷史敎育》 36, 1984).

許興植, 〈僧政의 紊亂과 宗派間의 葛藤〉(《高麗佛敎史硏究》, 一潮閣, 1986).

115) 韓㳓劤, 〈麗末鮮初의 佛敎政策〉(《서울大 論文集》 6, 1957).

許興植, 위의 글.

116) 尹瑢均, 〈朱子學の傳來とその影響に就いて〉(《尹文學士遺稿》, 朝鮮印刷株式會社, 1933).

文喆永, 〈麗末 新興士大夫들의 新儒學 수용과 그 특징〉(《韓國文化》 3, 1982).

鄭玉子, 〈麗末 朱子性理學의 導入에 대한 試考－李齊賢을 中心으로－〉(《震檀學報》 51, 1981).

都賢喆, 〈高麗後期 朱子學 受容과 朱子書 普及〉(《東方學志》 77·78·79, 1993 : 《高麗末 士大夫의 政治思想硏究》, 一潮閣, 1999).

117) 邊東明, 《高麗後期 性理學受容硏究》(一潮閣, 1995).

李源明, 《高麗時代 性理學受容硏究》(國學資料院, 1997).

申千湜, 《高麗後期 性理學의 受容과 敎育思想》(明知大出版部, 1998).

高惠玲, 《高麗後期 士大夫와 性理學 受容》(一潮閣, 2001).

(2) 도교와 풍수지리·도참사상

佛·儒가 논의되는 자리에는 으레 道가 따라 나오듯이 도교 역시 우리 나라에서 크게 유행된 사상체계의 하나였다. 잘 알려져 있듯이 이것은 고대의 민간신앙과 神仙說을 바탕으로 하고 그 위에 道家나 음양·오행의 이론 등이 가미되어 성립된 신앙으로 불로장생 및 현세 이익의 추구를 목적으로 하였는데, 특히 고려에서는 국가와 왕실의 안녕과 번영을 비는 의식과 관련하여 성행하였다.

그리하여 벌써 태조 7년(924)에 수도인 개경에다 醮星處의 하나인 九曜堂을 창건한 것에서 그 한 모습을 엿볼 수 있다. 그리고 현종 3년(1012)에는 대궐 안의 毬庭에서 크게 醮祭가 행하여진 사례가 발견된다. 이후 계속하여 北斗醮·太一醮·星變祈禳醮·老人星祭 등의 각종 齋醮가 베풀어지고 있는 것이다.[118]

이 같은 일련의 과정 속에서 도교에 많은 관심을 가진 예종(1105~1122)이 즉위함에 미쳐 새 전기를 맞는다. 그는 왕 2년에 연경궁의 후원에 있는 옥촉정에다 元始天尊像을 안치하고 月醮를 지내게 하고 있거니와, 얼마 뒤에는 道觀인 福源宮(福源觀)을 건립하고 있는 것이다. 《高麗圖經》 권 17·18의 福源觀 및 道敎條에 의하면 그곳에 功行이 높은 道士 10여 명이 있어 일을 보았다 한다. 이렇게 도교의 총림격인 복원궁의 건립은 도교사상 매우 큰 의의를 지니는 것인데, 그 뒤에는 비슷한 도관인 神格殿이 설립되고, 또 祈恩色과 大醮色 및 祈恩都監·淨事色[119]·大淸觀 등의 여러 도교기관도 마련되어서[120] 도교사상은 끊임없이 영향을 미쳤던 것이다.[121]

하지만 이 같은 도교기관과 도사의 존재에도 불구하고 그들이 승려들과 같은 강한 교단을 형성한 흔적은 보이지 않는다. 이러한 도교의 비조직성에다가 고려 후·말기에 들어와 그도 불교와 함께 사대부들의 배척을 받음으

---

118) 李能和, 《朝鮮道敎史》(東國大, 1955 : 李鍾殷 역, 普成文化社, 1977).
119) 梁銀容, 〈高麗道敎의 淨事色考〉(《韓國宗敎》 7, 1982).
120) 梁銀容, 〈高麗時代의 道敎와 佛敎〉(《韓國宗敎》 8, 1983).
121) 車柱環, 〈高麗의 道敎思想〉(《韓國의 道敎思想》, 同和出版公社, 1984).
金澈雄, 〈高麗中期 道敎의 盛行과 그 性格〉(《史學志》 28, 1995).

로써 위축되기 시작하였다.122)

한편 풍수지리와 도참사상도 고려시대에 크게 유행한 사상체계이었음이 알려져 있다. 이중 풍수지리설은 산세·수세를 살펴 도읍·주택·능묘 등을 선정하는 일종의 相地學과 같은 것으로서, 그 선정한 지역의 衰旺·順逆에 따라 국가나 인간의 길흉과 화복에 많은 영향을 받는다는 내용을 골자로 하는 것이었다. 이러한 사상은 특히 羅末의 道詵과 관련을 가지면서 널리 전파되어 각 지방의 호족들이 자기의 존재를 합리화하는 데 이용하고 있었으며,123) 태조 왕건 또한 그의 돈독한 신자 가운데 한 사람이었다.

이 같은 풍수지리설은 그후에도 줄곧 커다란 영향력을 미치는데, 더구나 여기에 도참사상이 결합되면서 그 비중은 더욱 커지게 되었다. 圖讖이란 원래 徵候·前兆 또는 神託·占言 등의 뜻을 지닌 말로 그것은 장차 닥쳐올 길흉화복을 예언·암시 혹은 약속하는 신비적·미신적 성격이 농후한 사상체계이었거니와,124) 이러한 관념이 풍수지리설과 결부되어 정치·사회 및 일반생활에 이르기까지 매우 커다란 영향을 미쳤던 것이다.

태조대 이후의 그와 같은 사례로는 우선 정종의 서경천도계획을 들 수 있다. 이는 개경의 정정에 불안을 느낀 정종이 서경(평양)은 명당이라는 풍수설을 이용하여 추진한 운동이었던 것이다. 그리고 후대인 인종조에 妙淸 일파가 일으킨 서경천도운동 역시 자기네의 정치적 목적을 달성하기 위하여 표면에 지리도참설을 내세우고 획책한 사건이었다.125) 그 외에 개경에 이어서 서경과 동경(慶州)·남경(楊州 : 지금의 서울) 등 3경을 두는 것도 吉地說과 延基觀念에 따른 조처였으며, 三蘇宮을 경영한 것도126) 유사한 연유에서였다.

---

122) 梁銀容, 〈도교사상〉(《한국사》 16, 국사편찬위원회, 1994).

123) 崔柄憲, 〈道詵의 生涯와 羅末麗初의 風水地理說－禪宗과 風水地理說의 관계를 중심으로 하여－〉(《韓國史硏究》 11, 1975).

124) 李丙燾, 〈圖讖에 對한 一二의 考察〉(《震檀學報》 10, 1939).
———, 〈圖讖의 意義〉(《高麗時代의 硏究》, 亞細亞文化社, 1980).

125) 李丙燾, 〈仁宗朝의 妙淸의 西京遷都運動과 그 叛亂〉(《高麗時代의 硏究》, 乙酉文化社, 1948 : 亞細亞文化社, 1980).
金南奎, 〈高麗 仁宗代의 西京遷都運動과 西京叛亂에 대한 一考察〉(《慶大史論》 창간호, 1985).

126) 李丙燾, 〈明宗의 世와 三蘇造成〉(《高麗時代의 硏究》, 乙酉文化社, 1948 : 亞細亞文化社, 1980).

비슷한 유형의 지리도참설은 고려 일대를 통하여 계속된다.[127] 그리고 조선조에서도 묘지의 선정 등 여러 방면에 많은 영향을 미치는 것이다. 어떻든 우리는 위에서 살펴본 것처럼 고려시대에 도교와 풍수지리·도참사상이 줄곧 성행되어 온 것에서 당시 사상체계의 복합성을 다시 한 번 확인하게 된다.

5) 맺음말

이상에서 고려 때 역사의 시대적 특성을 정치·경제·사회·사상의 측면에서 살펴보았다. 이제 거기에서 논급된 내용을 정리하면 다음과 같은 것들이었다.

우선 정치면에서 중앙의 경우 핵심기구들은 당·송의 제도와 고려의 독자적인 필요에서 만든 것 등 세 계통으로 구성되었으며, 그 조직은 2품과 3품을 경계로 하여 이중 편제로 되어 있었다는 것과, 특히 권력구조에서 宰臣이 6部判事를 겸직하고 다시 宰樞가 6部尙書를 중복직으로 지니는 사실과 관련하여 재추 중심의 정치체제가 이루어지고 있었음을 지적하였다. 고려도 왕조국가였으므로 국왕권을 결코 낮추어 평가할 수는 없으나 재추가 정치와 행정에서 차지하는 비중이 매우 컸던 만큼 왕권은 상대적인 의미에서 좀 미약했다는 이해인데, 그렇게 된 연유는 고려가 귀족사회였고, 따라서 그 같은 귀족적 성격이 정치제도에도 반영된 결과라고 파악하였다.

다음 지방의 통치조직에서는 그 구역이 남도와 북계·경기 지역으로 다원화되어 있었고, 다시 거기에는 군현제 지역 이외에 향·소·부곡·莊·處 등 특수행정조직이 광범하게 존재했음이 한 특징이었다. 그리고 행정체계상으로는 중앙과 지방관이 파견된 主郡縣(領郡縣) 사이에 直牒關係에 있었다는 게 남다른 점이었다. 그러므로 중간행정기구인 京·都護府·牧 등의 界首官과 5道按察使의 기능도 한정적일 수밖에 없었고, 지방관이 없는 많은 屬郡縣은 주군현을 통한 간접지배가 되었다. 이와 같은 광범한 속군현의 존재와 중앙과 주군현간의 직첩관계에서 알 수 있듯이 外官 중심의 행정체계가 고려 군현제의 또 다른 특질이었던 것이다. 아울러 지방행정의 말단을 맡아 실무를 본 향리

127) 崔柄憲, 〈高麗時代의 五行的 歷史觀〉(《韓國學報》 13, 1978).

(長吏)들의 역할과 위치가 매우 높았다는 것도 빼놓을 수 없는 점이었다.

한편 고려의 역사는 동아시아의 복잡한 국제정세 속에서 주변의 여러 나라와 유난히도 잦은 외교교섭과 전쟁을 벌이는 특성을 지니기도 하였다. 그리하여 五代·宋과는 친선관계를 유지하였으나 거란족의 遼와 여진족의 金, 몽고족의 元과 여러 차례 전쟁을 치렀으며, 말기에는 홍건적·왜구와도 충돌하지 않으면 안 되었다. 그 같은 빈번한 국난을 끈질긴 투쟁으로 극복해간 대외적 성격이 강한 역사였던 것이다.

이어지는 경제면에서는 당시의 주업이 농업이었던 만큼 토지지배관계가 중요한 대상이었는데, 먼저 민전의 존재에 유의하였다. 그것은 양적으로도 전체 토지의 압도적 비중을 차지하고 있었을 뿐더러 民産의 근본이요 국가재정을 지탱하여 주던 地目으로서, 매매·처분과 증여·상속이 자유로운 백정농민 등의 소유지였던 것이다. 이처럼 민전은 소유권 측면에서는 국유지나 관유지와 같은 공전에 대칭되는 사전이었으나 수조권 측면에서는 그 田租가 국가나 공공기관에 귀속하는 경우에 공전이 되기도 하였다. 아울러 그것은 收租率에서도 1/4公田租 및 1/2私田租와 함께 논의가 거듭되었으나 지금은 대략 1/10조였다는 쪽으로 정리되고 있으며, 또 매매·처분 등이 자유로운 토지였음이 밝혀지면서 처음에 유력시되어 오던 토지국유제설을 부인하는 중요한 논거가 되고도 있다. 각종 地目들과 공전·사전 및 差率收租의 문제, 토지국유제와 사유제론 등이 고려 때의 토지지배관계를 파악하는 핵심적인 내용들인데, 그 중심에 민전이 있었던 것이다.

국가의 관직에 복무하거나 職役을 부담하는 관리·군인 등에게 그 대가로 미곡을 주는 녹봉과 함께 전시과제도에 의해 이들 토지가 분급되었다. 그 가운데 문종 30년(1076)에 정비된 更定田柴科를 보면 전체 대상자를 관직의 고하와 중요도에 따라 18과등으로 나누어 전지와 시지를 분급하고 있는데, 이처럼 전지와 더불어 시지도 지급하고 있고, 또 그들 토지가 주로 外州에 산재해 있었다는 점에서 고려 나름의 실정이 반영된 分地制였다고 할 수 있다. 그런데 그 지급이 收租權이었는지, 아니면 免租權이었는지에 대해서는 의견이 엇갈려 있으며, 그에 따라 토지의 경영방식도 달리 파악되고 있다. 이에 비해 녹봉은 文武班祿의 경우 역시 관직의 고하와 중요도에 의해 47과등으로 세분화되어 있다는 사실이 눈길을 끄나 더 이상의 특기할 만한 내용은 찾아지지 않는다. 그후 이 같은 체제는 무신정권기 이래 정치와 경제 질서 등이 문란해지면서 토지는 사적인 대토지지배의 특수한 형태인 農莊으로 나타나며, 녹봉제도 제구실을 하지 못하게 되었다. 이 문제를 해결하기 위하여 祿科田制를 시행하기도 하고, 농장의 폐단을 바로 잡으려는 노력도 없지 않았으나 결국은 모두 실패하였다. 고려 때의 농장주들은 대부분이 부재지주들인 개경 거주의 권세가들이어서 이 점에서도 조선시대의 그들과는 성격이 좀 달랐는데, 끝내는 이 농장이 안고 있는 문제가 고려의 운명을 재촉하는 한 요인이 되었다.

상공업은 그렇게 발달하지 못한 편이었다. 도시상업의 경우 수도인 개경의 시전은 상설점포로서 비교적 교역이 활발하였으나 다른 곳은 그렇지 못하였으며, 지방상업도 비상설적인 장시가 중심이었다. 하지만 이런 가운데서도 寺院이 상업 방면에서 적지 않은 비중을 차지하고 있었다는 사실은 주목된다. 대외무역은 송 및 요·금·일본 등 주변 각국들과의 사이에 행하여졌으나 그중 가장 활발하게 교역을 한 나라는 송이었는데, 이들을 매개로 하여 대식국, 즉 아라비아 상인들이 진출하여 온 것은 한 특이한 현상이었다. 교역에 사용된 화폐로는 물품화폐인 布·米가 큰 몫을 하였다. 금속화폐로는 성종 때 鐵錢을 주조한 일이 있고 다시 숙종 때에는 海東通寶 등과 은 한근으로 우리 나라의 지형을 본떠 만든 銀甁을 통용토록 하였으나 도시를 제외하면 이들 역시 그다지 활발하게 유통되지는 못했던 것 같다. 수공업으로는 관청수공업이 중심이었고 所수공업도 전업적이었으나 민간수공업은 여전히 미미한 단계에 머물고 있었다.

다음 사회면에서는 먼저 신분구조가 법제상 良身分과 賤身分으로만 구성되었다는 양천제 이론이 제기되면서 종래와는 달리 양반·귀족과 일반 양민을 동일한 신분층으로 분류하게 됨에 따라 논란이 있게 되었다. 이에 대한 반대의 입장에서는 양자가 士·庶로 표현되듯이 상호 대칭되는 신분계층으로 이들간의 상하·귀천의 질서는 양천의 그것에 못지않게 중요하였다는 점 등을 들고 있다. 이러한 가운데에서 각각의 신분층에 대해서도 의견이 엇갈려 종래에는 정치적·사회적 특권층인 귀족의 존재에 초점을 맞추어 고려를 귀족사회로 보려는 경향이 짙었으나, 한편에서는 귀족의 존재를 인정하되 귀족사회는 아니었다는 의견과 함께 차라리 양반사회로 이해하는 게 더 좋겠다는 견해도 나오고 있다. 여기에서 귀족과 양반의 개념 및 범위 등이 다각도로 검토되고 있거니와, 어떻든 고려의 신분구조에서도 이들이 중요한 신분층임을 확인할 수 있다. 그런가 하면 과거에 집단천민으로 간주하여 왔던 향·소·부곡민이 실은 하층 양민으로서 광범하게 존재했다는 사실이 알려진 것도 주목되는 일면이다. 한데 노비를 비롯한 이들 각 신분층은 원칙적으로 자기의 신분을 세습토록 되어 있었는데, 그러면서도 양민은 잡과나 군인직을 통해서, 특히 향리나 서리 등 중류층은 별다른 제약없이 신분이동을 할 수 있도록 되어 있었다. 고려는 이렇게 신분의 세습을 강조하면서도 한편으로는 변동의 길을 열어놓고 균형과 조화를 찾아갔다는 데서 또 다른 특성이 찾아지는 신분구조였다.

가족제에 있어서 그 유형은 소가족 형태가 주류였다고 보는 견해가 다수인데 대해 대가족 내지 중가족 형태가 많았다는 의견도 있어 단정하여 말하기는 어렵다. 이 가족 형성의 한 중요 계기가 되는 혼인은 여자의 경우 16~18세 전후, 남자는 20세 전후였던 듯 싶은데, 그리하여 대개 일부일처제에 입각한 가정생활을 영위하다가 혹 남자쪽이 먼저 사망하는 경우 여자의 재가는 자유로운 편이었다. 아울러 근친혼 내지는 동성혼이 널리 행해지고 심지어는 동성동본혼의 사례도 보이는 것은 고려 때 婚俗의 한 특징이라 할 수 있다. 그러나 고려시대의 가족제에 있어서 보다 큰 특성은 여성의 지위와 역할이 매우 높고 컸다는 점이었다. 그것은 우선 가호의 구성에서 여자가 호주가 되고 있다든가 여러 자녀 중 딸이 위일 경우 그부터 기록하고 있는 데서 살필 수 있다. 그리고 壻留婦婚과도 관련하여 딸·사위가 친정부모, 곧 장인·장모와 한 가족을 구성하여 모시는 것도 그 한 모습이며, 노비나 민전 등 家業·財産의 상속이 원칙적으로 자녀에게 균분상속하게 되어 있었다는 것 역시 그 점을 잘 보여준다. 이런 측면이 친족조직에도 반영되어 相避制나 五服制 및 호적에 있어서의 世系推尋 범위 등에 本族뿐 아니라 外族·妻族도 상당한 비중을 차지하도록 되어 있었다. 이 같은 특성으로 인해 고려 때 가족·친족의 사회적 기능은 여러 모로 달랐던 것이다.

다음으로 사상면에서 불교의 경우 나말려초에 호족과 연결된 선종이 크게 유행하면서 교종과 양립하는 형세를 이루었다가 점차 후자가 우위를 점하였다. 그런 가운데 문벌귀족사회가 형성되면서는 왕실 및 이들과 밀접한 관련을 가진 교종의 법상종과 화엄종이 주류를 이루었으며, 거기에 더하여 의천이 敎觀幷修를 표방하고 새로이 천태종을 開立하여 번창하였다. 이와 짝하여 유학도 크게 달라진 사회체제와 분위기 속에서 새 전기를 맞는데, 광종 때의 과거제 실시는 발전의 한 큰 계기였으며, 여러 가지 유교의례가 마련되는 성종조에 이르러서는 확고한 기반을 잡을 수 있었다. 이후 私學을 열어 유학학풍을 크게 진작시킨 최충에 의해 유교는 한 차원 높은 단계로 발전하며, 예종·인종대에는 국학의 정비와 經學에 대한 강론회의 개최 등으로 한층 성황을 이루었다. 하지만 얼마 오래지 않아 무신란이 폭발하고 그들 정권이 서면서 유학은 매우 위축되지마는, 반면에 선종계의 조계종은 지눌의 활동으로 중흥을 이루어 정혜쌍수와 돈오점수를 宗旨로 삼고 수선사를 중심으로 신앙결사운동을 전개하여 크게 떨쳤다. 이 같은 결사운동은 천태종계의 요세가 중심이 되어 백련사에서도 일어나 많은 영향을 미치는데, 그러나 원 간섭기에 접어들어 일연이나 普愚·慧勤 등의 노력에도 불구하고 불교는 많은 폐단을 낳고 승려들도 타락하여 한 사회의 지도이념으로서의 기반을 상실하여 갔다. 이러한 시기에 주자성리학이 안향·백이정 등에 의해 전래되어 사대부들에게 수용되면서 불·유병립의 상황은 점차 성리학 중심으로 교체가 이루어져 갔던 것이다.

한편 고려에서는 도교도 국초부터 줄곧 유행하였다. 그리하여 일찍부터 九曜堂 같은 醮星處가 마련되고 이후 北斗醮·太一醮·星變祈禳醮 등 각종 齋醮가 베풀어지고 있는 것이다. 이런 과정 속에서 예종 때에 道觀인 福源宮(福源觀)이 건립되는 것은 도교사상 매우 큰 의미를 지니는 것이었다. 그후 도교행사가 더욱 빈번해지고 神格殿과 祈恩色·淨事色·大淸觀 등 도교기관도 여럿 설치되지만, 아직 불교에서와 같은 강고한 종교교단을 형성하지 못한 것은 그가 지니는 한 한계성이었다. 이 도교와 함께 풍수지리설과 도참사상 역시 국초부터 유행하기는 마찬가지여서 처음에는 지방의 호족들이 자기의 존재를 합리화하는 데 이용하고 있었다. 그러나 정종과 인종 때에는 정치적 목적과 결부된 서경천도운동의 연유로 앞세워지기도 하고, 또 延基觀念에 따라 3京이 설치되고 三蘇宮이 조성되는 것도 이들 사상에 말미암은 것이었다. 이처럼 풍수지리·도참사상은 정치·사회 등에 매우 커다란 영향을 미쳤던 것이다. 고려 때의 사상계는 이상에서 소개했듯이 佛·儒와 함께 도교·풍수지리·도참사상 등이 공존하면서 상호 대립·융합하기도 하고 또 영향을 미치고 받는 복합적 성격을 지닌 데 커다란 특징이 있었다.

〈朴龍雲〉

4. 조 선

1) 조선왕조사의 특징과 시기구분

여기에서는 먼저 조선왕조사의 특징을 개관한 다음, 조선시대사를 초기·중기·후기의 3시기로 나누고 각 시기마다 정치·경제·사회·문화 순으로 총괄해 보기로 한다. 다만 여기서는《한국사》제22권 '조선왕조의 성립'에서 제36권 '조선 후기 민중사회의 성장'까지 각 권의 '개요'를 다시 축약, 정리하되 주관은 가급적 배제시키고 객관적 자세를 견지하고자 노력하였다. 한정된 지면에 조선왕조 500년사 총설을 담아야 하므로 각 권의 '개요'를 그대로 싣지 못하고 나름대로 재단해서 정리하다보니 개요의 상당부분이 삭제되지 않을 수 없었다.

조선왕조의 기본 성격을 '신유학을 통치이념으로 채택한 집권적 양반관료국가'로 규정할 때 '유교'나 '양반' 및 '집권적 관료제'란 용어는 앞 왕조인 고려시대의 그것과는 구분된다. 麗末부터 신왕조의 창건주체가 추진해 온 崇儒·抑佛의 정책은 국시로 확정되었고 또 성리학이 수용된 뒤《朱子家禮》의 보급과《小學》교육의 장려로 인하여 유교이념과 유교의례는 상류사회로부터 점차 민중생활 속에까지 깊이 뿌리를 내리면서 정치·경제·사회·사상에 功過 양면으로 심대한 영향을 남기게 되었다. 그 정치체제는 명분상 왕권을 정점으로 하는 유교적인 양반 관료에 의해서 통치되는 지배체제를 갖추었다. 유교정치가 왕권을 정점으로 삼고 있지만 실제는 유교적인 지배기구와 그 제도를 통해서만 권력이 행사되기 마련이었고 또 실제로 정권도 왕권을 기반으로 하는 양반 중심의 관료기구를 통해서만 발동되는 체제였다. 한편, 협소한 국토에서 그나마 고려 이래 중앙정부와 竝列해 있는 지방정권의 존재를 일찍이 경험하지 못했던 양반사대부는 '郡縣制'와 같은 중앙집권제를 발달된, 또는 최선의 지방통치 방식으로 간주한 데서 중앙집권적 지방통치체제가 줄곧 강화되어 갔다.

조선왕조는 '사대부정권'이라 할만큼 독서유생인 士와 전·현직관료인 大夫가 재조와 재야에서 정치·사회적 지배세력으로서 역대의 정권을 담당해 나갔다. 이러한 사대부는 士族 또는 兩班과 동의어로 사용되었지만 그 형성시기는 고려 후기로 소급된다. 그들은 대개 지방의 군현 향리가문에서 출자하여 경제적으로는 지방의 중소지주적 기반을 가진 데다가 고려 후기 정치적 혼란과 北虜·南倭의 외침이 거듭되는 가운데 과거·군공·添設職 등을 통해 중앙관인 또는 그에 준하는 자격을 획득한 자들로서 '能文能吏'의 조건을 갖춘 새로운 관인상을 지닌 동시에 때마침 元나라로부터 전래된 신유학(朱子學)을 적극 수용하면서 고려말에 가서는 마침내 숭유배불과 반원친명책 및 왕조교체라는 방향으로 나서게 되었다.

그들은 14세기 말 왕조교체를 계기로 집권사대부와 재야사대부로 나누어졌는가 하면, 15세기 후반 세조의 왕위찬탈을 겪으면서 다시 훈구파와 士林派로 분기되어 갔다. 특히 후자는 왕조교체기의 재야사대부와 맥락을 같이 하면서 훈구파의 집권 아래 주자학적 향촌지배질서와 새로운 先進농법을 향촌사회에 적용하여 원만한 '主奴'관계와 地主佃戶制를 근간으로 지역개발을 활발히 추진하는 과정에서 향촌사회의 획기적인 성장과 함께 자신들의 정치·사회적 진출을 꾀하였다. 그 결과 세종조의 地理志에 각읍마다 戶口·田結數가 기재되고 《經國大典》에 面里制가 비로소 法制化하며, 16세기 후반부터 새로 편찬되기 시작한 《邑誌》에는 종전의 地志에서 볼 수 없던 '坊里'와 '人物' 조항이 가장 상세하게 기술되고 있다. 이 같은 사실은, 바로 15세기 이래 재지사족들에 의해 꾸준히 개발되고 있던 향촌사회의 성장을 반영한 것이라 하겠다. 15세기 후반 이래 재지사족의 활발한 진출과 鄕約을 비롯한 鄕村諸規約과 향안·동안 등의 제정, 실시는 바로 조선 초기 이래 재지세력들에 의한 지역개발과, 그 결과로 얻어진 사회·경제적 기반에 힘입은 바 컸던 것이다.

조선 초기 재지사족에서 성장한 士林이 16세기 후반 정계장악과 함께 다시 동서·남북·노소의 당파로 나누어지기도 했지만, 그들은 교학과 신분상으로 본다면 모두 성리학에 훈도된 양반사류였다는 데 공통점이 있다. 따라서 조선왕조는 京鄕을 막론하고 사류가 중심이 된 양반지배가 확고한 사회인 동시에 사림이라 불리는 선비집단이 그 사회의 영도세력이었다. 그 결과 사림이란 호칭은 당대 최고의 영예이며, 그들의 여론인 士論과 그들의 기상인 士氣는 곧 국가·국민의 원기로 간주되어 위정자는 이를 적극 배양, 권장해 주어야 한다고 인식했던 것이다. 따라서 시부사장에 능한 文才와 성리학적 지식은 그만큼 출사와 향촌지배에 중요한 방편의 하나가 되었다.

양반과 동의어로 사용된 사족이란 항상 士와 族의 문제가 동시에 고려되었고 어느 한쪽만을 취하지 않았다. 가령 입학·과거·銓注·任官문제와 관련하여 과거와 署經과정에서 당사자의 글재주·학식·덕행과 함께 혈통과 가계 및 族屬을 중히 따지는 취지는 바로 그 두 가지 요건을 필수조건으로 하였기 때문이다. 조선왕조는 엄격한 신분제를 바탕에 깔고 성리학적 유교소양과 文·武·蔭(南行)의 3대 출사로와 관련하여 과거·천거·取才 등을 채택했다는 데서 사와 족의 두 가지 요건인 혈통·가계·문음을 따지는 성과 본관, 가문·혼인관계를 중시한 결과, 아무리 명문·거족이라 하더라도 개인적인 자질과 능력을 갖추지 않는 한 사족 곧 양반신분을 계속 유지할 수는 없었다.

중앙정부는 왕을 정점으로 전국의 군현토성에서 상경 종사한 양반관료에 의해 정권이 유지되고, 지방은 각 군현 단위로 중앙의 왕실과 조정의 屛藩으로서 중앙정부가 필요로 하는 인적·물적 자원을 공급해 주고 외적의 침입이나 지방 반란이 발생했을 때는 각기 재지 세력을 중심으로 지역 단위 방어체제를 갖추고 있었기 때문에 북로·남왜와 같은 외침을 효과적으로 대비할 수 있었고 跨州包郡과 같은 여러 고을이 연합한 지방 반란이 쉽게 일어날 수 없었던 것이다. 특히 한국은 그 기간 동안 異民族에 의한 정복왕조나 전형적인 혁명에 의한 지배세력의 전면적인 교체는 경험하지 않았기 때문에 사회적 지속성이 매우 강인하게 존속하였고 또 지배세력의 변화와 교체도 계기적·단계적으로 진행되었다.

그러한 양반사회의 강한 지속성은 사대부의 기본성격에도 연유한 바 컸다고 볼 수 있다. 즉 재조자인 대부와 재야자인 사는 시대적·사회적 변화에 따라 그 지위가 교체될 수 있으며, 또한 재조자 중의 관직의 고하와 재야자 중의 재산정도의 차이로 인해 사고와 행위가 서로 다를 수 있다. 재조자가 너무 오래 부귀영화를 누리거나, 지나치게 권력을 부리는 처지에 있게 되거나, 반대로 재야자가 너무 오래 벼슬을 못하고 경제적으로 몰락해서 교양도 법도도 없게 되면 모두 사대부 집단에서 탈락된다. 여기에서 전자는 過한 것이고 후자는 不及한 것이다. 과도 불급도 아닌 곳에 위치하고 있는 것이 조선시대 사대부의 기본성격이라 할 수 있다. 15세기의 훈구파나 16세기 전반의 척족처럼 지나치게 권귀화됨으로써 누적된 모순을 시정하기는 커녕 도리어 조장하는 경우도 있었다. 이러한 시기마다 재야자들의 획책과 추진으로 정변이 생기고 정변에 의한 모순의 일시적 타개는 그런대로 역성혁명의 파국으로의 전락을 중지시켰던 것이다. 中宗反正과 仁祖反正 및 왜란과 호란과 같은 큰 정변과 외침이 아니더라도 그 사이에 정도상의 차이는 있지만 사대부의 정치적 대체행동에 의하여 왕조는 몇 번이고 위험한 그 통치체제를 정돈하고 체질을 개선하여 그만큼 더 수명을 연장시킬 수 있었던 것이다. 조선후기 벌열정치 내지 세도정치가 나타난 뒤에 사대부 재야자의 정치적 행동이 분쇄되다시피 된 것은 왕조가 앞으로의 정치적 대체세력을 잃고 말았다는 점에서 불행한 것이다. 이로 인한 왕조의 장기화는 결과적으로 근대를 지향하고 역사의 행정 속에서 새로운 사명을 담당할 다음 사회의 주체세력, 즉 기존 사대부와 변혁세력의 형성을 매우 늦추어 놓았던 것이다.

또한 양반사회가 그러한 지속성을 갖게 된 사회적 기반으로서는 첫째, 世臣·世族으로서의 양반사대부와 향역을 세습하는 世吏로서의 향리, 世傳其業하는 잡과출신의 중인층, 둘째, 사족의 손발과 재산으로서의 世傳奴婢와 공신들에게 지급한 공신전·공신노비를 비롯한 賜牌田民과 조상의 유산 등 신분과 직역 및 재산상속의 세습성과 폐쇄성이 특히 강인하였다는 것이다. 다른 한편에는 계급내혼제와 子女均分상속제가 철저하였으므로 사회신분의 지속성과 연속성이 잘 유지될 수 있었다. 조선사회의 '양반'제도와 노비세전법을 비롯하여《세종실록지리지》성씨조의 성관체제, 경재소와 유향소의 병존, 邑司향리의 철저한 향역세습, 越境地와 犬牙相入地의 광범한 존속, 八高祖圖와 男歸女家婚·남녀균분상속제 등은 중국과는 판이한 제도와 관습이었던 것이다. 이러한 특징 외에도 양반의 신분유지에는 유교(학)적인 소양과 文才·학식과 관직, 명조·현조의 가계 및 일정한 경제적 기반(토지와 노비)이 있어야 했다. 또한 조선사회는 중앙과 지방 또는 각 신분·계층별로 권력의 안배와 財富의 분배가 어느 정도 균형을 유지하고 있었다. 중·외 관청마다 官과 吏란 양반과 중인, 고을마다 관아와 향청 및 吏廳, 향교와 서원, 반촌과 민촌 및 씨족과 문중을 단위로 한 관권과 향권이 서로 균형과 견제관계를 유지하고 있는 데서 전통적인 지배세력인 양반 이외에 제3세력의 정권 참여는 거의 불가능하였던 것이다.

조선왕조 500년간에 대해 지금까지 학계는 일반적으로 임진왜란을 기준으로 전기와 후기로 구분해 왔다. 그러나 이번《한국사》에서는 초기·중기·후기로 나누는 새로운 시기 구분을 도입했다. 중기 설정이 새로운 점이다. 이 구분에서 새로 설정한 중기는 대체로 15세기 말엽에서 17세기 말엽까지 곧 성종 후반에서 숙종 전반기에 이르는 약 2세기의 기간이 이에 해당한다. 종래의 전기·후기의 양분법은 다음과 같은 문제점이 있었다. 첫째, 임진왜란이란 外侵을 구분점으로 삼는 것은 역사를 내재적으로보다는 타율적으로 인식하게 할 위험성이 높으며, 둘째로 그간의 여러 部面의 연구에서 임진왜란 직전과 직후 사이에는 단절보다는 연속성이 더 많다는 점이 밝혀졌다. 이런 문제점은 양분법을 더 이상 취할 수 없게 하는 것이다.

2) 조선 초기의 사회와 문화

조선왕조의 개창은 다만 역성혁명에 그치는 것이 아니라 정치·사회·경제·문화·사상 등 여러 방면에 걸쳐 큰 변혁을 가져오게 한 중대한 사건이었다. 이성계 일파는 위화도회군을 통하여 정권·병권을 장악하였으나 그들의 개혁이 성공하려면 공·사의 군사를 유지하기 위한 軍資 및 신진관료들의 녹봉을 확보하는 일과 농민들을 수탈과 핍박의 고통에서 구제하는 일이 함께 이루어져야 했다. 민중의 호응없는 개혁은 성공할 수 없는 것이다. 개혁파들은 그 길을 私田改革에서 찾았다. 즉 권문세족의 私田을 몰수하여 농민에게 급여하고 농민들로부터 法定의 전세(1/10)를 수취하면 군자·재정도 해결되고 민생도 구제할 수 있는 것이었다. 결국 공양왕 3년(1391) 정치·군사적 실권을 장악한 개혁파에 의하여 科田法의 실시를 보았다. 그것은 개혁파의 경제적 기반을 확립해 준 것이었으나 처음 그들이 이상으로 했던 완전한 개혁은 되지 못하고 결국 구귀족의 토지를 빼앗아 이성계일파와 신진관료 등에게 분배하여 농민들은 배제되었다. 이처럼 정권과 군권 및 사전개혁의 경제기반을 확보하게 된 이성계는 그 일파와 都評議使司의 추대를 받아 1392년 7월 17일 새 왕조의 왕으로 즉위하였다.

새 왕조는 이성계를 중심으로 한 개혁파 유신과 이에 동조한 세력의 승리로 이루어진 것이었다. 따라서 새 왕조의 정치지도이념은 숭유억불이 될 수 밖에 없었으며 과전법체제와 대명사대관계는 이미 정해진 방향이었다. 또한 고려말 가혹한 착취와 억압을 받던 백성들의 고통을 덜어주는 일도 새 왕조의 과제였고 또 백성들은 그것을 기대하였다. 그러한 정책방향과 기대는 태조 원년(1392) 7월 28일에 반포된 태조의 卽位敎書에 상당부분 반영되었다.

새 왕조가 건립된 후 나라의 기틀을 세우기 위한 작업이 신속하게 진척되었다. 즉위 직후 이성계의 즉위사실을 명에 알렸고 이어 즉위교서와 함께 문무백관의 제도가 공포되었다. 즉위한 지 한 달만에 康氏소생 芳碩을 서둘러 세자로 책봉하였다. 태조 2년 2월 15일에는 국호를 '朝鮮'이라 결정하였고, 동 3년에는 새 국도를 '漢陽'으로 정하였다. 태조 원년에 개국공신 52명을 책봉하였고 원종공신은 원년부터 6년 10월까지 10여 차례에 걸쳐 1,400여 명이 선정되었다. 태조 3년에는 고려 왕족(王氏)들을 제거했다. 이러한 조처들은 새 왕조의 정치적 안정을 위한 것들이었다.

태종은 두 차례의 쿠데타를 통하여 왕위를 쟁취하였으므로 그의 왕권은 무단적인 것으로 이해된다. 태종은 유교를 통치이념으로 하는 집권적 양반관료체제를 확립하면서 왕권의 강화와 공적 영역의 확대에 최대의 노력을 경주하였다. 또한 公私노비의 변정과 추쇄, 사원토지·노비의 정리와 호구성적 및 전국적인 양전사업 등 정책에도 적극적인 자세로 임하여 세종 치세의 기초를 마련했던 것이다.

세종은 젊고 유능한 학자들을 뽑아 집현전을 세웠으며 그들로 하여금 학문에 전념할 수 있도록 배려하고 학술적인 직무를 수행하게 하였다. 집현전은 經筵·書筵·知製敎·史官·試官·古制硏究·편찬사업 등 학술적인 직무를 수행하였고, 賜暇讀書制를 두어 학문에만 전념할 수 있는 기회를 주기도 하였다. 그 결과 수많은 쟁쟁한 학자들이 양성되었고 이들에 의하여 유교적 의례·제도의 정리작업과 편찬사업이 전개되었다. 유교정치를 할 수 있는 기틀이 여기서 만들어졌고 세종대의 문화를 높은 수준으로 끌어올렸다.

세종대를 일관하는 국정운영의 특징은 세종이 의정부대신뿐 아니라 많은 관료들과 끊임없는 대화와 의논을 통하여 국정을 풀어갔다는 데 있다. 세종 26년 貢法을 반포하기까지 15, 6년 동안 중외의 관료는 물론이고 많은 농민들의 의견까지 수렴한 것은 세종대 정치의 중요한 한 면이다. 이러한 국정운영은 세종대의 유교정치의 수준을 반영하는 것이며 그 바탕 위에서 유교적 민본정치가 펼쳐지게 된 것이다.

문종은 세종 20년대 후반에 세자로서 섭정의 경험을 가진 바 있고 즉위 후의 정치적 분위기도 세종대와 크게 변하지 않았으므로 세종대와 같은 정치가 계속될 것이라는 기대를 갖게 했으나 재위 2년 남짓에 승하하였다. 1452년 단종이 12세의 어린 나이로 즉위하자 정치분위기는 일변하였다. 문종은 皇甫仁·金宗瑞 등 의정부대신들에게 단종을 보필해 줄 것을 遺命하였으므로 황보인·김종서 등은 의정부서사제하에서 막강한 정치권력을 장악하게 되었고, 왕권은 상대적으로 허약했다. 단종 원년(1453) 10월 계유정난으로 수양대군은 정권과 병권을 독차지하였고, 단종 3년 윤 6월 양위의 형식을 취하였으나 실제로는 단종의 왕위를 찬탈하였다.

계유정난을 통한 수양대군의 왕위찬탈은 세조 왕위의 명분과 정통성에 흠이 되었고 도덕성에도 큰 허물을 남겼다. 세조 2년(1456) 6월의 死六臣事件은 명분·정통과 도덕성에 흠 있는 세조를 제거하고 단종을 복위하기 위한 운동이었다. 그러나 세조가 왕위에 있는 동안 치적은 적지 않았다. 중앙과 지방의 통치기구를 재정비한 일, 재정제도의 개혁, 職田法의 단행, 五衛制의 확립 등 큼직한 치적을 이루었고 《經國大典》의 편찬도 그가 남긴 업적의 하나로 꼽지 않을 수 없다.

예종은 재위 1년 2개월 만에 승하하였으므로 예종대는 세조대에서 성종대로 넘어가는 과도기라 할 수 있다. 1469년 성종이 13세로 즉위한 이래 7년 동안은 尹大妃(세조비)의 수렴청정과 院相制가 계속되었으나 정치적인 분위기는 크게 변하였다. 원상들은 훈신세력의 핵심으로서 세조의 승하 후 강력한 정치주도세력으로 떠올랐으므로 성종의 왕권은 상대적으로 약화될 수밖에 없었다. 훈신들은 세조공신들로서 靖難·佐翼·敵愾·翊戴·佐理 등의 공신으로 거듭 책록되어 직전 이외에도 막대한 공신전을 받아 과다한 재력을 소유하였고 막강한 정치세력을 장악하고 있었는데 그들의 세력은 왕권을 압도하는 것이었다. 성종으로서는 왕권을 강화하기 위하여 훈구대신들의 과대한 정치력을 약화시켜 왕권과 균형을 이루게 하는 것이 필요했다. 金宗直을 위시한 사림세력의 정계진출은 훈구세력을 견제하려는 성종의 의도가 내재한 것이었다.

성종대에는 집현전제도를 이은 弘文館의 설치, 讀書堂制度 운영, 유생교육의 장려 등 인재양성에 힘썼고, 《東國輿地勝覽》·《東文選》·《東國通鑑》·《五禮儀》·《樂學軌範》 등 큰 편찬사업, 문화정리사업이 이루어졌으며 《경국대전》을 완성·반포하는 등 문풍이 진작되어 조선 초기의 문화·제도의 정리사업이 완료되었다. 그러나 성종대에는 훈구대신들 간에 고리대 행위가 일어나고 뇌물이 성행하였으며, 사치와 퇴폐의 풍조가 풍미하게 되었으며 왕도 점차 유흥에 빠지고 후궁에는 분규가 생겼다. 연산군대의 士禍의 꼬투리도 여기서 비롯된 것이었다.

조선은 개국 전후 압록강·두만강 연안일대에 흩어져 살던 여진족에 대하여 태조대부터 세종대에 이르는 동안 초유와 진무를 함께 하며 4郡과 6鎭을 설치하였다. 북쪽 경계를 침입·약탈하려는 여진족과 이를 밀어내고 지키려는 조선의 공방전은 계속되었고 북방개척을 위한 정부의 노력은 대단하였다. 특히 세종의 적극적인 북방개척 의지와 김종서·崔潤德 및 많은 군사들의 피와 땀으로 4군·6진이 설치되어 압록강과 두만강을 국경으로 하는 계기가 되었다. 그러나 그 후에도 여진족의 침입은 그치지 않았고 조선정부의 방어 노력도 끊이지 않았다. 함길도·평안도로의 사민정책도 여진족에 대한 정책의 일환이었다.

북변으로의 사민은 태조대부터 있어 온 것이지만 세종 16년(1434)부터 본격적으로 실시되어 도내와 남도로부터 여러 차례에 걸쳐 사민이 이루어졌다. 그러나 이러한 사민정책은 국가의 입장에서는 연변을 충실히 하고 국방을 위한 것이었으나 入居人의 입장에서는 강제적 사민의 성격을 띠는 것이었고 참기 힘든 고역이 따랐으므로 도망자가 속출할 수밖에 없었다. 그러나 세조 이후에도 下三道民의 사민은 계속되었다. 북변을 지키기 위한 국가의 노력도 계속되었고 이에 따른 백성들의 고통도 심하였던 것이다.

조선은 국초부터 주변국가와의 관계를 원만히 유지하기 위한 외교정책을 세웠다. 14세기 후반 중국대륙은 원의 지배에서 명의 지배로 바뀌었으므로 조선의 외교적 관심은 명과의 외교관계 수립에 있었다. 또한 삼국시대 이래 있어 왔고 특히 고려말에 극심했던 왜구의 침입으로 고통을 받아왔던 터이므로 일본과의 적절한 외교관계 수립도 필요한 것이었다. 만주 일대 및 압록강·두만강 남쪽에까지 들어와 살던 여진족에 대하여도 그들을 위무하기 위한 적당한 외교관계의 유지가 필요하였다. 琉球와 동남아시아 여러 나라와도 교류가 이루어졌다. 이들 국가 중 명과는 사대관계를 맺었고 그 밖의 나라들과는 교린관계를 유지하였으므로 흔히 조선의 외교정책은 사대교린정책이 기초를 이루었다고 하였다.

조선왕조의 정치체제는 '중앙집권적 양반관료제'라고 한마디로 규정되고 있지만, 실제의 운영면에서는 시기에 따라 내용의 차이가 많았다. 그리고 명분상 왕권을 정점으로 하는 유교적인 양반관료에 의해서 통치되는 지배체제를 갖추었다. 유교정치가 왕권을 정점으로 삼고 있지만 실제로는 유교적인 지배기구와 그 제도를 통해서만 권력이 행사되게 마련이었고 또 실제로 정권도 왕권을 기반으로 하는 양반 중심의 관료기구를 통해서만 발동되는 체제였다. 조선왕조의 집권세력으로 등장한 양반은 그들의 유교적인 정치성향에 맞도록 文班위주의 집권적 관료체제를 확립해 나갔던 것이다. 麗末의 신홍사대부가 조선왕조의 정치체제를 마련함에 있어 중앙집권체제의 강화 추구는 새로이 접한 新儒學의 영향에서 앞 왕조의 정치체제의 모순을 개혁하려는 데서 출발했다고 볼 수 있다. 이러한 신왕조의 집권화 과정을 역사적·시대적 발전추세로 보는가 하면 官僚制의 발전과정에서 나타나는 현상으로 볼 수도 있으나 신유학에 훈도된 신흥사대부의 성향이 다분히 서울 指向性과 관료지향성을 동시에 갖고 있었다는 데서 그 연원을 찾아볼 수도 있다.

《경국대전》 체제를 염두에 두고 보면 조선왕조의 정치권력은 형식상 왕에게 있었다. 왕은 그 권력을 中外관원에게 배분하는데, 그 지표는 品階와 職事였다. 관품체계는 우선 宗親·儀賓·文班·武班·土官·雜職으로 구분되어 그 명칭과 대우가 각각 달랐다. 당시의 권력구조가 왕을 정점으로 크게 宮中과 府中으로 나누어져 있었지만, 이는 종친·의빈의 행정참여를 차단하고 행정과 군사를 구분하여 행정의 우위를 보장하며, 賤人신분의 정치참여를 봉쇄하려는 의도에서 나온 것이다. 官品체계의 다른 구분은, 문반을 중심으로 보면, 大夫와 郎의 구분, 堂上·參上·參外의 구분이 있었다. 대부와 낭의 구분은 인사절차의 차이에 있다. 大夫階는 왕이 敎旨의 형식으로 바로 주는 데 비해, 郎階는 銓曹의 낭청·당상의 결재를 거쳐 주어지고 臺諫의 署經을 거쳐야 했다. 당상·당하의 차이는 정책결정이나 인사의 참여 여부에 있었으며, 참상·참외의 차이는 治事·治人의 자격 여부에 있었던 것으로 판단된다. 그리하여 당상관은 정치·인사를, 참상관은 행정실무와 牧民의 기능을, 참외관은 그 보조업무를 맡도록 하였다. 그런데 관직에 일정한 품계를 고정시키고 그 품계에 맞는 관원이 거쳐가도록 짜여진 관직·관품관계의 괴리에서 생기는 문제를 완화시키기 위한 제도가 '行守法'이었다. 관직·관품의 괴리는 주로 加資濫設에 의해 이루어졌고 이는 지배층의 자기보전욕구의 결과로서 나타났는데 代加制도 이 같은 맥락에서 파악된다.

관직체계를 보면, 정치적으로 책임이 있는 주요 관서는 모두 왕과 직접 연결되어 있다. 나머지는 중앙의 경우 행정 최고관서인 六曹의 屬衙門으로 편제되어 있고, 지방의 경우는 觀察使·兵使·水使를 거쳐 왕에게 연결되도록 편제되어 있다. 그 연결을 보완하는 장치는 중앙의 경우 주요 3품아문의 1, 2품직과 기타 관서의 提調制이고 지방의 경우는 敬差官·御史 등이다. 그런데 중앙의 관직은 주로 正品階이고 지방의 관직은 주로 從品階이다. 軍事와 행정간의 견제·통합은 중앙의 경우 兵曹－五衛都摠府의 관계와 都摠官·副摠官·五衛將 등이 모두 兼官인 것 등에 나타나 있고, 지방의 경우 관찰사－兵馬節度使의 관계와 守令이 僉使~都尉를 겸임하도록 한 것 등에 나타나 있다. 이러한 中外官職체계에 있어 文官의 우위가 제도나 관행상으로 보장되어 있었다.

중앙관제는 왕을 정점으로 그 밑에 議政府와 6조 및 三司를 중심으로 편제되어 있다. 이러한 기관은 권력구조상에 있어서 정책의 입안과 집행, 언론, 탄핵, 署經 및 法司의 여러 기능을 통하여, 때로는 왕권의 전제를 제한하기도 하고 때로는 권력에 이용되기도 하였다. 이러한 관료기구는 항상 견제와 균형이란 원리에 입각하기 마련인데 그것도 시기에 따라 한결같지 않았다.

지방통치체제는 중앙의 관료체제와 마찬가지로 양반관료의 권익을 일차적으로 옹호하기 위한 장치에 불과했으며, 지방행정이란 것도 결국 양반의 지배체제를 부지하기 위한 행정적 보조기관에 지나지 않았다. 그런데 지방통치의 방식은 왕권의 강약과 훈구·사림파란 집권세력의 성향에 따라 상이하였다. 15세기는 지방제도의 개혁이란 면에서 볼 때 획기적인 시기였다. 즉 고려의 五道·兩界가 八道體制로 확정되고, 신분적이며 다원적이던 郡縣制가 일원적으로 행정구획화되며, 事審官制가 京在所와 留鄕所로 분화 발전해 나가고, 종래의 속현과 향·소·부곡이 소멸, 直村化하면서 새로운 面里制로 점차 개편해 나갔던 것이다. 경재소와 유향소는 무엇보다도 조선왕조를 창건하는 데 주역을 담당했던 신흥사대부 세력이, 그들이 소유한 外地의 토지와 奴婢를 효과적으로 지배 관리하고, 이제까지 군현지배권을 갖고 있던 향리를 배제하고 그들 주도의 지방통치와 성리학적 향촌질서를 확립하려는 과정에서 설치되었던 것이다. 경재소는 1邑 1所의 원칙대로 主邑을 단위로 조직되었던 것이며 각 읍의 京邸와 병존하면서 해당 읍의 유향소를 거느리고 있었다. 유향소가 초기에는 군현지배권을 향리로부터 인수받기 위해서 경재소의 힘을 빌렸던 것이며, 在京官人들은 경재소와 유향소를 배경으로 각자 연고지의 지방행정은 물론, 자기들의 사회적·경제적 기반도 부식해 갔던 것이다.

양반사회의 정착을 위해서는 무엇보다 양반사대부가 지향하려 했던 유교적인 향촌질서가 먼저 확립되어야 했다. 그런데 향촌사회는 일찍이 재지사족들에 의한 자율적 조직체가 존재했음이 밝혀졌는데 '鄕案'은 그 구성원의 명부이며, 鄕規는 그 규약이라는 것이다. 향약의 보급에 앞서서 유향소와 향안을 규제했던 향규는 벌써 조선 초기부터 있었다. 유교적인 향촌질서의 확립과정은 성리학적 교육과 윤리·의례의 수용 및 사림파 세력의 성장과 유기적인 관련하에서 진행되었다. 그것은 바로 성리학적 실천윤리를 강조하던 사림파 세력의 성장에 따라 《朱子家禮》의 수용과 《小學》 교육의 보급, 社倉의 설치 및 유향소의 설치와 향규·향약의 시행에서 가능했던 것이다. 이러한 것에 대한 양반사대부들의 본래 취지는 유교적인 덕치, 위민정치의 실현수단으로 제시되었겠지만 그것은 어디까지나 양반 대 농민의 원만한 관계 유지에 있었던 것이며, 향촌의 지배권을 장악한 재지사족들이 민중을 보다 효과적으로 지배 내지 수탈하기 위한 필요에서 추진되었던 것이다.

조선왕조의 중앙집권적 지방통치체제가 비교적 잘 유지될 수 있었던 배경은 왕→감사→수령으로 이어지는 관치행정적 계통과 경재소→유향소→面·里任으로 연결되는 在地士族 중심의 자치적인 행정체계 및 이들 중간에 介在한 上計吏·京邸吏·營吏·邑吏의 향리계통, 이 3자가 서로 견제와 균형을 유지할 수 있었기 때문이다.

조선 건국 이후 군대의 징발과 통솔권이 모두 장수에게 위임되어 있던 私兵체제적인 고려말의 군사조직은 개혁의 대상이 되었다. 병권의 분장과 사병적 존재가 중앙집권적 군사조직으로 개편되어 갔던 것이다. 조선 초기의 군사조직 중 우선 중앙군의 실태를 보면, 여기에는 법제적인 측면에서의 10위와 갑사로 이루어진 왕실 사병으로서의 의흥친군위, 그리고 각 도의 번상 시위패와 반법제적인 존재였던 궁중 숙위병력인 成衆愛馬 등이 복잡하게 섞여 있었다. 또한 군역 역시 군제만큼이나 여러 형태로 시행되고 있었다. 이들은 왕조의 안정과 더불어 차츰 정리되어 왕권을 직접 호위하는 무반관료로서의 금군과 중앙군은 5위제, 그리고 지방군은 鎭管體制로 정리되었다.

중앙군의 근간이 된 5위는 의흥위·용양위·호분위·충좌위·충무위로 구성되었다. 이들 5위에는 각기 조선 초기 중앙군의 13개 병종들이 편입되었고 또 전국의 지방군까지 각 위별로 분속되고 있었다. 그러나 여기서 지방군은 각 지방절도사에 의하여 지휘·통제받고 있어서 지방군의 분속은 그들이 직접 번상하여 수도방어에 대처하는 것이 아니라, 대열 등 군사훈련에 대비하여 전국의 지방군을 거주지의 진관별로 파악하고 5위에 분속시킨 데 불과한 것이다. 즉 중앙군은 5위제로 대표된다고 하나 5위제는 하나의 훈련체제이고 실제 중앙군의 실태를 파악하기 위해서는 중앙군의 각 병종을 살펴보아야 한다. 조선 초기의 5위제에 분속된 중앙군의 병종으로는 시취에 의하여 선발되는 군인(別侍衛·親軍衛·甲士·破敵衛·壯勇衛·彭排·隊卒)과 시취에 의하지 않고 특전 혹은 의무병역으로 편입되는 군인(族親衛·忠義衛·忠贊衛·忠順衛·補充隊·正兵)으로 대별되었다. 이 중 중앙군의 대표적 군사력은 갑사였다.

지방군제 역시 세조 때에 정비되었다. 세조 원년에는 이때까지 북방의 익군과 남방의 영진군으로 이원화되어 있던 군사조직을 북방의 예에 따라 군익도의 체제로 통일하였고, 이것이 2년 뒤에는 다시 진관체제로 변경되어 지방군제의 완성을 보게 되었다. 이 때에 육군만이 아니라 수군도 이러한 진관조직을 갖추었다. 조선 초기의 지방군사제도는 이 진관체제를 바탕으로 조직되었다.

이 시기의 군역은 양인의 의무이지만, 관직으로 올라가는 권리이기도 하였다. 한편 번상보병은 15세기 후반부터 役卒化하였고 이후 대립·수포의 주대상으로 군역의 변화를 겪는다.

조선 초기는 강력한 문교장려책으로 인해 여말에 문란했던 관학체제가 잘 정비되어 전국의 인재들이 지방의 향교에서 성균관으로 진출하고 또 관학을 이수한 유생들이 소과나 文科에 합격함으로써 인재양성에 크게 기여하였다. 조선시대의 교육은 크게 관학과 사학으로 나눌 수 있다. 관학 교육기관으로는 성균관·4부학당(4학)·종학·잡학·향교 등이 있었으며, 사학 교육기관으로는 서재·서당·가숙 등이 있었다. 연산군 폭정을 계기로 문신들이 향교의 교관을 기피하자 향교교육이 급격히 쇠퇴한 반면 재지사족들의 서당·서재에서 교육받는 사림세력이 배출하게 되었고 그러한 관학과 사학의 성쇠는 결국 16세기 중반에 가서 서원설립을 보게 되었다.

조선시대의 과거제도는 대체로 세종조에 정비되었다. 과거 중에 문·무과는 고급관료를 뽑는 시험이고, 잡과는 기술과 실무의 하급관료를 뽑는 시험이었다. 이러한 의미에서 과거는 초입사로로서 중요한 관문이었다. 그러나 초입사로는 과거 이외에 문음과 천거가 있었다. 고려시대에는 문음·과거 외에 유일·남반잡로·성중애마 등이 있었으나 조선시대에 들어와 남반과 성중애마가 吏職으로 떨어져 나가게 되자 천거의 성격이 강한 遺逸(隱逸이라고도 함)만이 명맥을 유지하게 되었다. 그러므로 조선시대에 있어서 문음과 과거는 초입사로로서 쌍벽을 이루는 두 가지 중요한 관문이었다.

한편 조선시대의 인사관리제도는 과거제도에 깊은 영향을 미쳤다. 고려시대에는 초입사의 의미가 강했던 과거가 조선시대에 들어와 초입사에 못지않게 超資·超職의 의미가 컸던 것이다. 이 초자·초직의 특징은 조선시대 과거의 특징을 드러내주는 법제였다. 循資法·考課法과 같은 까다로운 진급규정을 무시하고 파격적으로 고급관료로 올라갈 수 있는 길을 열어주는 것이 조선시대 과거의 중요한 기능의 하나였다. 이처럼 현직관리에게 과거 응시자격을 주는 것과 그 합격자에게 더 큰 승진의 특권을 주었던 것은 조선 양반관료제의 하나의 특성이었다.

고려말 사전개혁운동은 공양왕 3년에 과전법을 공포하기에 이르렀고, 이 과전법은 조선시대 토지제도의 근간을 이루었다. 과전법은 농장의 不輸租특권을 배제하여 모든 전지를 과세지로 재편성하며 소유권적 토지지배관계를 공인하게 하였고, 私田의 재분배는 私田畿內의 원칙에 따라 分給收租地가 축소되었으나 신진관료의 경제적 기반을 제공해 주었으며, 농민의 所耕田에 대한 소유권을 보호하여 어느 정도 농민생활의 안정을 기하게 하였다.

종래 조선 초기의 토지제도는 과전법에서 직전법으로의 변천을 주된 제도적 골격으로 다루어 왔으나, 그것은 조선 초기 토지제도의 일부인 양반관료의 수조지 지배만을 다룬 것에 불과하였다. 양반관료의 수조지 지배인 과전은 사전억압시책으로 태종·세종년간의 私田 하삼도 移給과 還給, 세조 12년의 직전법, 성종 원년의 직전세 官收官給制로 이어졌으며, 직전세의 관수관급제는 직전 내에서 田主의 토지지배관계가 불가능하게 된 것을 뜻한다. 그리고 그 직전제마저도 명종 때에 이르러 소멸되고 말았다.

토지소유관계는 일제시기 이래 일제 관학자와 유물사관론자에 의하여 토지국유제로 주장되어 정설로 인정되어 왔으나, 1960년대 이래 토지사유제가 주장되어 토지국유제는 하나의 표방에 불과하고 실제로는 토지사유제임을 밝혀냈다. 토지사유제를 주장하는 근거는 공전·사전·민전의 개념에 대한 재검토와 민전의 실태에 대한 규명이었다. 공전·사전·민전의 개념에는 토지국유제론자가 말하는 바와 같이 수조관계로서의 개념이 담겨 있는 것 이외 소유관계로서의 개념이 함께 내포되어 있다. 그리고 민전은 상속·매매·증여·전당할 수 있는 토지로서, 평민은 물론 양반·중인·천인 등 모든 계층의 민유지였다.

과전법 체제 아래 영농형태는 지주의 농장형, 소농민의 자영형, 영세소농·무전농민의 병작형으로 분류된다. 영세농민이나 무전농민은 병작에 의지할 수밖에 없었으며, 과전법에서 병작을 금하고 있으나 조선 초기 이래 병작은 널리 보편화되어 갔다. 병작이 발달한 원인은 토지집적의 진전과 영세·무전농민의 끊임없는 증가, 농업생산력의 발전과 유통경제의 발달, 농민의 小經營능력 보유와 철저한 양인 影占의 금지 등을 들 수 있다. 과전법으로 여말 권문세가의 대토지소유에 의한 권력형 농장이 사라진 이래 15세기에는 중소지주의 理財형 지주전호제가 발달하기 시작하여 16세기에는 더욱 발달하게 되었다.

여말·선초에 休閑法이 극복되고 連作法이 보급되면서 농업생산력이 발전하였다. 조선 초기에 연해지역의 개발과 下濕地의 水田개발은 중국 江南農法의 도입과 밀접한 관계가 있으며 수전농업의 발달을 촉진시켰다. 고려말까지 중국의 농서만이 간행, 보급되었으나 세종 때 비로소 우리의 농서인 《農事直說》이 편찬, 보급되어 농업기술의 발달에 이바지하였다. 조선 초기 이래 수전은 直播連作法이 정착되었으며 移秧法은 수리·생산기술면에서 아직 널리 행해지지 못하고 乾耕法이 조선의 기후 조건에 맞추어 독특한 耕種法으로서 개발되었다. 旱田농업은 15세기에 1년1작식의 연작법이 지배적이었고, 16세기에는 비옥한 밭에서 1년2작식 혹은 2년3작식도 행하여졌다.

조선 전기의 상업은 농본주의 정책으로 크게 발달하지 못하였다. 상업은 국내상업과 대외무역으로 구분되고, 국내상업은 다시 도시상업과 지방상업으로 나눌 수 있다. 도시상업으로, 서울에 行廊상점인 시전은 상설점포이었으며 개성과 평양 등 도시에도 상설점포가 개설되고 있었다. 서울의 시전은 개성의 것을 본떠 태종 때에 대규모의 행랑을 조성한 후에 개설되었다. 시전은 宮中과 府中의 수요를 조달하는 반면 상품에 대한 독점판매의 특전을 차지한 어용상점이었다.

지방상업으로 장시는 15세기 후반에 전라도에서 발생하여 점차 3남지방으로 파급되고 이어 전국적으로 발달되었다. 장시의 발생은 농업생산력의 발전에 따른 유통경제의 활성화 현상이었다. 즉 조선 초기에 휴한법이 극복되고 연작법이 보급되면서 농업생산력이 증대됨에 따라 장시가 발생하였다. 그리고 16세기에 접어들어 장시는 정부의 금압책이 이완되는 가운데 충청·경상도로 번지고 이어 전국적으로 보급되어 각 군현마다 개설되기에 이르렀다. 장시 발달의 배경은 지주제의 발달, 중국과의 사무역 발달, 군역의 布納化, 농민층의 분화와 이에 따른 상인의 증가, 防納의 성행 등을 손꼽을 수 있다.

조선 초기에 정부는 米·布 등 물품화폐 기능의 한계를 통감하고 화폐경제가 발달한 중국의 영향을 받아 楮貨·銅錢 등을 유통시키고자 하였으나 실패하였다. 《경국대전》에는 布貨를 國幣로 규정하고 있는 바, 포화에는 麻布와 綿布가 있고, 그 중에서 마포가 正布로 규정되어 있으나 실제로는 면포가 세종 때부터 유력한 유통수단의 기준이 되어 왔다. 이처럼 화폐유통정책이 실패한 것은 상품교환경제가 미숙한 상태인 까닭도 있겠지만 면포의 화폐적 기능에도 한 원인이 있었다.

대외무역은 사대교린정책에 따라 朝貢과 回賜의 형식인 관무역과 使行에 의한 사무역이 행하여졌다. 대외무역의 대상국은 명·여진·일본·유구·남만 등이었다.

수공업은 15세기에 관영수공업인 官匠制가 주도하였으나 16세기에는 민영수공업인 私匠制로 바뀌어 갔다. 관장제는 工匠이 관부에 예속되어 물품을 생산하며, 중앙관아에 경공장이, 지방관아에 외공장이 배속되었다. 공장의 신분은 양인과 公賤으로 구성되며, 그들은 관아의 수요에 따라 각기 책임량을 제작하였다. 그들의 작업은 公役에 응하는 것이므로 무상이며, 공역 이외에 사적으로 생산한 물품에는 납세의 의무가 부과되었다. 민간수공업도 독립수공업자, 농민·승려·백정 등에 의하여 수공업품이 생산되었다. 독립수공업자는 관부의 匠籍에 등록되어 공역을 부담하지만 공역 이외에 생산된 물품에는 匠稅가 부과되었다. 농촌수공업은 농민의 부업으로 생산되었으며, 승려의 수공업으로는 製紙·製鞋·木工·製麵 등이, 백정의 수공업으로는 製革·柳器제조 등이 있었다.

철광업은 야철수공업의 성장과 함께 발달하였다. 태조 7년에 염철법이 혁파되고 鐵場都會制로 바뀌었다. 철장도회제는 철장도회에서만 선공감·군기감에 공철을 납부하고, 철장도회가 설치되지 않은 곳에서는 민영으로 광산이 운영되었다. 세조 때에 철장도회의 공철이 미곡으로 代納되었고, 성종 때에는 철장 생산지에 한하여 각 읍 採納制를 시행한 바 있다. 그러나 16세기 초에 민간 야철수공업의 성장으로 각 읍 채납제도가 무너지고 대납제가 보편화되었다.

방직업에는 주로 絹織과 痲織·綿業이 있었다. 견직을 위해서 잠업진흥정책이 수립되었다. 조선 초기에 서울을 비롯하여 전국에 蠶室都會를 설치하여, 5등호제에 따라 뽕나무 수량을 의무화하는 양잠조건을 펴 생산이 배증되었으며, 관영수공업에 의한 견직물 생산이 주도되었다. 그러나 16세기에 관영수공업은 독립수공업이나 농가 부업의 민간수공업으로 바뀌어 갔으며, 농가의 견직이 장시에서 거래되었다. 면업은 여말에 文益漸이 원나라에서 목면 종자를 가져와 재배되기 시작하였으며, 목면의 전래에 따라 조선 초기 의료생활에 큰 변화가 일어났다. 종래의 주된 의료는 마포였으나 태종대에 목면이 서민 의료에 사용되기 시작하였고, 세종·세조 때에는 아래로 천민에 이르기까지 목면으로 옷을 입게 되었다. 한편 세종 때 이래 목면은 일본으로의 수출에서 큰 비중을 차지하였는데, 일본의 목면 재배는 조선보다 1세기 이상이나 늦게 시작되었기 때문이었다. 16세기에 목면은 대량으로 생산되면서 화폐의 기능을 담당하였으며 代役價나 노비 身貢 등이 모두 면포로 납부되었다.

제지업은 종이의 용도가 많아 발달하였는데 관영수공업이 위주이나 민영수공업도 있었다. 《경국대전》에 의하면 경공장과 외공장의 전체 인원 중 紙匠 인원이 차지하는 비율이 1위로 가장 많았다. 서울에는 造紙署가 있었고, 지방에는 각 읍마다 官楮田에서 官備貢物로 국가의 수요를 조달하였는데 주로 하삼도와 강원도에 배정되었다.

造船은 민간 조선업이 없지 않았으나 관부의 조선관리가 위주였으며, 典艦司에서 造船을 관장하였다. 세조 때에 새로운 兵漕船을 개발하여 전시에는 병선으로, 평시에는 조운선으로 사용하였다. 《경국대전》에 보이는 大·中·小猛船은 병조선을 그 크기에 따라 일컫는 것이다. 조선 초부터 제조되어 왔고 임진왜란 때에 위력을 보인 거북선은 平屋船에 두터운 널빤지(蓋板)를 복개한 군선이다.

염업은 모든 해안에 鹽盆을 두어 소금을 생산하였다. 고려시대에 비하여 염분 수가 배로 증가되고, 황해·평안·함경도 해안에까지 염분이 널리 설치되었다. 조선의 소금은 陸鹽이 없고 海鹽 위주이며, 제염방식은 海水直煮法에서 無堤鹽田式으로, 다시 有堤鹽田式으로 발달해 갔으며, 이 시기에는 아직 세 가지 제염방식이 함께 행하여졌다. 소금의 생산은 鹽干이 신역으로 官鹽을 제조하는 것이 원칙이나 염분의 私占, 염간의 도망 등으로 그 폐단이 적지 않았다.

수산업은 3면이 바다로 둘러싸여 어획물의 종류가 풍부하였고 연안어업이 개발되었다. 《新增東國輿地勝覽》의 어획물에는 어류·패류·갑각류·수산동물·해조류 등이 있다. 漁法으로는 어망·漁梁·釣漁 등이 있는 바, 어망이 널리 사용되었고, 어량은 서해안 중심으로 행해졌으며, 조어에는 외줄낚시와 주낙이 있었다. 수산양식업으로 양어가 있었으며, 해조류 양식 중 김양식이 조선 초기에 이루어졌는지는 자세하지 않다. 수산제조품으로는 乾製品이나 젓갈류가 있었다. 어장은 원래 私占을 금하고 司宰監에 속하게 하였으나 어장의 사점이 일반화되어 갔다.

국가재정의 수입원은 租稅·力役·貢物 등이었다. 그리고 세조 때에 일종의 세출일람표라 할 수 있는 橫看의 제도가 마련되고 세입일람표라 할 수 있는 貢案이 재조정된 것은, 국가재정제도에 있어서 일대 전기가 마련된 것이었다.

조세의 수취는 건국 초에 과전법의 조세규정에 의하였으나 세종 때에 새로운 전세제도인 貢法으로 개혁되었다. 과전법의 조세규정은 1/10 수조율과 損實踏驗法 등이 중요 내용이었다. 공법은 손실답험의 폐단과 농업생산력의 증대에 따른 전세제도의 개혁으로 田分6등법, 年分9등법, 1/20稅, 常耕의 正

田과 時耕에 한하여 수세하는 續田과의 구분, 災傷田 10결 連伏에 의한 감면규정 그리고 田結制의 재조정 등이 중요 내용이었다. 손실답험법이 休閑法에 알맞는 조세규정이라면 공법은 連作法에 적합한 조세규정으로 조정된 것이다.

역역은 徭役과 國役으로 구분되었다. 요역은 국가에서 필요에 따라 개별 민호의 노동력을 무상으로서 정기·부정기적으로 징발하는 제도이다. 요역의 기준은 태조 원년의 計丁法에 의한 3등호제이었는데 정종 원년에 人丁과 田地의 기준을 함께 한 計丁計田折衷法으로 개정되고, 세종 17년에 計田法에 의한 5등호제로 재개정되었다.《경국대전》에 요역은 出丁기준이 '田八結 出一夫'로 되어 있고, 동원 기간은 1년에 6일로 규정되어 있으나 실제 그 기준은 지켜지지 않았다.

국역은 항구적인 역이며 身役 혹은 職役이라 할 수 있고, 그 신분에 따라 良役과 賤役의 구별이 있었다. 따라서 역의 내용도 軍役, 혹은 吏校, 혹은 干尺, 혹은 노비身貢 등 다양하였다. 국역 부담에 있어서 당번의 의무를 지는 자는 戶首라 하고, 호수가 당번의무를 수행하는 데 소요되는 경비를 뒷바라지 하는 자를 奉足이라 했다. 국역 부담의 단위인 戶는 대개 3丁 1戶로 삼는 것이 통례이었다. 세조 때에 봉족제는 保法으로 개편되었는바, 보법에서는 봉족을 保人이라 부르며 2丁을 1保로 삼고, 이제까지의 戶 기준 대신에 丁을 기준으로 삼았다. 그리고《경국대전》에 보인의 호수에 대한 재정적 부담인 保布는 매월 면포 1필로 규제하였으나 지켜지지 않았다.

貢物은 민호가 토산의 현물을 공납하는 것으로서, 각 주현에 배정되면 다시 민호에 배정되었다. 공물은 민호에게 현물로 부과하는 것이 원칙이나, 혹은 민정을 동원하여 조달하는 경우도 있고, 혹은 현물의 대가로 미·포 등을 부과하는 경우도 있었다. 또 민호에 나누어 배정되지 않고 관아에서 직접 마련하여 납부하는 官備貢物도 있었다. 그리고 매년 바치는 常貢 이외에 필요에 따라 징수하는 別貢이 있었다. 공물의 分定은 실제 지방관의 임의에 맡겨지고 향리가 그 실무를 맡았으며, 공물의 종류도 잡다한 까닭에 그 분정에 있어 공평하기가 어려웠다. 공물의 수납과정에서 防納과 點退는 큰 폐단이었다. 방납은 공물청납업자가 공물납부자의 물품을 대신 바치고 그 대가를 납공자로부터 배 이상으로 징수하는 일을 말하며, 점퇴는 공물납부자의 물품을 검사할 때에 규격미달의 구실로 그 물품을 도로 무르는 것을 말한다. 방납은 관료·양반·승려 등 공물청납업자가 모리를 일삼던 일이며, 점퇴는 공물 수납의 실무자인 吏胥의 농간이었다. 이러한 공물 수납의 폐단을 개혁하기 위하여 후일 공물의 田稅化인 大同法이 실시된 것이다.

공물 이외 토산의 현물을 공납하는 進上이 있었다. 공물은 납세의 일종으로 각 주현 단위로 매년 1차 상납하는 것이나, 진상은 본래 납세의 의무라기보다 국왕에 대한 外官의 禮獻으로 궁중에 쓰일 물품을 각 도 단위로 감사와 병사·수사가 월 1차 상납하는 것이다. 그러나 진상도 공물과 같이 의무적인 것이어서, 각 도 단위라 하지만 역시 주현에 나누어 배정되어 민호의 부담이 되는 점에서 공물과 다름이 없었던 것이다.

공물과 진상제도는 국가와 관부 또는 왕실용으로 책정된 것이지만 실제 지방의 민호에서 징수하여 왕실과 관부에 상납하는 과정에서 공물 또는 진상을 바치고 남은 餘分을 갖고 외관들은 그것을 各司 관원과 재경관인·친척들에게 증여했으며 그 여분은 담당 吏胥들에 의해 또한 그들 이서 사이에 나누어 가졌다.

교통기관으로 驛과 院이 있었다. 역에는 驛子를 배치하여 공문의 전달, 공무여행, 관물수송 등에 역마를 제공하였다. 《경국대전》에 의하면, 전국 41개 驛道에 537개 역이 설치되어 察訪·驛丞이 관장하며, 역마 이용자에게 중앙에서는 尙瑞院이, 지방에서는 감사와 병사·수사가 마필 수가 새겨진 馬牌를 발급하였다. 원은 공무 여행자와 행려자의 숙식을 위해 반관반민적인 형태로 운영하는 여관으로, 《신증동국여지승람》에 따르면 전국 1,310개소의 원이 있었다. 그러나 16세기에 공사 여행자의 숙식은 대개 客舍나 민간업자에 의해 대행되었으며, 중기에는 원은 없어지고 원터에 주점·주막이 발달하였다.

漕運은 水運과 海運으로 각지의 漕倉에 수납된 세곡을 서울로 수송하는 것이었다. 《경국대전》에는 9개 조창제로서 각각 조창의 收稅구역이 배정되어 있었으나 평안·함경 양도의 세곡은 조운하지 않고 고장에 그대로 두었다. 조운은 주로 관선에 의해 행해졌으나 명종 때 이래 사선의 賃船制가 행해졌다.

烽燧는 중요한 통신기관으로 산봉우리의 봉수대를 연결하여 변경의 긴급한 상황을 서울 南山(木覓山)에 전달하는 군사적 기능을 담당하였다. 전국의 주요 봉수망은 5개 간선으로 되어 있고 5炬法으로 변경의 상황이 중앙에 보고되었으며, 대체로 변경의 상황이 12시간이면 서울에 전달될 수 있었다.

고려말의 정치·사회적 혼란과 北虜·南倭의 침입이 계속되는 가운데 새 사회를 지향하는 사대부정권이 수립되었다. 특히 그들은 전통적인 불교와 도교 및 淫祀 등 잡다한 토속신앙과 관습을 유교적인 의례로 개혁하는 한편 양반 중심의 엄격한 신분제도와, 명분과 인륜을 강조하는 가부장적 가족제도를 발전시켜 나갔다. 즉 유·불 교체를 비롯하여 신분계층과 향촌구조, 가족제도와 혼·상·제례 등의 변화가 수반되었고, 다른 한편에서는 민생의 안정과 권농정책의 적극적인 추진으로 의식주 생활이 크게 향상되고 인구와 농지 또한 획기적으로 증가되었다.

국가가 보유하고 있는 인적 자원을 파악하기 위해서는 호적제도를 정비하고 정기적인 인구조사가 실시되어야 했다. 조선왕조는 고려말의 전제개혁에 이어 개국 초부터 奴婢辨正事業과 함께 호구 파악에 정력을 쏟았다. 호구시책 가운데 호적법의 제정과 호구 成籍의 勵行 및 이의 실시를 돕는 호패법·인보법의 실시와 노비변정사업, 군액확보책, 流移民 방지책 등은 가장 중요한 사업이었다.

법제적인 호의 등급은 그 호의 丁數·가산 또는 가옥 間架數의 다과에 따라 대·중·소의 3등급으로 나누는 것이 고려말 이래의 통례였다. 고려말의 計丁法에 따라 정해진 3등호제는 개국 초의 計丁·計田 절충법을 거쳐 계전법으로 바뀌면서 호의 등급도 大·中·小·殘·殘殘의 5등호제가 되었다. 한편 자연호의 경우는 신분과 빈부의 차이에 따라 수십 명에 이르는 대가족이 있는가 하면 불과 서너 명의 소가족도 있었는데, 일반 서민들의 경우는 호당 구수가 평균 4~5명인 소가족이었다. 호적 정리와 함께 五家作統法이라는 切隣의 공동책임제와 호패라는 신분증명의 패용을 아울러 실시하게 한 것도 호구의 파악을 위한 제도였다. 초기의 호구 파악 노력은 마침내 세조 7년(1461)에 이르러 종전과는 다른 차원의 전국적인 호구조사가 실시되어 호 70만, 구 400만이라는 결과를 얻게 되었다. 이를 근거로 세종조~성종조에 이르는 기간의 전국의 실제 호구수, 즉 자연호는 대략 100만에서 150만 내외이고 인구수는 600~700만 내외가 되며, 국역을 지는 남정수는 100만 내외가 되었다고 추정해 볼 수 있다.

조선 초기 인구의 지역적 이동은 크게 흉황·전란으로 인한 유이민과 국가정책에 의한 북방사민 등에 의해 이루어졌다. 여말 이래 왜구의 침입으로 삼남의 연해지방이 많은 피해를 입어 인구의 유출이 많았던 것에 비해 상대적으로 양계와 중부 내륙지방은 인구의 유입으로 충실한 편이었다. 그러나 세종조부터 왜구가 종식되고 정치·사회적인 안정과 함께 주민 안집책과 권농책 등으로 삼남지방에는 인구의 유입이 많은 대신, 강원도와 서북지방은 주민의 유망으로 점차 피폐해 갔다. 이에 조선 개국과 더불어 추진된 북방개척과 徙民入居 정책이 세종·세조·성종조에 걸쳐 활발히 추진되었다. 이러한 전국적인 인구이동 외에도 수도가 개성에서 한양으로 천도됨에 따라 수도권의 인구이동이 있었는가 하면, 중앙에서는 집권세력의 교체에 따른 신흥세력의 上京從仕와 실각세력의 낙향이 수반되었으며, 지방에서는 사족과 이족의 분화에 따라 종래의 읍치지역에서 향촌지역으로 인구가 확산되어 갔다. 이러한 인구이동의 결과 초기에는 비교적 충실했던 서북지방은 인구의 감소와 함께 전결수가 감소하였고, 반대로 삼남지방은 유이민의 유입과 활발한 개간으로 인해 전결수가 증가하여 여말에 100만 결 미만이었던 것이 세종조에는 160여 만 결로 격증하게 되었다.

조선 초기의 신분제도는 고려 말·조선 초에 걸쳐 이루어진 사회·경제적 변화와 성리학적 신분관념을 기반으로 형성되었다. 새 왕조의 개국과 함께 직면한 신분 재편성의 문제는 지배신분의 이원화와 양인신분의 확대로 해결의 방향을 잡게 되었다. 즉 지배층인 양반의 배타적·신분적 우위의 확보, 중인신분의 창출과 고정화, 국역을 부담할 양인층의 확대 및 노비신분의 확정을 시급히 시행하여야 했다.

조선시대의 사회신분은 학자에 따라 달리 분류될 수도 있겠으나 대체로 법제적인 구분과 사회 통념상의 구분이 있다. 먼저 법제적으로는 크게 良·賤으로 나누어져 있었는데, 양인은 과거 응시자격과 관료로의 진출이 허용된 자유민으로서 조세·국역 등의 의무를 지녔으며, 천인은 부자유민으로서 개인이나 국가기관에 예속되어 賤役을 담당하였다. 양인은 직업·가문·거주지 등에 따라 양반·중인·상민으로 나누어져 있었다. 그러나 사회 통념상으로는 士族이란 지배계급이 고려시대부터 피지배층인 일반 양인(상민)과 구분되어 있었고, 그 사족은 조선 초기에는 양반과 동의어로 사용되었던 것이다. 대체로 15세기에는 양반(사족)·상민·천인의 세 계층으로, 16세기 이후에는 중인층의 형성으로 양반·중인·상민·천인의 네 계층으로 대별된다. 그런데 조선시대 신분사 연구에 있어 많은 의견이 대립하게 된 근본적인 이유는, 법적제도에는 양천의 규정만 보이는 데 비해 실제적으로는 良身分에서 양반·중인·양인이 별도로 파생되어 나간 적지 않은 사례를 당시의 사료나 사회관습에서 찾아볼 수 있기 때문이다.

15세기는 사회의 신분층이 크게 개편되어 간 시기로, 양인층의 확대와 함께 지배층의 계층 분화가 진행되었다. 양인층의 확대책으로는 노비의 변정, 승려의 환속, 身良役賤層의 설정, 新白丁의 양인화 등을 들 수 있다. 또한 집권사대부들은 향리·서리·기술관·서얼 등이 관료로 진출하는 길을 크게 제약하였는데, 그 가운데 향리의 과거 응시자격의 제한, 원악향리의 처벌, 군현 개편에 따른 향리의 대폭적인 이동, 그리고 限品敍用制 등을 대표적인 것으로 들 수 있다.

조선시대 신분의 완성시기와 종류에 대해서는 여러 견해가 있지만, 아직 의견의 일치를 보지 못하고 있다. 먼저 신분의 완성시기에 관한 견해로는 15세기설·16세기설·17세기설이 있고, 그 종류에 대해서는 4종·3종·2종설 등이 있다.

양반은 원래 문반과 무반을 아울러 부르는 명칭이었는데, 뒤에 지배계층인 사족을 의미하는 말로 변하였다. 양반은 토지와 노비를 소유한 지주가 대부분이었으며, 과거·음서·군공 등을 통하여 국가의 고급관직을 독점하였다. 또 양반은 국가권력을 이용하여 그들의 특권을 보장받고 있었다. 다시 말하면 양반은 이른바 士·農·工·商 가운데 사족에 해당되는 최상급의 사회신분으로서, 경제적으로는 지주층이며 정치적으로는 관료층이었다. 또 유학을 업으로 하고 아무 제한 없이 관료로 승진할 수 있는 신분으로서, 실제로 중요한 관직과 제반 특권은 모두 이들이 독점하였으며 名敎와 禮法을 준수하는 사회의 지도적 계급으로서의 정신적 의무만을 지녔던 것이다. 그들은 생산에는 종사하지 않고 오직 현직 또는 예비관료 내지 유학자로서의 소양과 자질을 닦던 신분이었다.

중인은 기술관 및 향리·서리·토관·군교·역리 등 경·외의 아전직과 양반에서 격하된 서얼 등을 일컫는다. 중인에는 양반과 상민 사이의 중간 신분계층이라는 넓은 의미의 중인과, 기술관만을 지칭하는 좁은 의미의 중인이 있었다. 이 가운데 넓은 의미의 중인은 15세기부터 형성되기 시작하여 조선 중기에 이르러 하나의 독립된 신분층을 이루었다. 양반과 상민의 중간에 있는 중간신분으로서의 중·외 관청의 서리와 향리 및 기술관은 직역을 세습하고 신분 내에서 혼인하였으며 관청에 근접한 곳에서 거주하였다. 그들의 성향은 기회주의적이고 이해타산적이거나 모나지 않고 세련된 처세 등의 측면에서 서로 유사한 점을 많이 공유하며 양반층에서 도태된 서얼층과 함께 중인층을 형성하였다. 이러한 중인층은 양반지배 체제하에서 양반들로부터 멸시와 하대를 받았으나 대개 전문적인 기술이나 행정의 실무를 세습적으로 담당하였으므로 실속이 있었고 나름대로 행세할 수 있었다. 특히 中·外 官衙의 행정실무를 관장했던 서리층은 비록 역사의 표면에는 크게 드러나지 않았지만, 官衙와 官員 사이를 연결하면서 실제 권력구조면에서나 권력의 행사면에 있어서 상당한 영향력을 행사하고 있었다. 더구나 빈번한 政變과 士禍, 거기에 수반된 양반관료의 잦은 교체에도 행정상의 공백과 혼란이 야기되지 않고 왕조의 기본 운영체제가 유지된 것은 이들의 吏屬이 관아의 실무를 장악하고 있었기 때문이다. 그러므로 胥吏는 "양반관료의 乳母"라는 俗語가 유행하였다. 또한 "江流(守令)石不轉(鄕吏)"이라 표현하듯이 郡縣 향리층은 고려 초기 이래 지방행정 실무를 세습하면서 격변기마다 그 시대적 전환기를 잘 포착하여 다음 시대의 새로운 세력으로 성장해 나간 것이 엄연한 역사적 사실이었다.

상민은 평민·양인이라고도 부르며 백성의 대부분을 차지하는 농민·공장·상인을 말한다. 이들은 원칙적으로 출세에 법적 제한을 받지 않았지만, 교육을 받을 기회가 거의 없었기 때문에 관료로서의 진출이 거의 불가능하였다. 상민은 보통 농·공·상업에 종사하는 생산계급으로서 납세·공부·군역·요역 등을 주로 담당하는 계층이다. 특히 병역은 양인을 주체로 하며 실제 입번하는 군정과 그 비용을 부담하는 奉足(保)과의 연대로 단위를 이룬다. 당시에는 피지배층 가운데 양인·천인의 신분상 구별이 있어 천인은 천역을, 양인은 양역을 담당하되, 양인으로서 천역을 담당하는 수도 있어 이것을 신량역천이라 하였다.

조선시대 천인에는 노비와 함께 白丁·廣大·社堂·巫覡·娼妓·樂工 등이 포함되는 것으로 이해되고 있으나, 이들은 모두가 천인은 아니었으며 사회적으로 천시되었을 뿐이다. 즉 노비와 그 노비에서 파생된 창기·의녀·악공 등은 명실상부한 천인이었으나 백정·광대·사당·무격은 원래 천인은 아니었다. 그러나 이들의 직업이 사회적으로 천시되면서 그 직업에 종사하는 사람까지 천시되어 조선 중기 이후에는 천인화된 것으로 보인다. 천인 중에서 대부분을 차지한 것은 노비였다. 노비에는 국가에 속해 있는 공노비와 개인에게 속해 있는 사노비가 있었다. 이러한 공·사노비는 또한 立役奴婢와 納貢奴婢로 구분되기도 한다. 전자는 관부의 노역이나 주인집의 잡역에 종사해야 하며, 후자는 관부나 주인으로부터 독립적으로 생활을 영위하면서 일정한 신공을 바칠 의무가 있었다. 이들은 각각 솔거노비와 외거노비로 불리기도 하였다. 특히 사노비는 주인에 의하여 세전됨으로써 재물처럼 취급되어 매매·상속·증여되기도 하였다. 부모 중 어느 한쪽만이 노비인 경우에도 그 자식은 노비가 되었다. 노비가 양인과 결혼하는 것은 원칙적으로 금지되어 있었으나, 양반들의 노비 증식책에 따라 공공연히 자행되었다.

양반사회는 노비제도를 기반으로 운영되었다고 해도 과언이 아니다. 신분의 귀천과 역의 귀천이 맞물려 있었기 때문에 국가기관이나 사가에 있어서나 노비는 필수 불가결한 존재였다. 국가기관의 온갖 천역에 公賤이 동원되듯이, 私賤은 주인 내외의 분신과 같은 존재로서 온갖 생산활동과 사환 및 잡역에 종사하였고 외거노비는 주인의 전지를 경작하거나 일정한 신공을 바쳤다. 자식 없는 노비의 재산은 그 주인에게 귀속되며 노비가 개간한 토지는 그 주인의 소유가 되기도 하였다. 이처럼 노비제도는 사회·경제적 조직에 있어서 실로 중요한 기능을 담당했을 뿐만 아니라 계급적 질서를 유지하고 禮俗과 風敎를 진작시키는 데도 필수적인 존재로 인식되었다.

조선시대의 신분은 아주 고정된 것은 아니었다. 양반이 반역죄를 저질러 노비가 되거나, 몰락하여 중인이나 상민이 되기도 하였으며, 반대로 중인과 상민이나 노비가 과거나 군공 등을 통하여 양반이 되기도 하였다. 그러나 이러한 신분간의 이동이 그리 자유로운 것은 아니었다. 그런데 조선 초기는 신분제가 재편성되는 과정에 있었으므로 중기 이후보다는 신분이동이 어느 정도 개방적이었다고 할 수 있다.

조선 초기는 고려적인 불교의식과 토속적인 음사 및 비종법적 가족제도가 《朱子家禮》와 《小學》 교육을 기반으로 하여 점차 성리학적 유교사회로 바뀌어 갔는데, 이러한 변화는 17세기를 분기점으로 후기사회로 넘어가는 시대적 특징을 보여주고 있다. 즉 夫妻兩邊的 방계가족의 형태, 동성결혼과 異姓收(侍)養, 男歸女家婚과 자녀균분 상속제, 부처 또는 부자의 異財, 가계상속에 있어서의 '兄亡弟及', 자식이 없는 경우 불입양 및 자녀 윤회봉사와 같은 전통적인 유제를 이어받은 조선왕조는, 국초부터 주자학적 禮制와 종법적 가족제도에 입각하여 종래의 유제를 부계친족 중심의 가부장적 가족제도, 동성불혼과 이성불양, 親迎禮와 장자봉사제, 자녀차등상속제와 같은 가족제도로 개혁하려고 노력하였다.

한편 상·제례와 장법도 대체로 15세기 전반까지는 전통적인 불교의식에서 크게 벗어나지 못하였고 소수의 사대부 가정에 한해 《주자가례》가 수용되다가 성종조 이후에 가서 점차 유교적인 상례와 제사 절차에 따르게 되었다. 특히 남귀여가혼·자녀 균분상속제·자녀 윤회봉사를 특징으로 하는 조선 초기의 가족 및 상속제도는 그것이 서로 인과관계를 가지면서 성씨, 본관의식과 족보 편찬에도 영향을 미쳤다. 남귀여가혼은 결과적으로 딸(사위)과 그 소생(외손)을 아들 또는 친손과 동일시하면서 부처·부모·자녀·내외손을 각기 대등한 위치에서 간주하려는 쌍계적[兩側的] 친족체계를 낳게 하였다. 그러한 혼인풍속과 가족제도는 다시 자녀 균분상속제를 낳게 하였으며, 그 균분제는 다시 부모의 제사를 균분받은 자녀들로 하여금 돌아가면서 봉사하는 관행을 낳게 하였다. 그리고 딸이 있으면 아들이 없다 하더라도 입양하지 않는 것이 보편화되어 있었다. 이러한 관습은 다시 자녀와 그 내·외손들을 한 마을에 모여 살게 하는 居住相을 낳게 하였다. 한편 각자의 혈통과 재산은 부모 양쪽을 비롯한 내·외 조상으로부터 이어받게 되고 그 양변의 혈통과 재산의 유래를 소급, 추적하는 데서 世系圖·八高祖圖·族圖 등이 만들어지게 되었다. 양반사회에 있어서 혈통의 유래와 승음·응시·출사 및 재산의 傳係와는 서로 불가분의 관계에 있었으며, 당시 성과 본관에 대한 의식과 그 姓貫 자료인 족보의 편찬체제와도 긴밀한 관계에 있었다.

조선 초기의 의식주 생활은 유교적인 합리주의와 사대부의 검약정신에 영향을 받아 보다 실용적인 방향으로 향상되어 갔다. 목면 재배가 전국적으로 확산되어 종래의 마포·저포와 함께 국민 衣料의 주종으로 자리잡게 되고, 중국으로부터 각종 예복과 견직물이 유입되면서 옷감도 다양해져서 의생활에 획기적인 발전을 가져왔다. 한편 고려 말 이래 새 선진농법의 적용으로 새로운 품종이 개량되고 시비법 및 재배법이 개발됨으로써 주곡을 비롯한 여러 가지 곡류·채소류·과일류가 생산되고 풍부한 어패류 등으로 식품이 다양해졌다. 또한 온돌이 전국적으로 보급되고 공·사의 건물은 춥고 더운 계절에 맞추어 따뜻한 방과 서늘한 마루를 갖춤으로써 보다 쾌적한 주거환경을 마련할 수 있었다. 특히 세종 때부터 화재 예방책으로 초가 대신 기와를 권장하자, 중외 관아·누정·창고 및 사대부·토호들의 가옥은 기와집으로 바뀌어 갔으나 일반주민의 주택은 거의 초가였다.

조선왕조는 국초부터 유교적인 민본주의와 농본정책을 표방하여 여러 가지 교화사업과 농민생활의 안정책을 실시하였다. 양반지배체제를 강화하기 위해서는 성리학적 명분론에 입각한 사회신분 질서의 유지와 농민의 생활안정이 가장 중요한 과제였기 때문이다. 따라서 양반 지주들의 토지겸병을 억제하고 농민이 토지로부터 이탈하는 것을 막기 위하여, 농번기에는 농민들이 잡역에 동원되지 못하게 하고 각종 재해와 질병에 걸렸을 때는 조세와 요역을 감면해 주는 등 여러 가지 진휼과 의료·구제시책을 실시하였다.

조선왕조를 개창한 지배층은 고려 말기의 시련과 혼란을 극복하고 새로운 국가로서의 자체 정립을 서두르지 않을 수 없었다. 국토와 그 주민에 대한 새로운 파악을 통하여 국가체제와 통치방식을 새로운 형태로 정립하지 않으면 안되었다. 그래서 일찍부터 새로운 敎學으로서의 性理學을 유일한 지배이념으로 정립하고, 새로운 통치준거로서의 여러 법전을 정비하며, 일상의 언어에 맞는 한글을 창제하였다. 조선 초기에 정립된 문화형태의 성격을 규정하는 요인은 대개 두 가지 측면에서 설명할 수 있을 것이다.

우선 농업생산력의 발전에 따라 국가체제를 뒷받침하는 사회경제적 기본계층이 새로이 정립되기에 이르렀다는 사실을 들 수 있다. 즉 생산력의 발전에 따라 '所耕田'이라는 자기 이름으로 된 소유 겸 경작지를 자기 혈연가족으로 경영하면서 국가를 직접 상대하는 양인 자영농을 중심으로 하는 자영농층이 보편적으로 정립되었다. 국가는 이 계층에게 기본 국역인 군역을 부과하는 한편, 이 계층을 중심으로 하는 부세제를 운용하였다. 그 구체적인 형태가 計田法的 수취제도라는 것으로 구현되었다.

근착하고 있는 현실의 자영농민층은 일상의 생산활동에서부터 외적을 물리치는 일에까지 결코 무시하지 못할 實在로서 사회적으로 성장하고 있었다. 그들은 오랜 기간 동안 자기 성장을 수행함으로써 이 시기 지배층에게 통치의 대상으로서의 객관적 실체를 더 크게 일신시키기에 이르렀다. 조선왕조의 지배층은 이전의 일방적인 지배방식보다도 상대적으로 그들을 교화해가면서 통치하는 방식으로 지배체제를 전환하지 않을 수 없었는데, 이른바 위민정치나 훈민정책이 강조된 사실이 그 같은 현상을 적실히 말해 준다.

조선 초기 문화형태의 성격을 규정한 또 다른 요인으로서는 성리학이라는 새로운 교학의 확산을 들 수 있다. 그것은 이전의 불교라든가 전통유교에 비하여 보다 理智的인 새로운 계층적 존재론과 인식론을 내용으로 하는 것이었으며, 정통론·명분론적 가치관과 세계관을 옹유하고 있었다. 성리학적 인식론은 객관적 사물의 실재를 긍정하면서 좀더 그 이치를 탐구하는 속성을 지니고 있었다.

조선 초기 문화의 성격은 양인 자영농층의 보편적 성장과 그것을 효과적으로 통치하기 위한 성리학적 가치지향의 국가체제의 확립, 즉 농민층의 객관적 실체가 사회적으로 성장함에 따라 그것의 실재를 새로이 인식하고 그것을 성리학적 이데올로기의 지배질서 속에 다시 편성함으로써 국가체제를 확립한다는 두 가지 측면의 통일적 작용에 의하여 규정되었던 것으로 이해할 수 있다.

조선 초기의 통치문화는 우선 지배체제를 객관적 준거에 따라 개선하여 정립한다는 형태로 구현되었다. 그 중에서도 전국의 토지와 호구를 중심으로 하는 國勢의 파악은 가장 급선무였다. 이에 일찍부터 호적과 군적을 작성하고 양전을 거듭하는 한편, 그 전체를 종합한 각 지역의 地理志를 여러 차례 편찬케 하였다. 그래서 작성된 《八道地理志》라든지 그것의 종합형태인 《세종실록지리지》에는 각 군현단위로 名號와 연혁 및 역대의 領屬관계, 소금·철·양마 등 특수 산물의 유무, 토지의 肥瘠과 기후 및 민속, 호구수와 전결수 및 토산물의 종류, 조세·歲貢과 그 轉輸의 방법, 영·진의 위치와 군사·전함의 수, 부속도서의 정세, 煙臺·烽燧, 왕릉 및 선현의 묘, 土姓과 지역 출신 명현 등의 10여 항목에 걸쳐 실로 주밀한 파악이 이루어졌다.

국가 수취제도의 정비도 괄목할 만한 진전을 보였다. 즉 세종대에는 田制詳定所라는 특별기구를 설치하여 국왕이 친히 독려하면서 새로운 양전·수세법을 강구하도록 함으로써 결국에는 貢法田稅制를 정립하기에 이르렀는데, 그 과정에서 전국 관민들에게 새 법의 편의 여부를 물어보도록 해서 여론을 청취한 일도 있었다. 이제 국가의 전세제도와 같은 큰 제도의 변천을 논의할 때에는 어느덧 농민층까지 그 논의의 대상으로 참여시킬 정도로 역사는 진전되고 있었다. 그리고 그러한 제도의 정비과정에서 여러 가지 척도를 考正하고 통일하게 된 것도 이 시기 문화의 중요한 성과였다. 그래서 이제 도량형제도의 기본을 이룩할 수 있었으며, 토지의 양전이라든가 의례·음악의 音律을 조종하는 데에도 일정한 객관적 기준을 확립할 수 있게 되었다.

통치제도의 정비는 국가재정의 지출면에서도 이루어졌다. 가령 이전까지는 중앙의 각 기관에서 供用하는 물품의 일정한 지출규정이 없었던 까닭에 많고 적은 것이 일정하지 않았으나, 이 시기에 와서 호조의 계청에 따라 비로소 '式例'를 정해두고 그 규정에 의해 집행하기에 이르렀다. 또 요컨대 임금의 所用도 유한하여 임의로 할 수 없는 것이 원칙이었다. 徵斂에 법도가 없고 용도 또한 무절제하였던 이전까지의 현실을 비판하고 오랜 세월을 두고 가다듬은 결과, 성종대에는 이른바 '式例橫看'이라고 하는 기본적인 재정지출규정을 정비하기에 이르렀다. 따라서 공납을 비롯한 수취제도의 개선이 상당부분 이루어졌을 것이다. 즉 이전에는 지배층의 자의에 의존해 오던 재정수납이 이 시기에 와서는 객관적 준거를 가진 제도적인 것으로 전환하기에 이르렀던 것이다.

한편 조선 초기의 통치문화는 이전에 비하여 교화적인 측면을 매우 강조하는 편이었다. 인간은 天賦의 理를 타고났으므로 비록 온전하지는 못할 망정 자율성과 주체성을 지녔다. 이러한 인간을 상명하복의 통치질서 속에 안착시키자면 무엇보다도 그들을 가르쳐 깨우치고 길들여야 하는 것이 필연의 과제로 부각되었다. 이 시기 교화의 기본 지향은 명분과 정통성을 중시하는 성리학적 도덕규범을 중심으로 하고 있었다. 이를테면 세종대 忠·孝·烈에 관한 기본덕목을 널리 가르치기 위하여《三綱行實圖》를 펴낸 것은 교화의 구체적인 실례이다.

여기에서 충·효·열의 덕목을 최고의 윤리규범으로 거듭 주장하는 한편, 그것을 범하는 경우는 綱常罪라는 가장 무거운 죄목으로 다스렸다. 그리고 이른바 嫡·庶의 차대가 이 시기에 와서 처음으로 제도화된 사실도 명분론의 하나인 정통론과 관련된 것이었다. 각 군현마다 향교를 세우고 '守令七事'에 학교교육의 흥기를 규정함으로써, 성리학적 도덕규범을 중심으로 하는 王化를 전국적으로 확산시키고 장려하였다. 이 시기에는 개인으로부터 왕권을 정점으로 하는 모든 국가체제에 이르기까지 자신의 명분과 직역에 따른 계층적 사회규범과 성리학적 도덕관념이 일원적 체계로 점차 자리잡아 갔다. 가령 主·奴의 관계를 君·臣의 관계와 동일하게 명분론적 규범으로 설명하게 된 것도 이 시기에 와서의 일이었다.

이 시기에는 국가의 기본의례를 새로이 정비하기 위하여 儀禮詳定所를 설치하고 5禮를 강구·편찬케 하였는데, 그 순차에 있어서 송나라의 예제를 따른 것은 역시 성리학의 영향으로 볼 수 있다. 가령 5례 가운데 가장 중히 여기던 吉禮를 두고 말할지라도, 모든 祭儀에는 공경과 정성을 다하되, 명분에 맞지 않는 과람한 경의를 표하거나 혹은 아첨함으로써 복을 빌어오던 형태는 國家祀典에서 완전히 혁파되었다.

성리학적 명분론은 華·夷관계의 명분 또한 강조하였다. 이에 중국에 대한 事大의 예를 다하는 한편, 오랜 국가의례로 지켜오던 제천행사를 천자국만이 행할 수 있는 것이라 하여 혁파하였다. 그래서 국가의례의 정리에서도 명분론을 스스로 지켜서 자국을 제후국으로 자처하였다. 성리학적 세계관의 발현이었던 것이다.

조선 초기에 이룩된 큰 업적으로는 訓民正音의 창제를 들 수 있다. 그것은 자국의 백성들이 날마다 쓰는 국어를 기준으로 바로 거기에 맞는 글자를 만든 것이었다. 국어에 맞는 글자가 창제됨으로서 이후 자국의 말과 글 자체의 발전은 물론, 이른바 기층문화가 자체적으로 발전할 수 있는 가장 확실한 길이 트이게 되었다. 그래서 보편적 농민층을 기본으로 하는 절대다수의 국가 구성원이 비로소 자신의 의사를 문자로도 표현할 수 있는 문화 생활권 안으로 들어설 수 있게 되었으며, 이로써 이른바 동족문화라는 것의 성립이라든지 그 변증법적 발전이 일어날 수 있는 독자적 바탕이 마련되기에 이르렀다.

한편 성리학은 전통유교보다도 훨씬 더 배타적인 교의를 지닌 지배이념이었다. 그래서 이 시기의 지배층은 고려시대까지 국가적으로 숭상해오던 불교라든가 도교를 이제 이단으로 인식하게 되었으며, 따라서 이에 대한 국가적 숭상은 결정적으로 쇠퇴하지 않을 수 없었다. 祖上神·家廟 외에 다른 잡다한 祀神행위는 이를 淫祀로 금단하였다. 지방에서의 祀典의 정비는 중앙의 축소판으로 각 고을마다 1廟(文廟), 3壇(사직·성황·여단)을 두었다.

먼저 불교에 대해서는 태종과 세종대에 대대적인 정리를 단행하였다. 종래 전국적으로 불교를 보호·관리해 온 僧錄司는 이 때 아예 혁파되었다. 불교 종단도 禪·敎 양종으로 통합되었으며 그 소속 사원도 크게 축소되었다. 또한 불교사원에 절급해오고 있던 收租地를 극히 일부만 남긴 채 축소하고 그 노비는 아예 혁파하였다. 그리고 度牒제도는 승려가 되는 길을 극히 제한하였고 僧科도 점차 축소되어 16세기 후기에는 사실상 폐지되었다. 승려의 도성출입도 금지되어 갔다. 오히려 국가에 어려운 역사가 있을 때마다 다수의 승도를 동원하여 복역시키는 일이 자주 벌어지게 되었다. 그래서 불교는 이제 민간신앙으로서의 명맥만을 유지하면서 현실의 고난에서 탈출하고자 하는 백성들의 도피처로 불교가 선호되었던 것이다. 한편 도교 관련 여러 국가기관도 점차 혁파되고 오직 昭格署만이 남아 의례적인 齋醮를 행하게 되었는데, 그나마 사림정치가 성숙함에 따라 소격서마저 점차 없어지게 되었다.

조선시대에 이르러 그 과학과 기술은 자주적 성향이 뚜렷해지기 시작한다.

특히 세종 때에 전개된 과학과 기술은 오랜 역사와 전통 속에서 集積된 한국과학을 결산하는 것이었다. 중국과학뿐만 아니라, 문명의 교류에서 얻어진 모든 지역의 과학문명을 하나로 용융시키는 도가니와도 같았다. 과학·기술문화의 모든 분야에서 수준 높은 학문·문화·예술적 성과가 짧은 동안에 이루어진 적은 한국의 역사에서 일찍이 없었다. 그것은 조선식의 창조적인 과학·기술전통의 구축으로 이어졌다. 그것은 서방세계는 물론, 아랍세계와 중국의 과학기술 수준을 능가하는 것이었다. 태종 3년(1403)에 왕은 대신들의 강력한 반대에도 불구하고 유명한 癸未靑銅活字의 주조를 강행하였다. 이 사업은 세종에 의해 훌륭하게 계승됨으로써 조선식 활판 인쇄기술은 크게 발전하고 완성되었다.

이러한 발전적 업적은 우리 나라 과학의 황금시대로 불리는 세종 때에 특히 두드러지게 나타나고 있다. 雨量計의 발명도 그 하나이다. 세종 23년(1441)에서 24년에 걸쳐서 測雨器와 水標라고 명명된 강우량의 측정기가 발명되어 강우량의 수량적 측정법이 완성되었다. 또한 새로이 천문대도 설립되었다. 大簡儀臺라고 불린 景福宮의 천문대에는 簡儀·水運渾天儀와 渾象·圭表·丁方案(方位指示表)·각종 해시계 등이 설치되고, 自擊漏라고 불리는 自動報時 물시계와 屋漏라고 불리는 天象時計 등의 장치가 부설되어 있었다.

조선 초기에는 군사기술에서도 조선의 특색이 강하게 나타났다. 조선식 火砲와 龜船의 출현이 그 대표적인 예이다. 화포는 중국의 영향에 의하여 고려 말부터 실용화되었는데, 세종 때에 이르러 중국 양식에서 완전히 탈피하여 조선식으로 규격화되어 화포의 전반적 改鑄가 이루어졌다. 이러한 화포기술의 발전을 바탕으로 하여 그 다음 왕대에 나타난 火車는 동시에 다수의 로켓을 발사하는 일종의 장갑차였다. 한편 귀선은 고려말에서 조선 초에 걸쳐서 격심했던 왜구의 침입으로 속을 썩인 조선정부가 그 白兵戰術에 대비하여 만든 것이며, 고려의 突擊戰艦의 아이디어를 발전시켜 만들어 낸 조선 특유의 전함이다. 그것은 15세기 초에 건조되었는데, 그것이 교묘한 전술에 의하여 그 기능을 충분히 발휘한 것은 16세기 말의 임진왜란 때였다.

농업기술도 세종 때에 큰 발전을 보았다. 그 때까지의 한국 농업기술은 주로 중국 농서를 교본으로 하여 전개되고 있었다. 그것은 농서와 실제의 農

法, 그리고 한반도의 남부와 북부 사이에 차질을 가져왔다. 그 차질을 해소하는 길은, 조선의 농법을 더욱 앞선 기술에 의해서 개량하는 일이었다. 그래서 쓰여진 것이 세종 11년에 완성된《農事直說》이다. 그것은 각 지방의 농법을 널리 조사하여 그 중에서 가장 현실적이고 발전된 기술을 요약한 것이다.

醫學 분야에서는 한국 醫藥學의 체계화와 동양의학의 집대성이 특히 주목된다. 고려말에 시작된 한국산 의약에 의한 독자적 처방의 체계화는 조선에 이르러 더욱 확대되었다. 14세기 말에서 15세기 초에 걸쳐서《鄕藥濟生集成方》과《鄕藥本草》가 편찬되어, 한국산 의약에 관한 의학적·本草學的 지식이 정리되었다. 이것들을 하나로 요약하고 의약학적 연구를 더해서 체계를 세운 것이 세종 15년(1433)에 완성된《鄕藥集成方》이다. 이것은 의·약학 분야에서 기존의 중국 의존에 대한 탈피로서 획기적인 일보 전진이었다. 이들 연구와 병행하여 이루어진 것이《醫方類聚》의 편찬이다. 세조 원년(1455)에 완성된 이 의학대백과사전은 우리 나라와 중국의 의서 153종을 집대성한 것으로 15세기 최대 의서의 하나로 평가할 수 있으나,《의방유취》는 조선의 개성이 별로 나타나 있지 않다.

조선 초기의 문학은 고려의 것을 계승하며 독자적으로 발전하였다. 그러나 세종 때 훈민정음, 즉 한글의 창제는 단순한 문학적 차원만이 아니라 우리 문자생활에 일대 혁명을 예고했다. 한문학은 성리학을 이념적 바탕으로 삼고 있던 조선왕조의 건국 주역들에 의해 발전되었다. 조선 초기의 그것은 불교사상과 도교사상을 배척하고 성리학 유일의 논리를 내세웠다. 그들은 불교사상을 논리적으로 비판하면서 문학은 '載道之器'이어야 한다고 했다. 이러한 '文以載道論'은 이후 權近의《入學圖說》등에 의해 확고한 이론적 체계가 갖추어지면서 조선 초기 한문학의 주류로 떠올랐다. 또한 성종 때 徐居正 등은 중국의《文選》에 대응하여《東文選》을 발간함으로써 조선 초기 詞章派 문학의 기틀을 잡았다. 국문 시가문학은 樂章·景幾體歌·歌辭·時調로 이루어졌다. 악장·경기체가·가사는 敎述詩이며, 노래로 부르는 시이고 음악이면서 문학이다. 이들은 악장에서 경기체가로, 경기체가에서 가사로 올수록 음악으로서의 구실은 줄어들고 문학으로서의 기능이 확대되었다. 우리말 노래인 악장은 조선왕조의 창업과 더불어 등장했는데, 나라에서 거행하는 공식적 행사에 소용되는 노래이다. 그러나 악장은 목적하는 바나 나타내는 내용은 아주 뚜렷하지만, 독자적 형식을 형성하는 데에는 이르지 못했다. 악장과 경기체가는 한시에서 국문시가로 넘어가는 과도기적 모습을 보이다가 시조와 가사가 점차 국문학의 주류로 자리잡았다.

조선 초기의 문자생활은 한자로 행해졌다. 나라의 공적인 기록이나 문서, 즉 역대의 실록이나 각종 법령, 關文이나 牒呈 등은 모두 한자로 쓰여졌던 것이다. 이 가운데 실무와 관련된 법령이나 공문, 외교문서 등은 한자와 함께 이두[吏讀]가 쓰였다. 이처럼 이두를 포함하여 한자로 행하던 문자생활은 공적이 아닌 경우에도 마찬가지였다. 학자들의 문집은 한문으로 이루어졌으나, 일상생활과 관련된 각종 소원문서와 재산매매나 증여의 文記 등은 이두로 작성되는 것이 관례였다. 그러나 이러한 문자생활은 일반백성들의 진솔한 감정을 표현하지 못하였다. 여기에서 세종 25년(1433)에 훈민정음, 곧 한글이 창제되었던 것이다. 그러나 한글은 한자에 의한 문자생활을 대신하지는 못하였다. 공적인 문자생활은 여전히 한자로만 행해졌다. 공적이 아닌 문자생활에 국한하여 한글이 사용되었던 것이다. 한자나 한문을 공부하기 위해서거나 백성의 교화나 종교의 홍보를 위한 문헌의 간행에, 아녀자들의 주고받는 편지에 한글이 사용되었다. 한글이 창제됨으로써 한자와 한글에 의한 우리 나라 문자생활의 이중구조는 조선시대 전기간 동안 계속되었다. 한글은 공적인 문자생활에 등장하지 못하였으나, 창제 이후 꾸준히 보급되어 사용의 영역을 확대하여 나갔다.

조선 초기에는 건국과 함께 새 문화창조의 기운으로 음악·미술 등 예술 분야의 활동도 활발하였다. 조선 초기 음악은 예악사상에 의한 雅樂부흥의 노력이 본격적으로 이루어졌으며, 세종 때에 그 절정을 이루었다. 조선 초기의 음악문화를 특징짓는 아악부흥은 새 왕조가 성리학의 지배이념을 구현하기 위한 방안으로 예악사상을 중요시한 결과로 이루어졌던 것이며, 그 음악적 업적은 《樂學軌範》에 정리되었다.

조선 초기의 회화는 고려시대 회화의 전통을 계승하고 또 중국의 화풍을 수용하여 다양한 한국적 화풍을 형성하였으며, 조선 중기는 물론 일본 室町

시대의 수묵화에까지 큰 영향을 미침으로써 동아시아 회화사에 획기적으로 기여하였다. 이 때에는 山水畵를 비롯하여 人物畵·翎毛畵·花鳥畵·草蟲畵 등 다방면의 회화가 발전하였다. 이의 제작에는 왕실·사대부 출신의 화가들과 화원들이 주축을 이루었다. 이 중에서 가장 두드러지고 영향력이 컸던 것은 安堅의 화풍이었다. 특히 〈夢遊桃源圖〉는 안견의 대표작으로, 전체적인 구도와 구성은 말할 것도 없고 세부의 묘사에 이르기까지 그의 탁월한 창의성과 지혜, 고도로 숙달되고 세련된 표현력과 묘사력이 잘 드러나 있다. 이 작품은 안견의 그림, 안평대군 등의 시와 글씨가 어우러져 '詩·書·畵' 三絶의 경지를 이루고 있어 일종의 종합 예술품이라고 할 수 있다.

서예는 원의 새로운 서풍을 받아들인 고려말의 전통을 이으면서 발전하여 갔다. 고려말에 유입된 원나라 趙孟頫의 松雪體가 널리 확산되어 조선 제일의 서체로 자리잡았으며, 우리 나라 전래의 서풍에 큰 영향을 끼쳤던 王羲之體의 전통이 조선 초기에도 변함없이 존숭되어 서예의 기반을 이루었다. 이밖에 고려말 서풍이 조선초로 이어져 金石과 寫經에 그 영향을 다분히 나타내었다. 아울러 훈민정음 반포 초기의 한글서체는 점차 쓰기에 편리한 筆寫體로 변화하였다.

도자기 공예기술에서 高麗靑磁는 조선에 이르러 특징있는 粉靑沙器를 거쳐 白磁가 주류를 이루게 되었다. 고려의 자기와는 형식과 성질이 다른 조선 백자로 변모한 것이다. 분청사기는 백토 扮裝으로, 백자는 백토로 이루어지므로 표면이 백색이라는 공통점을 지니고 있다. 청화백자는 세종 때에 중국에서 처음으로 수입되어 15세기 중엽부터는 조선에서도 만들 수 있게 된 사기인데, 그 기형과 청화문양의 주제는 중국과는 전혀 다른 것이었다.

3) 조선 중기의 사회와 문화

15세기 후반 조선에서는 사회경제적 변화에 조응하여 새로운 정치세력이 대두하기 시작하였다. 조선 건국을 주도하여 정권을 독점해 왔던 훈구세력이 양반관료제의 모순을 야기하고 있었고, 이에 수반하여 과전법의 붕괴, 지주제의 발달, 상품의 유통과 貢納制의 모순 심화, 軍役制度의 붕괴, 국제교역의 발달 및 마찰 등 새로운 사회경제적 변화가 일어나고 있었다. 이러한 변화의 흐름을 타고 새로운 정치세력으로 등장한 것이 사림파였다. 사림파는 재지중소지주에서 성장을 거듭하여 점차 훈구파를 대신할 정치세력으로 자리잡아 갔으며, 그들은 훈구파 지배하에서 야기된 각종 사회경제적 모순을 해결하고 유교적 이상사회를 건설하고자 하였다. 그리하여 道學政治의 이념을 바탕으로 향촌질서를 재편하는 한편 書院의 건립, 性理學의 보급, 경제개혁 등 다양하고 구체적인 개혁을 추진하였다. 이렇게 볼 때, 15~16세기에는 훈구파와 사림파의 정치사회적 갈등구도 속에서 후자가 전자의 대체세력으로 등장하여 마침내 사림정치를 실현하게 되었던 것으로 이해해도 좋을 것이다.

훈구세력에 의한 양반관료제의 모순이 누적되어 가는 가운데 과전법이 붕괴되고 지주제가 발달하였다. 과전법의 붕괴로 국가기관 절수지나 私處 절수지 모두에게 수조권적 토지지배의 모습이 점차 쇠퇴하여 갔고, 16세기로 접어들면서 소유권적 토지지배 형태가 확립되었다.

과전법의 붕괴와 함께 사족 관인층을 중심으로 하는 지주들은 상속·혼인이나 개간·매득 등을 통하여 농장을 확대하였다. 또 농장의 확대가 일반적인 추세였지만, 전세·요역·공물·군역을 바침으로써 국가를 지탱하였던 양민 자영농층의 개별 경영이 이 시기의 기준적인 영농형태였다. 그러나 16세기로 내려오면서 생산력의 발전과 함께 나타난 양민 자영농층의 몰락으로 소농민경영의 분화가 가속화하여 병작영농이 점차 보편적인 영농관행으로 자리잡게 되었다. 이처럼 16세기의 조선에서는 사족의 地主化와 대다수 하층민의 無産化라는 사회분화가 진행되고 있었다.

한편 상업에서는 점차 상품의 유통이 활발해지면서 장시의 발달로 이어졌다. 16세기가 되면 장시는 전라도를 중심으로 충청·경상·경기도 등지로 확산되어 갔으며, 특히 임진왜란을 겪은 후부터는 장시의 수적 증가와 더불어 出市 횟수도 잦아지는 등 더욱 성행하는 추세를 보이게 되었다. 이에 따라 농민 중에서 상인으로 전환하는 인구도 늘어났다. 장시의 성립으로 인한 유통경제의 발달로 화폐경제도 크게 변화하였는데, 이 시기의 주된 화폐는 면포였다.

이에 따라 연산군 때를 거치면서 횡간이 무시되고 加定·引納 등이 일어났으며, 불산공물의 분정은 구조적으로 방납을 조장하고 공물부담 규정의 모호성은 부담의 극심한 不均현상을 초래하였다. 특히 방납은 당시 권세가들의 비호하에 행해져 농민들에게 엄청난 해독을 끼쳤으므로 세조 때부터 그 폐단에 대한 시정이 논의되었다. 그런데 방납은 유통경제의 발달을 전제로 하였으므로, 방납에 대한 근본적 개혁은 유통경제의 발달을 억제하기보다는 오히려 이를 뒷받침해 줄 수 있는 제도를 마련하는 방향으로 진행되어야 했다. 즉 공물의 대가로 미곡이나 포를 거두어들이는 형태의 운영이 그것이었는데, 결국 이는 大同法으로 귀결되었다.

사회경제적 변동에 따라 신분제와 兵農一致制에 입각한 군역제도 역시 붕괴되고 점차 收布化로 나아갔다. 신분제 외에 병농일치제 그리고 奉足制를 기반으로 한 조선 초기의 군역제는 균등한 군역 부과와 군액의 증가를 목적으로 했던 保法이 人丁만을 고려하는 군역제도로 전환되면서 문란해지기 시작하였다. 그리하여 正軍과 保人 중 토지가 없는 빈한한 농민들은 피역을 위해 유리·도망하였고, 이를 보충하기 위해 一族과 切隣에게 대신 부담을 지우는 악순환이 계속되었다.

이와 같은 군역의 苦役化는 代立을 불러왔다. 자신의 정상적인 영농을 위해서 혹은 가혹한 役使를 피하기 위해서, 나아가 원거리 番上 근무의 고통과 경비를 덜기 위해서 농민들의 대립이 성행하였고, 거기에 대립을 통해 이익을 꾀하려는 諸司官屬들의 侵虐까지 작용하였다. 그러나 시간이 지날수록 代立價가 폭등하면서 정부의 개입을 불러오게 되었다. 정부는 대립가를 公定하는 조치와 함께 차츰 軍籍收布法으로 방향을 바꾸어갔다. 이러한 납포제는 신분제와 병농일치제에 입각한 군역제와는 다른, 상비군으로서의 급료병제 성립의 전제가 되었다. 한편 지방에 留防하는 군인들에게도 兵使·水使 등의 지휘관들이 사리사욕을 채우기 위해서 방군수포를 강요하고 있었다. 방군수포의 보편화는 지방군을 지극히 허술하게 만들었고, 마침내 조선 초기 국방체제의 근간인 진관체제의 허설화를 가져왔다.

국내에서의 경제변동은 국제교역을 활발하게 하였다. 15세기의 공무역체제가 점차 해이해지면서 16세기에 이르면 使臣 또는 使行員들에 의하여 私貿易이 이루어지고 직물류나 보석류 등의 사치품이 수입되기 시작하였다. 사무역의 주도세력은 왕실·戚臣·權貴 등의 특권세력과 富商大賈들이었으며, 사무역은 척신정치의 물적 기반을 제공하고 국내 상업의 발전을 촉진하였다.

한편 일본과의 무역은 進上과 回賜라는 형태로 이루어졌으며, 구리·금은 등이 수입되고 쌀·직물류·약재 등이 수출되었다. 16세기 이후에는 사무역이 크게 발달하면서 국내 상업 발달에도 일정한 영향을 미쳤다. 그러나 조선 정부의 재정궁핍으로 일본인에 대한 통제책이 강화되고 양국간의 통교가 어려워지면서 三浦倭亂·乙卯倭變과 같은 왜변을 초래하였다.

신흥사족 혹은 재지사족이라고도 하는 士林은 祖先傳來의 田地 및 노비의 매득·개간·겸병 등의 수단을 통해 중소지주로서 안정된 생활을 누렸고, 祖業繼承과 子女均分相續制를 이용하여 사족 공동의 이익을 지켜 나갈 수 있었다. 나아가 이들은 향안을 작성하고 향회 또는 留鄕所를 조직하여, 재경관인으로 이루어진 京在所와의 연결을 꾀함으로써 향촌사회에서의 지배력을 강화하였다. 뿐만 아니라, 재지사족들은 그들 상호간의 결속력을 강화하고 하층민을 통제하기 위해 鄕規·鄕約·洞契 등을 조직하여 향촌사회를 운영해 나갔다.

金宗直과 그의 문인인 金宏弼·鄭汝昌의 교육활동에 의해 영남·기호지역 사림들의 인간적·학문적 접촉이 이루어지면서 성종 16년(1485) 이후 훈구세력에 대응되는 정치세력, 즉 사림파로서 모습을 갖추어 갔다. 사림파의 중앙정계 진출은 훈구세력과의 갈등과 충돌을 예고하였다. 성종대 중반 이후 훈구세력 기용의 부당성과 昭陵復位 주장 등 과감한 언론을 행사한 이들은 연산군의 즉위 이후 그 세력의 한계가 노출되면서 훈구파로부터 탄압을 받는 사건, 즉 戊午士禍가 발생하였다. 무오사화는 세조의 집권을 부정하고, 이에 반대한 인물들을 推奬한 金馹孫의 史草가 빌미가 되었지만, 근본적으로는 세조대 이래 정치·사회·경제적 여러 특권을 향유하고 비리를 저질러오던 훈구파를 사림파가 견제하려 한 데서 발생하였다. 이로써 성종대 이래 중앙정계에 진출했던 사림파는 일대 타격을 받게 되었다. 연산군의 생모인 尹妃가 폐위·賜死된 사실로 발단이 된 甲子士禍는 궁중과 결탁한 朝臣과 府中의 조신간의 대립이었지만, 그 과정에서 무오사화에서 잔존한 사림파도 화를 입었다.

이후 전개된 연산군의 亂政은 中宗反正으로 종식되었다. 반정을 통해 집권한 공신집단은 이후 政曹의 고위직을 장악하여 정국을 그들 중심으로 운영하였다. 그러다가 중종 9년 趙光祖가 정계에 진출한 이후 사림파는 중앙정계에 재진출하여 급성장하게 되었다. 이들은 훈구대신 집권하에 빚어진 각종 정치적·사회적 비리를 척결하고 '至治'를 실현하기 위한 과감한 개혁을 주창하였다. 그러나 이는 곧 훈구파는 물론 온건파 대신·국왕의 완강한 저항을 야기하였고, 그 결과 僞勳削除 사건을 계기로 사림파가 크게 희생되는 己卯士禍가 발생하였다.

기묘사화 이후 南袞·沈貞·金安老 등으로 이어지는 훈구대신들이 다시 정국을 주도하였으나 중종 말기 이후 인종초까지 사림파가 차츰 등장하여 그들의 영향력이 점증하는 가운데 인종의 외척과 명종의 외척간의 갈등이 생겨나고 있었다. 명종의 즉위와 함께 외척 尹元衡과 권신 李芑는 자신들의 세력을 증강하기 위하여 乙巳士禍를 일으켰으며, 사림파는 다시 한 번 중앙정계에서 축출되었다. 이후 척신정치가 지속되는 동안 사림파는 서원설립을 통하여 자파세력의 저변확대를 위해 노력하였고, 이는 결국 선조대 사림정치가 성립되는 주요한 토대로 기능하게 되었다.

사림은 교육활동을 통하여 학파를 형성함과 아울러 정치세력으로 성장하였다. 또 그들은 성리학적 정통성과 정치적 명분의 필요에서 鄭夢周→吉再→金叔滋→김종직→김굉필→조광조로 이어지는 학통을 형성하였다. 그들은 재지적 생활기반에서 상호관계를 맺으면서 학문세계나 현실정치 개혁에서도 동일한 관심을 가지고 있었던 것이다. 그들은 학문이나 활동면에서 鄕黨的 색채를 강하게 지니고 있었다. 그들이 鄕飮酒禮·鄕射禮의 勵行, 향약·향규의 시행, 서원건립 등을 통해 보여준 행동유형과, 조광조 등 '己卯士林'들의 개혁정치에 투영된 현실인식 및 대응자세에서 이는 쉽사리 감지된다. 이러한 향당적 요소에 기초한 향촌질서의 확립은 성리학적 윤리질서와 통치질서의 기축이 되었다.

사림파는 道學政治를, 새로운 정치질서의 수립을 통해 군주나 백성의 天命에 따라 생각하고 행동하는 이상사회의 실현 즉 '지치'로 규정하였다. 이를 위해 사림파는 위민·애민에 정치의 목표를 두고 그 실천을 위해 노력하였다. 그들은 聖君으로서의 자질, 군주와 신하 상호간의 믿음, 言路의 개방과 군주의 納諫이 필수적임을 강조하였으며, 나아가 言官의 활동을 탄핵에 국한시키지 않고 국가정책의 수립과 같은 보다 차원 높은 수준으로까지 확대하고자 하였다.

조광조가 등용된 중종 9년(1514)부터 사림파는 三司를 장악하였다. 그들은 특히 홍문관을 개혁정치의 이념과 방향을 정립하고 그 실천방안을 확정하는 産室로 활용하면서 본격적인 언론활동을 전개하였다. 당시 사림파의 언론활동은 전통적 명분의 회복과 인습·舊制의 革去 및 성리학적 윤리질서의 확립과 새 향촌질서의 수립이라는 두 가지 방향에서 추진되었다. 그리고 개혁정치를 추진할 인적 기반의 확충을 위해 훈구파에 대한 대규모의 削勳과 賢良科를 실시하는 등 보다 적극적인 노력을 기울렸다. 그러나 훈신과 척신의 반발로 사화가 일어나 사림파의 다수가 처형되고 그들이 이룩한 성과도 혁파의 대상이 됨에 따라 실패로 돌아갔다.

서원은 훈구파의 탄압을 받은 사림파가 을사사화 이후 향촌 지배체제 확립을 목적으로 건립하였는데, 여기에는 과거를 위주로 하는 官學이 쇠퇴한데다 사림파의 내적 성장을 위한 그들의 私學 건립 의지도 아울러 작용하였다. 그리고 성리학이 점차 관념론적 理氣論을 지향하던 무렵의 사상적 분위기 역시 서원의 확대에 일조하였다. 최초의 서원은 중종대 周世鵬이 건립한 白雲洞書院이었고, 李滉에 의해 보급·정착되었다. 초기의 서원은 관학의 보조적 기능을 수행하는 정도의 기구로 인식되었지만, 이황에 의해 사림의 講學·藏修處로 그 성격이 분명하게 되면서 사림파의 향촌활동에서의 중요한 기반으로 자리잡게 되었다. 그리고 선조대 이후 그들이 정권을 장악하면서 본격적으로 발전하게 되었고, 피봉사자도 사화기에 피화된 인물, 사림 각 학파의 영수, 성리학 발전에 크게 기여한 인물로 확대되었다.

선조대 이후 서원은 朋黨政治와 관련되면서 그 역할이 증대되어 갔고, 건립의 사정도 달라지게 되었다. 집권세력의 도학적 정통성 부여를 위한 자파계 인물의 재향처로서 또는 사림간의 상호결속을 위한 취회소로서의 사회적 역할을 가지게 되었다. 그리고 17세기 중반 이후 붕당정치가 전개되면서 향촌사림의 여론이 정치에 큰 역할을 끼치게 되고, 향촌사림 역시 중앙 정치세력과 연계하여 자신들의 지위를 공고히 하려 함에 따라 서원은 그 중심적 기능을 수행하게 되었다.

16세기 사림파의 정계 진출이 본격화되면서 그들은 소농민경영의 안정을 통한 자신들의 계급적 안정과 성장을 위한 권농정책을 다각도로 모색하였다. 이 시기에는 훈척세력이 소농민을 동원하여 추진한 低平·低濕地 개발이 활발하였지만, 한편으로는 사림파에 의해 川防 즉 洑의 설치와 활용이 본격화되기도 하였다. 천방은 堤堰에 비하여 가용처를 더 많이 개발할 수 있을 뿐 아니라 대규모의 관개가 가능하였으므로, 16세기 이후 우리 나라 수리관개의 대종을 차지하였다. 이 시기에는 각 군현단위로 사림파 인사들이 향권을 주도하면서 새로운 경지의 개발과 더불어 천방을 많이 축조해 나갔다. 특히 훈척세력이 다수의 노비와 토지를 소유하게 되고, 이로 인하여 토지를 잃게 된 소농민층의 파산이 대대적으로 진행되자, 사림파 관료들에 의해 豪勢家의 대토지소유를 제한하자는 均田·限田論이 제기되었다. 하지만 이러한 논의도 사림파의 정치적 한계로 인해 실현되기는 어려웠다.

賦稅의 대종을 이루는 공납은 연산군 때 加定된 이래 방납현상으로 인하여 큰 폐단이 되었다. 그러나 공납제의 기본적 폐단인 공납의 개정, 방납의 근절을 중종 때 사림파가 중앙정치 요로에 진출하면서 본격적으로 논의되기 시작하였다. 이들에 의해 제기된 각 군현단위로 공납제를 詳定해야 한다는 개혁론은 대동법의 이론적 기초로서 기능하게 되었던 것이다.

전후 7년에 걸친 임진왜란은 한·중·일 3국을 뒤흔든 대전란으로서 동아시아사에 있어서 심각한 영향을 끼쳤다. 즉 중국에서는 명·청이, 일본에서는 豊臣·德川氏의 왕조 또는 정권교체를 가져왔는가 하면, 조선에서는 전 국토가 거의 전장화하여 왜적의 약탈과 살육으로 인한 피해는 물론, 이 전란으로 인한 조선왕조의 정치·사회·경제 및 사상면에 획기적인 변화를 초래하였다. 임진왜란의 원인론에 대해 많은 연구가 있으나, 여전히 논란의 여지가 있다. 조선시대는 물론이며, 일본의 유학자들도 토요토미 히데요시(豊臣秀吉)가 '명분없는 전쟁'을 도발하였다고 비판하고 있다. 일본학자들 사이에서도 임진왜란의 원인으로 토요토미 히데요시의 개인적인 공명심과 영웅심, 대명무역확대, 해외발전 또는 봉건영주들의 세력 약화를 위한 것 등을 들고 있다.

16세기 후반의 조선사회는 지배층의 편당, 정치기강의 해이, 수취체제의 문란과 군비의 허설화 등의 폐단으로 민심이 이반되고 있었다. 왜란 전 일본은 백여 년간 분열되어 혼란을 거듭하던 정국이 수습되고, 통일의 여세를 몰아 대외진출을 시도하고 있었는데 반하여, 조선은 사림 집권 이후 국론이 분열되고 통치체제의 해이로 국방력이 크게 약화되어 있었다. 따라서 1592년 왜란을 당하여 정부는 그 대책을 강구함에 있어서 별 해답을 찾아볼 수 없었고 대신 재지사족과 민중이 자발적으로 향토를 방위하는 길밖에 없었다. 부산에 상륙한 왜군은 곧 파죽지세로 북상하여 서울을 점령하고 평양과 함경도 지방까지 이르렀다. 이에 국왕은 평양으로, 다시 의주로 피난하지 않으면 안 될 만큼 무능함을 드러냈고, 이에 민중들은 격분하여 궁궐과 관청들을 불살라 버리기까지 하였다. 다행히 바다에서 李舜臣 등이 이끄는 수군이 적의 보급로를 차단하고 제해권을 장악하는가 하면, 또한 각지의 의병도 향토조건에 맞는 무기와 전술로서 큰 전과를 거두게 되어 점차 전세가 만회되고, 이와 아울러 명나라가 원군을 보내오자 결국 일본은 화의를 추진하다가 결국 패퇴하고 말았다.

전후 7년간 계속 되다시피 한 왜란은 17세기 전반 胡亂과 함께 초기에 확립된 양반관료체제를 획기적으로 변화시킨 외적 작용으로서 15세기 말 이래 꾸준히 성장·발전해 온 내적 요인과 상승작용을 하였던 것이다. 미증유의 대국난을 끝내 극복할 수 있었던 여러 요인을 거론할 때 혹은 그 배경을 제해권을 장악한 해전의 승리에서, 혹은 전국에서 봉기한 의병활동에서, 혹은 明의 구원에서 찾기도 하지만, 그러한 요인들은 각기 떼어내어 개별적으로 공적을 돌리기보다는 그러한 요인들을 상호유기적인 관련하에서 종합적으로 고찰함이 바람직하다. 그 궁극적인 극복 요인은 무엇보다 조선왕조 기존의 양반지배체제 내지 재지사족의 향촌지배체제가 크게 동요되지 않은 데다가 임진왜란 초기에 동요된 민심을 수습하고 당시 재조·재야세력이 민중을 효과적으로 조직, 동원하여 戰守 양면에 투입할 수 있었기 때문에 마을·고을 단위로 창의, 기병한 의병진이 도처에서 봉기할 수 있었던 것이며, 우리 수군이 해상에서 제해권을 장악할 수 있었고 따라서 明의 원군도 맞이할 수 있었던 것이다.

왜란을 겪은 뒤 조선에서는 그 뒷 처리를 위해 여러모로 노력하였다. 먼저 난중의 피폐된 산업을 일으키고 국가 재정기반을 튼튼히 함에 힘을 쓰는 한편, 성곽·무기를 수리하고 군사훈련을 실시하는 등 국방에 힘을 기울였다. 외교관계에 있어서도 명·청의 교체 현실을 직시하고 신축성 있는 중립외교를 폈다. 그러나 그 동안 개혁을 추진하던 광해군과 북인정권이 서인에 의해 타도되고 인조와 서인정권이 수립되면서 상황이 바뀌었다. 서인정권은 중립적 외교정책을 지양하고, 명에 대한 대의명분을 내세워 친명배금정책을 뚜렷이 하게 되었는데, 이로 인하여 호란이 야기되었다. 막강한 여진족의 군사력 앞에 조선은 힘없이 무너졌고 이에 조선은 이후부터는 명에 대신하여 청에 조공하는 관계를 가지게 되었으니, 조선과 청의 관계는 한때 마찰을 빚기도 하였으나 대체로 경제적·문화적으로 돈독해졌다.

정치적으로 16~17세기는 사림세력의 성장과 그들에 의한 사림정치(또는 붕당정치)가 펼쳐진 시대이다. 15세기의 정치가 양반관료제로 출발했다면, 16~17세기의 붕당정치는 양반관료제 위에 정파정치로서 붕당정치를 실현시킨 것으로 전자와 명확히 구분된다. 그리고 그것은 18세기의 탕평정치, 19세기의 세도정치 등과도 명확히 구분된다는 점에서 한 시대의 정치형태로 규정해도 좋다. 경제적으로도 이 시기에는 15세기에 확립된 수취제도와 부역제도가 질적 변화를 일으키고, 농업 발달을 토대로 상업·수공업이 발달하는 변화가 일어났다. 사상적으로는 성리학과 예학이 크게 발달하는 시대적 특징을 보였다. 임진왜란이 이런 흐름을 중절시키지 않았다는 것이 그간의 연구들의 한결같은 주장이다. 그간의 학계의 연구성과에 의하면 16~17세기의 역사상은 18세기에 군주들이 사림의 붕당정치의 폐단을 해소하기 위해 탕평정책을 취하여 스스로 정국을 주도하는 체제를 만들면서 비로소 달라지기 시작하였다.

사림세력은 정치의 현장에서 붕당을 인정하는 정치적 특성을 보여주기도 하였는데, 이들은 그 형성 초기에 붕당의 존재를 인정하는 宋代의 歐陽脩와 朱熹의 붕당론에 큰 관심을 보이고 이를 적극적으로 수용하였다. 스스로 정치세력을 인정해야 할 필요성이 컸기 때문이었다. 그리하여 정치에서 붕당은 부정될 것이 아니라, 공도의 실현을 추구하는 붕당은 오히려 推奬되어야 삼대의 이상정치가 실현될 수 있다는 주장이 정론으로 자리 잡아갔다.

사림세력의 새로운 붕당관은 반대세력으로부터 심한 반발을 사기도 했다. 신진기예의 사림들은 중앙 주요관서의 낭관직에서 자천제의 실현을 통해 대신세력의 영향으로부터 벗어나면서 상호 결속을 강화해 대신 중심의 일방적 정사처리에 제동을 걸거나, 언관직에서 合啓의 집단적 활동을 통해 왕을 간쟁하고 훈척세력의 비리를 비판 또는 탄핵하였으며, 이 같은 것은 제도로 정착되었다. 언관들은 낭관들이 각 부서에서 당상관과 대립할 때 그들을 지원하여 주었고, 전조낭관이 삼사 관원의 인사를 주도하는 관계를 유지하면서 더욱 밀접한 관계를 이루었다.

사림세력은 명종 때까지는 척신세력과의 투쟁을 계속하다가 선조대에 비로소 정국을 주도하는 위치에 설 수 있었다. 지금까지의 훈척세력과의 투쟁에서는 상대를 소인의 무리(僞朋)로, 스스로를 군자의 당(眞朋)으로 규정하였지만, 같은 사림계가 거의 주도권을 쥔 정국을 어떻게 인식해야 할 것인지가 새로운 문제로 제기되었다. 한쪽에서는 그것을 一朋의 상태로 규정하여 단합을 촉구하였지만, 다른 한쪽에서는 척신정치의 잔재를 철저히 청산하는 것만이 앞날이 보장될 수 있다는 내부 비판론을 제기했다. 집권세력이 된 사림계는 이 쟁론 끝에 동인·서인으로 분당하는 사태를 맞았다. 이 자체 분열현상은 선조 일대에 학연을 중심으로 격렬하게 전개되어 남인·서인·대북·소북 등 많은 붕당의 출현을 가져왔으며, 임진왜란도 사림세력의 이러한 분열 속에서 맞았다. 붕당분열로 인한 정국의 혼미는 仁祖反正(1623)으로 서인과 남인 양대 붕당이 공존하는 체제가 확립되면서 비로소 안정을 찾을 수 있었다. 인조 이후의 붕당정치는 상대세력과의 공존을 토대로 한 공론정치의 실현을 중요한 명분으로 삼았다.

17세기 붕당정치는 비변사 중심의 공존체제와 삼사언론의 활성화, 천거제의 시행 등으로 이루어졌다. 붕당정치기의 정사는 비변사를 중심으로 이루어졌다. 인조~현종년간에 비변사의 당상 이상의 관직은 서인이 다수를 차지하고, 남인이 소수로 참여하는 형태로 이끌어지다가 숙종 즉위 초에 남인이 대거 진출하여 반수를 차지하는 변화를 일으켰다. 비변사의 公事는 대개 유사

당상 이상의 합의를 거쳐 왕에게 '備邊司啓'로 입계되었다. 이 과정에서 주요 관직에 대한 薦擧權, 붕당간의 이해조정 등이 이루어졌다.

삼사의 언론은 대간 개인보다는 부서별, 또는 合啓의 형태로 입계되는 것이 관례화되었다. 언론이 힘을 얻기 위해서는 공론의 표방과 전체 구성원들의 의견 통일이 필요하였으며, 대간이 합계하면, 홍문관도 '常規의 道'로 이에 동조하는 것이 관례였다. 붕당정치기에 삼사는 공론정치를 표방하고 상호 비판과 견제를 통해 권력이 특정 개인이나 집단에 의해 집중적으로 행사되는 것을 막을 수 있었다.

사림의 붕당정치는 17세기 후반에 접어들면서 주도 붕당의 교체현상으로 換局이 빈발하는 새로운 양상을 보였다. 숙종 즉위년(1674)에서 영조 4년(1728)사이 50년간 아홉 차례의 환국(갑인·경신·기사·갑술·경인·병신·신임·을사·정미)이 거듭한 것은 다른 시기의 정치집단의 교체에 비해 짧은 시기에 집중적으로 발생했다는 점 하나로서도 충분히 주목할 만하다. 그리고 이후로는 국왕의 탕평책으로 더 이상 발생하지 않았다는 점에서도 시대성이 더욱 부각된다. 환국은 복수의 붕당이 균형을 깨고 주도 붕당과 견제 붕당을 바꾸는 형태로 발생하였다. 환국의 핵심은 붕당전체의 교체라기보다 붕당 내부에서 실질적으로 영향력을 행사하는 소수 권력집단의 교체이기는 했지만, 국왕의 의지가 그 변동의 핵을 차지한다는 점에서 이전에 보지 못하던 새로운 현상이었다. 숙종대는 실제로 국왕이 붕당정치의 폐해를 지적하면서 국왕이 명실상부하게 주도하는 '탕평'의 정국을 지향하였다. 그러나 오랜 기간의 붕당정치 속에서 국왕은 독자적인 권력행사의 기반을 확보하지 못한 상태였기 때문에 주도 붕당이나 권력집단의 교체를 통해 왕권의 입지를 넓혀가고자 했던 것이다. 그러므로 환국은 단순히 붕당정치의 말폐라기보다는 18세기 탕평정치기에 발현된 여러 변화의 시발로 보아야한다는 견해는 설득력이 있다.

조선 중기는 자연환경 조건이 대단히 나쁜 시기였다. 이는《조선왕조실록》의 천문 이상현상 및 자연재해에 관한 기록들을 분석한 최근의 연구성과에서 보고되고 있다. 서구학계는 17세기에 전 지구적으로 기온이 강하한 사실-소빙기(little ice age) 현상-이 있었다는 보고를 여러 방면으로부터 받왔다.

종래 16세기의 사회경제는 15세기의 농업경제 발달을 배경으로 상업이 발달하고 부역제도에도 변동을 가져온 것으로 보는, 발전론적인 해석이 강하였다. 16세기 전반기까지는 이러한 관점의 해석이 타당하다. 그런데 16세기 후반 이래 17세기 전반까지 약 1세기간은 자연재해보다는 척족정치와 왜란·호란으로 인한 내우외환에 영향을 받은 바가 더 컸다고 볼 수 있다.

공납제도에서의 대동법의 발상은 방납의 폐단을 저지하기 위한 데서 출발하였다. 그러나 17세기의 시행과정에서 그 필요성은 安民益國의 차원에서 강조되었다. 대동법의 성립은 요역의 물납세화, 전결세화 과정을 전국적 차원에서 추인하고 법제화하는 것이었다. 모든 공물의 전세화는 중간 작폐로서 방납의 폐단을 막아주는 것만으로도 백성들에게는 도움이 되는 것이었다. 나아가 각종 요역의 부담도 이에 포함시킨 것은 새로운 차원의 기민 구제의 수단을 내장하는 것이었다. 직접적인 노동력 제공을 요하는 각종 요역을 雇立制로 전환할 수 있는 기반이 이에서 확보되었던 것이다.

장기적인 재해와 그 속에서 일어난 여러 차례의 전란(왜란·호란)은 농민경지의 대규모적인 황폐화를 가져왔다. 임진왜란 후의 농경지의 황폐는 극심하여 광해군 3년(1611)의 경지 조사결과 54만 2천여 결로 이전의 170만 8천여 결에 비하면 극감한 상태였다. 인조대의 양전에서도 총 농지는 985,002결로 늘어났으나, 진전이 443,139결(45%)에 달하는 실정이었다. 거듭하는 자연재해가 복구를 쉽게 허용하지 않았던 것이다. 농경지는 숙종 46년(1720)의 경자양전에서 비로소 139만 5,333결로 정상적인 궤도에 올랐다.

대동법 시행론자들은 부수 효과로서 상업·수공업의 발전을 기대하면서, 이를 촉진하는 방도로 금속화폐제도의 시행을 동시에 주장하였다. 이런 주장이 반대론에 밀려 시행시기가 늦추어지기는 했지만, 대동법 시행의 효과가 발휘되면서 동전의 주조도 저절로 후속되었다. 군수산업은 군영제도의 발달과 궤를 같이하고 필요한 병기류의 조달은 대동법하의 貢契를 통해 이루어졌다.

16세기 중반 이후 심각한 상태에 빠졌던 사회경제는 17세기 말엽, 18세기 초엽에 이르러 회복의 활력을 되찾기 시작했다. 비상대책으로 시행된 대동법·고립제·환곡운용·화폐제도 도입 등이 새로운 경제의 틀을 구성하였으며, 그간 명·청 교체의 국제질서의 대변동 가운데서 외교적으로 많은 수난과 어려움을 겪으면서 비단과 그 原絲 등의 중국상품을 일본에 중개하는 국제교역상의 이점도 이 시기의 상공업 발달에 한 몫을 하였다.

조선왕조는 16세기에 들어오면서 새로운 변화를 맞이하게 된다. 사림은 자신들을 주축으로 하는 향촌의 자치조직을 형성하고, 이를 통해 관권과의 일정한 타협하에 자신들의 향촌지배권을 확보하는 자율책을 추구하게 된다. 그것은 때로 향약이나 鄕規·鄕案과 같이 一鄕을 망라하는 조직 형태로 구체화하기도 하고, 그보다는 좀더 하부체계로서 親隣·同志的 성격을 가지는 결사형태인 洞契조직으로 성립하기도 하였다. 사족의 향촌지배는 그 이전부터 그들이 마련하여 온 유향소·향약·향규·洞約·洞契 등의 자치조직을 통해 구현되었다. 유향소는 수령권과의 마찰이 불가피하여 몇 차례의 치폐과정을 겪기도 하였으나, 수령권과의 타협 위에서 재지세력이 부세운영에 관여할 수 있는 기구로서 기능을 수행해 왔다. 유향소는 성종 때 사림파에 의해 鄕射禮·鄕飮酒禮와 같은 주자적 이념을 실천하는 교화장소로서 주목되었고, 후일 서원이 발흥함으로써 사림의 관심에서 멀어지게 되었으나 적어도 17세기 중반까지는 사족의 향촌지배기구로서 활용되고 있었다.

한편 군현단위의 향촌자치조직에는 향약과 향규가 있었다. 향약은 성리학의 수용과정에서 알려진 중국의 향촌제도로서 중종년간 조광조 등의 사림이 교화의 방안으로서 전국적인 보급운동을 벌였으나 기묘사화로 실패한 후, 지방사족에 의하여 구휼위주로 성격이 바뀌어 향촌별로 점차 시행을 보았다. 유향소와 향약·향규가 군현단위의 조직이었다면 보다 축소된 지역단위로서 동계가 있었다. 동계의 출발은 자연촌의 형성에서부터였겠지만, 16세기에 이르면 하나의 촌락 혹은 지연·혈연적으로 긴밀한 관계를 유지하는 몇 개의 촌락에 거주하는 사족 사이의 결사적 성향을 농후히 하게 된다. 동계의 구성원들은 이를 바탕으로 향안에 입록될 수 있었고, 향약·향규 등의 군현단위 자치조직에 참여, 사족의 향촌지배에 가담할 수 있었다.

16세기 중반 이후 출현하는 서원은 사족의 향촌지배측면에서 볼 때 분명히 새로운 기구였다. 그것은 講學과 藏修를 표방하는 학교였기 때문에 유향소처럼 수령권을 침해할 수도 있다는 의심에서 벗어날 수 있었고 따라서 그들이 개별적으로 추진해오던 향약이나 향음주례 등을 현실에 적용할 수 있는 장소로서 고려될 수 있었다.

16세기 중반 이후 확실하게 드러난다는 사족의 향촌지배체제는 이상과 같이 여러 가지 향촌기구를 통해 향촌민 지배의 독자적 영역을 구축하여 온 사족세력의 부단한 노력의 산물이었다. 거기에는 물론 지방지배의 동반자로서 향리 대신 사족을 선택한 중앙정부의 입장이나, 성리학 이념의 정착이라든가 15세기 이후의 농법의 발달과 그에 수반한 경지의 확대에 따른 사족 경제력의 상승 등이 배경이 되었을 것임은 말할 것도 없다.

사족의 향촌지배에 큰 전기를 마련한 계기는 임진왜란이었다. 임란은 조선조의 지배질서를 전면적으로 재편하지 않을 수 없게 하였으며, 향촌에서의 사족지배구조에도 마찬가지 영향을 미쳤다. 임란 후 재건된 향촌사회를 어떻게 볼 것이냐에 대해서는 논자에 따라 견해가 각기 다르다. 그러나 일반적으로는 난중의 의병활동을 기반으로 사족은 난후의 수습과정에서 진주지방의 里坊편성에서 보듯이 그들 중심으로 향촌사회를 재건하였으며, 이런 과정에서 황폐화된 토지의 개간과 유향소·향약·향규·동계·서원 등의 향촌조직이 복구되었다고 설명되고 있다.

사족 중심의 향촌운영은 그러나 얼마가지 않은 17세기 후반에 이르러 더 이상 추진되기 어려운 난관에 직면하게 된다. 그것은 우선 국가의 對鄕村政策이 재지사족을 매개로 하던 간접적인 방식에서 소농민에 대한 직접적인 지배형태로 전환된 것과 관련된다. 먼저 경재소의 혁파로 향임의 선임권을 수령이 장악하게 됨으로써 유향소는 명칭마저 향청으로 바뀌어 수령의 보좌기구가 되어버렸다. 나아가 국가는 '五家統事目'과 里定法의 시행을 통해 부세행정실무를 면이임과 향리의 연결조직을 이용해 수령에게 귀속시킴으로써 사족의 부세운영권 참여를 무력화하여 小民에 대한 지배를 약화시켰다.

이러한 외부의 견제와 함께 사족세력 내부에서도 분열이 심화되어 더 이상 결집된 힘을 발휘할 수 없는 상황에 이르게 된다. 家禮의 보급에 따른 가족 및 상속제도의 변화는 異姓雜居의 同族村에서 同姓同本의 同姓村으로의 전환을 가져오게 하였는데 그에 따라 종래의 公有財産에 대한 이해갈등과 대립이 일어나면서 결국은 향촌사족이 분열되어 각자가 동성촌에 기반한 族的結束과 門中勢의 확산에 주력하게 되었다.

향촌사족의 이런 분열에는 중앙정계의 붕당간 대립의 심화도 크게 작용하였다. 당론의 세습성은 향촌사족에까지 여파를 미쳐 향론의 분열을 조장했으며 여기에 향권장악을 둘러싼 대립까지 가세함으로써 사족 내부의 분열을 촉진하였던 것이다. 이 시기에 빈발하는 당색과 연결된 사족간의 鄕戰, 특히 서원제향자를 둘러싼 향전의 빈발이 그것의 단적인 예이다.

이와 같이 사족의 향촌지배권이 약화되는 속에 사족 내부의 분열까지 겹치게 되면서 16세기 이후 사족 중심의 향촌지배는 후퇴하고, 새로이 드러나는 동성촌락을 중심으로 한 족적결속과 문중조직에 관심이 집중되면서 향촌사회의 운영도 그런 방향으로 가게 된다.

사림의 정치활동이 본격화하고 그 사림의 母集團인 사족에 의한 향촌지배가 본궤도에 오르면서, 그들의 활동을 뒷받침해 주는 이론적 근거였던 성리학에 대한 관심이 고조되는 것은 당연하였다. 그리하여 16세기 후반 이후 理氣心性說에 관한 깊은 연구와 함께, 특히 17세기에 들어가면 사림과 사족의 행동규범과 생활의례로서 《주자가례》를 중심으로 한 예학이 크게 발달하고, 왕실의 典禮문제와 관련해 禮說논쟁이 주요 정치쟁점화하여 정권의 향배를 결정할 정도가 되며, 유교적 예속의 전파에 따른 宗法制의 보급과 정착으로 전통적인 가족제는 물론 향촌사회의 촌락구성마저 달라지는 변화가 오게 된다.

예학에 관한 이해가 심화되면서 주자가례와 3례, 또 3례 중에서도 《예기》와 《의례》 중 어느 것을 더 중시하고 기준으로 삼을 것인가 하는 문제를 놓고 학파와 당색에 따른 차이가 드러나면서, 마침내 인조대의 元宗추숭 논의나 현종 때의 服制 논쟁과 같은 왕실의 전례에 대한 예법의 적용문제로 비화, 정치세력간의 커다란 분쟁을 일으키기도 하였다. 사림이 사회전반을 주도하며 주자가례에 의한 예학이 발달하여 종법제가 정착될 수 있는 여건이 조성된 시기는 17세기 이후였다. 그 결과 家廟가 널리 보급되어 사족집안의 가옥구조까지 달라졌으며 男歸女家婚에 대신하여 迎親禮가 본격화되고 立後制가 확립되는 등 종전의 兩系的 특성이 부계적 가족제로 변하게 되었다. 특히 주자가례의 勵行은 外孫奉祀·輪回奉祀 대신에 적장자에 의한 四代奉祀

制의 실현을 보게 하였으며 그에 따라 자녀균분상속제 역시 적장자 상속으로 전환되었다. 이런 종법적 가족질서의 확립은 족보에도 영향을 미쳐 17세기 초까지는 외손까지 포함되는 子孫譜 형태에서 父系親만 수록하며, 기록도 先男後女로 하는 방식을 정착시켰다. 뿐만 아니라 촌락의 구성에서도 조선전기까지 몇 세대의 내외손이 함께 거주하는 이성잡거의 동족촌락에서 부계친 중심의 동성촌락으로 바뀌는 변화까지 일으켰던 것이다.

예학에 대한 이해의 심화와 유교적 예속의 보급은 실상 성리학의 철학적 이론체계에 대한 본격적인 연구를 기초로 한 위에서 전개되었다. 그런 만큼 성리학의 탐구는 주자학 이해의 입문이었던 것이다. 李彦迪이 理를, 서경덕이 氣의 이론을 궁구하면서 본 궤도에 오른 이기설은 이황·조식·김인후·奇大升·盧守愼·李珥·成渾 등의 저명한 유학자들에 의해 理氣心性說의 연구로 발전되었으며, 이것은 16세기가 끝나는 시점에서 퇴계와 율곡에 의해 정리되어 각기 主理·主氣라는 조선성리학의 양대 조류를 형성하였고 그 문인 및 계승자에 의해 학파로 성립하며 붕당정치하에서 각 정파의 정치이념이 되었다. 그러므로 각기 자기파의 학설의 보강을 위한 연구가 계속되면서 동시에 상대학파의 논리에 대한 비판으로 논쟁이 벌어지며, 또 달리 張顯光·許穆과 같이 주리·주기설을 절충하려는 이론도 제기되는 등 학계의 활성화를 가져왔다. 그러나 한편으로는 주자성리학 이외의 다른 학문, 예컨대 陽明學이나 불교·도교 등을 이단으로 배격하는 교조적인 성향이 강화되어, 尹鑴나 朴世堂과 같은 탈주자학적인 시도는 용납되지 못하였다.

역사학에 있어서도 국가의 관료 중심적 역사편찬 대신에 주자의 정통론과 綱目論을 수용한 사림의 개인 단위 역사편찬이 이루어지는데, 史略型 역사서의 유행, 도표와 연표에 의한 서술, 箕子에 대한 관심, 강목형 사서의 출현, 역사 지리학 연구의 심화, 樂府體의 발전, 當代史를 다룬 야사형 사서의 편찬 등이 특징으로 지적된다.

한편 불교와 도교는 주자학이 갖는 이단배척의 특징에다가 조선주자학이 점차 교조적 성향을 더해감으로 더욱 위축될 수밖에 없었다. 그러나 불교는 현실에서 떨어진 은둔화의 경향 속에서도 山中僧團의 조직을 형성하고, 이를 통해 山僧의 법통을 계승함으로써 명맥을 이어 나갈 수 있었다. 불교의 존재를 크게 드러내었던 임진왜란시의 승군활동은 이런 법통과 승단조직을 밑받침으로 하여 일어날 수 있었다.

사림의 사회 주도와 사족지배체제의 운영은 문학과 예술, 그리고 민속과 일상의 의식주생활에도 일정한 영향을 미쳤다. 대체로 조선 전기적인 전통을 계승하면서도 사림의 취향에 맞추어 변형되거나 새로운 모습을 보였으며 이를 18세기 이후의 후기 사회에 전달해 주고 있었다.

우선 문학의 면에서는 자연 속에서 심성을 수양하는 사림의 삶과 대민교화의 내용을 담은 작품들이 많은데, 임진왜란과 병자호란의 전란을 거친 후에 한편으로는 《홍길동전》에서 보듯이 전쟁의 황폐에서 드러나는 현실의 모순을 고발하고 이상국가의 건설을 추구하는 사회소설이 나오는가 하면, 전쟁의 패배를 치유하고자 역설적으로 전쟁의 승리와 그것을 가져오게 한 민족영웅의 형상을 그린 軍談소설이 한때 유행했으며, 17세기 후반에 가면 현실적인 사회체제의 동요 속에서 이를 관념적으로 보상받고자 사대부의 出將入相과 가문창달의 실현을 기본 골격으로 하는 《구운몽》 등의 한글소설이 나와 18세기 이후 성행하는 고전소설의 선구를 이루었다. 반면 미술에서는 이 시기를 특징짓는 사대부들의 은둔사상이 크게 반영되어 漁村問答·濯足·觀瀑·釣魚 등이 화폭에 자주 등장하였다. 선비의 절의를 상징하는 대나무·매화가 많이 그려진 것이라든가 隱者的인 정취를 자아내는 墨法이 어느 시기보다도 높은 수준으로 발달하였던 사실이 이를 뒷받침해 주고 있다. 사대부의 기본 교양이라고 할 書體에서 굳센 의지를 표현한다는 王羲之體가 부활하는 가운데, 거기에 토대해 자신의 독특한 필법을 가미했다는 石峰體가 널리 유행하고, 金生·李嵒을 비롯한 우리 나라 역대 명필들의 筆跡과 碑文을 摹刻·탁본하여 연습교재로 사용하기 위한 刻帖이 만들어지면서 《大東金石帖》이 나왔던 것 역시 이 시기의 특성을 반영한 것이다. 조각의 양식은 유일하게 불상에서 찾아볼 수 있는데 佛身에 비해 머리부분이 크며 기법도 떨어져 전반적인 불교쇠퇴상의 일면을 보여주고 있다. 도자기 공예에서는 분청자기가 소멸하고 굵은 모래받침의 회백자 제작이 성행하였는데, 관영사기공장으로는 경기도 광주의 分院이 중심지이다. 특히 鐵畵백자의 제작과 明器類에 보이는 다양한 남녀인물상·銅畵백자 및 乳白色의 백자 출현은 조선 후기

백자의 시작을 알려주는 이 시기 도자공예의 특징이었다.

한편 조선 중기의 음악은 궁중 안에서의 祭享樂과 宴享樂이 앞 시대에 비해 규모면에서는 축소되지만 향악곡이 발달하고 관악곡으로 변질되는 새로운 변화를 보이며, 궁중 밖에서는 北殿·中大葉·數大葉같은 관현반주의 새로운 노래와 거문고 중심의 기악합주인 풍류음악이 생겨나 선비들의 애호를 받으면서 조선적인 고유색이 강하게 드러나고 있었다.

종법제의 정착과 유교적 예속의 보급에 따라 큰 변화를 겪은 분야는 민속과 사대부의 주거공간이었다. 민속의 경우 고려시대 이래의 巫俗 중심의 축제풍속이 점차 유교의례적 형식으로 전환되면서 새로운 이념인 주자학의 영향으로 關王廟와 서원·時祭 등에서 보듯이 친족집단의 조상숭배와 인물숭배 풍속이 등장하였다. 주거공간의 변화가 아마도 조선 중기 사족생활에서 가장 큰 변화였을 것이다. 무엇보다도 가례에 의한 4대봉사제가 정착되면서 신주를 모시고 제사를 지낼 공간으로서 家廟가 班家에 자리잡게 된 것이 큰 특징이라 하겠으며, 內外와 長幼의 구별을 위해 안채·별당의 구성과 주인양반의 修身과 학문연마, 손님접대를 위한 사랑채, 그리고 사역과 隨行을 위한 노복 및 婢子의 거처인 행랑채·비자방 등이 별도로 배치되는 구조를 갖는 사대부 가옥의 형태가 자리잡게 되었으나 인민의 절대 다수를 차지한 민중의 가옥은 초가 3간이 가장 일반적이었다.

4) 조선 후기의 사회와 문화

조선 후기 사회에서는 정치·사회·문화 전반에 걸쳐서 상호 유기적 연결을 가진 일련의 변화가 진행되고 있었다. 이 과정에서 조선 후기의 정치는 탕평론 및 세도정치의 전개라는 특성을 드러내게 되었다. 물론 18세기 탕평론이 제시된 데에는 일정한 배경이 있었고, 영조대에 전개된 緩論蕩平의 입장과 정조대에 시행되었던 峻論蕩平은 각기 상이한 특성을 지닌 것이었다. 그러나 이 양자는 탕평론이라는 큰 테두리 안에서 상호 합치될 수 있는 요소를 가지고 있었으며, 현실정치를 이끈 통치이론이었다.

한편 개항 이전 19세기의 정치사에서는 세도정치가 전개되고 있었다. 세도

정치는 왕권강화론의 일부로 제시되었던 탕평론에 맞서 소수 집권가문의 정치적 권리를 정당화하려는 정치이론이었으며, 이는 탕평 정국의 출현 및 지속에 대한 집권 귀족층의 반작용에 의해서 추진된 것이었다.

조선 후기 탕평론이 제시된 배경에는 사회·경제적으로 성장한 서민·하층민들의 정치적 지향이 자리잡고 있었다. 그들은 양반 중심의 정치질서에 반론을 제기하고 있었고, 이러한 변화에 양반 지배층들도 능동적으로 대처해 나가야 했다. 또한 17세기 이래 지주제의 모순을 극복하는 방안에 대해서 학문적으로 접근하던 일군의 학자들은 朱子의 토지론을 재검토하는 과정에서 箕子 箕田說·井田說 등에 주목한 바 있었다. 이와 동시에 그들은 기자의 저작으로 알려진 洪範 皇極說에도 관심을 가지게 되었다. 동시에 조선 후기 양반 지배층 가운데 일부는 四書 중심의 주자학적 체계에 비판을 가하면서 六經 중심의 古學에 경도되기도 했다. 바로 이러한 과정에서 《書經》의 洪範篇이 재음미될 수 있었다. 그리고 국가권력의 주체를 천자 내지는 국왕으로 보려는 皇極蕩平論의 토양이 마련되어 갔다.

탕평을 표방하는 정국운영론은 이미 숙종 말년부터 제기된 바 있었다. 그러나 이 탕평론은 영조 5년(1729) 이후에 이르러 실제 정치운영의 원리로 작용되었다. 換局政治의 극심한 폐해를 체험한 당시의 지배층 일부에서는 현실정치에서 최대의 현안이 붕당의 타파에 있다는 점에 동의하고 있었다. 이러한 견해를 가진 정치집단을 당시에는 온건한 주장을 펴는 정파라는 뜻에서 緩論이라고 호칭되었다. 반면에 사림의 정치원칙인 각 붕당의 義理 자체가 붕당 타파보다도 더욱 중요하다고 판단하는 집단도 있었다. 이들은 완론에 대칭되는 준엄한 입장을 펴는 정파라 하여 峻論으로 지칭되고 있었다.

요컨대 영조·정조의 탕평책이 시행되어 가던 기간에는 군주권이 강화되었고, 군주는 세상을 다스리는 바른 도리인 世道의 담당자요 책임자로 부각되었다. 여기에서 군주는 모든 의리를 군주 자신에게 집중시키며 타파붕당의 기치 아래 당론을 배격하고, 사족 지배층을 억압하며 對民 긍정적 정책들을 강화시켜 갔다. 그러나 탕평정국은 하나의 정치체제로 정립시키는 데에는 실패하였다.

이와 같은 일련의 상황과 관련하여 19세기에 접어들면서 세도정치가 시행되었다. 세도정치가 시행된 배경으로는 탕평정국을 거치는 동안 진행된 붕당의 퇴조현상과 그리고 정조의 사후 왕권의 약화현상을 우선 주목할 수 있다. 순조와 헌종의 단계에 이르러서는 군주의 국정 주도를 위한 노력이 실패로 돌아가고, 국왕은 국정 운영 전반에 있어서 그 관념상의 권위에 상응하는 권력을 행사하지 못하게 되었다. 그리고 군주권의 약화에 대응하여 전개된 세도정치기에는 중앙의 정치권력은 안동 김씨, 풍양 조씨, 반남 박씨, 대구 서씨, 연안 이씨, 풍산 홍씨 등 특정한 소수 가문에 집중되었다.

한편 지난 17세기 붕당정치기에 있어서 지배계층은 士論의 확보를 통해 자신들의 정치적 입지의 근거를 삼았다. 그러나 19세기의 세도가문들은 정권의 장악과 유지의 중요한 기반을 국왕 또는 왕실의 권위에 두고 있었다. 그들 중 일부는 왕실의 외척이 됨으로써 이 권위를 강화시켜 보고자 시도하기도 했다. 왕실의 권위가 강조되는 이러한 현상은 18세기 군주권이 강화되었던 상황이 19세기에 이르러 세도가문들에 의해서 변칙적 형태로 역이용되고 있었음을 의미하며, 조선왕조의 지배체제가 밟아 온 변화의 귀결이기도 했다. 여기에서 드러나는 바와 같이 세도가문들은 군주라는 중세적 정치체제의 전통적 권위 위에서 존립했고, 이로써 그들은 조선왕조의 지배체제에서 형식적 정당성을 확보하게 되었다. 세도가문들 사이에는 時僻이라는 당색의 차이보다 더욱 강한 동질성이 유지되고 있었다. 이 동질성은 중첩된 혼인관계를 통해서 강화되기도 했다.

순조대에 이어서 전개된 헌종대의 세도정치는 대체로 안동 김씨와 풍양 조씨 가문이라는 두 세력 사이에 어느 정도 균형이 유지되고 있었던 시기였다. 그리고 철종대의 세도정치 또한 기존의 세도가문들 상호간의 협력에 의해서 지속되고 있었다. 세도정치 기간 중 유력가문을 중심으로 한 상호간의 협력관계는 시간의 경과에 따라서 변화가 있었다. 그러나 그들 내부에 있어서는 강한 동질성이 유지되고 있었다. 세도집단 내부에 존재하던 이와 같은 동질성은 대원군 집권기를 통해서도 철저히 불식되지는 못하였다.

18~19세기에 이르러 중앙정부의 각종 재정수요를 충당하기 위한 여러 문제들이 논의되었다. 조선왕조가 당면했던 17세기의 재정위기를 대동법의 시행을 통해서 어느 정도 대처해 나간 바 있었다. 그러나 전근대적 재정이 갖

는 한계로 인해서 재정위기는 계속해서 발생했다. 18세기의 조선왕조에서도 국가재정의 중요한 부분을 차지하고 있었던 군역제와 관련된 재정위기를 극복하기 위해서 *均役法* 시행에 관한 논의가 전개되었다. 영조 28년(1752)에 시행된 이 균역법은 양역의 폐단으로 말미암아 양인층의 피역 저항이 강화되어 가던 상황에서 양인층을 안정시키고 국가재정을 확보한다는 두 가지의 목적을 가지고 제정되었다.

한편 조선 후기 사회에서는 국가의 재정체계가 租庸調체제로부터 田政·軍政·還穀이라는 三政體制로 전환되어 갔다. 그러나 조선 후기 사회에서는 사회변동의 여파에 따라서 부세제도가 총액제 수취방법으로 변동되어 갔고, 부세제도 자체의 문란상이 심화되었다. 이에 대한 民의 저항이 강화되자 삼정의 문란을 개혁하고자 하는 노력이 전개되었다. 삼정문란을 개혁하기 위한 노력은 조선왕조 국가의 존립과 직결되는 문제로 중요시되고 있었다. 그러나 조선 후기 사회에서 전개되었던 각종의 변통론 즉 개혁안들은 사회구조의 근본적 개혁의 방향을 지향하는 대변통론을 취하기보다는 기존의 체제 내에서 수취방법을 개선하려는 소변통론의 방향으로 지향하고 있었다. 여기에서 우리는 조선 후기 사회가 추구하고 있던 개혁의 한계점을 파악할 수 있다.

조선 후기 삼정문란에 관한 문제제기는 군정 분야에서뿐만 아니라 전정이나 환곡 분야에서도 계속되고 있었다. 삼정 가운데 전통적으로 중요시되어 오던 분야는 전정이었다. 전정은 조선 후기 당시 토지에 부과되는 각종 잡다한 항목의 조세를 관리하는 문제를 뜻했다. 당시의 토지세는 國納·船給·邑徵 등으로 나누어 볼 수 있다. 국납은 결당 4두씩 부과되던 전세를 비롯하여 대동미, 삼수미, 결작 등의 경상세를 말한다. 선급은 국납에 따르는 각종의 부가세를 뜻하며, 읍징은 해당 고을의 잡다한 용도에 쓰이는 부가세를 일컬었다. 이 가운데 각종의 부가세가 수십 종류에 이르렀고, 부가세의 종류와 세액이 증가하여 전정의 문란은 가속화되어 갔다. 또한 양전이 철저히 시행되지 못함에 따라서 토지에 대한 수세정책을 효율적으로 수행할 수 없었고, 전결세와 수취과정에서도 각종 폐단이 자행되고 있었다.

한편, 환곡제의 운영에 있어서도 많은 문제가 야기되었다. 원래 환곡은 진휼책의 하나로 춘궁기인 봄철에 관청에서 농민들에게 곡식을 대여했다가 가

을철에 元穀과 이자인 耗穀을 붙여서 거두어들이는 방식이었다. 이때 모곡은 원곡의 10%에 해당되는 것이었다. 그러나 조선 후기에 이르러 환곡의 진휼 기능이 국가재정을 보충하는 방향으로 변질되었다. 또한 당시 정부의 기관들은 이른바 經費自辦의 원칙에 따라 각 관청에서 소요되는 경비를 스스로 마련해야 했다. 이 상황에서 중앙과 지방의 각 기관에서는 다투어 모곡을 확보하려 했고 이를 중요한 재정 수입원으로 삼게 되었다. 그리고 이로 말미암은 각종의 폐단이 발생하게 되었다. 그리하여 19세기의 중엽에 이르러서 환곡은 삼정 가운데 가장 큰 문제를 일으키고 있었고, 이로 말미암아 정부에 대한 민의 저항이 강화되어 갔다.

또한 국가재정 운영 방식의 변화와 삼정의 문란과 관련하여 주목되는 현상은 都結의 출현에 관한 문제였다. 조선 후기에 이르러서는 총액제에 의한 재정 운영이 일반화되고 있었다. 총액제가 본격적으로 시행되기 이전의 부세 운영은 토지와 인민에 대한 국가의 개별적이고 직접적인 파악이 전제되었다. 그러나 조선 후기에 이르러서는 면·리 단위로 부세 단위가 상향조정되었고 국가 공권력이 미치는 범위도 면·리로 축소되었다. 그후 공동납의 관행은 점차 넓어져 갔다. 즉 人丁稅는 공노비의 庚申摠(영조 16년, 1740) 및 양역의 庚午摠(영조 26년, 1750)에 의해서 정총제로 전환되었고, 전세는 비총제로, 환곡은 환총제의 방식으로 운영되는 등 모든 부세가 공동납 형태로 징수되었고, 이를 기반으로 국가재정은 총액제로 운영되기에 이르렀다.

18~19세기의 조선의 대외관계는 17세기에 재편된 동아시아적 질서를 기초로 하여 전개되어 가고 있었다. 이 시기가 드러내고 있는 특성은 대륙에서의 明淸交替, 일본에서의 德川幕府의 등장, 그리고 동아시아에 대해 구미 여러 나라들이 중상주의적 접근을 강화해 오고 있었던 점을 들 수 있다. 따라서 이 시기 조선의 대외관계는 대청관계, 대일관계 및 서양과의 관계가 검토되어야 한다.

병자호란 이후 청과 조선 사이에는 군사적으로는 충돌이 없었다. 그러나 청은 조선에 대해서 상호간에 설정된 군신관계의 틀 안에서 청 중심의 천하질서에 편입되기를 요구했고, 助兵 등의 정치적 요구를 계속했다. 이 과정에서 청은 숙종 38년(1712) 白頭山에 定界碑를 건립하게 되었다. 요컨대 조청관계는 조선왕조의 대외관계에서 큰 비중을 차지하고 있었으며, 19세기 후반기에 이르러 국제관계를 새롭게 정립시켜 나가던 과정에서 청으로부터의 독자성을 확보해야 하는 과제를 안고 있었다. 조선과 일본의 관계도 17세기 이래 새롭게 전개되었다. 조선은 건국 이래로 일본에 대해서 羈縻와 對等의 외교이념을 바탕으로 하여 조선주도의 독자적인 통교관계를 유지하고자 했다. 이 시도는 임진왜란으로 인해 여지없이 파괴되었지만, 인접한 양국간의 관계는 정상화되어야 했다. 그리하여 조선은 임진왜란을 극복한 이후 광해군 원년(1609) 일본과 己酉約條를 체결했고, 이로써 일본과의 통교 무역에 관한 틀이 재정비되어 갔다. 이 기유약조는 조선이 임진왜란 이전까지의 일본과 맺었던 약조들을 집약한 것이었다.

한편 17세기 이래 서양인들에게 있어서 조선에 대한 인식이 강화되어 갔다. 그래서 조선연해에서는 중상주의적 서양 선박들이 출현했고, 서양인 표착자들이 발생하게 되었다. 이 현상은 18세기에 이르러 더욱 빈번해졌다. 그리고 19세기 중엽 이후 서양의 식민주의적 세력들이 중국에 대한 침략을 강화시켜 나간 여파로 이양선으로 불리던 서양 선박들이 조선연해에 출몰하고 있었다. 또한 서학 즉 천주교 신앙의 성행과 관련하여 서양인 선교사들이 조선에 직접 입국하여 비밀리에 포교활동을 전개했다. 이 서양 선교사들에 대한 체포와 탄압으로 인해서 조선은 서양의 존재를 더욱 확실히 인식했다. 이 일련의 사실들은 조선과 서양이 새로운 국제 관계를 수립해야 할 필요성을 말해 주는 것이었다. 그러나 조선은 중국 및 일본과 맺고 있던 전통적인 국제관계만을 고수하고자 했고, 변화해 가는 국제정세에 능동적으로 대처해 나가지 못했다. 그러면서 조선은 19세기 후반에 이르러서 병인양요(1866)나 신미양요(1871)의 경우처럼 프랑스 및 미국과 같은 구미열강과 충돌하게 되었다. 조선을 향한 제국주의적 침략은 점차 도를 더해 가고 있었다.

그 동안의 연구성과에 의하면, 조선 후기 경제사 이해의 기본 방향은 대체로 한국의 중세사회가 이 시기에 이르러 민족의 내재적 역량에 의해 해체과정을 밟아 왔다는 것이다. 즉 조선 후기의 변동을 가능하게 한 움직임은 임기응변적으로 제도를 개편하고, 정치체제를 재정비하려고 했던 위로부터의 노력이 아니라, 산업활동의 진전에 따른 경제변동이 봉건적 신분제 사회를 분해시켰다는 것이다. 보다 주목되는 것은 산업활동의 진전이 아래에서 주도적으로 이루어졌다는 것이다. 사실 이 시기의 민중은 스스로의 길을 모색하지 않으면 안되었다.

조선 후기 산업활동의 진전은 농업·수공업·광업·상업 등 모든 산업분야에서 일어났다. 농민들은 황폐한 농토를 개간하고 수리시설을 복구했으며, 생산력을 높이기 위해 영농방법을 개선하고, 보다 많은 소득을 얻기 위해 새로운 작물을 재배하여 상품화하기도 하였다. 이와 아울러 생산체계에 있어서도 보다 넓은 농지를 경작하는 광작이 보급되고, 임노동자를 고용하여 이익을 취하는 서민형지주가 나타났는가 하면, 지주·전호의 관계에 있어서도 賭租制가 유행하여, 이를 토대로 佃戶權이 성장해갔다. 수공업에서는 본래 부역제를 토대로 하여 운영되던 관영수공업이 쇠퇴하고, 그리하여 장인의 등록제가 폐지되면서 독자적으로 자유롭게 생산하는 민영수공업이 성장하여 갔다. 제조업에서의 생산활동이 활발해지면서 그 원료 생산이 촉진되어 광업도 활성화되었다. 특히 대청무역에서 은의 수요가 늘어나면서 私採 또는 潛採에 의한 은광의 개발이 활기를 띠었다.

조선 후기에 새로운 모습을 보인 경제계의 또 하나의 특징은 시장권의 확대였다. 조선 후기에 이르러 농업·수공업·광업 등에서의 생산력이 크게 증대되고, 그 잉여 생산물의 유통이 불가피해지면서 상업활동도 예전과 달리 자못 활성화되었다. 그리고 이 시기 이후 널리 확산된 부세 및 소작료의 금납화는 상품화폐경제의 진전을 보다 촉진시켰다. 더구나 조선 후기에는 인구의 자연 증가 및 농민의 계층분화가 심화되어 농촌의 인구가 도시로 유입되고 그들이 상업 인구 또는 소비 인구가 되면서 상품의 유통이 더욱 활발해졌다. 상공업이 발달함에 따라 금속화폐, 즉 銅錢이 자연스럽게 전국적으로 유통되었다. 그리하여 누구나 동전을 갖고 물건을 살 수 있었다. 이러한 속에서 전국 각지에 장시와 浦口가 개설되고, 이들을 연계하는 원격지 교역이 이루어지면서 시장권이 전국적으로 확대되어 갔다.

조선 후기에는 농업에서뿐만 아니라 수공업·광업·어업·염업 등에서도 생산력이 돋보였다. 우선 京工匠을 근간으로 하는 관영수공업이 17세기 중엽에 이르면 급속하게 붕괴되어 갔고, 이에 대신하여 私匠들의 민영수공업이 전면에 등장하여 널리 발달하고 있었다. 사장의 수공업장은 당시 일반적으로 '店'이라 불렸는데, 유기 수공업장은 鍮店, 철기 수공업장은 鐵店이라 하였다. 점에는 점주 또는 물주라고 불리는 고용주가 있었고, 그 고용주는 일정한 노동자를 고용하여 물건을 생산하였다. 한편 상업자본이 축적되면서 일부 점에서는 상업자본이 생산과정에 침투하여 이른바 先貸制를 발생시키기도 하였다. 수공업이 발달하면서 그 원료의 공급을 위해 광업도 발달하였는데, 17세기에는 監官制에 의한 은광업이 번창하다가, 18세기에는 別將制에 의한 군수광업이 성장하였다. 별장제하에서는 서울의 富商大賈들이 별장으로 파견되어 채광하고, 호조에 일정한 稅銀을 납부하는 것이 원칙이었다. 그런데 18세기 말에는 은광업도 점차 쇠퇴해갔다. 결국 광산 개발을 활성화하기 위해 정부는 設店收稅制를 실시하여 사채를 허용하였다.

상품화폐경제가 발달함에 따라 어업의 발전도 촉진되었다. 봉건 지배층의 가혹한 어민 수탈이 어업의 발달을 크게 저해하기는 하였으나, 18세기 이후에 이르면, 어구가 다양하게 개발되고 어법이 크게 발달하면서 어물의 생산이 급증하였다. 특히 어구가 대형화하고 어업의 경영규모가 확대되면서 대규모 어업이 이루어지고 있었는데, 그것은 漁箭이나 防簾에서 두드러졌다. 수산물의 어획뿐 아니라 이 시기에는 수산물 양식과 수산물 제조업도 나름대로 발달하였다. 김이 많이 양식되었고, 조기·명태·청어의 가공이 이루어지면서, 그 유통이 전국적으로 확산되었다. 어물의 관리를 위해서는 소금이 절대적으로 필요한데, 조선 후기에는 제염기술이 일정하게 발달하였다.

조선 후기 지방 곳곳에는 농촌 시장으로서 장시가 발달하고 있었는데, 그 토대로서 운송교통이 이 시기에 이르러 크게 발달하였기 때문이다. 조선 후기사회에서 생산력이 증대되고, 그 잉여생산물이 처분되면서 자본의 집적이 가능했다고 하면, 그것을 매개하는 기본적 역할은 운송체계가 담당하였다고 하겠다. 18세기 중엽 이후에는 장시와 장시, 장시와 포구, 포구와 포구가 연계되면서 전국이 하나의 상권으로 형성되어 갔다. 이러한 속에서 물화의 유통이 활발히 이루어지고 있었는데, 내륙에서는 馬匹에 의한 육운이, 연해안 또는 수로에서는 선박에 의한 수운이 그 일을 담당하였다. 지방에서 상업도시가 성장한 곳은 서울의 배후 도시로 성장한 개성과 수원, 서울의 공간 확대에 따라 상품유통의 거점으로 변화된 송파장·누원점, 평양·대구·전주 등 감영 소재지, 포구로서 시장권의 기지였던 원산포·마산포·강경포, 그리고 국제무역의 중심지였던 동래와 의주 등지였다.

국내상업의 발달과 때를 같이 하여 대외무역도 점차 활발해졌다. 17세기 중엽부터 淸과의 무역이 활발해지면서, 국경지대를 중심으로 공적 무역인 開市와 사적 무역인 後市가 이루어졌다. 청에서 들여오는 물품은 비단·약재·문방구 등이었고, 수출하는 물품은 은·종이·무명·인삼 등이었다. 한편 17세기 이후로 일본과의 관계가 점차 정상화되면서 倭館開市를 통한 대일무역이 활발하게 이루어졌다. 우리 나라에서 인삼·쌀·무명 등을 팔고, 또 청에서 수입한 물품들을 넘겨 주는 중계무역을 하기도 하였다. 반면에 일본으로부터는 은·구리·물소뿔·후추 등을 수입하였다. 이러한 국제무역에서 두드러진 활동을 보인 상인들은 의주의 灣商과 동래의 萊商이었으며, 개성의 松商은 양자를 중계하며 큰 이득을 남기기도 하였다.

조선 후기 상품화폐경제의 진전은 화폐라는 교환수단에 의해 보다 촉구되었다. 종래의 교환수단은 쌀이나 포목이었고, 물물교환이 주로 이루어졌다. 그런데 17세기 말 명목화폐인 동전이 전국적으로 유통되기 시작하였다. 숙종 4년(1678) 조선정부가 동전의 유통을 결정한 이래 십수 년이 지나지 않아 동전은 가장 우월한 가치척도·교환수단·지불수단으로 정착함으로써 조선 후기 사회경제적 변동에 커다란 영향을 끼쳤다. 동전의 보급은 상호 인과적으로 상품생산과 교환관계를 촉진시켜 상품화폐경제가 더욱 발달하였다. 일반 사회에서의 거래는 물론 각종의 고용가도 대부분 동전으로 지불되었고, 국가재정도 일부 화폐화되었다. 특히 화폐지대가 발생하고, 또한 각종 조세에서의 동전 수취가 매년 수백만 냥에 이를 정도로 농민층을 강제로 화폐경제에 편입시켰는데, 그것은 결과적으로 농민의 몰락을 재촉하는 또 하나의 요인이 되었다.

조선 후기 사회는 격동의 사회였다. 근대사회로의 전환 기점으로 이해되기도 할 만큼 재래의 체제·질서·사상들이 여러 부면에서 이완·해체되고 새로운 질서·사상들이 태동하고 있었던 것이다. 그런데 이에 대응하는 정부나 기존세력의 자세와 조치는 극히 보수적이고 임기적이었다. 새로운 변화·변동을 수용하고 활용하기보다는 대체로 지난날의 질서를 되세우고 유지하려는 데 급급했던 것이다. 일부에서 이 같은 변화를 수용하고 활용하는 경우가 보이기도 하였으나, 그것 역시 《경국대전》 체제로의 복귀를 위한 노력에 다름이 없었다. 19세기 중엽을 점철하였던 크고 작은 민란, 곧 민중의 거센 저항들은 바로 이런 이유로 표출되었던 것이다.

조선 후기의 신분제 이완과 사회신분의 변동·변화는 여러 요인에서 비롯되고 촉진되었지만, 그 주된 단초는 양반인구의 증가에 있었다고 하겠다. 양반인구의 증가가 국역체계의 문란을 가져왔고 이는 나아가 양반서얼의 통청이나 중간신분층과 서민층의 신분상승을 가증시켜서 사회신분의 변동·변화와 함께 본격적으로 신분제의 이완을 전개시킨 것으로 파악되고 있다. 양반인구의 증가는 지배계층으로서의 권위와 희소가치를 점차 하락시켜 갔을 뿐 아니라, 軍籍收布制가 일반화되었던 16세기 후반에 이르러서는 국역체계의 파탄을 야기시키는 하나의 요인이 되었다. 군역의 수포화에 따른 양반층의 군역기피 현상이 끝내 양반인구의 면역으로 귀착되자, 이미 통청에 노력하고 있던 양반서얼들은 물론, 이들의 국역까지 떠맡게 된 평민들도 국역에서 벗어나기 위한 신분상승을 기도하게 된 것이다.

양반서얼들은 우선 18세기 초에 모두가 국역에서 벗어나는 성과를 거두었다. 서얼 자신은 業儒·業武로, 그 자손은 幼學으로 칭할 수 있게 된 것이다. 서얼 자신은 비록 양반의 직역을 얻지 못하였으나, 그 모두가 군역부담에서 벗어나기는 마찬가지였다. 따라서 양반인구는 다시 한번 대폭적으로 증가하게 되었다. 당시 양반 자녀의 절반 이상이 서얼이었다는 지적에서 보면, 이러한 조치로 양반이 된 인구가 얼마나 많았는지를 짐작할 수 있다.

한편 평민들의 면역을 위한 신분상승은 18세기 후반과 19세기에 걸쳐 세 차게 전개되었다. 평민들은 조선 초기부터 경제적 곤궁으로 인하여 가능한 한 군역에서 벗어나고자 노력하여 왔었다. 漏籍하거나 승려가 되거나 私賤이 되는 것이 그 주된 방법이었다. 그러나 임진왜란 후 국방력 강화와 재정 확보, 향촌의 안정 등을 도모하기 위하여 오가작통제와 호패법 등이 강력하게 시행되자, 평민들은 보다 적극적인 면역책을 강구하게 되었다. 그리고 그것은 때마침 전개된 농업경영의 발전과 상·공업의 발달에 힘입어 양반·중인으로의 신분상승으로 연결되었다. 부를 축적한 일부 평민들은 헐역의 契房이나 私募屬으로 들기도 하였지만, 그보다는 유학·교생·원생을 모록하고 空名帖을 수매하여 양반의 지위로 나아가는 데 주력하였던 것이다. 이들의 신분상승이 개별적이었기 때문에 그 수를 측정하기가 어려우나, 19세기 호적대장에 등재된 유학의 반수 이상이 모칭 유학으로 추정될 만큼 그 수가 많았다. 이리하여 유학을 중심으로 한 양반인구의 수는 이미 19세기 중엽에 호적상 주민구성의 50% 이상을 점유할 정도로 증가되고 있었다. 경제력의 상실로 인하여 양반에서 잔반·평민으로, 또 평민에서 고공·노비로 각기 신분이 하락하는 인구도 적지는 않았지만, 수많은 하층민이 신분을 향상시키고, 또 이들을 포함하는 양반인구가 하층민보다도 더욱 높은 자연증가를 이루어 온 결과였다.

그런데 18세기 초부터 중간신분층과 평민층에서 신분을 상승한 새 양반들이 중앙과 향촌에 진출·등장하게 되자, 양반계층에서는 또다시 분화를 보이게 되었다. 조정에 진출한 중간신분층 출신의 양반들은 그 수가 적기도 하였지만, 대체로 大家에 포함·수용되어 분화의 여지조차 보이지 않았으나, 향촌에 등장한 다수의 새 양반들은 기존의 사족양반들의 심한 차대 속에 갈등을 빚어내며 양반계층의 분화를 이끌어 냈다. 이른바 '儒鄕分岐'는 그 대표적 현상이었다. 그리하여 18세기 중엽을 전후로 하여 이들 재향사족은 점차 향청을 떠나 서원과 향교를 근거로 결집하게 되고, 향청은 수령에 의하여 그들이 차대하던 서얼·평민출신의 양반과 일부 잔류 향반들로 메워지게 되었다. 이른바 유향분기가 전개된 것이다. 전통사족 양반과 신분을 상승시킨 양반과의 차별화가 이제는 향청을 떠나 서원·향교로 결집한 전자(儒)와 새로이 향청을 근거로 결집한 후자(鄕)간의 차별화로 나타나게 된 것이다.

조선 후기 향촌사회의 양반은 이로부터 '儒'와 '鄕'으로 분화되는 대세를 이루었다. 舊鄕과 新鄕, 元儒와 別儒, 士族과 鄕族·鄕品 등은 모두 이러한 두 부류의 또 다른 표현이었다. 그런데 이들 두 부류는 그 출신에서부터 갈등을 빚고도 있었지만, 현실적 기능에서도 서로 대립하고 있었다. 구향(儒)이 계속 서원과 향약 등을 바탕으로 향론을 주도하고 교화를 담당하면서 향촌사회의 운영권을 상실하지 않으려고 노력한 데 대하여, 신향(鄕) 또한 향청을 근거로 부세를 관장하고 수령을 보좌하면서 자신들의 권익과 지위를 한층 증대하고 상승시키려고 부심하였던 것이다. 따라서 이들간의 충돌은 불가피하였고, 그것은 이른바 '鄕戰'의 이름으로 나타났다.

향전은 구향과 신향간의 향촌운영의 주도권 다툼이었지만, 수령과 향임·향리로 직결되는 행정체계를 추구하던 당시의 정부나 수령의 입장에서 볼 때는 수령 및 정부에 대한 구향의 저항으로도 비쳐질 수 있는 다툼이었다. 따라서 향전이 거듭되면 될수록 구향은 불리한 국면으로 몰리게 마련이었고, 그것은 곧장 구향의 지위와 영향력의 약화로 이어져 갔다. 이리하여 19세기 중엽을 전후로 해서는 신향 및 향리가 수령과의 제휴 아래 향촌사회를 관장·주도하는 새로운 체제가 널리 성립되었다. 그렇다고 구향의 존재나 세력이 소멸된 것은 아니었다. 그들은 이러한 추세에서도 그들의 세력을 보다 효과적으로 결집할 수 있는 방법을 마련하면서 전통적 질서를 유지·고수하고자 노력하였다. 19세기 후반에 이르면 중앙에서는 이미 양반서얼도 淸顯職에 오르고, 종묘제사에서 獻酌의 반열에도 서게 되는데, 향촌에서는 아직도 사족양반들의 반대로 儒案에 오르지 못하여 향전을 벌이는 모습을 보였던 것이다.

조선 후기의 재향사족들이 위와 같은 변화에 대응하여 마련하고 추진했던 자위 내지 입지강화 방책은 지역에 따라 다양하게 나타나고 있었다. 그 가운데 동성촌의 형성·확대, 문중조직의 결성·활성화, 下契와의 제휴·통합 등은 대개가 공통적으로 보인 주요 현상으로서 주목되는 것이었다. 이리하여 18·19세기 향촌사회에서는 부계친족을 중심으로 한 集姓村, 곧 동성마을이 형성·확산되고, 이를 기반으로 하여 문중의 결속을 다지는 화수계나 문중계 같은 족계가 또한 성행하였다. 그리고 그와 함께 입향조나 계파시조를 비롯한 조상의 선영을 수호하기 위한 규약과 경제적 기반을 마련하여 재실·문중사당 등을 건립·운영하였고, 또 문중의 지위를 선양하기 위해서 사우·서원을 건립하고 족보(파보)를 간행하기도 하였다. 동성마을과 문중의 결속을 기반으로 한 재향사족 양반들의 '신향·향리－수령' 지배체제에 대한 무언의 반격이 전개된 것이다.

한편 재향사족들은 동성마을의 형성과 함께 농민들의 촌락조직인 향도류의 조직(下契)을 사족들의 동계조직(上契)과 통합하여 갔다. 이는 기층농민을 수령권의 통제로부터 방어하려는 것이었다. 그러나 뒤이어 전개된 촌락의 성장, 부세의 공동납제 확대, 교환경제체제의 발달 등은 농민의 의식을 성장시키면서 농민들로 하여금 '두레'의 강화와 다양한 촌계들을 조직하게 하였다. 그리고 그것들은 점차 동계를 대신하여 촌락의 운영을 주도하여 가게 되었다. 이러한 추세는 17·18세기에 전개된 농업생산력의 발전과 농민층의 분화에 짝하여 더욱 촉진되어 갔다.

조선 후기 사회의 변동은 노비신분층에서도 일어나서 18세기에 이르면 노비의 존재양태가 조선 전기와는 반대의 양상으로 뒤바뀌게 되었다. 대부분의 노비가 상전이나 소속관청의 경제적 기반과는 관계 없이 외거하면서 身貢만을 납부했던 유형으로 존재하게 되었고, 그에 따라 독자적인 자기경영을 가지면서 보다 자유로운 생활을 영위하게 된 것이다. 이제 노비들은 신분상으로만 노비일 뿐, 현실적으로는 평민과 다름없는 위치에 놓이게 되었다. 노비소유주는 노비의 노동력을 직접 이용하는 것보다는 농민층 분화에서 창출된 無土不農의 농민, 즉 雇工층을 활용하는 것이 더욱 유리하였고, 또 노비의 입장에서도 노동생산성이 높아진 상황에서 노동력을 징발당하기 보다는 자기경리를 계속 유지하여 그 잉여의 일부를 신역의 대가로 지불하는 것이 한층 유리하였다.

노비 존재양태의 이 같은 변화는 우선 정부의 노비정책에 일대 전환을 가져왔다. 17세기 중엽에 이미 공노비의 선상·입역을 폐지하고 고립제를 채택했던 정부는 18세기 중·말엽에 걸쳐 각종 속량책의 확대와 함께 노비추쇄의 중지, 비총법의 실시, 노의 신공 반감과 비의 신공 혁파 등 공노비의 부담과 구속을 경감·완화하는 조치를 계속 취하여 갔고, 나아가 순조 원년(1801)에는 내시노비를 혁파하기에 이르렀던 것이다. 그리고 한편으로는 奴良妻의 소생을 從母從良하는 법을 제정·실시하여 노비인구의 감소를 도모하기도 하였다. 이는 노비의 존재 의미가 완전히 변질되었기 때문이었다.

한편 위와 같은 노비 존재양태의 변화는 노비들의 경제력 향상과 신분상승 운동을 촉진하는 계기도 되었다. 자유로운 자기경영을 갖게 된 노비들이 때마침 전개된 상품화폐경제의 발달과 농업생산력의 발전에 힘입어 그들의 경제력을 한층 신장시켜 갔던 것이다. 그리고 이를 바탕으로 하여 納粟·軍功·代口 등의 합법적 면천을 하여 갔고, 나아가 중인·양반으로까지도 상승하여 갔다. 그러나 경제력이 미치지 못했던 노비들은 광산·도시·서북지방과 같은 고용노동이 풍부한 곳으로 도망·은루하여 신분을 상승시키기도 하였다. 이리하여 노비인구가 급격히 감소하면서 노비제의 붕괴·해체가 이루어져 갔는데, 이는 조선 후기의 사회변동·변화에서 신분제의 해체를 뜻하는 가장 극명한 현상이었다고 하겠다.

조선 후기 봉건적 사회체제의 모순을 극복하고 새로운 질서를 수립하려는 움직임은 정치·경제·사회·문화 등 각 분야에서 다양하게 나타났다. 물론 한편에서는 사회변동에 직면하여 현실을 유지하고 기득권을 보장받으려는 움직임도 강하게 제기되고 있었다. 그러나 전반적으로 보아서 조선 후기의 사회는 하나의 전환기적 조짐을 보이고 있었다. 특히 문화면에서 그러하였다. 지금까지 지배질서의 축으로서 조선왕조의 세계관이었던 성리학은, 이 시기의 역사적 상황의 변화에 신축성 있게 대응하지 못하면서 배타적 가치관으로 변질되어 갔고, 그것은 중세적 봉건질서의 모순을 보다 심화시키고 있었다. 이러한 속에서 모순 구조를 타파하려는 양명학, 실학사상, 그리고 감결사상 등이 나타나 사회개혁운동의 정신적 기저가 되고 있었다. 이러한 변화의 모습을 적극적으로 이해하면, 그것은 조선왕조적 질서의 무너짐으로 볼 수 있으며, 더 나아가 중세적·봉건적 체제의 무너짐으로 보아도 좋을 것이다.

사회·경제적 변동 속에서 그 변화에 대한 근본적인 해결책을 제시하지 못하고, 새로이 나타난 양명학·실학·서학 등으로부터 세찬 도전을 받게에 이른 성리학은 18세기에 이르러서는 나름대로 사상의 혁신을 시도하였다. 이 시기 성리학계에 나타난 가장 두드러진 모습은 학파의 정립과 이론의 활발한 분화, 人物性同異論을 중심으로 한 새로운 쟁점의 제기라 하겠다. 경학에 대한 연구는 급기야 인물성 논쟁을 야기시켰다. 즉 四七論辯을 한층 더 깊이 천착하는 과정에서 감정이 발동되어 나오는 원천을 성품으로 인식하여 사람의 성품과 사물의 성품이 같은지 다른지를 밝히는 인물성동이론의 논쟁을 전개시켰다. 병자호란을 전후하여 강하게 제시된 華夷論이 이후 사회의 지배

이념으로 정립되면서 의리론으로 전개되었는데, 그것은 배타적·보수적 체제를 강화시키는 데 크게 구실하였다. 성리학체계를 묵수하고 기존질서를 유지하려는 노력은 19세기에 이르러 서양문화의 도전을 받으면서 더욱 강렬해졌는데, 그 움직임은 인간의 주체적 인식을 강조한 心主理論의 제기, 자연계의 형성과 운동의 변화는 모두 氣의 작용이라는 唯氣論과 理의 절대성을 내세운 唯理論의 대두로 나타났다.

성리학계가 동요하면서 성리학의 한계를 극복하려는 움직임이 곳곳에서 제기되었다. 그것은 1차적으로 성리학계 내부에서 일어났으니, 尹鑴·朴世堂·李瀷·丁若鏞·金正喜 등에 의한 탈주자학적 경학의 연구가 그것이었다. 보다 적극적인 움직임은 양명학의 연구로 나타났다. 이어서 18세기 초의 鄭齊斗는 맹자의 이론을 바탕으로 율곡의 理氣一元論을 계승하여 양명학적 심학관을 구체화하고 체계화하려 하였다. 그리하여 주자와 대립된 입장에서 心卽理說을 제시하고 일체의 학문이 良知를 파악하는 데 집중되어야 한다고 주장하였다. 그의 학설은 鄭厚一·李匡明· 李匡師 등으로 이어져 소론계 강화학파를 이루었다.

양명학이 성리학의 한계를 극복하고자 주목되었다고는 하지만 기본적으로는 성리학의 궤도를 벗어나는 것은 아니었다. 이에 대하여 성리학적 질서에 정면으로 도전하고 나선 것이 천주교의 수용이었다. 당초 西學이란 이름 아래 학문적 호기심에서 연구되던 천주교가 종교신앙으로 받아들여지면서 성리학계는 더 이상 방관하고 있을 수만은 없었다. 왜냐하면 천주교는 가부장적 권위와 나아가서 유교적인 의례의식을 거부했으므로, 그것은 유교사회 자체에 대한 중대한 도전이었다. 또 부패하고 무기력한 양반 중심의 지배체제를 비판하는 이데올로기로서 구실하였기 때문이다. 그리하여 국가에서는 천주교를 사교로 규정, 탄압을 가했다. 이에 천주교는 중인·서민·부녀자층이 중심이 되어 비밀조직을 통해 확산되었으니 지하교회로의 발전을 모색하게 된 것이다.

사상계의 갈등 속에서 기존의 민간신앙이 민중세계에 그 기반을 확장시키고 있었던 것도 이 시기에 보여지는 주목되는 현상이었다. 불교계 내부에서도 교계의 재건을 위해 진력하였으니 먼저 승려들은 염불과 함께 참선과 교학을 하는 三學의 수행을 일반화시켰다. 休靜에 의해 비롯된 선교합일의 수행관으로 인하여 종합수도원인 叢林에는 강원·선원·염불원이 갖추어졌다. 나아가 履歷이라는 승가교육과정이 확립되었다. 교학에 대하여 큰 비중을 둠에 따라서 講經이 활발하게 이루어졌고, 고승들의 문집간행도 성행하였다.

조선 후기 민간에서 널리 신봉된 것은 도참신앙·무속신앙이었다. 사회가 변동하고 기존의 가치질서가 무너지는 상황에서 비기·도참 등 예언사상이 유행한 것은 자연스러운 현상이었다. 조선 후기의 대표적인 도참서는 《鄭鑑錄》이었다. 이 책은 그동안의 감결류와 비기를 집성한 것으로서, 참위설·풍수지리·도교사상이 혼합하여 이루어진 것이다. 예언사상은 사회의 모순과 지배층의 비리가 특히 심해지는 19세기 초에 두드러지게 나타나 정부를 비방하면서 민중의 동요를 자극하였다.

조선 후기에는 사상계뿐 아니라 학문과 기술에 있어서도 새로운 발전이 있었다. 현실에 대한 반성과 새로운 자아의식을 바탕으로 개혁이 추진되어 사회가 어느 정도 안정되어 갔다. 우리 문화의 정리, 즉 학술의 진흥은 당시 사회가 지향하는 문화적 지표를 의미하는 것이었다. 당시 문화의 정리작업 가운데 주목되는 것은 흐트러진 문물의 재정비였다. 그러나 보다 주목된 것은 우리의 전통문화에 대한 정리작업이 견실하게 추구되었다는 사실이다. 역사서·법전류·윤리서가 정리되어 편찬되었다. 서적의 편찬이 활발해지면서 인쇄문화가 발달한 것도 이 시기였다. 그리하여 금속활자 외에 목활자, 목판에 의한 인쇄가 활기를 띠었고, 상업적 출판도 널리 행해지고 있었다. 조선 후기 학술활동에 있어서 특히 주목되는 점은 정조가 奎章閣을 설치하고 운영한 일이다. 왕실도서관으로서 국왕의 정책자문까지 맡았던 규장각에서는 서적의 수집과 편찬 등의 일을 주도적으로 하였다.

학술의 진흥과 짝하여 나타난 이 시기 가장 두드러진 현상은 實學의 발달이었다. 실학은 단순한 학문활동이 아니라 조선 후기의 사회경제적 변동에 따른 갖가지 모순에 직면하여 그 해결책을 구상하는 과정에서 나타난 사회개혁사상이었다. 그러므로 그 사상이나 개혁의 논리는 종래의 성리학과 같을 수가 없었다. 그 사상은 전통적 사회체제를 극복하고 새로운 사회를 이루려는 일련의 진보적 사상이요 학문이었다. 실학자들의 관심은 우선 농촌경제·

농업경영에 두어졌다. 당시 농촌경제의 안정 여부는 사회의 안위와 국가의 존폐에 직결되는 문제였기 때문이다. 실학자들은 토지소유의 편중으로 말미암아 농민들의 생활이 안정되지 못하고 있다는 것으로 보고 토지제도의 개혁을 가장 중요시하였다. 그러나 실학자들 사이에서도 그 개혁방안에는 차이가 있었다. 柳馨遠은 均田論을, 李瀷은 限田論을, 丁若鏞은 閭田論을 내세웠다. 그리고 徐有榘는 국영농장의 경영을 내용으로 하는 屯田論을 제시하였다. 한편 도회지의 문제에 관심이 많았던 일부 실학자들은 상공업을 진흥시켜야 한다고 주장하였다. 조선왕조는 당초 농업을 중히 여기고 상공업을 末業이라고 하여 천시하였다. 그러나 조선 후기에는 삶의 개척의지가 강렬해지고, 그러한 속에서 생산력이 높아지고, 한편 농촌을 떠난 농민의 일부가 도시로 밀려들면서 도시의 상권이 확대되고 있었다. 이러한 분위기 속에서 상공업의 진흥, 기술의 개발이 국가나 국민 모두에게 도움이 된다고 주장하는 학자들이 나타났으니, 柳壽垣·洪大容·朴趾源·朴齊家 등이 그들이었다. 그들은 상공업의 진흥과 아울러 청나라의 발달된 문물을 도입해야 나라가 부강하게 된다고 주장하기도 하였다.

사회모순의 시정과 민생의 안정, 나라의 부강을 나름대로 시도한 진보적 지식인들은 그들의 구상이 민족의식·문화의식을 바탕으로 한 것이어서 국학의 진흥에도 관심이 지대하였다. 그리하여 우리의 언어·강토·역사·문화에 대한 연구가 활발하였다. 자아의식, 민족적 자각은 국토의 자연환경, 자원의 분포, 인구와 취락, 자연보호 등 구체적이며 실제적인 우리의 영토연구로 승화되었다. 그리하여 각종의 지리지·지도·읍지 등이 간행되었다. 즉 鄭尙驥의 《동국지도》, 金正浩의 《청구도》·《동여도》·《대동여지도》는 정밀성과 아울러 실용성에서도 돋보였다. 지리지연구에서는 李重煥·崔漢綺·김정호 등의 노력이 이바지한 바가 컸다. 이 시기에 특이한 것은 邑誌의 편찬으로서, 이는 조선 후기 지리학의 최대 성과라 하겠다. 읍지에는 다양한 내용이 수록되어 있어 향토사연구에 귀중한 자료가 되고 있다. 공간성에 대한 관심이 지리학이라면, 시간성에 대한 관심이 역사학이다.

국사학의 체계화와 더불어 각 시대에 대한 인식도 심화되어 단군조선·고구려·발해에 대한 관심이 깊었다. 학술이 진흥하고 국학이 발달하면서 百科

全書學이 수립되었다. 이는 흐트러진 제도를 정비하려는 개혁의지의 소산이었는데, 처음에는 이수광·이익·안정복·이덕무·이규경 등 개인 차원의 노력이 중심이었으나, 영·정조대에 이르러서는 국가적 차원에서 백과전서가 편찬되었으니, 그 결실이 《동국문헌비고》·《만기요람》 등이다. 조선 후기에서는 서양의 과학기술이 전해져 이 분야에서 눈부신 발전이 이루어졌다. 천리경을 비롯한 서양의 천문기기가 도입되었고, 서양의 역법을 익혀 시헌력이 채택되었다. 천문·역법에 대한 관심이 높아지면서 우주관에 대한 재조명이 이루어져 地球球形論과 地球回轉說이 제시되었다. 그밖에도 지리학·수학·의학 등에서 새로운 경향이 나타났다. 과학기술 분야에서 나타난 새로운 경향의 특징은 한마디로 서양 과학기술의 영향을 받아 세계관의 변화를 보여주었다는 데에 있다. 즉 중국 중심의 세계 인식에서 세계적 차원으로 과학적 안목이 바뀌어 가고 있었다는 것이다. 이와 같은 변화에는 홍대용·정약용·최한기 등의 역할이 컸다.

의식의 확대와 현실에 대한 새로운 인식은 문학과 예술에 있어서도 새로운 경향을 보여주었다. 조선 후기 문학계의 변화에서 주목할 양상은 국문학의 성장이었다. 한문이라는 문자상의 제약 때문에 문학적 욕구의 구현이 어려웠던 서민층에게 국문학의 성장은 새로운 지평을 열어 주었다. 그 결과로서 辭說時調가 유행하였고, 다채로운 양상의 가사가 창작되었다. 작품의 배경은 공상적인 세계보다는 현실의 서민세계가 중심이었고, 작품의 주인공들도 영웅 중심에서 서민적 인물로 바뀌어 가고 있었다. 한편 전국 각지에 도시적 생활공간이 늘어나면서 판소리와 같은 놀이패가 발달하기도 하였다. 판소리는 광대들이 한 편의 이야기를 가창과 연극으로 연출하여서 읽는 소설보다 훨씬 흥미를 돋우었는데, 〈춘향전〉·〈심청가〉·〈흥보가〉 등은 매우 인기 있는 판소리 작품이었다.

미술에 있어서도 새로운 경향이 나타났다. 먼저 회화부문에서는 산수화와 풍속화가 발달하였는데, 鄭敾은 우리 나라의 자연을 그려내는 데에 알맞은 구도와 화법을 창안해 냈으니 이른바 眞景山水畵라는 화법이다. 풍속화에서는 金弘道와 申潤福이 각기 농촌과 도시의 모습을 생동감 있게 그려냈다. 한편 조선 후기 회화에 있어서 주목되는 현상의 또 하나는 民畵의 유행이었다.

대개 무명작가에 의해 그려진 민화는 격조가 뒤떨어지지만, 파격적인 구성과 화려한 색채가 특징적이었다. 서예에 있어서는 다양한 서체가 연구되는 속에서 금석학에 바탕을 둔 서도가 널리 행해졌다. 특히 김정희는 청대의 서예 이론과 서법을 수용·종합하여 특유의 秋史體를 개발하였다. 그리고 이 시기에는 왕실을 중심으로 미려한 필체의 宮體가 발달하면서 한글서체가 새로운 차원을 선보였다.

조각에 있어서는 그리 뛰어난 변화를 볼 수 없었지만, 왜란·호란으로 사찰이 크게 훼손되면서 이를 복구하려는 佛事가 활발하게 이루어져 불교미술이 나름대로 꽃을 피웠다. 그러한 속에서 불상의 조각이 다수 이루어졌는데 현존하는 불상은 대개 이때에 조성된 것이었다. 조선 후기 예술계에서 특히 주목되는 분야는 공예부문이었다. 삶의 질적 변화에 부응하여 가구와 장식품도 그 격에 맞는 작품이 요청되었기 때문이다. 이 시기의 대표적 공예품인 도자기는 청화백자가 유행하였다. 경기도 광주 분원요에서 주로 생산된 청화백자는 그 종류도 다양했지만, 문양·기법 등에서 작품성이 매우 뛰어났다. 건축에 있어서는 기존의 건축양식에서 크게 벗어나지 않았는데, 향교·서원·사찰의 건축이 널리 유행하였다. 특이한 것은 邑城의 건축인데, 수원의 華城이 대표적이다.

한편 음악의 경우는 아악을 중심으로 한 궁중음악이 쇠퇴한 반면에 민간음악이 서민사회의 풍류문화 보급과 관련하여 새로운 양상으로 성장하였다. 즉 가객과 풍류객들이 대두하면서 가곡·가사·시조 등과 같은 풍류음악이 유행하였고, 광대들에 의해 판소리와 같은 공연예술이 발달하였다. 음악과 함께 춤도 발달하였으니, 특히 민중의 생활환경을 토대로 한 민속무가 나름대로 발달하여 민중의 소박한 삶의 모습을 보여주었다. 대표적인 민속무에는 풍물굿·탈춤·강강술래·승무 등이 있었다. 그리고 연극에서는 판소리와 더불어 민속극으로서 가면극·꼭두각시놀음·탈춤들이 서민사회에서 인기가 대단하였다.

조선 후기의 사회는 18세기 이후 기존의 신분제가 이완되어 나갔고, 민중사회의 성장이 확인된다. 17세기 장기간에 걸친 기근과 전염병의 피해가 주기적으로 반복됨에 따라 국가에서도 각종의 사회제도 개혁을 뜻하는 변통론들이 제기되어 변화를 촉진시키고 있었다. 그와 같은 변화는 대략 18세기 중엽을 전후하여 집중적으로 나타난 共同納의 관행을 통해서 확인된다. 이 공동납의 관행 아래에서는 면리 단위로 조세를 부담할 호구수의 총액 즉 戶摠과 口摠이 정해졌고, 이에 근거하여 각종의 조세가 개개인이 아닌 각 면리에 공동으로 부과되었다. 이 새로운 부세징수 방식으로 말미암아 부세의 기준인 호구총수가 정해진 이후에는 호적 기재상의 직역 표시는 별다른 의미가 없었다. 18세기 전반 이후 신분별 호구 비율의 급격한 변동은 바로 이러한 현상을 반영하는 것이다.

조선 후기 사회에 있어서 사족지배체제는 상당 기간 지속되었고, 재지사족들은 士族勢를 이루면서 양반 신분을 새롭게 획득한 사람들과 자신을 엄격히 구별하고자 했다. 그리고 그들은 종법제도를 본격적으로 수용하여 제사상속권을 강화하고, 양반층을 중심으로 한 동성촌락인 班村을 출현시켰으며, 촌락사회에서는 宗家型 地主가 등장하게 되었다. 그러나 임진왜란 이후 반상제적 체제로의 전환과정에서 상민들의 성장이 계속되었고, 그 당연한 결과로 양반 사족에 대한 상민층의 저항이 점차 심화되고 있었다.

그러나 향약이나 향안이 변질되어 나가는 시점에 이르게 되자, 양반층은 상민층에 대한 계속적 지배를 위해서 새로운 공동대응방안을 마련해야 했다. 여기에서 18세기를 전후해서 사족들은 일종의 자구책으로 族契, 門契를 강화하거나, 서원·祠宇를 장악하고 유력 성씨들이 반촌을 형성하여 상민 촌락 곧 民村을 지배하는 방식으로 전환되어 갔다.

이처럼 양반층이 상민들에 대한 지배와 통제 방안을 여러 방향에서 모색해야 했다는 사실은 역설적으로 상한들의 성장을 나타내 주고 있다. 상한들 가운데 일부는 18세기 중반을 경과하면서 부민층으로의 성장을 계속했다. 이들 부민들은 신향층을 형성하기도 했고, 수령과 결탁하여 守令-鄕吏 수탈구조를 이루며 부세행정의 말단 기구에 참여해서 영향력을 키워갔다. 이와 같이 민인들이 향권에 접근할 수 있는 사회적 분위기가 형성되면서, 이들은 사족세가 약한 지역에서는 향권을 두고 구향층과 대립하여 향권을 장악하거나 이를 분점하기도 했다. 이처럼 신향을 형성하게 된 상층 상한들 이외에도 서민지주를 비롯하여 적지 않은 사람들이 경제력의 향상을 기반으로 하여 향촌에서 자신의 사회적 지위를 높여 가고 있었다.

한편 일반 상한들도 경제적 활동이나 신앙활동을 수행하는 과정에서 자신들의 결속을 강화시켜 나갔는데 香徒와 淫祀나 村契·두레와 같은 조직이 그것이다. 그리고 分洞으로 인해서도 민중조직이 활성화될 수 있는 계기가 마련되었다.

촌계나 두레 등 촌락사회를 기반으로 한 조직이 강화됨과 동시에 촌락사회로부터 이탈되어 간 下賤民들도 민중결사를 시도했다. 流亡한 농민들 가운데 도성이나 읍성 주위에 거주하던 이들은 생계유지나 자위의 수단으로 향도계를 조직하여 잡역을 담당했다.

한편 당시 향촌사회에서는 향회의 역할이 주목된다. 18세기에 들어와서 향회가 부세행정에 있어서 수령의 자문기관으로 성격이 전환되었고, 그 구성에 있어서도 '大小民齊會'의 형식으로 반상 구분없이 참여하는 향회도 나타나고 있었다. 이 향회에서 새롭게 주도적 역할을 담당하고 있는 계층으로 '饒戶富民'을 들 수 있다. 이들은 농민층 이외에도 상인이나 광산업자 등 다양한 출신기반을 가지고 있었고, 賣鄕 등의 방법을 통해서 향권에 접근해 갔다.

그러나 19세기에 들어와서는 향회의 기능이 부세 자문기구적 성격보다는 민의를 집결하고 읍정을 주관하는 기능으로 발전되어 갔다. 또한 당시 공동납의 관행이 강화되어 가던 과정에서 과외의 수취나 부정기적 재정수요가 발생했을 때 그 부담이 요호부민층으로 집중되었고, 그들의 부담은 결국 일반 농민층으로 전가되었다. 여기에서 관과 요호부민의 대립과, 관에 기생하는 吏鄕層과 농민의 대립이라는 구도가 형성되었다. 그리고 향회가 농민항쟁의 조직기반으로 활용되었고, 요호부민층이 항쟁의 선두에 설 수 있는 조건이 갖추어졌다. 그런데 사족, 이향이나 요호부민이 아닌 일반 민인들도 19세기 중엽 이후에 이르러서는 민중의 이해를 제대로 반영하지 못하고 있던 기존의 향회와는 별도로 민회를 구성하기도 했다. 이러한 민중조직의 출현은 민중세력의 성장을 나타내는 현상이며, 이 조직들을 기반으로 하여 민중저항운동이 준비되고 실천되어 갔다.

이상과 같이 후기사회에서는 민중조직이 발전하고 민중사상이 성행하고 있었다. 이 두 가지 조건은 조선 후기 민중운동을 이해하는 데에 있어서 함께 주목해야 할 요소이다. 민중사상이란 정통적 성리학의 지배이념에 대해 회의하거나 이를 거부하려는 사상이다. 성리학이 당시 지배층의 이념이었다면 민중사상은 민중이 창출했거나 실천하고 있었던 이념으로서, 제도의 개편이나 사회변혁을 추구하던 이념이었고 민중계의 이익을 반영하는 사상이었다. 이 민중사상은 불교나 鑑訣思想과 같은 전통적 종교신앙과 관련되는 사상이거나, 서학·동학 등 신종교운동의 틀 안에 드는 것들이었다. 그러므로 민중사상은 성리학에 대한 사상적 도전이었으며, 성리학적 사회질서를 거부하거나 조선왕조의 멸망과 교체를 주장하는 사상으로서 조선 후기의 사회변동에 일정한 영향을 끼쳐갔다.

이러한 민중사상을 전파하거나 실천했던 인물들 가운데 가장 주목되는 존재는 현실의 정치집단으로부터 배제된 저항적 지식인으로서 地師나 儒醫, 學長 등에 종사하던 인물들이었다. 그리고 민중사상의 전파가 중에는 巫覡이나 승려들도 있었다. 한편, 18세기 말엽 이래 서학이 수용되고 19세기 중엽 이후 이양선의 출몰이 빈번해졌다. 이에 일부 민중저항운동자 가운데에서는 이와 같은 시대적 조건을 활용하여 저항운동을 전개하려는 시도가 일어나기도 했다. 이러한 상황에서 정부당국은 민중사상을 異端邪說로 규정하고 斥邪衛正의 기치를 들어서 이를 박멸하고자 했다. 그러나 민중저항운동의 원인으로 작용하는 정치적 및 사회경제적 현상에 관한 근본적 대책이 없이 민중사상에 대한 규제는 사실상 불가능했다.

18세기 민중의 동향을 파악하기 위해서는 유민에 대한 검토가 우선적으로 요청된다. 유민 발생의 근본적 원인은 지주제의 전개에 따른 농민층의 분해와 부세수취 과정에서 드러나는 苛斂性에서 찾아진다. 이로 인해서 농민층은 유망을 강요당했다. 이들 유민들 가운데 일부는 서울을 비롯한 도시로 진입하여 임노동자층을 형성하기도 하고 또한 상품화폐경제의 발달에 따른 상업이나 광업·수공업 분야에 편입되기도 했다. 그들 중 일부는 국가의 수탈이 상대적으로 가벼운 산간의 화전지대나 국경지역 또는 島嶼地方으로 유망해 갔다. 이 유민 가운데 일부는 국가의 부세수탈에서 벗어나기 위해서 승려가 되거나 明火賊으로 轉化되기도 했다

명화적들은 주로 양반이나 土豪家를 습격하거나 포악한 관리들의 만행을 응징하기도 하며, 관부를 습격하여 물화와 군기를 탈취하거나, 지방에서 중앙으로 보내는 각종 상납물을 약탈했는가 하면, 또한 그들은 유통로를 장악하여 상인들의 재화를 약탈했다. 이러한 명화적의 활동은 당시 지배층에게 어느 정도의 타격을 주었다. 이 시기 중세 체제 내에서 전개되던 명화적의 활동은 19세기에 이르러 중세체제를 거부하는 민란으로 넘어가는 전환점에 위치하였고, 조선 후기 민중운동에 일정한 역할을 담당했다.

18세기를 전후하여서는 劇賊의 발호가 심화되기도 했다. 극적은 다수의 도적들이 집단적으로 출몰하여 약탈행위를 일삼던 무리를 일컫는 말이다. 이들은 특정 지역에 웅거하면서, 극적 상호간에 일종의 연락망을 갖기도 했으며, 이들 가운데 일부는 각처의 토호들과도 연계되었다. 이들은 명화적과 유사한 존재였으나, 그 조직이나 상호 연계성 또는 농민층과의 결합도 및 장기간에 걸친 활동 등에 있어서 명화적들과는 차이를 지니고 있었다.

유민이 점증하고 극적의 활동이 강화되던 상황에서 영조 4년 戊申亂이 발생했다. 1720년대는 조선왕조 정치체제의 내적 모순과 지배층간의 갈등이 극단적으로 노출되던 시기였다. 이 과정에서 기존의 붕당세력이 약화되고 집권층의 재편이 진행되면서 무신란을 주도하게 된 戊申黨이 영조 즉위 직후에 형성되었다. 무신당은 당론상으로 볼 때 少論 峻論系와 濁南 및 小北系 인물들로 구성되었다. 그들은 일부 재지사족층을 제외하고는 거의가 당대 名族의 후예였지만, 숙종 연간의 甲戌換局(숙종 20년 ; 1694) 이후 정권에서 배제되고 경제적으로도 급속히 몰락해 가던 인물이었다. 그리하여 무신당에서는 영조와 노론을 제거하는 反正을 통해서 중앙정계로 진출하고자 했다. 이들 가운데 대표적 인물로는 李麟佐와 鄭希亮을 들 수 있다. 무신란의 당초 의도는 전라도와 충청도에서 거병하면 여주, 이천에서 이에 호응하고, 주도층 자신들이 京中을 교란시키면 평안병사가 勤王을 구실로 상경하여 도성을 평정시킨다는 계획을 세웠다.

반군들은 경기 및 충청도 일부 지역의 민심이 정부당국으로부터 이반되어 가던 상황에서 청주를 근거지로 확보한 후 그 세력을 강화시킬 수 있었다. 이들은 慶尙下道에서 안음·거창·합천·삼가·함양 등을 장악했다. 전라도에서도 부안과 변산의 토호는 녹림당세력을 동원해서 부안 및 전주를 장악했다. 그러나 영남과 호남에서의 거병이 계획대로 추진되지는 못했다. 경상도에서는 안동과 상주의 점거가 실패로 돌아갔고 전라도에서도 나주세력의 호응을 얻을 수 없는 데다가 평안병사도 전혀 움직이지 않았다. 이 같은 상황에서 청주의 반군세력과 변산의 녹림당은 서로 합세했지만, 경상하도의 반군들은 반군의 주력과 차단되어 있었다.

무신란은 그 계획 단계에서 몰락한 사족 및 재지사림 혹은 토호나 鄕品, 장교 등의 관여가 확인된다. 그러나 무신란의 전개과정에서 녹림당의 세력이나 일반 민인들의 광범위한 참여가 이루어졌고, 그들의 참여 동기를 감안할 때, 이는 민중운동의 하나로 규정될 수 있을 것이다. 무신란이 政變 차원이 아니라 兵亂 차원에서 전개된 배경으로는 먼저 재지사족이나 토호 등의 현실비판 의식 및 정치참여 의지를 들 수 있다. 그러므로 많은 민인들이 당론 내지는 국왕 선택에 따른 권력투쟁과는 무관했지만, 병란의 성공을 통해서 부세수탈을 면해보려던 현실적 요구를 가지고 있었다. 그리고 19세기의 민중운동에서는 殘班과 下民이 주요한 역할을 담당하고 있음을 감안할 때, 이 무신란은 민중운동 발전과정에서 거치게 되는 필연적 통과점으로 과도기적 성격을 갖고 있음을 보여주고 있다.

19세기는 중세사회의 해체가 본격적으로 진행되던 과정이었고, 조선사회 내부의 모순으로 인한 제반 갈등이 심화되던 때였다. 이 시기의 농민들은 이미 18세기 민중운동의 경험을 공유하고 있었다. 19세기는 '민란의 시대'라고 불릴 만큼 민중운동이 활발히 전개되고 있었다. 이 민중운동들은 조직과 진행과정, 지향과 이념의 측면에서 다양한 편차를 보여주고 있었다. 이때의 민중운동은 저항의 주체나 투쟁공간, 운동의 지향점이나 투쟁형태 등에 따라서 몇 갈래로 나뉘어 진다. 향촌사회 기층민의 계속적인 유망과 함께 抗租, 抗稅와 같은 투쟁도 18세기에 이어서 계속해서 전개되었다. 擊錚, 呈訴나 官前號哭, 白活, 等訴와 같이 관을 상대로 하는 민중운동, 그리고 掛書, 亂言, 횃불시위, 山呼 등 민인들이 구사해 오던 전통적인 저항의 형태도 함께 나타나고 있었다.

그러나 19세기 민중운동을 대표하는 것은 民亂과 變亂을 들 수 있다. 민란 혹은 民擾라 할 때는 향촌사회에 뿌리를 두고 그 속에서 생산활동을 하며 생활하던 사람들이 국가권력에 의한 부세수탈이나 수령과 이서배의 수탈에 대항하여 通文을 돌리거나 呈訴를 거쳐 봉기하는 것을 말한다. 그러나 이 민란은 봉기지역이 고을 단위에 머물고 있으며, 투쟁의 목적도 탐관오리의 규탄이나 부세수취의 부당성에 대한 경제투쟁의 차원에 머물러 있었다. 이 민란적 성격의 농민항쟁은 보통 향회에 의해서 주도되었으며, 군현 단위의 향권을 장악하거나 중앙정부의 회유가 있으면 곧 진정되었다.

"民擾가 越境하면 叛亂이라 칭해진다"라는 말에서 확인되는 바와 같이 변란은 고을의 경계를 벗어나는 행위였다. 이러한 변란 혹은 병란은 稱兵騷亂, 賊變, 逆謀 등으로 불리기도 했던 정치투쟁이었다. 한편 농민을 주체로 한 대규모의 변란으로서 고을 단위의 국지성을 벗어나 중앙권력의 타도와 사회개혁을 주장하며, 비교적 장기간 지속되는 무장투쟁의 경우는 農民戰爭으로 규정된다. 농민전쟁은 농민운동 내지 민중운동에 있어서 가장 고양된 형태로 평가해 줄 수 있을 것이다.

19세기 전반기의 민중운동 가운데 가장 주목되는 것은 '平安道農民戰爭'으로 불리는 '洪景來亂'을 들 수 있다. 이 난은 조선 후기 평안도지방이 가지고 있던 사회경제적 특성 및 이 지역에서 누차에 걸쳐 일어났던 농민봉기의 경험을 기반으로 하여 발생했다. 즉, 이 난을 이해하기 위해서는 평안도의 지역적 특성에 주목해야 한다. 중앙정부의 차별을 강요받고 있던 평안도는 사족층의 형성이 어려웠다. 그러므로 향인층이 향권을 장악하고 있었다. 그런데 18세기 중엽 이후에는 대청무역이나 수공업, 광업 등을 통해서 부를 축적한 세력들이 신향층을 이루면서 향촌질서를 재편하고자 했다. 이들 신향층의 신분 상승 욕구는 부민층에 대한 수령의 수탈행위로 타격을 받게 되었고, 수령권과 부민층의 대립이라는 갈등구조를 발생시켰다. 이러한 구도 안에서 평안도에서의 민중저항운동이 양성되고 있었다.

이 난은 수령권의 부세수탈과 그 수령의 배후에 자리잡고 있는 중앙권력에 대한 저항의 형태로 시작되었다. 이 지역의 부민층 등에 의해 수년 간에 걸쳐서 준비되었던 이 난은 순조 11년(1811) 12월에 평안도 가산 다복동을 근거로 하여 시작되었다. 이 난에서는 홍경래가 都元帥로, 金士用이 副元帥

로 활동했고, 禹君則·金昌始가 謀士의 직책을 맡았고, 李禧著를 비롯한 이 지역의 저항적 지식인과 신향층 등이 대거 참여했다. 난의 발발 직후 홍경래가 지휘하던 남진군은 가산과 박천을 함락시켰고, 김사용의 북진군은 곽산, 정주를 함락시키는 등 반란 후 10여 일 만에 청천강 이북 7읍을 석권했으나 松林里 전투에서 패배한 이후부터 이들은 定州城에 웅거하여 저항을 계속했다. 이들의 봉기는 이듬해 4월까지 지속되었으나, 정주성의 함락으로 이 난은 실패로 돌아갔다.

홍경래난은 평정된 이후에도 농민들의 뇌리에 오래도록 남아 있었으며, 그들의 저항운동에 힘을 제공해 주기도 했다. 삼정의 문란을 비롯하여 중세사회의 해체현상이 도처에서 드러나고 있었던 당시에 "홍경래가 죽지 않았다"는 설이 떠돌기도 했다. 이러한 현상은 당시 농민들이 가지고 있었던 반란을 지향하던 심성을 나타내 준다. 그리하여 홍경래난이 평정된 이후 얼마 지나지 않아 농민의 저항운동은 다시금 일어났고, 19세기 중엽에 이르러서는 대규모의 농민항쟁이 발생하게 되었다. 철종 13년(1862) 삼남지방을 중심으로 하여 발생한 '1862년 농민항쟁'으로 불리는 투쟁이 바로 그것이었다.

이 농민항쟁은 철종 13년 2월 경상도 단성에서 처음으로 발생했다. 단성 농민항쟁은 곧 인근 지역인 진주로 확대되었고, 이 사건을 도화선으로 삼아 삼남지방을 중심으로 그 해 추수기까지 대략 80여 개의 군현에서 민중봉기가 발생했다. 봉기가 발생한 대부분의 지역에서는 삼정의 문란으로 인해서 야기된 부세문제가 항쟁의 직접적 계기가 되었다. 농민항쟁에 참가하는 계층은 대개가 신분적으로 常漢이고 小貧農의 처지에 있는 일반 농민들이었다. 그리고 이들 외에도 소빈농에 준하는 유민, 雇工이나 노비층의 참여도 확인된다. 물론 일반상인이나 수공업자의 참여도 있었지만 이들이 항쟁의 주류를 이루지는 않았다. 이러한 사람들을 조직하고 봉기를 주도한 지도부는 주로 일부 몰락양반이나 농촌 지식인으로 구성되었다.

1862년 농민항쟁은 조세제도의 철폐 및 시정의 요구를 통한, 경제적 측면에서 반봉건을 주창한 것이었다. 그들은 삼정제도에 대해 저항하며 새로운 부세체제를 요구하는 반봉건운동을 일으킨 것이다. 그리고 수령, 관속, 읍권 담당자들에 대해 공격하고 농민 스스로가 읍권을 장악하던 과정에서 현존하던 봉건적 통치체제를 부정하는 반봉건적 정치의식을 표출하고 있었다. 이러한 과정에서 농민들의 의식은 점차 고양될 수 있었다. 그리고 19세기 후반기에 이르러 농민들에게 다양한 계급모순 외에 민족모순이 중첩적으로 부가되자 그들의 의식과 항쟁의 외연은 확대되어 갔다. 그리하여 그들은 아래로부터의 변혁과 저항의 주체로 결집되어 갔다. 개항 이후 도처에서 일어난 농민항쟁은 바로 이 같은 1862년 농민항쟁을 그 계기로 삼고 있는 것이다.

이 시기의 변란은 19세기 전반기의 변란이나 여타 민란과는 일정한 차이를 드러내고 있었다. 즉, 변란 주도층의 지역적 구성범위가 확대되었고, 변란의 투쟁목표는 왕조의 타도로 제시되었다. 그러나 변란 주도층이 이념적 무기로 가지고 있던 감결신앙에서는 새로운 사회를 만들기 위한 주체적 의지에 관한 인식이나 구체적 전망이 제시되지 못했다. 또한 변란 지도부는 생산현장이나 향촌사회를 오랫동안 떠나 있었기 때문에, 농민들을 묶어낼 수 있는 조직기반에도 문제가 있었다. 또한 변란 지도층이 가지고 있던 반외세의 이념을 민인들에게 본격적으로 확산하는 데에도 난관이 있었다. 그러나 이 시기의 변란을 통해서 확보된 지역간의 연계성이나 反王朝的 의지 및 反外勢의 이념은 19세기 후반기 동학농민전쟁과 같은 대규모의 민중항쟁을 가능케 해준 역사적 체험이 되었다.

이러한 거국적인 농민항쟁과 농업에서부터 상공업으로의 경제적 비중의 증가, 여기에 편승한 새로운 세력으로서의 중인층의 성장과 전통적인 농촌사회 구조의 해체 그리고 도시(邑治)의 발달과 도시 주민의 시민적 존재로서의 전화 등은 결국 중세사회로서의 양반사회의 종말을 의미하는 것이었다.

〈李樹健〉

5. 근 현 대

역사란 꿈을 만들고 꿈을 실천해 가는 작업의 연속이다.[1] 따라서 한국근대사는 중세나 고대의 어느 때보다 좋은 꿈(이상)을 가지고 그 꿈을 실천하려고 노력하는 시대가 되어야 했다. '좋은 꿈'이란 어떤 꿈인가. 그것은 인간주의의 실현을 말한다. 중세까지 인간을 구속했던 신분제를 벗고, 인간의 자유 평등을 구가하는 사회가 근대라고 생각한다. 자유를 정치에 적용했을 때 국민주권사상에 의한 민주공화국을 실현하는 것이고, 경제에 적용했을 때 자유로운 경제행위를 추구한 자본주의를 말하고, 사회적으로는 인권을 보장한 사회를 말한다. 처음에는 그러한 자유가 평등하게 실현될 것으로 믿었다. 그것을 하나로 묶어 민주주의라고 말하자. 그렇다면 언제부터 인간을 발견하여 신분제를 거부하고 자유 평등에 대한 생각이 싹텄다고 보아야 할 것인가. 그 생각을 실현할 민주주의는 어떻게 형성하고 성장시켜 왔던가. 거기에서 한국 근대사의 중심과 중심의 흐름인 근대사의 본류를 찾아야 한다.

그런데 근대사 본류의 형성과정에서 제국주의의 흙탕물이 덮치고 말았다. 그래서 한민족은 흙탕물 속을 헤엄치며 인간의 길을 찾아야 했다. 그것이 독립운동의 역사이다. 독립운동은 인간의 길을 찾기 위한 민족적 노력을 말한다. 1945년 해방이 됐다고 해서 하루아침에 물이 맑아질 수는 없었다. 그래서 흙탕물 찌꺼기를 없애가며 정치·경제·사회·문화를 새롭게 일으켜야 했다.[2]

---

1) 조동걸, 〈역사를 어떻게 볼것인가〉(《내일을 여는 역사》 3, 신서원, 2000), 23쪽.
———, 〈역사란 무엇인가〉(《그래도 역사의 힘을 믿는다》, 푸른역사, 2001), 13쪽.

위의 글은 다음과 같은 다섯 가지의 작은 항목으로 구성되어 있다. ① 역사는 꿈의 연속으로 이루어져 있다. ② 역사는 실천의 연속이다. ③ 역사는 발전한다. ④ 역사는 다양하게 발전한다. ⑤ 역사는 과거와 미래를 관통하는 축을 만들며 발전한다.

2) 역사는 아무리 새로운 세상이라고 해도 전시대와 혼합해서 존재한다. 밥을 먹다가 손님이 오니까 새로 밥상을 차리듯이 말끔하게 새로워지는 것이 아니라 먹던 밥과 반찬에 덮치기로 구시대와 새시대가 혼재하며 발달하는 것이다. 그래서 변증법도 생각하게 되고 도전과 응전의 원리도 생각한 것이다. 그렇다고

그것이 민주화와 통일을 위한 역사이다. 좀더 구체적으로 이야기해 보자.

조선 후기에 인간의 평등을 노래한《春香傳》이 나왔다는 것은 근대사의 새벽이 가까웠다는 것을 예고하는 것이다. 이어 정부에서 간행한《秋官志》에서 노비제를 비판했는가 하면《備邊司謄錄》이나《正祖實錄》같은 정부 간행물에서조차 民의 사상이 고양되고 있었다.[3] 그때 서민문화가 발달했던 것이라든가, 영조나 정조와 실학자들의 개혁사상이 각 분야에 걸쳐 새로운 기운을 일으켰다던가, 수리시설이나 이앙법의 발달 등에 따른 농업 생산력이 향상되고, 상평통보 중심의 화폐 유통이 활발했던 것처럼, 상업이 발달하고 있었고, 농업이나 수공업에서 상업성 경영 추구가 확산되는 가운데 京江商人·松商·灣商이나 혹은 褓負商의 활동이 사회적으로 부상하고 있었다는 것은 자유로운 경제행위가 확산되고 있었던 것으로 자본주의가 싹트는 현상으로 볼 수 있다. 실학연구와 함께 자국사 연구로 나타난 민족의식의 부상은 자기발견 곧 인간의 발견을 의미했다. 말하자면 근대사가 동트는 현상으로 볼 수 있다는 말이다.

그런데 그것은 뒤이은 세도정치의 반동으로 봉쇄 당한 것을 보면 근대사의 새벽으로 보기에는 한계가 있었다. 세도정치와 같은 반동은 중앙정치에 국한된 것이 아닐 정도로 전국에 퍼져 있었다. 삼남지방을 중심으로 문중서원이 확산되고 있었던 것이 세도정치와 역사적 궤를 같이하는 현상이었다.[4] 그러니까 근대사적 동력은 반동체제에 눌려 잠복할 수밖에 없었다. 그렇다고 전면 차단된 것은 아니었다. 韓致奫(1765~1814)·丁若鏞(1762~1836)·金正喜(1786~1856)·李圭景(1788~?)·崔漢綺(1803~1877)·金正浩·李尙迪(1804~1865)

구시대를 정당화하면 역사는 퇴보한다.

3) 《備邊司謄錄》과《正祖實錄》이나《明南樓叢書》에 나오는 '民國'이라는 용어에 대하여 '民'과 '國'을 말하는가, 아니면 '民國'을 말하는가에 대하여 학계에서 의견의 일치를 보지 못하고 있다. 어느 쪽이라고 하더라도 '民'의 위치가 상승하고 있었다는 것을 의미한다고 보아 좋을 것이다.
李泰鎭, 〈大韓帝國 皇帝政과 民國 정치이념의 전개〉(《韓國文化》22, 서울대 韓國文化硏究所, 1998).
———, 〈'御旗' 태극팔괘도의 유래와 민국치 이념〉(《고종시대의 재조명》, 태학사, 2000), 258~260쪽.

4) 李海濬, 〈門中書院 건립의 性格〉(《朝鮮後期 門中書院 硏究》, 국민대학교 박사학위 논문, 1994), 85쪽.

・朴珪壽(1807~1876)의 실학 저술이나 활동이 세도정치기인 19세기에도 계속되고 있었던가 하면, 서민문화도 끊임없이 발달하고 있었다. 세도정치의 반동체제로 말미암아 활기를 띨 수가 없어 분산적으로 혹은 잠재적으로 성장하고 있었을 뿐이다.

그후 다시 근대사적 계기가 마련된 것은 학자에 따라 1860년대에 일어난 것으로 보는 견해가 있는가 하면, 1876년 개항으로 보는 견해도 있다. 제국주의 역사가나 종교가들은 후자의 주장을 고집하고 반제국주의 학자나 민족주의 역사가들은 전자를 고집한다. 이와 같이 한국근대사 연구는 출발부터 제국주의 논쟁에 휘말려 있다.

필자는 1860년을 전후하여 근대사가 열렸다고 보고 있다. 1850년을 전후한 김정호・최한기 등의 활동에서 보듯이 근대적 저술이 나오고 있었던 사실도 주목하고 싶다.[5] 다음에 이미 많은 연구에서 검증된 1860년을 전후한 사회변동이 근대적 의미를 가지고 있는 것이다. 1876년 개항으로 역사가 변화한 것은 사실이지만, 그 이전에 이미 근대적 변동은 일어나고 있고, 근대를 인간주의 시대라고 보았을 때 비인간의 표본인 제국주의 침략에 의한 개항에 근대사의 출발점을 설정할 수 없다고 생각한다.[6] 그래서 1860년을 전후한 시기에 근대사의 기점을 두어야 한다고 생각한다. 그후의 역사는 다음과 같이 3단계로 전개되었다.

① 근대적 사회변동과 자주 개혁의 시련(1860년 전후~1910)
② 일제의 한반도 강점과 독립운동(1910~1945)
③ 해방정국의 혼돈과 현대사의 전개(1945~현재)

---

5) 崔漢綺는 1837년 《靑丘圖》, 1857년 《地球典要》를 내고, 김정호는 1864년에 《大東輿地圖》와 《大東地志》를 냈다.

6) 근대화를 볼 때 인간주의를 외면하고 경제의 수치를 기준하여 설명하면 형식논리에 빠져 근대의 가치를 상실하게 된다. 오늘날 포스트 모더니즘이 제기된 것도 근대주의가 경제의 계량적 성장을 표준한 나머지, 인간 가치를 기준한 역사발전의 본질이 아닌, 국부 발전론에 치우쳤던 데 이유가 있다고 생각한다. 비록 경제발전이 있었다고 해도 경제발전은 경제발전 자체에 목적이 있는 것이 아니라 사회발전을 목적한 것이어야 한다. 그러니까 역사의 논리와 평가는 인간주의에서 출발해야 하고 다음에 정치・경제・사회・문화의 총체적 관점에서 보아야 한다는 말이다.

1) 근대적 사회변동과 자주 개혁의 시련

(1) 근대의 초기적 특징

근대의 특징은 인간주의 사상의 확산과 생활화 및 제도화에 있다. 그를 위해서는 먼저 인간의 발견이 선행되어야 하고 인간의 발견은 자기 발견을 통해서 이루어지는 것이 일반적이었다. 조선 후기에 실학과 더불어 자국어와 자국사연구가 일어난 것도 자기발견의 단면이었다. 자기를 인간이라는 측면에서 발견하면 자기가 소속한 나라와 겨레에 대한 의식이 고양되면서 비인간적인 중세 신분제에 대하여 비판과 개혁 논리를 찾게 된다. 거기에서 평등사상이 대두하고 평등사상에 기초한 서민문화가 일어난다.[7] 그러한 조선 후기의 실학연구, 사회변동, 민족의식의 고양, 서민문화의 발달 등의 근대적 지향은 세도정치기의 반동으로 말미암아 후퇴하거나 잠복했다가 세도정치가 물러간 후에 다시 부상하였다. 그것들은 이웃 중국대륙에서 阿片戰爭(1840), 태평천국의 난(1853), 영불연합군의 북경침략(1856~1860) 등의 충격적 격변의 영향도 입어 새로운 얼굴로 부상하였다. 실학의 개혁론을 새 시대에 맞게 다듬어 내수자강론에 이어 동도서기론으로 꾸몄던가 하면, 그에 만족하지 않고 혁명적 변혁을 추구한 개화사상을 일으키기도 했다. 동도서기론은 조선 후기 개혁사상의 정직한 계승자였는데 개화사상은 구시대의 계승을 수구라고 공박하며 혁명적 변화를 추구했다. 그렇게 혁명적 변화를 추구한 개항전(1840~60년대) 개화사상의 선구자로 손꼽는 이는 최한기를 비롯하여[8] 박규수·吳慶錫(1831~1879)·劉鴻基(1831~1884?) 등이다.[9]

---

7) 조선 후기의 실학에 대하여 주목한 최초의 역사서는 1930년 崔南善의 《朝鮮歷史講話》인데(육당전집편찬위원회, 《六堂崔南善全集1》, 현암사, 1973, 52쪽), 실학을 사회개혁사상으로 진단한 것은 丁若鏞의 《與猶堂全書》를 1934년부터 간행하면서 그에 관여한 安在鴻·白南雲 등에서 비롯되었다(趙東杰, 《現代韓國史學史》, 나남출판, 1998, 203쪽 주133) 참조).

8) 權五榮, 《崔漢綺의 學問과 思想硏究》(집문당, 1999), 53~61쪽.
 ———, 〈새로 발굴된 자료를 통해본 혜강의 기학〉(《혜강 최한기》, 청계, 2000), 15쪽.

9) 愼鏞廈, 〈개화사상의 형성〉(《서세동점과 문호개방-한국사37》, 국사편찬위원

근대사가 동트는 또 다른 특징은 조선 후기 이래의 사회변동과 서민문화의 정신 즉, 평등과 평화사상에 기초한 토착종교가 발생하고 있었다는 점에서 찾는다. 1860년에 경주에서 人乃天의 기치를 들고 東學이 발생하였다. 조선 후기부터 풍미한 평등과 평화를 갈망한 鄭鑑錄사상도 민중사상의 일단으로 주목해야 한다.[10] 그때 사회변동을 재촉한 1862년의 삼남민란도 중세 신분제에 대한 저항이라는 측면에서 근대적 성격으로 이해할 수 있다. 그런데 삼남민란이 전통시대의 농민반란 수준에 머문 것이냐, 농민운동 수준에 이른 것이냐, 혹은 과도기의 농민전쟁으로 볼 것이냐는 견해가 엇갈려 있다.[11] 농민전쟁으로 본다고 해도 근대사의 새벽으로 보아 좋을 것이다.

다음의 근대사적 특징은 대원군의 개혁정치(1864~1873)이다. 특히 서원철폐와 호포제실시는 양반 봉건제에 대한 개혁으로 보아야 한다. 그것이 혹간 말하는 왕실재정을 확보하기 위한 고육책이라고 하더라도 양반 봉건제에 대한 비판 없이 단행할 수 없다는 점에서 근대사를 일으키는 개혁이었다고 보아야 한다. 비변사를 폐지하고 재야를 망라하여 인재를 등용하였던 것도 안동 김씨 중심의 노론 정권에 대한 정면 도전이었다. 대원군 집정기에 판서급 이상 취임자 139명 가운데 노론이 78명으로 56%에 이르고 안동 김씨가 10%에 이를 정도로 구조개혁에 미치지 못하였다고 평가한 경우가 있는데,[12] 인원 통계로 평가할 것이 아니라 요직을 누가 맡고 있었는가를 보아야 하고,[13] 또 구조개혁 같은 혁명 수준이 아니라 부분적 개혁 수준의 변화도 평가해야

회, 2000), 92~105쪽.

10) 高成勳, 〈정감록사상과 변란〉(《朝鮮後期 變亂硏究》, 동국대 박사학위논문, 1993), 25~34쪽.

11) 농민반란은 전통시대에 새로운 사회 건설의 이념 없이 말 그대로 반란을 일으킨 것을 말하고, 농민운동은 농민의 권익과 지위향상을 위한 이념을 가지고 그 이념을 목적으로 전개한 사회경제운동을 말한다. 운동 성격에 따라 개혁이나 혁명 등, 여러 가지 유형으로 나뉘어진다. 농민전쟁은 농민반란이 농민운동으로 발전해 갈 때 농민운동 수준에는 미치지 못한 과도기적 현상을 농민전쟁이라 한다.

12) 成大慶, 〈대원군의 내정개혁〉(《한국사 37》, 국사편찬위원회, 2000), 159쪽.

13) 핵심요직인 총융사·어영대장·금위대장·훈련대장을 김좌근·김문근·김병기·김병국 등의 안동 김씨가 전담하고 있었는데 대원군 집권기에는 그들이 하나도 맡지 못하였다. 대원군 퇴각 후에는 민씨들이 독점하였다.

한다고 생각한다.

이와 같이 조선 후기의 개혁이나 변동이 19세기 반동체제 속에서도 서서히 진행되다가 세계사적 격변기를 맞아 새롭게 변화하였다. 그 새로운 변화가 근대적 의미를 가지고 있는 것이다. 서구의 정치제도와 세계 인문과 지리를 소개한 《地球典要》(1857) 등이 사상계를 바꾸고 있었던가 하면, 동학의 발생(1860), 삼남민란(1862), 대원군의 개혁정치(1864)와 아울러 제국주의 국가들의 침략에 대한 항쟁(1866) 등을 근대사의 시동으로 보아야 한다는 생각이다. 그러나 어느 것이나 독자적으로 근대성을 본질로 하기에는 부족한 점이 많다. 그러므로 사건마다에 내함하고 있는 근대적 요소를 모아 그 총체적 변화에 주목하여 근대사가 일어났다고 생각하는 것이다.

(2) 개항의 역사성과 사상계의 동향

아시아국가들이 느림보 걸음으로 발전하고 있을 때 서유럽국가들은 항해술을 발달시켜 아시아를 침략해 왔다. 이른바 西勢東漸이다. 그들은 스페인·포르투갈·네덜란드·영국·프랑스·독일 등의 서유럽국과 뒤따라 미국과 러시아도 그에 참가했는데 그들의 첫 번째 요구가 문호개방이었다. 결국 그들의 총칼 앞에 세계 모든 나라가 무릎을 꿇고 문호를 개방하였다. 한국에 대하여 문호개방을 요구한 최초의 나라는 영국이었다. 뒤이어 프랑스와 미국 등이 요구해 왔으나 그들은 병인양요(1866)와 신미양요(1871)에서 격퇴되었다. 격퇴한 것을 쇄국으로 보거나 척사위정으로 규정할 것도 아니다. 소박하게 열강의 침략에 대한 국가 본원적 반격으로 보아야 한다. 거기에 위정척사가 편승하고 쇄국으로 비추어진 것을 제국주의자들이 과장했을 뿐이다. 그후 정국을 주도하던 대원군이 퇴각하고 광무황제(고종)의[14] 친정이 실시되면서 대

14) 광무황제란 고종을 일컫는다. 고종이란 칭호는 1919년에 조선총독부에서 지어준 사후 왕시호이다. 광무황제는 1897년 대한제국이 성립되면서 사용한 연호를 광무라고 부른 데에서 연유한 호칭이다. 아직 대한제국도 성립하기 전에 광무황제라고 부르는 것이 눈과 귀에 익지 않으나 그 보다 더 뒤인 1919년에, 그것도 광무제를 폐위시킨 일본의 조선총독부에서 만든 이름을 사용하기 보다는 광무제란 호칭이 타당하지 않을까 한다.

근래 몇몇 연구가 광무제의 평가를 새롭게 하고 있다. 이태진의 고종에 대한 긍정적 평가의 논문은 《고종시대의 재조명》(태학사, 2000)에 집중 게재되

원군 세력에 맞설 민비 척족정치가 실시되었는데 민씨정권은 문호개방의 일단으로 1876년 일본과 강화도조약을 체결하였다.[15)]

일본도 구미 제국의 무력에 굴복하여 1854년부터 문호를 개방하였는데 문호개방 후 일본은 반전하여 서양의 앞잡이가 되어 조선을 침략해 왔다. 그리하여 프랑스와 미국이 굴복시키지 못한 조선을 굴복시켰다. 그것이 강화도조약이다. 이러한 세계 대세를 간파한 개화파 정객들은 문호개방을 피할 수 없는 역사의 진로로 전망하고 타율적으로 개항한 문호개방을 자율의 역사로 전환시키려고 노력하였다. 그들이 오경석·유홍기·이동인·탁정식·김옥균·

어 있는데 학계에 큰 반향을 일으키고 있다. 이 책에서 전개한 이태진의 주장의 요지는 다음의 세 가지 특징으로 줄일 수 있다. ① 고종시대의 역사는 조선 후기의 개혁사상과 사실을 계승하여 새롭게 발전하고 있었다. ② 새롭게 발전하는 역사를 이끌고 있었던 사람이 바로 고종이었다. ③ 그렇게 자력으로 한국근대사가 형성 발전하는 것을 일본 제국주의자들이 사기와 군사력의 강제로 속이고 죽이고 빼앗을 것은 빼앗으며 망쳐 버렸다.

사실 광무제는 대원군의 노욕에도 크게 흔들리지 않고 왕좌를 지켰다. 그리고 의병장에 밀지를 내려 격려하고 대한매일신보에 자금을 지원했던가 하면, 을사늑약의 비준을 거부했고, 헤이그특사사건 후에 추가 비준까지 거부하고 왕좌에서 물러난 광무제였다. 그러나 한편, 유림 의병장들이 명나라 毅宗의 모범을 따라 자결하라는 상소를 외면했던가 하면, 아무리 구식군대라고 해도 병인양요와 신미양요를 치른 군대였는데 친정 후 갑신정변·갑오왜란·을미사변·을사늑약의 소동에서 궁전도 지키지 못했다. 그것을 어떻게 설명해야 할까.

15) 19세기 후반기의 역사는 대원군과 광무제(고종)의 부자관계, 그리고 대원군과 민비의 구부관계를 솔직하게 밝혀야 이해가 가능하다. 대원군의 개혁정치에 대한 평론은 한결같지가 않다. 필자는 반동적인 것도 있지만 발전적인 것도 컸다고 생각한다. 역사는 그의 앞 시기에 비하여 발전적이었느냐를 보는 것이 중요하다. 그리고 변화와 개혁은 일시에 달성되는 것이 아니기 때문에 열 개의 손가락에서 한 개의 변화가 의미를 가지고 있듯이, 선구적 개혁이 있었느냐의 여부와 그 뒤에 얼마나 발전했던가를 주목하는 것이 중요하다. 그러므로 1873년 대원군이 실각하고 민씨 척족정치나 광무제가 친정하면서 개혁정치를 얼마나 계승하고 추진해 나갔는가를 분석하는 것이 중요하다. 오늘날의 민주주의 개혁정치도 마찬가지로 후계자가 계승하고 발전시켰는가가 중요한 것이다.

대원군이 병인양요와 신미양요에서 침략군을 격퇴한 것을 쇄국정치의 일단으로 보아서는 안되지만, 침략군을 격퇴한 다음에 세계조류에 뛰어들지 못하고 척화비를 세운 1871년의 처사가 쇄국을 불러 일으키고 말았던 것은 분명한 실책이었다. 그러나 대원군은 그 다음의 정책을 수립할 겨를없이 1873년에 물러났다. 그러한 1871~1873년 2년간의 실책보다 그가 역사를 그르친 것은 가족관계의 잘못된 조율과 물러난 뒤의 행각에 있다고 생각한다.

박영효·홍영식·서광범·서재필 등 이른바 개화당 인사들이었다.

그런데 문호개방을 자율화하기 위한 개화정책의 진행은[16] 지지부진하였다. 1876년 일본과 통상조약을 맺고 다음에 1882년 미국과 통상조약을 맺을 때까지 6년여의 세월을 소비하였다. 그 6년간은 일본의 독무대로 일본 제국주의의 기반이 형성된 기간이 되고 말았다. 그때의 각종 개화시설 또는 근대시설이란 것은 일본 제국주의의 통로를 만드는 시설이었다. 정상적이라면 강화도조약에 이어 열강과의 통상조약을 체결하여 열국간의 세력균형을 이루도록 조치해야 됐다. 외세에 의지하는 것은 역사를 그르치지만 외세를 이용하는 것은 생존과 발전의 지혜인 것이다. 청나라까지도 1878·79년에 걸쳐 문호개방을 권고한 바 있었으나 거부하였다.[17] 그후 뒤늦게 일본에 건너갔던 수신사 金弘集의 주장과 黃遵憲의 《朝鮮策略》을 검토한 1880년 10월 12일의 중신회의에서 문호개방을 결정한 것이다.[18] 그에 따라 미국과의 통상조약을

16) 역사는 자율적으로 전개되는 것이 원칙이다. 그렇다고 언제나 자율적으로만 전개되는 것은 아니다. 타율적으로도 전개된다는 말인데 타율적으로 전개된 역사에서 중요한 것은 그 역사도 나의 역사의 일부분을 차지하고 있다는 사실이다. 1876년의 개항이나 1945년의 국토분단이 타율적 사실이었지만 한국사의 사실로 고착된 것처럼 타율적 사실이라도 그를 자율적 힘으로 거부하지 못했다면 한국사에 존재한다는 사실이다. 그때 타율적 역사를 자율적 역량으로 수용하여 타율의 의미를 극복하거나 희석시키는 것이 중요하다. 그것을 필자는 '타율성의 자율화 작업'이라 말하고 있다.

17) 權錫奉, 〈李鴻章의 對朝鮮列國立約勸導策에 대하여〉(《歷史學報》 21, 1963), 114쪽.
宋炳基, 《近代韓中關係史硏究》(단국대 출판부, 1985), 36쪽.

18) 중신회의는 黃遵憲의 《朝鮮策略》의 권고에 따라 미국과 통상조약을 맺는가의 여부를 결정하는 회의였다. 7 : 3 정도의 찬성으로 통상조약 체결을 결정하고 추진하게 되었는데 이 결정은 문호개방의 타율성을 자율화시켰다는 의미에서 중요한 역사성을 가진다. 그러나 그에 반대한 1881년의 辛巳斥邪疏가 전국적으로 일어났다. 5백년 유교왕조와 조선 중기 이래의 북벌론 의식의 기세를 고려하면 그것도 당연한 추세였다. 당연한 추세인 척사소에 대하여 정부에서는 모두 유배형으로 봉쇄하고 춘천의 洪在鶴은 일벌백계로 처단하여 척사소의 기세를 잠재웠다. 그것은 국왕과 정부의 문호개방 의지를 대변한 사건이었다. 그리고 타율적 개항을 자율적 문호개방으로 전환시키는 중요한 조처였다. 문호개방을 반대한 홍재학은 춘천군 서면 신매리 출신으로 華西 李恒老의 문인 重菴 金平默의 제자였다. 《朝鮮策略》에는 조선이 중국의 속방이라는 점을 강조하고, 청국 국기를 조선의 국기로 사용할 것 등에 대한 요구도 등재되어 있다. 국기는 1881년 이래 태극기를 사용하였는데 속방 문제는 끝내 벗어나지

맺었지만 그것은 러시아의 남하에 대한 대비책이기도 했다. 문호개방을 추진한 조선은 중국과의 전통적 조공관계를 근대적 통상관계로 전환시키려고 했다. 그때 임오군란이 일어나고 말았다. 임오군란은 1876년 이래 일본 제국주의의 침략을 방치한 나머지 그에 대한 저항으로 일어난 군란이었다.[19] 그런데 임오군란으로 청군이 주둔하고 청군에 의해 대원군이 납치되고 청군에 의지했던 민비정권을 압박하여 246년간(1636~1882) 왕실간의 조공관계를[20] 국가간의 종속관계로 전환시켜 〈朝清商民水陸貿易章程〉을 체결, 조선이 청의 속국이 되고 말았다. 속국 규정도 그것이지만 조선 국왕은 청의 북양대신과 대등하다는 규정에, 청나라 상인이 조선내지에서 상행위를 하도록 규정하여 중국의 식민지로 전락할 위기에 직면하게 되었다.[21] 이것은 자주 개혁의 꿈이 무너지는 대사건이었다. 개화당이 쿠데타를 서두른 이유도 거기에 있었다. 이렇게 역사가 혼돈에 휘말린 것은 혁명적 개화세력 즉, 개화 주체의 약체성에 기인했다고 볼 수도 있다.[22]

못하고 1882년 임오군란 직후 중국과의 통상조약에서 명시하고 말았다. 그것을 완전히 탈피한 것은 1894년 청일전쟁 후부터였다.

19) 임오군란이 일어난 1882년의 무역수지를 보면 일본에 대한 수출입이 독점하고 있었다는 것을 알 수 있다. 총수입 185만 2천원 가운데 대일 수입이 156만 2천원인데 대청수입은 29만원에 불과하고, 수출은 대일 상품수출이 193만 1천원과 사금수출이 52만 9천원인데 비하여 대청수출은 총16만 2천원에 불과했다(도면회, 〈개항후의 국제무역〉, 《한국사》 39, 국사편찬위원회, 1999, 148쪽).

20) 李萬敷(1664~1732)는 사대관계를 왕실간의 관계에 한정하고 백성에게는 미치지 않는다고 했다. 조선 백성이 남의 나라 국왕을 추모하는 萬東廟 설치에 반대하면서 조선 백성은 자기 국왕에게 충성하면 그만이라고 했다(이만부, 〈萬東祠議〉, 《息山全書二》, 여강출판사 영인본, 1993, 269쪽).

21) 중국의 횡포에 반발한 개화당을 독립당이라고 부른 이유도 포악한 조청상민수륙무역장정 때문이었다. 朴殷植을 비롯한 종전의 독립운동 저술에서 갑신정변부터 시작했던 것도 그 때문이었다.

22) 일본과 미국과의 통상조약에 이어 열국과 통상조약의 체결이 다음과 같이 진행되었다. 조약들은 치외법권·관세특혜·최혜국대우 등을 규정한 불평등조약이었음은 제국주의 시대의 통례였다.

1882. 8. 朝鮮中國商民水陸貿易章程(조청상민수륙무역장정)
1883. 11. 영국과 수호통상조약
1883. 11. 독일과 수호통상조약
1884. 6. 이태리와 수호통상조약
1884. 7. 러시아와 수호통상조약

당시의 사상동향을 보면, 지배적 대세는 세도정치기에 정체되어 있던 실학의 개혁사상이 다시 활기를 찾아 대세를 주도하고 있었다. 대원군의 개혁정치도 그러한 추세의 일단으로 볼 수 있다.[23] 그러한 개혁사상이 서세동점의 파고가 높아지면서 '국가개방론' 또는 '개량적(온건) 개화론'으로 변신해 갔다. 그것이 개항과 더불어 다시 동도서기론으로 다듬어진 것이다. 동도서기론을 사상사의 위치에서 보면, 실학의 재생과 같은 것이다. 그때 실학 방식의 구시대 논리에 만족하지 않고 자아비판을 통한 자아혁신론이 성장하고 있었는데 그것이 '혁명적(급진) 개화론'이었다. 그들은 서세동점의 대세를 보고 혁명적 발전을 모색하지 않으면 생존이 불가능하다고 생각한 혁명적 지식인에 의해 주창되었다. 그들은 특히 조청상민수륙무역장정의 폭력적 압력을 당하고도 중국에 관심을 쏟는 〈개량적 개화론〉을 구시대의 보수로 보고 수구파·사대당이라고 공박하였다. 그러니까 개화론이 대두하여 온건노선과 급진노선으로 분화한 것이 아니라 실학사상이 온건(개량적) 개화론으로 전이하고 있었는데 그에 대한 반발로 급진(혁명적)개화론이 대두한 것이다. 혁명적 개화론자는 자기만을 개화파 또는 개화당으로 이해하고 있었다.[24] 그런데 어느 개화론도 개화의 시계가 청과 일본을 넘지 못하고 있었다. 넘는다고 해도 청나라나 일본을 통해서 보는 정도였다. 서양의 책을 번역해도 중국이나 일본 번역서를 재번역하는 방식이었다. 개화를 중개받고 있었던 셈이다. 때문에 間接開化 또는 屈折開化의 한계를 가지고 있었다.

한편 조선 후기부터 실학과 북학론에 밀려 세력을 잃고 있던 위정척사론

1886. 6. 프랑스와 수호통상조약
1892. 6. 오스트리아와 수호통상조약
1901. 3. 벨기에와 수호통상조약
1902. 7. 덴마크와 수호통상조약

23) 박규수·최한기 같은 실학자가 1866년의 병인양요와 1871년의 신미양요 때 斥和論을 제기했다고 해서 개화를 반대했다고 말할 수 없듯이, 대원군의 척화론도 같은 성격으로 볼 수 있다. 외세의 침략에 대한 반침략 전쟁으로 이해해야 할 것이다. 그들의 척화론을 鎖國으로 이해하기에 앞서 제국주의 침략에 대한 저항으로 이해해야 하고, 斥和論이 斥邪論과 같은 것도 아니라는 점에도 유의할 필요가 있다.

24) 李光麟, 〈穩健·急進開化派의 思想〉(《韓國史講座 近代篇》 V, 일조각, 1981), 126쪽.

이 서세동점의 거센 물결에 반발하여 다시 고개를 들고 있었다. 위정척사사상은 효종조의 북벌론에서 발원했는데 발원 당시에는 국민적 호응도가 높았다.[25] 그리하여 북벌론을 제기한 이후의 조선 왕조를 북벌론 정권이라고 말해도 좋을 정도로 북벌론 즉, 위정척사론은 국론의 위치를 굳히고 있었다. 그것이 실학이나 북학론의 공격을 받아 조선 후기부터 위축되고 있었다. 더구나 신문물 신종교가 유입되면서 지도이념의 자리를 잃고 있었다. 척사의 대상도 확대되면서 척사의 개념도 모호해져 갔다.[26] 그것이 다시 힘을 얻게 되는 것은 병인양요와 신미양요 때 전국적 척화 분위기에 편승하여 척사론이 힘을 얻었고, 다음에 1881년에는 미국과의 통상조약을 추진한 조정에 대한 반대운동으로 이른바 신사척사운동으로 새로운 힘을 얻게 되었다. 그리고 1895년 을미사변 때 위정척사의 기치를 들고 의병을 일으켜 일본 제국주의 타도를 외치자, 위정척사사상은 반제국주의사상의 중심을 점하게 되었다. 그래서 을미의병을 위정척사사상의 마지막 꽃이라 말하는 것이다.

이와 같이 격변기에 사상의 분화가 일어났는데 그것은 당연한 추세였다. 조선 중기의 북벌론을 수호하면서 유교주의 예론을 지상의 사회윤리로 생각한 위정척사사상의 지식인이 있었다는 것이 조금도 이상하지 않다. 또 조선 후기 유학자의 실학사상을 계승하여 개량주의적 개혁을 모색하고 있었다는 것도 자연적 추세였다. 그런가 하면 새로운 세계정세를 맞아 그에 호응하여 혁명적 변화를 모색한 것도 당연히 있어야 할 생각이었다. 마지막의 혁명적

25) 北伐論은 송시열을 중심으로 노론정권의 정치 이데올로기로 제기되었음에도 불구하고 남인의 고장인 안동에서 남인으로 알려진 瓢隱 金是榲이 崇禎處士를 자처하면서 은둔생활을 고집하였는가 하면, 영양의 醉睡堂 吳演도 은둔했다가 효종의 북벌계획이 알려지자 靑杞面 靑杞里 椒洞 산중에서 북벌군을 일으켜 훈련할 정도로 북벌론에 적극 참여했다. 청기리에는 지금도 軍幕址가 전해온다.

26) 斥邪의 대상이 北伐論에서는 淸나라를 배척한 것이었는데 그후 서양문화－천주교→서양 제국주의→일본 제국주의로 배척의 중심이 이동하였다. 중심이 이동했다고 그 전의 척사의 대상이 없어진 것이 아니라 순서가 바뀌고 있었을 뿐이었다. 때문에 척사론이 모두를 감당하기에 부담이 컸다. 거기에 때마침 일어난 북학론에 이어 신문화와 신종교로부터 맹렬한 공격을 받아 척사론은 세력을 잃고 있었다. 그때 일본 제국주의의 침략을 받아 국민적 저항 속에서 다시 힘을 얻어 활기를 띄게 된 것이다.

개화사상이 새시대에 가장 적절한 생각이었다고 말할 수 있다. 그런데 그들이 혁명노선을 추구하면서도 혁명의 수단과 방법론에는 어두웠던 것 같다. 혁명적 개화와 개혁에 수반해서 유입되고 있는 제국주의에 대하여 주의하지 않았다. 혁명도 자체 역량을 통해서만 달성된다는 혁명원리를 외면했다. 그리하여 1884년 갑신정변은 실패했다.

그렇게 지식인이 오류를 거듭하고 있었으므로 대중이 지도자를 따라가지 않고 자체 사상을 개발해 나갔다. 1860년에 민중종교로 일어난 동학사상이 그것을 말하고 동학이 전파력을 가졌던 것도 그 때문이었다. 동학은 1871년에 경상도지방에서 李弼濟亂의 농민전쟁을 일으킬 정도로 성장하고 있었다. 그러나 아직도 대중 조직력이 약하여 농민전쟁이 아닌 단순 반란으로 인식되고 있었다. 그러니까 사회는 방향타를 잃고 혼란이 거듭되었다. 조선 후기 이래의 鄭鑑錄 사상이 확산되었던 것도 거기에 이유가 있었다. 한편 문호개방과 더불어 선교의 자유가 보장되어 일본의 神敎와 일본 불교가 들어오고, 미국의 개신교, 영국의 성공회, 프랑스의 천주교가 급속하게 유입, 확산되어 그 동안의 문화적 구심점이었던 유학이 힘을 잃고 있었다. 어떤 이는 이와 같은 종교 또는 사상의 무정부상태가 나라의 힘을 잃게 한 주요 이유라고도 말한다. 그것이 힘을 잃는 이유가 됐든 아니든, 문화나 사상의 구심점이 제국주의 침략을 맞은 그때에 분산된 것은 시기가 좋지 않았던 것은 사실이었다. 그러나 그것이 적전 분화가 아니라면 민주화에 도움이 된다고 볼 수도 있다.

(3) 개혁·반개혁과 열강의 각축

임오군란으로 자율적 역사 전개가 타격을 입은 그 틈에 열강이 경쟁적으로 침략해 왔다. 일본에 이어 1882년에는 미국과 중국이 통상조약을 맺고, 1883년에는 영국과 독일이 뒤를 이었다. 이럴 때 조선왕국의 발전을 위하여 도움을 준 나라는 없었다. 그런데 조선의 왕실이나 정객들은 그것을 알지 못했다. 모를 뿐만 아니라 청나라의 힘을 빌려 세계로 나아가거나 일본을 모방하고 그의 힘으로 문명을 달성하려고 생각한 지도자가 많았다. 오히려 전통시대 사대주의로 오해를 받던 위정척사 유림은 일본이나 미국을 비롯한 제국주의 국가들을 오랑캐라고 배척했던 것은 물론, 유학의 성지인 명나라를 멸망시킨 청나라 정벌론(북벌론)을 일으켰던 의식이 유존하여 어느 정파보다 외세 의존성이 적었다. 그에 비하여 개량적 개화론은 청나라 문화를 배우자는 북학을 계승한 나머지 청나라에 의지하려는 경향이 강했고, 그에 반발한 혁명적 개화파는 일본의 힘을 빌리려고 했다.[27] 그것이 1884년의 갑신정변과 그를 둘러싼 정치 정세의 성격이었다.

김옥균·박영효 등의 개화당이 주도한 갑신정변에서 공표한 14개 政令(政綱)을[28] 보더라도 역사는 그 방향 즉, 시민이 주도한 개화혁명의 방향으로 가야 했다. 그런데 성급한 나머지 대중의 기반을 얻지 못한 채 혁명을 추진하여 갑신정변은 실패하고 말았다. 당장에 성공하지 못하고 실패한 혁명이라도 대중적 기반을 확대한 경우가 많으므로 역사적 의의를 가질 수 있다. 혁명은 혁명운동이 축적하여 끝내는 혁명을 달성하는 것이기 때문이다.[29] 그런

---

27) 개화당이 일본을 모방하고 일본의 힘을 빌리려고 했던 것은 개항 직후부터 시도한 중대한 오류였다. 강화도조약 이듬해인 1877년에 조선으로 건너와 부산에 이어 원산·목포에 東本原寺 別院을 설치하고 조선의 승려와 개화당 인사와 교류하며 정계에도 깊이 관여한 일본 東本原寺 승려 奧村圓心의 《朝鮮國布敎日誌》에 그때의 정황이 잘 나타나 있다. 동본원사 별원에서는 일본 청년에게 조선어를 가르치며 특수 훈련을 시켜 갑신정변에 투입했다가 희생되기도 했다. 그의 여동생 奧村五百子는 박영효와 살면서 많은 화제를 남겼다(조동걸, 〈奧村圓心의 「朝鮮國布敎日誌」〉, 《韓國學論叢》 7, 국민대 한국학연구소, 1984).

28) 1884년 12월 6일 발표한 개화정권의 14개 〈政令〉은 다음과 같다.
김보경 등, 〈1884년 정변의 政令에 대하여〉(《역사와 현실》 30, 한국역사연구회, 1998), 10~25쪽.

① 大院君 귀국과 淸國에 대한 朝貢撤廢	② 門閥廢止·人民平等·人材登用
③ 地租法 개혁·窮民救濟·財政確立	④ 內侍府 폐지
⑤ 貪官汚吏 숙청	⑥ 各道 還上制 폐지
⑦ 奎章閣 폐지	⑧ 巡査制 실시
⑨ 惠商公局 혁파	⑩ 流配 禁錮 죄인의 재조사
⑪ 4軍營을 1營, 왕세자로 대장 임명	⑫ 財政 一元化
⑬ 議政府 회의제 확대 실시	⑭ 議政府 六曹외의 정부조직 개혁

29) 프랑스 혁명과 러시아 혁명이나 중국의 신해혁명도 수많은 혁명운동의 축적 위에서 이룬 혁명이었고, 한국에서 1960년 4·19혁명부터 80년대 민주화운동에 이르기까지 수많은 실패의 기록 위에서 민주화를 달성한 것이다. 혁명은 혁명운동의 축적 위에 이루어진다는 교훈을 말하고 있다.

데 갑신정변은 대중성을 중시하지 않았다. 대중세력으로 성장하고 있던 보부상 조직은 주목할 만 했는데 외면하고 말았다 그리고는 힘의 공백을 외세로 채웠다. 일본과 어렵게 어렵게, 또 군색하게 손을 잡고 혁명을 일으켰으므로 혁명의 실패는 물론, 일본 제국주의를 궁전 안까지 불러들인 오류를 범하고 말았다. 아울러 개화의 길을 대중으로부터 외면 당하게 만들었다. 일본군만 불러들인 것이 아니라 청군도 진주하여 청일 각축장을 만들었다.

정상적 발전 코스라면 외세 없는 갑신정변을 일으키고, 실패하면 그 뒤에 다시 또 일으켜 1894년에 이르러 동학농민전쟁의 대중성을 확보하면서 갑오경장을 혁명으로 발전시키는 코스로 가야 했다. 그러한 정상적 혁명 코스가 아니라 외세에 의지한 갑신정변을 구상한 나머지 일장춘몽의 쿠데타로 끝난 것이다. 그러므로 같은 혁명이나 개혁을 추구하면서도 개화당과 대중이 별도의 길을 가게 되었다. 그때 민씨 척족은 더욱 반동화하여 민영익·민영준(휘) 등을 주축으로 세도를 강행했다. 이에 이르러 국민들은 방향감각을 상실하고 말았다. 일단 혁명을 일으켰던 1884년부터 폭풍이 몰아쳐야 할 10년간에 별다른 격동이 없었던 것도 방향감각을 상실한 탓 때문이었다. 방향감각을 상실한 국민적 분위기라면 제국주의의 침략이 더욱 용이할 수밖에 없었다.

그 10년간에 변화가 있었다면 열국과의 통상이 확대되면서 제국주의 경제 침략에 의한 타격이 심각해지고 있었다는 사실이다. 한편, 그에 대응한 정부의 상업정책에 힘입어 객주상회소와 일반상인의 상회사가 전국적으로 설립되는 등, 한국 자본주의도 다소는 성장하고 있었다.[30] 독일이나 미국 상인의 진출이 변화를 불러오던 가운데[31] 1876년 이후 일본 침략의 독무대였던 조선에 〈조청수륙무역장정〉 이후부터 청나라와의 무역이 급성장하고 있었다. 1894년에 일어난 청일전쟁은 외교사적으로는 1885년의 天津條約과 관련하여

---

30) 都冕會, 앞의 글, 174~178쪽.

31) 金正起, 〈조선정부의 독일차관도입(1883~1894)〉(《韓國史硏究》 39, 한국사연구회, 1982), 85~120쪽에서 독일 자본의 도입으로 말미암은 경강상인의 몰락을 비롯한 한국 경제의 타격상이 분석되어 갑신정변 후 역사의 표본상을 적절하게 전해 준다.

이 시기 미국자본의 침투에 대해서는 하지연, 〈타운센드상회연구〉(《한국근현대사연구》 4, 한국근현대사연구회, 1996)가 참고된다.

이해해야 하지만, 그에 앞서 청일 양국의 무역경쟁이라는 경제적 배경을 가지고 발발한 것이다. 이른바 제국주의 전쟁이었다.[32]

1894년의 역사는 대단히 다단하였다. 동학농민전쟁과 청일전쟁과 갑오경장이 일어났던 해이다. 청일전쟁은 제국주의 전쟁이었으므로 주체를 달리하지만, 동학농민전쟁과 갑오경장은 조선이 주체이고 구시대의 봉건체제를 청산하는 역사적 작업이었다. 그러므로 동학농민전쟁의 弊政改革案과 갑오경장의 洪範14조를 비롯한 3차에 걸쳐 추진한 정치・외교・행정・경제・군사・경찰・사법・교육 등 각 분야와 사회개혁 덕목은 다 함께 한국근대사를 궤도에 올리는 데 중요한 요목들이었다.[33] 동학농민군의 요구는 갑오경장에서 일부나마 반영됐다. 그런데 추진 주체는 서로 상반된 길로 갔다. 그것은 갑오경장을 추진한 시민계급이 갑신정변 이후 대중적 기반을 만회하지 못하였기 때문이다. 사회변동기에 중산층이나 지식인은 대중이 따를 수 있는 개혁 진로를 개척해야 하는데 갑오경장에서 일본을 모방하기에 바빴다.

그렇더라도 갑오경장에 일본의 간섭이 없었고, 동학농민전쟁에 일본군의 토벌이 없었다면 동학농민전쟁이 성공하거나 동학농민전쟁이 갑오경장과 합류한 어떤 새 모습을 갖추어 한국근대사 발전의 일대 전기를 마련하였을 것이다. 당시의 정부는 동학농민군의 저항을 진압할 수 없었으므로 새로운 역사를 전개하지 않으면 안될 그때에 일본 제국주의의 침략으로 말미암아 새로운 역사의 길은 차단되고 말았다.

그때 일본은 갑오왜란(7. 23)과 청일전쟁(7. 25)을 도발하면서 갑오경장에 깊숙이 관여하였다. 〈新式貨幣發行章程〉(8. 11)에서 일본 화폐 통용의 길을 열고 〈暫定合同條款〉(8. 20)으로 경제침략의 길을 넓게 닦았다. 동시에 청일전쟁의 전시동맹인 朝日盟約(대일본 대조선 맹약, 8. 26)을 강제하고 동학농민

---

32) 都冕會, 앞의 글 참조. 그때 개항장을 중심으로 일본 상인과 함께 낭인들이 들어와 조선 침략의 일익을 담당하고 있었던 점에 주목할 필요가 있다. 청일전쟁 직전인 1893년의 일본인 거주자를 보면 서울에 823(325) 인천 ; 2.504(974) 원산 ; 794(307) 부산 ; 4.750(2097)명으로 총 8.871(3.703)명이었다. ( )안에 나타낸 여자 인원이 많은 것을 보면 일본인 이주가 장기 생활을 전망하고 있었다는 것을 알 수 있다.

姜昌一, 《근대일본의 조선침략과 대아시아주의》(역사비평사, 2002), 60~61쪽.

33) 柳永益, 〈갑오경장〉(《한국사》 40, 국사편찬위원회, 2000), 281쪽.

군을 토벌하였다. 결국 조선은 일본의 반식민지로 전락해 갔다. 오도리 가에스케(大鳥圭介)에 이어 일본공사로 부임한 이노우에 카오루(井上馨)는 국왕과 각료를 협박하여 각 아문에 일본인 顧問官을 배치하고[34] 借款으로 조선의 재정을 장악해 갔다. 그때 조선을 보호국으로 묶을 공작까지 진행시켰다. 이러한 일본의 반식민지 상태에서 탈출하려는 노력이 갑오·을미의병으로 나타났는가 하면 국왕 중심의 외교투쟁으로 나타났는데 일제 침략에 반발하던 명성황후 민비는 일본공사 미우라 코로(三浦梧樓)의 공작테러인 을미사변을 맞아 희생되고 말았다.

그 와중에서도[35] 김홍집내각은 갑신정변 때와 같이 대중보다는 일본을 더 의식하고 있었다. 그리하여 동학농민전쟁이 후반부터 대일전쟁을 전개할 때 갑오경장 세력은 반대로 일본과 손을 잡고 농민군을 토벌하였다. 한국근대사는 여기서 민중의 길이 별도로 존재할 수밖에 없게 되었다. 한국근대사에서 시민과 민중의 통합이 숙명적 과제라는 것도 갑신정변과 갑오경장에서 비롯된 것이다.

제2차 갑오경장인 을미개혁은 김홍집·박영효 등이 일본 세력을 업고 추진한 것이다. 그들은 청일전쟁을 일본이 조선의 독립을 위하여 싸운 전쟁으로 보고 있었다. 그들은 일본공사 이노우에 카오루가 조선을 보호국으로 만들기 위하여 부임한 것이나, 청일전쟁이나 시모노세키(下關)조약을 통해 일본이 본격적으로 제국주의 국가로 등장하는 국제관계를 읽지 못하였다. 청일전쟁에서 일본의 승리를 조선의 독립이라고 착각한 조선의 지식인은 결국 일본 제국주의의 유인세력으로 전락하고 말았다. 그러니까 조선은 일본에 대한

---

34) 그때 배치된 고문관이 石塚英藏·齋藤修一郎·仁尾惟茂·岡本柳之助·楠瀨幸彦·星亨·武久克造 등이었다.

35) 일본 경제는 신식화폐발행장정으로 금융시장을 침식하고, 경인선과 경부선 철도부설을 통하여 운수체계와 통신시설을 독점하고, 통신시설이 농토를 잠식하고, 어업·광업·해운업까지 박탈하고 있었는데 1894년을 분수령으로 침략이 본격화되어 조선 경제가 일본 자본주의에 편입되어 갔다. 그런데 당시의 지식인들은 금융·교통·통신 등의 유통산업의 침략에 대하여 침략으로 인식하지 못한 경우가 많았다. 오히려 《독립신문》처럼, 개발로 착각하기도 했다. 눈에 보이는 1차산업의 손실은 침략으로 보면서 특히 3차산업에 대해서는 침략여부를 분간하지 못한 것 같다.

왕궁 방위능력까지 상실한 가운데 왕비가 참살당한 을미사변을 맞은 것이다.

이제는 어떤 개혁도 대중의 호응을 얻을 수가 없었다. 여기서 대중은 그때까지 타도의 대상이던 봉건 유림의 손을 잡고 반제국주의 의병전선을 형성했다. 을미사변과 단발령을 비롯한 을미개혁에 저항한 봉건 유림이 일본 타도의 기치를 올렸을 때 봉건유림으로부터 수탈만 당하던 농민(대중)이 목전의 이해가 같은 양반 유림을 따라 대일전선에 나섰다. 자연발생적 통일전선으로 보아 좋을 것이다. 그것이 1895~1896년의 을미의병이다.

(4) 동학농민전쟁과 갑오경장 전후의 사회 문화

문호개방과 더불어 사회변동이 급격하게 진행되었는데 그것은 자체변동과 제국주의 침략으로 말미암은 변동이 중첩해서 진행되어 복잡하게 나타났다. 그런데 1882년 임오군란부터 갑신정변·동학농민전쟁·갑오경장·청일전쟁·을미사변, 그리고 1896년의 아관파천에 이르는 가운데 정치는 주체를 상실하고 있었다. 그런데도 사회 문화의 변화는 자율성을 확보한 경우가 적지 않았다. 사회 문화의 변화는 동학농민전쟁의 폐정개혁안의 제기나 갑오경장 때 군국기무처의 개혁안처럼 자율화과정을 통하여 토착한 경우가 많았다. 어떤 경우는 일본제국주의의 관여와 방해로 토착화가 차단되거나 정치 경제는 타율성으로 끝난 경우가 많은데 비하면, 사회 문화는 자체적으로 자율화과정을 밟은 경우가 많았다. 식민지 안에서 민족문화가 존재했던 것도 거기에 이유가 있다. 그렇다면 구한말의 가장 큰 개혁이었다고 할 수 있는 동학농민전쟁의 폐정개혁안과 갑오경장의 사회 문화 개혁의 요목을 보는 것이 중요한 의미를 갖는다고 하겠다.

동학농민전쟁은 동학란·동학농민혁명·동학농민전쟁·동학농민봉기·갑오농민전쟁 등으로 관점에 따라 호칭이 다르다.[36] 동학농민전쟁은 전기항전(1894. 양력 2. 10~6. 11)과 집강소 설치기(1894. 6. 11 : 음 5. 8~10. 26 : 음 9. 18)와 후기독립전쟁기(1894. 10. 26~12. 30)로 구분해서 이해하는 것이 일반적이

---

36) 東學亂이라고 반란으로 이해하던 것을 혁명성으로 이해해야 한다고 주장한 최초의 논문은 黃義敦, 〈民衆的 叫呼의 第一聲인 甲午의 革新運動〉(《開闢》 1922년 4·5월호)이었다.

다. 거기에서 농민전쟁 이념은 집강소 사회개혁의 성격이기도 한 폐정개혁안으로 나타났다. 폐정개혁안은 12조목으로 구성되었는데 분류해서 보면 네 가지로 나눌 수 있다.

① 탐관오리·부호·유림 양반 등의 지배층 숙정
② 노비·칠반천인·백정·청춘과부의 해방
③ 잡세금지·지벌타파·공사채 무효·왜와 간통엄벌의 시폐개혁
④ 토지 평균분작

폐정개혁안에서 구조개혁을 위한 제도개혁에 대한 언급이 약한 것은 지도역량의 한계였다. 하지만, 신분제 혁파에 초점을 맞추고 있는 것은 구조적 모순과 시대적 모순을 일치시켜 이해한 조처였다고 할 수 있다. 이러한 개혁안은 일부 갑오경장에 반영되기는 했으나 갑오경장 추진세력과 주체 성격의 차이로 말미암아 그것이 당장의 역사 발전의 빌미가 되지 못했다는 것은 앞에서 지적한 바와 같다.

갑오경장에서 제1차개혁은 1894년 7월 27일부터 12월 17일까지 영의정 김홍집을 중심으로 군국기무처가 주도하여 210건의 사안을 개혁한 것이다. 거기에서 청나라에 대한 독립을 천명하고, 의정부와 궁내부를 양립시키고 6조를 8아문으로 나누고, 과거제도를 폐지하고 신분제를 혁파하고 공사 노비를 해방하고 과부 재가를 허용한 것 등은 동학농민전쟁의 폐정개혁안과 더불어 1894년에 사회 문화가 크게 변혁되었다는 것을 말해 준다. 신분제 혁파가 혁명적 조처였다는 것은 설명할 필요가 없다. 과거제도만 해도 고려 초에 실시한 1천년의 역사를 폐지한 것이다. 과거제가 유교왕조를 일으키고 또 유지시키는 기초가 됐던가 하면 유교사회와 유교문화를 유지하는 힘이 됐다는 측면에서 생각하면 그의 폐지가 앞으로 사회 문화를 다양하게 일으키는 계기가 될 것을 전망하기 어렵지 않다. 과부 재가를 금지했던 한국 봉건사회의 암적 특질을 해체한 것은 신분제 혁파에 버금가는 일대 전환인 것이다. 그런데 그때에 만든 〈신식화폐발행장정〉에서 일본 화폐의 통용을 허용한 것처럼, 일본의 강요에 의하여 개혁한 타율성의 한계가 있었다. 일본의 강요는 조선을 보호국으로 만들 음모와 함께 추진한 제2차 개혁과 제3차 개혁으로 갈수

록 더욱 심화되었다.

제2차 개혁은 1894년 12월 17일부터 1895년 7월 7일까지 213건의 개혁안이 실시되었는데 역시 김홍집내각의 박영효가 주도하고 일본공사 이노우에의 조종을 받았다. 거기서 〈홍범14조〉를 선포하고[37] 내각을 7부로 나누고 전국을 23부 337군으로 구획했다. 그때 관세사와 징세사, 그리고 재판소와 경찰청을 독립시키고, 〈敎育立國詔勅〉이 발포되어 성균관과 향교외에 한성사범학교를 선두로 국공립 각급학교를 설립하게 되었다. 그에 따라 새로 교과서가 편찬되고 역사편찬도 새롭게 일어났다.[38] 〈소학교령〉이 나와 오늘날의 교동·재동·매동초등학교의 모체가 세워진 것이다. 제3차개혁은 제3차 김홍집내각이 을미사변을 일으킨 일본공사 미우라 코로의 조종을 받으며 140여건의 개혁을 실시했는데 양력사용과 단발령 강행이 대표적 사안이었다. 그것이 강한 저항에 부딪쳤는데 1백년이 지난 이제는 모두 단발하고 양력을 사용하고 있다. 앞에서 말한 바와 같이 이것은 타율성의 자율화과정의 여러 유형중의 하나로 이해해야 할 것이다.

이와 같이 오늘날의 사회 문화는 어떤 것은 고대부터, 어떤 것은 조선시대부터, 어떤 것은 갑오경장부터 유래하였다. 어떤 것은 식민지시기에, 또 어떤 것은 민주화운동에서 유래한 것도 있다. 언제부터의 것이냐에 따라 역사적 성격을 달리 한다. 그런데 갑오경장에서 조선시대의 기본 윤리인 삼강오륜이나 관혼상제에 대한 검토는 수행되지 않았다. 개혁의 기준도 명확하지 않았다. 그러므로 법률상의 규범은 고사하고 윤리적 통제력도 발휘할 수 없었다. 그러니까 사회기강이 설 수가 없었고, 각종 종교가 난무해도 조정기능을 발휘하지 못한 문화 무정부 상태가 연출되고 있었다. 무정부상태가 자율성에 의한 결과라면 걱정할 것이 아니지만 타율성에 의한 현상이므로 역사 발전의 동력이 될 수 없었다. 오히려 침략에 도움을 준 경우가 많았다. 다시 강조하지만 모든 역사적 생산물은 자율성 여부와 타율성의 자율화과정을 검토

37) '洪範'이란 중국의 夏나라 우왕이 발표했다는 '洪範九疇'에서 유래한 말로 국가의 기본규범을 일컫는 말이니 '헌법'이란 뜻과 같다. 〈홍범14조〉는 한국사에서 첫 번째의 헌법과 같은 규범이 된다. 開國紀元도 여기서 비롯되었다.

38) 趙東杰, 〈근대교육과 역사교과서〉(《現代 韓國史學史》, 나남출판, 1998), 73쪽.

하면서 살펴야 한다. 아울러 주의할 것은 자율성에서 출발한 것이라고 하더라도 자만하거나 자기우상에 빠지면 그때는 당초의 발생가치의 우월성에도 불구하고 역사를 해치고 만다는 점이다.

(5) 대한제국의 성립과 독립협회, 시민운동의 대두

열국의 침략으로부터 탈출해 보려는 조선왕조의 몸부림은 아관파천에서 벗어나 경운궁으로[39] 환궁하자 곧 대한제국의 성립으로 나타났다. '朝鮮'에서 '韓'으로 고친 국호는 고'조선'이 위만의 침략을 받아 망할뻔 하다가 準王이 남분하여 金馬(益山)에서 馬'韓'을 일으켜 중홍했다는 마한(삼한)정통설과[40] 같은 중흥의 역사 재현을 바라는 기원을 담은 것이다. 삼한정통설이 맞든 말든 중요한 것은 그렇게 '자주독립'과 '중흥'의 기원을 담은 국호라는 점이다.[41]

대한제국의 성립과 더불어 독립국가의 황제가 하느님에게 고하는 圜丘壇을 설치하고[42] 〈대한국 국제〉를 반포하였다. 그리고 1898년에는 量地衙門을 설치하고 전국에 걸쳐 토지조사를 실시하는 등, 각종 개혁을 단행하였다. 서울의 정리사업으로 도시모습이 일신해졌고 개항장일망정 새로운 도시가 탄생하고 있었다. 전기·교통·통신시설을 비롯하여 산업·교육·언론·의료·군사·경찰·사법제도의 개선이 외국인을 놀라게 할 정도로 달라지고 있었다.[43] 양지아문은 1901년 토지에 대한 권리증을 발부하는 地契衙門으로 개편

---

39) 慶運宮은 헤이그특사사건 때문에 1907년 7월에 광무황제가 일제에 의해 퇴위당하고 융희황제가 즉위한 곳인데 그것을 왕위를 선양한 궁전이라 미화하여 중국에서 선위한 궁전의 이름으로 불리는 德壽宮이라 불러 오늘에 이르고 있다.

40) 馬韓正統說은 숙종 때 洪汝河의 《東國通鑑提綱》에서 주장한 후 실학자들이 그의 주장을 이었고, 구한말 대부분의 역사서가 마한정통설을 수용하고 있었다. 마한정통설과 다른 고대사 인식은 단군조선·기자조선·위만조선을 정통으로 보는 三朝鮮說이 있고, 단군·부여·고구려·발해로 이어지는 夫餘正統說이 있다.

41) 趙東杰, 앞의 책(1998), 300쪽.

42) 圜丘壇 축조는 1895년 7월 12일 왕명으로 결정하여 10월 15일 원구단에서 황제존칭 봉위식을 거행하기로 예정한 바가 있었으나 일·영·러·미국공사가 반대하여 뜻을 이루지 못했다. 그것을 1897년 대한제국을 성립시키면서 달성한 것이다.

43) 정연태, 〈光武年間 西洋人의 高宗觀〉(《韓國史硏究》 115, 한국사연구회, 2001), 163~165쪽.

하였다. 이러한 광무 초년의 각종 정부사업을 광무개혁사업이라 한다.[44)]

한편 1896년 친목단체로 출발한 獨立協會가 《독립신문》을 발행하면서 시민운동 단체로 발전하여 각종 개혁운동을 전개했는데 1898년 만민공동회를 통한 의회설립운동이 특별히 주목을 받았다. 1898년에는 李鍾一을 중심으로 대한제국 民力會도 탄생했고, 여권운동도 대두하여 '여권통문'을 선포하고[45)] 최초의 여권단체로 贊襄會를 결성하고 최초의 민립여학교인 順成여학교를 설립하였다.[46)] 독립협회에 대항하여 결성한 皇國協會도 일어났는데 보부상 조직이라고 한다면[47)] 이익단체의 성격이 강했던 것 같다. 그러나 1898년 독립협회가 上議院 설립운동을 전개한데 반하여 황국협회가 民議院 설립운동을 전개한 것은[48)] 황국협회의 반동화에도 불구하고 대의정치의 저변을 확대시키면서 시민운동의 대중화를 도모한 업적으로 평가되어야 한다. 이러한 시민운동을 광무개혁운동이라 한다. 시민운동의 과제가 그때나 지금이나 출세 수단이 아닌 순수성과 대중화가 과제라는 교훈을 남기고 있다.

이와 같이 광무개혁운동은 독립협회·민력회·찬양회·황국협회 등의 시민(브르주아)조직을 통해 나타났다. 특히 여권운동도 일반 시민운동과 같은 시기에 대두한 것은 주목할 점이다. 이때 《독립신문》에 이어 《皇城新聞》과 《뎨국신문》이 간행되어[49)] 시민운동을 한결 발전시키고 있었다. 이와 같이

---

44) 地契衙門은 1904년에 탁지부 量地局으로 개편되었다. 1898년부터 量地衙門에서 실시한 토지조사대장을 〈光武量案〉이라 하는데 현재 서울대학교의 규장각에 보관되어 있다.

45) 《皇城新聞》, 1898년 9월 8일자.
《뎨국신문》, 1898년 9월 13일자.
《독립신문》, 1898년 9월 13일자.

46) 朴容玉, 《한국 여성근대화의 역사적 맥락》(지식산업사, 2001), 343~348쪽.

47) 趙宰坤, 〈皇國協會의 정치경제적 활동〉(《한국근대사회와 보부상》, 혜안, 2001), 174쪽.

48) 趙宰坤, 〈하원(민선의원) 설립운동〉(위의 책), 181쪽.

49) 이때의 신문 발행을 보면 다음과 같았다.
漢城旬報 1883. 10. 31(순간, 통리아문 博文局) 갑신정변으로 폐간
漢城週報 1886. 1. 25(주간, 통리아문 박문국) 1888. 7. 7 폐간
독립신문 1896. 4. 7(격일간 후에 일간, 徐載弼) 1899. 12. 4 폐간
협셩회회보 1898. 1. 1(주간, 배재학당 協成會) 동년 4. 9일 매일신문으로 고쳐 최초의 일간지, 1899. 4. 4 폐간

19세기 말에 대두한 시민운동이 20세기 초두에 개혁당·협동회·진명회·공진회·보안회·헌정연구회·국민교육회 등으로 발전해 갔는데 1904년부터 일본 제국주의의 침략이 강화됨에 따라 시민운동이 구국운동으로 통합 발전해 갔다.

시민운동이 광무개혁운동으로 전개될 때 어느 것도 대중성을 만족시키지는 못했다. 광무개혁사업과 광무개혁운동이 전개되기 전에 동학농민전쟁을 담당했던 농민의 향방을 추적해 보면, 영학당·남학당·동학당·북대·남대 등의 이름으로 활약하다가 1900년부터 활빈당으로 개편되어 갔는데 그것을 모두 하나로 묶어 '광무농민운동'이라 이름하고 있다.[50] 농민운동이라고 해도 소상인이나 계절 노동자도 참가하고 있었으므로 농민운동이 사회운동으로 발전해 가는 모습으로 보이기도 하지만, 1904년에 이르러 일본 제국주의의 침략에 대응하여 그들은 의병으로 전환되어 갔으므로 사회운동으로 전환할 겨를이 없었다. 따라서 1897년부터 1904년까지의 역사는 정부의 광무개혁사업과 시민운동인 광무개혁운동과 민중적인 광무농민운동으로 구조화하여 이해하는 것이 좋을 것이다.

(6) 영·미의 책략과 일본 제국주의

일본 제국주의의 침략은 제1단계로 1876년 강화도조약을 성공시킨 후 1884년 갑신정변에서 제2단계의 야욕을 달성하려다가 실패하고 제3단계로 1894년 갑오경장의 우위를 잡고 조선을 보호국으로 만들려고 했다. 그러나 민족적 저항과 정부의 외교적 노력, 그리고 열국의 견제도 있었으므로 그들의 뜻대로 달성될 수 없었다. 조선이 그때 대한제국으로 국호를 바꾸면서 중흥을 꾀하려고 했던 것을 보면 독립의지가 조야에 충만했던 것을 알 수 있다.

京城新聞 1898. 3. 2－대한황셩신문 1898. 4. 6－皇城新聞 1898. 9. 5－漢城新聞 1910. 8. 30~9. 14
뎨국신문 1898. 8. 10(일간, 李鍾一) 1910년
時事叢報 1899. 1. 22(洪中燮) 1899. 8. 17 폐간
商務總報 1899. 4. 14(商務公社, 皇國協會系) 매일신문 시설 이용.

50) 趙東杰, 〈光武農民運動과 申乭石 의병〉(《한국근현대사연구》 19, 한국근현대사학회, 2001), 102쪽.

그런데 일본 제국주의가 영·미 제국주의와 합작하여 대한제국에 대한 침략을 새로운 단계에서 추진한 것이 1900년대 초두의 동북아 정세였다. 즉, 러시아 제국주의의 팽창을 크리미아전쟁(1854~56)과 아프가니스탄전쟁(1878~80)으로 막고, 다시 극동지방으로 터져나오는 러시아를 일본의 손을 빌려 막으려고 계산한 것이 영국과 미국의 속셈이고, 그의 대가로 일본에게 한국침략의 우선권을 보장했다. 이것은 한국 침략을 소망하던 일본 제국주의로서 절호의 기회였다. 영일동맹(1902. 1. 30, 제2차 1905. 8. 12)을 맺고, 러일전쟁을 도발하고(1904. 2. 8~2. 10) 한편, 미일협정 즉, 테프트·가쓰라 비밀협정(1905. 7. 29)을 맺은 것이다. 이듬해에 노일강화조약-포츠머드조약(1905. 9. 5)을 체결하여 일본은 한국침략의 국제적 보장을 확실하게 끝냈다. 이것이 제4단계의 일제 침략이었다.

일본은 제국주의의 국제적 보장을 배경삼아 한국 침략을 법 절차도 무시하고 난폭하게 추진하였다. 러일전쟁을 도발하면서 한국의 국외중립선언을 무시하고[51] 한반도 전 영토와 해역에 일본군을 진주시켰던가 하면[52] 한국파견대를 편성하여 서울의 왕궁 정면의 남산 일대에 군영을 설치하고[53] 창덕궁·원구단·문희묘·광제원 같은 공공시설도 모자라 민가까지 숙영지로 징발하여 군대를 주둔시켰다. 이듬해인 1904년 2월 23일에 韓日議定書를 강제 체결하였다. 체결에 반대한 탁지부대신 겸 내장원경 李容翊을 납치하고 보부상의 두목 吉永洙와 육군참장 李學均과 참령 玄尙健은 연금하고 체결하였다.[54] 이것은 정당한 절차에 의한 국제 협약이 될 수 없다.

더구나 주권의 제약을 규정한 협약이 군대를 주둔시킨 협박 속에 체결되

---

51) 한국정부의 열국에 전달된 局外中立宣言은 1904년 1월 21일였으나 일본정부에는 그에 앞선 光武 7년(1903) 9월 3일이었다. 당시 주일공사 高永喜 명의로 일본 외무대신 小村壽太郎에게 전달하였다(《日本外交文書》 제36권 제1책, 723쪽).

52) 金正明編, 《朝鮮駐箚軍歷史 日韓外交資料集成 別冊1》(巖南堂書店, 소화 42년 : 1967), 33쪽.

53) 지금의 필동·회현동·동자동·청파동·이태원·삼각지·이촌동 일대가 일본군의 주둔지였는데 뒤에 일본인 거주지가 됐다. 옛 거주지 동쪽 끝에 위치한 영희초등학교는 일본인의 日出소학교였고, 서쪽 끝의 용산고등학교는 9할이 일본인 학생이었다.

54) 尹炳奭, <을사5조약의 신고찰>(《일본의 대한제국 강점》, 까치, 1995), 36쪽.

었다는 것은 불법인 것이다. 한국정부는 일본정부의 "施政改善에 관한 忠告를 받아 들일것"(제1조), 일본정부는 "軍略上 필요한 地點을 隨機收用함"(제4조), 그리고 제5조에는 제3국과 의정서에 위배되는 협약을 맺을 수 없다고 규정하였다.[55] 시정개선에 관한 충고를 위하여 그해 8월에 한일협약을 강제하여 정부 부처에 고문을 배치하고, 그것을 비판한《帝國新聞》을 일본 헌병사령부에서 정간시켰다. 전국 곳곳에 군략상 필요한 지점이라 하여 요소 요소를 점령하던 일제는 獨島를 영토에 편입시켰다. 재정고문으로 부임한 메카타 타네타로(目賀田種太郞)는 1904년 11월 典圜局을 폐쇄하고 〈화폐제도정리안〉을 만들어 백동화를 정리하여 한국 화폐를 일본 화폐에 종속시켰다.[56] 그러니까 대한제국은 1904년 한일의정서의 체결부터 일본의 준식민지 상태로 전락한 것이다. 그후의 침략과정에서 형식상 체결한 1904년 8월의 한일협약, 1905년 11월의 을사늑약,[57] 1907년 7월의 한일신협약, 1910년 8월의 병합조약들은 1904년 한일의정서의 구체화 과정에 지나지 않았고, 그나마 합법적으로 체결된 것은 없었다.[58] 일본의 군국주의적 제국주의는 대한제국의 강점

---

55) 일본은 한일의정서에 따라 한국 침략을 구체화하는 〈帝國 對韓方針〉과 〈對韓施設綱領〉을 만들어 5월 30일 원로회의에서 확정하고 6월 11일에는 '天皇'의 재가를 받았다. 대한방침에서는 한국을 보호국으로 만든다는 기본방침을 천명하고, 그를 위한 시설강령 6개항에서는 ① 한국의 국방은 일본군이 맡는다 ② 외교 감독을 강화한다 ③ 재정을 장악하여 재정에 부담이 되는 군대를 해산하고 주외국 공관을 철수한다 ④ 교통기관의 장악 ⑤ 통신기관의 장악 ⑥ 농업·임업·어업·광업의 척식을 규정하고 있다. 이것이 한일의정서에 근거한 점을 기억해야 한다. 즉, 한일의정서에서 준식민지상태가 전개된 것이다.

56) '화폐제도정리안'의 '정리방법'은 다음과 같았다. ① 한국화폐의 기초와 발행화폐를 일본과 동일하게 한다 ② 한국화폐와 동일한 일본화폐의 유통을 인정한다 ③ 본위화폐와 태환권은 일본화폐로 하거나 또는 일본 태환권을 준비시켜 일본정부가 감독 혹은 보증하는 은행권으로 한다.

57) 1905년 11월 17일 일본군을 궁전 안팎에 포진하고 대한제국의 외교권을 빼앗고 통감부를 설치한다는 내용의 협약을 강제로 체결하려다가 이완용을 비롯한 5대신(을사5적)의 찬동을 얻기는 해도 참정대신을 비롯한 3대신의 반대가 있었고, 광무황제의 비준을 얻지 못하여 실패했다. 그런데 강압적으로 이행시켜 '늑약'이 되었다고 해서 선인들은 '乙巳勒約'이라 불러 왔다. 을사늑약의 원문에는 협약의 이름조차 없어 '乙巳無名條約'이라 부르는 경우가 있는가 하면, '韓日協商條約'·'乙巳條約'·'乙巳五條約'·'제2차 韓日協約'·'乙巳保護條約' 등, 여러 가지 이름으로 불리고 있다. 여러 호칭 가운데 '을사늑약'이 선인들이 부르던 이름이고 역사적 진실에 가까운 이름이라고 생각한다.

과 동시에 중국으로 진출할 계획을 세우고 1909년에 間島協約으로 한중간의 국경분쟁을 종식시키면서 만주에서 安奉철도 부설권 등 여러 가지 이권을 침식하며 만주 침략을 구체화하였다.

(7) 반제국주의 민족운동의 전개

반제국주의 민족운동은 눈앞에 닥친 일본 제국주의를 대상으로 한 것이 당장의 급선무였다. 그러나 그를 지원하고 있는 영·미 제국주의에 기만당하지 않아야 할 자주성이 또한 중요했다. 자주성은 배타성으로만 가능한 것이 아니라 근대주의 개혁을 동시에 수행했을 때 달성되는 것이다. 실제로 일제 침략의 대응은 세 가지로 전개되었다. 하나는 광무제를 중심으로 정부의 외교투쟁이었고, 하나는 항일 의병전쟁이었고, 하나는 부르주아 시민운동 성격의 계몽주의 운동이었다.

가. 광무제의 외교투쟁

외교투쟁이라면 당연히 정부에 의해서 전개될 문제였지만, 그때의 정부 요인은 1904년 이래 일본에 매수되어 매국노의 길에 빠져 있었다. 한일의정서로 나라가 기운 것을 보면서 영국에서 자결 순국한 李漢應 공사 같은 지사도 있기는 했지만[59] 각료들 대부분이 정신이 마비되어 자주 정부의 각료 구실을 못하였다. 그러므로 임금이 외롭게 비밀리에 항쟁한 딱한 처지에 있었다.[60] 임금이 각료를 믿지 못하고 밀령을 발부하던 것은 1904년부터 비롯된 것도 아니었다. 1894년 7월 23일 갑오왜란이 일어났을 때 고종이 삼남지방에 밀지를 보내 근왕병(의병) 봉기를 종용했던 데서 효시를 찾을 수 있다.[61] 그

58) 李泰鎭, 〈서론－"보호"에서 "병합"까지〉(《일본의 대한제국 강점》, 까치, 1995), 9～23쪽.
59) 李漢應 공사(서리)가 순국한 것은 1905년 5월 12일로서 을사늑약 6개월전이었다. 그때의 유서에서 "嗚呼·國無主權·人失平等·凡關交涉·恥辱罔極·苟有血性·豈可堪忍乎"라 한 것을 보면 영국에서 일본 외교관의 간섭을 받아 참을 수 없는 치욕을 당하고 있던 나머지 자결한 것으로 이해된다.
60) 박희호, 〈외교활동〉(《한국사》 43, 국사편찬위원회, 1999), 13～80쪽.
61) 李晩燾, 《響山文集 附錄 年譜》, 甲午 9월조(趙東杰, 〈響山 李晩燾의 독립운동과 遺志〉, 《韓國近現代史의 이해와 論理》, 지산업사, 1998, 211쪽).

후 유인석·최익현·김도현·이은찬·이강년, 그리고 1914년 임병찬까지 국권을 상실하던 20년간 적지 않은 의병장이 밀지를 받아[62] 충의를 맹세하며 항쟁한 경우를 본다.

그러나 외교투쟁은 1904년 이후에 본격화되었다. 러일전쟁을 앞두고 국외중립을 천명했던 것도 일부는 비밀 외교로 추진하였다. 일본의 침략이 구체화되자 비밀외교의 대상이 미국일 수밖에 없었던 것은 미국이 1898년 하와이와 필리핀을 정복하면서 태평양 지배국가로 등장하고 있었기 때문이다. 한국 주변은 중국·러시아·일본·미국의 4나라가 둘러싸고 있는데 그때 미국만이 한국 침략에서 뒷짐지고 있는 듯이 보였다. 그리고 1882년 한미수호조약 제1조에서 "양국은 서로 돕고 거중알선하여 우의를 돈독히 한다"는 문구에 의지해 보는 막다른 길에 서 있는 한국이었다. 그러나 미국은 그것을 짓밟고 말았다. 그것이 테프트-가쓰라 협정이었고, 그에 따라 일본의 한국침략을 보장한 포츠머드조약을 거중알선하였다. 그의 공로로 미국 대통령 루즈벨트는 노벨 평화상을 수상하였다. 제국주의가 노벨상까지 지배했던 것이다.

이제는 대한제국이 믿을 나라가 있을 수 없었다. 거기에서 고안한 것이 국제회의에 특사를 밀파하여 공개적으로 투쟁하는 길이었다. 그것이 1907년 헤이그에서 열린 평화회의에서 전개된 이상설·이준·이위종의 헤이그밀사사건이었다. 민비와 대원군이 죽은 뒤의 광무황제는 외로운 처지에 있었지만 그 전의 임금 모습보다는 오히려 왕도를 지키는 듯 했다. 헤이그밀사사건의 꾸밈 자체도 그것이지만, 그때 매국 각료들이 을사늑약에 비준할 것을 주달했으나 그것을 거부하고 임금에서 물러났다.[63] 그후 隆熙帝(순종) 정부는 일본의 괴뢰와 다름이 없었다. 융희제가 즉위하자 한일신협약(정미조약)으로 대

62) 의병전선에서 밀지를 받았다는 인원은 의외로 많다. 혹은 '위장 밀지'도 있었을 것으로 생각된다. 위장도 의병 봉기를 독촉하기 위한 좋은 의미의 것도 있고, 혹은 사기성 위장으로 보이는 것도 있으나 단정하기는 어렵다.

63) 1907년 7월 17일 8대신이 주달한 내용은 다음의 세 가지였다(金光濟·崔承學, 《大同報》 제3호, 大同月報社, 光武 11년 7월 25일, 35쪽). ① 光武 9년 11월 17일의 新條約에 御璽을 押할事 ② 皇太子殿下께 攝政을 推薦할事 ③ 皇帝陛下께서 일본 동경에 親幸하사 일본 황제께 謝過할事

한제국은 일본 통감부의 감독을 받아야 했고, 대한제국 정부는 통감부의 시정개선위원회 결정사항에 따라야 했다.

1904년 한일의정서에 뒤이은 일본정부의 〈對韓施設綱領〉 제3항에서 재정을 압박하여 親衛隊외의 군대를 해산한다는 계획에 따라 서서히 감군하다가 정미조약과 동시에 전국의 군대를 해산하였다. 1907년 8월 1일부터 1주일 내에 친위대만 남기고 서울의 시위대와 지방에 주둔한 진위대를 모두 해산하였다. 그해 6월부터 헤이그밀사사건, 광무제와 융희제의 교체, 정미조약에 이어 군대를 해산한 망국사태가 1907년 6·7·8월을 메웠다. 그후 1910년 8월 29일 대한제국의 이름조차 없어질 때까지 3년간은 망국 절차를 밟던 기간에 불과했다. 그때 어떤 민족운동 단체도 합법적으로 존재할 수는 없었다.[64]

나. 의병전쟁의 전개

의병이 봉기한 것은 1894년부터 시작되었으나 정세 변화에 따라 해산하고 1904년 활빈당으로 종결된 광무농민운동이 의병으로 전환하면서 의병전쟁이 본격화되었다. 그것을 시기별로 구분하면 다음과 같다.

① 전기의병(1894~1896) ; 갑오의병은 1894년 갑오왜란에 대한 안동의병과 상원의병을 말하는데 근왕병 성격이고, 을미의병은 1895년 민비시해의 을미사변과 단발령 등의 을미개혁에 저항하여 전국 유림이 봉기했는데 근왕병과 척사의병의 복합성격의 것이었다.

② 중기의병(1904~1907) ; 1904년 한일의정서에 항거하여 광무농민운동(활빈당)이 의병으로 전환하고, 1905년 을사늑약 때 전국에서 유림의병이 봉기했는데 국가주의 의식이 부상, 민중의병과 유림의병이 병존 연합 혼재했다.

③ 후기의병(1907~1909) ; 1907년 6·7·8월 망국사태의 전개와 더불어 해산군인이 참전하여 의병전쟁을 발전시킴. 국가주의가 확산되었고, 각계각층의 의병이 참전한 국민전쟁 성격이다.

④ 전환기의병(1909~1915) ; 유인석·이범윤·안중근의 경우처럼, 의병이 독립군으로 전환해 가는 시기의 의병전쟁으로 국내에서는 민중의병이 전선을 주도했다. 민족주의가 부상했던 시기였다.

⑤ 말기의병(1915~1918) ; 일제 강점하에서 해외 독립군으로 전화하지 못한 잔

64) 趙東杰, 〈舊韓末(1909) 國民演說會 小考〉(《韓國民族主義의 성립과 獨立運動史研究》, 지식산업사, 1989), 218쪽.

류의병이 3·1운동 직전까지 산발적으로 항전한 의병이다.[65]

의병이란 나라가 외국의 침략을 받았을 때 나라를 구하기 위하여 봉기한 민병을 말한다. 굳이 전쟁이라고 하는 이유는 전쟁 의사를 결정하는 국왕이 의병 봉기의 밀지를 발송하고 있었던 사실로 보거나 궁전이 일본군에 점령당하고 국왕이 매판 각료에 포위되어 주권 의지의 표현이 제약을 받고 있을 때, 주권 의지는 국민 또는 민족에 의하여 표현될 수밖에 없었는데, 민족의지가 의병 봉기로 나타났으므로 의병전쟁이라 부르는 것이다. 외형으로 보아도 전쟁 형식과 규모를 갖추고 있었다. 그것은 의병과 대적한 일본군의《暴徒編冊》이나《朝鮮暴徒討伐誌》를 보아도 알 수 있다. 여기에서 일본의 대한제국 병합은 주권 의지와는 무관한 강점이었다는 것을 입증하고 있다.

의병전쟁은 역사적 전통에 근거한 항전이었다. 역사적으로 임진왜란과 병자호란의 의병은 널리 알려져 있고, 그후 병인양요와 신미양요 때도 많지는 않았지만 의병의 봉기가 있었다. 이러한 전통 위에서 1894년부터 의병전쟁이 전개된 것이다. 뿐만 아니라 침략자 일본을 야만인이라고 배척하며 싸웠다. 한국의 윤리와 문화를 항전의 정신적 지주로 하고 있었다. 그것은 문화적 항전이요 도덕적 항전이었다는 것을 의미한다. 미개인의 본능적 항전과 다르다는 것을 말한다. 침략자도 문화와 도덕을 가지고 있기는 했다. 어느 것이 인류를 위하여 우월했던가는 아직도 대답이 없다. 다만 근대와 전근대의 잣대로 우열을 나누는 수가 있는데, 근대에는 발전근대와 수탈근대가 양존한다는 것을 알아야 한다. 근대가 인간주의를 상실하면 수탈근대로 전락하고 만다.

의병전쟁은 정의와 도덕과 문화를 명분으로 했다. 그러나 수탈 무기 앞에 패전을 거듭하고 말았다. 사람은 죽고 집은 불타고 국토는 황폐하게 되었다. 많은 인명과 재산을 잃었다. 얻은 것은 정의를 지키는 전통이요 민족의 자유를 위해 싸우는 정신뿐이었다. 그런데 역사는 그 정의와 자유의 정신력으로 발전하는 것이다. 거기에서 독립운동의 밑거름을 얻었고, 그것이 해방 후 민주화운동의 동력으로 이어져 현대사를 발전시킨 것이다.

---

65) 趙東杰, 〈義兵戰爭과 3·1운동의 關係〉(위의 책), 441쪽.

다. 계몽운동의 전개

계몽운동을 정확히 말하면 계몽주의운동이다. 계몽주의는 중세에서 근대로 발전할 때 어느 나라에나 있었던 문명 이론으로서 한국 계몽주의는 근대주의·사회진화론·국학 민족주의로 구성되어 있다. 따라서 한국 계몽주의 운동은 구국운동으로 전개되었다.[66] 1896년 독립협회를 중심으로 광무개혁운동의 부르주아 시민운동이 1904년 한일의정서 체결을 보면서 구국운동으로 발전한 것이 계몽주의운동이었다. 활빈당을 중심으로 한 광무농민운동이 의병전쟁으로 발전한 것과 운동 곡선을 같이하고 있다.

계몽운동의 분야는 교육운동·언론운동·산업운동이었는데, 여성운동도 등장할 정도로 신분적 제약에서 벗어나 있었던 지식인의 부르주아 시민운동으로 전개된 것이 특징이다. 초기 조직은 국민교육회와 대한자강회가 대표적이었다. 교육운동은 지방별로 나누어 전개되었는데 서우학회·한북학회·기호흥학회·호남학회·관동학회·교남교육회 등이 그것이었다. 언론으로는 황성신문·제국신문·대한매일신보를 비롯하여 신문 잡지가 무수하게 간행되고 있었다. 그러한 교육과 언론에서 표방하는 것이 근대주의와 사회진화론과 국학 민족주의였다. 국학 민족주의는 국어·국사·국교운동을 통해서 나타났기 때문에, 각급 학교와 신문 잡지에서는 조선어·조선역사·대종교 등을 소개하기에 바빴다. 최광옥·주시경·김택영·현채·장지연·박은식·신채호·정인호·안종화·정교 등이 많은 저술을 남겼다.

계몽주의는 1907년 7월 망국사태를 당하여 좌우파로 분화되었다. 일제 침략에 대한 저항론과 온건론의 차이였다. 저항적 좌파는 공화주의를 표방하며 지하조직인 신민회를 만들어 저항하다가 1910년을 전후하여 해외로 망

---

66) 계몽운동이라는 역사의 像을 최초로 역사 서술에서 부각시킨 것은 黃義敦, 〈光武 隆熙年代의 啓蒙運動〉(《新民》 14호, 1926년 6월호), 173쪽에서 비롯되었는데 해방 후에 孫晋泰, 《國史大要》(을유문화사, 1948), 238쪽에서 '愛國 啓蒙運動'이라고 이름한 후에 애국계몽운동이라고 고쳐 부르게 되었다. 계몽운동은 계몽주의 사상을 기초한 사회운동이라는 점을 감안하면 '애국계몽운동'이 아니라 '계몽운동' 또는 '계몽주의운동'이라고 불러야 할 것이다. 계몽주의는 어느 나라에서나 근대 초기에 있었던 사상으로 공통된 것이 근대주의였다(趙東杰, 〈韓末 啓蒙主義의 思想構造와 독립운동상의 位置〉, 《韓國民族主義의 성립과 獨立運動史 硏究》, 지식산업사, 1989, 97쪽).

명하여 독립운동 기지를 개척하였고, 온건적 우파는 보황주의(입헌군주제)를 표방하며 대한협회를 만들어 식민지하에서는 개량주의로 전락하거나 친일파의 길을 걸었다. 함께 사회진화론을 믿었지만 진화의 주체를 좌파는 민족으로, 우파는 국가로 보았다. 그러므로 민족의 진화를 위하여 독립운동을 전개하는가 하면 국가의 진화를 도모하다가 대한제국이 멸망한 뒤에는 진화의 주체를 상실하고 친일파로 전락한 것이다. 그에 비하여 민족을 진화의 주체로 생각한 좌파는 나라는 망해도 민족의 진화를 통해 독립을 쟁취할 수 있다는 이론을 가지고 해외로 망명하거나 국내에서 지하 혁명운동을 전개하였다. 그들은 3·1운동의 인도주의 이념에 젖으면서 사회진화론에서 탈피하였다.

(8) 자주개혁의 좌절과 대한제국의 멸망

이상과 같이 근대 초기의 근대를 향한 초기적 변동과 함께 추진된 대원군의 개혁은 민비정권에 의하여 새로운 개혁으로 탈바꿈해 갔으나 만족스럽게 계승하지 못하였다. 그 위에 1882년 임오군란을 계기로 정쟁이 심화되어 국왕과 정부측에서 시도하던 개혁이 방향을 상실해 가고 있었다. 그때 혁명적 개혁을 지향한 개화당이 갑신정변과 갑오개혁을 통하여 정국을 일변하면서 근대적 개혁을 추진하였다. 그런데 정변이나 개혁의 대중적 기반을 얻지 못하고, 뿐만 아니라 대중적 힘의 공백을 외세의 힘을 빌려 추진하여 외세 각축장을 연출하고 말았다. 결국 1894년에는 이땅에서 청일전쟁을 맞아야 했다. 그러니까 자주 개혁이어야 할 근대적 개혁이 제국주의의 상처를 감수하며 추진되어야 했다. 따라서 자주성을 외면한 개화당의 개혁이 대중으로부터 외면당할 수밖에 없었다. 거기에서 대중은 별도로 민중적 결집을 이루게 되었다. 1860년대 이래 동학을 창시하고 삼남민란을 일으킨 民敎와 民亂 세력이 이필제란으로 합류를 시도하면서 동학농민전쟁으로 발전해 갔다.

여기서 대한제국으로 국호까지 고치며 중흥을 도모하던 정부의 광무개혁사업이 다소의 진전을 보였고, 그때 독립협회를 중심으로 한 시민운동인 광무개혁운동이나, 활빈당으로 정비되던 민중운동인 광무농민운동도 성장하고 있었다. 그러나 각각 별도의 길을 갔다. 1900년을 전후하여 광무개혁사업과 광무개혁운동, 광무농민운동이 별도의 역사적 사실로 존재한 것이 바로 그것이다. 자주 개혁의 노력이 역량의 분화로 벽에 부딪힌 안타까운 모습이라 하겠다.

그러한 힘의 공백과 힘의 분산을 호기로 일본 제국주의가 침투하였다. 영·미 제국주의를 업은 일본 제국주의가 1904년에 러일전쟁을 도발하면서 한일의정서로 한국 지배를 강화해 갔다. 여기서 그때까지 자주 개혁으로 근대화를 도모하던 모든 세력이 구국전선을 형성했다. 광무황제를 중심으로 외교투쟁이 전개되었고, 활빈당 등의 광무농민운동은 그때까지 적대관계에 있던 봉건 유림과 합류하여 의병전선을 형성하였고, 광무개혁운동을 추진하던 시민운동은 구국 계몽운동을 전개하기에 이른 것이다. 의병전쟁은 유림이 주도했든 민중이 주도했든, 그것은 전통시대의 역사적 역량의 결집이었고, 계몽운동은 그 동안에 성장한 근대적 역량의 결집현상이었다. 거기에서조차 전통과 근대가 역량의 분산을 극복하지 못했던 것은 한국근대사의 한계라 하겠다. 그 분산의 통합은 독립운동 마당의 과제였다.

그와 같이 근대화를 추진했던 광무황제와 정부 관리나 혁명적 개화파정객이 제국주의 침략의 구조적 모순 탓이거나, 혹은 자신들의 역량 부족이었거나, 자주성을 확보하지 못해 나라를 그르쳐 갔다. 광무황제는 임오군란과 갑신정변에서 청일 양군의 횡포에 타격을 입고 불안에 빠졌으나 그래도 자신의 개화노선을 추구했다. 그런데 갑오왜란과 을미사변으로 신변의 위험을 느끼면서 그는 공포 분위기에 빠지고 있었다.[67] 동도서기 또는 구본신참을 표방하던 정부관리는 방향을 잃고 일신의 영달과 부정부패를 일삼았다. 개화정객들은 점점 친일에 빠지고 있었다.[68] 결국 광무황제의 외교투쟁이나 계몽주의운동이나 의병전쟁이나 대한제국을 구하지 못하였다.

1904년 한일의정서로 침략을 본격화한 일제는 그해 8월의 한일신협약으로

---

67) 정연태, 〈光武年間 西洋人의 高宗觀〉(《韓國史硏究》 115, 2001), 153~154쪽.

68) 개화정객 가운데 1904년에 비교적 정도를 걸었던 인물로 알려진 徐載弼이나 李承晩 같은 이도 러일전쟁의 와중에서 친일적인 발언이나 행동을 취하였다고 한다(孫世一, 〈李承晩과 金九 15〉, 《月刊 朝鮮》, 2002년 10월호, 532쪽).

지배를 구체화하면서 동해안의 독도를 점령하고, 1905년 11월에는 을사늑약을 강제하여 통감부를 설치하고, 1907년 7월에 한일신협약으로 감독정치체제를 만들고 한국 군대까지 해산하였다. 그리고 1909년에는 협약도 아닌 己酉覺書로 한국의 경찰권을 빼앗고 1910년에 이르러 이른바 '일한병합'을 달성하여 대한제국은 그 이름조차 없어지고 1천3백만 명의 한국인은 나라를 잃고 말았다.

2) 일제의 한반도 강점과 독립운동

(1) 일제의 강점과 식민통치의 기조

일본 제국주의는 대한제국을 강점하자 '칙령'으로 국호를 조선으로 고치고 조선총독부를 설치하였다. 아울러 〈조선귀족령〉으로 76인의 병합 공로자를 평생 연금을 받는 식민지 귀족을 만들어 그들로 하여금 식민통치의 울타리로 삼았다. 역시 칙령으로 임시토지조사국 관제와 제령으로 〈회사령〉을 공포하여 식민지 경제의 틀을 짜고, 〈조선교육령〉으로 식민교육 즉, 민족동화교육의 기초를 정비하였다. 〈조선재판소직원령〉·〈범죄즉결례〉·〈조선태형령〉·〈조선민사령〉·〈조선형사령〉·〈조선감옥령〉으로 사법체제를 완비하였다.

총독부에는 총독관방장관을 비롯하여 총무국·내무부·탁지부·농상공부·사법부·경무총감부를 두고, 974명의 관리가 배치되었다. 별도로 철도국(변화무상)·통신국·세관·임시토지조사국·전매국·영림창의 경제수탈업체와 중추원·취조국의 자문기구를 두었다. 지방은 종래 317군 4,351면을 폐합하여 1914년에 12부 218군 2,517면으로 구획하였다(《施政30年史》). 1945년의 마지막 중앙 관서는 총독관방·총무국(개폐무상)·재무국·광공국·농상국·법무국·학무국·경무국·체신국·교통국이 있었다.

총독은 덴노(天皇) 직속으로 입법·행정·사법의 3권과 육해군 통수권을 장악한 육군대장(1명은 해군대장)이 부임하고 그를 정치 기술로 보좌한 정무총감은 민간 정치인을 배치하고 있었다.[69] 총독은 독립적으로 법률과 같은

制令과 總督府令을 공포했고, 판임관 이하의 관리를 임면할 수 있었다. 총독부에 사법부와 각급 재판소를 두고 재판을 관할하였다. 3권을 장악한 위에 군통수권까지 좌우하여 절대군주에 버금가는 권한을 행사하였다.[70] 이러한 조직을 동원하여 감행한 식민통치의 기조를 다음과 같이 간추려 본다.

가. 본국인 생활경제와 직결시킨 식민지 경제수탈

식민지 건설의 일차적 목표는 경제적 이익추구에 있었는데 경제 이익은 영국이 인도에서 추구했던 상품시장을 통해서, 아프리카 식민지에서는 주로 원료시장을 통해서 이익을 획득한 경우도 있었고, 포르투갈이 고아나 마카오에서, 영국이 싱가포르나 홍콩을 통해서 추구했던 경우와 같이 무역수지를 통해서 이익을 올리는 방법도 있었다. 그와 같이 제국주의 국가들의 식민지 경제수탈은 다방면으로 추구되었다. 일본 제국주의도 다를 바가 없었는데 다만, 식민지 조선에 대해서는 일본 국민의 생활경제와 직결된 식민지 경제를 이루어갔다는 것이 특징이다. 그것이 집중적으로 표현된 것이 1920년대의 산미증식계획이나 1930년대의 농촌진흥계획, 1940년대의 증미계획의 추진이었다. 그들의 식량문제를 식민지 수탈을 통해서 해결한 것이다. 그래서 1910년대 토지조사사업을 실시하여 식민지 지주를 통한 수탈체제를 구조화시켰다. 수탈을 극복하고 생명을 부지하기 위하여 밤낮으로 일하고(죽음을 담보한 노동) 인구 증가에 따라 노동력이 상승하여 미곡 수확량이 크게 증가하였다. 그러나 대일 반출량이 기하급수적으로 증가하여 농민의 생활은 빈곤에서 벗어나질 못했다. 1930년 총독부 통계에 절량농가가 6할에 이를 정도였다.[71]

---

69) 1919년 8월 19일 관제 개편에서 무관 총독제를 폐지하였으나 1945년까지 문관 총독이 임명된 경우는 없었다. 관제 개편으로 육해군 통수권은 이관되었는데 그래도 총독은 필요에 따라 조선군사령관에게 군대의 동원을 요구할 수 있었다.

70) 金雲泰, 〈개요〉(《한국사 47》, 국사편찬위원회, 2001), 1~5쪽 : 《改訂版 日本帝國主義의 韓國統治》, 박영사, 2002, 148쪽).

71) 朝鮮總督府, 《朝鮮의 小作慣行》 下(1932), 74~75쪽에 의하면 1920년의 소작농민(자소작 포함)이 77.2%였고, 1930년에는 78.8%로 8할에 육박하고 있었다. 그때 미곡의 수확량을 보면 1917년 1천3백만석인데 1927년에 1천5백만석으로 증가했으나 대일 반출량이 1917년에 1백50만석, 1927년 5백60만석으로 폭증하여 조선에 남는 쌀은 오히려 감소하였다. 1944년에는 수확량의 6할을 공출하

이와 같이 경제 수탈이 생산지 조선의 조건을 고려한 것이 아니라 소비지 일본의 요구에 따라 조선경제가 좌우됐다. 식민지 수탈이라고 해도 일단, 시장 논리에 따라 식민지 경제를 성장시킨 다음에 수탈을 극대화하는 구미 제국주의 방식과 달랐다. 그러므로 일본의 수탈 양상이 잔인하였다. 지리적으로 인접하고 있다는 조건이 그것을 부채질하였다.

나. 민족동화를 위한 식민문화 건설

제국주의 국가들이 식민지 민족에 대한 동화를 획책한 경우는 일본 제국주의뿐이었다. 미주 대륙이나 아프리카 원주민이 동화를 원한다고 해도 유럽 식민국가들이 반대하였다. 그런데 일본은 조선민족을 동화하려고 노력하였다. 동화란 조선인을 일본에 흡수하는 것을 일컫는다. 그런데 동화를 추진하다가 만주족이 중국(漢)민족에게 동화되듯이 문화권이 같은 탓으로 역동화가 나타날 수도 있기 때문에 식민지 동화정책은 주밀하게 추진되었다. 학문과 예술과 종교를 일본의 학문·예술·종교에 예속시켰다. 특히 민족형성과 발전에서 중심적 위치에 있는 언어·문학·역사를 파괴하여 일본식으로 재편해 갔다.[72]

민족이란 정치·경제는 망해도 문화의 기능을 통해 존속하기 때문에 식민지 속에서도 건재하는 것이다. 그러므로 식민지시기의 민족문화는 민족 보존의 영양소 구실을 했다. 따라서 학문과 예술과 종교 등의 문화가 민족의 특수성을 상실하면 민족을 지탱할 힘을 잃게 되므로 다른 민족에 흡수되고 만다. 그것을 일본 제국주의가 겨냥하고 조선의 문화를 파괴해갔다. 문화파괴는 먼저 식민교육을 통하여 강행되었다. 초등학교 1학년(6세)에 일본어를 주당 6시간을 배정하여 가르쳤는데 그것은 조선의 어문을 파괴하기 위함이었

기도 했다.

72) 민족동화정책을 1943년 조선총독부 정무총감을 지낸 遠藤柳作은 1959년에 다음과 같이 회고하였다. "벚나무와 소나무, 버드나무가 재료로 한데 섞여 하나의 벚나무 통으로 태어나고, 소나무도 버드나무도 벚나무로 변화해 주기를 바라는 의미에서 여기에 강력한 테도 두루고, 테를 선으로 조여 나갔다고 하겠습니다. 그 과정에서 이런저런 감정상의 마찰도 생기고 생활상의 마찰도 일어났던 것입니다"(宮田節子(정재정역), 《식민통치의 허상과 실상》, 혜안, 2002, 277쪽).

다. 토착어문이 있는데도 6세 어린이에게 토착어가 아닌 외국어를 주당 6시간을 강제교육한 경우도 일본 식민교육의 특징중의 하나였다. 그리고 어린이에게 일본 노래와 일본 역사를 가르쳤고, 일본 위인전을 교양도서로 보급하였다. 그때 한편에서는 조선의 노래를 봉쇄하고 말과 글도 막고, 조선의 위인이나 역사는 잘못되거나 괴상하게 꾸몄다. 이러한 식민문화와 식민사학이 조선인의 교양과 상식을 지배한 가운데 조선민족은 일본 민족으로 개조되어 갔다. 바로 그것을 동화정책이 노리고 있었다.

결국 조선민족은 소멸하고 일본민족만 남을 것으로 전망하였다. 1869년 북해도의 설치 통합, 1879년의 유구 통합으로 아이누족이나 유구인이 일본민족으로 전환되어 갔듯이 조선민족도 같은 궤도를 밟을 것으로 전망한 것이다. 이러한 식민통치상의 특수성은 구미 제국주의의 식민지에서는 찾아볼 수 없는 특징이었다.[73] 그것이 일본으로서 불가피했던 것은, 원주민을 방치했던 구미식으로 통치하면 조선인의 독립운동을 감당할 수 없었으므로 민족동화의 강력한 통제가 요구되었다고 하겠다. 민족동화정책은 1910년 테라우치 마사타케(寺內正毅)총독이 부임하면서 一視同仁이란 구호로 식민문화를 통하여 추진되었는데, 1931년 일본이 만주까지 정복한 다음에는 조선을 완전하게 통제할 것을 획책하여 식민문화에 그치지 않고 식민통치 전반에 걸쳐 민족동화(민족말살)를 추진하기에 이르렀다. 그때 조선에서는 內鮮一體(1936년 南次郎 총독 제창), 만주에서는 五族協和를 들고 나왔다.[74] 만주에서 오족협화를 추진하자면 조선에서 강력한 안전장치로 내선일체가 필요하다고 계산한 것이다. 내선일체를 표방하면서 가정에 소형 가미다나(神棚)를 설치케 하고, '황국신민의 서사'를 외우게 하고, 창씨개명을 강요하고, 이른바 국민복을 입게 했다. 다음에 입법을 추진한 것이 징병제·의무교육제·참정권문제였고 3자는 정치 이론상 분리될 수 없는 것인데 징병제 외에는 실시할 겨를이 없었다.

---

73) 민족동화정책이 구미제국주의에서는 볼 수 없었던 특징인데 그것을 일본은 "외국의 식민통치에서 보이듯이 원주민은 가급적 미개한 상태로 내버려두라든가, 원주민에 관해서는 자연적인 흐름에 맡겨두라는 식의 사고방식, 통치자는 지배자로서 원주민과 섞이지 않는다든가 하는 사고와는 기본적으로 달랐고"라고 기만적으로 변론했다(宮田節子, 위의 책, 278쪽).

74) 金泰國, 《滿洲地域 朝鮮人 民會 硏究》(국민대 박사학위논문, 2002), 240쪽.

아울러 식민지 경제수탈을 극대화한 것도 민족의 저항력(물적 기반)을 박탈하기 위한 방법이었다는 점도 기억해야 한다.

해방 후에 식민지에 협조한 사람에 대한 숙청 논의가 정치적 배신자와 달리, 최남선·이광수·최린 등, 학자·예술가·문학가·종교인·교육자·언론인에게 더 강력하게 요구되었던 이유도 일본이 문화의 기능을 통하여 민족동화정책을 추진했던 식민통치상의 특수성 때문이었다. 식민지시기의 학자나 문화인은 그것을 알고 있었다. 알면서 문필을 더럽히고 강연을 하고 다녔다. 그들은 사회적 인물의 이름을 행사할 때는 꼭 사회적이어야 한다는 것은 몰랐던 것 같다.

다. 민족동화와 식민수탈의 극대화를 위한 직접식민통치

이토 히로부미(伊藤博文)가 1907년 10월 31일 한국중앙농회에서 일본인 2백만 명의 농업이민을 발표한 바가 있었다.[75] 그때 한국 인구가 1천3백만 명이었으므로 6.5명당 1명의 일본인이 사는 식민사회가 될 것을 계획하고 있었다. 군인과 관리와 그 가족까지 포함하면 6명당 1명을 계산하였을 수도 있다. 식민지에 대한 이러한 높은 비율의 이민을 계획한 제국주의가 구미 열국에는 없었다. 구미 열국은 필요에 따라 군인은 부대 인원을 주둔시켰지만 간접 식민통치를 했기 때문에 관리의 수는 적었다. 인도에 파견된 영국 관리의 수가 5천 명을 넘지 않았다는 기록을 본 적이 있다. 영국보다 직접통치성이 강하다고 말하는 프랑스의 월남 통치에서도 괴뢰일망정 토착인의 임금을 통하여 통치하는 간접 방식이었다.[76] 그런데 일본의 조선통치는 시골의 지서 순사와 학교 교사에 이르기까지 일본인을 파견하여 통치하였다. 산골 읍면에서 일본인은 식민지 신귀족으로 자리잡아갔다. 공장과 농장을 설치한 경우에

75) 近藤書店, 《朝鮮의 回顧》(1945), 193쪽.

76) 괴뢰국왕에 의한 간접통치가 무슨 의미가 있는가 의심할 수 있다. 괴뢰국왕이 독립운동을 지원하지 않는다고 해도 토착인의 생활풍속을 유지하고 민족적 정서를 확산시키면 그 정서가 민족의 대중적 역량을 증대시키는 것이다. 월남의 경우가 대표적 사례로서 그것이 1945년 해방 후에 민족운동을 전개할 수 있는 대중적 기반이 되었다. 그렇다고 괴뢰국왕이 민족운동상의 위치를 갖는 것은 아니다. 그러한 괴뢰 국왕이 해방 후에 근신했다면 월남 국민도 그를 대우했을 것이다.

도 노동 임금은 일본인이 두 배를 넘게 받았다. 비교적 완화됐다고 한 1940년대에 서울의 면방적 여공의 경우 조선인 : 일본인의 월임금이 0.70 : 1.69원이었으니 2배를 넘었고, 남자 면가공직은 0.85 : 3.10원으로 3배를 넘었다.[77] 이것은 조선 노동자의 인력을 수탈한 한편, 일본 노동자의 대량 유인과 일본인의 이민을 통한 식민지에 대한 직접 지배라는 일석이조의 소득을 계산한 것이었다.

그래도 1백만 명의 일본인 이민을 넘기지 못하였다. 그것은 이토 히로부미의 1907년의 예상과 달리 1931년부터 만주를 침공하여 일본인의 해외진출이 다변화되었기 때문이다. 1백만 명을 넘지 못했다고 하더라도 직접통치를 강행하기에 넘치는 인원이었다. 그들이 모두 관리가 아니었다고 하더라도 언제나 관리로 변신할 준비가 되어 있었다. 그리고 민간인이라고 하더라도 자치제에 참여하여 식민통치의 운영에 기여하였다. 여기서 기억할 것은 직접식민통치에서 자치제 실시는 식민통치의 통로를 넓혀주는 구실을 한다는 점이다. 그것이 간접 식민통치에서 자치제 실시가 민족공간을 넓혀 준 경우와 다르다는 점을 기억해 두어야 한다. 그러므로 인도의 독립운동은 민족공간을 넓혀주는 자치제 획득을 주요 목표로 했지만 한국독립운동에서는 자치제를 배격했다. 독립운동의 이념과 방법이나 전략이 식민조건에 따라 다르다는 것을 가르쳐 주는 것이다.

직접 식민통치의 필요에서 지방행정의 구조를 개혁하여 조선시대에는 郡(부·목·군·현)을 중심으로 지방을 통치하여 里洞 자치제가 발달하고 있던 것을 面 중심체제로 바꾸어 식민통치가 그 동안의 이동 자치기능을 봉쇄하면서 식민적 신질서를 수립해 간 점에 대하여 유의할 필요가 있다. 총독부의 조선인 관리라고 해도 고관은 많지 않았지만,[78] 면제 행정을 통하여 지방에서 새

77) 《昭和十九年 朝鮮年鑑》(京城日報社, 1943), 202쪽.

78) 조선총독부의 《제86회 帝國議會 說明資料》(1944, 12쪽)에 조선인 고관이 소개되어 있다. 총독부 학무국장(武永憲樹－嚴昌燮), 학무국 사회과장, 관방조사과장(최하영), 재무국 연초과장, 광공국 근로조정과장, 경찰에서 도 경찰부장 1명(尹鍾華), 도 고등과장 1명, 도 형사과장 1명, 도 수송보안과장 6명, 경찰서장 3명, 도지사 5명(平松昌根－李昌根·中原鴻洵－劉鴻洵·金大羽·山本文憲－宋文憲·增永弘－朴在弘), 도 내무부장 1명, 도 광공부장 7명, 도 농상부장 6명, 도 재무부장 5명으로 나타나 있다.

로운 식민지 세력이 형성되고 있다는 점이 전율을 느끼게 하기 때문이다. 시골 읍면에는 일본인 순사와 교원이 빠짐없이 파견되어 있었고, 그들은 농가지도의 이름으로 식민교육뿐만 아니라 식민행정을 돕고 감독하고 있었다.79)

라. 식민지 황도주의와 군정체제

서양의 식민지 개발과 식민통치에서 종교를 선두주자로 출동시켜 교회를 침략의 교두보로 삼았기 때문에 아시아인은 제국주의 경제와 종교와 군대를 구별하지 않고 하나로 보았다. 아편과 성경과 총칼을 놓고 어느 것이 진리인지를 알지 못했다. 뿐만 아니라 모두를 아편으로 보았다. 그와 같이 서양 종교는 아시아에서 실패할 수밖에 없었다. 아시아인의 양심을 기독교 양심과 연결시키지 못하고 아시아인의 양심을 배반했다. 어떤 종교가 되어도 토착사회의 양심을 배반하면 선교에서 실패하는 것이다.

그런데 한반도에서는 달랐다. 그 이유는 구한말에는 이토 히로부미의 외래종교 회유책에 힘입어80) 일본 침략에 동조한 경우가 없지 않았던 기독교가 식민지시기에는 독립운동을 지원한 경우가 많았기 때문이다. 일본의 식민통치가 기독교 선교와 기본적으로 모순되었던 이유는 일본은 神教를 국교로 하고 있었고, 신교를 통치이념으로 포교해야 했기 때문이다. 그러므로 1915년 사립학교령을 개정하여 선교학교의 교과과정에서 '성경'시간을 두지 못하게 했다.

일본은 신교를 종교로 한정하지 않고 통치이념으로 현실화하여 운용하였다. 그러한 신을 신앙하고, 그 신의 실존적 실체가 덴노(天皇)라고 했다. 그래서 덴노는 신이면서 국왕으로 군림해 있었다. 그에 따라 일본국 백성은 그러한 신의 종으로 존재한 동시에 臣民으로 충성을 바치고 있었다. 그 철통종교체제가 식민지 조선에서 강요되었다.81)

---

79) 1932년 전라남도 학무과장으로 재직한 遠藤柳作은 당시의 학무행정을 "(교원이) 학교를 졸업한 아이들의 가정을 직접 방문하게 했어요 … 당시 조선에서 초등교육은 가정교육 사회교육 학교교육도 모두 담당한다는 정신으로 졸업생의 집을 하나하나 돌며 … 기를 쓰며 지도했어요"라고 1959년에 회고하였다(宮田節子, 앞의 책, 269쪽).

80) 金翼漢, 〈1910년 전후 山縣, 伊藤系의 對韓政策 기조와 종교정책〉(《韓國史硏究》 114, 2001), 49쪽.

그러한 신교조직과 쌍벽을 이루고 있었던 것이 군국주의의 군대조직과 군사문화였다. 1906년에 설치한 한국주차군사령부가 강점기에 조선군사령부로 개편되고 그의 군부대가 전국에 배치되었던 것도 그것이지만, 1906년에 확정한 〈帝國國防方針案〉에 따라[82] 조선총독은 육해군 대장이 맡아 군사통치 방식의 식민통치를 강행하였다. 군사통치의 정치적 오류를 방지하기 위하여 총독 밑에 민간 정치인으로 정무총감을 두었다. 아울러 총독은 입법·행정·사법의 전권을 장악하고 있었다. 그리고 1925년부터 중학교에 배속장교를 배치하여 학생 군사훈련을 실시하였다. 그러므로 학교에 군대 윤리가 지배하도록 했다. 학교의 상하급생이 군대 계급처럼 질서를 강요한 나라는 식민지 조선뿐이었을 것이다. 그의 잔재는 해방 후의 군사문화와 유착하여 아직도 남아, 뜻있는 사람을 괴롭히고 있다.

식민지에서 군국주의적 지배가 정착하면서 1930년대부터 식민지 조선을 파쇼체제로 재조직할 수 있었다. 특히 중일전쟁 이후에 전국을 군대 조직처럼 계열조직으로 묶으면서 군복같은 국민복을 입고 군가를 부르는 파쇼군단의 생활 강요가 가능했던 것이다. 그러한 강압 속에서 대중사회의 민족 역량이 크게 감퇴하였고, 그래도 민족을 외우며 살던 개량주의들이 친일파로 전락해 갔다.

---

81) 남산에 朝鮮神宮을 건립한 것을 비롯하여 전국 방방곡곡에 행정조직을 이용하여 그들의 神社를 설치하였다. 심지어 학교마다 신사(봉안전)를 설치하여 조회시에 배례를 올리고 그 앞을 지날 때 마다 배례하도록 강제하였다. 교실에는 덴노의 궁전 사진을 정면에 게시하여 우러러 보게 하였다. 뿐만 아니라 1935년부터는 학생을 통해 가정에 가미다나(神棚)라고 하는 '귀신집'을 배부하여 그것을 신성한 곳에 두고 가족신앙으로 믿도록 강요하였다. 식민지 조선 전체를 신교 조직으로 얽어매고 있었다.

82) 1906년의 〈帝國國防方針案〉은 그해 伊藤博文이 한국 통감부의 통감으로 부임함에 따라 정치 주도권을 경합하고 있던 山縣有朋이 해외 경략은 육군이 주도하여 추진한다는 원칙을 덴노로부터 재가를 받은 데서 비롯된 것이다(井上淸, 《日本 歷史》 下, 岩波書店, 1966, 91쪽). 일본의 해외 진출은 중국을 향할 것, 군 통수권의 독립, 군부대신의 무관제, 관동도독부 도독과 장차의 조선총독의 장군임명, 조선의 중국침략의 전진기지화를 노리고 있었다(91~92쪽). 국방방침안은 山縣이 1922년에 사망한 뒤에도 존속하여 1923년에는 상상 적국을 미국·러시아·중국으로 순서를 정하고 있었다.

마. 식민성 봉건체제로 근대적 발전을 지연시켰다.

1910년부터 1918년까지의 토지조사사업은 식민지 농업기반과 인력기반으로서 기존 지주의 권익을 옹호하는 원칙 아래 추진된 것이다. 그러므로 전통시대부터 농민의 권리였던 경작권과 입회권이 근대 소유권의 명분 아래 무시되고, 농민의 근대적 권리로 성장한 개간권과 도지권도 묵살되어 지주권은 전통시대 이상으로 유리한 보장을 받게 되었다 그것이 식민지 지주의 위치였다. 전통시대의 지주란 양반 지주를 일컫는 것인데 그 양반 지주가 식민지 지주로 변신하게 되었다. 그러므로 양반 봉건제가 식민사회에서 구조적으로 온존하게 되었다.

그와 동시에 경학원령으로 종래 성균관을 경학원으로 개편하고 산하에 전국 향교를 친일조직으로 제도화하고 사찰령으로 불교도 36본산을 통해 사찰 재산권을 통제, 식민적 지주제와 유착하게 했다.[83] 그러므로 식민사회는 봉건 유제의 온상이 될 수밖에 없었다. 대원군의 서원 철폐로 47개 서원만 남겼는데 식민지하에서 무수히 복원되면서 봉건적 논리로 식민지 문화를 찬양한 경우도 적지 않았다.

식민지하에서 여성의 지위도 더욱 전락하였다. 상속권이 봉쇄되고 호주권도 박탈당했다. 친족법이나 민법상의 지위가 세계적으로 천대받던 일본 여성의 지위에 따라 전통시대 이상으로 전락했다. 이러한 봉건적 규제가 식민지 법률로 옹호되고 있었다. 이러한 봉건체제가 식민지 법이나 정책으로 옹호된 것을 식민성 봉건체제라 한다. 그리하여 일제 강점하에 한국사회의 근대적 발전이 크게 지연된 것이다.

바. 다액의 통치비용 지출

이상과 같이 일본은 조선에서 본국인 생활에 맞는 특수 경제를 꾸미고, 민족동화를 위해 식민문화를 만들고, 그들의 특수 종교인 신교와 군국주의체제를 건설하고, 그를 위한 직접통치를 완수하고, 식민성 봉건체제까지 갖추자

---

83) 식민지하에서 양반 지주제를 거부하고 망명한 사례도 적지는 않았다. 이회영・김대락・이상룡・이세영・윤세복・신규식・안효제・노상익・정원하・이건승・홍승헌・박은식・신채호 등은 식민지 지주권을 포기하고 독립군 기지개척의 선봉에 섰다.

면 인건비도 그것이지만 다양한 비용이 투자되어야 했다. 그러므로 통치비용이 많이 지출될 것은 당연했다. 그것을 식민지인의 복지나 개발비 때문으로 착각해서는 안된다. 1920년대에 산미증식계획을 강행하면서 토지개량이라 하여 밭을 논으로 만드느라 수많은 농민을 괴롭혔다. 쌀 단작으로 본국인의 미곡수요를 충당하면서 농업통제의 능률을 높일 수는 있었지만, 그로 말미암아 쌀 단식의 생활을 심었다. 아울러 오늘날 특용작물 재배를 위하여 논을 밭으로 역개발하는 현상에 이르고 있는 것이다. 그리고도 미곡증산이 두 배에 이르렀다고 개발 효과를 자랑하는데 인구가 1천만이나 증가하여 노동력 상승에 의한 생산력 증대와 극단적 착취에서 생존에 몸부림치는 사람은 최대의 생산력을 발휘한다는 '죽음을 담보한 생산력 증대'라는 교훈도 생각해야 한다.

한편 적지 않은 예산을 쏟아 많은 학교를 설립했다고 말한다. 대한제국이 망하던 1910년에 사립학교가 학부의 인가를 받은 것이 2,250개교가 있었다. 그것이 식민지가 되면서 절반도 남지 못하였다. 또 조선 후기부터 농촌 마을에까지 설립되어 교육의 대중화에 기여하던 書堂도 여러 가지 핑계로 폐쇄하거나 변질시켜 버렸다. 그리고는 별도로 학교를 설립했다고 해도 그것은 민족동화를 목표한 식민교육의 학교였다. 교육이 오히려 해롭다는 교육원리가 적용될 그런 교육이었다.[84]

그래도 거액의 예산을 투자하여 철도를 부설한 것은 식민지를 크게 개발한 증거라고도 말한다. 철도 같은 간접자본의 개발의 본질이 무엇인가를 안다면 그렇게 말할 수 없을 것이다. 즉, 그것은 수탈의 도구로 개발한 것이다.

---

84) 臺灣에서 1939년부터 의무교육을 추진하여 1941년에 대만교육령을 개정 공포하여 1943년 4월부터 6년 의무교육을 실시하였다. 대만에서 황민화교육은 크게 성공하여 지금도 대만인은 일본의 식민교육에 대하여 호의를 가지고 있다는 이야기를 흔히 들을 수 있다(조동걸, 〈대만의 표리〉, 《그래도 역사의 힘을 믿는다》, 푸른역사, 2001). 그런데 당시에 조선총독부 정무총감으로 의무교육을 추진했던 田中武雄(1942. 5. 29~1944. 7. 15)은 의무교육이 징병제 실시와 조선인의 요구를 막을 수 없어 실시하기는 해도 민족의 속성상 혹은 국가도 생물과 같은 優勝劣敗의 법칙이 지배하므로 독립운동에 기여할 것이라고 회고하였다(宮田節子, 앞의 책, 150~153·162쪽). 그래서 조선에서는 문맹정책과 의무교육의 양극단론이 부침을 거듭했다.

그러나 그 수탈 도구는 해방 후에 유익하게 사용하고 있는 것도 사실이다. 그것을 문제 삼는다면 도적이 도적질할 때 사용한 사다리를 가지고 가지 못했다고 해서 후일 사다리 타령하는 것과 무엇이 다르랴.

(2) 식민통치의 시기별 특징

일본 제국주의는 1869년에 북해도를, 1879년에 유구를, 1895년에 대만을, 1905년에 요동반도와 사할린을 병합하면서 1904년부터 대한제국에 대한 침략을 본격화하였다. 그런데 조선에서 언제부터 식민통치가 시작되었다고 말할 것인가에 대하여는 세 가지 의견이 있을 수 있다. 하나는 1904년 2월 23일 한일의정서가 체결되면서 한국이 사실상 일본의 조정을 받았다는 뜻에서 식민통치기로 보아야 한다는 주장이고, 하나는 1905년 11월 17일(18일 0시30분) 강제된 을사늑약에 따라 1905년 12월 21일 일본 국왕의 칙령 267호로 통감부가 설치되어 1906년 2월 1일 조선군사령관 하세가와 요시미치(長谷川好道)가 임시 통감을 맡아 일하기 시작한 때부터 식민지시기로 보아야 한다는 주장이고, 하나는 1910년 8월 29일 대한제국이 이름까지 없어진 다음에 조선총독부가 설치된 때부터 식민통치가 시작되었다는 주장이다. 제3안에 따르면 형식까지 일치하여 논리를 찾는 데는 편리한 점이 있으나 1904년부터 대한제국은 준식민지 상태에 있었으므로 독립국과 같이 이해하는 것은 옳지 않다.

가. 僞設 통감부시기

1905년 을사늑약이 비준되지 않았다는 것은 이제 통설이 되었다.[85] 일본은 그렇게 국제법상 효력을 갖지 못한 조약을 근거로 서울에 통감부를 설치하였다. 그것도 처음에는 밖으로 나타나지 않도록 주차 조선군사령관을 임시 통감으로 임명하여 눈치를 보다가 1개월 뒤인 3월 2일에 초대 통감 이토 히로부미가 취임하였다. 그리고 3월 15일에 통감이 한국각료회의를 소집하여 시정개선을 시달하는 등, 이른바 통감정치가 시작된 것이다. 그런데 그 통감부는 법적 근거가 없이 위설된 것이다. 위설된 통감과 통감부 조직, 전국에 산재한 영사관을 통감부 이사청으로 개편하여 지방행정까지 통할하면서 한

85) 이태진, 《일본의 대한제국 강점－"보호조약"에서 "병합조약"까지》(까치, 1995).

국을 완전 식민지로 만들어 갔다. 거기에는 법률도 도덕도 교린의 전통도 일절 무시되었다. 오로지 목전의 이익과 힘만이 존재하였다. 그런데 한국인은 안중근이 옥중에서도 "見利思義"를 외쳤듯이 도덕과 양심과 정의를 지키려고 노력했다. 그러므로 힘 앞에 도덕이 쓰러지듯이 우선 나라가 망하지 않을 수 없었다. 그러므로 통감부시기는 거짓과 힘이 난무했던 시기로 특징짓는 것이 좋을 듯 하다.86)

나. 1910년대 무단통치로 식민통치 기반완성

이때 일본 정계는 군국주의를 대표했던 야마카타 아리토모(山縣有朋)·카츠라 타로(桂太郞)·테라우치 마사타케(寺內正毅)·하세가와 요시미치(長谷川好道) 등이 장악하여 조선 식민통치도 교원이 칼을 차고 수업하는가 하면, 헌병경찰제를 강행하는 등, 무단통치로 식민지 제도와 조직을 완비하였다. 무단통치란 말도 그들이 일컫던 낱말이다.

이때에 조선총독부와 조선군사령부를 설치하고 〈조선귀족령〉·〈조선토지조사사업〉·〈회사령〉·〈조선교육령〉·〈조선태형령〉·〈포교규칙〉·〈서당규칙〉을 강행했다.

다. 1919년부터 관료조직에 의한 수탈의 극대화

제1차 세계대전의 반성으로 부상한 인도주의와 신인문주의 사조가 세계적으로 확산되고 있었다. 그의 영향도 있고 군국주의 강경파인 야마카타(山縣)계 테라우치(寺內)내각이 물러나고 민정파 정우회의 하라 케이(原敬)내각의 등장과 함께(1918. 9~1921. 11) 잠시나마 대정 데모크라시가 세력을 얻는 듯했다. 아니라고 해도 1910년대에 식민통치 기반을 완성했다면 굳이 무단통치를 고집할 이유가 없었다. 이제는 관료조직을 통한 수탈의 극대화에 주력할 차례였다. 그때에 3·1운동이 전국적으로, 전민족적으로 전개되자 무단통치를 후퇴시켜 '문화정치'라는 관료수탈체제를 수립했다. 그러한 수탈체제는 국제적으로 베르사이유 안정기조가 보장해 주었다. 베르사이유체제는 제국주의 안정체제였다. 그러므로 문화정치가 도전을 받으면 언제나 폭력을 동원했다.

---

86) 鄭在貞, 〈'통감부지배' 또는 '보호국' 시기를 어떻게 파악할 것인가?〉(《韓國史硏究》 114, 2001), 10쪽.

1920년의 경신(간도)참변이나 1923년의 관동대지진 때 조선인학살의 참상이 문화정치 속에서 자행된 폭력이었다. 1925년에 〈치안유지법〉을 발포하고 동시에 중학교에 군사훈련을 실시하는 등, 군국주의의 본색을 드러낸 것도 그의 단면이었다. 1920년대에는 일제의 회유분열정책이 어느 때보다 극성스럽게 자행되었다. 그리고 1920년대 후반부터 경제공황이 닥치고 있던 것도 이 시기의 특징이다.

산미증식계획·〈치안유지법〉·조선농회·조선철도국·조선신궁·경성제국대학·조선사편찬위원회에 이어 조선사편수회와 조선사학회를 설치했다.

라. 1931년부터 파쇼화와 중국·몽고 침략을 위해 수탈한 시기

1929년 경제공황이 세계를 강타하자 세계 각국은 자기 조건에 따라 공황극복의 방향을 찾았다. 그래서 1930년대의 세계는 공황 극복을 위한 역사였다고 할 수 있다. 영·미·불 등의 선진 자본주의 국가들은 오타와선언·리마선언 등으로 나타난 불럭경제체제를 통하여 극복방향을 찾았고, 러시아를 중심으로 한 사회주의 국가들은 사회주의 통제와 개혁을 강화하여 극복해 갔는데, 여기도 저기도 끼지 못한 후발 자본주의 국가인 독일·이탈리아·스페인·일본은 힛틀러·뭇소리니·푸랑코·덴노의 파쇼체제를 강화하고 식민지 수탈과 확장을 통해 극복하려고 했다. 그러므로 불럭체제의 식민지에서는 수탈 강도를 완화해 갔는데 비해 파쇼국 식민지에서는 수탈통제가 강화됐다. 뿐만 아니라 식민지 확장을 위하여 기존 식민지는 군수기지로 이용하여 수탈이 더욱 강화될 수밖에 없었다. 일본의 경우 5·15사건(1932), 국제연맹 탈퇴(1933), 2·26사건(1936)이 파쇼 성격을 설명한다. 1931년 만주침략을 통해 괴뢰 만주국을 만들고, 조선에서는 1930년대부터 內鮮一體로 꽁꽁 묶었던 것이 바로 그것이다. 대륙침략을 위하여 후방의 안전장치를 공고히 하자는 것이었다.

만주사변·〈조선소작조정령〉·〈조선농지령〉·자력갱생운동·농어산촌진흥계획·군수공장 상륙·관청과 학교에 奉安殿 설치·가정에 가미다나 설치·신사참배·황국신민의 서사(국체명징·내선일체·인고단련)·창씨개명·중일전쟁·국민정신총동원조선연맹 결성이 이때의 특징적 기사였다.

마. 1938년부터 국가총동법 체제기

중일전쟁과 더불어 비상전시체제에 돌입한 신호는 1938년 5월에 〈국가총동원법〉 시행으로 나타났다. 이어 그해 7월 7일 중일전쟁 1주년에 국민정신총동원조선연맹을 결성하고 1940년에 농어산촌진흥회와 국민정신총동원조선연맹을 통합하여 국민총력조선연맹을 두고 말단에는 愛國班을 두어 식민지 전체를 군대조직처럼 묶었다. 그것을 총괄하는 부서가 총독부에 신설한 국민총력과였다. 그해 일본은 大政翼贊會를 만들어 전시체제를 강화하고 밖으로는 일·독·이 3국동맹을 맺고 세계대전체제를 갖추었다. 1941년에 국방보안법을 공포하여 조선인의 심성까지 통제하였다. 그리고 태평양전쟁을 도발한 것이다. 이제는 세계정복의 야망을 위하여 조선인은 희생되어야 했다. 전쟁에 필요한 모든 물자와 인력을 〈국가총동원법〉에 의하여 합법적으로 동원할 수 있었다. 〈국가총동원법〉에 근거하여 〈소작료통제령〉·〈임금통제령〉·〈직업이동방지령〉을 만들어 농민과 노동자의 요구를 봉쇄하였고, 〈금속회수령〉으로 밥그릇까지 빼앗아 갔다.

쌀공출·말풀공출 그리고 징병·징용·징발·여자정신대·위안부 등의 인력 공출, 애국일·대조봉대일·폐물수집·방공법 시행·진주만폭격·대동아전쟁(태평양전쟁)·대동아공영권 등이 특징적 기사였다.

(3) 한(조선)민족 독립운동의 전개와 의의

이상과 같은 일제 침략과 식민통치에 대하여 한(조선)민족은 수천년 역사를 통해서 축적한 민족역량을 깨우쳐 일으키면서, 새롭게 근대적 역량을 개발하면서, 민족운동 또는 독립운동을 전개하였다. 1894년 7월 23일 일본군이 경복궁을 점령한 갑오왜란을 당하여 안동과 상원에서 의병이 일어났다. 1895년 을미사변을 당해서는 전국에서 항일의병이 봉기하였다. 1904년에는 활빈당이 의병으로 전환하고, 1905년 을사늑약에 맞서서는 의병전쟁이 민족전쟁으로 전개되기에 이르렀고, 광무황제도 을사늑약 비준을 거부하고 특사를 파견하여 외교투쟁을 전개하였다. 한편 부르주아 지식인들도 계몽운동으로 구국전선을 형성하여 항쟁하였다. 1907년에 이르러 신민회의 경우에서 보듯이 계몽운동이 지하운동을 전개하며 독립군으로 발전할 기반을 형성해 갔다. 의병전쟁은 유림이 주도했든, 민중이 주도했든, 전통시대의 역량을 나타낸 것이고, 계몽운동은 새롭게 개발한 근대적 역량을 나타낸 것이다. 1910년 대한제국이 멸망하자 주로 만주 각처에서 독립군 기지개척이 추진되었는데, 그것은 1894년부터 전개된 구국 독립운동의 연장이요 발전이었다는 민족운동의 총체적 관점에서 이해해야 할 것이다.87)

그렇게 민족운동으로 전개된 한(조선)민족의 독립운동의 특징적 기조를 보면, ① 역사적 전통역량의 기초 위에서 독립운동이 전개되었다. 한(조선)민족은 식민지 당국인 일본보다 우월한 역사와 전통을 가지고 있다는 민족적 우월감과 자신감을 가지고 독립운동을 전개하였다. 잠시 낮잠을 자다가 나라를 잃었을 뿐이라고 생각했다. 제국주의에 희생된 식민지 민족운동 가운데 전통시대의 역량을 기초한 경우는 월남·인도·아랍제국·폴란드·아일란드가 대표적인데 전통역량을 대변한 전통시대의 역사 저술이나 독립운동 과정에서 역사저술의 발달을 보더라도 한(조선)민족의 독립운동이 어디보다 우월한 전통 역량에 기초한다는 것을 알 수 있다.

② 전통적 역량의 기초 위에서 전개된 독립운동이라도 나라를 잃었던 반성과 세계적 변동기를 맞아 근대화를 동시에 추구한 독립운동이었다. 대한제국이 멸망한 1910년을 전후하여 독립군기지를 개척하면서 종래의 의병전쟁

87) 여기서 민족운동과 독립운동의 관계를 밝혀두는 것이 좋을 것 같다. 민족운동은 민족(시민)혁명운동·민족해방운동·민족통일운동 등, 세 가지 유형으로 전개되었다. 먼저 근대적 민족개념이 형성되면서 일어난 시민(민족)혁명운동에서 민족운동이 출발하고 있다. 갑신정변이나 갑오경장이 그에 근접한 성격이고 세계적으로는 프랑스혁명이나 신해혁명이 대표적이었다. 다음에 민족해방운동인데 이것은 반식민지 종속(반식민지)해방운동·식민지해방운동·사회주의 계급해방운동으로 나뉘어진다. 독립운동은 원칙적으로 식민지해방운동을 일컫는다. 반식민지해방운동은 중국의 경우처럼, 식민지로 전락하기 전에 끝내면 독립운동으로 이어지질 않으나 한반도처럼 의병전쟁이나 계몽운동의 반식민지해방운동이 제국주의 침략을 극복하지 못하고 식민지로 전락하면 독립운동으로 이어져 독립운동사의 序章으로 이해하게 되는 것이다. 계급해방운동은 독립운동에서 계급해방운동을 동시에 추진하여 독립운동 기간에는 통일전선을 형성하고 독립한 연후에 다시 계급해방운동을 전개하여 해방전선을 형성한 경우를 말하는데 북한이 밟은 길이다. 다음에 민족통일운동은 현재 한(조선)민족의 당면한 과제로서 세계적으로는 이탈리아통일(1861)·독일통일(1871)에서 비롯되었고, 베트남통일(1975)과 독일통일(1991)이 근래의 사례이다.

과 계몽운동을 통합하여 의병전쟁의 전쟁방략과 계몽운동의 정치이론을 변증법적으로 발전시켜 근대적 독립운동 이념과 방략을 수립해 갔다. 그러므로 독립운동에서 독립의군부(1914)와 대한독립단(1919) 외에 어떤 독립운동 단체도 임금이 없는 근대국가 수립을 표방하였다. 3·1운동에서나 임시정부의 조직과 운영에서나 만주의 어떤 독립군 단체도 봉건적 구시대를 동경하지 않았다. 그 기초 위에서 해방 후 새 조국 건설에서 신분과 성별의 차별 없는 민주공화국과 인민공화국을 표방할 수 있었다. 남북에서 실시한 농지개혁도 독립운동의 유산이었다.

③ 독립운동의 주체세력을 보면, 각계각층이 참가한 민족해방운동으로 전개되었는데 점점 대중화하여 아래로부터 이룬 민족운동이 발달한 점이 특징이다. 전통시대의 권문세가나 자산가나 부호보다 민중의 참여가 폭넓게 진행되었다. 그리하여 농민운동·노동운동·여성운동·학생운동 등의 사회운동의 발전을 보게 되었다. 이것은 해방 후 남한에서 전개된 민주화운동이 아래로부터 이루어진 사실로 연결되어 근현대사의 발전을 아래로부터 이루었다는 세계적으로 흔하지 않은 민주주의의 자산을 가지게 되었다. 다만 아래로부터 이룬 근현대사에 지도자의 역량이 따르지 못한 한계는 반성할 점이다.

④ 독립운동의 이념은 다양한 것이 특징이었다. 이유는 독립운동 주체의 다양성에도 있고, 독립운동이 시기적으로 발전하면서 다양화된 것도 있고, 독립운동 무대가 세계 각처에 이른 탓으로 각처의 영향도 있었다. 1910년대에는 공화주의·보황주의·복벽주의에 한정된 듯 했으나 3·1운동을 전개하면서 3·1운동 이념인 인도주의의 실현 방법으로 자유주의·자본주의·사회주의·공산주의·무정부주의 등의 이념이 만발하게 되었다. 어느 길이어야 독립을 쟁취할 것인가의 고뇌의 산물로 보아야 한다. 이념이 다양했듯이 방법과 전략도 다양하였다. 다양한 방략 가운데 무장독립운동인 독립전쟁이 주축을 이루고 있었다. 해방 당시 무장단체는 한국광복군·조선의용군·동북항일연군 즉, 소련88여단의 조선인부대 등 세 곳에 있었다.

⑤ 이념과 방략의 다양성이 분열로 가는 듯하면 통일전선 형성을 추진하였다. 통일전선은 3·1운동과 더불어 7개의 임시정부가 탄생한 것을 곧 통합작업을 추진하여 그해 9월 통합 임시정부 결성이 서막이었다고 할 수 있다.

그후 1923년의 상해 국민대표회(김동삼)와 1924년 해삼위 국민위원회(김규식)·만주 반석의 조선노동당(김응섭)·길림의 고려혁명당(양기탁)이 대독립당·민족대당·민족유일당의 결성을 추진한 바 있었고, 1926년에는 대독립당 북경촉성회가 결성되면서 민족유일당운동이 본격화되었다. 그것이 만주에서는 3부통합으로 갔고 국내에서는 신간회(이상재·권동진·안재홍·허헌·김병로) 결성으로 일단락되었다. 그후 중국 관내에서 조선민족전선연맹(김규식·김원봉)과 한국광복운동단체연합회(김구·조소앙·이청천)가 결성되고 그를 통합하기 위하여 1939년 기강에서 7당회의와 5당회의를 개최하였다. 이어 1942년에는 중경 임시정부를 중심으로 한국광복군과 조선의용대가 통합되고 한편, 임시정부의 통합의회가 출범하였다. 1944년에는 임시정부 연립정부가 형성되면서 통일전선이 더욱 진전하여 연안의 독립동맹(김두봉·무정)과 노령의 조선인부대(김일성·최용건·김책)와도 연락하고, 노령에서도 임시정부와의 통일전선을 추진하여 큰 성과를 눈앞에 두고 있었다.[88] 바로 그때에 8·15를 맞은 것이다. 이러한 통일운동은 해방 후 미·소가 분단한 조국을 민족의 힘으로 통일하려는 남북협상의 기초가 되었다.

⑥ 독립운동은 격정적으로 전개되었다. 그것은 식민통치의 수탈성·잔인성·직접통치 등의 특성에 대응한 것이었다. 한국독립운동에서 무장운동이 주류를 이루었고, 의열투쟁이 끊임없이 전개된 이유도 거기에 있었다. 의열투쟁은 테러와 혼동하는 경우가 있는데 그것은 다르다. 의열투쟁은 목적이 인류 정의를 실현하는 데 있고, 테러는 야만적 보복에 있다. 때문에 의열투쟁은 대상이 불의를 자행하는 인간과 시설인데 테러는 대개 불특정 다수인과 불특정 물자를 대상으로 한다. 의열투쟁은 자기를 떳떳이 밝히는데 테러는 자신을 숨긴다. 이러한 의열투쟁을 독립운동의 이론으로 정립한 것은 1923년 신채호의 〈조선혁명선언〉이었다.

⑦ 한편 온건한 문화운동으로도 전개되었는데 그것은 식민통치가 민족동화정책을 식민문화를 통하여 추진했던 데 대응한 것이다. 그런데 주의할 것은 문화운동이 민족을 지키기 위한 어문운동과 역사운동으로 전개된 것은 의미

88) 백범김구선생전집편찬위원회, 《白凡 金九全集 8》(대한매일신보사, 서울, 1999), 927쪽.

가 있지만, 그를 핑계하여 실력양성운동으로 전개한 것은 자치운동과 다를 바가 없다.

⑧ 독립운동은 1894년 갑오의병에서 시작되어 1945년 전야까지 끊임없이 전개된 지속성을 보이고 있었는데 이러한 지속성은 세계적으로 찾기 힘든 특징이다.

⑨ 독립운동은 조선 안에서만 전개된 것이 아니라 만주·중국·일본·러시아·미주·유럽 등 세계 각처에서 전개한 세계성을 특징으로 한다. 그러므로 한국독립운동은 국제연대를 개척, 형성하면서 전개되었다. 대한민국임시정부나 광복군이 중국국민당과 연대하고, 독립동맹과 조선의용군이 중국공산당과 연대하고, 동북항일연군의 조선인부대가 중국공산당이나 소련과 연대하고, 그리고 미주에서 대한인국민회를 중심한 민족운동 단체가 미국정부와의 유대를 추구했던 것도 국제연대의 모색이었다. 국제연대의 모색에서 잊지 못할 것은 아시아 약소민족의 독립운동과 유대를 맺고 있었던 사실이다. 그리고 국제사회당이나 세계무정부주의연맹이나 에스페란토운동과 연계하고 있었던 사실도 유의할 필요가 있다. 그로 말미암아 해방 후 국제적 패권주의에 현혹되어 민족역량이 분열된 이유가 되었다는 지적에 대해서도 유의해야 한다.

⑩ 그와 같이 독립운동이 세계사적으로 유례를 찾기 힘들 정도로 강력하고 찬란하게 전개되었는데 그의 소득은 뜻밖이었다. 그 이유는 어디에 있을까. 영·미·불 등의 연합국의 식민지에서는 1930년대 이후 프랑스의 인민전선 형성처럼, 본국의 민주화에 힘입어 식민지 통제가 간접식민통치 이상으로 완화되어 그 기회에 식민지 민족의 역량이 크게 성장할 수 있었다. 인도와 월남의 경우에 네루나 호치민의 영도력도 그것이었지만, 그를 뒷받침하는 민족 역량이 성장하고 있었으므로 해방 후의 민족운동을 성공할 수 있었다는 말이다. 그에 비하면, 추축국 일본은 1930년대 이후 파쇼화와 침략전쟁을 강행하면서 식민지 통제가 강화되어 그 기회에 한국인의 독립운동이나 민족역량이 크게 손상을 입게 되었다. 그것은 해방 후 민족국가 건설에서 민족역량의 회생을 위하여 새로운 정비와 노력이 요구된 이유가 되었다. 그 틈에 미국과 소련의 패권주의가 국토를 분단 점령한 것이다. 그로 말미암아 민족역량은 더욱 손상을 입었다. 그때 분단정부 수립을 주도한 행각은 역사의 심판

을 받겠지만, 그러나 민족역량의 회생이 아득하게 멀리 있는 것은 아니다. 바야흐로 통일의 기운이 무르익는 가운데 6·15공동선언이 그를 입증하고 있다.

일본 제국주의의 강점에 항거하여 한(조선)민족은 끊임없이 국내외 곳곳에서 독립운동을 전개하였다는 사실은 일제 강점과 그의 식민통치가 민족의 의사와는 관계가 없었다는 것을 의미한다. 더구나 대한제국을 강점할 때 위조와 기만으로 만든 일련의 조약을 통한 강점이었으므로 식민통치는 국제법까지 위반한 폭거였다. 여기서 1963년 유엔 국제법위원회의 '조약법에 관한 보고서'에서 1905년 을사늑약의 폭거를 잘못된 사례로 지적한 것을 기억할 필요가 있다.89)

(4) 독립운동의 시기별 특징

일본 제국주의의 침략과 식민통치에 대한 대응으로 전개된 한민족의 독립운동은 일제 침략을 인지한 1894년부터 1945년까지 꾸준히 전개되었다. 그리고 세계 각처에서 모든 방법을 동원하여 독립운동을 전개하였다. 먼저 시기별로 보면 일제 침략과 식민통치의 특성에 따라 대응하고 있었음을 알수 있다.

가. 구국운동기(종속해방운동, 반식민지해방운동)

일제 침략은 1876년 강화도조약에서 비롯되었는데 1894년부터 조선은 일제의 반식민지상태에 놓이고, 1904년부터는 준식민지로 전락했다. 그에 따라 1894년 일본군의 경복궁 침범을 일컫는 갑오왜란에 맞서 안동과 상원에서 의병이 일어났고, 1895년 을미사변을 맞아서 전국에서 의병이 봉기하였다. 이것을 전기의병이라 한다. 이때 구국운동은 전통 역량을 결집한 의병전쟁외에 다른 방도가 없었다. 구국운동이 근대적 역량을 결집하여 전개한 계몽운동으로 전개된 것은 대한제국이 일제의 준식민지로 전락한 1904년부터였다. 국민교육회와 대한자강회가 그의 선봉 조직이었다.

그때 의병전쟁은 중기의병·후기의병·전환기의병·말기의병으로 변천해

---

89) 박태균, 〈해방 후 한일회담 과정에 나타난 1900년대 "한일협약"에 대한 인식 고찰〉(《일본의 대한제국 강점》, 까치, 1995), 340쪽.

갔다.[90] 처음에는 근왕적이고 척사적인 유림의병이 주도했으나 이념이 忠道·忠君·忠國·忠民으로 발전하면서 평민 또는 민중의병으로 발전해 갔다. 그때 계몽운동은 신민회를 주축으로 계몽주의 좌파(강경파)의 항일전선이 형성되고 대한협회를 주축으로 계몽주의 우파(온건파)가 개량주의의 선례를 만들어 갔다.

나. 1910년대 독립운동의 정비

대한제국이 멸망한 1910년대에 일제가 식민지 기반을 조성할 때 독립운동도 전열을 가다듬었다. 국내에서 혁명기지를 개척한 경우는 대한광복회와 조선국민회가 전국에 비밀기지를 건설하고 있었듯이, 중국의 신해혁명과 같은 민족혁명을 추진하고 있었다. 해외로 망명한 이는 만주의 신흥무관학교나 하와이 대조선국민군단처럼, 독립군을 편성하여 독립전쟁을 준비하였다. 그러한 분위기 속에서 교육자와 종교인까지 민족 전열에 참가하면서 전민족적인 3·1운동을 계획하게 되었다.

그때 조선인의 행적을 보면, 대한제국의 회복을 갈망한 복벽주의 유학자들, 의병이나 계몽주의 좌파처럼 해외로 망명하여 독립운동 기지를 개척하거나 국내에서 혁명기지를 개척한 보황주의 또는 공화주의 인물, 조선산직장려계를 만든 계몽주의 우파처럼 국내에서 개량주의에 머문 사람, 1918년까지 계속된 토지조사사업의 추이에 따라 토지분쟁에 골몰했던 다수 농민, 〈조선귀족령〉이나 은사금을 받고 중추원이나 총독부 관리에 몸을 던져 친일 행각을 걸은 사람, 식민지적 재편에 따라 방황하는 많은 사람 등, 몇 가지 유형으로 나눌 수 있다. 3·1운동이 일어나자 친일 행각외에 방향을 잡지 못하고 방황하던 사람도 참가하여 3·1운동을 거족적 독립운동으로 발전시켰다. 특히 그때까지의 복벽주의나 보황주의를 극복하고 공화주의를 새롭게 발전시킨 것은 민족역량 증대에 크게 이바지한 역사적 혁신이었다.

3·1운동을 세계사적으로 보면 인도주의 혁명운동이었다. 정의·인도를 실현하기 위하여 세계를 개조하고 사회를 개조하자는 것이다. 개조의 논리로 자유주의·사회주의·무정부주의·민주주의·자본주의·공산주의 등의 사상

90) 조동걸, 〈의병전쟁의 특징과 의의〉(《한국사 43》, 국사편찬위원회, 1999), 512쪽.

논쟁이 일게 되었다. 아울러 세계와 사회를 개조하자니 제국주의를 철폐하고 약소민족은 해방되어야 한다는 것이다. 그것이 민족해방운동이요 독립운동으로 전개된 3·1운동의 제1차적 성격이다.91) 레닌이나 윌슨이 제창한 민족자결주의의 논리도 마찬가지였다. 그러한 세계사조를 이용하여 민족혁명으로 3·1운동을 일으켰는데 열국이 모두 일본 제국주의를 옹호하여 독립을 쟁취하지 못하였다. 국제사조의 총론과 각론이 다른 단면이기도 했다. 그러나 3·1운동으로 그때까지 성장해 온 근대적 민족지성을 총합하고 새롭게 나아갈 민족지성과 독립운동의 방향을 정립했다는 점에서 한국근대사의 분수령을 이룬 뜻깊은 역사적 사건이었다.

다. 1920년대는 민족총력항쟁의 시기였다.

1920년대는 민족총력을 경주한 독립운동이 전개되었다. 3·1운동과 더불어 대한민국임시정부가 수립되고 만주와 연해주에서는 독립전쟁이 전개되어 청산리전쟁을 비롯한 무수한 대소전쟁이 독립운동사를 장식하였다. 연해주에서는 때마침 볼쉐비키혁명의 진행중에 1921년 자유시(스바보드니)참변을 당하여 독립군은 모두 러시아 혁명군으로 개편되었다. 국내에서는 임시정부와 독립군의 연락망인 연통부와 교통국을 비롯하여 수 많은 지하단체가 결성되어 저항하다가 해외로 이동하였고 한편, 청년운동·학생운동·여성운동·농민운동·노동운동·형평운동 등의 사회운동과 국어·국문학·국사 등의 국학운동과 함께 언론운동·교육운동이 전개되었다. 한계는 있었다고 해도 경제운동으로 전개된 협동조합운동과 물산장려운동, 그리고 문화운동의 종교운동과 민립대학설립운동도 민족적 분위기를 제고시켰다. 자신의 조건과 능력에 따라 가능한 모든 방법과 노력을 경주했다는 점에서 의미를 가지는 것이다.

민족총력항쟁이었으므로 양적인 측면 뿐만 아니라 질적인 측면에서도 주목할만한 변화가 있었다. 1920년대에 각종 사상운동이 대두하여 1925년 조선공산당 출범을 전후하여 사상단체가 백화난만식으로 나타났는데 이어 국내외에서 꾸준히 추진된 민족유일당운동을 보거나, 그의 일단으로 추진된 1926

91) 趙東杰, 〈3·1運動의 理念과 思想〉(《韓國民族主義의 성립과 獨立運動史硏究》, 지식산업사, 1989), 393쪽.

년의 6·10만세운동을 보거나, 1927년에 신간회가 탄생한 것을 보거나, 1929년의 광주학생운동이나 원산노동파업과 용천소작쟁의의 내용을 보거나, 총력항쟁이 질적으로 추진된 역정을 볼 수 있다. 그러나 해외에서는 유일당운동이 성공하지 못한 한계도 있었다.

그리고 독립운동을 이해할 때 먼저 식민조건과 대비하여 이해하는 것이 중요하고 또 이론을 세워 이해하는 것이 중요하다. 가령 임시정부를 이해할 때 그의 발생가치는 3·1운동에서 표현된 민족적 주권의지의 산물이므로 이론의 여지가 없다. 그렇다고 1919년부터 1945년까지 상해에서 중경까지 이동하며 싸워온 그의 역할가치는 사람마다 평가를 달리할 것이다. 그것은 임시정부가 아니라 정상정부에서도 마찬가지이다.

라. 1930년대는 해외 독립군의 이동과 각종운동이 재정비된 시기이다.

1931년 일제가 만주를 침략하여 괴뢰 만주국을 설립하자 독립군은 중국군과 함께 반만항일전선을 형성하여 싸웠다. 1933년에 이르러 국민부의 조선혁명군과 한족연합회의 한국독립군의 주력이 항주·남경·낙양 등의 관내로 이동하여 만주에서는 새롭게 등장한 사회주의 유격대가 중국공산당에 가입하여 동북인민혁명군에 이어 동북항일연군으로 싸웠다. 상해에 있던 임시정부도 1932년 윤봉길의거를 계기로 항주로 옮긴 후 1940년 중경에 이르기까지 이동기를 맞았다. 만주에서 관내로 이동한 독립군은 낙양군관학교에서 특수교육을 마치고 후일 조선의용대와 한국광복군의 기간요원이 되었다.

국내에서도 정비작업이 있었다. 1929년 조선공산당 해체에 이어 1931년에는 신간회를 해체하고 농민운동·노동운동·학생운동 등의 대중운동이 파쇼정권에 대항하여 극단화되고 있었다. 거기에 조선공산당 재건운동이 맞물려 계급혁명을 표방한 적색노농운동이 급부상하였다. 파쇼화의 우파적 극단과 계급혁명의 좌파적 극단이 사상계를 양극단으로 몰고갈 때 극단을 극복하기 위한 민족주의의 보편 논리가 대두하였다.[92]

---

92) 민족주의는 구한말에는 종족주의, 1920년대까지는 국수주의 성격을 띠고 있었는데 1930년대에 이르러 민족과 세계를 모순없이 포용한 보편적 민족주의가 확산되었다. 민족주의 문제는 사상 조류에 따라 영향을 받고 있었는데 3·1운동과 더불어 부상한 자유주의·사회주의·무정부주의 등이 갈래를 달리하며

1930년대 중반에는 민족주의가 새롭게 자리를 잡아가면서 조선학운동이 전개된 것이 특징중의 하나였다. 조선학운동은 丁茶山의 《與猶堂全書》의 간행과 더불어 일어났다는 점에서 각별한 의미를 갖는다.[93] 1935년에는 코민테른 7차대회가 열려 인민전선 노선을 채택하여 민족주의가 새롭게 생기를 얻게 되었다. 그에 따라 만주에서 민생단사건이 종식되고 1936년에는 조국광복회의 결성을 보게 되었다. 그것이 1937년에 보천보전투로 이어져 군국주의 파쇼정권과 식민지 조선을 크게 자극하였다.

마. 1938년부터는 독립전쟁 시기였다.

독립전쟁기라고 한 것은 해외 독립군이 중일전쟁이 발발한 1937년을 전후하여 전반적으로 독립전쟁 체제를 갖추고 있었던 점에 착안하여 부친 이름이다. 만주에서는 1936년에 조국광복회(전광 · 김일성)가 결성되고 중국 관내에서는 1938년에 민족혁명당을 중심한 조선민족전선연맹이 조선의용대(김원봉)를 결성하였고, 한국광복운동단체연합회가 한국광복진선청년공작대(이청천)를 조직하였다. 1939년에 공작대를 개편하여 임시정부 군사특파단(조성환)과 한국청년전지공작대(나월환)를 전선에 파견하였다. 식민통치가 중일전쟁을 계기로 국민총동원체제로 전환하는 것과 대비가 된다. 해방을 맞았을 때 독립군 조직은 중경에 본부를 둔 한국임시정부의 광복군, 연안의 독립동맹의 조선의용군, 하바로프스크의 소련 국제군단인 88여단의 조선인부대가 있었는데 도합 1,500명 정도의 인력이었다.

국내에서는 국가총동원법에 따른 소작료통제령이나 임금통제령 등으로 전시파쇼가 강화되어 사회운동이나 문화운동이 일절 금지당한 암흑기를 맞았다. 그 속에서 학원을 중심으로 태극단 · 근목당 · 조선독립당 · 순국당 · 건국위원회 · 무궁단 · 백의동맹 · 화랑회 등, 소규모의 저항운동이 있었는데 성격을 보면 역시 독립군적 조직의 저항이었다.[94] 1940년에 동아일보와 조선일보

호사가들의 관심을 끌었다. 사상이란 어떻게 해야 인간이 인간되게 사느냐의 방법론인데 논쟁을 거듭하는 가운데 인간 이상의 것으로 착각한 경우도 생겨났다.

93) 趙東杰, 《現代 韓國史學史》(나남출판, 1998), 197~206쪽.

94) 趙東杰, 〈韓國近代學生運動組織의 성격 變化〉(《韓國近代民族主義運動硏究》,

까지 폐간하고 1942년에 조선어학회사건을 일으켜 식민지 조선인의 말과 글을 없애려고 했고, 민족동화를 막장에 이르러 민족말살정책으로 강행하여 각급학교에 식민교육을 강화했지만 그 암흑 속에서도 어린 학생의 독립군적 조직이 일어나고 있었다. 징용·징발·징병·보국대·여자정신대·종군위안부로 끌어가고, 소나무 뿌리까지 공출해 가던 야만적 압제 속에서도 한국인은 삶을 포기하지 않았다. 자유를 찾고 독립할 희망을 버리지 않았다. 그래서 소규모이지만 독립군적 조직을 일으켰다. 그와 같은 독립전쟁 상태에서 1945년 8월 15일을 맞았다.

(5) 일제 강점기의 생활

이때의 역사는 어떻게 보느냐에 따라 역사적 교훈이 천차만별로 나타난다. 먼저 주의할 것은 한국근대사의 일환으로 이해해야 한다는 점이다. 한국근대사이므로 한국사의 맥락으로 본다는 것이 중요하다. 한국사를 보면서 일본근대사의 한 토막으로 보아서 안된다는 말이다. 따라서 역사 서술에서는 한국인을 주체로 한 표현이어야 한다. 특히 일제 강점기의 역사를 서술할 때 주어가 무엇인가를 주의해야 한다. 따라서 1910년부터 1945년의 역사에서 일제의 식민통치는 객체이고 한국독립운동이 주체인 것이다. 독립운동뿐만 아니라 한(조선)민족이 어떻게 생활했던가의 역사인 것이다.

생활상에 대하여 대체적인 상태를 보기로 한다. 해방 직전의 생활 유형을 보면 몇 가지로 나눌 수 있다. 소수의 직업성 독립운동가 외에 ①8할이 넘는 농민·어민·화전민·노동자 ②영세 상인 ③식민지하에서도 천민으로 묶여 있던 머슴·백정·무당·점쟁이 등 ④신교육을 받은 언론인·교원·학생 또는 지식인 ⑤조선시대와 다름없이 생활하던 양반 유생이나 불교의 승려와 기독교·천도교·신흥종교 종교인 ⑥중소 지주와 중류 상공인과 지방관청(도·부·군·읍·면)의 하급관리 ⑦대지주와 식민지 신귀족과 조선총독부 관리 등으로 나눌 수 있다. ①②③은 하층 백성이고, ④⑤⑥은 중류 생활

역사학회, 1987), 317쪽.

———, 〈8·15직전의 독립운동과 그 試鍊〉(《韓國近現代史의 이해와 論理》, 지식산업사, 1998), 178쪽.

자였고, ⑦은 상류의 생활자였다. 거기에서 하층민이 8할 5부에 이르고 중류 생활자가 1할을 넘고 상류는 2부 정도로 2천4백만 인구에 30만에 이르지 못했다. 그렇게 보면 식민지하의 민족문제라면 농민문제라고 할 수밖에 없다.

일제하의 농민은 8할이 소작농민으로 고율 소작료에 시달리며 살았다. 그러므로 소작쟁의가 전국적으로 확산되고 있었다. 1930년대에 이르면 적색농민조합운동이 고조되었으므로 농민들이 사회주의운동의 영향을 받게 되는 이유가 되었다. 조선 후기부터 성장하고 있던 농민의 권리가 1910년대 조선토지조사사업으로 봉쇄당하고 식민지하에서 소작농민으로 생활하는 동안 무엇 하나 개선된 것이 없었다. 농촌에는 예사로 점심이 없었다. 조반석죽도 이어가기 힘들었다. 해마다 봄이면 절량농가가 6할을 넘어 초근목피로 끼니를 이었다. 농민은 대한제국이 멸망하던 1910년의 그 초가삼간에서 그 옷을 입고 1945년의 해방을 맞았다. 양복을 입고 기차를 타고 자동차가 집 앞을 지나가도 그것은 하늘의 비행기처럼, 농민과는 관계가 없었다. 혹간 식민지발전론을 이야기한다고 해도 그것은 위의 ④⑤⑥의 중류 생활자 이상의 경우에 해당한다. 1930년의 문맹율이 77%로 2천만 명 인구 가운데 1천 5백만 명을 넘었다.[95)]

중류 생활자는 교육을 받은 신지식인이었다. 세끼의 밥을 먹으며 양복을 입고 시계를 차고 궐련을 피우며 개화장(지팡이)을 짚고 인력거를 타고 다니기도 했다. 국학운동이나 사상운동을 일으킨 사람을 제외하면 대개 개량주의 성향을 나타내는 사람이 많았다. 개량주의자는 글이나 말끝마다 조선을 쳐들고 민족을 이야기하는 특성을 가지고 있다. 언제나 열등의식에 사로잡혀 자기를 비하하는 패배주의에 젖어 있었다. 그러나 대부분의 가정에서는 한글을 익혀 민족으로서 최소한의 양심은 지키며 살았다. 그래서 기회주의와 이중인격의 소유자로 살았던 사람이 많았다. 자치운동을 변론하는 특성도 이중인격의 자신의 변론일 수 있었다. 그런데 일제 식민통치가 직접통치로 강행되었기 때문에 특히 자치운동은 식민통치의 통로를 넓혀주는 결과를 초래한다는 것은 알지 못했다. 이것은 인도 같은 간접 식민통치에서 자치운동이 민족운

95) 《朝鮮日報》, 1934년 12월 22일, 社說.

동의 주류를 형성했던 경우와 다른 한국독립운동의 특성이라는 점은 앞에서 지적한 바와 같다. 중류 생활자라도 학생인 경우는 꿈을 아끼는 학생의 순수성, 신세대의 대변자, 민족지성의 대변자 등의 역사적 위치가 그들을 규제하여 자신의 가정조건에 불구하고 개량주의를 거부하고 있었다. 그것이 민족역량을 성장시켰던 것은 물론이다.

식민지 생활문제로 특별히 주목할 것은 여성문제였다. 이 시기 여성의 지위 변화는 여성의 지위가 낮았던 일본의 전통에 영향을 받았던 탓이 컸다. 여자의 재산 상속권이나 호주 상속권이 없어진 것이 식민지 유산인 것이다. 그 대신 출가하면 남편의 성을 따를 수 있는 것을 여성의 권리를 얻었다고 자랑하는 경우가 있는데 그것도 여권 침해로 보아야 한다.[96] 때문에 식민지하의 여성운동은 여권운동과 독립운동의 이중성격을 가지고 있다.

끝으로 이야기할 것은 일제 식민통치의 역사를 볼 때 가장 문제가 되는 것이 식민통치가 일본사 발전에 크게 기여했을 것은 물론이지만, 한국사 발전에도 기여했는가의 문제이다. 흔히 식민지근대화의 여부이다. 인간가치는 저락하고 자주개혁은 후퇴하고 민주주의는 말살되어도 경제는 발달했다는 국부발전론을 제기하는 수가 있다. 식민통치가 아니고 한(조선)민족이 이끈 역사라면 불가능한 경제발전이었던가를 물어야 한다. 그리고 중요한 것은 경제발전은 경제발전 자체를 목적하는 것이 아니라 사회발전을 목표한 것이라는 점을 안다면 국부발전론은 무의미하다는 것을 알 수 있을 것이다. 그에 비하여 독립운동을 통해 근대화가 촉진된 것이 적지 않다. 해방 후 남북한에서 민주공화국이나 인민공화국을 표방한 원천이 어디에 있었던가. 남북에서 실시한 농지(토지)개혁이 어디에서 연유한 것인가. 신분제를 타파하고 남녀평등을 규정한 법률의 연원이 어디에서 온 것인가. 민족의 말과 글을 지키며 맞춤법통일안을 만든 것이 누구의 노력으로 이룬 것인가. 모두 조선총독부의 식민통치의 결실이 아니라 독립운동의 결실이었음을 누구도 부정할 수 없는 것이다. 학교를 세우고 철도를 부설한 것이 어떤 의미를 갖는다는 것은 앞에서 지적한 바와 같이 민족동화나 경제수탈을 위한 것일 뿐이었다.

---

96) 구한말에 서양의 풍속을 따라 서울여자교육회를 일으켰던 이옥경이 원래의 성인 홍씨를 변성한 경우도 있었다.

3) 해방정국과 현대사의 전개

1945년 해방 후 오늘날까지 한국현대사를 이해할 때 다음과 같이 시기를 구분해서 보는 것이 좋다.[97]

① 1945~1960년 ; 해방 후의 혼돈기
② 1960~1993년 ; 민주화운동기
③ 1993~현재 ; 민주주의 개혁과 통일운동기

해방 후의 혼돈기에는 분단과 미소의 군정, 남북 단독정부의 수립, 6·25전쟁과 정전협정, 남북의 정치파동 등의 커다란 사건들이 있었으나 그것을 모두 혼돈의 모습으로 이해한 것이다. 1960년 4·19혁명 후에는 5·16군사정변이 있었고, 군사정권에 의한 한일협정, 유신체제의 등장 등이 있었는데 역사는 발전의 축을 기준하여 시기를 구분해야 하므로 군사정권의 변천보다는 그때 전개된 민주화운동을 기준하여 보아야 한다. 민주화운동은 4·19혁명에서 비롯되므로 그것을 묶어 하나의 시기로 본 것이다. 민주화운동은 1993년 민간정부가 들어서면서 일단락되었다. 그러므로 그후는 오늘까지 묶어 민주주의 개혁과 통일운동기라고 이름한 것이다. 민주화운동을 일단락하고 각 분야에 걸쳐 민주주의 개혁을 단행하고 통일운동을 본격적으로 전개한 시기라는 뜻이다.[98]

(1) 해방과 분단과 혼돈

1945년 8월 15일 일본이 무조건 항복하여 해방을 맞았다. 그 해방에 대하여 타율성을 이야기하는 경우가 많다. 연합국의 승리에 따라 해방되었다는

---

97) 趙東杰, 〈現代史硏究의 반성과 課題〉(《현대사의 흐름과 한국현대사》, 한국정신문화연구원, 1997).
———, 《韓國近現代史의 이해와 論理》(지식산업사, 1998), 397쪽.
———, 《現代 韓國史學史》(나남출판, 2000(제2쇄), 468쪽.

98) 통일은 한국사에서 근대와 현대의 분기점이 돼야 한다. 지금은 편의상 1945년 해방을 근대와 현대의 분기점으로 설정하고 있으나 어디까지나 편의에 불과한 것이다.

것이다. 그런데 독립운동 진영에서는 광복이라고 말한다. 연합군의 승리는 한국 독립군의 승리이므로 당연히 광복이었는데 그것을 미국과 소련이 가로채어 군정을 강행했다는 것이다. 그 논리라면 광복을 강탈당한 것이다. 그렇게 미국과 소련이 군사 점령했으나 이 땅의 사람들은 그들을 해방군으로 인식하고 38선의 남과 북에 미군과 소련군의 주둔을 일본군의 무장해제를 위한 분담 진주 정도로 이해하였다. 그런데 그들은 해방군이 아니라 점령군으로 1948년 8월까지 3년간 군정을 실시하였다.

해방 조선에 대하여 지리적으로 근접한 소련의 점령을 우려한 미국이 38선 분할 점령을 제안하였고 자치능력을 확인할 때까지 신탁통치안을 제안하였다. 거기서 자치능력이란 것은 한반도가 미국의 영향권이 아닌 소련이나 중국의 세력권에 흡수되지 않고 독립할 능력을 말한다. 그것은 일본 패전과 더불어 소련의 태평양 진출을 염려한 나머지의 우려였다. 신탁통치안은[99] 미국이 1942년에 구상하여 1943년 카이로회담부터 1945년 포츠담회담에 이르기까지 국제적으로 합의한 전후 한반도에 대한 방침이었다. 그것을 1945년 12월 모스크바3상회의에서 구체화시켰다. 내용은 조선에 임시정부를 설립한다. 임시정부가 독립을 준비할 때까지 5년간 미·영·중·소의 4개국 신탁통치를 실시한다. 그의 절차를 협의하기 위하여 미소공동위원회를 개최한다는 것이 요지였다. 그리하여 1946년 5월과 1947년 3월에 미소공동위원회를 열었으나 무위로 끝나 미국은 한반도 문제를 유엔으로 이관하고 말았다.

그러한 국제관리안은 해외 독립운동자에게 먼저 전달되었다. 대한민국임시정부가 있던 중경에서는 1943년 5월에 자유한인대회를 개최하여 전후 국제관리설을 규탄하고 계속하여 외교활동으로 완전 독립을 쟁취하려고 노력했다. 연안의 독립동맹도 국제관리설을 규탄하였다. 국제관리설이 제기된 것을 알지 못한 국내에서는 해방과 더불어 미군이 진주하기 전에 건국준비위원회를 설치하고 9월 6일에는 인민공화국을 선포하고 지방에 인민위원회를 설치하였다.[100] 그해 11월 23일 한국임시정부의 환국을 전후하여 혼탁한 정국 속

99) 신탁통치는 1945년 5월 유엔이 만들어지면서 국제연맹 당시의 위임통치를 개편한 국제관리안이었다. 그러므로 유엔 창설 전에는 신탁통치라는 용어는 없이 국제관리라는 용어만 사용하였다.

에 무수한 정당이 탄생하였는데 한국민주당·한국독립당·국민당·조선인민당·조선공산당이 대표적이었다.

북한에서는 이미 소련군이 진주해 있었으므로 해방과 더불어 소련의 군정 계획 아래 해방 정국이 전개되었다. 처음에 여러 이름의 건국준비위원회가 지방별로 결성되었는데 11월 19일에 5도행정국, 1946년 2월에는 북조선임시인민위원회, 1947년 2월에는 전국 선거를 통해 북조선인민위원회가 설치되어 사실상의 중앙 통치가 실시되었다. 이것을 군정으로 보면, 남쪽과 달리 간접 통치 방식이 실시된 것이다.

12월 28일 모스크바 3상회의 소식이 전해지자, 1943년부터 염려하던 신탁 통치안만 눈에 잡혀 즉각 전민족의 반탁운동이 전개되었다. 처음에는 조선공산당도 반탁노선을 취하였다. 그러한 민족적 분위기를 이용하여 한국임시정부에서는 國字 1·2호로 미군 군정을 폐쇄하고 임시정부가 행정권을 인수한다고 선포하였다. 1946년 1월 1일 '김구－하지회담'에서 반탁운동을 허용한다는 조건에서 수습되기는 했지만, 그후 양자의 대립은 풀리지 않았다. 한편 조선공산당은 1946년 1월 3일의 서울운동장 시민대회를 찬탁대회로 전환시키면서 모스크바 3상회의를 지지하고 나서, 정국은 찬탁과 반탁의 논의가 좌우 대립구도로 이행하였다. 2월 14일 이승만·김구·김규식을 영수로 한 우익은 민주의원을, 박헌영·여운형을 영수로 한 좌익은 민주주의민족전선을 결성하면서 대립구도가 분명하게 부각되었다. 그것이 미소 냉전 기류와 유착하면서 해방정국에서 광복도 해방도 상실한 혼돈을 연출하고 만 것이다. 1946년에 김규식·여운형에 의한 좌우합작위원회가 열려 '좌우합작 7원칙'까지 합의하였으나 극우 극좌의 이승만과 박헌영이 거부하여 실현을 보지 못하였다. 그들은 분단정부 수립을 추진하였다. 그리하여 한반도문제는 유엔으로 이관되어 총선거가 가능한 남한에서 단독 선거가 실시되기에 이르렀다. 결국 1948년 8월 15일에 남쪽에서 대한민국 정부를, 이어 9월 9일 북쪽에서 조선민주주의인민공화국 정부를 수립하였다. 그 분단정부 수립을 저지하려고 김구·

---

100) 그에 앞서 9월 3일에는 중경에서 한국임시정부가 환국 후에 과도정부를 수립한다는 '당면정책'을 발표하였다. 인민공화국의 수립 발표는 그의 대비책으로 이해하는 주장도 있다.

김규식이 남북협상을 추진하여 1948년 4월 19일 평양에서 남북연석회의가 열렸으나 소득을 얻지 못하였다. 당장에 소득은 얻지 못하였으나 그의 통일의지는 역사의 소중한 유산으로 남아 오늘날 남북통일의 밑거름이 되고 있다.

(2) 대한민국 정부의 수립

1948년 5월 10일 남한의 단독선거에 의하여 7월 17일 대한민국 헌법을 제정하고 이승만을 대통령으로 선출하였다. 헌법 전문에서 "3·1운동으로 대한민국을 건립하여"라고 신생 대한민국은 대한민국임시정부를 계승한다는 정신을 선언하기는 했으나 임시정부에서 1923년에 불신임당하고 이어 1925년에 탄핵된 이승만을 대통령으로 선출하자 김구를 중심으로 한국임시정부측에서는 단독정부 수립에 반대한 남북협상의 목소리를 더욱 높여 이승만정부에 참여를 거부하였다. 남북 대립으로 착잡한 정국은 혼미를 거듭하게 되었다.

그러한 혼탁정국을 극복하기 위하여 이승만정부는 독립운동 지도자 이범석을 국무총리로, 조봉암을 농림부장관에 임명한 개혁정국으로 돌파구를 찾으려 했다. 헌법 15조에서 "재산권은 보장된다. … 재산권의 행사는 공공복리에 적합하도록 하여야 한다"라고 수정 자본주의의 길을 선언하고, 제84조에서 "대한민국의 경제질서는 모든 국민에게 생활의 기본적 수요를 충족할 수 있게 하는 사회정의의 실현과 균형있는 국민경제의 발전을 기함을 기본으로 삼는다"라고 복지국가 경제정책을 천명하고 있다. 그것을 위하여 농지개혁안을 만들어 1949년에 소작농을 금지하고 농지 소유를 3정보로 제한한 개혁을 단행하였다. 이것은 조봉암이 주도했지만, 이승만 정권의 최대 업적이라 할 수 있다. 그것이 6·25전쟁에서 북한의 오판을 만들어낸 남한의 농촌 기반이 되기도 했다.

그러나 이승만정권은 남북문제를 국제적 냉전체제에 맞추어 반공 이데올로기를 강화하고 있었다. 그를 위하여 정치기술·행정기술·사법기술·경찰기술이 우수하다고 해서 친일파를 등용하여 공산당 색출에 박차를 가하였다. 그런 가운데 정치적 비판자까지 숙청하기에 이르렀다. 그것이 고비에 오른 것이 1949년 6월사태였다. 국회 프락치사건에 이어 반민족행위자처벌법에 의해 설치된 반민특위 조사위원회를 습격하여 악명 높은 친일파를 구제하고 6

월 26일에는 백범 김구를 암살하였다. 여기서 이승만정권은 민족적 기반을 잃었다. 그후 독재는 강화되어 6·25전쟁중에 부산 정치파동을 일으키고 발췌 개헌안으로 다시 대통령에 취임하여 4사5입개헌안으로 종신 대통령을 꿈꾸면서 3·15부정선거를 자행하다가 4·19혁명을 맞아 이승만은 하와이로 망명하였다.101)

1946년에 북한 전역에 임시인민위원회를 결성하여 그때까지의 5도행정국과는 달리 프로레타리아 독재체제를 갖추고 토지개혁을 단행하여 사회주의 정권의 사회경제적 기반을 정비하였다. 그리고 1948년에 남한에서 단독정부를 수립하자 즉각 1947년의 북조선인민위원회를 기반으로 그해 9월 9일에 조선민주주의인민공화국을 출범시켰다. 이러한 남북 정권의 출범을 세계사의 냉전구도로 보면, 남한은 미국의 첨병으로, 북한은 소련의 첨병으로 출발한 것이 된다. 그러한 분단을 극복하여 통일 조국을 건설하지 못한 민족 역량의 한계는 심각하게 반성해야 한다. 그에 반하여 남북 정권은 경직성을 심화하면서 무력 통일을 외치고 있었다. 불원간 6·25전쟁이 예상되는 일이었다. 그후 북쪽에서도 남로당(박헌영) 계열의 숙청과 독립동맹(김두봉) 계열의 숙청 등으로 독재가 강화되어 남북 정권을 긴장시키고 있었다.

(3) 4·19혁명과 민주화운동

1960년 4·19혁명은 그해 2월 28일 대구의 8개 고등학교 학생의 연합시위에서 출발하여 전국적으로 고등학생의 시위운동으로 확산되어 4월 18일부터 대학생이 참가한 학생운동으로 전개되었다. 학생운동으로 보면 일제강점기

---

101) 이승만은 다양한 평가를 받고 있다. 1904년 미국으로 망명할 때까지 청년시절에는 많은 사람의 추앙을 받았다. 특히 배재학당의 학생운동과 1898년 만민공동회 활동을 통하여 두각을 나타내고 감옥에서 출옥한 후에 상동청년학원 원장으로 계몽운동에 헌신하였다. 옥중에서도 많은 사람에게 독립정신을 고취하였다. 그런데 미국에 망명한 후에 안창호와의 불화, 박용만과의 충돌로 재미동포사회가 분열하게 되었다. 그의 명성에 힘입어 1919년 임시정부 초대 대통령에 취임해서는 재정과 외교를 독단하다가 국무총리 이동휘와 충돌하고 이어 안창호와 대립하여 1925년 탄핵까지 받게 되었다. 그를 끝까지 옹호하던 김구가 임시정부 주석에 취임하면서 신설된 외교위원회 위원장을 맡아 1945년 귀국하였다. 그런데 김구와도 정적이 되고 말았다.

이래 중등학생 중심의 학생운동이 비로소 대학생 중심으로 확대된 것이다. 그러한 학생운동이 4월 19일부터 일반 시민이 참가한 시민혁명운동으로 발전하여 이승만 독재정권을 무너뜨렸다. 그리고 곧 통일운동으로 전개되었다. 그런데 4·19혁명을 미완의 혁명이라 하면서 평가를 절하하는 경우가 있다. 언제 어디에 일회성 혁명이 있었던가. 프랑스혁명도 1789년부터 1848년까지 59년이 걸렸다. 중국의 신해혁명은 1911년부터 북벌을 완성한 1928년까지 본다고 해도 17년이 걸렸다. 4·19혁명은 1960년부터 1987년 6월항쟁까지 27년, 1993년까지라면 33년이 소요되었다. 그 동안에 1960년대에 6·3항쟁과 3선개헌반대투쟁, 1970년대에 유신반대투쟁과 부마민중항쟁, 1980년대에 광주민주화운동과 6월항쟁이 있었다. 거기에는 4·19혁명의 민주주의와 민족주의 이념이 면면이 흘러 그것이 한국현대사의 양대 정신적 지주가 되었다.[102] 그런데 어떻게 군사정권을 기준해서 시기를 구분할 것인가.

1960년대는 세계적으로 민족주의가 고조된 시기였다. 그의 표현이 드골의 프랑스주의, 쵸세스쿠의 루마니아 독자노선, 중소이념분쟁, 알바니아사태, 그리고 1960년에 아프리카에서 독립을 선언한 나라가 22개국에 이르러 그해 12월 24일에 유엔에서는 AA43국에서 제출한 식민지해방선언을 채택하였다. 그러한 세계적 민족주의 사조가 한반도의 민주화운동에도 반영되었다. 그것을 집권자도 외면할 수 없었다. 남한의 군사정권도 주체성확립을 제창했지만, 북쪽에서는 주체사상을 체계화하여 주목을 받았다. 그것이 1970년대에 남쪽에서는 유신체제로 변질하고, 북쪽에서는 유일 주체사상이 됐다. 주체사상 또는 유일사상은 북한 사상계를 주도하며 정치·경제·사회·문화를 규제하고 있다. 그런데 유일사상은 국수주의라고 할 정도로 경직된 느낌을 준다는 것이 남쪽의 중평이다.

(4) 산업화와 사회 문화의 발전

해방전에 독립운동을 전개하고 해방 후에 민주화운동을 전개하면서 국민적 역량을 증대시킨 것은 한국현대사 발전의 동인이 될 수 있다. 아시아 대

---

102) 趙東杰, 〈4·19혁명의 民族主義的 性格〉(《韓國近現代史의 이해와 論理》, 지식산업사, 1998), 380쪽.

부분의 나라가 민주화를 이루었다고 해도 그것은 위로부터 이룬 성과였다. 거기서 지도역량을 증대시킨 점은 한국인으로서 부러운 바인데, 그에 비하여 한국에서는 독립운동과 민주화운동을 아래로부터 전개하여 대중적 역량을 증대시켰다. 그것은 민주주의의 발전 전망을 밝게 하는 고무적인 사실이다. 그것을 한국현대사 발전의 동력으로 삼아야 한다. 아래로부터 창출한 발전 동력은 독립운동과 민주화운동에 국한되었던 것은 아니다. 국민적 교육열에 힘입어 해방 후에 교육 인구가 크게 증가하여 현대사 발전의 밑거름이 되었다. 정부수립 당시에 문교부에 성인교육과를 두어야 할 정도로 문맹률이 높았는데 이제는 세계에서도 문맹을 걱정하지 않는 굴지의 나라가 되었다. 이러한 대중적 역량 증대가 해방 후 한국현대사의 특징인 것이다.

1945년 해방 당시 인구가 2천4백만 명이었는데 지금은 남북한 7천5백만 명으로 5천여만 명이 증가하였다. 해방 당시만 해도 구시대의 신분제가 사실상 잔존했는데 이제 그것은 없다. 이웃 일본에는 아직도 부락회가 있어 백정 후손의 신분해방운동을 전개하고 있고 근대화를 선구적으로 추진한 영국에 중세 귀족 전통이 잔존한 것과 비교하면 장족의 발전을 이룬 것이다. 남한의 국민소득은 1만 달러에 이르고 경제규모와 무역량은 세계 10위권에 육박하고 있다. 1961년 5·16군사정변에 의한 군사정권이 1993년까지 30년 집권기간에 독재정치일망정, 또 개발 독재의 위험을 부담하면서도 산업은 발달시켰다. 그로 말미암아 정경유착의 구조적 모순, 부실공사의 만성화, 도덕의 타락, 농촌의 피폐, 부정부패의 만연 등, 부작용이 적지 않았지만, 국민적 역량에 힘입어 경제는 발전할 수 있었다. 노동자는 민주화를 위한 시위를 끊임없이 전개하며 산업현장에서 구슬땀을 흘렸다. 학교에서 민주화를 외치며 시위만 하는 것같던 학생들도 밤새워 공부하며 학문을 도야했다. 그들이 학문과 기술과학을 발전시켜 전자기술은 세계 1위에 올라 섰다. 의무교육이 9년제에 이를 것도 멀지 않았고 신문·텔레비전·컴퓨터 보급률도 세계 수준에 도달하여 정보화시대에 진입하고 있다. 아나로그시대도 비교적 빨리 달성했는데 디지털시대로 전환하고 있다. 이것은 모두 한국인의 교육수준 향상이 원동력이 되었다. 이제는 복지국가 건설을 위하여 전진해야 한다. 아울러 남북 사회의 격차가 크게 벌어지고 있는 것도 당면 과제라 하겠다.

6백만 해외동포에 대한 모국정책도 종합적으로 강구되어야 한다.

1945년 8월 16일에 결성된 조선학술원에 등록된 회원이 1백 명을 넘지 못했는데 현재 대학 교수수만 6만 명을 넘는다. 2002년에 한국학술진흥재단에 연구비를 받으려고 등록한 학자수가 7만 명에 이르고, 외국에서 박사학위를 취득하여 등록한 인원만도 2만 4천 명을 넘는다. 해방 후 학문의 발달은 각 분야에 걸쳐 있었으나 특히 일제 강점하에서 위축되었던 한국학(조선학) 분야가 괄목되게 성장하였다. 남북한을 통하여 국어학·국문학·국사학·민속학 등이 경쟁적으로 발달하여 이제는 국학으로 말미암아 민족주의의 국수화를 염려하여 각급학교에서 국학교육에 제동을 걸 정도에 이르렀다. 그러나 자만에 도취할 단계는 아니다.

(5) 민주주의 개혁과 통일운동

4·19혁명 이후 오랫동안의 민주화운동 결과, 1993년에 이어 1998년에 민간정부가 수립되었다. 오늘날의 한국은 전 세계 민주주의 애호자로부터 박수를 받으며 민주주의 개혁을 추진하고 있다. 지방자치제를 실시하고, 금융실명제를 시험하고, 군사정권 정치세력을 숙청하고, 군부의 군사정권 잔재를 청산하고, 일제 식민지 우상이었던 조선총독부 청사를 철거했다. 이어 국가인권위원회·민주화운동기념사업회·부패방지위원회·의문사진상규명위원회 등을 만들어 민주주의 개혁이 뿌리내리는 데 힘을 쏟고 있다. 그러한 개혁 분위기는 시민 참여연대·경제정의실천협의회·평화와 통일을 위한 시민연대·환경운동연합·여성운동 연합회·청년단체협의회 등의 시민운동에 힘입은 바가 컸다.

그러나 군사정권의 개발독재에 의한 정경 유착을 청산하지 못하고 훈련이 덜 된 정치인의 국가 운영으로 말미암아 1997년에는 경제가 파탄하여 국제금융기구(IMF)의 관리를 받아야 했고, 권력형비리를 극복하지 못하고, 부정부패를 막지 못하여 사회 기강이 문란한 채 방치되어 있다. 문화농촌 건설의 소리가 높지만 그에 눈 돌릴 역량을 갖추지 못하여 인구의 도시 집중과 수도권의 이상 비대가 나라의 장래를 어둡게 하고 있다. 일본과의 어업협정의 실패로 동남 해안 어민들이 생활 터를 잃고 있는가 하면 독도문제가 새롭게 외로운 운명에 빠지게 되었다. 해마다 교과서파동이 일어나고 있는 것은 군사정권 당시의 교과서체제를 완전히 벗지는 못하고 있기 때문이다. 정치인의 도덕성과 민주정치의 활동 경험이 일천하여 시행착오가 많아 국가가 표류할 때가 많다.

그렇게 희비가 엇갈리고 있으나 한국의 국제적 지위는 날로 높아가고 있다. 유엔을 비롯한 각종 국제기구의 의장을 맡고 노벨 평화상까지 한국에 돌아왔다. 그러한 국가 발전을 바탕으로 통일운동이 급진전하고 있다. 통일운동은 1960년대에 고조되었던 민족주의를 당시의 군사정권이 집권을 연장하기 위해서도 외면할 수 없어 남북교류를 추진한 데에서 비롯되었다. 1972년에 7·4공동선언이 발표되고 1991년에 남북화해합의서가 교환되었다. 1994년에는 김영삼·김일성의 남북 정상회담이 합의되어 그의 실현은 김일성 사망후의 김정일과 김대중 간에 2000년에 이루어져 6·15공동선언을 보게 되었다. 통일시대의 막이 열리는 신호였다. 그를 전후하여 남북은 금강산 관광을 비롯한 공식 비공식간의 무수한 교류를 진행시키고 있다. 경의선과 동해선 개통을 위한 복구작업의 망치 소리가 민족의 가슴을 울리고 있다. 2002년 9·10월에는 부산 아시안 게임에 북한 선수와 응원단이 대거 참가하여 화해와 협력이 더욱 무르익고 있다. 금석지감이 새로울 뿐이다.

여기서 역사의 교훈을 하나 되새겨 둔다. 2002년의 태풍으로 삼남일대가 쑥밭으로 황폐해졌는데 그것을 온 국민의 정성으로 복구하고 있다. 수재의연금이 1천2백억 원에 달할 정도로 국민역량은 아직도 감퇴하지 않았다. 그러나 언제까지 자만하고 있을 수 없다. 역사의 퇴보는 정치·경제·사회·문화의 제도의 우상화와 자기 자신의 우상 즉, 자만에서 비롯됐다. 조선시대 초기의 《經國大典》(1469)이 많은 허물에도 불구하고 그때 세계적으로 보면, 우수한 제도를 정비했다고 할 수 있는데 그것을 조선조말 《大典會通》(1865)에 이르기까지, 4백년에 걸쳐 사회 변화에 부응하여 개혁하지 못한 것처럼, 제도의 우상이 나라와 역사를 그르쳤다. 고을마다 향교를 두고 서원·서당을 설립하고 마을마다 글방을 두고 집집이 조상의 문집을 만들며 글과 도덕을 숭상한 그런 조선시대 사람과 같은 도덕주의 인간상은 세계적으로도 드물었다. 그런데 그 글과 도덕이 사회변천에 따라 어떻게 변해야 할 것은 생각하지 않고 자신을 우상화하다가 그 글과 도덕이 무력하게 무너지고 말았다. 우상의 고집으로 말미암아 자주적 근대화를 이루지 못하고, 제국주의의 침략을 극복하지 못했다. 그런 역사의 교훈을 생각하면서 세계화를 촉진하고 비판에 비판을 거듭하며 자성해야 한다. 21세기에는 우상을 버리고 민주주의와 통일을 위한 개혁에 박차를 가해야 할 것이다.[103]

〈趙東杰〉

103) 趙東杰, 〈21세기 韓國史學의 方向〉(《韓國史論 30》 국사편찬위원회, 2000) : 《韓國近現代史의 이상과 形象》(푸른역사, 2001), 508쪽.

Ⅳ. 한국문화의 특성

1. 언　어
2. 문　학
3. 종교와 사상
4. 과학기술
5. 미　술
6. 음　악

Ⅳ. 한국문화의 특성

1. 언 어

우리 민족은 오늘날 한반도에서 한국어를 말하며 살고 있다. 너무나 당연한 느낌이 든다. 그러나 이것은 아무리 大書特筆해도 모자라는 매우 중요한 사실이다. 우리 민족의 조상들이 한국어를 대대로 지켜왔기에 오늘날까지 한민족은 하나의 민족으로서 국가를 유지할 수 있었기 때문이다.

인류의 역사를 되돌아볼 때, 자기 민족 본래의 언어를 잊어버리고 다른 언어를 말하게 된 예가 지구 위의 도처에서 일어났음을 볼 수 있다. 여기서 특히 우리의 눈길을 끄는 것이 유럽의 라틴어(Latin)나 동아시아의 中國語와 같은 大文明語의 존재다. 일찍이 로마제국의 세력이 프랑스·스페인을 비롯한 서유럽 지역에 미쳤을 때, 로마의 언어가 이 지역의 언어들을 물리쳤으며 로마제국이 멸망한 뒤에도 고전 라틴어(Classical Latin)가 가톨릭 교회의 보편성을 지탱하였을 뿐 아니라 서유럽 전역 대학들에서 학문을 지배했던 것이다. 서유럽의 모든 대학에서는 라틴어로 된 책을 라틴어로 강의했으며 文法이라면 으레 라틴어 문법이었다. 그리하여 라틴어는 서유럽 언어들의 밑바탕을 이루게 되었다.[1)]

동아시아에서는 고대로부터 중국어가 대문명어의 위세를 떨쳤다. 우리 민족은 중국에 인접한 지리적 위치로 인하여 민족사의 여명기로부터 중국과 접촉을 가졌다. 우리 조상들은 누구보다도 일찍 중국의 문자인 漢字와 이 문자로 적힌 글(漢文)을 받아들였다. 그 때에 한자는 동아시아의 유일한 문자여서 記錄의 절실한 필요를 메우기 위해서는 이 문자를 받아들이는 수밖에 없었다. 세계 문자의 역사를 보면 이웃 나라에서 문자를 받아서 그것을 조금

1) A. Meillet, Les langues dans I'Europe nouvelle, Paris, 1918.

고쳐서 자기 나라 말을 표기한 것이 통례였다. 그러나 한자는 單音節 단어들의 배열로 문장이 이루어지는 중국어의 표기에 적합한 문자로서 우리 민족의 언어를 표기하기에는 지극히 부적합하였다. 그리하여 우리 선조들은 漢文으로 글을 쓸 수밖에 없었다. 결국 입으로 하는 말과 글로 쓰는 말이 다르게 된 것이다. 이런 부자연스러운, 억지의 상태를 19세기 말 開化期의 학자들은 言文二致라 부르기도 하였다. 言文一致가 아니라는 뜻이었다.

아마도 우리 민족처럼 2000년 동안이나 이런 언문이치의 어려움을 겪어온 예는 달리 찾아보기 어렵지 않은가 한다. 그런데 이처럼 오랫동안 漢文으로 글을 쓰면서도 말을 중국어로 하는 사람이나, 그렇게 하자고 주장한 사람이 없었음은 신기하기까지 하다. 우리 민족이 영어를 알게 된 지가 19세기 말로 헤아리면 100여 년이요, 광복으로 헤아리면 50여 년밖에 되지 않았는데 영어를 公用語로 하자고 말하는 사람들이 있음에 비추어 볼 때 더욱 그렇게 느껴진다. 우리 나라의 전통사회에서 중국어를 말할 줄 안 사람은 소수의 譯官뿐이었다. 선비들은 중국에 가서 筆談으로 의사를 소통함이 예사였다.

한국어가 있었기에 우리 민족이 나라를 유지해왔다고 함은 조금도 지나침이 없는 말이다. 이 사실을 누구보다도 깊이 깨달은 사람이 周時經이었다. 그는 일찍이 域은 독립의 基요, 種은 독립의 體요, 言은 독립의 性이라 하고 이 성이 없으면 체가 있어도 그 체가 아니요, 기가 있어도 그 기가 아니니 그 국가의 盛衰도 언어 성쇠에 달렸고 국가의 存否도 언어의 존부에 달렸음을 설파한 것이다.[2)]

여기서 우리는 특히 1910년에 우리 나라를 강점한 日本이 일본어를 '國語'라 하고 한국어를 '朝鮮語'라 하여 이를 아주 없애버리려고 갖은 핍박을 가한 사실을 들지 않을 수 없다. 한국어로서는 크나큰 受難期였다. 1945년에 이 수난기가 끝이 났음은 여간 다행한 일이 아니었으나 그동안 입은 상처는 쉽게 돌이킬 수 없는 것이었다.

오늘날 지구 위에서 인류가 말하고 있는 언어는 대충 5000을 헤아린다고 한다.[3)] 과거에 소멸한 언어들을 합하면 이 숫자는 늘어날 것이다. 이 많은

---

2) 周時經, 《國語文法》(1910).

3) 세계 언어의 수는 2000 내지 3000으로 생각되어 왔으나 최근에는 5000을 웃

언어들 중에서 한국어는 열 다섯 안에 드는 大言語의 하나로 꼽힌다. 그 중에서 단일 민족이 국가를 이루고 있는 예만을 꼽는다면 한국어는 세계에서 몇째 가는 언어가 될 것이다. 실상 지구 위에 많은 언어가 있다고 하지만 국가를 이루고 있는 버젓한 언어는 그리 많지 않으며 더구나 한 국가 안에 한 언어가 쓰이고 있는 예는 뜻밖에 적다. 한 나라 안에 복수의 언어가 쓰이고 있는 예들이 있으며 심지어는 독자적인 언어를 가지고 있지 않은 예도 있다.4)

이렇게 볼 때, 한반도의 유일한 언어인 한국어의 존재가 새삼 돋보인다. 오늘날 7천만의 국민이 한국어를 쓰고 있음은 참으로 대견스러운 사실이 아닐 수 없다.

1) 한국어의 구조적 특징

모든 언어는 공고한 체계로 이루어져 있다. 독특한 음운 체계와 문법 체계, 그리고 어휘 체계를 갖추고 있다. 한국어의 음운·문법·어휘 체계는 현저한 특징들을 보여준다. 어떤 언어에 대하여 논할 때 그 특징들의 묶음을 제시하는 일이 있는데, 한국어와 비슷한 묶음을 가진 언어는 더러 있으나 똑같은 묶음을 가진 언어는 찾기 어렵다.

종래 한국어의 큰 특징으로 학자들이 자주 든 것에 母音調和와 문법적 膠着性이 있었다. 모음조화란 모음들이 陽母音과 陰母音의 두 계열로 나뉘어 있고 한 단어 안에서는 어느 한 계열의 모음들만이 나타나는 현상을 말한다. 이 현상은 중세한국어에서는 매우 현저하였다. 양모음 'ㆍ, ㅏ, ㅗ', 음모음 'ㅡ, ㅓ, ㅜ'가 있었다. 이밖에 中性母音 'ㅣ'는 어느 모음과도 어울릴 수 있었다(괄호 속은 현대어). '가ᄉᆞᆷ(가슴)', '낟ᄇᆞ다(나쁘다)' ; '거붑(거북)', '어듭다(어둡다)' ; '고티(고치)', '어딜다(어질다)'. 중세한국어만은 못하지만, 현대한국어에서

도는 것으로 본다(M. Ruhlen, A Guide to the World's Languages, Vol. 1. Stanford, 1991).

4) 가령 영어의 나라인 영국 안에 웨일스어(Welsh), 콘월어(Cornish), 게일어(Gaelic)와 같은 옛 켈트어(Celtic) 계통의 작은 언어들이 있음을 아는 사람은 드물다. 스위스에 독자적인 언어가 없음은 널리 알려져 있다.

도 모음조화 현상을 볼 수 있다. 특히 擬聲語, 擬態語에 이 현상이 뚜렷하다. '찰찰', '철철' ; '종알종알', '중얼중얼' ; '모락모락', '무럭무럭'.

교착법이란 실질적 의미를 가진 체언 또는 용언 어간에 문법적 의미를 나타내는 接尾辭를 붙이는 문법적 절차를 말한다. 명사 '사람'에 조사 '이'가 붙으면 주어가 되고 '을'이 붙으면 목적어가 된다. 동사 어간 '가'는 어미 '고', '면' 등을 취하여 활용한다. 두 명사나 동사를 연결할 때에도 接續詞 대신 조사나 어미를 쓴다. '사람과 소', '먹고 자다'.

위에 든 모음조화와 교착성은 한국어의 큰 특징인데 이 특징들은 알타이(Altaic) 제어 즉 토이기, 몽고, 퉁구스의 세 語群에서도 발견된다. 세계의 수많은 언어들 중에서 이들 언어가 이런 큰 특징을 共有하고 있는 사실이 학자들의 주목을 받아 왔다.

그러나 한국어는 알타이제어에서는 볼 수 없는 특징들도 가지고 있다. 그 중 현저한 것으로 용언 어간의 용법을 들 수 있다. 알타이제어에서는 동사의 명령형은 어간만으로 이루어진다. 이 때에는 어미가 붙지 않는다. 몽고어 yabu(가라), 토이기어 gel(오라), 만주어 ara(쓰라, 書). 한국어에서는 어미 '(으)라'가 붙는 것과 대조적이다. 이 명령형 이외의 모든 경우에 알타이제어의 동사 어간은 반드시 어미와 연결되어 존재함에 대하여 한국어의 동사 어간은 어미 없이 사용되는 경우가 적지 않다. 첫째, 어간이 부사로 쓰일 수 있다. '및(及)', '갖추(具)'는 '및다', '갖추다'의 어간의 부사로 쓰인 것이다. 둘째, 두 동사 어간의 합성이 이루어진다. '맞보다', '나돌다', '오르내리다' 등. 이것은 중세한국어에서는 매우 생산적이었다. 셋째, 동사 어간과 명사가 합성된 예도 있다. 중세한국어의 '뿟돌(숫돌)'은 동사 '뿣다(摩)'의 어간과 명사 '돌(石)'의 합성이었다. 이밖에 동사 어간과 명사가 일치하는 예들이 많음도 주목할 만하다. '배다(孕)', '빗다(梳)' 등의 어간은 명사 '배(腹)', '빗(梳)'과 일치한다. 이런 예는 알타이제어에서는 볼 수 없다.

여기에 형용사에 관하여 덧붙일 필요를 느낀다. 한국어의 형용사 '희다(白)', '멀다(遠)' 등은 용언으로서 동사와 같이 활용하지만 몽고어의 čaɤn(白), qola(遠), 만주어의 sanyan(白), goro(遠) 등은 명사와 같아서 활용하지 않는다. 이것도 매우 주목할 만한 차이지만, 한국어의 형용사 어간은 부사로도 쓰이고('하'多, '더디'遲), 두 어간이 합성하기도 하며('늦잡다', '밉보다') 명사와 합성하기도 하는 점('늦봄', '밉상')에서 동사와 같다.

세계의 여러 언어들과 견주어, 한국어의 가장 큰 특징을 들라면 무엇보다도 敬語法을 들 수 있다. 중세한국어의 경어법은 어미로 표시되었는데 謙讓法 어미는 '숩', 尊敬法 어미는 '시', 恭遜法 어미는 '이'였다. 겸양법은 尊者와 관련된 卑者의 행동을 나타내었고('부텻긔 머리 조숩고'), 존경법은 존자의 행동에 대한 존경을 나타내었으며('님금 오시며 늘'), 공손법은 존자에 대한 話者의 공손한 진술을 나타내었다. ('올ᄒᆞ시이다. 世尊하') 이러한 경어법 체계는 고대 신라어에도 있었음이 鄕歌 속에서 확인된다. 이 체계가 근대한국어에서 존경법과 공손법으로 단순화되었다. 즉 겸양법이 공손법으로 흡수되었던 것이다.

한국어의 경어법은 어미에 의해서 표시되는 공고한 체계인 점이 자못 특이하다. 세계의 여러 언어들을 두루 살피지는 못했지만, 한국어와 같이 경어법이 발달한 예를 보지 못하였다. 일본어에도 경어법이 발달되어 있지만, 接頭語와 보조동사의 사용으로 표시될 뿐이다. 생각하면 할수록 한국어의 경어법은 신비스럽게 느껴진다. 언제 어떻게 이 체계가 틀을 잡았는지 지금으로서는 억측조차 할 수 없다. 이것은 앞으로 한국어학이 풀어야 할 가장 큰 수수께끼라 하겠다.

2) 문자화의 긴 도정

언어는 요행이나 기적으로 그 명맥이 유지되지 않는다. 끝임없이 발전하지 않으면 쇠퇴하고 만다. 발전하지 않으면 쓸모가 없어지고 쓸모가 없어지면 버림받게 된다.

오늘날까지 한국어를 지켜온 것은 민족 문화의 밑힘이다. 우리 민족은 아득한 옛날에 이미 독자적인 문화의 틀을 갖추고 있었기에 중국 문화의 거센 물결에도 휩쓸리지 않았던 것이다. 오늘날 우리들은 범상히 여기기 쉬우나 2천년이나 계속된 중국 문화의 압력은 여간 큰 것이 아니었다. 웬만큼 튼튼한 밑힘이 아니었다면 우리의 본바탕이 유지되기 어려웠음은 불을 보듯 뻔한 일이었다.

漢字를 받아들이고 漢文으로 글을 쓰기 시작했을 때가 가장 큰 위기였다고 할 수 있다. 言文二致의 상태는 오래 계속되기 어려운 것이었다. 그런데 우리의 선조들은 이 위기를 용케 이겨내었다. 한문을 自國語로 읽으려는 노력과 함께 한자로 자국어를 표기하려는 노력을 끈질기게 계속했던 것이다. 이것은 言文一致를 향한 엄청난 노력이었다. 이런 노력이 고대 삼국에서 이루어졌다.

언어는 文字化로 틀이 잡힌다. 문자화를 계기로 해서 한 나라의 언어가 정비되고 전체적으로 位相을 높이게 된다. 문자화를 이룩할 때 그 나라는 비로소 문화 국가의 반열에 들게 된다. 이런 관점에서 볼 때 한자, 한문을 우리의 것으로 만들어 보려고 한 고대인들의 노력은 결코 과소평가될 수 없는 것이다.

처음에는 인명, 지명, 관직명 등의 고유명사를 한자의 音을 빌어 표기하였다. 이것은 중국인들이 외국의 고유명사를 표기할 때 사용한 방법을 따른 것이다. 그러나 이에 만족할 수 없어 새로운 방법을 고안하기에 이르렀다. 그것은 한자의 새김을 이용하는 방법이었다. 새김이란 訓 또는 釋이라고도 불린 것으로 '天 하늘 천'의 '하늘'을 말한다. 이 새김이 고대 삼국에서 비롯되었으니 그 역사가 참으로 유구함에 놀라지 않을 수 없다. 이렇게 한자마다 새김을 붙이는 것은 한자 학습의 매우 효과적인 방법인데, 이것이 아득한 고대에 개발되었음도 주목할 만하거니와 이것을 표기에 이용했다는 것은 더욱 주목할 사실이다. 쉽게 말하면 '天'자를 '천(옛날에는 '텬')'으로도 읽었으나 '하늘(옛날에는 '하ᄂᆞᆯ')'로도 읽은 것이었다. 새김을 표기에 이용하기 위해서는 새김이 사회적으로(적어도 한자를 쓴 지배계층에서) 확립되어 있었음을 전제로 하는 것이니 새김의 관습이 뿌리 깊었음을 알 수 있다. 그리고 새김의 확립은 곧 자국어의 확립을 의미했다는 점도 놓쳐서는 안될 것이다. 아마도 한자의 새김은 일찍 고구려에서 싹텄고 신라·백제에서 그것을 본뜨게 된 것으로 추측된다.

漢文을 읽을 때나 글을 쓸 때에도 독특한 방법이 나타나게 되었다. 한문의 語順은 자국어의 어순과 달라서 껄끄러웠고 이것을 매끄럽게 고쳐서 읽는 법을 생각하게 되었다. 여기에 한자를 새김으로 읽기도 하고 필요한 곳에 토를 단 飜譯體에 가까운 한문 독법이 생겨나게 된 것이다.[5] 이 독법을 표시하기 위하여 한자의 획을 극도로 줄인 略字나 點 같은 기호를 써넣게 되었다. 이것을 口訣이라 하였는데 아마도 삼국시대에 싹이 터서 통일 신라에 와서 다듬어진 것으로 추정된다. 이와 관련하여(《三國史記》 卷 46)에 薛聰이 "방언으로 九經을 읽어 後生을 가르쳐 오늘날도 배우는 자들이 이를 우러러 따른다."라고 한 기록이 눈길을 끈다.[6]

고대의 고구려와 신라에서는 한자로 기록을 할 때에도 자국어에 가깝게 하려고 애썼다. 그러한 흔적을 오늘날 남아 있는 碑文 등에서 볼 수 있다. 이러한 시도가 점점 발전하여 이두[吏讀]가 되었는데 이두는 고구려에서 싹터서 신라에 와서 더욱 발전하게 되었다. 그리하여 드디어는 신라어로 부른 鄕歌를 표기하기에 이르렀다. 향가를 모은《三代目》이 진성여왕 2년(888)에 편찬되었다고 하니, 이 책이 전하지 않음은 천추의 한이지만,《三國遺事》에 전하는 14수만으로도 신라어를 한자로 표기하는 체계가 잘 갖추어졌음을 짐작할 수 있다.

이렇게 볼 때, 고대로부터 비록 한문을 썼다고 하나 그 속에는 민족어가 배어 있었음을 알 수 있다. 한문을 우리의 것으로 만들었던 것이다. 우리 선조들은 민족어에 대한 확고한 자각을 가지고 있었고 그 문자화를 위한 노력을 이어온 것이다.

世宗大王의 訓民正音 창제는 우리 민족의 역사에서 가장 빛나는 금자탑이다. 이것이 세종대왕의 위대한 업적임은 더 말할 것도 없지만, 고대로부터 이어온 민족어에 대한 높은 자각과 그 표기에 대한 강렬한 염원이 그 밑받침이 되었음을 간과해서는 안된다. 崔萬理가 훈민정음 창제를 반대하여 올린

5) 이러한 사실은 1973년 말 충청남도 서산군 文殊寺에서 고려시대에 간행된《舊譯仁王經》낙장이 발견됨으로써 비로소 알려졌다. 그 뒤 고려시대의 자료들이 잇달아 나타나 이 사실이 확증되었다. 이것은 한문을 내리 읽으며 구절 끝에 토를 다는 후대의 독법과는 다른 것이다. 국어학자들은《구역인왕경》과 같은 것을 釋讀口訣, 후대의 것을 順讀口訣이라 부른다.

6) 우리 나라 口訣字는 일본의 가나(假名) 문자의 기본이 되었다. 이것은 동아시아 文字史에서 大書特筆할 사실이다.

疏를 보고 "너희들이 用音合字가 모두 옛 것에 어긋난다고 했는데, 설총의 이두도 역시 음을 달리한 것이 아니냐. 또 이두를 만든 본뜻이 便民을 위한 것이 아니냐. 편민으로 말하면 이제 언문도 또한 편민을 위한 것이 아니냐. 너희들이 설총만 옳게 여기고 君上의 일은 그르게 여기니 무슨 까닭이냐" (《世宗實錄》 卷 103)라고 나무란 데서 세종대왕의 분명한 역사 인식을 엿볼 수 있다. 그리고 선조들이 오래 겪어온 고민을 익히 알고 있었기에 세종대왕은 한자에 의존하는 길을 버리고 완전히 새로운 문자를 창제하는 길을 택한 것이다.

이로써 한국어의 완전한 문자화의 길이 열렸으나 한문과 이두를 쓰는 관습은 너무나 강했다. 세종대왕도 이것을 뿌리칠 생각은 없었던 듯,《훈민정음》 서문에서 "어리석은 백성이 말하고자 하는 바가 있어도 마침내 제 뜻을 펴지 못하는 자가 많다. 내가 이를 딱하게 여겨 새로 스물 여덟 자를 만드니…"라고 한 바 있다. 그러나《龍飛御天歌》와《月印千江之曲》을 지음으로써 대왕은 새 문자의 진면목을 유감없이 발휘하였던 것이다.

우리 나라에서 언문일치의 기치가 오른 것은 고종 31년(1894)의 甲午更張 때였다. 그 해(11월 21일)에 내린 〈公文式〉에 관문(國文)을 기본으로 삼음을 천명하였으나 한문과 국한문도 쓸 수 있다고 하여 과도적 성격을 드러내었다. 이보다 10여 년 뒤(1908년 2월 6일)《官報》에는 관청의 공문은 모두 國漢文으로 하고 국문·한문·이두 및 외국 문자의 혼용을 금함을 밝히었다. 이것은 그 무렵 우리 나라의 문자 생활에서 국한문이 주종을 이루고 있었음을 반영한 것이다. 그 때만 해도 지독한 한문투였는데 차츰 좋아져서 30년대에는 얼추 언문일치가 달성되었다. 이 30년대는 우리말과 글의 역사에서 큰 획이 그어진 때였다. 맞춤법과 표준어가 이 때에 마련된 것이다. 먼저 표준어를 정하고 그 표준어를 적는 맞춤법을 정하는 것이 바른 순서인데 朝鮮語學會는 먼저 〈한글 맞춤법 통일안〉(1933)을 정하고 〈사정한 조선어 표준말 모음〉(1936)을 발표한 것이다.

이것은 19세기 말엽, 20세기 초엽부터 맞춤법 제정을 위한 노력이 줄곧 主流를 이루어온 사실을 반영한 것이다.[7)]

맞춤법과 표준어의 정립을 위한 조선어학회의 노력은 학계·교육계·언론계·문단의 전폭적인 지지를 받았다. 이에 조선어학회는 〈외래어 표기법 통일안〉(1941)을 마련하는 한편, 국어 사전 편찬 사업에 온 힘을 기울였다. 말과 글의 표준화는 사전으로 완성되는 것이기 때문이었다. 그러나 이 사업은 우리 문화를 말살하려는 일본 침략자들의 魔手를 벗어날 수 없었다. 그리하여 이 사전의 간행은 광복 이후에야 이루어졌다(《큰 사전》 6권, 을유문화사, 1947~1957). 이로써 우리 민족도 어엿번듯한 국어 사전을 가지게 된 것이다.

지난 20세기의 80년대 말에 문교부는 〈외래어 표기법〉(1986년 1월), 〈한글 맞춤법〉(1988년 1월), 〈표준어 규정〉(1988년 1월)을 고시하였다. 이것은 위에서 말한 조선어학회의 규정을 부분적으로 수정한 것이다. 그리고 한 민간 단체의 이름으로 되었던 것을 국가의 이름으로 할 필요가 있었던 것이다. 1991년 초에 국립국어연구원이 설립되면서 국어 사전을 새로 편찬할 계획을 세우게 되었고, 1999년 10월에 《표준 국어 대사전》(3권, 두산동아)의 완간을 보게 되었다. 이로써 우리 민족은 더욱 확고한 터전 위에서 통일된 어문 생활을 할 수 있게 된 것이다.

3) 분열과 통합의 역사

우리 민족은 핏줄이 하나요, 말도 하나다. 거슬러 올라갈 수 있는 데까지 거슬러 올라가도 단일 민족이요, 단일 언어다. 이 단일성의 신화가 오늘날도 우리 나라에 널리 퍼져 있다.

그러나 한반도와 대륙에 널리 흩어져 산 옛 조상들이 모두 한 언어를 썼다고 하는 주장은 미덥지 못하다. 이 주장은 두 가지 기본적인 사실을 무시한 것이다. 첫째로, 모든 언어는 시간의 흐름 속에서 끊임없이 변화한다는 사실이다. 古典을 읽어 본 사람은 그 언어가 오늘의 언어와 같지 않음을 잘 알고 있다. 세종대왕의 《용비어천가》나 鄭澈의 《松江歌辭》는 특별히 연구한 학자들만이 읽어서 올바로 이해할 수 있다. 둘째로, 언어 변화의 방향은 다

7) 19세기 말엽에 제기된 맞춤법 제정에 관한 논의가 활발해져서 1907년에 學部에 國文硏究所를 개설하기에 이르렀다. 이 연구소는 3년간의 연구 끝에 〈國文硏究議定案〉을 작성하여 정부에 제출하였으나 공표를 보지 못하였다(李基文, 《開化期의 國文 硏究》, 1970, 一潮閣).

똑같지 않다는 사실이다. 같은 말을 하면서 살던 한 종족의 사람들이라도 몇 갈래로 나뉘어 떨어져 살게 되면 그들의 말이 서로 다르게 되는 것이다. 독일어와 영어를 예로 들 수 있다. 이 두 언어는 지금으로부터 1500년 조금 전에 갈린 뒤에 서로 다른 변화를 겪어왔다. 언어의 변화가 얼마나 빠르고 큰지 이 두 언어는 잘 보여주고 있다.

우리 민족은 上古에 한반도와 대륙에 흩어져 살았다. 혈연 중심의 씨족 단위의 마을들로 나뉘어 살았고 차츰 가까운 씨족들이 모여 부족을 형성하기도 하였다. 이렇게 나뉘어 사는 동안에 언어의 분화가 일어난 것이다.

고대의 언어 상황에 대한 기록은《삼국사기》를 비롯한 우리 나라 史書에서는 찾아볼 수 없고 중국의 사서에 단편적으로 보인다. 《三國志》(魏書 東夷傳)에 의하면 고구려는 夫餘의 별종인데, 언어를 비롯한 여러 가지가 많이 부여와 같았고 東沃沮는 그 언어가 고구려와 크게 같은데 때때로 조금 달랐고 濊는 언어와 法俗이 대개 고구려와 같았다고 하였다.[8] 그리고 辰韓의 언어는 馬韓과 같지 않았고 弁韓의 언어는 진한의 언어와 비슷하였다고 하였다. 그런데《後漢書》(東夷傳)는 진한과 변한의 언어와 풍속에 다름이 있었다고 하였음을 본다. 언어의 異同은 관점에 따라 달라지게 마련인데 그 옛날 중국에 알려진 것이 어떤 것이었는지 의문이 아닐 수 없다. 그리고 북쪽 언어들은 大同小異했고 남쪽 언어들 사이에는 다름이 있었다고 하면서 정작 이 둘의 관계에 대해서는 아무 말도 하지 않았음에 주목할 필요가 있다.

북쪽의 고구려와 남쪽의 백제·신라가 솥발과 같이 벌여 선 것은 언어 상황에도 큰 영향을 미쳤다. 이 세 나라의 영토 안에서 王都의 언어를 중심으로 언어 통합의 기운이 일어나게 되었을 것이기 때문이다. 위에서(3장) 한자의 새김을 표기에 이용했음을 말했는데, 이 새김 역시 왕도의 언어로 이루어졌던 것이므로 이것도 언어 통합의 촉진에 한 몫을 했을 것이다.

삼국의 언어에 대해서는 오늘날까지 전하는 자료를 통해서 그 모습을 어림잡을 수 있다. 양으로 보나 질로 보나 보잘것없지만 이것은 사실상 한국어

---

8) 이 기록이 挹婁에 대해서 그 人形은 부여와 비슷하지만 언어는 부여나 고구려와 같지 않다고 지적하였음이 눈길을 끈다. 읍루는 肅愼의 후예로서 현대 퉁구스족으로 이어지는 것으로 추정되고 있다.

의 가장 오랜 자료로서 매우 소중한 것이다. 여기서는 길게 논할 수 없으므로 두 예만 들어보기로 한다.

城을 가리켜 고구려어는 '忽'이라 하였다. 《삼국사기》(권 37)의 고구려 지명표기에 "買忽一云水城"이 보인다. 지금의 水原을 적은 것인데, 音讀表記의 '홀'이 석독 표기의 '城'과 대응됨을 볼 수 있다.9) 이 대응은 많은 고구려 지명표기에 나타나므로 의문의 여지가 없다. 그런데 중국의 《三國志》(魏書 東夷傳)에 '幘溝漊'에 대하여 '溝漊'는 고구려어로 城을 가리키는 말이라 있음이 눈에 띈다. 이 '구루'는 '홀'의 古形으로 방언에 남아 있었던 것으로 보인다. 한편 백제어로는 성을 '긔(己)'라 하였다. 이것은 《삼국사기》(권 36)에 백제의 '悅己縣'이 '悅城縣'으로, '結己縣'이 '結城縣'으로 고쳐진 데서 볼 수 있다. 신라어로는 성을 '잣'이라 하였다. 《삼국유사》(권 5)에 실린 신라 향가 〈彗星歌〉에 '城叱'이 있는데 '叱'은 받침 'ㅅ'을 나타낸 것이요, 중세한국어에 '잣(城)'이 있음을 감안할 때 '城叱'은 '잣'을 표기한 것으로 판단된다. 고대 일본어 문헌에 성을 가리킨 단어로 ki와 sasi가 보이는데 이들은 바로 위에 말한 백제어의 '긔'와 신라어의 '잣'과 일치하는 것이다. 필시 백제와 신라에서 築城法과 함께 이 단어들이 일본으로 건너갔을 것이다.

王을 고구려어로는 '기(皆)'라 하였다. 《삼국사기》(권 37)의 고구려 지명 중에 '王逢縣一云皆迫'이라 한 것이 그 증거가 된다. 이 지명에는 漢氏 美女가 安藏王을 만난 곳이어서 이렇게 이름하였다는 설명이 붙어 있다. 여기서 '王逢'은 석독 표기요 '皆迫'은 음독 표기로 추정되므로 '王'의 새김이 '기(皆)'였음을 알 수 있는 것이다. 이 '기'는 부여 관직명의 '馬加', '牛加' 등의 '加', 중세몽고어에서 최고 통치자를 가리킨 qaran, qan(可汗, 汗)에 대응되는 것으로 볼 수 있다.10) 한편 백제어의 王稱에 대해서 중국의 《周書》(異域傳)는 "왕의 姓은 夫餘氏인데 於羅瑕라 일컫는다. 백성들은 '鞬吉支'라 부른다. 중국어로

---

9) 음독 표기의 '미(買)'는 석독 표기의 '水'과 대응된다. 고구려어의 '미(水)'는 신라어와 중세한국어의 '믈', 만주어의 muke, 퉁구스제어의 mu, 고대일본어의 midu와 비교된다. 몽고어의 mören(江)도 여기에 추가된다.

10) 음독 표기의 '박(迫)'은 석독 표기의 '逢'과 대응된다. 이것은 '만나다'를 뜻하는 고구려어의 동사 어간이 '박'이었음을 나타낸 것으로 해석된다. 이 동사는 퉁구스어의 baka-(발견하다, 만나다), 만주어의 baha-(얻다)와 비교된다.

는 다 王이다"라고 매우 흥미있는 증언을 하였다. 여기서 '어라하'는 북쪽 부여 계통의 이름이요, '건길지'는 남쪽 韓 계통의 이름으로 추정된다. '어라하(중국의 옛 발음으로는 uo－lâ－ɣa)'의 '하'는 고구려어의 '긔'에 대응되는 것으로 보인다. 그리고 '건길지'의 '길지(중국의 옛 발음으로는 ki̯ĕt-tśię)'는 《日本書紀》에서 백제의 왕을 kisi라 일컬은 것, 16세기에 전라도 광주에서 간행된 《千字文》의 "王 긔즈왕"에 보이는 '긔즈'에 대응되는 말임에 틀림없다. 한편 신라에서는 왕을 '居西干', '次次雄' 또는 '慈充', '니ᄉ금(尼師今)' 또는 '닛금(尼叱今)', '麻立干' 등으로 불렀다고 기록되어 있다. 여기에 보이는 '干'은 고구려어의 '긔'와 같은 계통의 것이며 '금(今)'은 중세한국어의 '님금'의 '금'과 같은 것이다('님금'은 '主君'의 뜻이다). 고대 일본어의 kimi(君)는 이 '금'의 차용임이 분명하다.

위의 예들을 통해서도 우리는 고대 삼국의 어휘 연구가 쉽지 않음을 짐작할 수 있다. 지금까지의 연구를 종합해 보면 신라어와 백제어는 서로 가까웠지만 이들과 고구려어 사이에는 적지 않은 차이가 있었던 것으로 보인다.[11] 여기서 삼국 통일 이후인 景德王 16년(757)에 전국 郡縣의 이름을 漢字 2자로 고친 것도 언어의 차이를 극복하기 위한 한 방책이었음을 깨닫게 된다.

신라의 통일로 신라어를 중심으로 한 한국어의 기틀이 마련되었고 고려의 건국으로 오늘의 한국어가 확고한 터전 위에 서게 되었다. 이로써 開京의 언어가 中央語로서 전국의 언어에 큰 영향을 미치게 되었다. 이 중앙어의 성립으로 한국어의 역사에 새로운 시기(중세한국어의 시기)가 시작된 것이다. 이것이 한양으로 옮겨진 뒤에도 그대로 이어져 오늘에 이르렀다.

여기서 고려 중앙어가 어떻게 성립되었는가 하는 것이 한국어의 역사에서 매우 중요한 문제로 떠오른다. 한 마디로 말해서 이 중앙어는 신라어를 토대로 한 것이었다. 중세한국어에 대한 연구는 이것이 신라어를 이은 것임을 분명히 보여주기 때문이다. 어휘에 고구려어의 요소가 끼어들었을 것을 상상할 수 있으며 그런 흔적이 간혹 보이기도 한다. 이것을 밝히기란 결코 쉬운 일이 아니지만, 앞으로 더욱 깊은 연구가 이루어져야겠음을 느낀다.

---

11) 고대 삼국의 언어 자료와 연구 방법에 대해서는 李基文, 《國語史槪說》(新修版, 1998), 43~51 · 74~98쪽 참조.

4) 한국어의 계통

언어의 역사에 대한 수많은 연구는 옛날의 한 언어가 서로 다른 변화를 입어 여러 언어로 갈라진 예들이 있음을 밝힌 바 있다. 이렇게 한 祖語에서 나뉜 언어들은 親族關係에 있다, 系統이 같다고 하며 친족관계가 밝혀진 언어들은 한 語族으로 묶이게 된다. 이것은 주로 19세기 초엽부터 인도와 유럽에 걸친 많은 언어들의 비교 연구에 의해서 인도·유럽어족이 확립되면서 형성된 이론이다. 이 연구에 힘을 얻어 세계의 다른 지역의 언어들도 어족으로 묶으려는 시도가 이루어져 왔지만 이것이 그렇게 쉽지 않음을 곧 깨달을 수 있었다. 인도·유럽어족의 경우처럼 여러 가지 혜택된 조건을 가지고 있지 못했기 때문이었다. 한국어의 경우도 이중의 하나였다. 한국어와 친족관계에 있다고, 한 조어에서 갈리어 나왔다고 분명히 증명할 수 있는 언어 또는 언어들을 찾아내기가 어려웠던 것이다.

한국어의 존재는 19세기에 서유럽에 알려졌는데, 처음으로 한국어에 접한 학자들은 우랄·알타이제어(Ural－Altaic)에서 볼 수 있는 몇몇 특징을 한국어에서도 발견하여 한국어의 우랄·알타이 계통설을 주장하였던 것이다.[12] 그 특징이란 저 위에서(제2장) 거론한 모음조화와 문법적 교착성이었다. 이런 큰 특징의 공유가 친족관계의 좋은 밑바탕이 됨은 부인할 수 없다. 그러나 이것만으로는 친족관계가 증명되지 않는다. 친족관계의 증명은 더욱 구체적인 사실들의 일치를 발견함으로써 이루어지는 것이다. 이미 19세기에 알타이제어의 비교 연구가 시작되었으며 이들과 한국어의 비교 연구는 20세기의 20년대에 시작되었다. 그 동안 이 연구에 헌신하여 온 학자들은 적지 않은 성과를 차곡차곡 쌓아 왔으며 이제는 한국어를 포함한 알타이어족이 성립된 것으로 믿기에 이르렀다.[13] 그러나 이에 대한 회의론도 좀처럼 사그라지지

---

12) 20세기에 들어 우랄 어족과 알타이 어족이 나뉘면서 알타이 계통설이 되었다.
13) 대표적인 학자로 G. J. Ramstedt와 N. Poppe를 들 수 있다. G. J. Ramstedt, Studies in Korean Etymology(Helsinki, 1949) ; Einführung in die altaische Sprachwissenschaft Ⅰ－Ⅱ(1952～1957, Helsinki). N. poppe, Vergleichende Grammatik der altaischen Sprachen(1960, Wiesbaden) ; Introduction to Altaic

않고 있음이 사실이다. 지금까지의 성과가 모든 사람으로 하여금 믿게 하기에는 모자라는 점이 있음을 인정하지 않을 수 없다. 여기에는 그럴 만한 까닭이 있었다. 언어의 비교 연구는 고대 문헌 자료가 풍부하고 그 언어들의 구조가 복잡할수록 잘 이루어질 수 있는데, 알타이제어와 한국어는 고대 자료가 극히 적은 데다가 구조가 단순하여 비교 연구에 불리한 조건을 갖추고 있는 것이다. 복잡한 구조의 일치일수록 우연성이 적고 따라서 證明力이 큰 법인데 알타이제어와 한국어에서는 이런 일치를 찾기 어려웠던 것이다. 어떻게 하면 증명력이 큰 사실을 찾아낼 수 있을까. 여기서 알타이제어와 한국어의 문법에서 하나하나의 형태는 단순하지만 몇 형태가 모여서 이루는 구조는 매우 특수할 수 있다는 데 생각이 미치게 된다.

알타이제어의 문법에서 動名詞는 매우 큰 중요성을 지니고 있다. 동사의 활용형들을 분석해 보면 대개 동명사형을 기본으로 해서 이루어진 것이 많다. 알타이제어에서 동명사의 어미는 여러 가지가 있으나 그 중에서 ①－r, ②－m, ③－n이 가장 중요한 것으로 꼽힌다. 여기서 이들에 대한 자세한 논의는 생략할 수밖에 없으므로 간략하게 말하면 기원적으로 ①은 미래, ②는 현재, ③은 과거를 표시하는 것으로 볼 수 있다. 그런데 한국어에서도 이 셋이 모두 확인된다. 현대 한국어에서는 ②만이 명사형 어미로 쓰이고('자다', '먹다'에서 '잠', '먹음'과 같은 동명사를 만들 수 있음) ①과 ③은 관형사형 어미로 쓰이고 있다. '잘 사람', '먹을 밥', '잔 사람', '먹은 밥'. 그러나 중세한국어에서는 ①과 ③도 명사형 어미로 쓰인 예가 발견되며 이들도 기원적으로는 동명사 어미였음을 의심할 수 없게 된다. 이 동명사 어미들은 하나하나의 일치도 중요하지만, 셋이 이루는 구조가 일치하는 사실은 우연으로 돌릴 수 없는 것이다. 앞으로 이와 같은 인상적인 일치를 드러내기에 한층 더 큰 노력이 이루어진다면 한국어와 알타이제어의 친족관계는 확립될 수 있을 것으로 믿는다.

한국어는 알타이제어 중에서도 퉁구스어와 가까운 관계에 있는 것으로 생각된다. 이 관계를 생각할 때마다 고구려어 자료가 좀더 많았더라면 하는 아

Linguistics(1965, Wiesbaden).

쉬움을 금할 수 없다. 오늘날 전하는 고구려어 자료가 퉁구스어와 가까운 일면을 보여주기 때문이다. 고구려어는 퉁구스어와 신라어 사이에서 이들을 이어 주는 고리였던 것으로 추정된다.

5) 결 언

한국어는 한민족의 가장 뚜렷한 보람이다. 한반도의 북쪽 끝에서 남쪽 제주도까지 7천만이 한국어를 쓰고 있다는 이 엄연한 사실보다 더 뚜렷한 보람이 또 무엇이 있겠는가.

우리 민족의 역사는 파란과 시련의 연속이었다. 그런 속에서 크고 작은 어려움을 겪으면서도 한국어의 줄기는 굳건히 자라 왔다. 이 줄기를 더욱 튼튼하게 키우는 것이 오늘 이 땅에 태어난 우리들에게 부과된 가장 큰 책무라 하겠다.

오늘날 한국어는 큰 위기에 처해 있다. 일찍이 중국 문화가 밀어닥쳤을 때에 못지 않게 歐美 문화에 휩쓸려 한국어가 영어의 세력에 짓눌리고 있는 것이다. 오늘날 우리 나라의 학문, 특히 자연과학은 온통 영어로 이루어지고 있다. 논문도 영어로 쓰고 영어 교재로 강의를 한다. 인문과학이나 예술 분야는 좀 다른 듯하지만 밑바닥을 들여다보면 별로 다를 것이 없다.

언어는 발달하지 않으면 시들게 마련이다. 한국어를 살리는 길은 그 무한한 가능성을 개발하는 일이다. 그리하여 극도로 섬세한 예술적 표현, 극도로 정밀한 과학적 표현도 능히 할 수 있게 하지 않으면 안 된다. 이것은 결코 쉬운 일이 아니지만 우리 민족은 이 일을 능히 해낼 수 있을 것으로 믿는다.

〈李基文〉

2. 문 학

1) 전반적 양상

한국문학은 한국인 작자가, 한국인 수용자를 상대로 한국어로 창작한 문학이다. 한국인은 다른 민족과 섞이지 않고 살아 왔으며, 민족적 특색이 뚜렷하다. 그러므로 작자나 수용자가 한국인인가 가리는 데 아무런 어려움이 없다. 언어가 단일언어로 통일되어 있어, 한민족의 언어이고 한국의 국어인 한국어를 사용하는 문학이 바로 한국문학이다. 자국문학의 범위가 이렇게 규정될 수 있는 나라가 세상에 흔하지 않다.

한국문학은 구비문학에서 시작되었다. 구비문학이 오늘날까지 이어지면서 기록문학의 저층 노릇을 해 왔다. 중국에서 한문을 받아들여 한문학을 이룩하자, 문학의 폭이 확대되었다. 처음에는 한자를 이용해서 한국어를 표기하다가, 한국의 문자를 창안해 국문문학을 온전하게 발전시킬 수 있게 되었다. 한국문학은 그 세 가지 문학, 구비문학 · 한문학 · 국문문학으로 이루어져 있고, 한국문학사는 그 세 가지 문학이 서로 관련을 맺으면서 성장해 온 역사이다.

문학의 기본 요건이 글이 아니고 말이므로, 구비문학이 문학이고, 한국의 구비문학이 한국문학이다. 얼마 동안의 논란을 거쳐, 그 점에 관해서 견해가 일치하게 되었다. 국문학과에서 으레 구비문학을 강의하고, 구비문학의 조사와 연구에 힘을 기울인다. 민요, 무가, 설화 등 구비문학의 오랜 유산이 아직까지 풍부하게 전승되며, 탈춤이나 판소리의 가치가 거듭 재평가되고 있다. 시인들은 오늘날의 시 창작에서 민요를 되살리려고 한다.

한문학은 한국어가 아닌 중국어를 글로 적은 한문으로 이루어져 있으므로 한국문학이 아니라고 할 수 있을 것 같다. 그러나 고전어인 한문은 중국어 구어와는 상당한 거리가 있고, 중국인뿐만 아니라 동아시아 여러 민족이 함께 쓰는 공동문어이다. 그 점에서는 라틴어 · 고전아랍어 · 산스크리트와 마찬가지이다. 그러면서, 한문은 다른 세 가지 공동문어와는 상이하게, 나라마다 발음이 다를 뿐만 아니라, 읽는 방식 또한 같지 않다. 한국에서 한국음으로, 다른 나라에는 없는 토를 달아 읽는 한문은 한국어의 문어체이고, 중국인은 이해하지 못한다. 또한 한국어 특유의 어법이나 어휘를 받아들여 더욱 한국화한 한문도 있다.

한국한문학은 한국의 작가가 한국의 독자를 상대로 창작해 왔으며, 한국인의 생활을 내용으로 하고, 한국문학으로서 중요한 구실을 해 왔다. 구비문학을 적극 받아들이고, 민중생활을 힘써 다루면서, 한문학을 민족문학으로 발전시키고자 하는 노력이 계속되었다. 중국에서 마련된 형식이나 표현방법을 그대로 따른 한문학 작품에서도 한국한문학 특유의 취향이 확인된다. 서사시를 지향하는 장시가 많은 것이 그 가운데 하나이다.

한국어 기록문학은 한자를 이용해서 한국어를 표기하면서 시작되었다. 한자를 받아들여 널리 사용하게 되자, 한자를 이용해서 한국어를 표기하는 鄕札을 고안할 수 있었다. 향찰은 일본의 가나[假名] 형성에 영향을 끼쳤으며, 베트남의 쯔놈[字喃]과도 그리 다르지 않다. 그런데 그 세 가지 표기법이 후대에는 운명이 갈라졌다. 일본에서는 한자의 자획을 간략하게 하고 표음문자로 바꾼 가나 문자를 오늘날까지 사용하고, 베트남에서는 사용하기 어려운 쯔놈 문자를 버리고 마침내 로마자를 채택했는데, 한국에서는 15세기에 訓民正音이라는 이름의 독자적인 문자를 창안했다.

한국어는 음절 구성이 복잡해 한자로 표기하기 힘들다. 그래서 향찰이 널리 이용될 수 없었다. 한국어를 정확하게 나타내는 우수한 문자 훈민정음을 창안하자 비로소 한국의 국문문학이 제대로 가꿀 수 있게 되었다. 그렇지만 국문문학은 구비문학 및 한문학과 밀접한 관련을 가지고, 필요한 단계를 거쳐 발전해야 했다. 국문문학은 구비문학을 어머니로 하고, 한문학을 아버지로 한 자식이라고 할 수 있다. 구비문학에서 표현을, 한문학에서 사상을 받아들여, 그 둘을 결합시키면서 발전해 왔기 때문이다.

한국문학뿐만 아니라 한문학권의 다른 나라 문학도 구비문학·한문학·국문문학으로 이루어져 있다. 한문학권이 아닌 산스크리크권, 고전아랍어권, 라틴어권의 여러 나라 나라에도 구비문학, 공동문어문학, 국문문학이 각기 존재한다. 그런데 한국에서 구비문학·한문학·국문문학의 관계를 특히 중요시하는 데는 그만한 이유가 있다. 한국에서는 그 셋이 대등한 비중을 가지고 각기 적극적으로 구실을 해 왔다. 한국문학사 서술에서 그 점을 특히 중요시하는 것이 마땅하다.

한문학권의 다른 나라와 비교한다면, 중국에서는 한문학이, 일본에서는 국문문학이 압도적인 비중을 가지고, 베트남에서는 구비문학의 특히 두드러진 구실을 한 것이 한국의 경우와 다르다. 중국은 한문학의 본고장이어서 한문학이 크게 발달한 반면에 누구나 쉽게 사용할 수 있는 글자가 없어, 한국의 국문문학에 해당하는 문학의 발달이 더딜 수밖에 없었다. 한문학을 하는 능력을 평가해 관리를 선발하는 과거 제도가 실시되지 않아 한문을 하는 문인이 많을 수 없는 일본에서는 한문학은 그리 대단하지 않은 반면에, 국문문학은 일찍부터 발달하고 독특한 기풍을 뚜렷하게 나타냈다. 베트남에서는 쯔놈 표기법은 한자에 직접 의존했으므로 널리 사용하기 어려워 국문문학의 창작이 원활하지 못한 대신에, 구비문학을 소중하게 여기고 적극 활용했다. 쯔놈으로 창작된 작품이 독서물로는 널리 유통되지는 못하고, 구전을 통해 전해지면서 민족 전체의 고전으로 활용되었다.

한국에서는 구비문학·한문학·국문문학이 어느 한쪽이 일방적으로 우세하지 않고 서로 대등한 비중을 가졌다. 그 셋이 다투면서 서로 끌어들이고, 상대방의 영역으로 침투하면서 서로 근접되었다. 한문학이 구비문학을 적극 받아들여 영웅의 투쟁을 찬양하고, 한국의 역사와 풍속을 노래하며, 흥미로운 이야기를 작품화해서 한국 특유의 문학으로 자라났다. 구비문학에서 마련된 시가 형식과 표현 방법이 국문문학에서 적극 재창조되어 왔다. 시가의 혁신이 요구되면 구비시가 가운데 필요한 것을 가져와 새롭게 활용하는 것이 상례였다. 그래서 시조와 가사가 생겨나고, 시조가 사설시조로 바뀌었다. 국문시가에서 한시에 못지 않은 품격과 사상을 갖추고자 하는 노력이 또한 계속되었다.

구비문학·한문학·국문문학의 밀접한 관련은 상하층 문학담당자들의 상호 교섭과 협동이 있어 나타난 결과이다. 지배층은 피지배민중의 처지를 이해하면서 민족의식의 공감대를 형성하고 사회의 모순을 완화하는 것이 바람직하다고 여겨, 한문학을 구비문학에 근접시켰다. 민중을 가르치면서 다스릴 필요가 있어 훈민정음을 창제했으며, 도덕적 교화의 효과적인 방법을 국문문학에서 마련하려고 했다. 국문소설이 권선징악의 주제를 두드러지게 나타내고 있는 이유가 바로 거기 있다. 그런데 민중은 신분에 따른 차별이 당연하다고 여기지 않고, 지배층의 특권에 반발하는 풍자문학을 이룩했다. 상층에서 유래한 표현을 끌어다 쓰면서 희화화하고, 국문문학의 작품세계를 상층에서 의도한 바와는 다르게 만들었다. 그렇게 해서, 교훈과 풍자가 다양한 방식으로 경쟁하는 작품 구조가 마련되었다.

2) 문학사의 전개

구비문학 · 한문학 · 국문문학은 언제나 같은 관계를 유지하지 않았다.[1] 그 셋의 관계는 시대에 따라서 변했다. 바로 그 점에 근거를 두고 문학사의 시대구분을 할 수 있다. 한국문학사의 시대구분에 관해서 여러 가지 견해가 있고 논의가 복잡하지만, 구비문학 · 한문학 · 국문문학의 관계를 일차적인 기준으로 삼으면 우선 선명한 결과를 얻을 수 있다.

처음에는 구비문학만 있었다. 그 시기를 고대라고 할 수 있다. 그러다가 기원 전후의 시기에 한문을 받아들이고 5세기 이전에 본격적인 한문학을 이룩하면서, 고대에서 중세로 들어섰다. 중세는 한문학의 시대였다. 중세문학은 한문학의 등장에서 퇴장까지 지속되었다고 할 수 있다. 그런데 한문학은 국문문학과 공존했다. 처음에는 한자를 이용한 향찰을 통해서, 그 다음에는 한국어를 직접 표기하는 훈민정음을 창안해서 국문문학을 육성했다. 17세기 이후에는 국문문학이 활발하게 창작되어, 한문학과 맞설 수 있게 되었다. 그래서 중세에서 근대로의 이행기로 들어섰다.

한문학이 물러나고 국문문학이 한문학의 위치까지 차지하게 된 시기의 문학이 근대문학이다. 1894년의 갑오경장에서, 과거 제도를 폐지하고, 국문을 공용의 글로 삼은 것이 근대문학 성립의 결정적인 계기가 되었다. 한민족은

---

1) 이제부터 설명하는 한국문학사의 전개는 조동일, 《한국문학통사》 전5권(지식산업사, 1994)에 근거를 둔다.

단일민족이고, 한국어는 방언 차이가 아주 적어, 민족어를 통일시키고 표준화해서 근대민족문학을 일으키는 과업을 쉽사리 수행할 수 있었다. 한문이 문어이고, 국문이 구어일 따름이고, 국문 안에는 문어체와 구어체의 장벽이 없어, 한문을 버리고 국문만 쓰자 언문일치가 바로 이루어질 수 있었다.

한국문학사 시대구분을 하는 두번째 기준은 문학갈래이다. 구비문학·한문학·국문문학이 각기 그것대로 특징이 있는 문학갈래를 제공해 문학사의 실질적인 변화를 가져왔다. 그래서 문학갈래가 서로 경쟁하는 역사가 전개되었다. 시대에 따라서 두드러진 구실을 하는 문학갈래가 교체되고, 여러 문학갈래가 체계적인 관계를 맺고 있는 양상이 바뀐 것을 정리해서 살피면, 문학사의 전개를 이해하는 관점을 한 차원 높일 수 있었다.

구비문학의 시대인 고대에는 건국의 영웅을 주인공으로 한 건국서사시가 특히 중요한 구실을 했던 것으로 생각된다. 건국서사시 자체는 사라지고 말았지만, 그 흔적은 남아 있다. 건국의 신이로운 내력을 말한 건국신화의 개요가 한문으로 기록되어 전한다. 나라굿을 하면서 영웅의 투쟁을 노래하던 방식은 서사무가로 이어지고 있다. 그 둘을 합쳐 보면, 건국사사시의 모습을 짐작할 수 있다.

한문학이 등장하면서 서사시를 대신해 서정시가 주도적인 구실을 하게 되었다. 한문학의 정수인 한시가 세련되고 간결한 표현을 자랑하는 서정시였으며, 국문문학 또한 서정시를 가장 소중한 영역으로 삼았다. 향가는 민요에 근거를 둔 율격을 한시와는 다른 방식으로 다듬어, 심오한 사상을 함축한 서정시로 발전했다. 국문문학이 향가에서만 이룩되었다는 사실이 바로 그 시기에 서정시가 다른 어느 갈래보다 소중한 구실을 했다는 증거이다.

그런데 향가를 대신해서 시조가 생겨나면서 문학갈래의 체계가 개편되었다. 향가 시대에는 서정시가 홀로 우뚝했던 것과 다르게, 시조는 가사와 공존했다. 시조는 서정시이지만, 가사는 교술시이다. 서정은 집약을, 교술을 확장을 특징으로 한다. 서정은 세계의 자아화라면, 교술은 자아의 세계화라고 할 수 있다.[2] 가사뿐만 아니라 景幾體歌, 樂章 등도 교술시이다. 훈민정음의

2) 한국문학의 갈래를 이렇게 나누는 방법은 조동일, 《한국문학의 갈래 이론》(집문당, 1992)에서 자세하게 논했다.

창제와 더불어 국문문학의 확장이 가능해지자, 장형 교술시가 기록문학의 영역에 들어설 수 있었다.

교술은 문학의 세계에 오래 전부터 있었다. 한문학의 文은 거의 다 교술이었다. 그런데 국문문학 교술시 갈래가 여럿 등장한 시기에, 한문학에서도 실용적인 쓰임새는 없고, 서사적인 수법을 빌려 흥미를 끄는 교술문학 갈래인 假傳이나 夢遊錄이 생겨났다. 교술이 활성화되는 변화가 국문문학과 한문학 양쪽에서 나타나 문학의 판도를 전과 다르게 바꾸어놓았다. 그렇게 해서 중세전기가 끝나고, 중세후기문학의 시대가 시작되었다.

국문문학이 한문학과 대등한 위치로 성장한 중세에서 근대로의 이행기에 이르러서는, 소설이 발달해, 서정·교술·서사가 맞서게 되었다. 소설에는 한문소설도 있고, 국문소설도 있어, 서로 경쟁하고 자극했다. 국문소설의 발전으로 국문문학의 영역이 확대되고, 작품의 수와 분량이 대폭 늘어났다. 서정 영역의 시조에서 사설시조가 나타나고, 교술시인 가사가 더욱 장편으로 늘어나 생활의 실상을 자세하게 다루게 된 것도 주목할 만한 일이다. 그것은 서사문학 발달에 상응하는 변화가 다른 영역에서도 일어난 결과라고 할 수 있다.

구비문학 또한 활기를 띠고, 새로운 문학갈래를 산출했다. 민요와 설화의 재창조가 활발하게 이루어졌다. 서사무가를 기반으로 해서 판소리가 생겨나 서사문학을 쇄신하는 구실을 적극 수행했다. 판소리는 영웅서사시를 범인서사시로 바꾸어 놓고, 교훈과 풍자가 서로 부딪치는 복합적인 구조를 만들어 당대의 논쟁을 수렴했으며, 음악이나 공연 방식 또한 뛰어나 흥행에서 크게 성공했다. 오랜 내력을 가진 농촌탈춤이 더욱 규모가 크고, 사회비판에 더욱 적극적인 도시탈춤으로 발전해서, 구비문학까지 고려하면 서정·교술·서사·희곡의 네 가지 기본 갈래가 경쟁하는 시대에 들어섰다.

근대문학이 시작되면서 문학갈래의 체계에서 나타난 가장 큰 변화는 교술의 몰락이다. 한문학이 퇴장하면서 교술의 커다란 영역이 사라졌다. 근대 국문문학에서는 교술산문 가운데 수필이라고 하는 것만 문학에 속한다고 인정되었다. 시조와 가사는 운명이 서로 달라, 시조는 부흥하려고 애쓰면서 가사는 구시대 문학의 잔존 형태로서도 존속할 수 없게 해서, 교술의 몰락을 공화했다. 그 대신에 희곡이 기록문학의 영역에 들어서서, 서정·서사·희곡의 갈래 삼분법이 확립되었다.

한국 근대문학 형성에 한국의 전통과 서양의 영향이 어떻게 작용했는가 하는 것이 오랜 논란거리이다. 그런데 그 양상이 서정·서사·희곡의 세 영에서 각기 다르게 나타났다. 서사 영역 소설에서는 고전소설의 성장이 근대소설로 거의 그대로 연장되어, 언어사용, 사건 전개, 독자와의 관계 설정 등에서 단절이 없었다고 할 수 있다. 서정시에서는 고전시가의 전통이 이면에서 계승되고, 표면에서는 서양의 전례를 따르는 근대자유시를 이룩하려고 노력이 두드러졌다. 희곡에서는 사정이 달라, 구비문학으로 전승되는 데 그친 탈춤과는 아주 다른 기록문학이고 개인작인 희곡이 이식되었다.

문학갈래의 체계가 지금까지 살핀 바와 같이 변한 것은 문학담당이 교체되었기 때문이다. 문학을 창조하고 수용하는 집단이 문학담당층이다. 문학담당층은 여럿이 공존하면서 서로 경쟁한다. 사회의 지배층, 그 비판 세력, 피지배 민중이 모두 문학당담층으로서 각기 그 나름대로의 구실을 하면서 서로 경쟁했다. 문학사를 문학담당층끼리 주도권 경합을 벌여온 역사로 이해하는 작업을 언어와 문학갈래에 기준을 둔 지금까지의 고찰에다 보태야 이차원을 넘어서서 삼차원에 이를 수 있다. 문학담당층의 일원으로 대표적인 작가를 들어 논하는 것이 이제 가능하고 필요하게 되었다.

고대의 건국서사시는 정복전쟁의 주역인 군사적인 귀족이 스스로 창작하고 전승했으리라고 생각된다. 그때는 정치의 지배자가 종교의 사제자이면서, 문학과 예술도 직접 관장했을 것이다. 건국의 시조가 하늘의 아들이고, 지배자가 하늘과 통하고 있어 자기 집단이 배타적인 우월감을 가져 마땅하다는 고대 자기중심주의를 표현하는 가장 적합한 방식을 건국서사시에서 마련했다.

그런데 한문학을 받아들이고, 격조 높은 서정시를 창작해야 하는 중세에 이르자, 문학을 관장하는 전문가 집단이 있어야만 했다. 신라에서는 六頭品이 바로 그런 임무를 맡았다. 육두품은 최고 지배신분인 眞骨의 지위에는 오를 수 없는 하급귀족이었다. 글을 읽고 쓰는 능력으로 나라를 다스리는 데 실제로 기여하는 기능인이면서, 한문학과 불교 양면에서 중세보편주의의 이상을 추구하는 갈등을 겪었다. 신라에서 뜻을 펴지 못해 당나라에 가야 했던 崔致遠의 번민이 그런 사정 때문에 심각해졌다.

10세기에 신라를 대신해 고려가 들어설 때에는 중세문학 담당층이 그런 지위에서 벗어나 스스로 지배신분으로 올라서고, 과거를 보아 인재를 등용하는 제도를 마련했다. 그 결과 한문학 창작의 수준이 크게 향상되었다. 그렇지만, 누구나 실력을 기르면 과거에 급제할 수 있다는 원칙이 그대로 실현되지 않고 몇몇 가문이 기득권을 누렸으므로, 고려 전기의 지배층을 문벌귀족이라고 일컫는다. 그때 가장 두드러진 활동을 한 金富軾의 문학 창작과 역사 서술에서 문벌귀족의 의식을 명확하게 확인할 수 있다.

12세기말에 무신란이 일어나고, 이어서 몽고족이 침입하는 동안에 오랜 내력을 가진 문벌귀족은 밀려나고, 그 대신에 등장한 권문세족이라고 일컬어지는 새로운 집권층이 생겨나 이념 수립의 능력은 없으면서 횡포를 일삼았다. 문벌귀족에 눌려지내던 지방 향리 가운데 한문학을 익혀 실력을 쌓은 인재가 중앙정계에 등장해 신흥 사대부로 성장하면서, 권문세족과 맞서서 사회개혁을 요구하고 나섰다. 그래서 중세전기문학에서 중세후기문학으로 넘어올 수 있었다. 그 선구자 李奎報가 민족을 생각하고 민족을 옹호하는 문학을 하는 길을 열었다. 安軸이나 李穡의 세대에 이르러서 방향 전환을 더욱 뚜렷하게 하고, 경기체가와 시조를 창안해 국문시가를 혁신하기도 했다.

사대부가 스스로 권력을 잡고 조선왕조를 창건해, 신유학의 이상을 실현하려고 한 15세기 이후의 시기에, 그 때문에 노선 대립의 진통이 생겨났다. 文과 道는 불가분의 관계를 가져야 한다는 것을 공동의 강령으로 삼으면서, 徐居正을 위시한 기득권층 훈구파는 文을 더욱 중요시하고, 李滉을 이론적인 지도자 노릇을 한 비판세력 사림파는 道에 힘쓰는 것이 더욱 긴요하다고 했다. 金時習을 선구자로 한 방외인들은 사대부로서의 특권이나 우월감을 버리고 민중과의 동질성을 느끼면서, 조선왕조의 지배질서에 대해서 반발하는 문학을 했다.

17세기 이후의 중세에서 근대로의 이행기에 이르면, 신유학의 이념과 한문학의 규범을 더욱 배타적으로 옹호하려고 하는 집권 사대부들의 노력이 강화되었으나, 시대가 바뀌는 것을 막을 수 없었다. 사대부문학 내부의 분열이 확대되고, 사대부의 주도권이 흔들렸다. 지배체제의 모순을 절감하는 사대부 지식인들 가운데 朴趾源·丁若鏞 등의 실학파 문인들이 나타나 사회를 비판하고 풍자하는 새로운 한문학을 이룩했다. 남성의 문학으로 일관되던 사대부 문학이 남녀의 문학으로 나누어졌으며, 사대부 부녀자들이 국문문학의 작자와 독자로서 중요한 구실을 하게 되었다.

중인 신분을 지닌 사람들이 한시를 짓고, 시조를 전문적으로 노래하는 가객 노릇을 하고, 판소리의 애호가가 되기도 하면서 다양한 활동을 했다. 가객으로서 金天澤과 金壽長이 두드러진 활동을 하면서, 시조를 창작하기도 하고, 시조집을 엮기도 했다. 申在孝는 판소리를 후원하고, 판소리 사설을 다듬었다. 중인 또는 그 이하 신분층에서 장사를 해서 돈을 모은 시민층이 형성되면서, 흥밋거리의 문학을 요구하고, 문학의 상품화하는 방식을 마련해서, 특히 소설의 발전에 적극 기여했다. 소설을 빌려주고 돈을 받기도 하고, 목판본으로 간행해 시장에 내놓아 널리 판매했다. 연행활동을 직업으로 삼는 광대가 크게 활약해 판소리의 발달을 보게 되었다. 농민도 구비문학의 재창조에 힘써 민중의식 성장의 저변을 튼튼하게 했다.

사대부가 퇴장하고, 시민이 지배세력으로 등장하면서 근대문학이 시작되었다. 廉想涉·玄鎭健·羅稻香은 서울 중인의 후예인 시민이어서 근대소설을 이룩하는 데 앞장설 수 있었다. 李光洙·金東仁·金素月 등 평안도 상민 출신 시민층도 근대문학 형성에서 큰 몫을 담당했다. 근대문학의 주역인 시민은 자기 계급의 이익을 배타적으로 옹호하지 않고, 한편으로는 사대부문학의 유산을 계승하고, 다른 한편으로는 민중문학과 제휴해, 중세보편주의와는 다른 근대민족주의의 문학을 발전시키는 의무를 감당해야 했다.

3) 미의식

한국문학의 특질은 우선 시가의 율격에서 잘 나타난다.[3] 한국의 시가는 정형시라도 한 음보를 이루는 음절수가 변할 수 있고, 음보 형성에 모음의

3) 이제부터 펴는 시가 율격에 관한 논의는 조동일,《한국민요의 전통과 시가율격》(지식산업사, 1996)에 근거를 둔다.

고저·장단·강약 같은 것들이 고려되지 않으며, 韻은 발달되어 있지 않다. 고저를 갖춘 한시, 장단을 갖춘 희랍어나 라틴어시, 강약을 갖춘 영어나 독일시에 비하면 단조하다고 할 수 있을 것 같으나, 그런 요건을 갖추지 않은 단순 율격을 사용하는 다른 나라 프랑스나 일본의 시와는 달리, 음절수가 가변적이기 때문에 변화의 여유를 누린다.

대표적인 정형시 시조를 보면, 네 음보 또는 토막씩 세 줄로 이루어져 있고, 마지막 줄 첫 토막은 예사 토막보다 짧고, 둘째 토막은 예사 토막보다 길어야 한다는 규칙만 있다. 각 토막이 몇 음절로 이루어지는가는 작품에 따라 달라, 작품마다 특이한 율격을 갖출 수 있는 진폭이 인정된다. 다른 여러 시형에서도 공통된 규칙은 최소한으로 한정하고, 변이의 영역을 보장하며, 그 범위를 확대해서 자유시에 근접하는 시형이 일찍부터 다양하게 나타났다. 시조에서 요구하는 그 정도의 제약을 불편하게 여겨, 한 줄을 이루는 토막수가 정해져 있지 않은 사설시조를 만들어냈다. 판소리에서는 작품 전체에 일관된 율격이 없고, 여러 가지 율격과 그 변이형들을 필요에 따라 자유롭게 활용했다.

율격이 규칙에 매이지 않고 자연스러운 변형을 갖추도록 하는 것은 그래야 멋이 있다고 생각하기 때문이다. 멋은 변형을 선호하는 미의식이라고 할 수 있다. 직선으로 뻗기만 했거나 규칙적으로 모가 난 도형은 좋아하지 않고, 천연스럽게 휘어지고 자연스럽게 이지러진 곡선이라야 멋이 있다고 한다. 멋은 미술의 선이나 음악의 가락에서 선명하게 나타날 뿐만 아니라, 문학 표현의 기본 원리이기도 하다. 멋과는 거리가 멀 듯한 한문학에서도, 격식이나 꾸밈새를 나무라고, 천진스러운 마음을 그대로 드러내야 한다고 했다.

작품을 전개하면서 애써 다듬어 기교를 자랑하는 풍조를 멀리하고, 일상생활에서 하는 자연스러운 말을 그대로 살리는 것을 소중하게 여겼다. 유식한 문구를 상스러운 수작과 함께 쓰면서, 겉 다르고 속 다른 복합구조를 만들어 풍자의 효과를 높이는 것이 최상의 표현방법이다. 문학의 가치를 평가하는 서열의 상하 양극단에 해당하는 최고 지식인의 소설과 하층의 탈춤에 그런 특징이 공통적으로 나타나는 것은 참으로 주목할 만한 일이다.

문학하는 행위를 놀이로 여기고, 함께 어울리는 사람들이 누구나 같은 자격으로 어울려 함께 춤추는 마당놀이에 회귀하고자 하는 의지가 뚜렷하다. 그래서 하층 민중의 탈춤을 재평가하려고 하는 것만은 아니다. 사상 혁신의 주역들이 노래하고 춤을 추면서 크게 깨달은 바를 널리 알려 깊은 감명을 주려고 했다. 元曉는 광대 스승에게서 배운 바가지 춤을 추고 사방 돌아다니면서 가난하고 미천한 사람들을 일깨웠다. 李滉은 곡조에 맞추어 부르고 춤을 추면 마음을 깨끗하게 할 수 있는 노래를 짓는다고 했다. 崔濟愚는 새로운 사상으로 세상을 변혁하기 위해서 칼을 들고 춤추면서 칼 노래를 지어 불렀다.

흥겨운 놀이면서 심각한 고민을 나타내는 문학의 양면성을 하나가 되게 합치는 것을 바람직한 창조로 여겨 왔다. 심각한 고민에 근거를 둔 정서를 '한'이라고 일컫고, 한국문학이 특징으로 드는 견해는 '신명' 나는 놀이를 즐기는 다른 일면을 무시한 편향성이 있다. 신명은 감흥이 고조된 상태이다. 문학이나 예술을 하면서 한도 풀고 신명도 푼다. 한에 신명이 섞이기도 하고, 신명에 한이 끼어 들어 구별하기 어렵다. 예술 창작 행위가 최고 경지에 이르면, 한이 신명이고 신명이 한이어서, 둘이 하나로 합쳐진다.

한을 신명으로 풀면 심각한 시련이나 고난을 넘어선다. 그렇게 해서 비극이 부정된다. 한국 전통극에 비극이 없고 희극만 있다. 연극의 영역을 넘어서더라도 비극적인 것을 높이 평가하지 않으며, 웃음을 통해서 깊은 진실을 깨닫는 데 이르려 한다. 깨달음의 높은 경지에 오른 고승들이 우스꽝스러운 거동을 하면서 숭고한 교리에 대한 헛된 집착을 타파하는 본보기를 보였다는 설화가 흔히 있다. 기발한 착상으로 논리를 넘어서는 禪詩를 불교문학의 가장 소중한 영역으로 여기는 것도 같은 원리에 근거를 둔다. 박지원은 자기는 글로 장난을 한다면서 사상 혁신의 최고 성과를 나타냈다. 蔡萬植이나 金裕貞이 좋은 본보기를 보여 주었듯이, 근대문학에서도 사회의식이 고조된 작품은 웃음의 효과를 활용하는 데 더욱 적극성을 띠었다.

한국의 서사문학 작품이 행복한 결말에 이르는 것도 이와 함께 고찰한 수 있는 특징이다.[4] 고대의 건국신화에서 마련된 '영웅의 일생'에서 영웅은 모든

---

4) 행복한 결말과 관련된 한국문학의 특질에 관해서는 다음의 연구가 있다.
서대석, 〈고전소설의 행복된 결말과 한국인의 의식〉(《관악어문연구》 3, 서울

고난을 투쟁으로 극복하고 승리자가 되는 것을 공식화된 결말로 삼았으며, 승리를 이룩하면 천상의 축복을 받을 따름이고, 지상과 천상, 사람과 신 사이의 대결이 다시 문제되지 않았다. 그렇게 해서 뚜렷하게 드러난 일원론에 근거를 둔 현실주의가 계승되어, 소설의 주인공 또한 행복을 이룩하는 것이 당연하다고 여긴다. 그 점은 서로 상반된 결과를 가져올 수 있다. 행복된 결말이 예정되어 있어 작품 전개가 안이해지기도 하고, 비극을 넘어서는 데까지 나아가야 하므로 투지가 더욱 고조되기도 한다.

〈趙東一〉

3. 종교와 사상

1) 종교와 역사

종교는 긍정적인 것이든 부정적인 것이든 간에, 개인은 물론 사회나 문화에 커다란 영향을 미친다.

개인에게 있어 종교는 삶의 목표를 제시하고, 의미를 부여한다. 나아가 소속감을 제공함으로써 자아의 정체성 확립에 기여한다. 그래서 개인으로 하여금 삶의 고통을 감내할 수 있게 하며, 주변과의 단절감을 극복하게 하여 생존을 도와준다.

또 사회적으로는 인간 집단을 결속시켜 사회 통합을 이룩하도록 하며, 규범과 질서를 정당화하여 사회 유지를 뒷받침한다. 뿐만 아니라 종교는 정신적, 물질적인 것을 막론하고 문화 건설의 계기와 토대를 제공하여, 문화 발전에 이바지한다.

그런가 하면 배타성으로 말미암아 국가나 사회의 갈등과 대립을 조장한다든지, 사고의 폭을 제한함으로써 사회나 문화 발전을 저해하기도 한다.

대학교 국어국문학회, 1979).

김병국, 〈한국 고전문학과 행복한 세계관〉(《현상과 인식》 7-1, 한국인문사회과학원, 1983).

종교의 영향력은 과거라고 해서 예외가 아니다. 세속화로 특징지어지는 현대에 비해, 오히려 과거에는 더욱 컸다. 그러므로 종교는 역사를 움직이는 주요한 원동력이라 할 수 있다.

종교는 불변의 진리를 표방한다. 그러나 인간에 의해 신앙되고 사회에 의해 수용되는 것인 이상, 종교 역시 전통의 제약과 시대적 상황에서 완전히 벗어날 수는 없다. 따라서 종교는 불변의 실체가 아니라, 生滅하고 변화하는 유기체로 존재한다. 그 결과 종교도 역사를 초월하는 것이 아니라, 스스로의 역사를 가진다.

결국 종교는 역사의 원동력인 동시에, 역사의 산물이라 할 수 있다. 따라서 종교사는 역사 이해를 위해서 뿐만 아니라, 종교 자체의 이해를 위해서도 필요한 것이다. 이 점에 있어서는 한국의 역사와 종교 역시 예외가 아니다. 한국사에서 종교가 논의되는 이유도 바로 여기에 있다.

2) 한국 종교사의 범위

종교 논의에는 종교란 무엇이며 어떤 것인지에 대한 전제가 내장되어 있다. 그러나 종교는 다양한 방법과 기준에 의해 정의되고 있다. 그 본질에 초점을 맞추어 정의되는가 하면, 그 기능을 중심으로 정의되기도 한다.[1] 또 본질과 기능을 무엇으로 파악하느냐에 따라, 각각은 다시 여러 정의로 나뉘어진다.

정의의 차이는 종교의 범위를 달리 설정하게 한다. 그리고 종교의 범위를 어떻게 설정하느냐에 따라, 논의의 방향과 내용이 달라질 수 있다.

한국 종교의 경우에도 어디까지를 종교라 하느냐에 대해서는 다양한 입장이 있었다.

---

1) Meredith B. McGuire. *Religion : The Social Context*(Belmont, Wadsworth publishing co, 1981) pp.4~9 : 김기대 · 최종렬 옮김, 《종교사회학》, 민족사, 1994), 19~28쪽에서는 전자를 본질적 정의(substantive definition), 후자를 기능적 정의(functional definition)라고 했다. 그리고 의자를 가지고 비유하자면, 전자는 '4개의 다리와 등받이를 가진 가구'라 하는 것이고, 후자는 '사람이 앉는 자리'라고 정의하는 것이다.

첫째, 기독교만이 종교라는 입장이다. 이러한 입장에 설 때, 기독교 수용 이전의 한국에는 종교가 없었던 것이 된다. 17세기에 하멜(Hendrick Hamel)이 "종교에 관하여는 조선인은 아무 것도 없다고 할만하다" 했다든지,[2] 한말에 왔던 서양인들 중에서 한국인은 종교를 가지고 있지 않으며 악령숭배(daemonism) 같은 미신만이 존재한다고 한 것이[3] 바로 그것이다. 그러나 이것은 너무 편협한 입장이며, 때문에 오늘날 통용되지 않고 있음은 물론이다.

둘째, 국가로부터 공인된 종교만이 종교라는 입장이다. 1915년 일제가 공포한 〈布敎規則〉(조선총독부령 제 83호)의 규정이 그것인데,[4] 이에 의하면 종교란 神道·佛道 및 기독교에 한정되며, 그 밖의 것은 종교유사단체가 된다. 당시 종교유사단체라면 신종교들을 가리키며, 이 가운데 대종교와 천도교 같은 신종교들은 민족운동의 온상이었다. 그런데 일본은 1889년 발포한 明治憲法에서, 비록 '안녕 질서를 방해하거나 臣民의 의무를 거역하지 않는 한도내'라는 단서는 붙었지만, 종교의 자유를 인정했다.[5] 따라서 일제가 종교와 종교유사단체를 구분한 것은 신종교에 대해 종교의 자유를 허용하지 않음은 물론, 나아가 이를 말살하기 위해서라고 할 수 있다.[6] 이렇듯 〈포교규칙〉은 그 의도부터가 문제이지만, 국가의 공인 여부가 종교와 비종교를 구별하는 기준이 될 수 없음은 새삼 말할 것도 없다.

셋째, 체계적인 교리와 조직화된 교단을 갖춘 제도종교(조직종교, 공인종교라고도 함)만이 종교라는 입장이다. 즉 불교·유교·천주교·기독교·신종교 등이 종교라는 것이다. 단, 유교는 정치이념·철학·윤리 담론이라 하여, 종교의 범주에서 제외시키는 입장도 있다. 이러한 입장은 5·4운동 이후 중국에서 등장한 이래, 많은 공감을 얻고 있는 것이 사실이다. 그러나 유교의 종교성에 대한 지적도 만만치 않으며,[7] 그래서 한국 종교를 논할 때는 유교도

---

2) Hendrick Hamel(이병도 역) ; 《하멜漂流記》(일조각, 1954), 75쪽.

3) 金鍾瑞, 〈韓末, 日帝下 韓國宗敎 硏究의 展開〉(《韓國思想史大系》 6, 한국정신문화연구원, 1993), 249~262쪽.

4) 《朝鮮總督府官報》 21(아세아문화사, 1985), 172~173쪽.

5) 김종문, 《일본의 문화와 종교정책》(신원문화사, 1997), 276쪽.

6) 윤선자, 〈일제의 종교정책과 신종교〉(《한국근대사와 종교》, 국학자료원, 2002), 52쪽.

7) Rodney Taylor, *The Religious Dimensions of Confucianism*(State university

함께 언급하는 것이 일반적인 경향이다.

이와 같은 범주화에서는 비조직적인 확산종교(diffused religion)가 제외된다. 그래서 이들에 대해서는 종교라는 표현을 사용하지 않는다. 대신 ○○신앙(원시신앙·무격신앙·민간신앙 등)이라 한다. 또 무속이란 표현을 사용하여 일종의 습속으로 간주하기도 한다.

여기서 문제는 교리의 체계화나 종교집단의 조직화가 종교와 종교 아닌 것을 구분하는 척도가 될 수 있느냐는 점이다. 제도종교와 확산종교 사이에 상당한 차이가 있다는 것은 부인할 수 없다. 그러나 양자 모두 신성 내지 초월의 영역과 관계하고 있다는 점에서는 마찬가지이며, 이 점에 있어서 양자와 다른 문화현상과는 근본적으로 다르다. 따라서 양자의 차이는 질적인 것이라기 보다 정도의 차이라 할 수 있다. 그렇다고 할 때 확산종교를 종교의 범주에서 제외하는 것은 문제가 된다.

넷째, 제도종교와 확산종교 모두를 종교의 범주에 포괄하는 입장인데, 여기서 취하고자 하는 것도 바로 이것이다. 그러나 이 경우에도 제도종교와 확산종교의 차이는 물론, 제도종교 각각도 자체의 특성이 있다는 점은 충분히 고려되어야 한다.

한편 서양에서는 전체주의나 공산주의 같은, 종교와 유사한 현상까지 종교로 보는 입장이 있다. 전체주의나 공산주의가 절대적인 것에 대한 복종과 이를 구심점으로 한 결속을 강요한다는 점에서 종교와 공통점이 있는 것은 사실이다. 그러나 이것은 기능에 있어서의 유사성일 뿐, 신성 내지 초월적 영역과의 관계 설정이 없다는 점 등, 본질에 있어서 이들 현상은 종교와 다르다. 따라서 이러한 입장은 고유한 의미에서의 종교 논의의 초점을 흐리게 할 우려가 있다고 하겠다.

3) 종교란 용어의 출현

오늘날 한국을 비롯한 한자문화권에서 통용되고 있는 종교란 단어는 영

of New York press, 1990).
가지 노부유키(이근우 역), 《침묵의 종교 유교》(경당, 2002).

어·독어·불어의 religion의 번역어이다. 물론 이전에도 종교란 용어가 없었던 것은 아니며, 중국에서 隋唐代부터 사용된 것이 확인된다. 이때 불교도들 사이에서, 역시 Sanskrit어인 siddhanta+desana의 번역어로 사용되었다. 여기서 siddhanta(宗)는 究極의 근본진리를 뜻하고, desana(敎)는 구극의 근본진리를 사람들에게 전달하기 위해 언어로 표현하는 것을 뜻한다.[8] 그러나 이것은 오늘날 사용되고 있는 종교와 의미하는 바가 다르다.

또 한자문화권에서는 유교·불교·도교 등 다양한 종교가 있었다. 이러한 상황은 종교 상호간의 구별을 위해 각각의 이름을 필요로 했다. 그래서 儒·佛(또는 釋)·道(또는 仙)에 '敎'·'道'·'學'·'法' 등을 붙여 각각의 종교를 가리키기도 했다. 이들 종교들은 서로 반목하고 대립하기도 했다. 그러나 상호간의 공통점을 찾고 공존을 모색하는 노력도 꾸준히 이어졌다. 그럼에도 불구하고 한자문화권에서는 이들을 포괄하는 類 개념으로서의 종교란 용어는 존재하지 않았다.

religion을 종교로 번역한 것은 일본에서였다. 일본에서 religion의 번역어가 필요해진 것은 외국과의 수호통상조약을 체결하면서였다. 즉 조약문 속에 일본 거주 외국인에게 religion의 자유를 보장하는 조문이 있었기 때문이다. 처음에는 宗法이나 宗旨란 단어가 채택되었다. 그러나 1869년 독일북부동맹과 체결한 수호통상조약에서부터 종교란 단어가 사용되기 시작했으며, 이후 종교란 단어가 확고한 자리를 차지했다고 한다.[9]

한편 지금까지 확인된 바에 의하면, 한국에서 종교란 말이 처음 사용된 것은《漢城旬報》1883년 11월 10일자의 〈歐羅巴洲〉란 기사에서였다.[10] 즉 유럽을 소개하면서 "종교는 대체로 耶蘇敎를 믿으며, … 歐洲의 역사를 보면 고금 전쟁의 발단을 반드시 기록했는데, 종교의 異同에서 비롯된 것이 많다"고 한 것이 그것이다.[11]

---

8) 中村元, 〈宗教という譯語〉(《日本學士院紀要》 46-2, 日本學士院, 1995), 64~69쪽.

9) 相原一郎介, 〈譯語 宗敎の成立〉(《宗敎學紀要》 5, 日本宗敎學會, 1938), 3~5쪽.

10) 張錫萬, 《開港期 韓國社會의 "宗敎"槪念 形成에 관한 硏究》(서울대 박사학위논문, 1992) 39쪽.

11) 《漢城旬報》(서울대 출판부, 1969), 37쪽.

그러나 한동안 다른 용어도 병용되었던 것 같다. 한말 조선왕조는 구미열강들과 잇따라 수호통상조약을 체결했는데, 1883년 11월 26일에 조인된 〈韓英修好通商條約〉부터 재한 외국인의 religion의 자유 보장이 조약문에 포함된다. 이것을 영문으로는 "They shall be allowed the free exercise of their religion"이라 했고, 한문으로는 "至於本教典禮各儀均聽隨意自行"이라 했다.[12] 즉 religion은 本教로 번역된 것이다. 이후 독일(1883년)·이탈리아·러시아(1884년)·프랑스(1886년)·오스트리아(1892년)·벨기에(1901년)는 물론, 1902년 마지막으로 덴마크와 수호통상조약을 체결할 때까지 religion을 '본교'라 했다.[13] 그렇지만 결국 다른 용어는 도태되고 종교로 용어가 통일되어, 오늘에 이르고 있다.

종교라는 번역어가 처음 사용되던 시기는 한국에서 종교와 다른 사회 문화 여러 영역과의 분화가 촉진되던 때였다.[14] 단순사회나 전통사회에서는 종교와 다른 사회·문화 영역이 미분화된 상태였다. 종교가 정치권력을 뒷받침했고, 종교적 실천이 윤리 도덕이었으며, 종교 학습이 교육이었으며, 종교적 방법으로 치료가 행해졌다. 이렇듯 종교는 사회의 모든 국면에 확산되어 있었고, 나아가 다른 사회제도들의 정당성을 평가하는 근거가 되기도 했다.

그러나 개화기를 거치면서 종교와 다른 사회·문화 영역의 분화가 촉진된다. 이에 따라 교육, 의료 및 정치 영역에까지 펼쳐져 있던 종교의 지평이 급속히 축소된다. 이것은 사회·문화적 차원에서 볼 때는 종교의 힘의 약화이지만, 종교로서는 자체 순수화 과정이며 독자적 영역의 구축과정이다. 그렇다고 할 때 종교라는 새로운 용어의 사용과 종교의 독자 영역화는 서로 무관한 것이 아니었다고 하겠다.

---

12) 《舊韓末條約彙纂》 中(국회도서관 입법조사국, 1965), 326쪽.

13) 위의 책 中, 389, 446~7쪽.
위의 책 下, 18·101·159·212·262·326쪽.

14) 김종서, 〈개화기 사회문화 변동과 종교〉(《한국 개항기 근대 국가와 문화의 모색》, 서울대 한국문화연구소 제13회 학술토론회 요지, 2001), 10쪽.

4) 고유종교의 문제

종교가 언제부터 인류의 문화 속에 자리잡기 시작했는지 정확히는 알 수 없다. 그러나 중기구석기시대의 매장유적, 후기구석기시대의 여신상이나 동굴벽화의 존재로 미루어, 적어도 중기구석기시대로까지는 소급 가능하다.

한국의 경우에도 구석기시대부터 종교가 존재했을 가능성은 충분히 있다. 청원 두루봉 동굴유적 등, 구석기 유적에서 동물 조각품들이 발견되었는데, 이는 단순한 예술품이 아니라, 신앙 및 의례와 관련이 있다고 한다.[15] 이후 신석기시대로 오면 다양한 자료들이 종교의 존재를 뒷받침한다. 예컨대 토광直葬의 분묘유적들,[16] 제의 공간,[17] 神像[18] 등이 그것이며, 청동기·철기시대를 거치면서 관련자료는 더욱 증가한다.

이렇듯 한국에는 불교·유교 등의 외래종교가 수용되기 이전부터 나름대로 종교전통이 있었음은 움직일 수 없는 사실이다. 그러나 이러한 종교전통이 어떤 것인가에 대해서는 견해가 크게 두 가지로 갈라지고 있다. 하나는 독자적인 종교전통이 있었다고 보는 입장이며, 다른 하나는 보편적 원시종교로 보는 입장이다.

먼저 독자적인 종교전통으로 보는 견해란 불교 등의 외래종교가 수용되기 전부터 한국에는 조직화된 고유종교가 있었다는 것이다. 이러한 견해는 20세기 초 金敎獻·朴殷植·申采浩 같은 민족운동가들에 의해 주창되기 시작했다. 이들에 의하면, 이는 '神敎'·'仙敎'·'수두교'라 하며, 단군에서 비롯되었고, 그 우수성으로 말미암아 민족문화 건설과 민족정신 고취의 토대가 되어 왔다고 한다.

---

15) 이융조, 〈청원 두루봉 동굴의 구석기 문화〉(《한국의 선사문화—그 분석 연구》, 탐구당, 1981).

16) 홍보식, 〈분묘로 본 매장형태의 변화〉(《죽음과 문화》, 동의대 인문과학연구소, 2002), 7~11쪽.

17) 任孝宰·梁成赫, 《영종도 는들 신석기유적》(서울대 인문과학연구소, 1999), 73쪽.

18) 金元龍, 〈韓國先史時代의 神像에 대하여〉(《韓國考古學硏究》, 일지사, 1987), 186~197쪽.

한편 보편적 원시종교로 보는 견해란 외래종교가 수용되기 이전의 한국에는 다른 사회에서도 흔히 볼 수 있는 보편적 현상으로 원시종교가 있었다는 것이다. 따라서 한국만의 독특한 종교, 그것도 敎祖가 있고 일관된 교리를 갖춘 종교가 상고시대부터 있었다는 사실을 인정하지 않는 입장이다. 이러한 입장은 한말 외국인들의 저술에서 나타나기 시작한다. 예컨대 1900년 러시아 대장성 간행의 《韓國誌》에서, 불교·유교가 들어오기 이전의 한국 종교는 샤머니즘이라 한 것이 그것이다.[19] 그리고 한국에서는 1920년대 李能和와 崔南善이 독자적 종교전통의 존재도 인정하면서, 이를 무속 내지 샤머니즘과 관련하여 이해하고자 한 것을 볼 수 있다.

이러한 입장에서의 연구가 진행되면서, 토테미즘·타부·주술 등 다양한 현상들이 확인되었다. 그 중에서도 특히 새롭게 부각된 것은 무속 전통이었다. 지금까지 천시의 대상이었던 무속이 이제 한국 종교의 원형을 간직한 고유한 전통으로 부각된 것이다. 나아가 고유종교가 무속과 동일시되기도 했다.

그렇다고 할 때, 어떤 견해를 취하느냐에 따라, 한국종교사는 출발부터가 달라진다. 한국 종교의 원초형태는 그것 자체로도 중요하지만, 이후 수용되는 외래종교의 성격을 상당 부분 규정하고, 그 결과 그들로 하여금 본래의 그것과 다른 한국적 변모를 나타내게 한다는 점에서도 중요하다. 예컨대 사찰의 산신각, 가톨릭 신자들이 자동차의 실내 후사경에 묵주를 걸어두는 풍습, 1906년부터 시작된 기독교의 새벽기도 등등이 그것이다. 따라서 한국종교사의 출발점에 대한 혼선은 문제가 되지 않을 수 없다.

전자의 경우, 연구 목적은 사실 확인에만 있는 것이 아니라, 자주독립 쟁취라는 시대적 과제를 염두에 둔 것이었다. 즉 고유종교를 부각시킴으로써 민족의식을 고취하고 항일 독립운동의 정신적 토대를 제공하는 데 있었던 것이다. 따라서 이를 학문적 성취도만으로 평가할 수는 없는 면이 있다.

그러나 한국의 고유종교에 대한 관심을 환기시킨 점이나 그것의 독자성·특수성을 주목한 공적도 있지만, 자료의 뒷받침도 부족하고 논리 전개에도

19) 《國譯 韓國誌》(한국정신문화연구원, 1984), 337쪽.

비약이 많은 것을 부인할 수 없다. 때문에 독자적 종교전통의 존재 자체가 제대로 설득력을 가지지 못한 채, 일종의 당위로만 선험적으로 주장되고 있는 것 같은 인상을 준다. 따라서 선각자들의 학문적 직관력을 존중하고 이를 계승 발전시킬 필요성을 인정한다고 하더라도, 이를 뒷받침할 수 있는 실증적 근거의 보강 없이는 수긍하기 어려운 것이 사실이다.

이에 비해 후자의 경우, 연구 주제의 다변화로 고유종교의 다양한 측면들을 밝히고 있으며, 다른 지역 원시종교나 현존 무속과의 비교 등 방법론을 세련시켰다. 뿐만 아니라 논지 전개도 보다 실증적이다. 따라서 오늘날 연구의 주류를 차지하는 것이 바로 이러한 입장이다.

그러나 여기에도 문제가 없는 것은 아니다. 한국의 고유종교를 무속 내지 샤머니즘이라 하면서도, 그 개념에 대한 정립이 없었다. 그 결과 고유종교의 성격이나 특성은 간과된 채, 사실의 나열에 만족하는 단계를 벗어나지 못하고 있다. 또 외국 이론이 앞선 것은 사실이지만 그것의 적용 가능성을 시험해 보는데 머무르는 경우도 많았다. 예컨대 토테미즘의 존재 가능성을 확인하는데 그칠 뿐, 그것의 한국사회에서의 의미와 기능을 밝히는 데까지는 나가지 못하고 있다.

이러한 한계는 전자가 가진 문제의식－한국 종교의 독자성과 특수성을 밝히려는 것－을 수용할 때 보완될 수 있을 것 같다. 따라서 한국종교사의 첫 페이지는 특수성과 보편성을 동시에 고려하면서 채워져야 할 것이다.

5) 한국 종교사의 전개

한국종교사는 토착적 원시종교에서 출발했으며, 이후 다양한 외래종교를 수용하고 개성화하여 오늘에 이르고 있다. 이 과정을 몇 단계로 나누어 살펴보면 다음과 같다.

(1) 원시시대

원시종교는 현세를 긍정하고, 현세에서의 생존을 목표로 한다. 그러나 인간은 불완전하며, 삶의 과정에서 여러 문제들과 부딪칠 수밖에 없다. 따라서 생존을 위해서는 문제의 의미를 파악하고 이를 해결하지 않으면 안된다. 이때 원시종교는 문제 해결을 위해서 주어진 환경을 바꾸는 것이 아니라, 마음을 바꾸는 방법을 택한다.[20] 즉 초월적 영역을 상정하고, 이것과의 관계를 유지하려고 한다. 그래서 관계 유지 방법으로 의례를 중시한다.

그러나 초월적 영역에는 통일적 질서가 없다. 질병을 담당하는 영역이 따로 있고, 풍요를 담당하는 영역이 따로 있을 뿐, 이들 모두를 주관하는 한 단계 높은 차원이 없다. 아직 우주적 질서라는 관념이 성립되지 않은 것이다. 또 초월적 영역에 속하는 신들은 도덕적 완성도 보다 의례의 빈도를 중시한다. 그러므로 원시종교에서는 주어진 문제에 따라 특정 영역과 교류(기원, 통제)하는 기복적 의례가 중심이었다.

(2) 고대

이러한 과정에서 점차 천상의 영역을 지배하는 천신의 관념이 부각되고, 이를 중심으로 초월적 영역의 질서화가 이루어지기 시작한다.[21] 단군신화에서 천신 桓雄이 風伯·雨師·雲師를 거느렸다고 한 것은 이러한 사실을 반영한다. 나아가 단군신화에는 弘益人間의 이상이 보인다. 이것은 주술적 기복사상을 넘어서 인간과 사회에 대한 형이상학적 해석의 틀을 제시한 것이라 할 수 있다.[22]

이러한 바탕이 있었기에 삼국시대에는 동양의 고전종교인 불교·유교·도교가 수용된다. 이들 종교의 수용은 고대국가의 체제 정비와 밀접한 관련이 있다. 즉 고구려·백제·신라 삼국은 왕권 중심의 고대국가 체제를 정비하는 과정에서, 이를 뒷받침할 수 있는 정치이념을 필요로 하고 있었다. 그때 불교는 왕권의 초월성을 뒷받침하는 논리를 제공할 수 있었고, 유교는 忠孝의 덕목으로 이에 기여할 수 있었다. 바로 이러한 이유 때문에 불교와 유교가 수용될 수 있었던 것이다.

---

20) William Howells, *Heathens*(Sheffield publishing co, 1986), pp.21~23.
21) Robert N. Bellah, Religious Evolution, *Sociology of Religion*(ed. by Roland Robertson, Penguin books, 1969), p.272.
22) 윤이흠, 〈한국종교의 개관〉(《宗敎年鑑》, 종교사회연구소, 1995), 38쪽.

이들 종교의 수용은 한국의 종교, 나아가 한국 문화의 수준을 한 차원 높였다. 그것은 첫째, 인간의 이상을 제시했다는 점에서이다. 인간의 1차적 목표는 생존이다. 이 점에 있어서는 동물도 마찬가지이다. 그러나 이들 종교는 각각 해탈·군자·신선이라는 절대적 가치를 제시하고, 이를 추구하는 것이 이상적 삶이라 했다. 이에 따라 이상의 실현을 위한 자기 희생과 求道的 삶이 높이 평가되기 시작한다.

둘째, 우주에 대한 통일적 해석을 제시했다. 우주가 조각들의 집합체가 아니라, 法·天·道와 같은 원리에 의해 구성되고 조직되었다는 것이다. 나아가 인간 사회도 우주의 통일적 질서의 한 부분으로 보면서, 우주와 사회의 조화를 강조했다. 따라서 이들 종교의 수용은 한국종교사에서 커다란 전환점이 되었다고 할 수 있다.

뿐만 아니라 이를 일본에 전함으로써, 일본 문화의 수준을 한 단계 끌어올리는 데에도 기여했다. 백제의 阿直岐와 王仁에 의한 유교의 전파, 성왕 30년(552) 백제 怒利斯致契에 의한 불교 전파 등이 그것이다.

한편 이들 종교는 각각 다른 측면에서 의미와 기능을 가지고 있었다.

먼저 불교의 경우, 첫째, 호국정신을 뒷받침했다. 즉 불교는 자국을 佛國土, 즉 불교적으로 선택된 국가라고 이상화하면서 국토 수호의 당위성을 천명했다. 나아가 불국토 확대를 명분으로 정복전쟁을 정당화하기도 했다.

둘째, 세계관의 변화를 가져왔다. 기존의 전통종교는 현세 중심적이었다. 즉 현세에서의 안전하고 행복한 삶을 목표로 했으며, 이를 위해 의례를 중시했다. 그리고 내세는 막연히 현세의 연장으로 여겨졌다. 그러나 불교는 현세 부정적이었다. 즉 과거·현재·미래가 인과관계에 의해 끝없이 연결되어 있으므로, 현세는 과정의 한 부분에 불과하며, 덧없는 것이라 했다. 이에 따라 불교에서는 미래, 즉 내세관이 발달했는데, 그것은 생전의 삶의 질에 따라 극락·지옥 등으로 다변화되어 있다고 했다. 따라서 현세를 위해서는 물론 내세를 위해서도 도덕적 삶의 필요성을 역설한다.

셋째, 철학적 성찰을 심화시켰다. 수용 당시의 불교는 중국의 그것을 받아들여 모방하는 단계를 크게 벗어나지 못했다. 그러나 신라의 반도 통일을 전후한 시기부터 동아시아 불교계의 최고 지성들이 등장한다. 당시 동아시아 불교학을 대표하는 華嚴學에서는 義相(625~702), 唯識學에서는 圓測(613~696) 등이 등장한다. 나아가 元曉(617~686)는 불교계의 근본 문제였던 대승불교의 2대 조류, 즉 中觀과 唯識의 대립을 一心으로 종합하는 和諍의 논리를 제시했다.

넷째, 한국 문화의 수준을 한 단계 끌어올렸다. 석굴암 · 다보탑 · 석가탑 등 고대문화를 대표하는 문화재들이 불교의 산물임을 생각할 때, 이러한 사실은 새삼 설명을 요하지 않는다고 하겠다.

유교는 超世間的인 불교와 달리, 현세를 중시하며 합리성을 존중한다. 따라서 유교는 불교와 조화를 이루면서 자신의 역할을 수행했는데, 그것은 국가를 조직하고 경영하는 분야에서였다. 그 중에서도 관리 양성을 위한 교육의 기능이 컸다. 고구려의 太學이나 扃堂, 신라의 國學이 바로 유교 교육기관인데, 여기서는 주로 五經 중심의 교육이 실시되었다. 그러나 고대사회에서 유교의 기능은 스스로 한계를 가질 수밖에 없었다. 그것은 개인의 학식이나 품행을 중시하는 유교가 골품제 같이 폐쇄적인 신분제 하에서 제 역할을 다할 수 없었기 때문이다.

도교는 신선사상에 老莊思想을 결합시켜 체계화한 것이다. 고대사회에서 이것 역시 儒 · 佛과 함께 지식인들의 필수적인 교양이었고, 고구려의 淵蓋蘇文은 이를 이용하여 자신의 권력 기반을 강화하려고 했다. 이러한 과정에서 도교는 문화의 저변으로 확산되었지만, 개인적 성격이 강하여 사회에 대한 영향력은 상대적으로 낮은 편이었다.

한편 이와 같이 불교 · 유교 · 도교가 수용됨에 따라 토착종교는 왕권을 정당화하고 국가를 이끌어 가는 기능, 즉 정치적 기능을 상실하고 점차 기층사회로 침전되어 갔다.

(3) 고려시대

고려시대에도 불교 · 유교 · 도교 · 토착종교(민속종교)가 공존하는 종교지형은 계속되었다. 그러나 각각의 종교전통은 나름대로 역동성을 보이면서, 고대와는 다른 모습으로 전개되어 갔다.

고려시대를 통하여 종교계의 흐름을 주도해 간 것은 불교였다. 그런데 고려시대에는 신라 하대에 禪宗이 등장함에 따라, 敎宗과 禪宗이 양립하고 있었다. 이 중에 고려를 건국한 호족세력과 연결되어 있었던 것은 선종이었다. 따라서 고려 초기에는 선종의 움직임이 더욱 활발했다. 그러나 문벌귀족세력이 득세하면서 교종이 부상하였고, 무신란을 계기로 무신정권이 성립되면서 다시 선종이 부상하였다.

이러한 부침의 과정은 고려 불교계의 과제가 敎·禪의 통합에 있었음을 말해준다. 그래서 과제의 해결을 위한 시도가 여러 차례 있었으니, 광종 때의 法眼宗 수입, 大覺國師 義天(1055~1101)의 天台宗 운동이 바로 그러한 것이었고, 마침내 普照國師 知訥(1158~1210)의 定慧雙修 운동을 통해 해결되었다. 교·선을 통합하려는 시도는 중국에서도 있었다. 그러나 그것은 이론에 그쳤고, 실천의 차원으로 승화되지 못했다. 이런 의미에서 지눌의 실천운동은 동아시아 불교권에서 불교가 도달한 마지막 단계였던 것으로 평가된다.[23]

고려 불교의 높은 수준을 보여주는 것으로는 3차에 걸쳐 雕造된 高麗大藏經이 있다. 이것은 기왕에 나온 어떤 대장경 보다 교감이 정확하여 誤脫이 적다는 점에서 정평이 있다.

그러나 한편으로는 승려의 타락과 사원의 폐해가 쌓여져가고 있었다. 권력과 결탁했고, 심지어 親元的 경향을 띄기까지 하면서 사회적 모순을 조장했다. 또 妙淸(?~1135)이나 辛旽(?~1371)처럼 황당한 術數를 이용하여 지위 유지에 급급했다. 이러한 타락상으로 말미암아, 불교는 국가의 정신적 지주로서의 자격을 상실해 갔다.

고려의 건국과정에서 유학자들의 역할 또한 컸다. 그들은 학문 보다 골품에 의해 사회적 진출이 좌우되는 신라를 비판하면서, 고려 건국에 일익을 담당했다. 여기에다 과거제가 실시되면서, 유교는 정치이념으로서 확고한 위치를 차지했다. 그 결과 고려는 문치주의 귀족사회로 나가게 되었다.

이와 함께 교육기관이 발달했는데, 특히 私學의 발달이 두드러졌다. 이중에서도 崔沖의 文憲公徒의 9齋가 유명했는데, 9재의 명칭 중 造道·率性·誠明은 《中庸》에서 따온 표현이다. 《중용》은 《禮記》의 한편에 불과했는데, 이

23) 崔柄憲, 〈불교사상과 신앙〉(《한국사특강》, 서울대 출판부, 1990), 346쪽.

를 독립된 경전으로 삼은 것은 朱子이다.[24] 따라서 9재의 명칭은 유교 이해의 심화과정을 보여주는 것인 동시에, 고려말 주자 성리학이 도입되는 분위기가 무르익어 가고 있음을 시사한다고 하겠다.

그러나 문벌귀족사회가 장기화되면서 유교가 보수화되고 유연성을 잃어갔다. 게다가 무인집권과 몽고 압제는 새로운 사상을 요청했다. 이에 유교의 중흥을 위해 安珦(1243~1306)에 의한 성리학 도입이 추진되고, 나아가 성리학은 고려 사회를 비판하는 기준으로 승화되었다.

도교에서 특기할 사실은 예종 때 최초의 道觀이라 할 수 있는 福源宮이 건립된 사실, 왕실의 除災招福을 위한 도교의례 齋醮가 빈번히 설행된 점이다.

또 몽고압제기에는 이슬람교가 전래되어, 당시 왕경에는 그 교당이 존재했다. 그리고 개성의 大國神堂은 이슬람교가 민간신앙화한 것이라 한다.[25]

그러나 고려시대에는 종교간의 상호 배척의 기운이 일어나기 시작했다. 그것은 유교가 보수화된 12세기부터 확인되는데, 인종 9년(1131) 국학생에게 老莊의 학습을 금지했다던지, 일관들이 무격의 축출을 건의한 것이 그것이다. 이후 유학자에 의한 불교 공격이나 민속종교 배척이 기록상 자주 확인된다. 그러나 적어도 불교에 대해서는 조선시대처럼 그 존립 자체까지를 부인하는 것은 아니었다. 따라서 고려시대에는 불교와 유교라는 고전종교가 양대 산맥을 이루고 있었다고 하겠다.

(4) 조선시대

조선왕조는 유교, 특히 성리학을 지도이념으로 표방하면서 성립되었다. 따라서 유교의 일차적 목표는 유교에 입각한 국가체제의 정비와 비유교적 요소의 청산이었다. 전자를 대표하는 것이 《國朝五禮儀》와 《經國大典》이라면, 후자를 대표하는 것이 鄭道傳(?~1390)이 불교의 이론을 비판한 《佛氏雜辨》이다.

나아가 16세기 사림세력이 부상하면서 유교는 새로운 전개를 보인다. 체제정비에서 이론적·학문적 연구로 중심이 옮겨진다. 李滉(1501~1570)과 李珥

24) 竹內照夫(이남희 역), 《四書五經》(까치, 1991), 179쪽.
25) 崔南善, 〈故事通〉(《六堂崔南善全集》 1, 현암사, 1973), 154쪽.

(1536~1584)를 비롯한 탁월한 성리학자들이 배출되었고, 인간의 心性 등에 관한 학문적 논쟁이 전개되었으며, 이러한 과정에서 성리학의 정통을 자처하는 학파들이 성립되었다. 뿐만 아니라 질서 회복을 위한 실천적 방도로서 禮學의 연구가 활성화되었다. 특히 예학의 연구는 성리학적 질서나 가치관이 민간에까지 보편화되는데 커다란 영향을 미쳤다.

조선왕조의 성리학은 우주론 보다 심성론에 중점을 두었다는 점에서 나름대로 독자성이 있으며, 성리학의 수준을 한 단계 끌어올린 것도 사실이다. 그러나 이론에 치우친 나머지 형식성과 교조적 배타성만 키워나갔고, 그 결과 현실과는 자꾸 멀어지게 되었다. 이러한 한계는 임진왜란·병자호란 같은 국가적 위기를 겪으면서 더욱더 문제가 되어갔다.

이에 따라 유교 전통 내에서 자체 반성이 일어났다. 실학이 그것으로, 실학은 현실적 문제의 역사와 현재에 대한 연구를 통해 이상사회의 건설을 목표로 한 것이었다. 실학의 전통은 후일 개화사상으로 이어졌다.

한편 조선왕조에서 불교는 정책적으로 탄압의 대상이었다. 이에 따라 불교의 과제는 교·선의 융합이 아니라, 지배사상인 유교와의 조화를 모색하는 것이었다. 그러나 그것은 유교에 대한 소극적 자기 변명에 그치고 말았다. 따라서 불교는 성리학이 채워주지 못하는 부분, 즉 祈福的 부분이나 사후 세계의 문제에 파고들어 자신의 생존을 도모했다. 조선 후기가 되면서 사찰 내 山神閣 건립,[26] 망자의 구원을 위한 甘露幀의 제작 유행이 이루어지는 것은[27] 바로 이러한 사실을 반영한다.

또 도교는 조선왕조로 오면서 의례를 통해 除災招福하려는 科儀道敎에서 엄격한 자기 수련을 통해 신선이 되고자 하는 修練道敎로 변화한다. 그러나 수련도교는 개인의 완성을 추구하는 것일 뿐, 사회적 의미를 가지는 데는 한계가 있다.

민속종교의 경우, 조선 전기까지만 하더라도 향촌사회를 결속시키는 기능을 가지고 있었다. 그러나 성리학적 질서가 향촌사회까지 확산되면서 지역사회 통합 기능을 상실하고(예컨대 洞祭가 儒敎式으로 바뀜), 개인의 길흉화복 조

26) 金炯佑, 《韓國寺刹의 山神信仰》(국립문화재연구소, 1996), 17~24쪽.

27) 姜友邦, 〈甘露幀의 樣式變遷과 圖像解釋〉(《甘露幀》, 예경, 1995), 342~343쪽.

절용으로 의미가 한정되었다.

이렇듯 체제교학으로서 성리학의 한계가 露呈되고, 다른 종교전통들의 사회적 의미와 기능이 퇴색해 가는 가운데, 18세기에 西學이란 이름으로 천주교가 전래된다. 천주교의 전래는 조선왕조에게 있어 커다란 충격이었다. 多神信仰에 익숙한 상황에서 유일신을 강조한 것도 그렇지만, 조선왕조를 지탱하는 두 개의 축인 신분질서와 조상숭배를 거부한다는 점에서 특히 그러했다. 더구나 천주교는 종교에 그치지 않고, 그 배후에 제국주의 열강이 버티고 있었다. 따라서 조선왕조가 유지되는 한, 타협이란 불가능했다. 이에 조선왕조는 가혹한 탄압으로 천주교에 맞섰고, 이 과정에서 수많은 순교자가 배출되었다. 뿐만 아니라 성리학의 강화를 통해 체제를 수호하려는 움직임도 있었으니, 위정척사 사상이 그것이다.

천주교의 전래는 기층사회에도 충격을 주었다. 조선 후기의 사회경제적 변화는 민중 계층에게 위기의식을 심어주었다. 그래서 조선조의 멸망과 새로운 사회의 도래를 예견하는《정감록》과 같은 비결사상이 민간에 널리 유포되게 되었다. 그런데 천주교의 전래는 위기의식을 더욱 고조시켰다. 1860년 동학을 효시로 민족종교들이 나타나게 된 까닭이 여기에 있다.

한편 한말에는 개신교가 유입되어 활발하게 선교운동을 전개했다. 개신교는 전도사업의 일환으로 의료사업과 교육사업을 병행했다. 그 결과 비교적 단기간에 한국의 대표적인 종교로 부상했다.

6) 한국 종교사의 특성

오늘날 한국은 여러 종교가 공존하고 있는 多宗敎 상황이다. 이러한 상황은 삼국시대 이래 줄곧 이어져왔다. 이것은 특정종교만이 존재하는 상황과는 다른 것이다.

대한민국 헌법 제 20조 1항은 종교의 자유를 보장함으로써 다종교 상황을 뒷받침한다. 또 제 20조 2항은 國敎를 부인함으로써 종교를 평등하게 인정한다. 그러나 같은 다종교 상황이라 하더라도 전근대사회는 달랐다. 다시 말해서 종교간의 차별이 있었고, 각 시대마다 시대를 주도하는 종교가 있었다. 불교가 역동적인 힘을 발휘하는 시기도 있었고, 유교가 주도하던 시기도 있었다.

그렇다고 해서 이를 國敎라 할 수는 없다. 국교란 "법률이나 행정상 종교가 국가에 종속된 제도 내지 종교단체"를 말한다.[28] 그래서 국교 이외 어떠한 종교도 믿을 수 없으며, 이를 위반하면 이단자로서 가혹한 처벌을 받았다. 서양 중세의 기독교가 이에 해당하며, 이에 대항하여 수세기에 걸친 투쟁의 결과 쟁취한 것이 17세기 영국에서 처음 입법화된 종교의 자유라고 한다.[29] 그러나 한국의 경우, 하나의 종교만을 인정하고, 그 밖의 것을 불법화한 적은 없다. 물론 조선시대의 유교는 천주교 탄압 사례로 미루어 국교와 유사한 면이 있다. 그렇지만 그것은 천주교를 체제 도전으로 받아들였기 때문이며, 종교라는 이유만으로 처벌한 것은 아니다. 따라서 한국종교사에서는 시대에 따라 지배적인 종교는 있었지만, 국교는 없었다고 하겠다.

다종교 상황에서 흔히 발생하는 현상이 종교간의 배척 또는 갈등이다. 한국종교사에서도 이러한 현상은 다종교 상황이 시작된 삼국시대부터 나타나고 있었다. 불교 수용과정에서 신라 이차돈의 순교, 고구려 연개소문의 도교 진흥책에 대한 승려 普德의 반발 등이 그것이다. 또 고려시대에는 지식인들의 민속종교 배척이 있었고, 조선시대에는 불교와 천주교에 대한 탄압이 있었다.

그러나 한국종교사의 주류는 종교를 상호 대립적으로 보지 않는 것이 일반적이었다. 나아가 종교간에 상충되는 면이 있다고 하더라도 각각을 모두 인정하는 관용적·포용적 입장을 취했다. 유교식 조상제사를 거행하면서 불교행사에 참여하는 것이 있을 수 없는 일은 아니었다. 따라서 한국종교사에서는 자신의 종교적 진리를 지키기 위해 사투를 벌리는 일을 별로 찾아볼 수 없다. 또 종교적 이상을 지상에 실현하기 위해 종교반란을 도모하는 일도, 비록 동학농민전쟁이 있기는 하지만, 흔치 않았다. 그렇다고 할 때 앞에서 제시한 종교 배척 또는 종교간의 갈등 사례도 종교 자체 때문이기 보다, 정치적 이해관계나 체제수호에서 비롯된 것으로 해석할 수도 있다.

종교의 관용적·포용적 성격은 종교의 외형에서뿐만 아니라, 내면의 종교

28) 小口偉一·堀一郎 감수, 《宗敎學辭典》(東京大學 出版會, 1973), 202쪽.
29) 尹明善·金昞默, 《憲法體系論》(법지사, 1998), 448~449쪽.

사상을 통해서도 발현된다. 불교의 경우, 원효가 당시 동아시아 불교계의 양대 산맥인 中觀思想과 唯識思想의 대립을 지양하기 위해 和諍의 논리를 내세운 것, 지눌이 교종과 선종을 통합시키면서 불교계의 개혁을 도모하기 위해 定慧雙修의 논리를 주장한 것 등이 모두 이러한 사실을 반영한다.

이것이 같은 종교 내의 사상적 대립을 극복하기 위한 것이라면, 여기서 한 걸음 나아가 종교간의 조화를 모색하는 일도 적지 않았다. 조선 초기 己和(1376~1433)의 儒佛會通論, 조선 후기 李圭景의 道佛 包容과 三敎合一化 노력[30] 등이 그것이다. 따라서 한국종교사를 관통하고 있는 한국종교의 특성을 찾는다면 바로 이러한 포용과 조화의 정신이 그것이라 할 수 있을 것이다.

끝으로 한국의 종교들은 역사를 통하여 한국문화 건설의 주역을 담당했다. 한국사상의 폭을 넓혔으며, 한국인의 윤리·도덕심을 고양시켰고, 찬란한 예술품을 남겼다. 또 민족의 활로를 모색하는 데도 앞장을 섰다.

그러나 오늘날 한국 종교는 여러 가지 문제들을 안고 있다. 과학과 이성의 발달로 종교에 대한 기대치가 줄어든 것은 어쩔 수 없다고 하더라도, 문제들 가운데에는 스스로 해결할 수 있는 부분도 많은 것 같다. 조선총독부가 제정한 〈經學院規定〉이나 〈寺刹令〉이 남긴 상처를 치료하여 자기 재생능력을 회복하는 일 등이 그것이다. 그래서 한국의 종교가 다시 한번 민족문화 창달에 기여할 수 있기를 기대해 본다.

〈徐永大〉

4. 과학기술

-한국 과학기술사의 시기별 특징-

오늘날 '과학' 내지 '과학기술'은 두 말할 것도 없이 현대 인간사회의 아주 중요한 부분이 되어 있다. 당연히 역사학에서도 점점 과학사 또는 과학기술

30) 尹絲淳, 〈李圭景 實學에 있어서의 傳統思想〉(《韓國儒學論究》, 현암사, 1980), 297~302쪽.

사의 무게가 커져가고 있음을 알 수 있다. 하지만 돌이켜 보면, 전통사회에서는 과학이란 중요성을 인정받기 어려운 형편이었다. 이런 현상은 동양에서만 그런 것이 아니라, 서양에서도 마찬가지라 할 수 있다. "모든 역사는 오늘의 역사"라는 유명한 표현이 과학사에 만큼 그럴 듯이 어울리는 분야도 그리 많지 않을 지경이다. 오늘날 '과학사'가 그런 대로 중시되기 시작하는 것은 오늘날 '과학'이 중시되고 있기 때문인 것이다.

과학이 세계 어느 곳 보다 일찍부터 중요한 인간 활동으로 확립된 서양에서는 당연히 다른 지역에서 보다 먼저 학문으로서의 과학사가 주목받기 시작했다. 그래서 서양의 과학사라는 학문은 그리스에서 그 뿌리를 찾아 근대과학의 눈부신 발달을 대표하는 17세기 전후의 소위 '과학혁명'까지를 일관성 있게 논의하고 있다. 그리고 그렇게 개발된 서양과학사가 일반 역사 서술에도 영향주어 오늘날 세계사 서술의 한 요소로 나타나고 있다.

하지만 서양이 아닌 나라나 지역에서의 과학사란 자연히 서양과학의 수용으로 크게 달라지면서 갑자기 발달하는 과정을 겪기 마련이다. 그런 측면에서는 중국이나 일본, 그리고 한국의 과학사란 자연히 그 전통 시대의 과학사와 그에 이은 근대과학의 수용의 두 갈래로 나뉘어 보이게 마련이다. 한국과학사의 가장 근본적이고도 중요한 문제 하나는 우선 이를 들어야 마땅할 것 같다. 한국과학사는 傳統科學시대와 現代科學시대로 나눌 수 있고, 또 그럴 수밖에 없다는 사실을 지적한 것이다. 그러나 논의의 편의상 우리는 그 사이에 두 시대의 전환기라 할 수 있는 近代科學 시기를 넣어 17세기 이후 일제 시기까지를 여기 넣어 생각하는 편이 편리하다. 이 근대과학 시기란 이웃 나라(중국과 일본)에는 서양과학의 영향이 미치기 시작했고, 그 결과 조선에도 부분적이기는 하지만 서양의 영향이 미치기 시작했던 시대였다.

이렇게 전환기 또는 과도기를 설정하고 보면, 한국사의 현대과학 시기는 해방 이후, 특히 한국전쟁 이후로 잡을 수밖에 없게 된다. 이 시기에 들어가서야 비로소 한국인들은 서양 과학을 서양과학의 본바닥에 가서 공부하고 돌아오기 시작했고, 그 힘으로 현대과학을 건설하기 시작했다.

그래서 한국 과학사는 1) 전통과학의 시대(17세기 이전) 2) 근대과학의 시기(17세기~한국전쟁~1953년 까지) 3) 현대과학 시대(1953년 한국전쟁 휴전 이후)의 셋으로 시대구분하여 말할 수 있게 되는 것이다. 그리고 여기서 이렇게 세 시기를 각기 특징짓는 한국과학사의 주제들 내지 담론들을 생각해 보고, 이를 소개하려 한다. 이제 한국사 연구와 서술이 근대적 방법으로 시작된지도 한 세기를 바라보고 있다. 또 한국이 식민지 시대에서 벗어난 것도 반세기를 훨씬 넘어가고 있다. 이제 한국사를 보다 객관적이고 비판적으로 생각할 수 있는 수준에는 도달한 것이 아닌가 생각도 된다. 한국사를 보다 냉철한 눈으로 평가하고 서술하는 노력이 필요하다는 것을 의미한다. 이 기회는 바로 그런 노력을 시도하는 자리로도 유용하다고 판단한다. 한국문화의 특성을 논의하기 위해 과학기술사를 말하자면, 우리는 그 동안의 과학사 기술사 서술에 대한 반성에서 시작해야 마땅할 것이란 생각이 든다. 이 글은 그런 입장에서 쓴 상당히 개인적 의견이 가미된 글이기도 하다.

1) 전통과학시대

(1) 한국 과학전통의 평가와 반성

중국을 포함하는 동아시아의 과학기술은 전반적으로 완만하게 발전되어 왔다. 그것은 구태여 서양의 과학 발달 과정과 비교하여 말하자는 것이 아니다. 세계사에서 과학은 동서를 가릴 것 없이 아주 천천히 싹트고 자랐다고 할 수 있기 때문이다. 다만 서양에서는 16세기에 들어가 과학이 거의 폭발적으로 발전하기 시작하여 그후 그 발달 과정이 결코 멈추지 않았던데 비하자면, 동양의 과학수준은 16세기 이후 서양에 비해 상대적으로 낙후될 수밖에 없었다는 역사적 사실에 주목하게 된다.

기원전부터 중국에서는 학문과 사상이 상당히 발달했다. 그것은 특히 춘추전국시대에 그 절정을 이루어 많은 사상가들의 주장들이 책이 되어 남아 있기도 하다. 하지만 같은 시기 이 땅에서는 아직 그런 학문과 사상의 전개가 이뤄지지는 못했다. 당연히 중국에서는 기원전부터 이미 과학을 말할 수 있는 자료가 있지만, 우리 나라에서는 기원전의 과학을 말하기에는 자료가 절대 부족하다. 다만 기록으로 남겨져 있지 않은 원시시대의 여러 생활 기술만이 그 흔적을 남기고 있을 따름이다.

삼국시대로 들어 가면서는 보다 확실한 과학기술의 유물이나 유적, 그리고 보다 확실한 기록을 근거로 한국 과학기술사를 생각할 수 있게 된다. 그러기에 근대역사학이 시작된 이후 한국의 역사는 삼국시대 이후 조선시대까지의 과학기술사의 대표적 성과로 여러 가지를 예로 들어 설명해 왔다. 그 대표적인 것들은 첨성대, 인쇄술과 금속활자, 거북선, 측우기 등등이라 할 수 있다.

그런데 이들 과학기술 유물 유적에 대해서 전통사회는 이들을 거의 무시해 왔다고 할 수 있다, 완전히 무시되어 왔던 이들 과학기술이 주목받기 시작한 것은 대략 1세기 전부터였다. 근대 서구 문명의 세례 속에서 비로소 과학기술 문명 부분에 주목하게 되었던 까닭이다. 특히 이들 과학 유산에 주목하기 시작한 것은 민족 사이의 갈등 속에 나라를 잃은 다음 새롭게 눈을 뜬 식민지 시대 조선의 지식층 사이에서 비롯되었다. 그들에게는 이런 빛나는 과학기술 유산이 우리에게도 있었다는 사실이 새삼스러운 발견이었고, 자못 자랑스러운 역사라 높이 평가하기 시작했기 때문이다. 그러는 가운데 일부 자랑이 지나치는 경향을 나타낸 것도 사실이다.

하지만 이제 해방 반세기를 훨씬 지나고 있는 이 시점에서 한국인들은 그런 민족의식 넘치는 역사 평가에서 벗어나려는 노력을 시작해야 할 때가 되었다. 그런 의미에서 몇 가지 대표적인 유산에 대한 반성이 시작되었고, 그런 반성적 연구와 서술이 최근 한국과학기술사의 서술에서 나타나기 시작했다.

첨성대를 예로 들어 생각해 보자. 첨성대가 오늘처럼 널리 그리고 높이 알려지기 시작한 것은 1900년대 초부터의 일이다. 특히 일본의 천문기상 학자 와다 유지(和田雄治)가 이에 대해 글을 써서 발표함으로써 첨성대는 일부 주목을 모으기 시작했으며, 그것은 곧 세계적 관심까지 받을 수가 있게 되었다. 실제로 일제 식민지 시대를 살던 우리 선조들 가운데에는 첨성대를 비롯한 몇 가지 과학기술상의 업적을 들어 우리 민족의 우수성을 강조할 필요성이 있었던 점을 인정할 수 있다.

하지만 첨성대가 633년 또는 647년 건조되었다하여, 같은 시기의 신라가 특별히 천문학 분야에서 다른 나라보다 월등하게 앞서는 다른 천문학 발달을 성취했었던지 증명할 길은 없다. 당시 기록을 근거로 편찬된 《삼국사기》

에는 상당한 천문 기록이 첨성대를 건조하던 시기에 남아 있기는 하지만, 천문 기록이 조직적인 천문학 발달에서 비롯한 것이라기 보다는 당대에 발달했던 災異論을 근거로 한 것임이 분명하다.

70년대에 과학사 또는 일반 역사가 사이에 첨성대의 본질을 두고 논전이 벌어진 것은 이러한 반성을 바탕으로 한 것이었다. 우리는 오늘 과학기술 문명 속에서 익숙해진 덕택에 첨성대를 과학 유산으로 꼽고 예찬하고 있지만, 1세기 전까지의 우리 조상들에게 그것은 별로 주목받지 못했다. 그렇기는 하지만 7세기 초에 이미 이런 천문관련 건조물을 지어 남겼다는 사실 자체만으로도 삼국시대에 우리 선조들의 천문학에 대한 깊은 관심은 분명히 당시 세계에서는 첨단 수준에 있었다는 평가를 할 수도 있다.

인쇄술이 다음으로 거론된 대표적 전통기술의 열매라 할 만하다. 가장 대표적인 과학기술의 유물로는 1966년 불국사 석가탑에서 나온 〈무구정광대다라니경〉(보통 〈陀羅尼經〉이라 약칭)을 들 수 있다. 이 두루말이 불경은 700년대 초에 만들어진 현존하는 세계 最古의 인쇄물로 인정되어 왔다. 인류 역사에서 인쇄술의 발명은 대단히 중요한－아니 어쩌면 가장 중요한－발명의 하나로 꼽을 수가 있다. 당연히 이에 대해서는 세계적 주목도 받았고, 이것을 중국 학계에서는 신라 승려가 중국에서 얻어간 것이라고 단정하고 있기도 하다. 여하간 불교가 크게 일고 있던 이 시기 신라에서는 불경을 인쇄하려는 관심이 당연히 높았을 수밖에 없다. 이런 관심은 그후 고려에서 계승되어 13세기에는 세계 최대 규모를 자랑하는 경판을 목판으로 남겼던 것이다. 이것이 국보로 지정된 해인사에 보관되고 있는 八萬大藏經이다.

전세계 모든 민족의 과학 기술을 돌이켜 볼 때 중국이나 아랍을 제외하고는 한국만큼 과학기술의 수준이 높았던 곳은 별로 없을 것으로 해석되기도 한다. 15세기 경 까지는 중국이 세계를 앞서고 있었다고 평가되는데, 삼국시대－고려－조선으로 이어지는 1천년 이상의 기록으로 남은 역사시대를 통하여 한국의 과학기술 수준은 세계적으로 선진 위치를 지켜왔다고 할 수도 있다는 뜻이 된다. 물론 이 시기 동안 중국 문명은 절대적으로 이 땅에 영향을 주어 온 점을 무시할 수가 없고, 크게 보면 한국 과학기술사의 대부분이 중국의 것을 바탕으로 하고 있음을 부인할 수도 없다.

(2) 전통과학의 관 주도적 특성

전통시대의 과학기술을 특징짓는 가장 대표적인 점은 그것이 '官治科學'이었다는 사실이다. 중세 말에서 르네상스 시기의 서양의 봉건 영주들은 과학, 기술, 예술 활동 일체를 후원해서 여러 분야를 발달시켰다. 이런 점으로는 동서의 전통 과학기술에 공통 요소가 있어 보이기도 한다. 서양의 중세에서 근세 초기까지의 사회가 봉건구조를 갖고 있어서, 그 사회를 지배하는 계층이 봉건 영주들이고 상당히 많은 수의 영주들이 서로 각축하는 전쟁 내지는 경쟁 상태가 지속되었다. 하지만 중국과 한국의 전통사회는 대체로 안정된 중앙집권적 구조를 유지하고 있었을 뿐 아니라 그 규모도 유럽사회의 봉건국가들에 비해서는 아주 크다고 할 수 있다. 중국과는 비교하기 어려울 정도로 작았지만, 고려와 조선이란 이 땅의 왕국 역시 그 규모에 있어서는 유럽 중세의 영주국보다는 대체로 큰 규모였던 것이다.

그러나 이런 관치적 특성은 일부 과학기술의 발달을 보장하는 듯하면서, 다른 한편으로는 그 발달을 한계지웠다고 하겠다. 어느 정도 발달하게 만들면서 동시에 그 이상의 발달을 억제해 주는 효과가 있었다고 할 수 있기 때문이다. 관치과학의 대표 분야라면 중국의 경우나 비슷하게 천문학과 의학을 꼽을 수 있다. 그 밖에 나라가 필요로하는 기술 분야 역시 관치기술로 수용되어 있었다고 할 수 있다.

그런데 이런 대표 분야라 할 수 있는 의학과 천문학이 크게 발달한 장점이 있는가하면, 그 밖의 분야는 상당히 위축될 수밖에 없었다. 그리고 그런 불균형의 과학기술 발달을 좌우한 근원에는 지배적 이데올로기 문제가 있었음을 주목하게 된다. 한국의 경우 잘 알려진 것처럼 역사 시기에 들어와 압도적으로 지배적이었던 사상체계로 불교와 유교를 들 수 있다. 불교는 삼국통일 직전 시기부터 고려시대까지를 지배했다고 할 수 있고, 유교는 조선시대를 좌우했던 것이다.

이 불교 내지 유교적 가치관이나 사상이 과학기술을 '낮은 문화'로 묶어주는 데 일정한 역할을 했던 것으로 해석할 수 있다. 불교는 중세 서양의 기독교와도 흡사하게 현세를 초월할 것을 가르쳤다. 현세에 대한 지나친 부정은 과학기술에 주목할 여유를 없게 만들었다고 할 수 있다. 이에 비하자면 불교를 배척하면서 등장한 조선시대의 유교는 대단히 현실적 사상체계라 할 수도 있다. 하지만 유교의 현실주의란 정치와 교육을 통한 사회개조 내지 새로운 이상사회를 내세운 것이지, 현실을 있는 그대로 인정하고 연구하며 이용하겠다는 그런 현실 인식과는 상당히 거리가 있었다.

관료사회로 향하는 과정을 보이기는 했지만 고려사회는 본질적으로 귀족사회였고, 귀족사회의 고려 지배계층은 과학기술을 직접 담당하는 계급도 아니었고, 또 과학기술에 특별히 관심을 갖고 있지도 않았다. 게다가 조선사회로 들어가 양반, 중인, 상인, 천인으로 구성된 본격적인 신분제도가 자리잡으면서 지배층 양반의 관심에도 과학기술은 자리하고 있지 않았다. 양반은 본질적으로 과거에 의해서 신분상승 기회를 얻게 되었고, 그 과거시험에는 과학기술은 포함되어 있지 않았다. 당연히 양반 관료층은 그들의 학문 수업에서 과학기술 분야를 置之度外할 수밖에 없었다. 그럼에도 불구하고 국가가 필요로 하는 관치과학기술의 주요 분야를 기르지 않으면 안되었다. 자연히 그런 분야—천문학과 의학 등—에 종사하는 계층은 서서히 양반 아래의 별도 계급으로 성장해 자리잡았다.

이 양반층 아래 계층으로 조선 전기 동안에 확고하게 자리잡은 것이 바로 중인 계층이다. 그리고 그런 중인의 등장은 조선사회를 이웃 중국이나 일본과는 다른 아주 특이한 사회구성으로 만들어 주었다고 할 수 있다. 이들 중인층을 구성하는 사람들은 천문학·수학·의학 등등 오늘날 과학기술 분야 종사자들이 중심이었지만, 여기에 조선 초부터 차별화되기 시작한 서얼 출신도 포함되었다. 또 법률이나 외국어 전공자들 역시 이 부류에 포함되었다. 말하자면 오늘날 전문직업으로 분류됨직한 분야가 중인층의 분야로 인정된 것이다.

중국과 마찬가지 관치과학이었지만, 한국사에서의 과학기술 분야는 중요한 부분에서 중국과는 차별화된다고도 할 수 있다. 그것은 중국과 다른 사회발달을 거치면서 한국에서는 독특한 '기술 천시'와 '중인 의식'의 발달을 가져왔기 때문이다. 그리고 이런 경향은 조선사회가 유교화하면서 더욱 심해졌다고 생각된다.

전통사회에서는 동·서 어디서나 과학기술이 크게 발달하지는 않았다. 그런 의미에서는 조선 초의 한국에서는 그런대로 놀라운 과학기술상의 성취를 이룩했다고 평가할 수가 있다. 특히 세종대에는 수많은 과학적 성취를 주목하게 되는데, 이미 지금까지의 전통적인 역사 서술에서 측우기를 서양보다 2세기 앞서 발명한 조선 역사상의 일대 자랑이라 여겨왔던 것을 우리는 잘 알고 있다. 그러나 같은 시기에 세종은 실로 수많은 과학기술 분야에서 뚜렷하게 성공을 보이고 있다. 널리 알려진 장영실의 물시계 자격루도 세종 때의 일이며, 여러 가지 해시계와 물시계 그리고 천문 기구 등이 발명되거나 제작되어 사용되었다. 이런 천문학상의 발달은 세종 24년(1442) 七政算의 완성을 가져오기도 했다. 그 밖에도《鄕藥集成方》으로 대표되는 의약학의 발달, 인쇄 기술과 화약 기술의 발달 등 많은 성과를 들 수 있다.

하지만 그것이 과연 오늘 우리가 하는 과학과 같은 성격의 것인가 하는 문제는 간단히 답하기가 어렵다. 이들 가운데 일부 과학적 업적은 그 수준이 보기에 따라서는 당대 세계적이라 할만도 하다. 그러나 세종대의 과학은 그 후 계승 발전 전개된 일이 없다고 말할 수 있다. 세종대에 발달하고는 그만인 것이다. 예를 들면 세종보다 1세기를 지난 중종 이후 명종 시기까지에는 대단한 학자들이 나와서 크게 활동한 것으로 잘 알려져 있다. 그런데 이 시기를 대표하는 李滉과 李珥 등 신유학의 대표적 학자의 삶과 학문 세계를 살펴 보면, 그들은 과학에 대해 거의 무관심했음을 알 수가 있다. 세종의 과학기술상의 성과는 새로 세운 왕조의 권위를 높이려는 정치적 노력의 일부였다고 판단할 수도 있다. 새 왕조의 정통성을 확고히 하려는 노력이 과학기술상의 발달도 가져왔던 셈이다. 그러나 일단 정통성이 확고해진 다음에는 과학기술 분야 같은 부분에 대한 국가적 관심은 상당 부분 사그러졌고, 그 때문에 조선왕조 중기에는 대표적 학자들의 과학에 대한 관심도 없어졌고, 과학기술이 특히 발달하지도 않았다고 할 수 있다.

중기 이후의 조선사회에서 과학기술은 더욱 천시되어 갔다. 일부 양반층이 천문학을 비롯한 과학 분야에 호기심을 보이기는 했지만, 조선 중기 이후의 과학기술은 "중인의 과학, 천인의 기술"이라 단적으로 특징지을 수도 있을 지경이다.

2) 근대과학시대

(1) 근대 과학기술의 수준－실학 시기

이 시기 세계사의 최대 과제는 17세기 전후 서양에서 이미 시작되고 급속도로 진행되고 있던 '과학혁명'·'산업혁명'을 따라가는 일이었다. 한국은 중국에 비해서는 압도적으로 불리한 환경에 있었고, 일본에 비하자면 비교도 할 수 없는 열악한 조건에 놓여 있는 채로 17세기 이후 19세기까지의 3세기를 살았다. 결국 중국보다 늦을 수밖에 없었고, 일본에는 비교할 수조차 없는 상황이었다.

우선 지리적 조건 때문에도 서양 진출의 과정에서 조선은 거의 서양 사람들의 주목을 받지 못했다. 또 조선인 스스로 그럴 필요성을 깨달을 형편도 아니었다. 일본과 중국에는 선교사들이 열심히 들어와 활약하기 시작한 것이 16세기부터의 일이다. 원래 서양 사람들이 동아시아로 진출하게 된 것은 그들에게 그럴 수 있는 기술적 수단, 즉 항해술과 그와 함께 선박 기술, 그리고 무기 기술 등이 주어진 다음부터의 일이었다. 육로로보다는 바다를 통해 인도 등에서 얻을 수 있는 향신료 등을 쉽게 얻을 수 있음을 알게된 서양 사람들은 16세기부터 적극적으로 바다 길을 개척해 나가기 시작했다. 지중해 도시국가들 보다는 당연히 대서양 국가 가운데에도 아프리카를 돌아 아시아로 나갈 수 있는 포르투갈과 스페인이 그 앞장을 서게 되었다.

이렇게 시작된 소위 '지구상의 대 발견'은 포르투갈 항해가들이 아프리카를 돌아 인도양에 이르게 했고, 스페인 항해가들은 이탈리아의 컬럼부스의 지휘 아래 1492년 대서양을 횡단하여 아메리카에 이르게 했다. 이렇게 바다 길을 개척해 가기 시작한 서양인들은 다투어 동으로 동으로 진출했고, 1500년대 초에는 이미 포르투갈인들이 중국 남부에 도착하고 이어 1543년에는 일본에도 표류해 들어오기 시작했다.

그러나 조선에는 전혀 서양 선교사들이 들어오지 않았다. 이따금 장사할 계기가 있을까하여 조선의 해안을 기웃거린 서양 장사꾼들이 아주 없지는 않았지만, 그들 아무도 적극적으로 진출하려 시도한 일이 없다. 이 점에서 중국이나 일본과는 전혀 달랐다. 결국 중국에는 1500년대 초부터 이미 서양인들이 자리잡고 활동하기 시작했고, 조금 뒤인 1543년 처음으로 일본 서남쪽 카고시마(鹿兒島)에 표류해 온 포르투갈 선박을 시작으로 일본에 도달한 서양인들은 그후 일본과도 지속적 접촉을 하게 되었다. 하지만 조선과는 그런 지속적 접촉이 시작된 일이 없다. 단편적인 서양인 출입이 아주 없지는 않아서 1653년 표류해 왔다가 1666년 탈출한 하멜의 경우가 그 대표적인 사건으로 꼽힐 수 있을 정도다.

이런 극히 제한된 상황 속에서 서양을 배우는 노력이 일부 학자들 사이에 일어나 몇몇 실학자들 가운데에는 중국에서 발행된 책을 통해 서양 과학기술의 진수를 대강 짐작해 국내에 소개한 사람들도 생겨났다. 李瀷의 《星湖僿說》에도 약간의 서양 과학 내용이 담겨 있으며, 洪大容은 서양 천문학 지식을 받아들여 그 위에 지구의 자전을 추가하여 생각해 보기도 했다. 그후에도 이런 경향은 지속되어 대표적 실학자 丁若鏞 역시 상당한 정도의 서양과학 영향을 반영하고 있다. 물론 이런 경향의 고조된 모습으로는 단연 19세기 중반에 활약한 崔漢綺를 들어야 할 것이다.

이 시기의 한국과학사의 가장 중요한 특징은 역시 서구과학기술 수용에서 직접적인 접촉이 전혀 없었다는 점을 들어야 할 것이다. 서양 선교사와 상인들이 직접 들어와 활약하던 동남아 나라들이나 중국·일본과는 아주 달리 조선에는 서양의 직접적 영향이 전혀 미치지 않고 있었던 것이다. 결국 이익에서 최한기까지 개국 이전의 한국과학사는 간접적이고 극히 부분적인 서양 과학기술의 수용 단계에 머물 수밖에 없었다.

서양의 선교사와 상인이 바로 조선에 들어오지 않은 것은 그들의 주요 관심사가 중국이었고, 지리상으로 조선은 일본이나 중국에 비해 멀기 때문이었다. 그러나 다른 한편으로는 조선은 다른 두 나라와 달리 해외에 교포의 진출이 거의 없었다는 점도 17세기 이후 서양 문명과의 접촉에 불리하게 작용했다. 특히 통일신라 때 많은 신라인이 중국에 진출하여 신라 거류지가 생겼음은 알려져 있지만, 그후 그와 비슷한 한국인의 해외진출은 없었던 것으로 보인다. 이에 비하면 중국인은 수많은 사람들이 동남아 각 지역에 뻗어나가

살고 있었고, 일본인 역시 상당수가 동남아와 필리핀에 퍼져 있었다. 또 17세기에서 18세기 동안 동아시아 바다에서 해상활동을 하고 해적질하는 사람들 역시 중국인과 일본인들이었다.

이들을 통해 서양 사람들은 그들이 직접 중국이나 일본에 오기 전부터 일본과 중국에 대해 소상한 정보를 얻고 있었고, 일단 그들이 직접 중국과 일본에 도착할 때에는 대개 동남아에 거주하는 중국인이나 일본인 교포가 통역 노릇을 해 주었다. 그러나 극히 드물기는 하지만 서양 배들이 표류해 왔을 경우 조선에서는 그들 서양인들과 통화조차 할 수가 전혀 없었다. 19세기 중반까지도 조선에 처음 도달하는 서양 사람들은 중국어 통역을 데리고 와서 조선인 중국어 통역과 대화하게 하여 의사를 소통하고 있었다.

이러한 커뮤니케이션의 단절 상태가 오랫동안 지속되었고, 이런 상태는 조선의 서양 문명에 대한 인지도를 극히 낮은 상태에 머물게 할 수밖에 없었다. 극히 일부의 실학자들이 중국을 통해 알려진 서양 과학과 서양 문물의 내용에 조금씩 익숙해지고는 있었으나 그 정도가 아주 낮았던 것이다.

(2) 근대과학기술의 수용－개화기

1876년의 개국과 함께 조선의 서양 과학기술 배우기는 정식으로 시작되었다. 그러나 자체적인 필요성을 성숙시킨 가운데 자력으로 개국했다기 보다는 중국과 일본의 간섭 속에서 등 떠밀리기로 나라 문을 열 수밖에 없었던 19세기 후반의 조선에는 아직 개국과 함께 서양으로부터 과학기술을 제대로 받아들여야 하겠다는 각오를 가진 인사들이 거의 없었다. 그런 정신 자세가 훈련된 일이 없었기 때문이다. 오히려 대부분의 지도층 인사들은 1876년 일본에 처음 문을 열 때까지도 여전히 쇄국을 통한 전통 수호를 고집했다.

주변 정황을 어쩔 수 없어 1876년 일본과 수호조약을 맺어 개국을 시작은 했지만, 아직 서양을 받아들일 자세는 전혀 아니었다. 일본과의 수교는 보기 따라서는 단지 한참 동안 중단되었던 관계를 수복한 것 뿐이라고 할 수도 있었기 때문이다. 조선시대를 통해 몇십 년에 한 번 꼴로 朝鮮通信使가 일본에 파견되었고, 초량에는 倭館이라는 일본 대마도의 무역본부가 설치되어 있어서 일본인들의 왕래가 그친 일이 없었기 때문이다. 특히 조선통신사는 임진왜란 이후에도 12차례 파견되었고, 1811년의 마지막 통신사 이전의 경우에는 일본인들로부터 대단히 융숭한 대접도 받고 또 실제로 적지 않은 문화적 영향을 일본에 주었으며, 조선도 이런 교류를 통해 상당한 정보와 실리를 취한 것이 사실이다. 결국 개국 후 몇 차례 일본에 보낸 수신사들의 귀국 보고와 중국 실력자 李鴻章의 후원 등에 힘입어 1882년 처음으로 서양의 대표국가인 미국과의 수호조약이 체결되었다. 그리고 이 조약을 시작으로 서양 나라들과의 관계가 맺어지기 시작했고, 당연히 서양으로부터 과학기술과 문물제도를 배워야겠다는 의식도 성큼 자라게 되었다.

그러나 이웃 나라 일본과 중국에는 이미 몇 백년 동안 많은 서양 사람들과 교류하면서 많은 서양인들이 그 땅에 머물고 있었던 것과는 달리 개국 이전의 조선에는 서양인이 자리잡고 활동한 일이 거의 없었다. 몇몇 가톨릭 신부들이 몰래 들어와 활약했지만, 종교 이외에 큰 영향을 주었다기는 어렵다. 게다가 아직 서양 과학기술을 직접 서양에서 배워야겠다는 열성이 일어나고 있었던 것도 아니었다. 자연히 1880년대 시작된 서양 배우기는 이미 많은 西洋化를 이룩하고 있다고 여겨졌던 일본과 중국을 통해 간접적으로 시도될 수밖에 없었다.

1881년 중국 天津에 보낸 領選使行이나 이어 일본에 파견되었던 紳士遊覽團 등의 노력은 그런대로 초기의 조직적인 서양 배우기였지만, 서양에 직접 대표단을 파견해 서양을 배우려 한 것이 아니라 일본과 중국에 보낸 간접적 노력이었다. 그리고 그에 이어서는 최초의 근대적 신문으로 알려진 《漢城旬報》가 1883년 처음으로 발행되면서 그 기사 거의 전부를 서양 과학기술 문명을 소개하는 데 할애했다. 서양 문명의 국내 소개에 글을 통해 힘을 쏟기 시작한 것이었다.

늦게나마 일부 열심히 과학 배우기가 시작되었던 셈이다. 하지만 《한성순보》에서 시작하여 《독립신문》에서 나타나는 것처럼 서양과학기술을 받아들이는 데에는 너무나 주위 여건이 나빴다. 열강의 각축 장소가 바로 한반도였고, 조선인들이 스스로 깨달아 과학기술의 근대화를 이룩하기에는 주어진 시간이 너무나 짧았다. 돈도 시간도 너무나 부족한 가운데, 조선인의 근대과학기술과 서양 문명 배우기는 모두 간접적으로 일본이나 중국을 통하려는 태도에 머물고 말았다. 이미 당시 일본과 중국은 많은 유학생을 서양 각국에 보내 과학기술이나 그 밖의 사회 제도를 익혀가고 있었다. 이미 중국과 일본에는 수많은 서양 유학생이 공부를 마치고 귀국해 활동한 1880년대까지 조선에는 서양에 유학가서 근대과학기술을 습득하고 돌아온 조선인은 단 한 명도 없었다.

서양은 그만두고 중국이나 일본에 가서 공부하고 귀국한 조선의 유학생도 아주 수가 적었고, 그나마 대개 제대로 공부하지 못하고 중도에 귀국한 경우가 전부였다. 1880년대 초에는 중국과 일본에 유학한 조선 청소년들이 생겼으나, 이들은 대개 중도에 학업을 포기하고 귀국하고 말았다. 예를 들면 1882년 여름의 임오군란 발생은 그 대표적인 핑계로 작용했는데, 이를 계기로 중국 천진에 파견되었던 조선의 영선사 기술 유학생 대부분이 철수하고 말았다. 또 1884년 말의 갑신정변은 당시 일본에서 공부하던 청소년들을 거의 다 귀국시켜 여기 가담하게 했고, 그 가운데 적지 않은 젊은이들이 갑신정변의 실패와 함께 희생당하고 말았다.

서양에 유학하여 직접 서양의 과학기술을 배워 온 사람이 없었을 뿐 아니라, 일본이나 중국에 가서 간접적으로 이를 익혀 온 인재도 한 명도 없는 채 조선왕조는 19세기를 마감하고 있었던 셈이다. 그렇다고 국내에 교육을 충실히 할 수 있게 외국으로부터 자격 있는 과학기술 교육자를 초빙해서 국내의 청소년을 교육시키는 여유조차 전혀 없었다. 1880년대 이후 근대적 학교는 계속 문을 열었지만, 과학기술 교육에는 더구나 효과가 없었다. 식민지 시대로 접어들기까지 겨우 이 땅에서 이룩된 과학이라면 초등교육 수준의 과학 지식이 조금씩 대중화하고 있었다는 점을 들 수 있을 뿐이다. 애국계몽운동의 핵심에 때로는 과학기술을 말하는 수도 있었지만, 그 운동에 참가한 당대의 대표적 지식인들의 과학 수준이 바로 초등학교 이하에 머물 따름이었다.

이런 낮은 수준의 과학기술에서 도약할 수 없었던 조건은 1900년 이후에도 계속되었다. 이 때를 전후하여 겨우 외국에서 대학을 졸업한 인물들이 나오기 시작했지만, 많지도 않은 이들의 진로 역시 조국의 과학기술 수준 향상에 이바지하기 어려운 것으로 끝나고 말았다는 점도 주목할 만하다. 예를 들면 한국 최초의 미국 대학 졸업자는 邊燧(1861~1891)였다. 그는 미국 매릴랜드 농과대학을 졸업했으나, 졸업과 함께 귀국하지 못하고 모교에서 일감을 얻어 근무하다가 졸업 후 넉 달만에 캠퍼스역에서 지나가는 기차에 치여 사망했다. 갑신정변에 가담했던 개화파 한 사람으로서 당시 그는 귀국할 형편이 못되었다. 여기 비하면 한국 최초의 여자 미국 대학 졸업생인 박에스터(金點童, 1877~1910)는 1900년 볼티모어여자의과대학을 졸업한 다음 즉시 귀국하여 최초의 서양 교육을 받은 여의사로 활약했다. 그러나 귀국 후 환자 진료 등에 골몰한 그녀는 10년만에 폐결핵으로 33살의 일생을 마치고 말았다.

남자로서 미국에서 최초의 의학 교육을 받은 徐載弼(1866~1951)의 경우는 약간 다른 특징을 보여준다. 1893년 컬럼비아 의과대학을 졸업하여 최초의 서양의대 졸업생이 된 그는 역시 갑신정변에 가담했던 핵심 개화파로서 귀국할 수 없는 채 미국 여성과 결혼하고 미국 이름(Philip Jaisohn)을 가지고 살다가 1895년말 정치적 환경이 호전되자 귀국하여 중추원 고문 자격으로 머물며 《독립신문》을 창간 운영하고 독립협회를 주도했다. 요컨대 최초의 서양의학 전공자였던 서재필은 의사로서 할동하지도 않았고, 보다 넓은 의미에서는 한국인 최초의 과학자 축에 속한다고 할 수 있었지만, 과학자로서 활동하지도 않았다. 그가 쓴 것이 분명한 《독립신문》의 글들에서도 별로 과학에 관한 내용은 찾을 수 없다.

서재필이 의학도도 과학자도 아닌 사회개혁을 위한 계몽운동가로 맹활약하고 있었던 19세기말의 상황은 바로 당시 조선왕국의 지식층이 필요하다고 느끼고 있던 것이 무엇이었던가를 웅변해 준다. 비슷한 경우는 일본에서 최초의 대학 졸업자로 교육받은 尙灝(1879~?)의 경우를 보아도 알 수 있다. 1906년 최초로 일본 東京대학 공과대 조선과를 졸업한 최초의 한국 기술자 상호는 바로 귀국하여 농상공부 고위 관직에 취임하여 몇 가지 기술직을 전담했던 것으로 밝혀져 있으나, 바로 나라가 망하자 그의 그후 소식은 아직 연구도 되어있지 않다.

과학기술을 공부한 개화기 선구자들은 국내에서는 있을 수도 없었고, 외국에서 몇 명이 겨우 나오기 시작했으나 그들은 귀국할 수 없었거나, 귀국하더라도 과학기술에 종사할 수 없는 상황이었다. 게다가 불행하게도 결핵으로 숨지거나, 교통사고까지 일어나 젊은 목숨을 잃어 가는 경우도 있었다. 상호 같은 경우는 그런대로 귀국하여 기술관료로 활약했던 셈이지만, 역시 조선의 뒤진 과학기술을 발전시키는 일에는 종사하지 못했다고도 할 수 있다. 결국 과학기술의 발달은 사회의 상당한 안정을 먼저 요구한다는 것을 알 수 있다. 그리고 개화기의 조선조는 전혀 안정된 상태에 들어가지 못한 채 동요 속에 몇 십년을 보내다가 일제의 식민지로 전락했던 것이다.

때마침 민족주의의 시대를 맞아 조선의 지식층은 새롭게 눈뜬 민족의식과 그에 따른 독립정신 등으로 고뇌 속에 빠질 수밖에 없었고, 이 때문에 한가롭게 과학기술의 연구와 발전에 몸바치겠다는 각오를 하기가 어려웠다. 모두가 민족을 구하고 나라를 되세우는 일이 더 급한 일로 여겨졌기 때문이다. 과학기술은 부차적인 요소로 여겨질 수밖에 없었다.

수학자였던 독립운동가 李相卨(1871~1917)의 경우가 이를 잘 보여준다. 조선 말기 독립운동가로 그 이름을 널리 날리고 있는 이상설은 1907년 고종의 密旨를 받고, 네덜란드의 헤이그 만국평화회의에 李儁·李瑋鍾과 함께 참석, 일본의 침략행위를 규탄하여 전세계에 알리려했던 유명한 사건의 주인공이다. 그후 북간도, 블라디보스톡, 그리고 상해에서 독립운동에 매진했던 그는 원래는 수학자로 출발했던 인물이다. 육영공원에서 미국인 헐버트와 교류하면서 영어·프랑스어를 배운 그는 고종 31년(1894) 식년 문과에 급제, 성균관 교수 겸 관장에서 학부협판, 또 한성사범학교 교관 등 여러 관직을 지내기도 했다. 이상설은 광무 4년(1900)에 《算術新書》를 출간했는데, 이 책은 당시로서는 드물게 본문은 국한문 혼용으로 세로쓰기를 지키고 있지만, 수식은 가로쓰기로 바꾸고 있다. 당시 학부에서 그에게 맡겨 일본 수학자 우에노 기요시(上野淸, 1854~1924)의 《近世算術》을 번역한 것이었다.

망국을 앞에 둔 조선의 지식층에게 당장 급한 것은 민족과 독립이었지, 과학은 아니었던 것이다. 1900년 전후에 몇 안 되는 젊은이들이 과학기술에 눈뜨고 훈련받기 시작했지만, 민족의 존망을 앞에 둔 위기의식 속에서 그들은 과학기술 안에 머물 수가 없었다.

(3) 식민지 조선의 과학기술 전개

일제시기에 들어서야 과학기술에 대한 열망이 높아지기 시작했다. 지식층은 과학기술의 부족이 결국 나라를 망치게 되었다고 자각하고, 과학기술의 발전이 중요하다고 인식하게 되는 것이다. 그런 태도 변화는 이미 애국계몽기의 글들에서 많이 나타난다. 그리고 그 후 李光洙(1892~1950)의 〈無情〉 마지막 대목이 보여주는 것이 바로 그런 지식층의 의식세계라 할 수 있다. 1917년《每日申報》에 연재된 한국 최초의 현대 장편소설이라는 이 작품은 경성학교의 영어교사 이형식이 김장로의 딸 선형과 박진사의 딸 영채 사이에서 방황한다는 파란만장의 이야기다. 소설 끝 부분에서 주인공 이형식은 미국에 유학하여 생물학을 공부하리라 다짐한다. 여기에 소설가 자신이 붙인 논평이 있다.

> '나는 교육자가 되렵니다. 그리고 전문으로는 생물학을 연구 할랍니다' 그러나 듣는 사람 중에는 생물학의 뜻을 아는 자가 없었다. 이렇게 말하는 형식도 물론 생물학이란 뜻은 참 알지 못하였다. 다만 자연과학을 중히 여기는 사상과 생물학이 자기의 성미에 맞을 듯하여 그렇게 작정한 것이다. 생물학이 무엇인지도 모르면서 새 문명을 건설하겠다고 자담하는 그네의 신세도 불쌍하고 그네를 믿는 시대도 불쌍하다.

스물 다섯 나이의 이광수에게 그의 조국은 불쌍하기 그지없는 나라였음을 알 수 있다. 조선의 젊은이들은 아직 과학이 무엇인지를 전혀 알지도 못하고 있었기 때문이다. 그리고 작가 이광수 자신이 과학에 대한 이해의 부족을 인정하고 있음을 알 수 있기도 하다. 역설적으로 그는 이 대목으로 당시 조선이 가장 필요로 하는 것이 과학이라는 자신과 당시 지식층의 인식을 들어내 준다.

하지만 이런 막연한 과학기술 중요성의 인식에도 불구하고 식민지 조선에서 과학기술의 발달은 기약하기 어려운 일이었다. 일본은 이미 앞서고 있던 서구 열강을 따라잡기 위해 과학기술 발전에 열성이었지만, 그런 노력이 식민지에까지 펼쳐질 수는 없었다. 일본 안에서는 과학기술 발달을 위한 국가적 시책도 나오고, 그런 노력이 널리 진행되고 있었지만, 그런 노력을 그들이 식민지에까지 확대할 생각은 없었다고 할 수 있다.

한국에서의 과학기술 발달은 식민지 조선인의 몫으로 남아 쳐질 수밖에 없었다. 그런 가운데 일부 지식층은 조선에서의 과학기술 개발 발전에 관심을 갖고 그런 노력을 기울이기 시작한 일도 있다. 중등학교 교육이 과학을 가르치면서 새로 훈련받은 과학 교사들이 나오기 시작했고, 기술계 고등 교육을 받은 지식인들이 나오기 시작했기 때문이다. 그들 가운데 일부가 모여 식민지 조선에서의 과학기술 진흥 운동을 시작하기도 했고, 그런 대표적 노력의 하나는 發明學會이다.

그 대표는 金容瓘(1897~1967)이다. 이미 1924년 발명학회를 만들어 활동을 시작했던 그는 1933년 《科學朝鮮》이라는 과학잡지를 시작하는데 주동자로 활약했고, 그 후 이 기관을 중심으로 과학 대중화 운동의 기수 노릇을 담당했다. 1930년대 조선의 과학대중화 운동은 비단 과학기술의 진흥을 위한 몸짓일 뿐만 아니라 억압당하고 있던 당시 지식층 모두를 느슨하게나마 묶어 주었던 일종의 독립운동이다. 그 결과 1934년에는 科學知識普及會로 이를 확대하고 '과학 데이' 행사를 대대적으로 벌이기도 했다. 이 행사에는 당시의 조선 지식층이 망라되어 있었으니, 소설가와 시인, 언론인, 사업가, 그리고 민족운동가까지 모두가 이름을 걸어 주었고, 김용관 등이 실제 운동을 실행에 옮겼던 것이다. 그러나 기미독립운동의 결과로 자유화 물결이 어느 정도 인정되던 시기가 지나고 있던 30년대 말에 이 민족운동은 곧 탄압받을 수밖에 없었다.

이 때 '과학 데이'라는 날로 정한 날자는 1933년 4월 19일이었는데, 그 전해가 바로 찰즈 다윈(1809~1882. 4. 19)의 50주기였기 때문에 이 날로 정해졌다. 당시 다윈은 세계최고의 과학자로 꼽히고 있었다. 19세기말 폭발한 민족주의의 광풍이 세계를 휩쓸고 그 극에 달하고 있던 시기였기 때문에 나라와 나라, 민족과 민족 사이의 갈등과 투쟁을 통한 세계의 발전이란 명제가 지식층에게 설득력 있게 받아들여졌기 때문이다. 하지만 이런 민간 차원에서의 과학 운동이란 당시로서 큰 효과를 얻기는 어려운 일이었다. 일부 식민지 지식층을 자극하고 일반에게 어느 정도 과학기술의 중요성을 인식시키는 효과는 있었지만, 그 자체 식민지 조선에서 과학기술 수준을 높이는 일에는 거의 이바지하지 못하고 말았다.

그런 가운데 조선에서는 과학자 또는 기술자로 훈련받을 기회는 전혀 없었기 때문에 일본이나 서양에 유학하여 과학자, 기술자로 훈련받을 수밖에 없었다. 그런 조건 속에서 태어난 대표적 경우의 하나가 그후 일제시기를 대표하는 과학자로 꼽히는 곤충학자 石宙明(1908~1950)이다. 그가 한 일이라면 그가 남보다 잘 할 수 있는 '朝鮮的'인 과학을 시도한 것이다. 한국의 자연을 조사 연구하여 외국인들에게 알리는 노력으로 한국에서 사는 사람만이 해낼 수 있는 몫을 그는 대대적인 나비 채집과 연구로 해냈던 것이다.

이와는 조금 다른 禹長春(1898~1959)의 경우가 역시 해방 전후의 한국적 과학을 대표한다고 할 만하다. 그는 조선왕조에 반역자로 꼽힐 수 있는 명성황후 시해 주범의 하나인 禹範善과 일본인 어머니 사이에서 태어났다. 동경대학 농대를 졸업하고 농학자로 성장했던 그는 해방 직전까지에는 상당한 수준의 육종학자로 성장해 있었음이 분명하다. 그는 해방과 함께 모국을 찾아 귀국하여 죽을 때까지 많은 제자를 기르며 한국 농학의 기초를 다져주는 데 일정하게 기여했던 것이다. 그가 가족을 버리다시피 하고 혼자 귀국하여 제자들을 기르며 살던 모습은 그의 아버지와 출생 등에 얽힌 자신의 고뇌를 반영하고 있는 것으로 보인다.

이처럼 부분적으로 약간의 일화는 있었지만, 해방 전후의 한국 과학 수준이란 미약하기 짝이 없는 상태에 머물고 있었다. 특히 기초과학을 대표하는 물리학이나 화학 같은 분야에서는 이렇다할 발전은 전혀 없었다고 할 수 있다. 그것은 한국적 상황에 맞는 그런 규모의 과학이란 불가능했기 때문이다. 그런데 국제적인 수준의 물리학자나 화학자란 당시로서는 전혀 있을 수 없었기 때문이기는 하다. 이는 특히 일제시기 동안 이공계 대학 교육이 국내에서는 전혀 없었던 까닭이기도 하다. 경성제국대학에는 해방 직전 1941년에서야 이공계가 생겨 일부 조선 학생을 선발하기는 했지만, 해방 직후까지 이들의 역할이란 극히 제한적일 수밖에 없었다. 그리고 일본에 유학하여 이공계를 공부하는 일이란 당시로서는 극히 어려웠기 때문이기도 하다. 결국 식민지 시기 동안 일본에서 대학을 정식으로 졸업한 이공계 졸업자는 겨우 204명을 헤아릴 수 있을 뿐이다. 같은 시기 동안 일본인 이공계 대졸자가 몇 만 명인지 모르지만, 그 비교를 할 수 없을 정도로 극히 빈약한 인력을 가지고 해방 후 한국과 북한의 이공학은 새로 시작할 수밖에 없었던 셈이다.

게다가 그런 빈약한 이공계 인력이 남북으로 양분될 수밖에 없었다는 제약이 또 하나의 심각한 난관이 되었음은 물론이다. 예를 들면 일본에서 화학 내지 화학공학에서 박사 학위를 받고 일본에서 활동하던 대표적 식민지 조선의 과학자 李泰圭와 李升基는 해방 이후 바로 남(李泰圭)과 북(李升基)으로 갈라섰다. 이미 미약하기 짝이 없던 과학인력이 두 쪽으로 나뉜 당시 상황을 상징적으로 대표하는 사건이라 할 만하다. 게다가 곧이어 벌어진 한국전쟁으로 전국이 초토화하면서 과학기술은 더욱 쇠퇴하게 된다.

3) 현대과학시대－한국전쟁 이후

(1) '원자력 과학'에서 '월남전 기술'로

초대 대통령 이승만은 막연하게나마 원자력이 과학기술의 최첨단 분야로 개발 연구할 필요를 느끼고 있었던 것으로 보인다. 게다가 일본에 투하한 원자탄으로 전쟁을 예상보다 빨리 종결시킬 수 있었던 미국은 승전과 함께 바로 원자력의 통제와 독점체제에 관심을 가지게 되었다. 그런 가운데 곧 소련이 원자력 개발에 경쟁적으로 뛰어 들면서, 국제적 관심은 높아졌다. 미국은 한국전이 휴전된 직후인 1953년말 "평화를 위한 원자력"이란 슬로건을 내걸고 전세계에 그들의 원자력 이용 노력을 내세우며, 그들의 원자력 개발이 세계평화를 위한 것임을 강조하기 시작했다. 그 결과 아이젠하워 미국 대통령은 한국과 그 밖의 여러 개발도상국에도 원자력을 이용한 과학기술 개발을 원조하고 나서게 되었다.

남과 북의 전쟁으로 피폐할 대로 피폐해 있던 한국에 그것은 과학기술 향상의 중요한 계기로 작용하게 되었다. 1950년대 후반의 한국에서 발달하기 시작한 과학기술은 말하자면 '원자력 과학'이었던 셈이다. 실제로 한국 정부는 1956년부터 미국·영국·프랑스 등 서양 선진국에 유학생을 파견하기 시작했고, 1959년 1월에는 정식으로 정부에 原子力院을 세웠다. 이름은 원자력이었지만, 실제로는 당시 한국의 과학기술을 총괄하는 연구 행정 기구로 부상했던 것이다. 그에 이어 원자력연구소가 태어나기도 했다.

아직 충분한 교육과 훈련을 받지 못하고 있던 당시의 한국 과학자, 기술자들은 이를 계기로 단기간의 외국 유학을 다녀올 수도 있었고, 그들의 능력을 향상시켜 갈 수도 있었다. 또 그 가운데 상당수의 과학기술자들은 단기 유학을 장기로 연장해 눌러 앉거나, 일단 귀국했다가 바로 다시 유학의 길로 떠났다. 그리고 1960년대 경제발전이 시작되면서 그 배경으로 과학기술의 발전이 더 절실해지기 시작하자, 과학기술 발전을 위한 국가적 관심이 높아졌다. 그 결과 월남전 참전으로 생긴 미국의 호의에 의해 1966년에는 수준 높은 과학기술연구소(KIST)가 미국의 도움으로 태어났다. 그것은 한국군을 월남에 파병해 준 데 대한 감사의 표시로 미국이 도와주어 가능해졌던 '월남전 기술'이라 할 수 있다.

한국과학기술연구소는 과학기술을 한국 땅에 뿌리내리게 하는 중요한 계기로 작용하기 시작한 것이 사실이다. 마침 전세계의 중요 개발도상국에서 미국에 유학 갔던 수많은 젊은이들은 미국에서 공부가 끝나고도 자기 나라로 귀국하지 못하고 있어서, 나라 사이의 과학기술 수준의 차이는 부익부빈익빈의 악순환의 고리에 갇혀 있던 시대였다. 개발도상국으로부터 미국 등 선진국으로의 頭腦流出(brain drain)은 심각하게 반성되기 시작하던 시절이었다. 한국과학기술연구소의 설립은 이런 경향에 제동을 걸게 되었다는 점에서도 중요성을 갖는다. 이 연구소의 설치를 계기로 많은 한국 출신의 과학기술자들이 미국 등을 떠나 고국 대한민국으로 귀국해 왔기 때문이다.

60년대 경제개발을 앞세웠던 시기에 과학기술은 경제 발전의 수단으로 주목되기 시작했고, 당연히 기술 발전이 그 중심에 자리잡기 시작했다. 정부기구로 처음 만든 것이 경제기획원의 기술관리국이었다는 사실이 이를 잘 보여준다. 그에 이어 과학기술연구소가 탄생하고, 곧 정부부처의 하나로 1967년에는 과학기술처가 생겨 과학기술계를 대표하는 장관이 한 사람 생겨났다.

때마침 이 시기는 세계의 과학기술이 '거대과학'(Big Science)으로 각광받고 있던 때이기도 하다. 거대과학의 대표적인 경우로는 제2차세계대전 중 미국의 원자탄 개발을 위한 '맨하탄 계획'을 들 수 있다. 이어 소련은 우주개발에 국가적 노력을 기울여 1957년 첫 우주선 스푸트니크를 지구 궤도에 올려 미국과 우주 경쟁을 촉발했다. 그후 무기와 우주 경쟁을 중심으로 대규모의 국가간 경쟁이 지속되어 오늘에 이르고 있다. 그리고 그에 이어서는 유전자 구조가 밝혀지면서 유전과학 연구가 또 한 분야의 거대과학으로 크게 성장해 오늘에 이른 것이다.

이처럼 국가적 경쟁의 핵심 요소로 탈바꿈한 과학기술은 당연히 한국에서도 주목받기 시작하여 70년대 이후 한국은 정부 주도의 여러 연구소를 만들어 과학기술 개발에 뛰어들었고, 산업의 발달과 함께 많은 기업체 연구기관도 성장하기 시작했다. 또한 대학에 과학기술 분야가 크게 발전하여 많은 연구자가 교수로 일하게도 되었다. 해방 당시의 빈약하기 짝이 없었던 과학기술 인력은 80년대에는 놀라운 수준으로 불어나게 되었다. 그리고 한국의 과학기술은 분야에 따라서는 세계 수준에 접근하고 있는 듯이 보이기 시작했다.

(2) 자생단계의 한국 과학기술

오늘 한국에서 과학기술은 양적으로 크게 성장한 것이 사실이다. 1950년대에 자라기 시작한 과학기술 인력은 70년대 이후에는 대규모의 과학기술자 집단을 한국의 새로운 사회 계층으로 만들어 놓았다. 이로서 한국역사상 처음으로 과학기술이 한국 문화의 한 부분에 확실하게 자리잡게 되었다. 이로부터 한국의 과학기술이 다른 나라의 과학기술과 경쟁하고 비교되면서 발전하는 단계로 접어들었다고 할 수 있다.

지난 반세기 동안 인력 양성은 주로 외국 유학을 통한 과학기술 교육을 통해 이뤄졌다. 이들은 1966년의 한국과학기술연구소(KIST)의 출발과 그에 이은 정부 출연 연구기관들의 등장으로 귀국하여 자리잡기 시작했다. 이런 인력의 등장은 정부 연구소 못지 않게 대학과 산업체 연구소를 활성화시켰고, 인력 양성의 국산화가 가속화되었다. 당연히 대학의 과학기술 교육이 충실화하여 국내에서도 상당 수준의 과학자와 기술자를 양성할 수 있게 되었다. 중등 및 초등 학교에서의 과학 교육도 훨씬 나아지고, 그리고 과학기술의 대중화도 상당 부분 발전된 것이 사실이다. 몇 가지 과학 잡지가 나와 계속 발간되고 있으며, 많은 대중과학서가 출간되었다. 과학의 주변 학문도 제법 발달하여 과학사, 과학철학, 과학정책, 과학사회학 등등의 분야는 그 동안 상당히 발전했다.

서양 근대 과학을 처음 본격적으로 접한 개국 이후 한국사회는 급격하게 변하여 오늘에 이르렀고, 그 급격한 변화의 축에 과학기술이 자리잡고 있음은 분명하다. 그러나 실제로 과학기술이 한국 사회에서 중요성을 인정받을 수준에 이른 것은 해방 후 특히 1960년대 후반부터라고 할 수 있다. 이렇게 본다면 한국 사회에서 과학기술이 중요한 문화의 한 부분을 차지한 것은 '조선시대'가 아니라 '한국 시대' 이후 부터라고 꼬집어 말할 수도 있을 듯하다. 대한제국 시대에도 '한국'이란 표현은 있었지만, 실질적으로 '한국'이란 말은 해방 이후 남쪽에서 널리 사용되었고, 그런 뜻에서 이런 표현도 가능하다는 뜻이다. 물론 같은 시기 북한에서도 과학기술은 발달을 거듭하여 오늘에 이르고 있다.

돌이켜 보면 개화기에는 중인층과 일부 양반층에서 서양 과학기술의 중요성에 눈뜨기 시작했을 뿐 누구도 적극적으로 이를 수용하려는 노력을 시도해 보지 못한 채였다. 그리고 식민지 시기로 들어가서는 일부 지식층 사이에 과학기술을 중시해야 하겠다는 자각은 높아지고 있었으나, 科學主義로 그것을 외치기만 했을 뿐이지 과학기술 그 자체가 뿌리내리지는 못하는 상황이었다.

결국 해방 이후, 특히 한국 전쟁 이후에서야 자리잡기 시작한 과학기술은 제도와 교육과 연구가 모두 그 규모를 급속도로 높여 오늘에 이른 것이다. 하지만 규모상의 성장이 한국 과학기술의 균형 있는 발전을 뜻하지는 않는다. 지난 한 세대 동안 과학기술은 눈부시게 발전한 것 같으면서도, 그 속에 도사리고 있는 불균형성을 극복하지는 못하고 있는 것이 현실이다. 그리고 그 불균형성은 전통적인 '中人意識'과 한국사회에서 특히 심한 '두개의 문화' 현상에 근본적 원인이 있는 것으로 해석되었다.

교육에서는 한국에 특이한 현상으로 고등학교에서 문과와 이과를 엄격하게 구분하는 특징이 해방 이후 계속되고 있다. 그런가하면 정치와 행정은 이공계 인재를 활용하는 데 지극히 인색하다. 예를 들면 한국 정부에는 과학기술부라는 것을 만들고, 그 자리에만 과학기술계 인사를 장관으로 앉히는 대신 모든 다른 장관 자리는 문과 출신이 차지하는 특이한 전통을 강하게 지켜오고 있다. 그런 가운데 한국기술 관련 기관들을 좌우하는 행정은 거의 경제 관료들이 주도해 왔다. 1980년 이후 과학 기관의 통폐합 같은 대규모 수술 역시 경제 논리에 의해 결정된 것이 분명하다. 한국의 과학기술은 그 외형적 성장에도 불구하고 아직 그 자체의 자율성 마저 확립되지 못한 채 한국의 '이과 문화'는 '문과 문화'에 종속되어 있는 것이다.

여기에는 물론 현대 한국의 과학기술자들이 알고 모르는 사이에 계승해 온 중인 의식이 한 몫을 차지하고 있기도 하다. 조선시대 이래 일부 과학기술 분야는 양반 아래 특수계층으로 자리잡은 중인에 의해 독점되었고, 그 독점에서 오는 달콤한 열매는 이들 중인층을 경제적으로 알맞게 혜택받게 보장해 주는 효과가 있었다. 어느 의미에서는 오늘날 한국의 과학자, 기술자들은 사회를 외면한 채 적당한 경제적 혜택을 누릴 수 있는 것처럼 보여왔던 셈이다. 그러나 특히 2002년 초부터 심각하게 거론된 이공계의 위기 문제는 고등학교 학생들이 더 이상 이공계를 지원하지 않는 경향이 갑자기 강하게 나타나면서 심각한 현상으로 받아들여지고 있다. 그 동안의 양적 성장에도 불구하고 한국 과학기술계가 갖고 있던 '중인 의식'과 한국 사회 전반에 강하게 지탱되어 온 '이공계 천대'가 문제를 심각하게 만들어 왔음을 알 수 있다.

이는 아직 한국사회의 지적 풍토가 과학을 그 자체의 문화 속에 흡수소화하고 있지 못하다는 것을 보여준다. 당연히 과학기술의 양적 성장에도 불구하고, 한국 사회에는 대단히 강한 反과학과 新과학, 그리고 심지어 노골적인 미신의 풍조가 도도하게 흐르고 있다. 어느 의미에서는 21세기 한국의 지식인들은 과학기술조차 맹목적으로 믿으려는 '과학을 미신하는' 과학주의에서 벗어나지 못하고 있음을 보여주는 것으로 해석된다. 전반적으로 한국사회는 미신이 아직도 성행하는 불합리한 사회로 남아 있다. 그리고 그런 불합리는 사회 곳곳에 나쁜 영향을 남겨 사회 전체를 불합리한 장으로 만들어 놓고 있다고 판단된다. 표면상의 발달한 과학기술이 그 근본정신에는 전혀 영향하지 못하고 있기 때문이다.

해방 이후 겨우 반세기 정도에서야 자생단계에 진입한 한국 과학기술은 어느 의미에서는 아직도 자생하지 못하고 있다. 한국의 과학기술이 건강한 자생 단계로 진입하기 위해서는 극복하지 않으면 안 될 장애가 여럿 앞에 놓여 있다고 보인다.

〈朴星來〉

5. 미 술

우리 나라의 미술을 비롯한 예술과 문화의 특성이나 특징을 살펴보고 확인하는 일은 우리에게 더없이 중요하다. 왜냐하면 그것은 ① 우리의 미술이나 문화를 우리답게 하고, ② 우리의 것을 다른 나라나 민족의 그것과 구분지어 주며, ③ 우리 민족의 미의식과 기호·창의력과 지혜·전통과 역사, 다른 나라나 민족과의 교류 등을 반영하고, ④ 새로운 한국미나 문화의 창출에 밑거름이 되고 참고가 되는 것이기 때문이다.[1)]

이처럼 중요함에도 불구하고 그것을 규명하고 정의하는 일은 지극히 어렵다. 긴 역사를 이어오며 장기간에 걸쳐 갈고 닦아진 것, 축적되고 응축된 것, 변화하고 다져진 것으로서 시대·분야·지역에 따라 다소간을 막론하고 차이를 지니고 있는 것이기 때문이다.

또한 미술이나 문화의 특성은 ① 그 본질이 무엇인가, ② 언제, 어떻게 형성되었나, ③ 어떠한 변천을 겪어 왔나, ④ 그것으로부터 배우고 참고할 것은 무엇인가, ⑤ 어떻게 계승하고 보존할 것인가, ⑥ 새로운 한국적 미술이나 문화의 창출에 어떻게 활용하고 접목시킬 것인가 하는 문제와 과제를 내포하고 있기도 한다.

이와 같이 우리의 미술이나 문화의 특성과 관련하여 여러 가지 풀기 어려운 양상과 과제들이 놓여 있음을 알 수 있다. 현재로서는 어느 누구도 이를

---

1) 안휘준, 《한국의 미술과 문화》(시공사, 2000), 358쪽 참조.

명쾌하고 분명하게 풀어내고 단정하기 어렵다. 더구나 과거의 문헌이나 기록들 중에서 한국미와 문화의 특성에 관한 언급을 찾아보기가 어려운 실정에서는 더욱 그 일이 난감할 수밖에 없다. 그러나 다행스럽게도 미술의 경우에는 작품들이 많든 적든, 수준이 높든 낮든 남아 있어서 제한적이나마 어느정도 특성과 변천을 추적해 볼 수 있다.

지금까지 우리 미술의 기나긴 역사에도 불구하고 그 특성을 통시대적이고도 포괄적으로 한두 마디의 간단한 용어로 정의하고자 여러 학자들이 논의를 전개해 왔다. 야나기 무네요시(柳宗悅)의 "悲哀의 미"·"哀傷의 미"·"자연의 미", 고유섭의 "寂照美"·"非均齊性"·"非整齊性"·"무관심성"·"무계획의 계획"·"무기교의 技巧"·"구수한 큰 맛", 조지훈의 "소박미", 최순우의 "순리"·"담조"·"익살", 조요한의 "소박미"·"해학미", 김원룡의 "자연주의" 등이 그 대표적 예들이다.[2] 이러한 정의나 주장에 일리가 없는 것은 아니나 적절하지 않다고 판단되는 경우도 적지 않아 무리가 있음을 부인하기 어렵다. 따라서 시대별로 구분하여 대표적 작품들에 의거해서 실증적으로 그 특성을 찾아보고 규명하는 것이 보다 바람직하다고 판단된다. 다만 한시대의 경우에도 초기, 전성기, 말기 등 시대의 변화나 분야와 지역에 따라 특성이 달라진 경우도 적지 않은 것이 사실이므로 되도록 그 시대를 대표하는 분야와 전성기의 대표작들을 위주로 하여 그 특성을 살펴보기로 하겠다.

1) 선사시대 미술의 특성

우리 나라 미술의 특성은 이미 선사시대부터 형성되기 시작하였다고 볼 수 있다. 그 중에서도 신석기시대가 먼저 주목된다. 신석기시대에 앞서 구석기시대가 우리 나라에 존재하였음이 이제 분명한 사실로 밝혀져 있으나 논란의 여지가 전혀 없는 분명한 미술 작품은 아직 충분히 밝혀져 있지 않아

---

2) 한국 미술에 관한 여러 학자들의 견해에 대해서는 다음의 글을 참조.
權寧弼, 〈韓國傳統美術의 美學的 課題〉(권영필外, 《韓國美學試論》, 고려대학교 한국학연구소, 1994), 67~117쪽.
金元龍·安輝濬, 《新版 韓國美術史》(서울대학교 출판부, 1993), 3~8쪽.
安輝濬, 《韓國繪畫의 傳統》(文藝出版社, 1988), 36~47쪽 참조.

현재로서는 그 시대 미술의 특성이나 특징에 관하여 논하기가 어렵다. 앞으로 보다 분명한 미술자료들이 발굴되기를 기대해 볼 수밖에 없다.

(1) 신석기시대

신석기시대에는 빗살무늬나 번개무늬(雷文) 등으로 장식된 토기들이 많이 만들어졌다.[3] 그런데 이러한 토기의 문양들은 한결같이 기하학적이고 추상적이고 상징적이라는 점에서 공통성을 띠고 있다. 빗살무늬 같은 것이 기하학적인 문양임에는 이론의 여지가 없을 것이다. 그런데 그것은 무늬의 형태로 보아 어쩌면 신석기시대 사람들이 자리잡아 살던 강가나 바닷가의 물결을 단순하게 형상화한 것일 가능성이 있을지도 모르나 그렇게 단정짓기에는 무리가 있다. 문양이 비사실적으로 추상화되어 있기 때문이다.

그렇지만 그러한 문양들이 아무런 목적 없이 심심풀이로 장식을 위해서만 시문되었다고 단정할 수는 없다. 분명히 어떤 목적을 가지고, 그리고 무엇인가의 형상을 참고해서 시문되기 시작하였을 것으로 믿어진다. 그런 의미에서 생각해 볼 때 신석기시대의 빗살무늬를 비롯한 토기의 문양들은 무엇인가를 상징하고 있음이 분명하다고 생각된다. 다만 그 표현이 너무나 추상화되어 있기 때문에 현대의 우리가 단정지어 말할 수 없을 뿐이라는 생각이 든다. 이처럼 신석기시대의 빗살무늬를 비롯한 문양들은 기하학적, 추상적, 상징적 측면을 지니고 있다고 할 수 있다.

서울을 위시한 중부지역의 빗살무늬토기들에는 구연부에는 點列文을, 기복부나 기저부에는 빗살무늬나 어골문을 기면 전체에 걸쳐 시문하는 경향을 초기에는 띠었으나 점차 문양이 생략되다가 후기에는 구연부에만 문양이 남게되는 양상으로 바뀌게 되었다.[4] 말하자면 초기의 空間充塡式으로부터 기면의 여백을 중시하는 경향으로 변화하였음이 주목된다. 이는 중부지방 신석기시대 사람들이 시대의 흐름에 따라 점차로 여백의 미나 여백의 중요성을 깨닫게 되었음을 의미하는 것일지도 모르나 단정지을 수는 없다. 어쨌든 그릇 전면을 문양으로 빼곡이 채워 넣는 공간충전식 시문으로부터

3) 金元龍, 《原始美術》, 韓國美術全集1(同和出版公社, 1974), 圖 11~21 참조.

4) 임효재, 《한국신석기문화》(집문당, 2000), 53~94쪽 참조.

생략을 통해 여백의 미를 살리는 방향으로 변화했던 사실만은 분명하다고 하겠다.

그런데 구연부에 점열문만을 남기고 기복부나 기저부에 전혀 문양을 넣지 않는 경향이 함경도와 강원도 지방에서는 신석기시대 후기가 아닌 초기부터 이루어졌음이 주목된다. 함경도 웅기군, 강원도 양양군 오산리, 강원도 춘천시 교동 등지에서 출토된 이른바 아가리무늬토기들이 그 좋은 예들이다.[5] 이들 토기들은 구연부에만 점열문을 지니고 있을 뿐 기복부와 기저부에는 아무런 문양도 지니고 있지 않은 점에서 중부지역의 후기 빗살무늬토기와 상통한다. 이러한 지역적 차이와 시문상의 공통점은 앞으로 고고학이 풀어야 할 과제의 하나라고 생각된다. 어쨌든 중부지역의 빗살무늬토기들이 밑바닥이 둥글거나 뾰족한데 비하여 함경도와 강원도 지역의 토기들은 바닥이 평평하여 큰 차이를 드러내고 있음이 주목된다. 즉 이미 신석기시대에 지역간의 문화적 차이가 형성되었음을 말해 준다.

그러나 이러한 지역간의 차이에도 불구하고 공통점으로 볼 수 있는 점도 주목된다. 즉 신석기시대의 토기들은 형태 면에서 한결같이 곡선적 형태의 조형성을 띠고 있다는 점이 괄목할 만하다. 좌우 윤곽선이 늘 완만한 곡선을 이루고 있어 원만하고 부드럽고 여유로운 느낌을 자아낸다.[6] 이러한 점은 우리 나라 신석기시대 토기의 영향을 받은 일본 죠몬(繩文) 시대 토기들의 직선적 윤곽선들이 보여 주는 날카로움과 많은 차이를 보여 준다.[7] 이는 이미 신석기시대부터 우리 나라와 일본사이에는 현저한 미의식의 차이가 이루어지기 시작하였음을 말해 준다. 이처럼 신석기시대의 우리 나라의 미술은 기하학적·추상적·상징적 표현과 함께 곡선적 형태미를 중시하는 경향을 형성하였고, 지역간의 차이를 드러내며 발전하였음을 알 수 있다. 또한 일본에 영향을 미치기 시작하였으며, 한민족과 일본민족 사이에는 각기 다른 형태미를 추구하는 미의식의 차이를 드러내기 시작하였음도 확인된다.

---

5) 金元龍, 앞의 책(1974), 圖 17~19 참조.
6) 金元龍, 위의 책, 圖 12·14 참조.
7) 일례로 異條斜繩文尖底土器를 보면 좌우 윤곽이 직선에 가깝고 바닥은 뾰족하다(齋藤 忠, 《原始美術》, 東京 : 小學館, 1972, 圖 2 참조).

(2) 청동기시대

신석기시대의 기하학적·추상적·상징적 경향은 청동기시대로 이어졌음이 분명하다. 이 점은 청동기시대의 청동 거울 뒷면의 문양들에서 분명하게 확인된다. 비록 청동기시대의 민무늬토기·붉은간토기 등의 전형적인 토기들에서는 신석기시대의 문양들이 보이지 않지만 청동거울 등에는 계승이 되었던 것이다.

즉 청동기시대 거울의 뒷면에 새겨진 문양들은 한결같이 기하학적이고 추상적이며 상징적일 뿐 어떤 사실적, 具象的 표현과는 무관하다.[8] 이는 즉 청동기시대의 미술의 기본은 신석기시대 문화의 전통과 밀접한 연관성을 지니며 형성된 것임을 말해 준다.

그러나 청동기시대의 미술과 문화는 숭실대박물관 소장의 多鈕細文鏡의 모양에서 보듯이 신석기시대보다 현저하게 발전된 것임을 알 수 있다.[9] 1만 3,300여 개의 가는 세선과 100여 개의 동심원 등으로 이루어진 이 다뉴세문경의 모양은 지극히 가늘고 정교한 선들로 짜여져 있다.[10] 수많은 삼각형이나 동심원들로 이루어진 문양들은 현대의 과학기술로도 재현이 불가능한 것이어서 불가사의한 측면이 있다. 어쨌든 이 작품은 청동기시대의 과학기술이 놀라운 수준으로 발전되었을 뿐만 아니라 신석기시대의 기하학적·추상적·상징적 경향의 미술을 계승하여 고도로 발전시켰음을 보여 준다.

청동기시대의 미술과 관련하여 또 한가지 주목을 요하는 점은 이러한 추상적 경향과 함께 어느 정도 구상적이고 사실적인 경향이 자리를 잡게 되었다는 사실이다. 국립중앙박물관 소장의 農耕文靑銅器와 일본 동경국립박물관에 있는 動物文肩甲, 그리고 몇몇 조각작품들은 그 좋은 증거가 된다.[11] 농경문청동기에는 앞면에 Y자 형의 나뭇가지에 새가 한 마리씩 앉아서 마주보

---

8) 金元龍, 앞의 책(1974), 圖 101～113 참조.

9) 金元龍, 위의 책, 圖 103～104 참조.

10) 3선과 동심원의 숫자는 과학사의 개척자인 전상운박사의 설명에 따른 것임. 4명의 전공자들이 나누어서 계산하였으며 스크린에 확대해서 실시하였다고 함(《한겨레21》 312, 2000. 6. 15, 100～101쪽 참조).

11) 金元龍, 앞의 책(1974), 圖 82～83·94·118～120 참조.

고 있는 장면이, 뒷면에는 따비로 밭을 갈고 있는 벌거벗은 남자의 春耕 장면과 망이 씌워진 그릇에 곡식을 담고 있는 秋收 장면이 표현되어 있다.[12] 솟대를 상징하는 Y자형의 나무와 새들, 춘경과 추수의 장면이 극도로 간결하면서도 요점적으로 압축, 표현된 것이 괄목할 만하다. 인물들의 이목구비 등은 대담하게 생략되어 있으나 신체적 특징과 행위 등은 분명히 드러나도록 표현되어 있다. 따비로 밭을 갈고 있는 남성의 상징을 드러낸 모습으로 묘사된 것은 풍요와 다산을 의미하는 것으로 믿어진다. 이처럼 농경문청동기의 문양들은 半抽象化되고 상징성을 강하게 띠고 있는 것이 사실이나 반면에 구상적이고 사실적인 표현을 하고 있음이 주목된다. 순수한 기하학적인 표현과 현저한 대조를 보여 준다. 이러한 표현은 호랑이와 화살을 맞은 사슴을 묘사한 동물문경갑에서도 마찬가지로 엿보인다.[13]

이상 간단히 살펴본 것처럼 청동기 시대에는 다뉴세문경에서 보듯이 신석기시대 이래의 기하학적·추상적·상징적 경향의 미술과 농경문청동기에서 간취되는 바와 같이 새로이 등장한 구상적이고 사실적인 경향의 미술이 병존하기 시작하였음을 보여 준다. 전자는 신석기시대 문화의 계승으로, 후자는 청동기시대의 새로운 경향으로 풀이된다.

이러한 두 가지 경향들과 함께 청동기시대의 미술과 관련하여 간과할 수 없는 매우 중요한 사실은 對稱性에 대한 지대한 관심이다. 즉 대칭의 미에 대한 관심이 지대하였음이 이 시대의 磨製石劍들에 의해서 확인된다. 경상남도 창원 진동리, 경상남도 김해 무계리, 전라남도 여천 봉례동 등지에서 출토된 마제석검들을 보면 돌이 지닌 문양을 살려서 대칭을 이루도록 제작되었음을 보여 준다.[14] 돌을 갈아서 칼을 만드는 일 자체가 매우 어려운 것인데도 불구하고 굳이 돌이 지니고 있는 문양이 거의 완벽한 대칭을 이루도록 배려하여 제작한 것은 그만큼 청동기시대 사람들이 대칭의 미에 대한 관심이 지대하였음을 말해 준다. 이는 매우 특기할만한 일이다.

---

12) 농경문청동기에 대한 전반적인 고찰은 韓炳三, 〈先史時代 農耕文靑銅器에 대하여〉(《考古美術》 112, 1971. 12), 2~13쪽 참조.

13) 金元龍, 앞의 책(1974), 圖 94.
安輝濬, 《韓國繪畫史》(一志社, 1980), 9~11쪽 참조.

14) 안휘준, 앞의 책(2000), 35~36쪽 참조.

청동기시대에는 이밖에도 신석기시대와 마찬가지로 여전히 곡선의 미도 추구되었음이 이 시대의 각종 토기들이나 蛤刃의 마제석부 등에서 엿보인다.

이상 간략하게 살펴보았듯이 청동기 시대의 미술에서는 추상적 경향과 사실적 경향의 병존, 대칭의 미와 곡선의 미에 대한 집착이 두드러진 양상을 띠었음이 확인된다. 이러한 특성들은 원삼국시대를 거쳐 삼국시대의 미술로 이어져 새롭게 발전하는 계기를 마련하였다고 믿어진다.

2) 삼국시대 미술의 특성

삼국시대의 미술에서도 선사시대의 추상적 경향이 잔존하였으나 대세는 사실적 경향으로 굳어졌다고 할 수 있다. 신라와 가야의 토기들에 보이는 線刻으로 된 삼각형무늬 등의 기하학적·추상적·상징적 무늬들은 아무래도 그 연원이 선사시대의 전통에 이어져 있다고 믿어진다.[15] 그 유구성이 놀랍게 여겨진다. 그런데 이러한 무늬들은 고구려나 백제의 미술에서보다는 신라와 가야의 토기들에서 자주 엿보이고 있어 흥미롭다. 삼국시대에는 고구려·백제·신라·가야가 거의 비슷한 시기에 같은 한반도를 무대로 하여 발전하였음에도 불구하고, 그리고 상호 문화적 교류와 접촉이 있었음에도 불구하고 유사한 점들과 함께 상이한 점들이 많아 주목된다.[16] 이는 곧 같은 시대의 우리 나라 미술의 경우에 있어서도 복합성과 다양성을 두드러지게 띠고 있어서 한마디로 간단명료하게 정의하는 것이 어렵고 무리임을 말해 준다.

(1) 고구려

삼국시대의 나라들 중에서 제일 먼저 중국이나 서역 등지로부터 외래의 미술을 수용하여 국제적 보편성과 독자적 특수성(혹은 특성)을 함께 발전시키고 백제·신라·가야·일본 등 다른 나라들의 미술에 심대한 영향을 미쳤던

15) 일례로 韓炳三,《土器》, 韓國의 美 5(中央日報社, 1981), 圖 45 참조.
16) 金元龍박사는 고구려의 미술을 '움직이는 선의 미'로, 백제의 미술을 '우아한 인간미'로, 신라의 미술을 '위엄과 고졸한 우울'로 정의한 바 있다(金元龍,《韓國美의 探究》, 열화당, 1996, 18~22쪽 참조).

것은 바로 고구려이다. 따라서 고구려의 미술은 가장 먼저 관심의 대상이 될 수밖에 없다.

고구려의 미술은 대체로 힘차고 動的이며 긴장감이 강한 성격을 띠었다. 따라서 사람에 비유한다면 武士的 기질이 두드러진 미술이라 할 수 있다.[17] 이러한 특성은 무용총의 수렵도에서 보듯이 5세기경부터 두드러지기 시작하여 通溝四神塚, 眞坡里 1號墳, 진파리출토 透刻三足烏·龍鳳文金銅冠形裝飾 등에서 전형적으로 볼 수 있듯이 6세기를 거쳐 7세기에 이르러 절정을 이루었던 것으로 판단된다.

고구려 미술의 특성을 잘 드러내는 5세기의 대표작으로 무용총의 현실 서벽에 그려진 수렵도를 꼽을 수 있다.[18] 산과 산 사이의 넓은 들판에서 호랑이, 사슴 등의 야생 동물들을 사냥하는 모습을 묘사한 이 그림은 생명을 놓고 쫓고 쫓기는 절박한 박진감과 세찬 운동감이 화면 전체에 넘쳐 흐른다. 심지어 굵고 가는 波狀의 납작한 線들조차 율동적이어서 운동감과 박진감을 한층 제고시켜 준다. 이러한 수렵도의 연원은 중국 漢代 金錯狩獵文銅筒의 문양에서 찾아 볼 수 있으나,[19] 고구려의 이 수렵도에서 운동감·율동성·박진감이 극대화되었다. 이는 잦은 전쟁과 정례적인 수렵행사를 치르던 고구려의 尙武的 기질을 너무도 잘 표현한 것이라 하겠다. 수렵장면이 덕흥리고분·약수리고분·장천1호분 등 5세기 고분들의 벽화에 종종 그려졌던 것도 같은 맥락에서 이해된다.[20]

고구려 미술의 이러한 특성은 진파리 1호분에서도 잘 드러난다. 특히 북벽의 그림인 〈현무·수목도〉에서 飛雲과 연화문들이 화면을 가득 채우며 날고 있는 모습은 너무도 율동적이고 음악적이다.[21] 마치 장중한 오케스트라의

17) 安輝濬, 〈韓國의 繪畫와 美意識〉(《韓國繪畫의 傳統》, 文藝出版社, 1988), 57~62쪽 참조.

18) 金元龍, 《壁畫》, 韓國美術全集 4(同和出版公社, 1974), 圖 52·56.
인휘준, 《한국회화의 이해》(시공사, 2000), 112~114쪽 참조.

19) 金元龍·安輝濬, 《新版 韓國美術史》, 54쪽 및 378쪽의 圖 2-12, 2-13.
Kadokawa Shoten, *A Pictorial Encyclopedia of the Oriental Arts : Korea* (New York : Crown Publishers, Inc., 1969), Pl. 1 참조.

20) 안휘준, 《한국회화사 연구》(시공사, 2000), 75~81쪽 참조.

21) 金元龍, 《壁畫》, 圖 95 참조.

음악에 맞추어 크고 빠른 속도로 춤을 추고 있는 듯하다.

이러한 특성은 진파리 7호분 출토의 공예품인 투각삼족오·용봉문금동관형장식에서도 마찬가지로 나타난다.[22] 중앙에 태양을 상징하는 세발 달린 까마귀(三足烏)의 日象文을 중심으로 봉황과 용문양을 상하에 배치하여 도안화한 이 작품의 모든 부분은 왼쪽 하단부에서 오른쪽 상단부로 꿈틀대며 움직이고 있어서 강한 운동감과 율동성을 느끼게 한다. 마치 진파리 1호분의 벽화와 쌍을 이루고 있는 듯하다. 단순히 출토지가 같은 진파리이어서 만이 아니라 고구려 후기 미술의 특성이 벽화와 금속공예에서 공유되고 있었기 때문이라 하겠다.

고구려 미술이 운동감이나 율동성과 함께 힘의 표현을 지극히 중시하였다는 사실은 통구사신총의 〈현무도〉에서 특히 잘 드러난다.[23] 거북이와 그것을 휘감고 있는 뱀의 꼬이고 뒤틀린 몸, 머리를 마주하고 겨루는 듯한 두 동물들의 격렬한 동작과 첨예한 긴장감, 그에 따라서 물결이 튀듯이 사방으로 흩어지는 구름무늬들, 이런 것들이 어우러져 폭발할 듯 세차고 힘차며 박진감 넘치는 분위기를 자아낸다. 아마도 이 장면만큼 힘과 박진감을 중시하던 고구려 후기 미술의 특성을 잘 드러내는 작품은 없을 것이다. 이러한 경향은 강서대묘의 〈현무도〉로부터 한층 더 고구려화된 것이라고 믿어진다.[24] 이처럼 고구려는 힘, 운동감과 율동감, 박진감과 긴장감을 중시하는 미술을 발전시켰음을 알 수 있다. 그러한 특성은 늦어도 5세기경에는 이미 두드러지기 시작하여 6세기를 거쳐 7세기에 이르러서는 최고조에 이르게 되었던 것으로 판단된다.

고구려 미술의 이러한 특성이 형성되게 된 데에는 한족 및 북방민족들과의 끊임없는 대결, 산이 많은 지리적 환경, 혹독한 추위 등 기후적 요건, 중국 및 서역문화와의 교류 등이 복합적으로 작용 또는 기여했을 것으로 추측된다.

---

22) 金元龍·安輝濬, 《新版 韓國美術史》, 64·338쪽의 圖 2-35 참조.
23) 金元龍, 《壁畫》, 圖 80 참조.
24) 金元龍, 위의 책, 圖 72 참조.

(2) 백제

백제가 고구려 미술의 영향을 받았으면서도 고구려와 구분되는 백제적 특성을 키웠다는 사실은 부여 陵山里 벽화고분의 천정에 그려진 飛雲蓮花圖에 의하여 분명하게 확인된다.[25] 둥둥 떠다니는 구름과 연꽃을 주제로 한 점이나 動勢를 중시한 점에서 백제의 이 그림은 분명히 앞에서 살펴본 고구려 진파리 1호분의 현무수목도 중의 비운연화들과 불가분의 관계가 있음을 부인할 수 없다. 그러나 고구려 것에 비하여 동세가 훨씬 완만하고 느긋하며 부드러워서 고구려 것에서 느껴지는 박진감과 긴장감이 현저하게 완화되었다는 점이 두드러진 차이이다. 연꽃들의 형태도 백제 후기의 연화문와당들에서 보듯이 연판이 넓고 부드러운 모습을 하고 있다. 이처럼 백제의 미술은 고구려와 밀접한 친연성을 지니고 있으면서도 뚜렷한 백제적 특성을 키웠던 것이다.

백제 미술의 특성이나 또 다른 연원과 관련하여 주목되는 작품은 부여 규암면에서 출토된 山水文塼이다.[26] 공예품임에도 불구하고 산수를 문양으로 택한 점이나 그 표현방법의 수준이 매우 높다는 점이 함께 주목된다. 자연중시 사상과 세련된 산수화법이 엿보인다. 하단의 수면, 상단의 구름과 하늘, 그리고 그 사이의 산과 나무들이 좌우 대칭의 구도 속에 정연하게 묘사되어 있다. 소나무가 우거진 토산과 풀포기만이 자라는 암산들이 조화를 이루고 있다. 산과 산 사이에는 깊이감과 거리감, 오행감과 공간감이 합리적으로 표현되어 있다. 그런데 三山形의 산들은 공예디자인의 특성상 단순화와 도식화가 두드러져 있으면서도 현저하게 곡선적 표현을 하고 있음이 주목된다. 이처럼 전체적으로 보면 균형잡힌 구도에서 오는 안정감, 공간구성에서 느껴지는 여유로움, 산들의 표현에서 간취되는 부드러움이 돋보인다. 또한 이러한 것들이 어우러져 고도의 세련미를 드러낸다. 이처럼 백제의 미술에서는 안정

---

25) Kadokawa Shoten, *A Pictorial Encyclopedia of the Oriental Arts : Korea* Pl. 16
안휘준, 《한국회화의 이해》, 129~131쪽 참조.

26) 秦弘燮, 《工藝》, 國寶 5(藝耕産業社, 1985, 圖 134).
안휘준, 위의 책, 130~131쪽 참조.

감, 여유로움, 부드러움, 세련미가 산수문전을 위시한 작품들에서 흔히 엿보인다.

이러한 백제 미술의 특성은 瑞山磨崖三尊佛을 위시한 불상에서도 엿보인다.[27] 둥글고 살이 적당히 오른 복스러운 얼굴과 얼굴 가득히 넘치는 짙은 미소에서는 앞에 살펴 본 안정감, 여유로움, 부드러움, 세련미가 느껴진다.

이처럼 백제의 미술에서는 어딘지 道人的 기질이 간취된다. 그런데 이러한 백제 미술의 특성이 형성되는 데에는 비옥한 영토, 고구려에 비하여 좋은 기후, 백제인들의 낙천적 기질, 중국 남조와의 교류 등이 복합적으로 작용하였을 것으로 믿어진다.

(3) 신라

신라 미술의 특성과 함께 고구려 미술로부터 받은 영향을 동시에 보여 주는 작품으로 경주 천마총에서 출토된 천마도를 빼놓을 수 없다.[28] 자작나무 껍질을 누벼서 화면으로 사고 당초문대로 테를 두른 후 달리는 천마(혹은 일각수)를 중앙에 묘사한 이 작품은 말다래(障泥)로 판단된다.[29] 갈퀴와 꼬리털이 수평을 이루고 있고 혀를 길게 빼고 있어서 세차게 달리고 있는 것이 분명하나 발은 터덜터덜 걷고 있는 듯한 모습이어서 속도감이 느껴지지 않는다. 이것이 이 그림을 그린 화공의 솜씨가 모자라서인지 아니면 속도 표현에 대한 신라인들의 인식 차이에서 온 것인지는 확실하지 않다. 그러나 수평을 이룬 갈퀴나 꼬리털을 포함한 몸체의 표현을 보면 고구려 덕흥리벽화고분과 무용총 등에 표현된 달리는 천마의 영향을 받은 것이 확실함을 부인할 수 없다.[30] 그럼에도 불구하고 속도감의 표현은 고구려의 천마도들에 비하여 매우 미흡한 느낌을 준다. 이는 속단일지는 모르지만 어쩌면 신라인들이 고구

---

27) 黃壽永, 《韓國의 佛像》(文藝出版社, 1989), 210~214쪽.
이태호, 《한국의 마애불》(다른세상, 2001), 62~67쪽 참조.

28) 文化財管理局, 《天馬塚 發掘報告書》(光明出版社, 1975), 圖 1 참조.

29) 천마도에 그려진 동물은 천마가 아니라 기린이나 一角獸라는 설도 제기되어 있다(李在重, 〈三國時代 古墳美術에 나타나는 麒麟〉, 《美術史學硏究》 203, 1994. 9, 21~24쪽 참조).

30) 안휘준, 《한국회화사 연구》, 109~111쪽 참조.

려의 영향을 받았으면서도 적어도 動勢나 율동감의 표현에 있어서는 소극적인 태도를 지녔던 것이 아닐까 하는 추측을 하게 한다. 실제로 신라의 다른 어떤 미술 작품에서도 고구려적인 빠른 동세나 율동감을 찾아보기가 어렵다. 신라의 미술이 전반적으로 靜謐한 느낌을 주는 것과도 무관하지 않다고 생각된다.

신라 미술의 특성을 잘 보여 주는 대표적인 예는 금관·금귀걸이 등 금속공예와 토기라고 할 수 있다. 신라는 금속공예와 토기 분야에서 삼국 중 가장 큰 발전을 이루었다고 볼 수 있기 때문이다. 그런데 금속공예와 토기는 각기 상반되는 특성을 드러낸다.

금속공예 중에서도 금으로 만들어진 제품들은 금관·귀걸이·목걸이·팔찌·반지 등 장신구가 대표적인데 이것들은 한결같이 대단히 화려하고 지극히 정교하여 허술한 구석이 거의 없다.[31] 특히 가는 금실을 짧게 잘라서 열을 가하여 붙이는 鏤金法으로 장식된 太鐶耳飾 같은 금공예품들은 거의 완벽한 기술과 아름다움을 보여 준다.[32] 즉 고도의 세련미를 드러낸다.

이와는 대조적으로 신라의 동시대 토기들은 잘 만들어진 것들과 함께 형태가 삐뚤어진 것이나 표면이 울퉁불퉁한 것들이 혼재한다. 이러한 경향은 김원룡의 지적처럼 “완전한 것에 대한 무관심, 무집착”, “철저한 무작위”, “세부에 대한 무집착 또는 소홀”이라고도 할 수 있을 것이다. 이처럼 토기는 “고신라 미술의 소박하고 고졸하고 완고한 흙냄새를 단적으로 나타내고 있는” 대표적 예라 할 수 있다.[33]

신라의 미술에서는 이와 같이 금속공예에서 보는 바와 같은 지극히 화려하고 정교한 ‘세련미’와 토기가 전형적으로 드러내는 ‘소박미’가 대조를 보인다.[34] 이러한 신라 미술의 2중성은 고구려나 백제와 비교하여 특히 두드러진

31) 韓炳三,《古墳金屬》, 國寶 1(藝耕産業社, 1983), 圖 1~3, 8~11, 24~26, 33~40, 58~60, 65~67, 70~74, 88~90, 98~100 참조.

32) 韓炳三, 위의 책, 圖 98·100 참조.

33) 金元龍,《韓國美의 探究》(1996 개정판), 21쪽 참조.

34) 신라 미술의 소박미에 관해서는 미술사가는 아니지만 조지훈에 의해 거론된 바 있다.
趙芝熏,《韓國文化史序說》(探求堂, 1964), 132~153쪽.
權寧弼,〈韓國傳統美術의 美學的 課題〉, 85쪽 참조.

양상이라 할 수 있다.

그런데 신라의 토기에는 앞에서도 지적하였듯이 삼각형무늬 등 線刻의 기하학적·추상적·상징적인 문양들이 시문되어 있어 선사시대와의 연관성을 엿보게 한다.

신라의 미술에서는 어딘지 정밀하고 사변적인 느낌이 강하게 느껴진다. 사람에 비유한다면 고구려의 무사적, 백제의 도사적인 경우와 달리 哲人的 느낌을 자아낸다고도 볼 수 있을 것이다.

신라 미술의 다양한 측면은 가야와 가장 밀접하게 연관되어 있다고 할 수 있다. 환언하면 가야의 미술은 신라와 친연성이 강하다고 하겠다. 가야 미술의 특성도 마땅히 검토의 대상이 되어야 할 것이나 가야가 단일 국가가 아니었던 관계로 나라와 지역에 따라 약간씩 차이가 나고, 6세기(562년)에 신라에 통합되었으며, 아직 연구가 부족한 상태여서 현재로서는 어떤 책임 있는 정의를 내리기가 어렵다.

이처럼 삼국시대에는 고구려·백제·신라·가야 등의 국가들이 같은 한민족에 의해 세워지고 같은 한반도를 무대로 거의 같은 시기에 존재하였음에도 불구하고 제각기 다른 특성을 키웠던 것이다.

3) 통일신라시대 미술의 특성

통일신라의 미술은 삼국시대 고신라 미술의 전통을 기반으로 하여 고구려와 백제 미술전통을 흡수하고 중국 수·당대의 미술을 수용하여 독자적 특성과 함께 국제적 보편성을 이룩하였음은 주지의 사실이다. 통일기 신라의 미술은 불교를 바탕으로 발전하면서 토속성이 줄어들고 국제성이 커지게 되었는데 7세기를 거쳐 8세기에 절정기를 이루었으며 9세기부터는 쇠퇴기에 접어들게 되었다. 절정기였던 8세기의 미술 중에서도 석굴암의 건축과 조각, 불국사의 다보탑, 봉덕사의 성덕대왕신종은 특히 세계적 문화유산들이라 할 수 있다. 또한 이 작품들에서 통일신라 미술의 특성이 가장 잘 드러난다고 하겠다.

석굴암은 불교 교리·조각·건축 등 각기 다른 측면에서 살펴볼 여지가

많으나 여기에서 먼저 우리의 관심을 끄는 것은 본존인 여래좌상의 조각에 보이는 특성이다.[35]

통일신라 불상의 특성과 우수성은 석굴암 본존 여래의 모습에서 가장 잘 드러난다.[36] 가늘고 긴 내려뜬 눈, 적당한 높이의 오뚝한 코, 길게 곡선진 눈썹과 눈자위, 또렷한 입술과 인중, 부드럽고 둥근 턱, 적당히 살이 오른 볼, 복스럽고 둥그러운 얼굴, 과장되지 않은 큰 귀, 튀어 보이지 않는 육계와 나발 등 이목구비가 뚜렷하면서도 부드러운 가장 아름다운 용모를 갖추고 있다. 단순히 아름답기만 한 것이 아니라 정각과 득도에서 오는 그윽하고 자비롭고 여유로운 법열의 心狀이 얼굴 가득히 넘쳐나고 있다. 이처럼 고상한 얼굴은 넓고 당당하며 부드러운 어깨, 가늘어지는 허리, 안정된 결가부좌의 자세, 균형잡힌 몸매, 몸에 달라붙은 옷매무새와 아울러 더욱 돋보인다. 균형과 조화와 세련의 미, 사실과 이상의 미가 고르게 갖추어져 있다. 본존 여래에서 볼 수 있는 이러한 특성은 석굴암의 다른 조각들에서도 대동소이하게 간취된다.

석굴암의 조각이 중국 당대의 조각과 깊은 연관성이 있음은 사실이나 그것을 뛰어 넘는 경지로 발전하였음을 알 수 있다. 즉 국제적 보편성과 독자적 특성을 함께 보여 준다. 석굴암 조각을 통해서 보면 통일신라의 미술은 조화와 균제의 미, 세련미, 사실과 이상의 미, 국제미를 두드러지게 발전시켰었음을 확인하게 된다. 이러한 특성은 퇴화현상이 두드러지기 시작한 9세기 이전까지는 지배적이었다고 할 수 있다.

이점은 동시대에 조성된 불국사의 다보탑에서도 마찬가지로 나타난다. 이 탑은 세계 유일의 특수한 형태와 빼어난 조형성의 측면에서 통일신라 미술 최고 업적의 하나로 꼽지 않을 수 없다. 밑으로부터 위를 향하여 4면에 계단이 설치된 하층기단, 4개의 우주 및 중앙의 탱주와 2단의 두공과 갑석으로 짜여진 상층기단, 방형 난간과 8각 3단의 몸체, 8각의 옥개석, 상륜부(노반, 복발, 앙화, 보륜, 보개)로 이루어져 있다.[37] 목조건축 양식을 재현한 이탑은 밑

35) 黃壽永, 《石窟庵》(藝耕産業社, 1989).
文明大, 《吐含山 石窟》(한국언론자료간행회, 2000) 참조.
36) 黃壽永, 위의 책, 圖 9~34 참조.

으로부터 4각과 8각을 선용하면서 체감법을 적절히 구사하여 완벽한 비례와 조화의 미를 이루고 있다. 또한 상층기단의 방형 갑석과 몸체의 8각 옥개석은 나를 듯한 동세를 느끼게 한다. 세련미와 이상미의 극치를 보는 듯하다. 마치 석굴암 조각에서 볼 수 있는 미의 세계를 건축의 어법으로 변환시켜 놓은 듯 느껴진다.

통일신라 전성기 미술의 특성은 세계 최고의 종인 성덕대왕신종에서도 예외 없이 간취된다.[38] 높이가 3.3m, 밑지름이 2.27m의 대형 종인 이 작품은 잘 알려져 있는 바와 같이 경덕왕이 부왕인 성덕왕을 위해 동 12만 근을 들여 주조를 시도하다가 실패하여 혜공왕이 771년에 완성시킨 것으로 한국 종의 전형을 보여 준다. 상대인 肩帶와 하대인 口緣帶, 만개된 9개 연꽃모양의 乳를 감싸고 있는 4개의 유곽, 당좌와 비천상, 용뉴와 음통 등이 고루 갖추어져 있음은 그 단적인 예이다. 그러나 무엇보다도 주목되는 것은 전체와 세부의 형태 및 조형성이라 하겠다. 구경과 높이가 이루는 1 : 1.3 정도의 균형 잡힌 비례, 완만하게 볼록한 몸체가 이루는 절묘한 곡선미, 八稜으로 된 하대(구연대)의 문양이 자아내는 변화의 미, 비천의 천의자락들과 그를 둘러싼 보상화가 빚어내는 속도감 등등 흠잡을 데 없는 완벽한 세련미를 보여 준다. 석굴암의 본존을 비롯한 조각들과 다보탑이 보여 주는 이상화된 세련미가 이 종에서도 여실히 드러난다. 이러한 점에서도 이 종은 통일신라 미술의 특성을 대변하는 대표작일 뿐만 아니라 크기, 조형성, 소리의 신비성, 주조기술의 뛰어난 과학성 등 여러 가지 점에서 세계 제일의 철조 공예품일 뿐만 아니라 최고의 과학문화재인 것이다.

통일신라시대 미술의 특성은 이상 살펴본 대표적 불교문화재들 이외에 그 시대 토기에서도 엿보인다. 높은 잔(高杯), 목이 긴 항아리(長頸壺), 키가 큰 器臺 등 폭보다 높이가 큰 그릇들이 주를 이루었던 고신라의 토기들과는 달리 통일신라에서는 키보다 폭이 넓어서 안정감을 주는 盒을 비롯한 넓고 나지막한 형태의 그릇들이 주로 만들어졌다.[39] 문양도 삼각형 등 기하학적 추

---

37) 秦弘燮, 《塔婆》, 國寶 6(藝耕産業社, 1983), 圖 19 참조.
38) 秦弘燮, 《工藝》, 國寶 5(藝耕産業社, 1985), 圖 34~36 참조.
39) 崔淳雨, 《靑磁－土器》, 國寶 5(藝耕産業社, 1985), 圖 153~163(통일신라), 127~

상적 문양이 거의 사라지고 구름무늬(雲文), 印花文 등이 대신하게 되었으며 透孔도 형식적으로만 잔존하게 되었다. 이처럼 고신라의 토속성이 거의 자취를 감추고 균형과 안정감을 중시하는 경향이 대두되었던 것이다.

이상 석굴암 조각, 다보탑, 성덕대왕신종, 토기 등 한정된 대표작들에서 살펴본 통일신라 미술의 특성은 그 밖의 수다한 전성기 작품들에서도 정도의 차이는 있을지라도 일관되게 엿보인다. 균형미·비례미·세련미·이상미는 통일신라인들이 전성기에 추구하던 아름다움의 특성인 것이다.

남쪽의 통일신라와 대치했던 북쪽의 발해도 그 막강했던 국력에 상응하는 미술문화를 형성했던 것으로 믿어지나 유존작품의 희소성, 연구의 부족, 자료 활용의 어려움 등의 제약 때문에 그 특성에 관하여 단정적인 얘기를 할 수가 없다. 다만 발해는 고구려 문화의 전통을 계승하고 당나라 문화의 영향을 수용하여 독자적인 미술문화를 형성했던 사실만은 분명하게 확인된다.

4) 고려시대 미술의 특성

고려시대에도 전대에 이어 불교를 토대로 한 미술이 지배하면서 유교적 성격의 미술도 회화와 서예 등의 분야에서 자리를 잡게 되었다. 그러나 이 시대 미술의 주류는 역시 불교를 바탕으로 하고 있었음을 부인할 수 없다. 이 시대 미술을 대표하는 불교회화와 청자, 불상과 불교공예, 건축 등이 그러한 사실을 입증해 준다.

그런데 이 시대의 미술은 중앙과 지방, 상층과 하층, 분야에 따라 상당히 큰 차이를 드러낸다. 예를 들면 같은 불교미술이라도 중앙에서 그려진 화려하고 정교한 불교회화에 비하여 지방에서 조영된 석조 불상들은 비례가 맞지 않는 등 큰 차이를 나타낸다. 이는 통일신라의 미술이 전성기와 말기 사이에 나타내는 차이 이상의 차이라 할 수 있다. 따라서 고려시대의 미술은 이원화시켜서 볼 필요가 있을지도 모르겠다. 그러나 이곳에서는 왕실과 상층의 미술을 위주로 하여 살펴보는 것이 좋을 듯하다. 그렇게 하는 것이 창의성의 측면에서 더 합리적이고 또 이미 살펴본 통일신라나 삼국의 미술과 대

128·119~126(고신라) 참조.

비하여 보는 데에도 무리가 없을 것으로 생각된다.

고려시대 왕족과 귀족, 지체 높은 승려들의 미술과 관련하여 먼저 주목하게 되는 것은 불교회화와 청자임을 부인할 수 없다.

고려시대 불교미술의 정수는 조각에서보다는 회화에서 쉽게 찾아볼 수 있음을 부인하기 어렵다. 고려의 불교회화는 13세기말 이후의 작품들만이 남아 있는데 아미타독존상·아미타삼존상·아미타구존상 등 아미타를 주제로 한 작품들, 수월관음상·지장보살상·미륵하생경도·관경변상도 등 다양하지만 역시 아미타·관음보살·지장보살 등에 기복신앙적 측면이 강하게 반영되어 있다.[40] 현재 전해지는 100여 점의 유존작들은 한결같이 색채가 화려하고 문양이 섬세하며 필법이 정교하여 귀족적 아취가 넘친다. 색채는 붉은 색과 황금색, 청색과 녹색이 주를 이룬다. 깁의 뒷쪽에서 설채를 하는 이른 바 伏彩法을 구사하여 박락의 피해를 최소화한 점도 주목할만 하지만 700여 년이 흐른 현재에도 색채의 톤이 크게 변하지 않은 것을 보면 안료의 우수성도 엿보게 된다. 그런데 금색과 붉은색은 불보살의 존엄성을 높이는 역할을 한다고 믿어지며 푸른색과 초록색은 청자의 색깔과 상통한다고 생각된다.

고려 불화의 여러 가지 특성들을 구비하고 있는 작품으로 화가(徐九方)와 제작연대(1323년)가 밝혀져 있는 〈水月觀音圖〉를 꼽을 수 있다.[41] 바위 위에 半跏의 자세로 빗겨 앉은 모습이다. 정교한 문양들이 있는 붉은 옷과 투명한 옷을 입고 있으며 노출된 얼굴, 목과 가슴, 팔과 발 등은 모두 금색으로 설채되어 있어 화려하고 정교하기 그지없다. 사치스러워 보이는 목걸이와 팔찌는 화려함과 정교함을 고조시켜 준다. 주변의 바위들은 푸른색을 기조로 하고 있으면서 밑부분의 照光效果는 금색으로 표현되어 있어 보석덩어리처럼 보인다. 푸른색과 금색의 결합은 청록산수 또는 金碧山水畫의 전통과 유관한

---

40) 李東洲, 《高麗佛畫》, 韓國의 美 7(中央日報社, 1989).
《高麗, 영원한 美－高麗佛畫特別展－》(三星美術文化財團, 1993).
菊竹淳一·鄭于澤, 《高麗時代의 佛畫》(시공사, 1996).
洪潤植, 《高麗佛畫의 硏究》(同和出版公社, 1984).
문명대, 《고려불화》(열화당, 1991).
菊竹淳一·吉田宏志, 《高麗佛畫》(東京：朝日新聞社, 1981).
鄭于澤, 《高麗時代阿彌陀畫像の硏究》(京都：永田文昌堂, 1990).

41) 李東洲, 위의 책, 圖 26 참조.

것임을 부인할 수 없으나 바위와 대나무의 푸른색이 고려의 청자색을 연상시켜 줌도 역시 역연하다. 근경의 꽃과 산호초, 왼편 바위 위에 놓여 있는 대나무가 꽂힌 정병과 그것을 담고 있는 투명한 유리 그릇, 둥근 두광과 신광도 아름다움과 화려함, 통일성과 조화로움을 고조시키는데 일조를 하고 있다. 가늘고 긴 눈과 작은 입은 고려시대 불상의 특징과도 상통한다. 어쨌든 그림 자체에는 화려함과 정교함, 여성적 아름다움과 우아함, 조화로움과 통일성, 귀티와 숭고함이 넘친다.

고려 불화에 보이는 이러한 특성들은 이 시대의 청자에도 나타난다. 특히 12세기의 청자들에서 그러한 특성들을 흔히 엿볼 수 있는데 이는 곧 13~14세기 고려 불화에 보이는 특성들이 그 이전인 11~12세기에 이미 확립이 되어 있었음을 말해 주는 것이기도 하다.

불교회화에 보이는 고려미술의 특성은 청자에서도 엿보인다.[42] 불교회화가 고려시대의 순수미술을 대변한다면 청자는 그 시대 공예 또는 생활미술을 대표한다고도 볼 수 있을 것이다. 고려시대에는 백자도 만들어졌지만 청자가 단연 우위를 점하면서 그 시대 도자기를 대표하게 된 것은 역시 청자가 고려인들의 미의식이나 기호에 제일 잘 맞았기 때문이라고 믿어진다.

청자의 특성이나 기여와 관련해서는 영국의 곰퍼츠(Gompertz)가 지적하였듯이 아름답고 신비로운 유약의 색 이외에, 빼어난 형태미와 조형성, 상감기법의 창안, 辰沙의 최초 사용 등을 꼽을 수 있을 것이다.[43] 사실상 고려는 중국과 더불어 세계도자사상의 양대 종주국이라 할 수 있는데 청자의 경우 청출어람의 경지를 개척했음은 11세기 중국인 학자 太平老人이 그의 저술인 《袖中錦》에서 천하제일의 하나로 청자 중에서는 고려의 秘色을 꼽았던 사실에서도 입증이 된다.[44]

고려 청자와 관련해서 제일 먼저 관심을 끄는 것은 청색의 유약 색깔이다. 고려인들이 翡色이라고 불렀던 유약 색깔이야말로 고려 청자의 첫 번째 특

42) 崔淳雨, 《青磁-土器》, 圖 2~108 참조.
43) G. St. G. M. Gompertz, *Korean Celadon and Other Wares of the Koryo Period*(London : Faber and Faber, 1963), pp. 6~7 참조.
44) 金元龍·安輝濬, 《新版 韓國美術史》, 261쪽, 주 29 참조.

성으로 꼽을 만하다. 하늘에서 내려다 본 심연의 바다 속처럼 그윽하고 푸르른 유약 색깔은 불교를 토대로 한 고려시대 미의식과 잘 합치되었던 것으로 믿어진다. 고려시대의 불교회화에서도 비슷한 톤과 느낌의 푸른색과 녹색이 자주 사용되었던 것도 이를 뒷받침해 준다. 즉 청자색과 그와 유사한 청록색은 고려의 색채였다고 해도 무방할 듯하다. 이러한 고려의 불교미학적인 청색은 유교미를 대변하는 조선시대 백자의 흰색과 좋은 대조를 이룬다.

고려의 비색은 중국 청자의 색과 많은 차이를 드러낸다는 점에서도 고려의 특성으로 꼽을 만하다. 중국 송원대 청자 색깔이 비교적 밝고 얕고 경쾌해 보이는데 반하여 고려의 비색은 앞에서 지적한 것처럼 그윽하고 차분한 느낌을 준다.

고려시대 청자의 특성으로 형태미를 빼놓을 수 없다. 조각작품을 연상시키는 상형성, 다양한 형태의 변화를 보여 주는 조형성, 항상 존중된 곡선적 형태미 등은 유약 색깔과 함께 고려 청자를 돋보이게 하는 요소이다.[45]

상감기법은 금속공예나 목칠공예에서도 고대로부터 자주 사용되던 것이지만 이 기법을 도자기의 장식기법으로 활용하는 지혜를 발휘한 것은 고려 도공들뿐이었다. 따라서 상감기법은 고려 청자를 가장 고려적인 것으로 승화시킨 요소라 할 수 있을 것이다.[46] 진사의 사용도 마찬가지라 하겠다.[47] 이처럼 청자는 불교회화와 함께 고려시대 미술의 수준과 특성을 가장 잘 드러낸다고 할 수 있다. 두 분야 모두 그 제작을 후원하고 지도했던 고려의 왕실과 귀족들이 지녔던 기호와 미의식을 반영하였음이 분명하다. 이점은 고려시대의 나전칠기와 금속공예에서도 쉽게 확인된다.

고려 미술의 특성은 목조건축에서도 엿보인다. 부석사 무량수전을 위시한 고려시대의 목조건축을 보면 추녀가 하늘을 향하여 약간씩 치솟아 경쾌한 곡선미를 이루는데 이러한 특성은 조선시대로 그대로 계승되어 발전하면서 한국 고건축의 특성으로 굳어지게 되었다.[48] 이러한 완만한 곡선미는, 추녀

45) 崔淳雨, 《青磁-土器》, 圖 2·8·13·15~27 참조.
46) 崔淳雨, 위의 책, 圖 34~85 참조.
47) 崔淳雨, 위의 책, 圖 87~93·96 참조.
48) 金正基, 《建築》, 韓國美術全集 14(同和出版公社, 1975), 圖 11.
최순우, 《무량수전 배흘림기둥에 기대서서》(학고재, 1994), 78~80쪽.

끝이 지나치게 치솟아 과장되어 보이는 중국의 건축이나 밋밋하게 수평을 이루는 일본의 건축과 크게 차이를 나타내는데 그 특성은 고려시대에 형성된 것이다.

5) 조선시대 미술의 특성

조선왕조시대는 현대를 사는 우리와 시대적으로 가장 가깝고 또 미술 작품도 제일 많이 남아 있어서 어느 시대 보다도 중요시된다. 이 시대의 미술은 억불숭유정책의 영향 하에 형성된 유교적(혹은 성리학적) 미의식과 밀접한 연관성이 있음을 부인하기 어렵다. 전대인 고려시대에는 앞에서도 살펴보았듯이 불교를 토대로 한 푸른색의 청자가 시종 지배적이었던 데 반하여 조선시대에는 깔끔한 흰 색의 백자가 도가기의 주류를 이루었던 점도 그 단적인 예일 것이다. 비단 도자기의 색깔만이 아니라 유교의 영향은 다양하게 나타났다. 화려함은 피하고 검소함을 미덕으로 여긴 점, 과장과 장식성을 피하고 자연스러움을 존중한 점, 불교회화와 단청과 민화 등 예외적인 경우를 제외하고는 요란하거나 짙은 원색을 피했던 점 등이 모두 그러한 사실을 뒷받침한다. 회화 분야에서 濃彩畫가 아닌 수묵화가 시종하여 대종을 이루었던 사실, 자연환경을 최대한 활용하면서 인공을 최소화한 造苑예술, 재료가 지닌 木理나 문양을 앞세우고 장식을 최소화한 목공예, 구불구불한 목재조차도 선용한 목조건축 등은 그 구체적인 예들이다.

유교 이외에도 산수화가 가장 발달했던 사실에서 보듯이 도교의 영향과 불교미술이 입증하듯이 불교의 영향도 조선왕조시대의 미술과 불가분의 관계를 지니고 있었음이 사실이나 역시 유교의 영향이 가장 컸음을 부인하기 어렵다. 조선시대의 미술에서 흔히 간취되는 節制의 미도 유교미학과 합치되는 것이라 할 수 있을 것이다. 물론 이상 언급한 것들을 모두 유교(혹은 성리학)만의 영향으로 단정하는 것은 부적절할 수도 있다. 그것 이외에도 우리 민족이 가지고 있던 미의식이나 기호가 그에 못지 않은 역할을 했다고 볼 여지도 없지 않다. 그러나 전대인 고려시대의 미술과 연관시켜서 생각해 보면 역시 유교의 영향이 조선시대 미술의 특성을 형성하는데 제일 큰 역할을 했다고 보지 않을 수 없을 듯하다.

유교적 영향보다도 우리 민족의 성향과 보다 연관이 깊다고 생각되는 특성들도 적지 않다. '開闊性'을 중시하는 확대지향적인 공간개념,[49] 즉홍성과 대범성, 익살과 해학 등이 그 대표적 예들이다.

확트인 공간을 지향하는 개활성은 조선 초기 안견의 작품으로 전칭되는 〈四時八景圖〉나 필자미상의 〈瀟湘八景圖〉를 비롯한 안견파의 산수화들과 조선 후기의 청화백자에 그려진 소상8경도 계통의 산수문 등에서 전형적으로 엿보인다. 국립중앙박물관 소장 필자미상의 〈소상8경도〉 중에서 '遠浦歸帆'을 일례로 보면 원경이, 망망대해에 작은 배 3척만이 떠 있을 뿐 전혀 막힘이 없이 무한히 확 트여 있어서 감상자의 속을 시원하게 해 준다.[50] 이러한 경향은 다소를 막론하고 안견파 산수화들에서 일관되게 엿보인다.

이와 같은 확대 지향적인 공간개념, 즉 개활성에 대한 관심은 18세기의 청화백자들의 산수 문양에서도 간취된다. 호암미술관 소장의 떡매병과 청화백자산수인물문 4각연적이나 호림박물관 소장의 청화백자산수문 4각병은 그 전형적인 예들이다. 떡매병의 경우에는 그릇의 표면 전체를 화면으로 삼아 소상8경도의 하나인 洞庭秋月이라고 믿어지는 산수문양을 그려 넣어서 무한의 공간을 시사하고 있다.[51] 4각연적에서는 4면의 가장자리를 선으로 구획하고 각 면에는 최소한의 산수나 인물을 표현하고 나머지는 무한히 트여 있는 공간을 나타내었다.[52] 이러한 공간 묘사는 호림박물관의 4각병에서도 대동소이하게 나타난다.[53] 비슷한 예의 도자기들은 이밖에도 많이 있다.[54]

이처럼 조선시대에는 초기부터 후기에 이르기까지, 산수화는 물론 도자기 문양에까지 확대지향적인 공간개념을 중요하게 다루었던 것이다. 그런데 개활성에 대한 이러한 관심은 무용총의 수렵도나 고려시대 청동은입사포류수

49) 확대지향적인 공간개념에 관해서는 安輝濬, 《韓國繪畫의 傳統》, 81~84쪽 참조.
50) 安輝濬·李炳漢, 《安堅과 夢遊桃源圖》(圖書出版 藝耕, 1993), 14쪽, 圖 18(左下) 참조.
51) 鄭良謨, 《朝鮮陶磁 白磁篇》, 韓國의 美 2(中央日報, 1978), 圖 75 참조.
52) 《湖巖美術館名品圖錄》 I(三星文化財團, 1996), 圖 150 참조.
53) 《湖林博物館 名品選集》 I(成保文化財團, 1999), 圖 164 참조.
54) 방병선, 《조선후기 백자 연구》(일지사, 2000), 圖 105·107·108·110 참조.

금문 정병의 산수문양 등을 통하여 보면,[55] 조선시대에 처음 시작된 것이 아니라 이미 삼국시대에 자리를 잡았고 고려시대를 거쳐 조선시대에 더욱 발전하였을 가능성이 높다고 여겨진다. 만약 이를 긍정한다면 개활성에 대한 관심은 우리 민족의 기호나 미의식 중에서 각별히 관심을 가지고 살펴보아야 할 지극히 중요한 특성이라고 보아야 할 듯하다. 현대의 우리에게 있어서도 무엇보다도 강하게 의식 속에 자리잡고 있는 특성이기 때문이다.

즉흥성과 대범성도 조선시대의 미술에서 빼놓을 수 없는 특성의 하나이다. 즉흥성과 대범성을 제일 잘 드러내는 대표적 예로는 귀얄문 粉靑을 꼽을 수 있을 것이다. 그 중에서도 호암미술관 소장의 분청사기 귀얄문 扁瓶은 가장 전형적인 예라 할 수 있다.[56] 넓은 귀얄을 백토물에 듬뿍 담구었다가 꺼내서 편병의 표면에 종횡으로 거침없이 솔질하여 시문하였는데 자유분방한 귀얄 자국이 역력하다. 16세기의 이 편병처럼 이렇게 즉흥적이고 대담하고 자유분방한 백토 분장은 조선시대를 빼놓고는 어느 나라 어느 시대에서도 찾아볼 수 없는 특성이다. 오직 조선시대의 미술에서만 유사한 예들을 찾아볼 수 있을 뿐이다.

익살과 해학 역시 조선시대의 미술에서 종종 엿보이는 특성이다. 김홍도와 김득신·신윤복 등의 조선 후기 풍속화에서 특히 짙게 나타나지만 조선 중기의 이경윤 전칭 작품인 〈濯足圖〉 등의 작품들에서도 익살스러움이 엿보이는 점으로 보면 그 연원은 뿌리가 깊을 것으로 여겨진다.[57] 김홍도의 풍속화 중에서 한 점만을 예로 들자면 〈벼타작〉을 꼽을 수 있겠다.[58] 타작하는 농부들과 그들을 바라보고 있는 監農人을 X자 구도로 구성하여 표현했는데 활기에 넘치는 농부들 못지 않게 우편 상단에 있는 감농인의 모습이 보는 이에게 웃음을 자아낸다. 다리를 꼬은채 장죽을 물고 비스듬히 누워 있는 감농인의 모습을 보면 갓을 뒤로 재껴 쓰고 있어서 건달끼가 완연하다. 힘들여 일

55) 秦弘燮, 《工藝》, 國寶 5, 圖 104 참조.
56) 《湖巖美術館名品圖錄》 Ⅰ, 圖 106 참조.
57) 권영필, 〈해학, 한국미술의 미적 가치〉(《미적 상상력과 미술사학》, 문예출판사, 2000), 240~252쪽.
趙要翰, 〈한국인의 해학미〉(《韓國美의 照明》, 열화당, 1999), 153~194쪽 참조.
58) 安輝濬, 《風俗畫》, 韓國의 美 19(中央日報社, 1987), 圖 97.

하고 있는 농부들과 달리 이처럼 가장 편하고 여유로운 자세와 건달끼가 넘치는 표정으로 누워 있는 감농인의 모습은 익살과 해학 그 자체라 하겠다. 이러한 익살과 해학은 김홍도의 다른 작품들은 물론 그의 영향을 받은 김득신과 신윤복 등 후대 풍속화가들의 그림들에서도 다소간을 막론하고 흔히 엿보인다. 이상 대강 살펴보았듯이 조선시대의 미술에서는 그 이전의 미술에서 보다도 훨씬 다양하고 색다른 특성들을 확인하게 된다.

6) 맺음말

이상 간략하게 살펴본 바와 같이 우리 나라의 미술은 신석기시대부터 조선왕조시대에 이르기까지 각 시대별로 각기 다른 특성을 키웠음을 알 수 있다. 시대의 변화에 따라 전대의 특성이 후대에 계승되기는 했지만 대개는 큰 변화를 겪으며 새로운 특성을 키웠던 것이다. 또한 같은 시대라 하더라도 이미 신석기시대부터 지역간, 분야간의 차이도 형성되었음이 확인된다. 이처럼 수천년에 걸쳐 다양하게 전개된 우리 나라 미술의 특성들을 한두 마디의 용어로 정의하는 것은 적절하지 않다는 생각이 든다. 그럼에도 불구하고 무리하게 얘기한다면 '자연스러움'을 미덕으로 여긴 점이 아닐까 생각한다.[59] 선사시대부터 조선시대까지의 미술을 통관해 볼 때 일관되게 간취되는 점은 어느 시대의 미술에서나 과장이나 허세, 지나친 장식이나 왜곡, 무리나 억지 등을 찾아보기 어렵다는 사실이다. 항상 자연에 순응하고 자연을 살리는, 재료의 특성을 선용하면서 재치 있는 人工美를 겸허하게 발현하는 경향을 보여 준다.

이러한 통시대적 설명은 지나치게 포괄적이고 추상적인 느낌을 줄 수도 있다. 그러므로 보다 구체적인 우리 미술의 특성은 앞에서 논한 것처럼 시대별·지역별·분야별로 파악하고 이해하는 일이 보다 중요하고 절실하다고 생각한다.

〈安輝濬〉

---

59) 야나기 무네요시와 고유섭의 '자연의 미'나 김원룡의 "자연주의"와 일맥이 상통한다고도 볼 수 있으나 동시에 제작태도를 의미한다는 점에서는 차이가 크다고 본다. 필자가 얘기하는 것을 굳이 영어로 표현한다면 Naturalism이 아니라 "Inclination to Naturalness"라고 할 수 있겠다.

6. 음 악

1) 한국음악사의 시대구분을 위하여

한민족이 활동한 역사가 한국사이듯이, 한국음악사는 한국의 음악인들과 수용자들이 이루어 놓은 음악활동의 역사이다. 한국의 음악인들과 수용자들이 어떻게 음악의 역사를 발전시키면서 오늘에 이르렀는가에 대한 체계적 인식은 여러 관점에서 논의될 수 있다. 한 시대의 음악사를 어느 사회계층이 주도적으로 전개시키고 향수했는가라는 음악수용층의 관점이 고려될 수 있을 것이고, 시대에 따라 외래음악을 어떻게 수용했는가라는 수용사적 측면의 견해도 가능하다. 한 시대의 음악수용층과 외래음악의 수용이 음악사의 전개과정에서 등장한 음악의 갈래 형성과 발전에 결정적인 영향력을 미쳤기 때문이다. 그래서 음악수용층 및 외래음악의 수용에 따른 음악의 갈래가 시대마다 새로 등장하여 어떻게 변천됐는가에 대한 이해는 한국음악사를 체계적으로 이해하기 위하여 필수적이다.

한국사의 발전과정에서 음악수용층은 시대의 변천에 따라서 달라졌으며, 외래음악의 수용과 변천도 시대마다 그 양상을 달리하였다. 그러나 음악수용층의 시대적 변천과 외래음악의 수용양상에 따라 생성된 음악의 갈래에 대한 올바른 이해는 음악사의 大勢, 곧 큰 흐름을 파악하기 위한 하나의 접근방법이다. 따라서 이런 두 가지의 관점에 의해서 찾아낸 음악의 갈래가 시대마다 어떤 변천과정을 거쳤는지가 한국음악사의 시대구분에서 고려되어야 한다.

한민족이 이루어 놓은 음악의 역사는 음악활동의 흔적을 담은 음악사료의 근거로 서술될 수밖에 없다. 그러므로 시대 변천에 따른 음악수용층의 양상 및 외래음악의 수용과 변천에 관련된 흔적을 담은 음악사료는 음악사 서술의 필수적 근거이다. 그런데 한국의 음악사료는 어떤 형태로 전하느냐에 따라서 크게 두 갈래로 구분된다. 하나는 문자나 기호로 기록된 음악사료이고,

다른 음악사료는 문자가 아닌 고고학자료에 나타난 그림 등과 같은 역사적 유물이다.

문자나 기호에 의한 음악사료는 記譜法에 의거하여 음악실체를 담은 樂譜와 음악이론을 서술한 樂書, 그리고 한 시대의 음악문화에 관하여 기록한 음악문헌으로 세분된다. 악보나 악서는 音樂樣式(music style)과 음악이론의 역사적 변천을 밝혀주는 직접적인 음악사료이고, 음악문헌은 한 시대의 음악양식과 관련된 음악문화의 변천을 파악하는 데 필수적인 음악사료이다. 그러나 우리 나라의 최고 악보가 《世宗實錄樂譜》이고 최고 악서는 《樂學軌範》(1493)이므로, 15세기 이전의 음악사는 음악문헌과 고고학자료에 의거해서 서술할 수밖에 없다. 이렇듯 조선왕조 이전의 음악사는 음악문헌과 고고학자료에 의거해서 서술되어야 하기 때문에, 음악양식의 변천사 서술은 15세기부터나 가능하다. 따라서 한국음악의 전체 역사는 양식사적 관점보다는 음악문화사적 견지에서 서술되지 않을 수 없다.

이러한 음악사료의 상황 아래서 음악수용층이 시대적으로 어떻게 변천됐으며, 외래음악이 어떻게 수용되어 발전됐는지를 찾아서 음악의 갈래를 중심으로 한국음악사의 큰 흐름을 파악하는 것이 순리적이다. 그런데 한 시대의 음악문화가 그 사회의 음악수용층에 의해서 형성되고 외래음악의 수용과 변천에 의해서 전개되지만, 그렇게 형성되거나 전개된 음악문화의 갈래들은 역사적 변천과정을 거치기 마련이다. 그러므로 음악사의 대세파악은 음악문화의 지속적인 측면보다는 변화의 측면을 파악하는 데 중점을 두어야 한다. 한국음악사의 전개과정에서 시대의 변천에 따라 등장하는 새로운 갈래의 음악, 예컨대 唐樂이나 雅樂, 그리고 洋樂과 같은 외래음악의 등장과 변천은 그래서 한국음악사의 대세파악에서 중요시되어야 한다.

한 시대 음악수용층의 지배사상도 역시 음악문화의 전개과정에서 필수적으로 고려되어야 할 요소의 하나이다. 조선왕조의 건국을 주도했던 新興士大夫 출신 儒臣들의 유가적 禮樂思想은 조선 전기의 음악문화를 형성하는 데 결정적 영향력을 미쳤고, 중세 전기의 고려시대를 마감하고 중세 후기의 새 지평을 여는 사상적 배경이 되었다. 그리고 17세기부터 등장한 實學思想은 궁중음악의 역사적 변천과 민간음악의 등장에 크게 영향력을 미침으로 인하여 중세에서 근대로의 移行期를 열었던 사상적 배경이 되었기 때문이다. 이렇듯 음악수용층의 지배사상이 한 시대의 음악사를 전개시키는 데 결정적 영향을 미쳤으므로, 한 시대의 지배사상도 음악사의 대세파악에서 고려되지 않을 수가 없다.

음악인의 사회적 지위도 시대의 변천에 따라서 달라질 수밖에 없었다. 고대사회의 음악인은 비교적 높은 사회적 지위를 누렸으니, 거문고의 대가 王山岳과 玉寶高 그리고 가야금을 신라에 전해준 가야국의 악사 于勒과 그의 제자였던 法知·階古·萬德과 같은 신라관리들이 삼국시대와 남북국시대 음악인들의 사회적 지위를 입증해준다. 그러나 고려왕조와 조선왕조를 거치는 중세에 이르러 음악인들의 사회적 지위가 변천되어 천시받는 천민의 계급으로 전락되었다. 한국음악사의 전개과정에서 음악인들이 누렸던 사회적 지위의 변천이 음악사적 관점에서 중요한 의미를 갖는 이유가 음악사의 대세와 역사적으로 밀접하게 관련됐기 때문이다.

한국사의 발전과정에서 음악인과 수용층이 형성한 음악의 갈래 및 외래음악의 수용과 변천에 의한 음악의 갈래들이 시대에 따라서 어떤 변천과정을 거쳤는지에 대한 체계적 인식은 음악사의 대세를 파악하는 하나의 접근방식이다. 그리고 음악사의 서술이 음악양식사적 관점에서만 이루어지기 어렵고, 오히려 음악문화사적 견지에서 서술되어야 하는 이유가 음악사료의 시대적 한계성 때문이다. 한 시대 음악수용층의 사상과 음악인의 사회적 지위가 어떻게 변천됐는지에 대한 이해도 음악사의 대세파악에 중요한 구실을 담당한다는 견지에서 음악사 서술이 이루어져야 한다. 시대변천의 중요한 요인들에 의한 한국음악사의 전개양상은 결국 시대마다 새롭게 등장하여 변천된 음악의 갈래로 귀착된다. 이러한 전제 아래 한국음악사의 큰 흐름을 짚어보고자 한다.

2) 한국음악사의 전개양상

한국음악의 역사가 어떠한 변천과정을 거치면서 발전하여 오늘에 이르렀는지는 시대에 따라서 양상을 달리하였다. 시대 변천에 따른 음악사의 전개양상을 찾아내기 위한 시대구분에는 여러 가지의 견해들이 가능하고, 논의가 복잡하다. 그렇지만 시대마다의 음악수용층과 외래음악의 수용에 따라 등장한 음악의 갈래를 일차적인 기준으로 삼는다면, 시대구분의 대략적인 윤곽을 얻을 수 있다. 한국음악사의 시대구분에서 가장 중요한 기준은 시대 변천에 따라 등장하여 변천된 음악의 갈래들이기 때문이다.

한 시대의 음악적 양상을 보여주는 음악의 갈래로서 鄕樂·唐樂·雅樂, 그리고 洋樂·國樂은 각기 그것대로 음악사의 실질적인 변천를 입증하는 갈래명들이다. 그래서 음악의 갈래들이 시대마다 서로 경쟁하면서 이룬 역사가 고대 이래로 현재까지 전개되고 있다. 두드러진 구실을 하는 음악의 갈래가 시대에 따라서 다른 양상으로 서로 교체되었다. 따라서 음악의 여러 갈래들이 경쟁적인 관계를 맺으면서 전개된 변천양상을 정리해서 살피면, 한국음악사의 대세에 대한 체계적 이해를 한 차원 높일 수 있다.

처음에는 향악만이 있었는데, 그 시기는 기원 전후부터 시작되는 고대이다. 그러다가 전제왕권에 의한 고대국가의 설립 이래로 외래음악의 수용에 따라 등장한 당악과 아악은 고대에서 중세로 전환시킨 음악의 갈래들이다. 7세기 이후 당나라 및 12세기 송나라로부터 수용한 당악과 아악이 중세음악사의 큰 흐름을 형성했기 때문이다. 고대의 향악은 중세의 당악 및 아악과 공존하였다. 17세기 이후에는 궁중 밖에서 민간음악이 활발하게 전개되어, 궁중의 향악·당악·아악과 당당히 맞설 수 있게 되었다. 그래서 중세에서 근대로의 이행기에 들어설 수 있었다. 19세기 후반부터 등장한 서양음악 곧 양악은 근대음악 성립의 결정적인 계기를 만든 갈래였다. 중세 향악·당악·아악의 갈래는 근대로의 이행기에 나온 민간음악과 더불어 국악의 이름으로 근대의 양악과 공존하면서 오늘에 이르고 있다.

(1) 고대음악사의 형성과 발전

향악시대인 고대를 음악수용층의 관점에서 조명해 볼 때, 부여의 迎鼓나 고구려의 東盟 또는 濊의 舞天과 같은 國中大會에서 공연된 歌舞활동에서 볼 수 있듯이 백성과 지배자의 구분이 처음에는 뚜렷하지 않았지만, 나중에 왕족과 귀족층의 등장으로 인하여 음악 수용층의 변화가 생겼다. 중국 北朝

를 통한 고구려에서의 西域樂器 수용이나 백제에서 南朝를 통한 외래악기의 수용이 각국의 왕족과 귀족사회에서 이루어짐으로써, 그것은 음악수용층의 변화를 가속화시켰다. 그러나 한민족의 음악적 특징을 지닌 향악이 고대음악의 지배적 위치를 차지하고 있었기 때문에, 고구려가 隋나라의 七部伎와 九部伎 그리고 당나라의 十部伎에 자국의 악사와 악공들을 파견하여 해외에서 국위를 선양할 수 있었다. 또한 백제·고구려·신라의 악사와 악생들이 구다라가쿠(百濟樂)·고마가쿠(高麗樂)·시라기가쿠(新羅樂)의 이름으로 三國樂을 고대 일본조정에 소개할 수 있었던 사실도 삼국 향악의 굳건한 기반 없이는 불가능하였다.

고대 향악의 형성과 전승에 중요한 역할을 담당했던 악사의 사회적 지위는 중세사회에서보다 비교적 높았다. 거문고를 창시한 왕산악은 고구려의 宰相이었고, 신라 땅에 거문고를 전파하고 30여 곡을 창제한 옥보고는 6두품 출신의 沙湌 恭永의 아들이었다. 그리고 신라 眞興王(540~575) 때 가야금을 전해준 가야국의 악사 우륵이 신라 17관등의 12관등 大奈麻의 법지와 계고 및 12관등의 大舍 만덕에게 노래와 춤 그리고 가야금을 가르쳤다. 옥보고의 제자 貴金先生의 琴道를 전수하기 위하여 南原에 파견한 신라왕족 출신 2관등의 伊湌 允興이 귀금선생 앞에서 무릎을 꿇고 술잔을 대접한 결과, 淸長과 安長이 귀금선생의 금도를 전승할 수 있었다. 《삼국사기》 樂志에 전하는 이런 모든 사실들은 악사의 사회적 지위가 고대사회에서 매우 높았음을 입증해주는 증거물이다.

7세기 후반부터의 고대 후기에는 통일신라의 조정에 등장한 당나라의 俗樂에서 사용된 唐樂器와 唐樂調가 서서히 한반도에서 당악의 물줄기를 형성하였다. 《삼국사기》 악지와 고고학자료에 보이는 唐琵琶·唐觱篥·拍板·大鼓와 같은 당악기들이 그 실례이다. 그리고 唐俗樂에 사용된 28調 중에서 黃鍾調·般涉調·越調와 같은 당악조들이 三竹에서 사용된 사례도 통일신라조정에서 당악의 수용을 입증해주는 증거물이다. 이렇게 고대 후기의 당악이 서서히 고개를 들기 시작했으나, 그 갈래가 고대 후기의 향악과 대등한 위치를 차지할 수는 없었다.

고대 후기 통일 신라의 향악은 伽倻琴·거문고[玄琴]·鄕琵琶의 三絃과

大笒·中笒·小笒의 三竹에 의하여 고대 전기 삼국에서 형성된 향악의 확고한 위치를 유지할 수 있었다. 삼현과 삼죽의 鄕樂器는 삼국시대 백제와 고구려의 향악에서 중요한 역할을 담당했던 향악기를 수용하여 고대 전기 신라 향악의 터전 위에 발전시킨 결과였다. 따라서 통일신라의 향악은 고대 후기에 이르러 서서히 등장한 당악의 물줄기에도 불구하고 고대 전기 향악의 전통을 전승하여 고대음악사의 대세를 유지시킨 갈래의 음악이다. 향악이 고대의 전후시기를 거치면서 고대음악사의 대세를 형성한 까닭이 여기에 있다.

(2) 중세음악사의 큰 흐름

고대 후기의 당악은 12세기 고려조정에 소개된 송나라의 敎坊樂으로 인하여 중세라는 새로운 시대의 지평을 여는 갈래의 음악이 되었다. 중세음악사에서 송의 교방악을 포함한 고려의 당악이 大樂署와 管絃房 같은 왕립음악기관 소속 左坊의 자리를 차지하였고, 따라서 좌방의 당악이 右坊의 향악과 대등한 위치를 차지한 시기가 고려시대였다. 이렇게 당악이 왕립음악기관 소속 좌방의 확고한 위치를 차지할 수 있었던 것은 송나라에서 고려조정에 파견한 敎坊樂師의 공로 때문에 가능하였다. 이렇듯 고려의 당악은 향악과 더불어 중세 전기 음악사의 전개과정에서 대세를 형성한 갈래가 되었다. 그러므로 중세 전기음악사의 주류는 당악과 향악이 담당하였다. 중세 전기의 당악과 향악이 공연예술사의 발전과정에서 결정적인 영향력을 미쳤음은 宮中呈才에서도 발견된다.

고려조정에 소개된 송나라의 교방악 중에서 大曲에 드는 抛毬樂·五羊仙·獻仙桃·壽延長·蓮花臺와 같은 唐樂呈才는 舞鼓·動動·無㝵를 포함한 鄕樂呈才의 등장에 결정적인 영향을 미쳤다. 중세 전기 고려의 당악정재와 향악정재가 중세 후기의 조선 전기 향악정재와 당악정재의 창제 때 중요한 영향력을 발휘했기 때문이다. 중세 전기의 당악은 송나라에서 파견됐던 교방악사들에 의해서 왕립음악기관의 좌방 자리를 굳건히 차지할 수 있었는데, 충렬왕(1274~1308) 때 金呂英과 충숙왕(1313~1339) 때 金得雨가 교방악사의 대표적인 인물들이다. 이렇게 김여영·김득우와 같은 송의 교방악사들이 중세 전기의 당악을 향악과 당당히 맞설 수 있도록 만들었다. 그러나 송나라의 멸망 이후 고려의 당악이 중세 후기의 조선왕조에 이르러 하향세의 길을 건게 되었다.

12세기 고려조정에 소개된 大晟雅樂은 고려 귀족사회의 중요한 음악수용층으로 등장하는 신흥사대부 출신의 유신들에 의해서 중세 후기라는 새로운 시대를 열게 됐는데, 그 갈래는 중세 후기의 조선 전기 雅樂의 뿌리였다. 유가의 예악사상을 정치이념으로 건국한 조선왕조에서 아악이 세종조(1418~1450)에 정비됨으로 인하여 왕립음악기관에서 좌방의 위치를 차지하였고, 그 결과 좌방의 아악은 우방의 향악·당악과 대등한 위치를 차지하였다. 이렇게 아악·향악·당악이 중세음악사의 대세를 형성하였다.

중세 후기의 조선 초기에 이르러 당악의 鄕樂化가 가속화됨으로 인하여 세 갈래의 궁중음악은 새로운 시대를 예고하고 있었는데, 당악의 향악화는 선초《악학궤범》(1493)에 전하는 唐樂器에서 발견된다. 즉 15세기 당악기 중에서 月琴·奚琴은 향악연주에만 사용되었고, 拍·教坊鼓·장고·당비파·牙箏·太平簫는 향악연주와 당악연주에서 모두 사용됐음이 당악의 향악화를 입증해주는 결정적인 사례이다. 당악의 향악화가 조선 전기에 가속화된 이유는 첫째로 송나라의 멸망 이후 교방악사의 파견이 조선왕조에서는 없었기 때문이고, 둘째로 당악이 掌樂院의 우방에 향악과 더불어 소속되었기 때문이다.

음악의 갈래 이외에도 井間譜의 창안을 포함한 새 記譜法의 등장이 중세 후기를 중세 전기와 시대를 구분하는 기준으로 꼽힐 수 있다. 새 기보법들이 중세 전기의 음악을 후대에 전해줄 수 없었던 것을 비로소 가능하게 만들었으므로, 새 기보법의 등장은 중세음악사의 획기적 사건이자, 중세 전기와 중세 후기를 가르는 시대구분의 기준으로 꼽힐 수 있는 근거이다.

세종조(1418~1450)에 창안된 정간보는 기존의 기보법에 표시할 수 없는 音價(time value)를 표시할 수 있는 有量記譜法(mensural notation)이다. 세조조(1455~1468)에 창안된 五音略譜와 및 성종조(1469~1494)에 창안된 合字譜와 같은 새 기보법들은 정간보와 함께 고려 향악과 조선 초기 新樂의 실체를 후대에 남기는 데 결정적으로 공헌하였다. 세종조에 창제된 鳳來儀·發祥·定大業·保太平 등과 같은 새로운 악곡들 및 青山別曲·西京別曲·滿殿春

등과 같은 고려 향악곡들이 새 기보법에 의해서 후대에 전승될 수 있었다. 이렇게 중세 후기에 창안된 새로운 기보법은 조선 초기에 창제된 많은 악곡을 후대에 전해줄 수 있는 길을 열었을 뿐 아니라, 음악양식의 변천을 고찰할 수 있도록 만들었다. 음악사적 관점에서 새 기보법이 지니는 의미가 바로 여기에 있으므로, 새 기보법의 창제는 시대구분을 위한 하나의 기준이 된다.

음악수용층은 중세에 이르러서도 왕족과 정치적 지배세력의 귀족층이었으므로 고대와 크게 달라지지 않았다. 다만 악사의 사회적 지위가 중세에는 고대사회의 경우와는 대조적으로 낮아지는 변천과정을 거쳤다. 중세 전기부터 차츰 궁중음악인의 사회적 지위가 낮아지기 시작하다가, 중세 후기에 이르러서는 조선사회의 천민층으로 전락되었다. 그렇지만 선초 왕립음악기관의 우방에 든 향악과 당악, 그리고 좌방의 아악이 중세 후기음악사의 대세를 형성한 음악의 갈래였다.

17세기 이후 중세에서 근대로의 移行期에 이르면서 유가적 음악이념을 옹호하려는 양반층의 노력이 강화됐으나, 시대가 바뀌는 것을 막을 수 없었다. 양반사회의 주도권이 흔들렸기 때문이다. 그리고 지배체제의 모순을 절감한 양반사대부 지식인들 가운데 柳馨遠·朴趾源·丁若鏞 등에 의한 실학사상의 등장이 조선사회를 바꾼 결정적인 요인의 하나였다. 임진왜란(1592)과 병자호란(1636) 이후 궁중음악의 하향세가 가속화되었고, 이와 대조적으로 궁중밖 중인 출신의 風流客들에 의한 민간음악의 등장에 결정적인 영향력을 미쳤던 사상적 배경이 실학사상이기 때문이다. 문학수용층의 변천에 따라 漢文學이 國文學으로 바뀌게 되었고, 미술수용층의 변화로 인하여 眞景山水畵와 風俗畵가 조선미술사의 새로운 시대를 열었다. 이렇듯 음악수용층의 변천에 따라서 등장한 판소리나 風流房의 正樂 등이 모두 근대로의 이행기에 실학사상의 영향 아래서 전개된 음악예술의 새로운 갈래이다.

조선 후기 사회의 풍류방에서 중인 계층 출신의 歌客과 律客들이 여러 歌壇의 풍류방에서 연주한 음악활동을 통해서 오늘날 정악으로 알려진 새로운 음악문화를 형성하였다. 전통가곡의 사설집인 《靑丘永言》의 지은이 金天澤이나 《海東歌謠》의 저자 金壽長이 대표적 가객이었고, 풍류방 김천택과 쌍벽을 이룬 율객이 金聖器였다. 판소리의 애호가이자 후원자들 중 중인계층의 대표적인 인물이 申在孝(1812~1884)인데, 그는 구전되는 판소리사설을 기록으로 남기고 판소리이론을 세운 음악인으로 유명하다. 중인과 그 이하의 신분층에서 장사로 돈을 모은 서민층도 민간음악의 발전에 중요한 역할을 맡음으로써, 중세에서 근대로의 전환기에서 생성된 민간음악의 발전에 적극적으로 기여하였다.

근대로의 전환기에 나타난 음악양식의 새 변화양상도 이 시기의 음악적 특징을 나타내므로, 근대로의 이행기라는 시대구분에서 그런 변화양상들이 반드시 고려되어야 한다. 중세 후기의 聲樂曲들이 이 시기에 器樂曲으로 변천되었고, 變奏曲의 등장과 樂懸의 축소, 그리고 변주곡의 高音化 현상들이 이행기의 음악적 변화양상들을 입증하는 증거물이다. 궁중음악의 악현이 축소됨으로 인하여 管絃樂器의 편성에서 管樂器 위주의 편성으로 변천이 아악·당악·향악의 악기편성에서 일어난 것도 이 시기였다. 與民樂과 靈山會相, 그리고 步虛子와 洛陽春과 같은 악곡들이 본래는 성악곡이었으나, 근대로의 전환기에 이르러 모두가 기악곡화되었다. 기존의 악곡들로부터 여러 변주곡이 파생된 것도 이 시기였는데, 영산회상과 보허자의 여러 변주곡 및 歌曲의 여러 변주곡에서 그 실례를 찾을 수 있다. 변주곡들 중에서 낮은 음역에서 높은 음역으로의 高音化 현상 및 장단의 변화에 의해서 나타난 악곡들인데, 낮은 음역의 尾還入에서 높은 음역의 악곡으로 변주된 細還入 및 가곡의 弄·樂·編 계열에 드는 악곡들이 그 실례이다. 새로운 변주곡들은 근대로의 이행기의 사회적 요구에 부응하여 출현하게 됐는데, 모두가 연주자들에 의한 것이었지 작곡자에 의한 것이 아니었다. 연주자들에 의한 창작활동은 한계성을 벗어날 수 없었으므로, 그러한 변주곡의 창작기법이 근대에 이르러서 등장하는 작곡자들에게 전승되기 어려웠다.

(3) 근대음악사의 큰 흐름

양반사대부가 퇴장하고, 중인과 시민층이 사회지배세력으로 나타나며, 양악이 등장하면서 근대음악이 시작되었다. 19세기 말부터 서양선교사들이 세운 새로운 학교나 구한말의 신식 교육체제 아래서 교육 받은 시민층이 양악의 수용에 큰 몫을 담당하였다. 그리고 1901년(광무 5) 후란츠 에케르트(Franz

Eckert 1852~1916)에 의해서 창설된 서양식 軍樂隊의 등장은 초기 양악 중 기악발전의 터전을 마련하는 계기가 되었다. 에케르트가 작곡한 〈大韓愛國歌〉는 작곡가에 의한 최초의 창악곡이었다. 그는 미국·영국·독일·러시아 등 여러 國歌 및 외국 舞曲연주에서 군악대를 지휘했을 뿐 아니라, 1904년(광무 8) 閔妃의 장례식에서 葬送曲을 지휘하였다.

선교사의 讚頌歌와 風琴을 통해서 양악을 배운 金仁湜(1885년생)은 1911년에 설립된 朝鮮正樂傳習所의 西洋樂 교사로 있으면서 洪蘭坡(1897~1941)와 같은 양악인을 길러냈고, 구한말 洋樂隊 출신의 白禹鏞은 1907년 양악대의 해산 이후 京城樂隊를 운영함으로써, 양악의 기악발전에 기여한 인물이다. 이들은 모두 시민층의 엘리트여서 한반도에 양악의 뿌리를 내리는 데 한 몫을 담당했으나, 무분별하게 양악 일변도로 실시된 서구 지향적 음악교육으로 인하여 새 시대가 요구하는 민족주의음악을 형성하는 데는 실패하였다.

더욱이 일제총독부에 의해서 편찬된《普通敎育唱歌集》은 일본창가의 飜案 및 찬송가와 외국민요의 선율로 작곡된 노래로 편성됐으므로, 신식교육제도의 음악교육에서 그 창가집이 학생들에게 왜곡된 음악관을 심어주는 데 결정적인 영향을 미쳤다. 비록 한국인에 의한 창작곡들로 김인식의 學徒歌나 군악대 출신인 鄭士仁의 太平歌 그리고 李尙俊(1884년생)의 신민요 및 洪永厚 곧 홍난파의 童謠들이 있었지만, 그 창작곡들은 찬송가식 또는 唱歌式의 창작기법을 못 벗어난 수준이었다. 일제강점기 초기 양악인들의 후배로 玄濟明·蔡東鮮·金世炯·安基永·李興烈 등의 작곡가들이 일본의 전문음악학교에서 양악을 공부하고 귀국하여 양악의 작곡분야와 연주분야에서 각기 중요한 몫을 담당했으나, 이들 중에 홍난파와 현제명은 일제말기에 이르러 친일음악가로 변신하여 민족주의음악의 형성에 이바지할 수 없었다. 대부분의 양악작곡가들과 양악연주가들은 광복 이후 대학교의 음악대학에서 양악교수로 재직하면서 음악전공자들에게 서구 지향적 음악관을 심어주는 주역들이었으므로, 근대음악의 시대적 과제였던 민족주의음악의 형성에 그들이 실제적으로 기여하기 어려웠다.

구한말의 복잡다난했던 정치적 소용돌이 속에서도 掌樂院의 궁중음악은 세습제의 타파로 인하여 1913년부터 시민층의 자제들을 뽑아서 李王職雅樂

部員養成所에서 교육시킨 신진들에 의해서 아악·당악·향악의 명맥을 이어갈 수 있었다. 그리고 풍류방의 정악 중 가곡·가사와 같은 갈래들은 임시로 초빙된 河圭一(1867~1937)과 林基俊(1868~1940) 명인에 의해서 아악부원양성소의 雅樂生들에게 전승될 수 있었다. 그러나 판소리나 散調 또는 민요나 雜歌 같은 민간음악의 여러 갈래들이 근대교육기관에 뿌리를 내릴 수 없었으므로, 그 일부가 사회의 음지 속에서 券番의 藝妓들에 의해서 전승될 수밖에 없었다.

사회의 음지 속에서나마 가야금산조는 金昌祖(1865~1918)·韓淑求·朴昌玉·李且守·沈昌來 등의 1세대에 이어서 韓成基·崔玉山·安基玉(1905~1948)·金宗基(1905~1945)·丁南希(1905~1984)·沈相健(1889~1965)·姜太弘(1894~1968) 등의 2세대에 이르면서 여러 流派를 형성하였다. 가야금산조 이외에 거문고산조가 白樂俊(1882~1933)에 의해서, 대금산조는 朴鍾基(1880~1947)에 의해서, 해금산조는 池龍九에 의해서 일제강점기(1910~1945)에 각각 등장하였다. 이 시기에 朴春載(1877~1948)·崔景植(1874~1949)·張桂春(1868~1946)은 잡가의 전통을 柳開東(1898년생)·李眞紅·鄭得晩 등에게 전승시켰다.

20세기초 신식교육체제에서 외면당한 전통음악의 명맥을 유지하기에 급급했던 국악인들은 음악교육의 상승세를 탄 양악에 대항하여 살아남기 위해서 몸부림치지 않을 수 없었다. 따라서 국악인들이 양악에 대한 國粹主義的 사고와 復古主義적 음악관에 사로잡히게 되었고, 그 결과 전통음악의 특수성과 과거 지향적 성향에 빠져 음악의 보편성에 대한 이해의 폭을 넓히려는 노력을 기울이기 어려웠다. 그리고 광복 이후 국악을 사회적으로 인정받기 어렵게 만든 뿌리는 근대교육제도권에서 전승의 길을 찾지 못하고 사회의 음지에서 명맥을 유지할 수 밖에 없었던 근대민족사의 비운에 기인한다.

1908년에 왕립극장으로 설립된 圓覺社의 출현은 근대음악의 발전과정에서 중요한 몫을 담당하였다. 원각사의 근대식 원형극장은 음악수용층의 확대에 기여했을 뿐만이 아니라, 판소리의 1인 연주양식을 등장인물에 따른 여러 배역과 근대식 무대공연물로 바꾼 唱劇이라는 새로운 공연양식을 창출한 밑바탕의 무대였다. 일제강점기의 李東伯(1867~1950)·金昌煥(1854~1939)·丁貞烈(1876~1938)·金昌龍(1872~1935)·宋萬甲(1865~1939)과 같은 근대판소리 5명창들이 한편으로는 1933년 朝鮮聲樂硏究會의 판소리 선생으로 활약하면서 金如蘭(1903~1983)·朴綠珠(1905~1979)·林芳蔚(1904~1961)·金演洙(1907~1974) 등과 같은 후배 명창을 길러내었다. 다른 한편으로는 그들이 후배 명창과 함께 판소리 다섯마당 이외에 〈劉忠烈傳〉·〈裵裨將傳〉 등과 같은 새로운 창극의 공연종목을 東洋劇場과 같은 사설극장에서 공연함으로써, 시민을 음악수용층으로 확대시키는 데 크게 공헌하였다.

극장 이외에 留聲器音盤과 京城放送局의 등장도 시민을 음악수용층으로 확대시키는 데 크게 기여하였다. 특히 일제강점기 시민층의 새 음악문화로 나타난 신민요나 유행가와 같은 대중음악이 근대화과정에서 새로 등장한 음악문화의 갈래이다. 초기 신민요와 유행가의 작곡가와 작사자 및 가수들 중에는 일본의 전문음악학교 출신의 엘리트들이 참여했는데, 예컨대 蔡奎燁(1904~1949)·李冕相(1908~1989)·金駿泳(1908~1961) 등이 대표적인 인물이다. 이렇듯 근대음악의 주역들이 한편으로는 궁중음악과 민간음악의 유산, 곧 국악을 계승하면서 다른 한편으로는 양악 및 대중음악과 제휴하여 근대민족주의 음악을 수립하여 발전시키는 의무를 감당했어야 하였다.

(4) 현대음악사의 현황과 당면과제

일제치하로부터 광복의 기쁨도 잠시였고, 한민족의 현대사는 정치적 이데올로기로 인하여 민족분단이라는 비운의 역사로 시작했으며, 현대음악사도 예외는 아니었다. 현대사의 분단시기에 북한은 사회주의 정치체제 아래서 寫實主義(realism)에 입각한 새로운 음악문화를 형성하였고, 남한은 민주주의 사회체제 아래서 다양한 형태의 음악문화를 생성하면서 오늘에 이르고 있다. 그러나 남북한사회에서 추구해온 음악문화가 과연 근대 민족주의음악을 올바르게 수립하여 발전시킨 결과인가라는 문제는 현대음악사학적 관점에서 재조명되어야 할 과제로 남아 있다. 반세기 동안의 민족분단시대에 다른 정치이념과 사회체제 아래서 이루어진 남북한의 음악문화에는 음악적 이질성보다는 동질성의 요소가 많이 남아 있어서 그나마 다행스럽다.

사회주의 文藝理論과 主體思想에 의한 북한의 음악문화에는 정치적 이데올로기에 의한 성과물이라고 비판될 여지가 남아 있지만, 그래도 민족음악의 형식과 내용 면에서 근대화과정의 시대적 과제였던 민족주의음악을 수립하려는 노력의 흔적이 발견된다. 예컨대 전통악기의 개량사업이나 양악관현악과 전통악기의 혼합연주 시도, 그리고 革命歌劇으로 알려진 종합예술공연물처럼 새로운 무대공연물의 창작 시도 등이 그렇다. 그러나 북한이 추구해온 민족음악은 정부당국의 주도 아래서 효율적으로 시도될 수 있었으나, 그 성과물들이 정치이념적으로 너무 획일화됐다는 한계성을 지니고 있다. 북한의 사회체제와는 대조적으로 남한사회에서 민족음악의 다양한 시도에도 불구하고 無國籍의 혼란스러운 상황은 다음과 같은 남한음악계의 현실에 기인한다.

광복 이후 남한사회의 제도권에서 크게 양분된 양악과 국악, 그리고 비제도권의 대중음악이 갈등 속에서 방황하게 된 뿌리는 20세기 근대화과정에서 전통음악의 창조적､계승과 서양음악의 자주적 수용을 맡았던 시민계층 출신의 음악 엘리트들이 시대적 사명을 제대로 감당하지 못한 결과에서 비롯하였다. 궁중음악은 國立國樂院을 통해서 전승되었고, 민간음악은 비제도권의 명인·명창들에 의해서 어렵사리 명맥을 유지했으며, 역시 비제도권의 대중음악가들이 매스 미디어를 중심으로 대중음악의 확산에 노력하였다. 초창기 전문음악교육기관에 국악과 대중음악을 수용할 제도적 장치가 마련되지 않았는데, 그 이유는 대학음악교육기관의 주역들이 서구 지향적인 양악인들이었기 때문이다. 그러나 1959년 서울대 음악대학에 國樂科가 설립됨으로써, 국악의 전통이 명맥을 유지시킬 수 있는 제도적 장치를 마련할 수 있었다. 그렇지만 대중음악은 아직까지도 음악제도권에서 소외되고 있다.

21세기의 현대음악사는 20세기 후반의 분단시대에도 완수하지 못한 민족주의음악의 시대적 과제를 남북한의 음악지도자들이 민족음악의 이질성 극복에 노력하고 동질성 회복에 지속적으로 노력하면서 민족통일의 시대적 당면과제에 공헌할 수 있는 길을 모색해야 한다. 민족음악의 이질성 극복과 동질성 회복이라는 현대음악사적 과제는 분단된 민족통일의 역사적 과제를 인식하고 민족화해와 협력을 강화시키면서 남북음악교류의 활성화 길을 모색하는 것도 하나의 방법이다.

3) 현대 남한음악계의 양상과 전망

오늘날 남한사회의 음악계를 크게 나누어 보면, 한편으로는 제도권의 전문음악교육기관에 의한 양악과 국악의 두 갈래가 있고, 다른 한편으로는 비제도권의 대중음악이라는 갈래가 있다. 이렇게 크게 세 갈래로 구분되는 남한의 오늘날 음악계는 각기 소속계층의 집단이익만을 옹호하고 있어서 반목과 갈등의 굴레를 못 벗어나고 표류하고 있다. 21세기 地球村化(golbalization)의 대세 속에서 지향하는 세계화시대에 우리 한민족이 선진 문화민족의 대열에서 제외되지 않기 위해서는 각 소속계층의 이익만을 옹호하려는 집단이기주의적 집착에서 한 발씩 물러나 우리 민족의 현대음악사적 당면과제와 관련된 시대적 사명에 대하여 신중히 성찰해 볼 필요가 있다.

서구 지향적 성향의 음악적 보편성을 주장하는 남한의 양악인들은 순수음악예술을 추구한다고 하지만, 민족음악적 독창성이나 특수성이 결여된 서구모방주의 경향이나 문화식민지 상황에서 벗어나야겠다는 노력을 경주해야 한다. 과거 지향적 성향의 음악적 특수성을 고수하려는 국악인들은 음악의 보편성을 무시한 우물 안의 개구리식 국수주의나 복고주의적 사고로 인한 전통음악의 剝製化를 지양하도록 노력해야 한다. 그리고 대중음악계의 주역들도 대중적 인기 획득에만 연연할 것이 아니라, 양악인과 국악인의 시대적 당면과제에 주목하면서 음악제도권의 진입에 노력을 경주해야 한다.

음악예술의 다양성을 위하여 세계 여러 민족의 음악적 특수성은 모두 존중되어야 할 至高의 가치를 지니고 있다. 바람직스런 민족음악의 모색은 우리민족의 음악적 특수성을 바탕으로 삼은 민족문화의 정체성 확립에서 출발되어야 할 것이지만, 그렇다고 민족음악의 특수성에 집착하여 음악의 보편성 추구를 결코 간과할 수는 없다. 음악의 보편성과 특수성의 관점에서 오늘날 특히 양악계와 국악계 작곡가들의 시대적 사명의 완수가 그래서 필수적이다.

민족이라는 공동체가 그 나라 구성체의 개성과 인격들이 모여 함께 共同善을 추구함으로써 하나의 민족공동체를 만들어갈 때, 민족구성원의 고유한 문화적 독창성 또는 특수성이 결코 제외될 수 없다. 민족문화의 이런 독창성과 특수성들은 세계 여러 민족을 통합한 인류공동체의 공동선으로 추구해야 할 보편성의 바탕이 된다. 따라서 음악의 보편성은 세계 여러 민족의 음악적 특수성 중에서 공통적인 요소의 집합체이지, 한 시기의 서구라는 특수지역에 제한된 민족들의 음악적 특수성, 곧 양악에만 국한될 수 없다. 음악의 보편성 추구에서 한민족의 음악적 특수성을 포함한 세계 여러 민족음악의 특수성이 고려되어야 하는 이유가 바로 여기에 있다. 21세기에는 양악인 모두가 더 이상 서양음악의 보편성에만 집착하여 문화식민지의 상황에서 만족하지 말고, 우리 전통음악의 독창성과 특수성에 대한 새로운 이해를 위하여 노력할 필요가 있다. 또한 국악인들은 과거지향적 복고주의 음악관과 양악에 대한 국수주의적 사고에서 해방되도록 노력하고, 특히 국악계의 작곡가들은 전통음악의 특수성을 근거로 음악의 보편성 추구에 노력을 경주해야 한다. 이러한 시각은 오늘날 양악계·국악계·대중음악계의 모든 음악인을 포함한 한반도의 지성인 모두에게 공통적으로 요구된다. 음악의 보편성과 특수성에 대한 올바른 이해가 21세기 한국음악사의 전개를 올바른 방향으로 이끌어갈 수 있는 바탕이라고 보기 때문이다.

〈宋芳松〉

집 필 자

한국사의 전개 ……………………………………………………………… 이기백

Ⅰ. 자연환경

1. 생태학적 특성 ……………………………………………………… 김준호
2. 지질학적 특성 ……………………………………………………… 권혁재
3. 인류학적 특성 ……………………………………………………… 한상복

Ⅱ. 한민족의 기원

1. 고고학적으로 본 문화계통 ………………………………………… 최몽룡
2. 민족학적으로 본 문화계통 ………………………………………… 이기동
3. 문헌상으로 본 한민족문화의 원류 ……………………………… 이성규

Ⅲ. 한국사의 시대적 특성

1. 선사 ……………………………………………………………………… 임효재
2. 고대 ……………………………………………………………………… 노태돈
3. 고려 ……………………………………………………………………… 박용운
4. 조선 ……………………………………………………………………… 이수건
5. 근현대 …………………………………………………………………… 조동걸

Ⅳ. 한국문화의 특성

한국사 1
총설

편찬간행 국사편찬위원회

초판1쇄 2003년 11월 30일
2쇄 2013년 6월 4일

번각발행 탐구당

등록일 1950년 11월 1일
등록번호 서울 제 03-00993 호

주소 서울특별시 용산구 한강대로 62 나길 6
전화 (02) 3785-2211(대표)
팩스 (02) 3785-2272
홈페이지 www.tamgudang.co.kr
전자우편 tamgudang@paran.com

ISBN 978-89-8236-567-6
978-89-8236-566-9(세트)

값 21,000 원